Lehning · Das Medienhaus

Thomas Lehning

Das Medienhaus

Geschichte und Gegenwart des Bertelsmann-Konzerns

Wilhelm Fink Verlag

Für Patrizia

Bibliografische Information Der Deutschen Bibliothek

Die Deutsche Bibliothek verzeichnet diese Publikation in der Deutschen Nationalbibliografie; detaillierte bibliografische Daten sind im Internet über http://dnb.ddb.de abrufbar.

Zugl. Diss., Univ. Hamburg, 2003

ISBN 3-7705-4035-2

Einbandgestaltung: Evelyn Ziegler, München
Herstellung: Ferdinand Schöningh GmbH, Paderborn

Inhalt

1. EINLEITUNG UND ZIELSETZUNG

> Ordnungen dürfen nicht mehr auf Größe, Gewinnmaximierung oder Macht ausgerichtet sein.[1]
>
> Reinhard Mohn

Unternehmen sind heute nicht nur Teil von Kultur, sondern ihr wichtigster Autor. Seit den letzten 20 Jahren wird die Ökonomisierung der Kultur schnell und konstant vorangetrieben.[2] Durch die Digitalisierung der Medientechnologie und die Liberalisierung der Märkte wird Kultur zusehends so optimiert, dass sie in weniger Zeit mehr Wert erzeugt. Um diesen Prozess noch zu beschleunigen, nimmt ‚die Wirtschaft' zunehmend auf die Institutionalisierung, Rationalisierung, Diversifizierung, Produktion und Konsumption von Medieninhalten Einfluss. Printmedien, Radio und Fernsehen, die „traditionell in Europa primär den Systemen Politik und Kultur und erst nachrangig dem System Wirtschaft zugeordnet wurden"[3], werden zeitgemäß in erster Linie von wirtschaftlichen Zielen dominiert. Die Ökonomie ist es, die die subversive Kraft der Medien entfesselt, um allgemein verfügbares Wissen ihrem Diskurs zuzuordnen und verwertbar zu machen.

Zur Durchsetzung ökonomischer Ziele setzt die Medienwirtschaft, genauso wie es in anderen Branchen üblich ist, betriebswirtschaftliche Instrumentarien ein. Analog zur Lebensmittel-, Pharma- oder Stahlindustrie werden die internen Unternehmensprozesse analysiert und optimiert und die Produkte auf ihre externe Wettbewerbsfähigkeit hin perfektioniert.

Im Vergleich zu anderen ökonomischen Transformationen finden die einem breiten Publikum zugänglichen Medien und ihre Verwirtschaftlichung aber die besondere Beachtung der Öffentlichkeit.[4] Ihre Veränderung wird hier für brisant gehalten, weil mediale Funktionen und Inhalte eine bedeutende Rolle bei der gesamtgesellschaftlichen Selbstverständigung spielen. Über Medien kom-

---

1 Mohn, R., Die Verantwortung des Unternehmers. München 2003, S. 254.

2 Eines der zahlreichen ‚Rankings' zur Konzentration der Medienindustrie. In: Jahrbuch Fernsehen 2002, S. 250: Die größten Medienkonzerne der Welt.

3 Maier, A.W.; Jarren, O., Ökonomisierung und Kommerzialisierung von Medien und Medien system. In: Medien und Kommunikationswissenschaft, 2/2001, S. 145.

4 Dies bestätigt auch der Artikel von Klaus Beck zu journalistischen Strategien der Berichterstat-tung zur Fusion von *TimeWarner* und *Aol*; Beck, K., Medienberichterstattung über Medienkonzentration. In: Publizistik, 4/2001, S. 403–424.

muniziert, reflektiert und analysiert sich die moderne Gesellschaft auf politischer, wirtschaftlicher, kultureller und sozialer Ebene selbst. Besonders die vernetzte Kommunikations- und Dienstleistungsgesellschaft ist auf intensive mediale Vermittlungsleistungen und -qualitäten angewiesen. Es wird kritisch gesehen, dass Medien einem wirtschaftlichen Veränderungsvorgang unterworfen werden, „bei dem soziales Handeln weitgehend von ökonomischen Kalkülen geprägt wird".[5] Die „Allgegenwart und Dominanz der Wirtschaft"[6] wird beklagt. Mit einer dominant handelnden Ökonomie könnten gesellschaftlich notwendige, meritorische Leistungen zugunsten der auf Märkten verkäuflichen Leistungen zurückgedrängt werden.[7] Die langfristigen Folgen dieser Paradigmenverlagerung sind bisher nicht abzusehen.

Bei der Thematisierung der aktuellen Vorgänge im Medienbereich ist in der Presse von Medienunternehmen als *Oligopolen*, *Medienmultis*, *Imperien*, *Giganten* und *Konglomeraten* die Rede, deren Größe und Machtfülle schon mit ihrer Bezeichnung zwischen den Zeilen kritisiert wird. Es sind unternehmerische Formationen, wie *TimeWarner*, *Walt Disney*, *Vivendi Universal*, *Microsoft*, *Bertelsmann* und andere große Firmen, die – schon aufgrund ihrer milliardenschweren Umsatzvolumina – treibende Akteure der Verwirtschaftlichung von Medien sind. Derartige Großunternehmen seien es, die als Bewusstseinsindustrie die „Mediengesellschaft weit jenseits aller nationalen Grenzen und Begrenzungen organisieren, operieren, weitgehend jenseits des Begreifens und der Kontrolle nationaler Bürokratien und Parlamente".[8]

Offenkundig haben Berichte über das Medienhaus *Bertelsmann* hohen Nachrichtenwert. Man denke nur an die Berichterstattung über die 2002 erfolgte Ablösung von Thomas Middelhoff durch Gunter Thielen oder an das Medienecho auf die ‚Inthronisierung' von Liz Mohn als Familiensprecherin der Familie Mohn im Frühjahr 2003.[9] Wegen des zunehmenden Interesses wurde die Öffentlichkeitsarbeit in den Konzernen ausgeweitet. Sie ist zum selbstverständlichen Bestandteil von Großunternehmen im Medienbereich geworden.

Gerade wegen dieser Konzernarbeit an der Öffentlichkeit ist es für die Mehrheit der Medienkonsumenten nahezu unmöglich geworden, hinter bekannten Firmen- und Produktnamen differenzierte Interessen und Handlungsparadigmen zu erkennen. Es scheint, als seien die wahren Interessen und wirk-

---

[5] Altmeppen, K.-D., Publizistische und ökonomische Aspekte von Medienmärkten und Markthandeln. In: Ders. (Hg.) Ökonomie der Medien und des Mediensystems. Opladen 1996, S. 257.

[6] Ebd.

[7] Vgl. Kiefer, M.L., Medienökonomie. Einführung in die ökonomische Theorie der Medien. München 2001, S. 22.

[8] Stürmer, M., Medienmacht und Moderne. In: Bertelsmann-Briefe, 140/1998, S. 17.

[9] Vgl. Financial Times Deutschland, 21.11.2003, S. 7: ‚Mohn-Familie festigt Griff um Bertelsmann.'

lichen Zusammenhänge der Unternehmen hinter einem Schleier aus Texten verborgen. Zahlreiche Versatzstücke drängen alltäglich in die Medien und konkurrieren um die Aufmerksamkeit der Zuschauer. Informationen über einzelne Personen und Unternehmen treten hier zeitweise hervor und verschwinden recht schnell wieder, meistens ohne Zusammenhänge deutlich werden zu lassen. Sie sind die singulären Informationssplitter der Mediengesellschaft, die mit ihrer sehr kurzen Halbwertszeit bald ad acta gelegt werden und in den digitalen Archiven verstauben.

Besonders *Bertelsmann* versteht es meisterhaft, Öffentlichkeit zu inszenieren und seine hochgradige Komplexität so darzustellen, dass nicht der eigentliche Konzern und sein vielseitiger Gesamtzusammenhang, sondern die einzelnen Subunternehmen als Einheiten für sich betrachtet werden.

Die meisten Medienkonsumenten interessiert es in der Regel auch nicht, zu wem die Zeitschrift, der Fernsehkanal, das Buch, der Tonträger oder der Radiosender ‚gehören', welche Strategien sich hinter Fusionen und Firmenaufkäufen verbergen und mit welchen Vorgehensweisen eine Steigerung der Renditen erreicht wird.

Ob die werbelastigen Jahresberichte und Broschüren, die *Bertelsmann* herausgibt, angemessen informieren, darf bezweifelt werden, ebenso ob die auf tagesaktuelle Ereignisse bezogenen Presseartikel dazu beitragen, Zusammenhänge des Konzernhandelns begreifbar zu machen. Wie sollte ein Zeitungsartikel auch über einen aus Hunderten von Tochterunternehmen bestehenden Firmenkomplex berichten, ohne radikal vereinfachen zu müssen?

Vertiefende Informationen über die Beteiligungs- und Besitzverhältnisse finden sich in umfangreichen wirtschaftswissenschaftlich ausgerichteten Fachpublikationen, wie dem Konzentrationsbericht über die Entwicklung der Medienkonzentration im privaten Rundfunk.[10] Selbst hier wird beharrlich auf die Schwierigkeit einer Darstellung der ‚komplexen Gefüge großer Medienunternehmen' angesichts ihres ‚Fusionsfurors'[11] hingewiesen und Abstraktheit meist mit dem betriebswirtschaftlichen Instrument der Statistik begegnet, die wiederum der fachlichen Interpretation bedarf. Auch wird erklärt, dass bei der Untersuchung aktueller Konzentrationsvorgänge neue Paradigmen zu berücksichtigen seien, darunter die konvergente Verknüpfung und Nutzung von verschiedenen Mediengattungen in Unternehmen mit konglomerater Konzentration.[12]

---

[10] Kommission zur Ermittlung der Konzentration im Medienbereich, KEK, nach §26 Abs.6 RSTV, Fortschreitende Medienkonzentration im Zeichen der Konvergenz. In Folge zitiert als: KEK 2000.

[11] Vgl. Kotteder, F.; Zapf-Schramm, T., Medienmoguln, Meinungsmacher, Marktbeherrscher. München 1999.

[12] KEK 2000, S. 42: „Diagonale oder konglomerate Konzentration liegt vor, wenn ein Unternehmen auf Märkten tätig ist, deren Produkte weder von der Produktions- noch von der Absatzseite verbunden sind."

Angesichts dieser Probleme betrachtet die vorliegende Arbeit die Ökonomisierung der Medien am Beispiel *eines* konkreten Unternehmens-Akteurs und seiner Entwicklung zum internationalen Medienkonzern – der *Bertelsmann AG*. Sie ist das aus Deutschland stammende Beispiel für die Konzentration im Medienbereich schlechthin. Als ein ‚Kraftwerk der Kreativität' bezeichnete der im Sommer 2002 entlassene Vorstandsvorsitzende Thomas Middelhoff *seinen* Konzern:

> „Willkommen bei Bertelsmann, dem internationalsten aller Medienhäuser. Willkommen in unserem Kraftwerk der Kreativität, einem ergebnisstarken globalen Unternehmen – und in der Welt der Sinne und Gefühle, des Hörens, Sprechens und Sehens. Die Musik unserer Künstler, unsere Radio- und Fernsehprogramme, Zeitschriften, Bücher und Websites sind so vielfältig und zeichnen sich doch durch eine einzigartige Gemeinsamkeit aus: der Liebe zu den Medien."[13]

Wie die Medienvielfalt, so ist die Größe des Unternehmens *Bertelsmann* unbestritten; die Zahlen werden häufig zitiert: Im Geschäftsjahr 2000/2001 setzte *Bertelsmann* 20 Mrd. € um, investierte über 3,2 Mrd. €, beschäftigte insgesamt 82.162 Mitarbeiter und sprach „täglich, ja stündlich Millionen Menschen in aller Welt an".[14]

Allein zur *RTL Group*, deren Mehrheitsanteile von *Bertelsmann* erworben wurden, gehörten 2002 23 Fernsehsender und 17 Radiostationen; die Verlage der zum Konzern gehörenden Firma *Random House* brachten in einem Jahr über 8.000 neue Bücher heraus und verlegten mehr Nobelpreisträger als jede andere Verlagsgruppe.[15] Seit den 50er Jahren stiegen die Umsatzzahlen und Unternehmenszukäufe kontinuierlich an, wie die untenstehende Kurve zeigt. Eigentliches Ziel dieser Arbeit ist es, aus den abstrakten Umsatz- und Mitarbeiterzahlen, Kurven und Kreisdiagrammen, Firmennamen, Länderkürzeln, Führungspersönlichkeiten, Fakten und Erfolgsberichten, also aus Texten aus und über den Konzern, einen verständlichen, medienwissenschaftlichen Deutungszusammenhang entstehen zu lassen. Über die im Kontext verbundenen Einzeldaten ist es die Absicht des Textes, Zusammenhänge offen zu legen, die zeigen, wie wirtschaftliche Einflussnahme auf Medien ausgeübt wird und sich in den letzten Jahrzehnten kontinuierlich verändert hat.

Es muss an dieser Stelle darauf hingewiesen werden, dass es nicht das Ziel des vorliegenden Textes ist, eine Theorie der wirtschaftlichen Einflussnahme auf Medien zu erarbeiten, sondern wirtschaftliche Einflussnahme auf Medien im praktischen Vollzug zu beschreiben. So wird im folgenden etwa berichtet, wie der Buchclub sich von einem inhaltlichen zu einem programmatisch indifferenten Vertriebskanal wandelte, wie sich der liberale, qualitätsbewusste

---

13 Bertelsmann media worldwide. Broschüre. Gütersloh 2001, S. 2.

14 Ebd.

15 Bertelsmann Geschäftsbericht 2000/01, Lagebericht, S. 10-17; Bertelsmann Geschäftsbericht in Folge zitiert als: BG.

Gruner + Jahr-Verlag zum erfolgreichen Verlag der Plagiate entwickelte, wie das Medienhaus seine Stellung im privatrechtlichen Rundfunk Stück für Stück ausweitete und strategisch untermauerte und wie das ‚neue' Medium Internet vom Boom- zum Buh-Medium wurde, beziehungsweise wie sich die Rolle der sogenannten ‚Neuen Medien' im Konzern gewandelt hat.

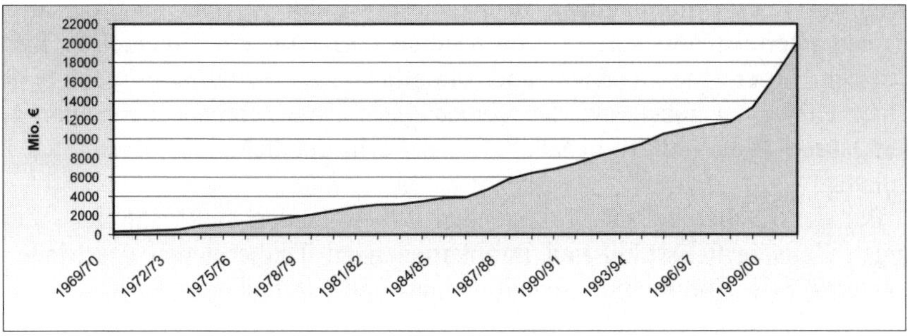

Abb.1. *Bertelsmann* Konzern, Umsätze 1970 - 2002

Den hier verfolgten Ansatz könnte man hinsichtlich dieser beschreibenden und kontextualisierenden Erzählweise als institutionengeschichtlich geprägte kritische Lektüre des Medienhauses bezeichnen, der transmediale Versatzstücke miteinander verwebt und letztendlich als Grundlage einer medienwissenschaftlichen ‚Hermeneutik' dient. Die Arbeit integriert zahlreiche mit dem Meta-Label *Bertelsmann* markierte mediale Texte, die sowohl kommerziell, werblich, betriebs-, medien- oder literaturwissenschaftlich sein können. Eine aus diesen Einzelheiten zusammengefügte Darstellung erscheint sinnvoll, da die Öffentlichkeit in den Massenmedien, wie beschrieben, nur über Einzelheiten zeitlich begrenzte Diskurse führt. So ist im Allgemeinen ein Bild von *Bertelsmann* verfügbar, das zahlreiche Leerstellen aufweist. Erst 2003 stellt Werner Faulstich fest, dass „fast keine unabhängigen Untersuchungen existieren"[16]. Der vorliegende Text ist der Versuch, Zugänge zum nahezu unbetretenen Terrain des größten deutschen Medienunternehmens zu erarbeiten. Denn was oft für ein sozial gutmütiges Konglomerat von Unternehmen gehalten wird, entwickelt sich unter den Augen der Öffentlichkeit zur akuten, aber nicht offensichtlichen Gefahr für die demokratische Meinungsbildung.

Zu Beginn wird in aller Kürze über die historische Entwicklung des Verlags *C.Bertelsmann* zu berichten sein, bevor *Bertelsmann* als moderner Medienkonzern beschrieben wird. Zu verknüpft ist die Geschichte von *Bertelsmann*

[16] Faulstich, W., Einführung in die Medientheorie. München 2002, S. 291.

mit seiner in fünf Generationen entstandenen Tradition, als dass diese beiseite gelassen werden könnte.

Die Verlagsgeschichte sowie den Wiederaufbau nach dem Zweiten Weltkrieg veranschaulichen die Kapitel 2 und 3. Kapitel 4 beschreibt, wie sich der Text der Komplexität des *Bertelsmann*-Konzerns annähert. Die Kapitel 5 bis 10 gehen auf die einzelnen Unternehmensbereiche von *Bertelsmann* ein. In Kapitel 11 wird die Unternehmens- und Führungskultur, der gedankliche ‚Klebstoff' des Unternehmens, thematisiert. Kapitel 12 fragt nach der allgemeinen ‚Bertelsmannisierung' von Medien und zieht ein allgemeines Fazit. Um dem Leser eine Übersicht über die etlichen zu *Bertelsmann* gehörenden Unternehmen zu geben, wurden verschiedene Unternehmensübersichten aus den Jahren 1969 – 2001 in tabellarische Form gebracht. Sie finden sich im Anhang.

Bei der Recherche zur vorliegenden Arbeit fanden sich zahlreiche Zeitungs-, Zeitschriftenartikel und Publikationen zu Teilbereichen des Medienkonzerns, wie Unternehmensbeteiligungen und Strategiefragen. Anders verhielt es sich mit der Suche nach übergreifenden Betrachtungen des *Bertelsmann*-Konzerns. Eine größere, zusammenhängende medienwissenschaftliche Publikation zum *Bertelsmann*-Konzern gibt es bisher nicht. Darstellungen, die mehr als einen Teil des Konzerns betreffen, lieferten für die 60er Jahre Gööck mit seiner Publikation über ‚Fritz Wixforth und die Geschichte des Hauses *Bertelsmann*'[17] und, etwas aktueller, der von *Bertelsmann* selbst herausgegebene Band zum ‚150. Jubiläum des Hauses'[18]. Dieser wurde wiederum ergänzt von der Veröffentlichung ‚Unternehmer, Stifter, Bürger' zum 90sten Geburtstag von Reinhard Mohn.[19] Kritische Unternehmensschilderungen sind die kurzen Beiträge von Becker zum *Bertelsmann*-Konzern[20] und Frechs Buch ‚Bewusstseinsriese'[21]. Jakobs/Müller zeichnen in ‚Springer & Co., Deutsche Mediendynastien'[22] wie Kotteder/Ruge in ‚Medienmoguln, Meinungsmacher, Marktbeherrscher'[23] ein kritisches Bild von der Größe des Unternehmens gemeinsam mit anderen Medienkonglomeraten. Eine recht aktuelle und anschau-

---

[17] Gööck, R., Bücher für Millionen. Fritz Wixforth und die Geschichte des Hauses Bertelsmann. Gütersloh 1968.

[18] 150 Jahre Bertelsmann. Die Geschichte des Verlagsunternehmens in Texten, Bildern und Dokumenten. Gütersloh 1985.

[19] Middelhoff, T.; Schulte-Hillen, G.; Thielen, G. (Hg.), Reinhard Mohn, Unternehmer Stifter Bürger. Gütersloh 2001.

[20] Becker, J., Der Bertelsmann-Konzern. In: Prokop, D., Medienforschung. (Bd.1) Konzerne, Macher, Kontrolleure. Frankfurt a. M. 1985.

[21] Frech, G.; Der Bewusstseinsriese mit Denkfabrik. In: Forum IG Medien, Nr.3-4, März/April 2000, S. 15-32.

[22] Jakobs, H.J.; Müller, U., Augstein, Springer & Co., Deutsche Mediendynastie. Wiesbaden 1990.

[23] Kotteder, F., Ruge, C., Medienmogul – Meinungsmacher – Marktbeherrscher. München 1997.

liche, wenn auch knappe Übersicht, bieten schließlich Hachmeister/Rager in ‚Wer beherrscht die Medien'[24] und Röper periodisch in den ‚Formationen deutscher Medienmultis'[25]. Die jüngst von Göttert verfasste Publikation ‚Die Bertelsmann-Methode'[26] fragt schließlich praxisorientiert nach dem Erfolgsmodell von *Bertelsmann*.

---

[24] Hachmeister, L; Rager, G., Wer beherrscht die Medien? Die 50 größten Medienkonzerne der Welt. München 1997.

[25] Röper, H., Formationen deutscher Medienmultis 1998/99. In: Media Perspektiven, 7/1999, S. 345-378.

[26] Göttert, J.M., Die Bertelsmann-Methode. Frankfurt 2001.

2. Bertelsmann und die Tradition

Das folgende Kapitel gibt einen knappen Überblick über die Entwicklung des historischen *C.Bertelsmann*-Verlags bis zur Übernahme des Unternehmens durch die vierte Generation der Familie Bertelsmann/Mohn. Notwendig ist diese Darstellung, weil die Bedeutung der Tradition für den heutigen *Bertelsmann*-Konzern und seine Kultur unbestritten ist. Denn den besonderen unternehmerischen Erfolg halten die Besitzer heute nicht für einen Zufall der Geschichte. Patriarch Reinhard Mohn sieht das Potenzial des Unternehmens als Ergebnis einer in fünf Generationen entwickelten Tradition, die ‚fördert und fordert'.[27]

2.1 Gründung des *C.Bertelsmann*-Verlags

Bei Betrachtung des historischen Kleinverlags lassen sich seine Elemente der Unternehmenskonzeption nicht ohne weiteres auf den modernen Medienkonzern übertragen. Die Anbindung an die Gründerzeit scheint gewollt, wenn man sich die Historie des Verlags vergegenwärtigt.

Beim Gütersloher *C.Bertelsmann*-Verlag des 19. Jahrhunderts handelte es sich um einen christlichen Kleinverlag, dessen Werte im Umfeld einer ‚radikalprotestantischen' Erweckungsbewegung zu suchen sind. Der Gründer und Namensgeber Carl Bertelsmann[28] wurde 1791 geboren und wuchs im kleinstädtischen Gütersloh[29] – heute noch immer Sitz der Konzernzentrale – auf, umgeben „von dreihundert eng beieinander liegenden, primitiven Häusern, auf dessen ungepflasterten Gassen Hühner pickten".[30] Eine ländliche, leidlich ge-

---

27 Unternehmensführung vor neuen gesellschaftlichen Herausforderungen. Ergebnisse einer Arbeitstagung der Bertelsmann-Stiftung. Bonn 1985, S. 8f.

28 Friedländer, S.; Wittmann, R. (Hg.) Bertelsmann im Dritten Reich. München 2002, S. 20: „Die Ahnenreihe der Familie geht womöglich bis ins Hochmittelalter zurück, denn um 1265 ist bei Osnabrück ein Bauernhof Bartelsmann nachgewiesen, dem das Geschlecht entstammen soll. Im Dunkeln liegt die Herkunft des Namens, der angeblich auf den heiligen Bartholomäus zurückgeht, den Schutzpatron der Kirche, aus deren Nähe der Bauernhof stammt."

29 Hilbk, K., Gütersloh und Preußen. Eine Wahlverwandtschaft 1815-1888. Gütersloh 1988, S. 13: „Anfang des 19. Jahrhunderts besaß das ländliche Gütersloh nicht mehr als 2.300 Einwohner und war weder politisch noch wirtschaftlich von nennenswerter Bedeutung."

30 Kempowski, W., Schwarzbrod und Freiheit sei mir beschieden. In: 150 Jahre Bertelsmann, 1985, S. 11.

bildete Bevölkerung bestimmte das Stadtbild: „Die meisten Bauern sind Analphabeten.“[31] In der Gründungszeit des *C.Bertelsmann*-Verlags verbreitete sich in den ersten Jahrzehnten des 19. Jahrhunderts die Kulturtechnik des Lesens in der Gesamtbevölkerung.[32] Rudolf Schenda schätzt, dass im Jahr 1800 etwa ein Viertel der Deutschen, die älter als sechs Jahre alt waren, lesen konnten. Dieser Anteil stieg 1830 auf 40 Prozent, 1870 auf 75 Prozent und um 1900 sogar auf 90 Prozent.[33] Die kleinbürgerlichen Schichten, deren Lesebedürfnisse der *C.Bertelsmann*-Verlag vor allem bediente und die ein Teil dieser allgemeinen Entwicklung waren, erwarben fast ausschließlich kürzere Texte, meist religiöse, praktische und handwerkliche Schriften und erhielten so ersten Kontakt zum Lesen. *C.Bertelsmann* förderte diese zunehmende Lesefähigkeit im ländlichen Raum in den ersten Jahrzehnten seines Bestehens durch ein stark an das ländliche Publikum angepasste Angebot und konnte den beschriebenen Trend zunehmender Alphabetisierung für sich nutzen. Der Verlag instrumentalisierte allerdings nicht den umfangreichen Buchkonsum städtischer, wirtschaftsbürgerlicher Kreise für sich, wie sich im Folgenden zeigen wird.[34]

Als prägend für den jungen Carl Bertelsmann stellte sich die politische Konstellation heraus. Die französische Fremdherrschaft in Gütersloh erlebte er als Sechzehnjähriger während seiner Ausbildung zum Buchbinder. Dem Wehrdienst in der napoleonischen Armee entzog er sich durch eine dreijährige Wanderschaft, die ihn bis nach Schlesien und 1815, nach dem Ende der napoleonischen Herrschaft, zurück nach Gütersloh führte. Erst nachdem Bertelsmanns älterer Bruder Arnold 1819 gestorben war, übernahm er dessen Buchbindertätigkeit in Gütersloh im selben Jahr, da sich gegenseitige Konkurrenz innerhalb der Familie verbot. Der junge Buchbinder übte den erlernten Beruf dann zwar aus, wechselte aber bald zur Drucktätigkeit über und betrieb eine eigene ‚Steindruckerei‘, die es ihm ermöglichte, bebilderte Drucke in niedrigen Auflagen zu produzieren. Carl Bertelsmann führte hier, mit der erst 1798 erfundenen Lithographie[35], nachweislich „innovative Techniken nach Westfalen ein, die hier in der ersten Hälfte des 19. Jahrhunderts nicht sehr verbreitet waren“.[36]

1829 meldete Bertelsmann seine ‚lithographische Anstalt‘ an, stellte 1835 seine erste Buchdruckpresse auf und gründete 1835, ein Jahr nach der Aufhe-

---

31 Bavendamm, D., Die Gründer und ihre Zeit. Teil 1: Carl Bertelsmann, Kaufmann des Biedermeier. In: Bertelsmann-Briefe, 116/1984, S. 7.

32 Vgl. Wittmann, R., Geschichte des deutschen Buchhandels. (2. Aufl.) München 1999, S. 219.

33 Vgl. Schenda, R., Volk ohne Buch. Frankfurt a. M. 1970, S. 54.

34 Vgl. Schön, E., Der Verlust der Sinnlichkeit oder die Verwandlungen des Lesers. Mentalitätswandel um 1800. Stuttgart 1993, S. 52ff.

35 Zur Bedeutung der Lithographie für die Steigerung der Lesefähigkeit; Vgl. Prokop, D., Der Kampf um die Medien. Das Geschichtsbuch der neuen kritischen Medienforschung. Hamburg 2001, S. 207.

36 Randow, T., Vom Steindruck zur Bildplatte, Technik und unternehmerische Gestaltung der Medienproduktion. In: 150 Jahre Bertelsmann, 1985, S. 358.

bung der kleinstaatlichen Zollschranken durch den preußisch-deutschen Zollverein, den *Verlag C.Bertelsmann.*
Zum Wahlspruch des Unternehmens machte Carl Bertelsmann den 24. Psalm: ‚Machet die Tore weit und die Türen in der Welt hoch, dass der König der Ehren einziehe! Wer ist derselbe König der Ehren? Es ist der Herr, stark und mächtig, der Herr, mächtig im Streit'. Zum Signet des Verlags wurde nicht von ungefähr eine entsprechende bildliche Interpretation des Psalms gewählt: „Ein Pfeil durchbricht die Wolken und macht den Weg frei für den Einfall des göttlichen Lichts."[37] Bertelsmanns Auffassung leitete sich aus der ‚Erweckungsbewegung' ab, die einen patriotischen Protestantismus oder protestantischen Patriotismus herausbildete.[38]

Deren Sinnesart erhielt einen Teil ihres Antriebs aus der Gegnerschaft zu den ‚Welschen' in Gütersloh und Umgebung und trat „für das Bündnis von Thron und Altar ein".[39] Engen Kontakt hielt der Verlagsgründer zu Pastor Volkening, dem führenden Kopf der Erweckungsbewegung in Westfalen, bei dem sein Sohn Heinrich zeitweise wohnte und christlich ausgebildet wurde.[40] Illustrierbar ist die weltanschauliche Haltung Volkenings durch das Zitat aus einer sonntäglichen Predigt, die den ‚sündhaften' Besuch des Schützenfests in Sankt Vit kommentiert:

> „Schon wieder sind sie heraus, nicht gegangen, – gefahren, gejagt, und befinden sich in diesem Augenblicke auf dem Tummelplatz des Teufels, und wenn es auch Sankt Vit heißt, so ist es doch ein unheiliges Vit, wo der Sünde gedient wird."[41]

Die Erweckungsbewegung wandte auch in anderen Fällen gegen Vergnügen und weltlichen Müßiggang. Die ‚puritanische' Haltung zeigt einen Ausschnitt des protestantischen Wertekanons, der Eigenschaften wie Frömmigkeit, Bescheidenheit, Fleiß, Sparsamkeit, Rechtschaffenheit und nationalkonservativen Patriotismus vereinte. Mit den Anschauungen des Pietismus verbanden sich darüber hinaus auch politische Ziele: „Zusammen mit dem deutschen Idealismus machte sie auch aus der Staatspolitik ein Stück Religion."[42]

Bei der Übereinstimmung mit den Zielen dieses Gedankengebildes bestand eine enge Verbundenheit zwischen Bertelsmann und Volkening, die ein wichtiger Anlass für die Gründung des Verlags und seine Ausrichtung war. Mit maßgeblicher Unterstützung Volkenings entwickelte sich der Verlag Bertelsmanns „zum Sprachrohr einer politisch geprägten Kirchlichkeit. Religiöse

---

[37] Jubiläumsbroschüre. 125 Jahre Bertelsmann. Gütersloh 1960, S. 27.
[38] Vgl. Bavendamm, 1984, S. 6.
[39] Kempowski, 1985, S. 17.
[40] Bavendamm, D., Bertelsmann, Mohn, Seippel. Drei Familien, ein Unternehmen. München 1986, S. 17f.
[41] Rische, A., Johann Heinrich Volkening. Ein christliches Lebens- und kirchliches Zeitbild aus der Mitte des Neunzehnten Jahrhunderts. Gütersloh 1919, S. 48.
[42] Bavendamm, 1986, S. 18.

Breitenwirkung war das unternehmerische Ziel, während die politische Formierung der Frömmigkeit im Dienste einer Rechristianisierung der Gesellschaft Gestalt annahm".[43]

Carl Bertelsmann gelang es, Glauben und Wirtschaftsdenken insofern zu vereinbaren, „als er den kommerziellen Nutzen erfolgreich aus der Religion zu ziehen wusste, ohne seiner Glaubensüberzeugung zuwider handeln zu müssen".[44] Um die Menschen zu überzeugen, brauchte Volkening Medien – also Bücher, die seine Botschaft transportierten – und Bertelsmann lieferte sie ihm.

Im Gegensatz zu den großen Verlagen, die seit 1800 Verlegerpersönlichkeiten wie Georg Joachim Göschen, Johann Friedrich Cotta oder F.A. Brockhaus leiteten[45], und bei denen Autoren wie Goethe oder Wieland erschienen, verlegte Carl Bertelsmann volksnahe, religiöse Inhalte, die nicht für das gebildete Bürgertum gemacht, sondern auf das Umfeld der ostwestfälischen Provinz abgestimmt waren. Die Verbreitung von christlichen Inhalten im Zusammenhang dieser missionarisch angelegten Bewegung vertrug sich mit der Geschäftstätigkeit hervorragend und sicherte dem Verlag auch im ländlichen Raum die lesefähigen oder lernbereiten Medienkonsumenten.[46] In Bertelsmanns jungem Verlag verbanden sich die Komponenten preußisch-deutscher Konservativismus und Glauben „zu einem charakteristischen Verlagsprogramm – Liederbuch und Schulbuch".[47]

Erstes verlegtes Buch und ‚Bestseller' zugleich, das *C.Bertelsmann* tausendfach verkaufte, war die von seinem Schwiegersohn, dem Lehrer und Komponisten Friedrich Eickhoff zusammengestellte *‚Theomele'*[48], eine Sammlung bekannter christlicher Lieder. Weiter veröffentlichte der Verlag neben theologischen und schöngeistigen Schriften eine Vielzahl praktischer Alltagshilfen und Lehrbücher. Darunter Werke wie *‚Bosses Rechenbuch'* oder *‚Tabellen für den Einkauf des Garns, der Spinnmaterialien, Victualien, des Bauholzes sowie aller übrigen Gegenstände, die Thalerweise gekauft werden'*.[49] Zum größten Erfolg des jungen *C.Bertelsmann*-Verlags aber wurde die von Pastor Johann Heinrich Volkening herausgegebene *‚Kleine Missionsharfe'*,

---

43 Friedländer, S.; Frei, N.; Rendtorff, L.; Wittmann, R.; Bertelsmann im Dritten Reich. München 2002, S. 22.

44 Schäferjohann-Bursian, I., Bibeln, Gesangsbücher, Traktate. Die Produktion und Verbreitung von Erbauungsliteratur im Rahmen der Erweckungsbewegung. In: Mooser, J.; Krull, R. (Hg.), Frommes Volk und Patrioten, Erweckungsbewegung und soziale Frage im östlichen Westfalen. Bielefeld 1989, S. 273.

45 Vgl. Funke, F., Buchkunde. (5.Aufl.) München 1992, S. 162.

46 Wittmann 1999, S. 189: „Um die Mitte des 18. Jahrhunderts habe die Zahl der Leser unter der erwachsenen Bevölkerung im deutschsprachigen Mitteleuropa etwa 10 % betragen. (...) Bis 1770 sei die Zahl der Lesekundigen auf 15% gestiegen, bis 1800 weiter auf 25 %, 1840 seien 40 % und 1870 bereits 75 % erreicht gewesen."

47 Deichsel, A., ‚Haltung, Nutzen, Unterhaltung'. In: 150 Jahre Bertelsmann, 1985, S. 314.

48 Theomele (Gesangsbuch), Eine Sammlung christlicher Lieder und Gesänge für Schulen, Institute, Familienkreise und freundschaftliche Zirkel. Gütersloh 1836.

49 Kempowski, 1985, S. 17.

mit einer für das 19. Jahrhundert sensationellen Auflage von über 2 Millionen Exemplaren.

Auch an Zeitungen versuchte sich der Verlag. Carl Bertelsmann gab die Zeitung ‚*Öffentlicher Anzeiger für den Kreis Wiedenbrück*' heraus, die jedoch bald wieder eingestellt wurde. Grund war, dass die Anzeigenwerbung für die in der Region so beliebten Schützenfeste mit ihren Trinkgelagen nicht in den Rahmen von Bertelsmanns pietistischem Wertekanon passten und deshalb das Blatt nicht zufriedenstellend finanziert werden konnte. Eine weitere, 1848 gegründete Zeitung, das ‚*Volksblatt*', war konservativ und antirevolutionär geprägt und sollte eine Basis sein für die Mitbürger „welche unserem teuren König und ihrer Religion zugetan sind".[50] Das *Volksblatt* konnte sich ebenfalls nicht durchsetzen und wurde wie der Anzeiger bald nach Erscheinen eingestellt.

Engagiert machte Bertelsmann sich außerdem in der Lokalpolitik nützlich, übernahm ab 1822 die Kommunalkasse, wurde 1835 in den Kirchenvorstand der evangelischen Gemeinde gewählt und nahm bis 1846 das Amt des Kämmerers ein. Das gesellschaftliche Engagement, das mit der Ausübung dieser Ämter verbunden ist, wird auch in seiner Verlegertätigkeit erkennbar, von der sich Carl Bertelsmann 1850 zurückzog. Insgesamt hatte der Verlag unter seinem Gründer bis 1850 69 Bücher, überwiegend theologischen Inhalts, verlegt.

2.2 Kontinuität und Erweiterung in der 2. Generation

Am 15. Oktober 1847 wurde Gütersloh an das Streckennetz der Köln-Mindener Eisenbahn angeschlossen. Dadurch konnte erstmals eine gute Verkehrsverbindung zur Ruhrindustrie hergestellt werden.[51] Die in der Stadt angesiedelten Betriebe schafften es nun, ihre Güter schneller zu transportieren, bezogen günstigere Rohstoffe und erhielten Zugriff auf qualifizierteres Fachpersonal. Es war die industrielle Entwicklung, „die Fabrikschornsteine zum Wahrzeichen der kleinen Stadt"[52] machte.

In dieser industriellen Umbruchszeit trat nach dem plötzlichen Tod des Verlagsgründers im Jahr 1850 sein Sohn Heinrich Bertelsmann mit 23 Jahren die Verlagsleitung an und tat dies in der christlichen Tradition, die ihm sein Vater

50 Ebd., S. 11.

51 Vgl. Stadtarchiv Gütersloh, Stadtchronik. Gütersloh 1800-1890 (sog. Bürgermeisterchronik), S. 164.

52 Vgl. Beine, G., Ökonomisches Denken im 19. Jahrhundert. Industriestadt und Zentralort als Ziele Gütersloher Kommunalpolitik. In: Brakensiek, S., (Hg.) Kultur und Staat in der Provinz. Perspektiven und Erträge der Regionalgeschichte. Bielefeld 1992, S. 214.

vermittelt hatte. Er war im Gegensatz zu Carl Bertelsmann kein Sozial-Aufsteiger mehr. Heinrich Bertelsmann war gezielt darauf vorbereitet worden, den Verlag zu übernehmen und hatte eine fundierte und strenge Schulbildung mit Privatunterricht in Geschichte, Latein, Französisch, Englisch, Zeichnen und Literaturgeschichte erhalten. Persönlicher Unterricht war ihm darüber hinaus von seinem Vater erteilt worden, der ihm die Notwendigkeit einer täglichen Arbeitsplanung in schriftlicher Form nahe legte:

> „Damit Du dich aber nicht vergessen möchtest, wäre es wohl gut, wenn Du Dir etwa in Deinem Schlafzimmer einen geeigneten Denkzettel irgendwo befestigtest, dass Du an jedem morgen ernst gestimmt an Dein Geschäft gingest."[53]

Auch an die für die Praxis notwendigen Erfahrungen war gedacht worden. Am 5. März 1846 brach Heinrich Bertelsmann nach Barmen auf, um eine Lehre als Buchhändler zu beginnen, die er im Juni 1847 abschloss.[54] Für die spirituelle Komponente seiner Bildung sorgte Pastor Volkening, der ‚General' der Erweckungsbewegung im Gütersloher Nachbarort Jöllebeck.[55] Bertelsmanns Privatlehrer, der Kandidat Hartmann, freute sich darüber, dass sein Schüler das spirituelle Ziel seines Berufs erkannte:

> „Das nun hat mir auch Deinen Brief so besonders lieb gemacht, dass ich daraus sehe, wie Du Dein Leben auf diesem Grund bauen willst, der auf Golgotha für uns gelegt, und die Gemeinschaft mit dem Heilande als das Ziel und die Quelle Deines Berufs erkannt hast."[56]

Die ‚Gemeinschaft mit dem Heilande' mit ihrer innerweltlichen Askese[57] und dem Streben nach Erlösung im Diesseits[58] bestärkte den Unternehmer darin, geschäftstüchtig zu sein.

An Carl und Heinrich Bertelsmann erwies sich anschaulich wie sehr das protestantische Ethos die Entstehung einer kapitalistischen Struktur begünstigte. Es machte den Beruf zur Aufgabe eines gottgefälligen Lebens und erlaubte

---

[53] Brief vom 8. März 1846, zitiert nach Kempowski, 1985, S. 19.

[54] Kempowski, 1985, S. 20: „Herr Heinrich Bertelsmann (...) arbeitete zur Vollendung der Erlernung des Buchhandels vom 6ten März 1846 bis zum 1ten Juni 1847 in meiner Buchhandlung als Volontair-Lehrling. (...) Ich kann ihm das Zeugniß geben, dass er ein rastlos strebsamer Arbeiter war und sich in Folge einer gediegenen Grundlage, tüchtige Kenntnisse erworben hat. Mit Bescheidenheit und sittlich-religiösem Ernste verbindet er eine so gediegene Solidität, wie ich sie selten bei jungen Leuten gefunden."

[55] Stupperich, R., Das kirchliche und theologische Wirken der Erweckungsbewegung. Ein Spiegel des Gütersloher Verlagswesens. In: Bertelsmann Briefe, 97/1979, S. 32.

[56] Zitiert nach Kempowski, 1985, S. 18.

[57] Sukale, M., Max Weber. Leidenschaft und Disziplin. Tübingen 2002, S. 243: „Max Weber unterscheidet eine außerweltliche und eine innerweltliche Askese. Die außerweltliche Askese ist eine systematisch regulierte und ritualisierte Suche nach Gott. (...) Bei der innerweltlichen Askese der Protestanten hat die rationale Lebensführung das Ziel, die Alltagswelt völlig zu durchdringen, statt nur deren Enklave zu sein. Deswegen drückt sie sich innerweltlich und im Alltag als Tüchtigkeit im Beruf aus."

[58] Vgl. Tenbruck, F., Nachwort. In: Max Weber. Wissenschaft als Beruf. Stuttgart 1995, S. 52.

es, bisher fest gefügte Standesschranken zu überwinden. Den fundamentalen Zusammenhang, die Wahlverwandtschaft[59] zwischen Protestantismus und der Entstehung eines kapitalistischen Geistes'[60] hat erstmals Max Weber theoretisch ausgeführt und mit empirischen Untersuchungen unterlegt.[61] Diese wiesen darauf hin, dass Protestanten im wirtschaftlichen Leben häufig führende Rollen einnahmen, Katholiken dagegen eher selten.[62] Bertelsmann jedenfalls hatte die nahezu idealtypische Einstellung eines ‚homo oeconomicus'. Als solcher sagt man „nicht nach ein paar erfolgreichen Monaten oder Jahren einfach, dass man jetzt genug habe und hört auf, sondern man arbeitet immer weiter".[63]

Schon im ersten Jahr seiner selbstständigen Leitung im Jahr 1851, übernahm er den *N.R. Friedrichs-Verlag* in Elberfeld, der ihm noch aus seiner Ausbildung bekannt gewesen war. Neun Jahre später kaufte er große Teile des *Liesching*-Verlags, Stuttgart[64] und 1887 den *Ferdinand Dümmler*-Verlag, Berlin.[65] Die jeweils übernommenen Verlage ergänzten mit ihren Titeln die konfessionelle Linie und brachten, entsprechend den veränderten Lesegewohnheiten, den einen oder anderen Lehr- und Schulbuchtitel mit ein.[66] Insgesamt erhöhte sich die Zahl der Titel unter der Leitung von Heinrich Bertelsmann auf beachtliche „550 und eine Reihe von Zeitungen und Zeitschriften meist kon-

---

59 Vgl. Weber, M., Die protestantische Ethik und der Geist des Kapitalismus. In: Ders., Gesammelte Aufsätze zur Religionssoziologie I. Frankfurt 1980, S. 42ff.

60 ‚Kapitalistischer Geist', der von Max Weber verwendete Begriff, meint eine Art weltanschaulichen Habitus, eine Ansammlung von Werten und Verhaltensmustern, die auf eine bestimmte Wirtschafts- und Gesellschaftsform ausgerichtet sind und ein ‚idealtypisches Denkgebilde' darstellen. Weber zitiert zur Erläuterung den US-Amerikaner Benjamin Franklin, in dessen Text er den rastlosen, ethisch fundierten Erwerb, die Abwertung des Konsums gegenüber dem Erwerb erkennt und diese Haltung auch ‚Philosophie des Geizes' nennt. Vgl. Weber, 1988, S. 31f.

61 Vgl. Guttadin, F., Einführung in die 'Protestantische Ethik' Max Webers. Wiesbaden 1998, S. 138.

62 Vgl. Afhüppe, S., Gottgewollter Reichtum, Max Weber. Die protestantische Ethik. In: Die ZEIT, 34/1999.

63 Vgl. Weber, 1988, S. 32ff.

64 Bertelsmann-Illustrierte Oktober 1955: „Der Ankauf des Liesching-Verlags brachte eine neue Linie in das Gesicht von Bertelsmann (...) Es wurden hiermit die Gebiete der Philosophie, der Geschichte und der Grundlagen zum Jugendbuch-Verlag übernommen."

65 Der Kauf dreier Verlage in der 2. Hälfte des 19. Jahrhunderts wird auch erwähnt in: Jakobs, H.-J.; Müller, U., Augstein, Springer & Co., Deutsche Mediendynastien. Wiesbaden 1990, S.291.

66 Vgl. Stupperich, 1979, S. 32: „Beispielsweise erwarb Bertelsmann ‚Vier Bücher vom wahren Christentum' von Johann Arndt sowie Werke heute vergessener Autoren wie Johann Albrecht Bengels Schriftgedanken und ‚Blumhardts Predigten, Friedrich ‚Adolph Philipps Kirchliche Glaubenslehre in sechs Bänden', 43 kleine Schriften des Neuendettelsauer Vorstehers Wilhelm Löhe, Heinrich Schmidts lutherische Dogmatik oder die damals verbreitete Literaturgeschichte von August Vilmar."

servativ-religiösen Charakters“.[67] Festzustellen ist bei allen Publikationen zu religiösen Themen, also Bibeltexten, Katechismen, Gesangs- und Gebetbüchern, Büchern über Kirchenbau, -ordnung, -geschichte und -musik[68], dass unter der neuen Leitung eine tendenzielle Erweiterung des Programms zu verzeichnen war. Dies bestätigen auch die Publikationslisten.

> „Die Verlagsverzeichnisse weisen bis ca. 1880 für Carl und Heinrich Bertelsmann 623 verlegte Titel aus. Von diesen Titeln sind 204 als nicht-theologische Literatur einzustufen. 142 Titel gehören davon zur Großgruppe Sachliteratur. Die restlichen Titel sind literarische Werke, in erster Linie Sagen, Märchen, Heldenlieder. Die Sachbuchgruppe enthielt mehrheitlich Schulbücher.“[69]

Ausgelöst hatte diesen Produktivitätsschub die steigende Lesefähigkeit der Bevölkerung sowie Technologieschübe in der Druckmaschinentechnik[70] und der Satzherstellung.[71] Folge war, dass die Geschäftstätigkeit ausgeweitet wurde, so dass angebaut werden musste.[72] 1868 bezog der Verlag neue Räume in der Gütersloher Eickhoffstraße mit einer Setzerei, Druckerei und Buchbinderei. Die Druckerei von *C.Bertelsmann* war so leistungsfähig geworden, dass „man auch Lateinisch, Französisch, Italienisch, Englisch, Griechisch, Altdeutsch und sogar Hebräisch druckte“.[73]

Mit der Vergrößerung bemühte der Verlag sich darum, seine Arbeitskräfte zu binden und sozial abzusichern. Die Bindung seiner Mitarbeiter an den Verlag ist eine das Unternehmen *C.Bertelsmann* auszeichnende, traditionelle Komponente. Schon am 1. Dezember 1887 richtete Heinrich Bertelsmann eine Invalidenkasse für seine Arbeiter ein; die erste soziale Einrichtung des Unternehmens. Der Verleger war seinerseits dafür bekannt, sich persönlich um seine Arbeitskräfte zu kümmern:

> „Als einer seiner Arbeiter erkrankte, ordnete Heinrich Bertelsmann an, dass Schrewe zum Doktor gehe, um zu constatiren, was ihm fehlt. Schicke ihn daher

[67] Bundesmann-Jansen, J.; Pekruhl, U., Medienkonzern Bertelsmann. Neues Management und gewerkschaftliche Betriebspolitik. Nördlingen 1992, S. 16.

[68] Vgl. Verlagsverzeichnis von C. Bertelsmann in Gütersloh, 1835-1901.

[69] Schäferjohann-Bursian, 1989, S. 273.

[70] Die Druckmaschinen konnten nun mit Dampf angetrieben werden.

[71] Kempowski, 1985, S. 22: „Das Verfahren der Stereotypie mit Papier ist folgendermaßen: Die Matrize fertigt man aus Seidenpapier und einem Kleister aus feinem Sägemehl (...) mit dieser Masse werden 6-10 Blätter Papier übereinander geklebt, mit einer Bürste in die Form eingeschlagen, alsdann bei gelinder Hitze gepresst und getrocknet... Diese Platten wurden mit Blei ausgegossen zu Tafeln, von denen man Tausende von Abdrücken machen konnte, ohne den Handsatz stehen zu lassen.“

[72] Hierbei zeigte Heinrich Bertelsmann Durchsetzungsvermögen; Vgl. Kempowski, 1985, S. 21: „Dem Anbau war ein Leiterschuppen der Feuerwehr im Wege. Als es nicht gelang, ihn sofort räumen zu lassen, und die Gefahr bestand, dass sich die Verhandlungen in die Länge zogen, setzte Heinrich Bertelsmann den neuen Trakt auf Holzsäulen und überbaute den störenden Schuppen. In Gütersloh schüttelte man den Kopf über den seltsamen Überbau, das Denkmal für die Entschlußkraft des jungen Verlegers.“

[73] Kempowski, 1985, S. 23.

doch bald zu Schlüter; was zu seiner Gesundheit dient, muß unbedingt geschehen...Dient ihm irgend eine Kur...so nehme ich das auf mich."[74]

Umfangreicher als sein Vater konnte Heinrich Bertelsmann mit den wachsenden Mitteln seines Unternehmens sein soziales Engagement ausweiten. So engagierte er sich für die kommunale Armenpflege Güterslohs, leitete den Bau eines neuen Pfarrhauses ein, spendete für die Errichtung der städtischen Bibliothek, einer Kinderschule und eines Armen- und Krankenhauses.

Nach halbjähriger schwerer Krankheit „setzte der Tod am 3. März 1887 seinem arbeitsreichen Leben im Dienste des Verlages ein Ende".[75] Die Kontinuität war, trotz fehlender Söhne, gesichert. Bertelsmanns Schwiegersohn Johannes Mohn, Sohn eines Pastors aus Niederwambach, übernahm im selben Jahr die Geschäftsleitung.

2.3 Wilhelminismus und Weimarer Republik

Mit 70 Mitarbeitern gehörte der *C.Bertelsmann*-Verlag kurz vor der Jahrhundertwende, 1898, zu den mittleren Betrieben der Stadt Gütersloh und stand für den Aufstieg eines regionalen Unternehmens der Gründerzeit.[76] Dreizehn Jahre lang, seit 1874, war Johannes Mohn an der Seite von Heinrich Bertelsmann im Unternehmen tätig gewesen, so dass ihm die Grundsätze der Verlagsarbeit ausreichend vermittelt werden konnten. Als Pastorensohn, der nur wegen seiner heiseren Stimme nicht ebenfalls Pastor, sondern Buchhändler geworden war[77], verfolgte Johannes Mohn die Verbindung von Protestantismus und Unternehmertum im Sinne preußisch-deutschen Konservatismus. Er betonte dabei die spirituelle Komponente seiner Verlegertätigkeit stärker als sein Vorgänger.

Mit der Übernahme des Verlags durch Johannes Mohn verlagerten sich die inhaltlichen Schwerpunkte der Verlagsarbeit. War es noch das Anliegen Heinrich Bertelsmanns gewesen, das Programm auch um Verlagsthemen der Bildung und Wissenschaft thematisch zu erweitern, so akzentuierte Johannes Mohn, der auch ‚der vierte Pastor von Gütersloh' genannt wurde, wieder mehr den missionarischen Charakter des Unternehmens:

---

74 Ebd., S. 23.

75 Artikel von Siegbert Mohn über Heinrich Bertelsmann; In: Bertelsmann Illustrierte. Gütersloh 1955.

76 Vgl. Chronik der Bertelsmann Technik 1824 – 1976. (2. Aufl.) Gütersloh 1976.

77 Kempowski, 1985, S. 24.

> „Während Heinrich Bertelsmann noch danach getrachtet hatte, das Verlagsprogramm um Sach- und Jugendbücher zu erweitern, nahm bei Johannes Mohn theologische, missionarische Literatur größeren Raum ein.“[78]

Programmatisch verknüpfte *C.Bertelsmann* unter Johannes Mohn das protestantische, missionarische Element mit den imperialen Aspekten des Wilhelminismus, was seinen Ausdruck auch in ‚kolonialen‘ Schriften, etwa Schulfibeln in Eingeborenensprache, fand. Der Verlag gab vornehmlich Liederbücher, Noten, religiöse Schriften und Schulbücher heraus. Eine Reihe von Fachzeitschriften im wissenschaftlich-pädagogischen Bereich, darunter die ‚Beiträge zur pädagogischen Pathologie‘ und die ‚Gymnasial-Bibliothek‘ ergänzte das Programm. Den konservativen Titeln entsprach ein konstantes, wenn auch verhaltenes Wachstum, das Modernisierungsmaßnahmen wie den Bau eines Druckereisaals und die Erneuerung der Maschinen beinhaltete.

Seinen bilanzierten Höhepunkt erreichte der Betrieb unter Johannes Mohn vor dem Ersten Weltkrieg: „1914 bezifferte der Verleger sein Gesamteinkommen in einer überschlägigen Rechnung auf knapp 100.000 Mark.“[79] Das war nur ein wenig beachtliches Wachstum, so dass die Chronik des Unternehmens sich lakonisch zur geschäftlichen Begabung des Johannes Mohn äußert: „Es fehlten ihm dagegen wohl verlegerische Phantasie und kaufmännische Nüchternheit, die seine Vorgänger als Verleger und Geschäftsleute ausgezeichnet hatten.“[80]

Das ‚dagegen‘ zielt auf Mohns wirklich umfangreiche nebenberufliche Tätigkeiten. Er saß in der Gütersloher Stadtverordnetenversammlung, war Mitglied im Kirchenvorstand, stiftete nebenbei hohe Summen für die Gütersloher Kinderschule, half ein Schwesternheim und Kindergarten mit zu errichten und gab Bauland für das Krankenhaus zu ‚Wohltätigkeitspreisen‘ ab. Sehr sozial ging er gleichfalls mit seinen Mitarbeitern um: Als der *C.Bertelsmann-Verlag* vier Jahre vorher, am 1. Juli 1910 sein 75jähriges Jubiläum beging, stiftete Mohn für die Wohlfahrtskasse 10.000 Goldmark und führte 3 Urlaubstage für seine Mitarbeiter ein; ein Zeichen der sozialen Verantwortung, was die Mitarbeiter nachweislich mit langjähriger Bindung an das Unternehmen honorierten. Diese kommunikative Vernetzung in verschiedenen protestantischen Gruppen war für die inhaltliche Programmstruktur des Verlags von großer Bedeutung: „Immer wieder kam es zu langfristigen Bindungen an einzelne Missionsgesellschaften und Glaubensvereine, die ihre Schriftreihen bei Bertelsmann publizierten.“[81]

---

[78] Ebd., S. 25.

[79] Ebd., S. 26.

[80] 150 Jahre Bertelsmann, Gütersloh 1985, S. 109: Die Geschichte in Bildern. Der Mann im Lutherrock, Kommentartext.

[81] Friedländer/Wittmann, 2002, S. 27.

Mit dem 1. Weltkrieg geriet die relativ stabile wirtschaftliche Lage des Deutschen Reiches aus den Fugen. Johannes Mohn fiel es schwer, seinen Betrieb durch die Kriegswirtschaft und durch die turbulente Zeit unmittelbar nach dem Krieg zu führen. Er gab weiter ‚Theologica Popularis'[82] sowie pietistische Schriften, etwa die ‚Flugschriften der deutschen evangelischen Missionshilfe'[83] heraus, konnte das Unternehmen aber nicht konsolidieren: „Unter dem Druck der Erlebnisse entschloss er sich, das Schicksal der Firma im Revolutionsjahr 1918/19 in die Hände seines Sohnes Heinrich zu legen."[84] Heinrich Mohn war schon 1910 als Teilhaber im Verlag eingeführt worden.

1921, als sich der Verlag mit einem Marktumfeld, das geprägt war von wirtschaftlicher Depression, auseinanderzusetzen hatte, wies Johannes Mohn noch einmal darauf hin, wie sicher er sei, dass sein Sohn „die 1835 gegründete und durch drei Generationen gegangene Firma im Geiste seiner Vorfahren weiterführen" werde.[85] Johannes Mohn, der 1930 starb, hatte wie seinerzeit Carl Bertelsmann für eine solide Bildung seines Sohnes und für die Kontinuität des Unternehmens in der Tradition christlicher Werte gesorgt.

Der Sohn, Heinrich Mohn, besuchte das Gütersloher Gymnasium, absolvierte eine Buchhändlerlehre und lernte Sprachen in London und Neuchâtel. Er wurde Teilhaber im Verlag des Vaters, gläubiger Protestant in der bekennenden Kirche, der 140 Lieder des Minden-Ravensbergschen Kirchengesangsbuchs auswendig lernte, um sein Gedächtnis zu trainieren.[86] Später galt Heinrich Mohn als außerordentlich gelehrter, in theologischer Literatur viel belesener und im Umgang mit Zahlen, Fakten und der Verlagsorganisation geschickter Verleger. „Organisationsfähigkeit, kaufmännische Nüchternheit und verlegerischer Weitblick waren zweifellos eine wesentliche Grundlage seines Erfolges."[87]

Während des Ersten Weltkriegs meldete sich Heinrich Mohn wie viele seiner Altersgenossen als Freiwilliger, wurde Offizier und kehrte, gesundheitlich angeschlagen und mit dem Eisernen Kreuz dekoriert, zurück nach Gütersloh und wurde dort 1921 Alleininhaber des Verlags. Es wäre nun falsch, Mohn unternehmerisch mit seinem Vater zu vergleichen. Das zeigt sich darin, wie er in Krisenzeiten agierte und den Verlag aus der Misere zu führen wusste.

Während der Inflationszeit hatte er die Idee, eine Art interne Währung, die so genannte ‚Buch-Mark' einzuführen, so dass er den Betrieb, ungeachtet ei-

---

82 Zu der zu dieser Zeit entstehenden Gattung der populären ‚Religionsliteratur' vgl. Drehsen,V., »Theologica Popularis«. Notizen zur Geschichte und Bedeutung einer praktisch-theologischen Gattung. In: Pastoraltheologie 77, 1988, S. 2–20.

83 Flugschriften der deutschen Evangelischen Missionshilfe. Gütersloh 1915. (Bd. 1) Der deutsche Krieg und die deutsche evangelische Mission; (Bd. 2) Der christliche Gedanke in der Welt.

84 Kempowski, 1985, S. 26.

85 Ebd., S. 26.

86 Ebd.

87 Ebd., S. 30.

niger Entlassungen, retten konnte und stabilisierte. Zwar waren alle Barmittel entwertet worden, aber der Verlag hatte volle Lagerbestände, die abgesetzt werden konnten. Mit den daraus erwirtschafteten Mitteln modernisierte Mohn Technik und Organisation[88] des Verlags und erkannte die Notwendigkeit, programmatisch aus dem theologischen in den belletristischen Bereich herumzuschwenken – ohne sich dabei vom Kreis ‚religiöser Menschen' zu distanzieren:

> „Hand in Hand mit der technischen Modernisierung ging eine Neuorientierung der Verlagsarbeit. Heinrich Mohn erkannte, dass er mit kirchlichen Publikationen allein das Unternehmen auf die Dauer nicht würde stabilisieren können. Er musste neue Käuferschichten für das Buch gewinnen. Getragen vom allgemeinen Optimismus der sogenannten ‚goldenen zwanziger Jahre' gelang es ihm in den Jahren 1924 bis 1929/30, sein Verlagsprogramm beträchtlich zu erweitern."[89]

In den 20er und 30er Jahren wurde das Verlagsprogramm thematisch um den Bereich der Unterhaltungsliteratur angereichert. Vertriebschef Fritz Wixforth[90] hatte 1928 die Expansion des theologischen Verlags hin zur Belletristik empfohlen und Heinrich Bertelsmann hatte sie umgesetzt: „Ab 1928 investierte Bertelsmann in Belletristik, zunächst vorsichtig, ab 1931 mit größerer Bestimmtheit."[91] An Stelle einer weltanschaulich-homogenen Zielgruppe zielte Bertelsmann mit seinem Programm auf die Nachfrage eines größeren Publikums, das mit hohen Auflagen zu niedrigen Preisen bedient werden sollte. Hergestellt wurden daher niederpreisige, aus billigst eingekauftem Papier gefertigte Druckerzeugnisse. Mit diesem Konzept gelang *C.Bertelsmann* der Durchbruch vom mittelständischen- zum Großunternehmen.

2.4 Wachstum im Nationalsozialismus

Die Transformation zum Großverlag und Medienkonzern vollzog sich nach dem Zweiten Weltkrieg nicht völlig abrupt, sondern wurde vor und während des Zweiten Weltkriegs vorbereitet. Genau genommen war *C.Bertelsmann* spätestens seit 1939 kein konfessioneller Verlag mehr, der auf die Herausgabe

---

[88] Friedländer/Wittmann, 2002, S. 123: „Heinrich Mohn, ein betriebswirtschaftliches Naturtalent, analysierte die innerbetrieblichen Finanzflüsse und stellte die altväterliche Kosten- und Gewinnberechnung einzelner Titel auf objektivierbare Grundlagen."

[89] Ebd., S. 31.

[90] Später wurde Wixforth einer der Schlüsselgestalten für die Aufbaujahre von *Bertelsmann* in der Zeit nach dem Zweiten Weltkrieg.

[91] Ebd., S. 129.

pietistischer Schriften spezialisiert war.[92] „Ab 1933 traten Landschaft, Volksstamm und Scholle in der belletristischen Bertelsmann-Werbung immer deutlicher in den Vordergrund."[93] Im selben Jahr begann der Verlag auch die Volksausgaben herauszugeben, die „sauberes, volkstreues Lesefutter"[94] in hohen Auflagen zu günstigen Preisen darstellten.

Erfolgsautoren wie Gustav Schröer und Fritz Müller-Partenkirchen garantierten *Bertelsmann* schon vor 1933 hohe Auflagen, die die Leserschaft mit ins völkisch-nationalistische umgewendeten Heimat- und Bauernromanen ansprachen.[95]

Wie sich an der spärlichen Korrespondenz von Heinrich Mohn mit seinen Autoren zeigte, stellte der Nationalsozialismus für Heinrich Mohns Verlag keinen Bruch dar. Auch Mohn bezog, wie ein Teil seiner Autoren, mit denen er kommunizierte, Position „gegen das großstädtische, ‚jüdisch verseuchte Literatentum', das die Schattenseiten der Gesellschaft schilderte".[96] Dieses weltanschauliche Bild spiegelt sich in der Ausweitung des Programms auf die Sparte der so genannten ‚Kriegs- und Kriegserlebnisbücher' wider, für die *Bertelsmann* im Börsenblatt und mit einem Bonusprogramm für Buchhändler warb.

Im Herbst 1934 erwies sich ein ‚Fliegerbuch' von Werner von Langsdorff als solch großer Erfolg, „dass sich der Verlag binnen kurzem konsequent auf diesen Bereich als Schwerpunkt ausrichtete".[97] Die Sparte der ‚Kriegsbücher', später die so genannten ‚Wehrmachts'- und ‚Feldausgaben' versprachen unter den veränderten politischen Gegebenheiten hohe Umsatzrenditen und führten während der Folgejahre zu Verkaufsrekorden. Das in die Kassen gespülte Geld gestattete es dem Verlagshaus sukzessive, seine Technologie seit 1936 „radikal zu modernisieren".[98] *C.Bertelsmann* entwickelte sich zum Großverlag mit hohen Druckkapazitäten. Von den produzierten Büchern und Zeitschriften handelten 1938 fast 75 Prozent vom ‚Krieg'.[99]

Der Jubiläumsband zum 150jährigen Bestehen von *Bertelsmann*, wie überhaupt der Verlag nach dem Zweiten Weltkrieg, ging auf diese eklatante Sachlage nicht ein. *Bertelsmann* beschränkte sich auf die Darstellung der Verhaftung und Inhaftierung von Mitarbeiter Fritz Wixforth und einiger seiner Kollegen wegen Geschäften zur Papierbeschaffung[100] und stellte *Bertelsmann* bis

[92] „Der Anteil der Theologica sank bei *Bertelsmann* von 20 Prozent im Jahr 1930 auf sieben Prozent im Jahr 1936." In: Friedländer u.a., 2002, S. 245.
[93] Ebd., S. 129.
[94] Ebd., S. 157.
[95] Ebd., S. 160.
[96] Ebd., S. 168.
[97] Ebd., S. 240.
[98] Ebd., S. 245.
[99] Ebd., S. 265.
[100] Friedländer/Wittmann, 2002, S. 519: „Kaum 24 Stunden nach der Kapitulation (...) hatte Fritz Wixforth gegenüber der Militärverwaltung in Gütersloh auf die Zwänge verwiesen, denen

ins Jahr 1999 hinein als Unternehmen des christlichen Widerstands dar. Thomas Middelhoff hatte beispielsweise noch 1998, als ihm der Vernon A. Walters Award[101] verliehen wurde, *Bertelsmann* bezeichnet als

> „one of the few non-Jewish Media companies closed down by the Nazi regime. We have been publishing books that were banned by the Third Reich as subversive. Bertelsmann's continuing existence was a threat to the Nazi attempt to control freedom of expression."[102]

Die Neue Zürcher Zeitung deckte jedoch in einem Artikel[103] auf, dass diese Schilderung nicht der Wahrheit entsprach. Nur wenig später wurde auf Initiative von *Bertelsmann* eine Forschungsgruppe zum Thema ‚*Bertelsmann und der Nationalsozialismus*' eingesetzt, um die Rolle des *C.Bertelsmann*-Verlags während des Krieges zu durchleuchten.

Sie publizierte zwei Jahre später, Mitte 2002, einen voluminösen Band, der darstellte, dass *Bertelsmann* im Dritten Reich, weit vor Nazi-Verlag *Eher,* zu „Hitlers bestem Lieferanten"[104] aufgestiegen war. *Bertelsmann* stand von drei deutschen Verlagen, die mehr als 10 Millionen Bücher verlegten, mit insgesamt 19 Millionen Exemplaren unangefochten an der Spitze, mit deutlichem Abstand gefolgt von *Eher* (etwa 14 Millionen) und *Kohlhammer* (10 Millionen).[105] Obwohl Mohn Mitglied der bekennenden Kirche war, blieb die Organisation seines Verlags auch von der Ideologie der Nazis alles andere als unberührt. Heinrich Mohn gehörte zum Förderkreis der SS, färbte sein Verlagsprogramm systemkonform ein und bemühte sich, seinen Verlag zu einem nationalsozialistischen Musterbetrieb zu machen. Schon ein Ausschnitt aus der Rede, die Mohn 1937, für seine Belegschaft hielt, zeigt dies anschaulich:

> „Auch wir werden unser gemeinsames Ziel eines NS-Musterbetriebs nur erreichen können, wenn wir wirklich eine feste Einheit und so im Kleinen ein Muster der Volksgemeinschaft werden, wie es unser Führer Adolf Hitler für das ganze deutsche Volk und Reich erstrebt. (...) Daß wir in guten und schweren Tagen treu zu ihm halten, bitte ich Sie zu bekräften, indem Sie mir in den Ruf einstimmen. Unserm Führer und Kanzler des deutschen Volkes: Sieg Heil!"[106]

Während der Jahre des Nazi-Regimes wurden bedeutende Stückzahlen propagandistischer Literatur verlegt. Bücher, die *Bertelsmann* während des Nationalsozialismus herausgab, trugen Titel wie ‚*Panzer am Feind*', ‚*Volk im*

---

man ausgesetzt gewesen sei – und kühn hinzugefügt: ‚Als einer der größten deutschen Buchverlage habe ich es dennoch vermieden, irgendwelche nationalsozialistische Literatur zu verlegen und wurde deshalb vom Reichspropagandaministerium kritisch überwacht'".

[101] Diese Auszeichnung wurde gestiftet vom amerikanischen Armonk Institute.

[102] Zitiert nach: Friedländer/Wittmann, 2002, S. 9.

[103] Neue Zürcher Zeitung, Feuilleton, 55/8.3.1999, S. 27.

[104] Vgl. epd Medien, 8/2000, S. 5: Bertelsmann im Dritten Reich, Zwischenbericht der Unabhängigen Historischen Kommission.

[105] Friedländer/Wittmann, 2002, S. 423.

[106] Sammlung UHK, 1.2/2110, zitiert nach, Friedländer/Wittmann, 2002, S. 347.

Schmiedefeuer', ,*Feuer Marsch!*', ,*45000 Tonnen versenk*', ,*Ein Sturzkampfflieger erlebt den Polenkrieg*', „*Jagdgeschwader Schumacher räumt auf*' oder ,*Glühender Tag*'.[107] Letzteres etwa ein Werk reiner Kriegspropaganda. Auf dem Umschlag ist ein von Lorbeer umranktes Schwert zu sehen. Passend heißt es im Inhalt:

> „In deutscher Erde schläft Boelcke. Tag um Tag donnern Flugzeuge des wiedererwachten Deutschlands über sein Grab, das zwischen den Gräbern von tausend gefallenen Kameraden liegt. Die Propeller brausen dumpf, - klingen dann hell, - summen nun fern, - verklingen im All. Die glitzernden Flügel tragen wieder das schwarze Kreuz und hinter dem Steuer sitzen Männer in seinem Geist."[108]

Wie die Untersuchung der Forschungskommission belegt, reichte das Spektrum der Kriegsproduktion bei *C.Bertelsmann* inhaltlich „bei grundsätzlich nationaler Tönung, von der slawophil-lebensphilosophisch geprägten Hoffnung auf völkische Wiedergeburt bis zur affektgeladenen nationalsozialistischen Propaganda".[109] Der Verlag hob sich im Bereich der Kriegsbuchproduktion inhaltlich nicht von den nationalsozialistischen Verlagen ab. Dank seines geschäftlichen Geschicks entwickelten sich die ,Kriegserlebnisbücher', was die hohen Auflagen belegen, allerdings zu besonders erfolgreichen Bestsellern, so dass gerade die Zeit zwischen 1939 und 1941[110] eine Phase des beispiellosen geschäftlichen Erfolges war und die Gewinne schneller stiegen als Umsätze und Herstellungskosten. Einträgliche Bedingungen sicherten die konstanten, nahezu risikolosen Marktbedingungen, die es möglich machten, immer gleiche Titel abzusetzen: „Aus dem Käufermarkt war ein Verkäufermarkt geworden."[111] *C.Bertelsmann* gelang es, diesen Zustand für sich auszunutzen und „die ideologisierten Erwartungen eines politisch geregelten Marktes im Bewusstsein der eigenen unternehmerischen Stärken aufzugreifen".[112]

Nach Kriegsende 1945 blieben die Großverlagsstrukturen überwiegend erhalten und dem Verlag gelang durch eine geschönte Selbstwahrnehmung, die zur gezielten Selbststilisierung wurde, „seine Geschäftspolitik im Dritten Reich als grundsätzlich widerständisches Verhalten zu interpretieren".[113] Die Vermittlung dieser Haltung gegenüber den Alliierten gelang. Der Verlag hatte darüber hinaus das Glück, dass seine technische und personelle Infrastruktur erhalten geblieben war. Von 17 Druckmaschinen wurde nur eine zerstört, der für damalige Verhältnisse professionelle Marketing- und Vertriebsapparat blieb arbeitsfähig, das durchorganisierte Verwaltungs- und Rechnungswesen

[107] Neue Züricher Zeitung, Feuilleton, 55/8.3.1999, S. 27.
[108] Zitiert nach: Friedländer/Wittmann, 2002, S. 273.
[109] Ebd., S. 290.
[110] Der Umsatz lag 1941 bei 8,064 Mio. Reichsmark, der Gewinn bei 3,25 Mio. Er hatte sich im Vergleich zu 1933 verdreissigfacht; Vgl. Friedländer/Wittmann, 2002, S. 426.
[111] Ebd., S. 425.
[112] Ebd., S. 526.
[113] Friedländer/Wittmann, 2002, S. 519.

hatte weiter Bestand und die Belegschaft mit ihren technischen Kenntnissen und Fertigkeiten war einsetzbar.

Derartige, für Unternehmen so wichtige Bausteine erleichterten dem Verlag nach dem Krieg, ebenso wie die kontinuierliche fortgesetzte Verlagsleitung durch Heinrich Mohn, die Rückkehr in den Markt. Die Schäden, die *C. Bertelsmann* davontrug, waren hauptsächlich äußerlicher Natur. Teile der Gebäude wurden von Bomben zerstört.[114]

---

[114] 150 Jahre Bertelsmann, 1985, S. 134: Krieg und Zerstörung, Kommentartext.

3. Wiederaufbau nach 1945

Nach dem Zweiten Weltkrieg entwickelte sich *Bertelsmann* schneller und nachhaltiger als viele Unternehmen in Deutschland. Es kamen neben der geretteten maschinellen und personellen Infrastruktur der geschäftliche Ideenreichtum und das Engagement der Mitarbeiter hinzu. Das folgende Kapitel geht auf die unmittelbare Aufbauzeit nach dem Zweiten Weltkrieg und auf die Übergangsphase zur Nachkriegszeit ein.

3.1 Reorganisation des Unternehmens

Bei einem Bombenangriff kurz vor Kriegsende, am 14. März 1945, waren Teile des *C.Bertelsmann*-Verlags beschädigt worden. Heinrich Mohn und Vertriebschef Fritz Wixforth beschlossen, sofort nach Kriegsende, noch in Abwesenheit von Heinrich Mohns Söhnen Reinhard und Siegbert Mohn, die sich in Kriegsgefangenschaft befanden, die Gebäude und den Maschinenpark wieder instand zu setzen. Benötigte Materialien organisierte Wixforth mit Hilfe seiner umfangreichen geschäftlichen Kontakte. Gleichzeitig funktionierte die Unternehmensleitung ihre Mitarbeiter zu ‚Bauhelfern' um und integrierte sie in die anstehenden Arbeiten:

> „Buchhändler, Setzer, Drucker und Buchbinder verwandelten sich in Steineklopfer, Mörtelmischer, Betonarbeiter, Maurer und Zimmerleute. Manchmal wimmelte es auf der Trümmerstelle von Menschen – bis zu 150 Mitarbeiter des Verlags, vom Inhaber bis zum letzten Lehrling, beteiligten sich an den Aufräumungsarbeiten und am anschließenden Wiederaufbau."[115]

Dem Verlag kam der starke Zusammenhalt seiner Mitarbeiter zugute, die ‚ihr' Unternehmen wieder aufbauen wollten: Die Tradition des Hauses hatte einen Unternehmenszusammenhalt hervorgebracht, mit dessen Kontext sich die Mitarbeiter identifizierten.[116] Die Beschwörung traditioneller Werte wie Fleiß,

---

[115] Ebd., S. 85.

[116] Mohn, R., Menschlichkeit gewinnt. Gütersloh 2000, S. 207: „Obwohl Überlieferungen, Besitzstände und konservative Strukturen durch die Zerstörung in Frage gestellt wurden, glaubten wir damals, dass Identifizierung und Kooperation aller Beteiligten mehr Kreativität und Leistung auslösen würden, als die in Deutschland übliche Streitkultur zwischen Kapital und Arbeit."

Disziplin, Pflichtbewusstsein und Verantwortung trieb die Mitarbeiter zu außergewöhnlichen Leistungen an.

Als im Zuge der Entnazifizierung bekannt zu werden drohte, dass Heinrich Mohn förderndes Mitglied der SS gewesen war, gab er 1947 die Verlagsleitung ab. Seine Mitgliedschaft fiel durch diesen Rückzug nicht besonders auf.[117] Da der älteste Sohn, Hans Heinrich Mohn, 1939 im Krieg gefallen war und der zweitälteste Sohn Siegbert sich noch in Kriegsgefangenschaft befand, wurde Reinhard Mohn, der bereits 1946 aus der amerikanischen Kriegsgefangenschaft zurückgekehrt war, die Firmenleitung und die Kontinuitätssicherung des Familienunternehmens angetragen.

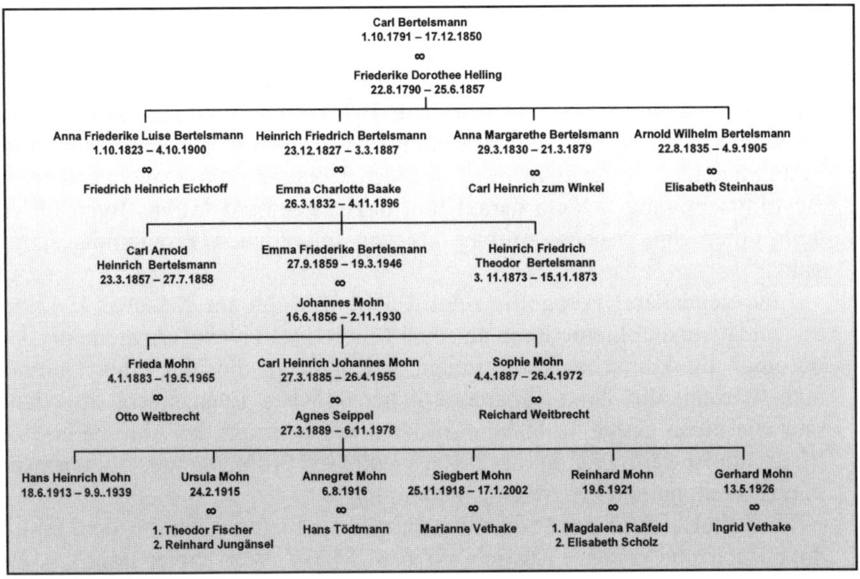

Abb.2. Die Familie Bertelsmann/Mohn[118]

Reinhard Mohn, der spätere Alleininhaber von *Bertelsmann*, wurde am 29. Juni 1921 in Gütersloh geboren, machte dort 1939 das Abitur und wurde anschließend eingezogen. Als Leutnant des Afrika-Korps geriet er 1943 in amerikanische Gefangenschaft, aus der er 1946 heimkehrte.

Mohn galt schon früh als tüchtig, pflichtbewusst, technikinteressiert und zurückhaltend und hatte sich als Heranwachsender vom Glauben des Elternhau-

[117] Der Vorgang wird genau geschildert. In: Friedländer/Wittmann, 2002, S. 533.
[118] Vgl. Friedländer/Wittmann, 2002, S. 564.

ses zugunsten eines ausgeprägt ethischen Wertekanons distanziert[119], der Züge der ‚innerweltlichen Askese' trug. So war es für den Erben, der sich eigentlich dazu entschlossen hatte Ingenieur zu werden, selbstverständlich, aus der Pflicht der Familientradition heraus die notwendige Nachfolge anzutreten. Er erhielt 1947 von den Alliierten die Verlagslizenz, ohne besondere Vorkenntnisse in der Verlagsbranche zu haben – und nahm die Rolle an: „Ich bejahte die aus der Familientradition gegebene Verpflichtung und begann, den Schutt wegzuräumen."[120] Die britische ‚Book Section' kommentierte die massiven Publikationen im Dritten Reich damit, dass „die Freiheit der Verleger sicher nicht groß gewesen sei, so dass sie nicht vollkommen für diese Veröffentlichungen verantwortlich gemacht werden könnten".[121]

Der ‚Nachfolger' hatte bisher keinerlei verlegerische Grundausbildung genossen, die ihn zur Verlagsleitung befähigt hätte. Im Schnelldurchgang absolvierte Mohn deshalb eine Ausbildung an der *Göttinger Akademischen Buchhandlung* in Calvör und an der Buchhändlerschule in Köln.[122] Im Oktober 1947 übernahm er die eigenverantwortliche Unternehmensleitung. Seinem Vater stellte er eine Generalbevollmächtigung aus, so dass dieser besonders im Programmbereich, weiter tätig blieb und den Übergang aktiv mitgestaltete. Die Bevollmächtigung deutete darauf hin, dass „Reinhard Mohns Interesse eher dem unternehmerischen Aufbau als der inhaltlichen Programmgestaltung galt".[123]

Eine ‚legendäre' Fotografie zeigt Reinhard Mohn am 2. Januar 1947 noch im Soldatenmantel, eine Rede an seine Mitarbeiter haltend. Anstelle der Vision eines autokratischen Industriellen, zeichnete er die Idee einer Unternehmensführung, die ihren Mitarbeitern persönliches Engagement abverlangte und von ihnen aktive Teilnahme forderte. Ins Zentrum der Aktivitäten stellte Mohn die Bewältigung der nachkriegszeitlichen Probleme wie „Lizenzzwang, Papierzuteilung und Programmgenehmigung".[124]

Einfacher als mit den Produktionsmitteln verhielt es sich mit dem Endprodukt Buch und seinem Vertrieb auf dem Markt. Wer Papier erhielt, konnte aufgrund des regelrechten ‚Bücherhungers' und des Überhangs an Kaufkraft

---

[119] Mohn hatte sich zwar bereits mit 16 Jahren vom Glauben entfernt, so dass er nicht mehr an den üblichen Gebeten und Andachten, die im Hause *Bertelsmann* üblich waren, teilnahm, aber er machte stattdessen ‚Ethik' zu einem Schlüsselbegriff. Häufig verwendete er Begriffe wie ‚Gemeinschaftsfähigkeit' und ‚Disziplin'. Diese weltanschauliche Ausrichtung könnte als ein ins Säkulare gewendeter Protestantismus bezeichnet werden. Vgl. Middelhoff/Schulte Hillen/Thielen, 2001, S. 21ff.

[120] Mohn, R., Vortrag im Rahmen des 37. Deutschen Betriebswirtschaftler-Tages in Berlin. Oktober 1983. In: Bertelsmann Briefe, 114/1984, S. 3f.

[121] Zitiert nach: Friedländer/Wittmann, 2002, S. 534.

[122] Vgl. Gööck, 1968, S. 92.

[123] Friedländer/Wittmann, 2002, S. 535.

[124] Wittmann, R., Verlagswesen und Buchhandel 1945-1949. In: Estermann, M.; Lersch, E., Buch, Buchhandel, Rundfunk 1945-1949. Göttingen 1997, S. 49.

mit „risikolosem Erfolg rechnen".[125] Im *C. Bertelsmann*-Programm der Nachkriegszeit spiegelt sich der Bedarf an unterhaltendem Lesestoff, der die Mühen des Krieges vergessen lassen sollte. Dementsprechend zeichnete sich die Nachkriegssituation durch die „Chance eines völlig offenen Marktes"[126] aus, wie Mohn in einem 1983 gehaltenen Vortrag bekannte.

Der schöngeistige Verlagsbereich begann seine „Nachkriegsproduktion mit besinnlichen Romanen und Erzählungen zeitgenössischer Autoren – darunter Wilhelm Scharrelmann, Siegfried Berger, Jeremias Gotthelf, Johann Peter Hebel".[127] Der Erfolg stellte sich rasch ein: Die Nachfrage an Büchern und die geringe Medienkonkurrenz der Nachkriegszeit, etwa durch Kinofilme, ermöglichte es dem *C.Bertelsmann*-Verlag, die Stellung des Unternehmens im Markt zu stabilisieren und an die Bekanntheit vor Kriegsende anzuknüpfen.[128] Schon im Jahr 1949 ergab eine Umfrage beim Publikum zur Einschätzung renommierter Verlage, dass deren Bekanntheit in der Kriegs- und Vorkriegszeit beim Bücherkauf eine Rolle spielte. Das Publikum zählte nach Bekanntheitsgrad folgende Reihe von Verlagen auf, die wieder ‚mitspielten':

> „Insel, Suhrkamp, Desch, Rainer Wunderlich, Deutsche Verlagsanstalt, Piper, Münchner Verlag, Bertelsmann, Rowohlt. Abgesehen von den beiden ersten Lizenzträgern Desch und Leins, sind dies die belletristischen ‚Altverlage' aus der Weimarer Zeit."[129]

Untrennbar zu *Bertelsmann* gehört dieser schnelle, gelungene Wiederaufstieg in der deutschen Verlagslandschaft. Im weiteren Verlauf des Unternehmens sollte diese besondere Dynamik eine Haupteigenschaft des Unternehmens bleiben.

3.2 Die Medien zu den Kunden bringen - das ‚Gründungsereignis'

Der *Lesering* und seine Geschichte stellen aus heutiger Sicht eine Art ‚Schlüssel zum *Bertelsmann*-Phänomen'[130] dar, mit dem sich zum Teil die aktuelle

[125] Ebd., Wittmann, 1997, S. 37.
[126] Mohn, 1984, S. 8.
[127] Gööck, 1968, S. 84.
[128] Zum Wiederaufbau der Verlage und des Buchhandels; Vgl. Wittmann, 1997, S. 37.
[129] Ebd., Wittmann, 1997, S. 37.
[130] Der Begriff ‚Bertelsmann-Phänomen' prägte: Oeltze, O., Der Bertelsmann-Lesering – eine Buchgemeinschaft mit dem Buchhandel. (nach einem 1956 gehaltenen Vortrag neu bearbeitet 1964), Gütersloh 1964.

Stellung des Unternehmens erklären lässt. Der Buchgemeinschafts-Gedanke war allerdings, um dies vorwegzunehmen, keine Neuerung, weshalb der besondere Erfolg des Medienhauses in seiner besonderen Herangehensweise zu suchen ist, auf die im Kapitel 5 über die ‚Buch und Medienclubs' ausführlich eingegangen werden wird.

Dass aus dem Buchverlag *C.Bertelsmann* nach dem Zweiten Weltkrieg der ‚Medienriese von Weltgröße'[131] werden konnte, liegt vor allem an der Innovation, die in Darstellungen über *Bertelsmann* auch die erste ‚Königsidee' genannt wird. Die *Bertelsmann-Buchgemeinschaft*, besser bekannt als ‚*Lesering*' oder ‚*Bertelsmann-Buchclub*' ragte aus den Aktivitäten des Verlages in den frühen 50er Jahren heraus. Ungewöhnlich war die Maßnahme, als Verlagsunternehmen *Bertelsmann* „nicht auf Kunden zu warten, sondern die Kunden aufzusuchen – heute eine Binsenweisheit des Marketings, damals keineswegs selbstverständlich".[132]

> „Zwei unternehmerische Entscheidungen bestimmten die Firmenexpansion, die heute (1984, TL) zu einem Umsatz von jährlich mehr als sechs Milliarden Mark geführt hat. Die erste Entscheidung betraf den Beschluß, direkt Kontakt zum Leser herzustellen. Die zweite Entscheidung legte fest, dabei den vertreibenden Buchhandel vermittelnd einzuschalten. Diese Entschlüsse und der weitgehend offene Markt bedingten in den fünfziger Jahren ein ganz außergewöhnliches Wachstum des Unternehmens."[133]

Ohne den überwältigen Erfolg, stellt Bruno Tietz in seinem Aufsatz ‚Königsidee Buchgemeinschaft' fest, „würde sich das Haus Bertelsmann nicht in seiner heutigen Form präsentieren".[134] An anderer Stelle, in der offiziellen Chronik des Konzerns, wird der *Lesering* als Gründungsereignis des modernen Medienhauses bezeichnet:

> „Der Lesering, der heute schlicht „Der Club" heißt, ist das Gründungsereignis des modernen Medienhauses Bertelsmann – die "Königsidee". Heute zählen die Bertelsmann Clubs mehr als 29 Millionen Mitglieder weltweit."[135]

Mit dem Wachstum des Bedarfs an Büchern mussten die Buchlager vergrößert, der Verlag und seine Maschinen erweitert und erneuert, Werbekostenzuschüsse erhöht und Lizenzen gekauft sowie neue Mitarbeiter eingestellt und integriert werden. Die regelmäßigen Buchkäufe von Hunderttausenden von Mitgliedern forderten das Unternehmen schon in den 50er Jahren auf den Gebieten Vertrieb und Logistik, der Mitgliederbetreuung sowie beim Beschaffen

---

[131] Daniels, U., Bertelsmann und die Konzentration im Verlagswesen. Blätter für deutsche und internationale Politik. 1/1973, S. 57-68.

[132] Vgl. Middelhoff/Schulte-Hillen/Thielen, 2001, S. 17.

[133] Mohn, 1984, S. 8.

[134] Tietz, B., Königsidee Buchgemeinschaft. In: 150 Jahre Bertelsmann, 1985, S. 352.

[135] Bertelsmann.de [2.3.2002], (www.bertelsmann.de/bag/chronicle/chronicle1_content.cfm): ‚Die Bertelsmann-Chronik.'

neuer finanzieller Mittel, heraus. Um mehr Kapital für diese Veränderungen zu beschaffen, musste Reinhard Mohn mit seinem Führungsstab Ende der 50er ein Steuerspar- und Kapitalbeschaffungsmodell entwickeln, aus dem sich gleichzeitig ein Motivationsprogramm für seine Mitarbeiter ergab. *Bertelsmann* beteiligte seine Angestellten in Form von Genuss-Scheinen am Gewinn und ließ sich diese Anteile als niedrig verzinstes Darlehen umgehend wieder auszahlen.

> „Die Größenordnungen unserer Finanzierungsanforderungen werden Sie sich vorstellen können, wenn ich darauf verweise, daß wir beispielsweise in den fünfziger Jahren fünf Jahre hintereinander jeweils den Umsatz verdoppelt haben. – Da unsere Bilanz und unsere Steuerungsinstrumente für die Kreditgeber keine überzeugenden Erkenntnisse lieferten, bestand für unser Unternehmen nur die Möglichkeit, Finanzmittel auf Basis des Personalkredits zu bekommen.“[136]

Innerhalb weniger Jahre wurde so Kapital von mehreren Millionen Mark zusammengetragen, das *Bertelsmann* auf anderem Wege nur schwer hätte beschaffen können. Mit dem aufgebrachten Kapital konnte der Konzentrationsprozess beschleunigt und in der Peripherie der Buchgemeinschaften zahlreiche „Druckereien, Plattenfirmen und -presswerke, Versandzentralen, Illustrierte und audiovisuelle Betriebe und immer mehr zuvor unabhängige Publikumsverlage“[137] übernommen werden, die in einen eigenständigen Unternehmensbereich überführt wurden. Der *Lesering* brachte das Kapital ins Unternehmen, das für die umfangreichen Akquisitionen von *Bertelsmann* eingesetzt wurde: „Reinhard Mohn nutzte die Erträge aus seinem Buchclub dazu, mit den akzelerierenden Gewinnen nach und nach einen großen Medienkonzern aufzubauen.“[138]

---

[136] Mohn, 1984, S. 9.

[137] Vgl., Wittmann, Die Geschichte des deutschen Buchhandels. München 1999, S. 419. Welche Verlage und Buchgemeinschaften übernommen wurden, wird im Kapitel über die ‚Buch- und Medienclubs‘ im Zusammenhang dargestellt.

[138] Ludwig, J., Medienunternehmer zwischen Kunst und Kommerz. In: Schulz, G., Geschäft mit Wort und Meinung. Medienunternehmer seit dem 18. Jahrhundert. München 1999, S. 47.

4. Zur kontextualisierenden Beschreibung der Bertelsmann *AG*

Die vorliegende Beschreibung des bewegten Gebildes *Bertelsmann* ist bestimmt von der dekontextualisierenden Strukturierung des Medienkonzerns, die sich einer stringenten Beschreibung widersetzt.

Der Weg vom „kleinen Verlag zu einem der größten Medienunternehmen der Welt"[139] liegt Reinhard Mohn zufolge darin begründet, dass *Bertelsmann* und seine Mitarbeiter lernten, fast alle Abläufe komplett zu hinterfragen, Erfahrungen zu relativieren und neue Wege zu gehen.[140] Häufige organisatorische Transformationen des stetig wachsenden Unternehmens sind eine Folge dieser konzeptionellen Beweglichkeit. So konnte die traditionelle Struktur des Verlags während der Übergangszeit nach dem 2. Weltkrieg schrittweise in einen modernen Konzern transformiert werden. Fehlschritte, wie der Betrieb einer großen Hühnerfarm wurden aufgegeben und die Konzentration auf das Geschäftsfeld Medien verfolgt.[141] Die ehemals zentrale Organisation wich einem dezentralen Unternehmensaufbau, der die Tochterunternehmen weitgehend autonom agieren ließ.[142]

Hunderte von Einzelunternehmen[143] sind heute als scheinbar eigenständige Betriebe in zahlreichen Aufgabenbereichen tätig, darunter zahlreiche prominente Unternehmen und bekannte Marken wie der *Stern*, die *Financial Times Deutschland*, *RTL*, *ntv*, der *Heyne-Verlag* oder der *Bertelsmann Club*.[144]

Um bei der Vielfalt der Aktivitäten Dezentralität möglich, aber Kontrolle nicht unmöglich zu machen, ordnete das Medienhaus seine Unternehmen nach deren strukturellen Eigenschaften. In den Unternehmensbereichen wurden ähnliche Aktivitäten, beispielsweise die Musikunternehmen, die Verlagsunternehmen oder die technischen Betriebe in Gruppen unter einem Führungsgre-

---

139 Mohn, R., Systemfortschreibung als Voraussetzung für Führungsfähigkeit. Kieler Vorträge 127. Kiel 2000, S. 16.

140 Vgl. ebd., S. 5.

141 Gleiberg, G., Zur Pressekonzentration und Meinungsmanipulation. Frankfurt 1972, S. 23: „Zum Bertelsmann-Konzern gehören neben Buch- und Schallplattenverlagen, Buch- und Schallplattengemeinschaften auch Filmtheaterbetriebe, Unternehmen des Filmverleihs und der Film- und Fernsehproduktion und auch eine große Hühnerfarm."

142 Zum Begriff des ‚Dezentralitätsparadigmas' vgl. Stief, J., Wissensmanagement im Bertelsmann-Konzern – das Dezentralitätsparadigma. München 2002.

143 S. Anhang/Unternehmensübersichten.

144 Im *Bertelsmann*-Geschäftsbericht werden 2001 über 200 dem Konzern beigeordnete Gesellschaften in Europa, Nord- und Südamerika, Asien und anderen Teilen der Welt aufgezählt. Vgl. BG Juli - Dezember 2001 (Rumpfgeschäftsjahr), S. 59.

mium, dem heutigen ‚Executive Board', dem der Vorstandsvorsitzende vorsteht, zusammengefasst.

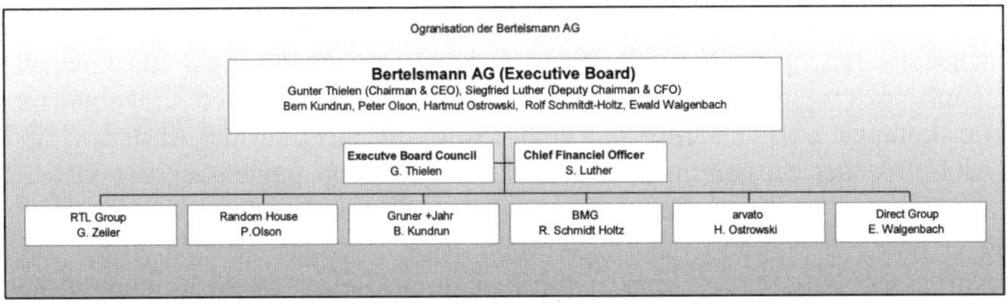

Abb.3. Organisation der *Bertelsmann AG 2003*[145]

Die Einzelbereiche in diesem obersten Gremium bei *Bertelsmann* wurden und werden jedoch aufgrund von Akquisitionen oder veränderter Marktumfelder häufig umgruppiert. Zur Veranschaulichung seien drei Beispiele genannt:

1. Unternehmensbereich *Neue Medien*: Der *Bertelsmann*-Vorstand betonte noch 1999 die Bedeutung des Internets und gründet einen eigenen, mit Sonderbefugnissen ausgestatteten Bereich innerhalb des Unternehmensverbundes. Mittlerweile wurde der Bereich aufgelöst, der ehemalige Vorstand Klaus Eierhoff entlassen und die Aktivitäten, die im Zusammenhang mit dem Netzmedium stehen, vollständig in andere Firmen integriert.

2. *Verlagsgruppe Random House:* Die *Verlagsgruppe Bertelsmann* verlor nach den Käufen der großen Verlagsunternehmen *BantamDoubledayDell* und *Random House* ihre angestammte Steuerungsfunktion, ihre Bedeutung und ihren Namen. Der traditionsreiche Bereich wurde umbenannt in *Verlagsgruppe Random House* und wird nun im Wesentlichen von den USA aus gesteuert.

3. *Bertelsmann Music Group:* Nachdem eine Fusion der Major-Labels *BMG* und *EMI* scheiterte, wurde über den Verkauf der langjährig aufgebauten *Bertelsmann Music Group (BMG)* nachgedacht und verschiedene Fusionsoptionen geprüft.[146] 2003 fusionierte Unternehmensbereich schließlich mit der *Sony Music* und beherrscht als neu-

[145] Bertelsmann media worldwide, Broschüre, Gütersloh 2003, S. 14.
[146] Vgl. Handelsblatt, 20.2.2003: ‚Ausgliederung wieder ein Thema. BMG kommt nicht zur Ruhe.'

geordnetes Unternehmen *Sony BMG* 25,2 Prozent des Musikweltmarktes.[147]

Die oben nur angedeutete, *Bertelsmann* charakterisierende Dichotomie aus zentraler strategischer Leitung und dezentralen, quasi-autonomen Unternehmenseinheiten, gestaltete sich bei der Arbeit an diesem Text als eine der Hauptschwierigkeiten. Viele Tätigkeitsfelder, Ansprechpartner, Einzelmotive, und -kompetenzen verstellen nur allzu häufig die Sicht auf die Absichten und Leitmotive des Gesamtunternehmens. Diese werden gegenüber der Öffentlichkeit meist nur in groben Zügen und rhetorischen Leerformeln dargestellt. In einer Rede vor 600 Führungskräften etwa, kündigte Thielen Ende 2003 zwar unter dem Motto ‚growth through innovation'[148] an, dass nun wieder kräftig investiert und *Bertelsmann* 2004 auf Wachstumskurs gebracht werden würde. Der Vorstandsvorsitzende ließ aber inhaltlich, bis auf das Thema ‚internationale Expansion China und Osteuropa', offen, wie dies konkret bewerkstelligt werden sollte.[149] Derartige ‚offene' Einzelaussagen des Managements verlieren sich als Allgemeinplätze in der Komplexität der zahlreichen Unternehmungen des Konzerns und sind für die Beschreibung des *Bertelsmann*-Kontextes nur bedingt verwendbar.

Es wurde bei Erstellen dieses Textes deshalb Wert darauf gelegt, die zum Teil scheinbar unabhängigen Unternehmensgeschichten in einen gemeinsamen, klaren Zusammenhang einzubetten und zu kontextualisieren. Es ließen sich, unabhängig von der jeweiligen Namensgebung in den letzten 40 Jahren, folgende Unternehmensbereiche ausmachen: *Buch- und Medienclubs*, *Buch- und Zeitschriftenverlage*, *Musik-Vermarktung*, *Film-, Fernseh- Radiounternehmen* sowie *Druck- und Dienstleistungsbetriebe*.[150] Nach diesen Sektionen wurden auch die Kapitel dieser Arbeit benannt.

Eine zweite Schwierigkeit, die eine Konzernbeschreibung problematisch erscheinen ließ, ist die schiere Größe und das ungebremste Wachstum des Unternehmens über kulturelle Grenzen hinweg. Als Zusammenfassung vieler rechtlich selbständiger Unternehmen zu einem wirtschaftlichen Zweck unter

---

147 Financial Times Deutschland, 15.12.2003: ‚Sony und BMG segnen Musikfusion ab': „Sony BMG soll jährlich rund 5 Mrd. Euro umsetzen. Mit einem Weltmarktanteil von 25,2 Prozent rückt Sony BMG dicht an den Marktführer Universal heran. (...) Aus Expertensicht nutzen die Konzerne die Fusion, um sich von den Überkapazitäten aus den wachstumsstarken Jahren zu trennen."

148 Vgl. Financial Times Deutschland, 17.12.2003: ‚Bertelsmann sucht Wachstum ohne Großinvestitionen. '

149 Handelsblatt, 19.12.2003: ‚Bertelsmann ohne Risiko': „Thielens Botschaft: Die Konsolidierungsschritte nach dem Abgang seines Vorgängers Thomas Middelhoff im Sommer 2002 sind beendet."

150 S. Anh. 14.1.

einheitlicher Leitung[151] ist *Bertelsmann* heute bereits in nahezu sämtlichen Medienbereichen weltweit vertreten. Die Absatzmärkte der über 56 Länder, auf denen ,der Weltkonzern'[152] mit seinen Medienprodukten handelt, sind von erheblichen Marktzutrittsbarrieren gekennzeichnet.[153] Verstärkt bemühen sich die *Bertelsmann*-Manager, etwa im Programm der *,Bertelsmann Excellence Initiative'* um die Stärkung der Querverbindungen im Unternehmen.[154] Sie erreichten eine zunehmende interkulturelle Zusammenarbeit zwischen den Unternehmen der Gruppe, mit der die Chancen der Wettbewerber geschmälert werden, beispielsweise aufgrund der im Medienbereich bekanntermaßen hohen ,First Copy Costs'[155] und der vorteilhaften Netzwerkeffekte.[156] Wie die Kommission zur Ermittlung der Konzentration im Medienbereich 2003 darlegte, resultiert aus der Größe und der möglichen Nutzung der internationalen Querverbindungen von *Bertelsmann* ein „Gefährdungspotenzial für die Meinungsvielfalt".[157] Ohne Kenntlichmachung für die Konsumenten hängen oft Produkte und Leistungen miteinander zusammen und ergeben Verbindungen im komplexen Unternehmenstext. Es wird versucht, die jeweils bedeutendsten Synergiebestrebungen der Unternehmensbereiche an einigen Stellen exemplarisch herauszuarbeiten und die Grundzüge der integrierenden Unternehmensstrategie aus europäischer Sichtweise zu erläutern.[158] Eine dritte Schwierigkeit stellt das spezielle Geschäftsfeld des Konzerns dar: „Bertelsmann macht Me-

[151] Vgl. Scheffler, E., Konzernmanagement. Betriebswirtschaftliche und rechtliche Grundlagen der Konzernführungspraxis. München 1992, S. 1f.

[152] Handelsblatt, 22.12.2003: „Weltkonzern Bertelsmann": „Die Fähigkeit von Bertelsmann ist es seit Jahrzehnten, Geschäfte in anderen Ländern und Kulturen zu entwickeln und erfolgreich zu führen. Dies ist der große Unterschied zwischen uns und den genannten Unternehmen. (Disney, TimeWarner, TL)

[153] Shapiro, C., Varian, H.R., Information Rules. A Strategic Guide to the Network Economy. Boston 1999.

[154] Vgl. Bertelsmann.de, [26.3.2003], (http://www.bertelsmann.de/news/press/press_item.cfm?a =5208&id=5208): „Die Unternehmensbereiche werden im Rahmen der Bertelsmann Excellence Initiative (BEX) enger miteinander verzahnt, neue Märkte erschlossen und bisher ungenutzte Umsatzpotenziale gehoben."

[155] Vgl. zum First Copy Cost Effect, Schumann, M.; Hess, T., Grundfragen der Medienwirtschaft. Berlin 2002, S. 69.

[156] Zu nennen wäre hier etwa das Programm beQuest, mit dem *Bertelsmann* die inhaltliche Vernetzung seiner Unternehmensteile mit Hilfe eines internen Netzwerks fördert. Vgl. Stief, 2002, S. 4: „Um jeder Einheit jedoch den gleichwertigen Zugang zu BAG-Wissen und Informationenliefern zu können, müssen die einzelnen Systeme zu einem „globalen" Wissensmanagement-System verbunden werden. Darüber hinaus müssen Schnittstellen zu Warenwirtschaftssystemen, Archiven, Datenbanken einheitlich in ein Einheits-übergreifendes System integriert werden."

[157] Sechster Jahresbericht der Kommission zur Ermittlung der Konzentration im Medienbereich (KEK). Berichtszeitraum 1. Juli 2002 – 30. Juni 2003. Potsdam 2003, S. 30.

[158] Eine Beschreibung aus der Sicht eines anderen Kulturkreises, beispielsweise eine brasilianische, chinesische oder US-amerikanische Beschreibung von *Bertelsmann* würde möglicherweise andere Schwerpunkte setzen, als es die vorliegende Arbeit tut.

dien, leistet Dienste für Medien und vertreibt Medien.“[159] Medienprodukte sind kulturelle und wirtschaftliche Güter zugleich: „Ware und Werk, Kultur und Wirtschaftsgut sind die zwei Seiten ein und desselben Phänomens.“[160] Das bertelsmannsche Dispositiv[161] der Medienproduktion erzeugt große Mengen von Informationen unter bestimmten Bedingungen und prägt damit sowohl Markt als auch die Kultur der Öffentlichkeit.[162] Nur aus einem Teil der produzierten Information, den zur Produktreife entwickelten Inhalten, kann das Medienhaus ‚am Ende‘ der konvergenten Wertschöpfungsketten[163] und ihrer Gestaltung durch das Supply Chain Management[164] Erlöse generieren.[165] Printmedien wie Bücher, Zeitschriften und Zeitungen erbringen ebenso wie die digitalen Speichermedien CD oder DVD direkte Vertriebserlöse. Andere Inhalte, wie die der elektronischen Medien Fernsehen und Radio finanzieren sich indirekt über den Verkauf von Werbung. Dienstleistungen in engerem Sinne, etwa Telefonmarketing oder logistisches Fulfillment, erzeugen Umsätze über die immaterielle Diensterbringung und deren Vergütung. Das Geschäftsmodell und die Inhalte beeinflussen einander, beispielsweise bei der Qualität des Hervorgebrachten. Es wurden daher beide Seiten des Unternehmenstextes, der geschäftliche und der kulturell-inhaltliche Aspekt beschrieben und die Wandlung der kulturellen Positionen erörtert, ohne die wirtschaftlichen Entwicklungen und Prozesse außer Acht zu lassen. Neben den genannten Medienprodukten entstehen ferner zahlreiche Inhalte, mit denen keine Erlöse erwirtschaftet werden. Das Personal

---

[159] Im *Bertelsmann*-Jargon sind das die Geschäftsfelder *Inhalte*, *Media Services* und *Endkundengeschäfte*. Vgl. Monster.de [10.4.2002], (http://unternehmen.monster.de/bde/).

[160] Altmeppen, K.D., Karmarsin. M., (Hg.), Medien und Ökonomie. Bd.1/1. Dieselb., Medien und Ökonomie – Intentionen und Überblick. Wiesbaden 2003, S. 10.

[161] Maier, M., Theorie der Medienproduktion. In: Karmarsin, M.; Knoche, M.; Winter, C., (Hg.), Medienwirtschaft und Gesellschaft I. Münster 2001, S. 24: „Ein Dispositiv im engsten Sinne ist ein dingliches oder bauliches Arrangement, das die Bewegung etwa von Menschen, aber auch von materiellen und immateriellen Gegenständen steuert, strukturiert und beeinflusst.“

[162] Ebd. S. 26: „Als Produktion bezeichnet man die Kombination von Produktionsfaktoren mit dem Ziel einer betrieblichen Leistungserstellung.“

[163] „Die Erstellung und Verwertung von Medienleistungen lässt sich als Wertschöpfungskette mit einer Verknüpfung aufeinander bezogener Wertschöpfungsstufen auffassen. Die Wertschöpfungskette von Printmedien umfasst beispielsweise die Wertschöpfungsaktivitäten: Inhaltsbeschaffung/Inhaltsproduktion, Redaktion, Layout, Druck und Vertrieb. Im Fall der Werbefinanzierung kommt auf der ersten Wertschöpfungsstufe die Aktivität der Werbeakquisition hinzu. In einer Wertschöpfungskette für Multimediaprodukte treten an die Stelle der Vervielfältigung und des physischen Vertriebs verschiedene Funktionen der technischen Übertragung, Navigation und Abrechung.“ In: Maier, M., Strategisches Management. In: Karmarsin, M; Winter, C., Grundlagen des Medienmanagements, S. 84.

[164] Vgl. Werner, A., Supply Chain Management. Wiesbaden 2002, S. 9ff.

[165] Köcher, A., Grundlagen des Medienmanagements. In: Funktionen der technischen Übertragung, Navigation und Abrechung.“ In: Köcher, A., Kostenmanagement und Controlling. In: Karmarsin, M; Winter, C., Grundlagen des Medienmanagements, S. 221.

von *Bertelsmann*, seien es die Contentproduzenten[166] oder die administrativen Mitarbeiter[167], erzeugt während des heute meist digitalen, kommunikationsintensiven Herstellungsvorgangs[168] von Medienprodukten zahlreiche Daten und Dokumente: Texte, Bilder und Filmdateien in Form von MS-Office- Pdf- oder Html-Formaten sowie Video-, Bild- und Tondateien. Diese medialen Inhalte kursieren partiell außerhalb, meist aber innerhalb der virtuellen Netzwerke des Unternehmens und schaffen eine vornehmlich konzerninterne Öffentlichkeit. Das Wissen über den Umgang mit den Informationen über Information wird in der medienproduktionsspezifischen ‚Supply Chain' zum bedeutenden Faktor für den Geschäftserfolg des Medienkonzerns.[169] Speziell für die zentrale Konstruktionsarbeit der verzweigten Gesamtorganisation *Bertelsmann* sind die sich verändernden Inhalte und die sie begleitende Technologien und ihre Beherrschung eine unternehmerische Herausforderung. Die Gesamtheit der *Produkt*inhalte und der *Produktions*inhalte, interne und externe Inhalte zusammen, stellen die Gesamtheit des zu steuernden Unternehmenstextes dar, wobei die externen Texte noch von zahlreichen journalistischen Texten der Beobachtung ergänzt werden. Zu unterscheiden wäre hier zwischen den im Rahmen der Kommunikationspolitik[170] kontrolliert publizierten und den unkontrolliert veröffentlichten Texten. Letztere sind aus Sicht der Unternehmenskommunikation nur mühevoll beherrschbar, manchmal gar geschäftsschädigend, wie, um ein Beispiel zu nennen, der 2003 ausgefochtene Streit mit den ehemaligen *Bertelsmann*-Mitarbeitern von Blottnitz und Buettner, über den zahlreiche Artikel erschienen.[171]

Damit nichts verbreitet wird, das sich negativ auf die eigene Marktposition auswirken oder gar Wettbewerbern wertvolle Informationen zuspielen könnte, kontrolliert das Medienhaus mit einer Abteilung für Öffentlichkeitsarbeit den Zugang zu jenen Texten, über die die Öffentlichkeit verfügen soll und ist darum bemüht, einen positiven und diskreten Unternehmenstext zu vermitteln. Als eine weitere zentrale Schwierigkeit wird diese wettbewerbsbedingte Dis-

---

[166] Gemeint sind Programmierer, Designer, Regisseure, Redakteure, Autoren u.a. Vgl. zum Begriff des ‚Contentproduzenten'. Karmarsin, M.; Winter, C., Medienwirtschaft und Gesellschaft I. Münster 2001. Darin: Karmarsin, M., Theorie der Medienunternehmung, S. 15f.

[167] Gemeint sind Manager, Projektleiter, Controller, Marktforscher u.a. verwaltende Angestellte.

[168] Vgl. Schumann, M.; Hess, T., Medienunternehmen im digitalen Zeitalter. Wiesbaden 1999, S.6f.

[169] Porter, M.E.; Millar, V.E., How information gives you competitive advantage. In: Harvard Business Review, Juli/August 1985, S. 149-160.

[170] Vgl. zur reaktiven und proaktiven Beeinflussung von Medieninhalten durch Unternehmen: Rolke, L.; Wolff, V., Wie die Medien die Wirklichkeit steuern und selber gesteuert werden. Wiesbaden 1999. S. 14f.

[171] Die Ex-Manager verklagten ihren ehemaligen Arbeitgeber *Bertelsmann* aufgrund einer ungenauen Vertragsklausel auf zunächst 3,5 Mrd. Dollar, da das Medienhaus ihnen angeblich eine Beteiligung an AOL Europe versprochen hatte. Es handelt sich um eine Information, die zunächst intern verwahrt, aber durch Interessen der ehemaligen Mitarbeiter publik gemacht wurde. Vgl. Handelsblatt, 12.12.2003: ‚Schwerer Schlag für Bertelsmann. '

kretion gesehen.[172] Sie verhindert, dass die im Konzern kursierenden Produktionstexte mehrheitlich eingesehen werden können und schließt ihre Nutzung für wissenschaftliche Zwecke aus. Meist kann nur auf das vom Konzern freigegebene, werbliche Material zurückgegriffen werden, dessen Botschaften Interpretionswahrheiten als objektive Wirklichkeit darstellen. Vom Standpunkt des Unternehmens ist das vermittelte positive Bild durchaus zu begrüßen, aus medienwissenschaftlicher Sicht hingegen nicht. Da der Einfluss multinationaler Konzerne zunimmt[173] und Medienunternehmen wie *Bertelsmann* zu dominant-prägenden Kulturgestaltern werden, ist die fehlende Transparenz und die unzureichende Vollständigkeit der Darstellung höchst problematisch.

So musste in diesem Text des Öfteren gegen die Konstruktionsbemühungen einer inhaltlich persuasiven Unternehmenskommunikation[174] gearbeitet werden.[175] Es wurde vielfach mit Hilfe journalistischer Texte, die sich auf einzelne Ereignisse beziehen, nach Brüchen und Rissen in der Informationsspur des Unternehmens gesucht, die zum Teil nicht geglättet oder aufgelöst werden konnten. Im Übrigen können sich Einzelaspekte der Unternehmensgeschichte in den Bereichsbeschreibungen wiederholen, stehen dann aber in jeweils anderen Kontexten.

---

[172] Mit Öffentlichkeitsarbeit ist hier die durchaus ideologische, systematische Verbreitung medialer Informationen gemeint, mit dem Ziel, das allgemeine Bewusstsein in bestimmter Weise zu beeinflussen.

[173] Herkenrath, M., Transnationale Konzerne im Weltsystem. Wiesbaden 2003, S. 33: „Will man die Bedeutung transnationaler Konzerne im wirtschaftlichen Geschehen insgesamt erfassen, dürfen (...) nicht nur ihre Auslandsaktivitäten berücksichtigt werden. Vielmehr muss auch die Produktion in den Leitungssitzländern in die Betrachtung einfließen. Eine solche umfassende Sicht zeigt, dass Anfang der 1990er Jahre rund ein Drittel des globalen Güterangebots im Rahmen transnational organisierter Unternehmen hergestellt wird. (...) Der entsprechende Anteil ist um die Jahrtausendwende vermutlich noch größer."

[174] Mast. C., Unternehmenskommunikation. Stuttgart 2002, S. 25: „Unternehmenskommunikation umfasst das Management von Kommunikationsprozessen, die zwischen Unternehmen und ihrer internen bzw. externen Umwelten ablaufen."

[175] Für die Konzerngeschichte bedeutende Personen wie der Generalbevollmächtigte Köhnlechner oder der Vorstandsvorsitzende Fischer werden schlichtweg totgeschwiegen und in der Unternehmensgeschichte kaum erwähnt. Die unternehmerische Leistung von Reinhard Mohn als Kapitaleigner wird in diesem Zusammenhang überbewertet und überhöht. Desgleichen fallen historische Probleme und Schwierigkeiten unter den Tisch und werden zugunsten einer Erfolgsgeschichte schöngeschrieben.

5. Buch- und Medienclubs

Das folgende Kapitel betrachtet die Geschichte und den Begriff der Buchgemeinschaft und geht auf die Entstehung und die Besonderheiten der ‚Königsidee' *Lesering* ein. Ferner beschreibt es die Entwicklung des *Leserings* zu einem Medien-Club. Es werden im *Bertelsmann-Club* heute neben Büchern auch eine Vielzahl anderer Medienprodukte angeboten. Des weiteren wird untersucht, warum der *Bertelsmann-Club* strukturell, das heißt auf die Organisation und das Selbstverständnis des Medienunternehmens bezogen, mehr ist, als eine vortreffliche Geschäftsidee und als eine Art Kern des Unternehmens verstanden werden kann.

5.1 Begriff der Buchgemeinschaft

Die Vertriebsform der ‚Buchgemeinschaft', mit der Bücher im Abonnement an eine geschlossene Kundengruppe mit eigenem Programm verkauft werden, hatte es bereits lange vor dem Zweiten Weltkrieg gegeben. Im Jubiläumsband heißt es zur Idee der *Bertelsmann*-Buchgemeinschaft *‚Lesering'*: „Dann aber tauchte der zündende Gedanke auf ‚Bücher im Abonnement' zu verkaufen. Ganz neu war die Idee nicht."[176] ‚Ganz neu' ist deshalb untertrieben, weil die Vertriebsform der Buchgemeinschaft eine komplexe Vorgeschichte hat und schon vor dem Zweiten Weltkrieg nahezu ein Massenphänomen geworden war. Seit Beginn des 19. Jahrhunderts finden sich Vorstufen von Buchgemeinschaften als verbreitende Leseanstalten, die einem geschlossenen Publikumskreis Zeitschriften und Bücher im Abonnement gegen Entgelt lieferten. Der Wiener *‚Verein zur Verbreitung guter katholischer Bücher'*, 1835 gegründet, war eine der ersten „Vorformen der Buchgemeinschaft"[177] und ebenso wie der *‚Bonner Borromäus-Verein'* aus dem Jahr 1844 verfolgte er das Ziel, religiöse Inhalte einem bestimmten Personenkreis zuzuführen. Jedes halbe Jahr erhielten die Mitglieder inhaltlich ausgewählte Schriften und Bücher als Vereinsgabe, die auf dem Markt nicht mehr ganz aktuell waren.

---

[176] Tietz, 1985, S. 341.

[177] Vgl. Kollmannsberger, M., Buchgemeinschaften im deutschen Buchmarkt. Wiesbaden 1995, S. 23.

Nur aufgrund dieser zeitlichen Verzögerung konnte der offene Konflikt mit dem Buchhandel vermieden werden, der um seine Kunden fürchtete. Das Vertriebsmodell einer Buchgemeinschaft mit pädagogischen Idealen verband 1871 die in Deutschland aktive ‚Gesellschaft zur Verbreitung von Volksbildung'. Mit ihren Zielen gab sie das nationale Startzeichen für „zahlreiche Arbeiterbildungsvereine, Bürgervereine usw., die in den folgenden Jahrzehnten überall entstanden".[178] Die „früheste deutsche Buchgemeinschaft, die Bücher im Abonnement günstiger als die vom *Börsenverein des deutschen Buchhandels* in den 80er Jahren durchgesetzten ‚Buchpreise verkaufte, war der 1872 gegründete *‚Allgemeine Verein für Deutsche Literatur*' ".[179]

Im Vordergrund der Aktivitäten historischer Buchgemeinschaften standen vor allem die Inhalte des Mediums Buch, wie Kollmannsberger in seiner Studie zur Geschichte der Buchgemeinschaften ausführt. Sie waren, stellt die Studie fest, ein Instrument der inhaltlichen Beeinflussung und wurden „bis Mitte der 80er Jahre des vorigen Jahrhunderts (...) durchweg aus ideellen Gründen ins Leben gerufen".[180]

Das Potenzial der Buchgemeinschafts-Idee zeigte die 1891 gegründete *‚Bibliothek der Unterhaltung und des Wissens'* sowie der aus der Arbeiterbewegung stammende *‚Verein der Bücherfreunde*'. Im *‚Verein der Bücherfreunde*' hatten sich nach drei Jahren bereits über 12.000 Mitglieder[181] gesammelt, die regelmäßig das verbindliche Programm des Vereins abnahmen. Nach dem Ersten Weltkrieg stagnierten die Mitgliederzahlen nicht, sondern stiegen weiter an. Ein stark zunehmendes Interesse an Inhalten bestimmte den Medienmarkt und bereitete den Boden für einen florierenden Buchvertrieb. Der aufstrebende Mittelstand machte aus den Buchgemeinschaften buchstäbliche Massenphänomene mit Hunderttausenden von Mitgliedern.[182] 1925 waren schätzungsweise 700.000 Mitglieder in verschiedene Buchgemeinschaften eingetreten, die „regelmäßig Bücher im Abonnement erwarben".[183]

Die beiden größten Verbände waren der 1919 gegründete *‚Volksverband der Bücherfreunde*', der das Preisargument seiner Bücher besonders betonte. In ihn traten bis 1930 über 600.000 Lesewillige ein. Er war damit die mitgliederstärkste Buchgemeinschaft der Zwischenkriegszeit. Die etwas kleinere *‚Deutsche Buch-Gemeinschaft*' mit bis zu 450.000 Mitgliedern[184], bot ihren

---

[178] Hiller, H., Bücher billiger. Buch und Öffentlichkeit e.V. (Hg.) München 1968, S. 3.

[179] Schulz, G., Buchhandels-Ploetz. Abriß der Geschichte des deutschsprachigen Buchhandels von Gutenberg bis zur Gegenwart. Freiburg 1981, S. 60.

[180] Kollmannsberger, 1995, S. 24.

[181] Vgl. Hiller, 1968, S. 9.

[182] Bezüglich des ‚aufstrebenden Mittelstands' als Kunden der Buchgemeinschaften vgl. Messerschmidt, B., „...von Deutschland herübergekommen?" Die Büchergilde Gutenberg im Schweizer Exil. München 1989, S. 18ff.

[183] Kollmannsberger, 1995, S. 28.

[184] Ebd., S. 27.

Kunden zu diesem Zeitpunkt bereits die Möglichkeit an, unter den Buchtiteln selbständig auswählen zu können.

Neben diesen beiden ‚Marktführern' bildeten sich politische Buchgemeinschaften wie die sozialistische Gemeinschaft ‚*Der Bücherkreis*', die in Kooperation mit den Buchhandlungen am Markt agierten. Damit betrieben sie im Gegensatz zu den direkt und zentral vertreibenden Buchgemeinschaften ein so genanntes zweistufiges Modell, „denn die sozialistischen Buchhandlungen und die Geschäftsstellen der Parteizeitungen wurden als Träger des Vertriebs genutzt. (...) 1924 wurde die ‚*Evangelische Buchgemeinschaft*' ebenfalls als zweistufige Buchgemeinschaft mit dem Sortimentsbuchhandel gegründet".[185]

Solche zweistufigen Buchgemeinschaften verfolgten bereits das später von *Bertelsmann* übernommene Modell der Kooperation mit ausgewählten Buchhandlungen. Als besondere Vertriebsform lieferten zweistufige Buchgemeinschaften ihren Mitgliedern, „meist in Anlehnung an einen Verlag oder eine Verlagsgruppe eigene oder fremde Verlagserzeugnisse (...) unter Einschaltung des Buchhandels zu Vorzugspreisen".[186] Es ist falsch, die Zweistufigkeit – also die Einbeziehung des Buchhandels – als Innovation von *Bertelsmann* zu bezeichnen:

> „Alle diese Einrichtungen (die älteren Buchgemeinschaften, TL) beschränken sich jedoch darauf, ihre Mitglieder selbst zu werben und mit Büchern zu beliefern. Es handelte sich also um einstufige Buchgemeinschaften, bei denen Werbung und Vertrieb in einer Hand lagen. Oder anders ausgedrückt: Keine dieser älteren Buchgemeinschaften hatte bisher die intensive Verkaufstechnik des buchhändlerischen Direktvertriebs eingesetzt. Und genau das war das Neue an den Überlegungen, die man in Gütersloh anstellte."[187]

Die eigentliche Leistung von *Bertelsmann* war nicht, wie im Zitat beschrieben, das Modell der Zweistufigkeit, sondern vor allem das händlerische und publizistische Geschick, mit dem das Unternehmen nach dem Krieg das zweistufige Modell aufgriff, es in den Buchhandel integrierte und für die Zwecke seiner Buchgemeinschaft einsetzte.

Es versteht sich von selbst, dass das Regime der Nationalsozialisten die inhaltliche Pluralität der Buchgemeinschaften der Weimarer Republik den Garaus machte. Sie reglementierten die Arbeit der meisten Buchgemeinschaften und steckten sie ins „braune Korsett einer besonderen Fachschaft".[188] Jene, die sie als politische Gefahr ausmachten, schafften sie ab. 1933 wurde der ‚*Braune Ring*' formiert, den das Reichspropagandaministerium programmatisch kontrollierte und der zeigte, wie Buchgemeinschaften als ideologisches In-

---

185 Ebd.

186 Runge, K., Die Buchgemeinschaften und ihre Problematik. In: Hodeige, F. (Hg.), Das Recht am Geistesgut, Festschrift für Walter Bappert. Freiburg 1964, S. 233f.

187 Tietz, 1985, S. 342.

188 Bigler, R., Literatur im Abonnement. Die Arbeit der Buchgemeinschaften in der Bundesrepublik Deutschland. Gütersloh 1975, S. 24.

strument eingesetzt werden konnten. Nur in der Emigration überlebten Buchgemeinschaften wie die *,Büchergilde Gutenberg'* als Exilgilde[189], die auf dem deutschen Büchermarkt aber keine Rolle mehr spielten.

Bei Kriegsende war auch die Infrastruktur der nationalsozialistischen Buchgemeinschaften zusammengebrochen. Die Verlagslandschaft hatte mit völlig neuen marktwirtschaftlichen Rahmenbedingungen und inhaltlichen Voraussetzungen fertig zu werden. Es erwies sich bald, dass das Buchgemeinschaftsmodell keinesfalls ausgedient hatte, sondern erst vor seinem Höhepunkt stand.

5.2 Gründung und Wachstum des *Leserings*

5.2.1 Das integrative Vertriebsmodell

Nach dem schlechtlaufenden Weihnachtsgeschäft im Jahr 1949 waren dem *C.Bertelsmann-Verlag* beinahe die Mittel ausgegangen. Die Währungsreform im Jahre 1948 hatte aus dem begehrten Tauschobjekt Buch einen kaum mehr gefragten Artikel gemacht. Stattdessen mussten Dinge des täglichen Lebens wiederbeschafft und „Verlorenes, Verdorbenes, Zerbombtes ersetzt werden".[190] Die Buchhändler machten massiv von ihrem Rückgaberecht Gebrauch und *Bertelsmann*-Bücher gingen in großen Stückzahlen an den Verlag zurück: „Das Weihnachtsgeschäft 1949 lief nicht, und der Verlag musste Anfang 1950 eine unvertretbar hohe Zahl an Remmitende – also Bücher, auf denen ein Rückgaberecht lag, hinnehmen."[191] Für den *C.Bertelsmann*-Verlag, der gezwungen gewesen war, große Mittel in den Wiederaufbau seiner Gebäude und Maschinen zu stecken, war die massenhafte Zurücknahme seiner Bücher ein geschäftlich-prekärer Zustand. Zeitweise schien gar der Bestand des Verlags gefährdet zu sein.

Als Reaktion auf die Krise folgte ein Reflexionsprozess und die Erfindung des *Bertelsmann-Leserings*, der Buchgemeinschaft, die *Bertelsmann*-Bücher im Abonnement an einen festen Kundenkreis lieferte.

Am 1. Juni 1950 wurde der *,Lesering – Das Bertelsmann-Buch'* gegründet, der das Unternehmen in kurzer Zeit aus der Krise und auf Wachstumskurs führte. Der Kundenkreis, der über ein Abonnentensystem fest an den ‚Ring' gebunden wurde, garantierte in überschaubaren Zeiträumen eine gewisse Pla-

---

[189] Vgl. Messerschmidt, 1989, S. 2ff.
[190] Oeltze, 1964, S. 3.
[191] Tietz, 1985, S. 341.

nungssicherheit. Der Bedarf an Material und Arbeitsleistung konnte präziser kalkuliert und die notwendigen Kommunikationsaktivitäten methodisch vorbereitet und abgestimmt werden. Die Mitgliedsbedingungen lauteten im November 1951 wie folgt:

> „Die Mitgliedschaft kann mit jedem laufenden Quartal beginnen und gilt zunächst für die Dauer eines Jahres. Sie verlängert sich jeweils um die gleiche Zeit, wenn sie nicht drei Monate vor Ablauf unter Einschreiben gekündigt wird. – Der Monatsbeitrag beträgt DM 3.20. Dafür kann das Mitglied aus der Standardgruppe der schöngeistigen Produktion des Verlages C.Bertelsmann jährlich 8 Bände wählen. (...) Mitglieder, die darauf verzichten, uns ihre Wünsche bis zum 1. des dritten Quartalsmonats aufzugeben, erhalten die Hauptvorschlagsbände."[192]

Nicht die Werbung der Kunden und ihre in diesem Passus beschriebene Bindung war am Anfang das Hauptproblem des *Leserings*. Die Unternehmensleitung sorgte sich vielmehr darum, mit dem *Lesering* das Sortiment und damit gewichtige Kunden zu verschrecken, die den Direktvertrieb von Büchern missbilligten. Ein zentral geführter Verlag wie *C.Bertelsmann* riskierte mit einer möglichen Missstimmung in der Beziehung zu den Buchhandlungen eine empfindliche Störung seines Geschäfts. Denn auch für den Verlag *C.Bertelsmann* fungierte der Buchhandel als Hauptmittler zwischen dem Unternehmen und den Lesern.

> „Klassischer Einzelhandelspartner des Verlages ist der Sortimentsbuchhandel, der noch immer als der wichtigste Partner gelten kann. (…) Der Sortimentsbuchhändler betreibt in der Regel ein Ladengeschäft mit einem relativ breiten, nicht sehr spezialisierten Sortiment, das bei Bedarf (Kundennachfrage) rasch um die entsprechenden Titel ergänzt werden kann. Mit seiner Fachberatung erfüllt der Sortimenter eine wichtige Funktion zwischen Verlag und Käufer."[193]

Ein Teil der Buchhändler-Funktion konnte mit einem festen buchgemeinschaftlichen Programm und dem Direktvertrieb entkräftet werden. Es zeigt sich hier, dass Reinhard Mohn trotz Risiken bereit war, ungewöhnliche, geschäftliche Wagnisse einzugehen, die mit der Tradition brachen – und dass er mit derart riskanten Entscheidungen findig umzugehen wusste. Die Lösung von *Bertelsmann* und seinem *Lesering* war die offensive Einbindung des Buchhandels in seine Planungen.

5.2.2 Die Zweistufigkeit des *Leserings*

Das Unternehmen wählte dazu das Modell der bereits beschriebenen Zweistufigkeit. Mit der ersten Stufe ist die Buchgemeinschaft, mit der zweiten sind die von der Buchgemeinschaft einbezogenen Buchhandlungen gemeint. *Bertels-*

[192] Lesering Illustrierte. Mitteilungen für das 4. Quartal. Gütersloh, November 1950, S. 13.
[193] Stockem, A., Vermarktung von Büchern. Wiesbaden 1988, S. 48.

mann arbeitete mit dem Buchhandel *und* kooperierte mit dem deutschen *Reise- und Versandbuchhandel* und seinem weitläufigen Vertreternetzwerk. Der verbreitende Buchhandel wurde „zur Mitgliederwerbung und -betreuung eingeschaltet, was den Start des Leserings wesentlich erleichterte".[194] Anstatt gegen das Sortiment zu agieren, bemühte *Bertelsmann* sich um seine Integration und eine Art ‚Franchise-System'. Die aktive Einbindung der Infrastruktur des Buchhandels gehörte bis hin zu den Slogans zum Programm: „Es kann niemand beim Verlag, aber jeder bei jeder Buchhandlung Mitglied im Bertelsmann-Buchclub werden."[195]

In der so genannten ‚Zwei-Märkte-Theorie'[196] zum ‚Kulturgut Buch', die das Unternehmen vertrat, wurde die Vereinigung von Widersprüchen deutlich, die *Bertelsmann* mit dem *Lesering* gelang. Sie besagte, dass *Bertelsmann* über den Lesering neue Märkte und Zielgruppen für das Buch *und* den Buchhandel gewann. Die auf populäre Inhalte ausgerichtete Buchgemeinschaft würde neue Leserschichten ansprechen und über ein Beteiligungsmodell auch dem Buchhandel neue Kunden zuführen. Dass *Bertelsmann* die neuen Leser an seinen *Lesering* band und weitgehend mit verlagseigenen Büchern versorgte, wurde nicht thematisiert. Trotz dieser Argumentation kann die Bedeutung der Buchgemeinschaften für die Leseförderung, wie rückblickend festgestellt wurde, „kaum hoch genug eingeschätzt werden".[197]

So spricht Roszinsky-Terjung von der Transformation von Nicht-Lesern zu Lesern. Durch ‚Emporlesen' würden die Buchgemeinschaftskunden einen höheren Bildungsgrad erreichen und schließlich selbst zu Kunden der Buchhandlungen werden. Beim stationären Buchhandel räumte man mit diesem argumentativen Ansatz die Bedenken zwar nicht völlig aus, vermied aber die ‚buchhändlerische Blockade' von *Bertelsmann*.

> „Im Sortiment war die Frage einer Zusammenarbeit mit einer Buchgemeinschaft in dieser Zeit Gegenstand kontroverser Diskussionen. (...) Die Kooperierenden ‚loben das System (und die Einkünfte) über alle Maßen. Die anderen sehen die Buchgemeinschaften als Gefahr für die Preisbindung an und lehnen jede Form der Kooperation mit ihnen ab."[198]

Die Unternehmensleitung von *C.Bertelsmann* griff bei der Zweistufigkeit des *Leserings* konsequentermaßen auf ein bewährtes Modell zurück und optimierte es, indem sie die Strukturen ihrer Buchgemeinschaft flexibilisierte und die Unternehmensprozesse dem ‚Lesering' anpasste. Im Brief an die ‚Kollegen

---

[194] Kollmannsberger, 1995, S. 31.

[195] Gööck, R., Bücher für Millionen. Fritz Wixforth und die Geschichte des Hauses Bertelsmann. Gütersloh 1968, S. 115.

[196] Buchmarkt, 2/1979. Rack-Jobbing Umfrage, Alternative für den Taschenbuch-Verkauf?, S.58f.

[197] Wittmann, 1999, S. 417.

[198] Roszinsky-Terjung, A., Text und Kritik. Über Buchgemeinschaften. In: Arnold, H.-L., Literaturbetrieb in der Bundesrepublik Deutschland.(2.Aufl.) München 1981, S. 119.

des Buchhandels' schrieb Reinhard Mohn, der *Bertelsmann* direkt führte, am 31. Mai 1950 zur Ankündigung des *Leserings*: „Er wird sich von den Einrichtungen dieser Art wesentlich dadurch unterscheiden, dass er nicht nur einer einzelnen Interessengruppe dient, sondern den gesamten Buchhandel umschließt."[199]

5.2.3 Auftakt der Mitgliederwerbung

Innerhalb eines Jahres gewann der *Lesering* über 100.000 Abonnenten mit Hilfe des *Reise- und Versandbuchhandels* und dessen Vertretern, die Bücher direkt an der Tür des Kunden verkauften und im Gespräch und der Kundenwerbung erprobt waren. Als außerordentlich erfolgreich erwies sich zudem die bis heute eingesetzte ‚Freundschaftswerbung', bei der Neumitglieder von anderen zuvor eingetretenen Mitgliedern des *Leserings* gegen Prämien angeworben wurden. Die Nachhaltigkeit dieses Marketinginstruments zeigte sich durch die bis 1958 geworbenen 185.000 Neukunden und bewies „die Bedeutung der Kommunikation einer geschlossenen Gruppe".[200]

Drei Jahre nach der Gründung im Jahr 1952 kam als Partner der *Werbende Buch- und Zeitschriftenhandel (WBZ)* hinzu, der Mitglieder aktiv warb. Abermals ließen sich die Werbewirkung und Schlagkraft des *Lesering*-Vertriebs erhöhen. Vertreter an den Türen warben ferner mit oft zweifelhaften Methoden Kunden an. Rot angestrichene ‚Werbebusse' fuhren übers Land und stellten den *Lesering* vor.

> „Bald darauf schwärmten Tausende von Vertretern, sogenannte Drücker aus der derben Zunft des Reisebuchhandels, mit Hunderten von Werbewagen über die gerade gegründete Bundesrepublik und redeten, rempelten, tricksten hunderttausende Bundesbürger in den neuen Lesering."[201]

Diese Kooperation wirkte sich zeitweise negativ auf das Image des *Bertelsmann-Leserings* aus, was seinen Erfolg jedoch nicht schmälerte. Die Vertreter kamen, wie es heißt, „zu recht befriedigenden Abonnementsabschlüssen".[202] Steigende Mitgliederzahlen belegen den Erfolg der nachdrücklichen ‚Überzeugungsarbeit': Am 1. Juli 1951 waren es 100.000, 1952 schon 250.000, 1953 bereits 950.000 und im Jahr 1959 2.561.395 Mitglieder. Reinhard Mohn und die Unternehmensleitung waren überrascht: „Der Lesering verdoppelte seinen Umsatz im Jahresrhythmus. Bücher können gar nicht so schnell produ-

---

[199] Mohn, R., Rundbrief an den Buchhandel zur Ankündigung der Gründung des Leserings. Gütersloh 31.5.1950.

[200] Vgl. Kollmannsberger, 1995, S. 36.

[201] Der Spiegel, 7/1981, S. 81: Spiegelreport über Bertelsmann – den größten Verlag der Welt: ‚Zuviel an Größe'. ‚Grund zum Fürchten'.

[202] Tietz, 1985, S. 344.

ziert werden, wie die Leser danach verlangen."[203] Für den Verlag und seine Unternehmensorganisation wurde der prosperierende Buchclub, was Leitung, Verwaltung, Entwicklung anging, zur Herausforderung.

5.2.4 Einführung der Profitcenter und Bücherstuben

Anfang der 60er Jahre fand eine erste große Umstrukturierung statt, um das wachsende Gebilde Bücherclub unternehmerisch besser führen und steuern zu können. Hierfür machte das Unternehmen aus dem *Lesering* 1959 einen nahezu eigenverantwortlich arbeitenden Unternehmensbereich mit weitgehender organisatorischer Selbständigkeit und eigener Leitung. Heute würde man diese Organisationsform als eigenständiges ‚Profitcenter' bezeichnen, das sich gegen Konkurrenten in einer vielfältigen Buchgemeinschaftslandschaft zu behaupten hatte. Mitte der 50er Jahre setzte in diesem Wettbewerb eine Konzentration der Marktteilnehmer ein, an der die *Bertelsmann-Buchgemeinschaft* dynamisch teilnahm: Ende 1960 überschritt der *Lesering* mit 2.540.000 Mitgliedern bereits die 2,5 Millionen-Grenze, während gleichzeitig die Anzahl der bundesdeutschen Buchgemeinschaften auf fünfzehn Unternehmen mit insgesamt rund 5 Millionen Mitgliedern zurückging. Von 1955 bis 1985 ‚schluckte' der *Lesering* insgesamt 14 kleinere konkurrierende Clubs, darunter den zweitgrößten, die *Europäische Bildungsgemeinschaft (EBG)* in Stuttgart mit 1,6 Millionen Mitgliedern.[204]

Als Hauptkonkurrent des *Leserings* kristallisierte sich die große Buchgemeinschaft der Verlagsgruppe *Holzbrinck* mit der Organisation des *Deutschen Bücherbundes* heraus. Von dem Dyopol dieser großen Buchgemeinschaften wurde der Markt seit den 60er Jahren dominiert. Der Wettbewerb wurde von „zwei großen Blöcken, Bertelsmann und Holzbrinck, beherrscht"[205], die immer mehr Mitglieder auf sich konzentrierten.

Um sich im Markt gegenüber *Holzbrinck* zu profilieren und noch mehr Präsenz und Leistungen zu zeigen, baute der *Lesering* in den Städten ein eigenes, stationäres Filialsystem auf. Die ‚Bücherstuben', seit 1969/70 unter dem Namen *Club-Center*[206] bekannt, führte der Unternehmensbereich Buchgemeinschaften mit dem Ziel ein, unabhängig von den Buchhandlungen exklusiv Buchgemeinschafts-Produkte zu vertreiben, zu bewerben und zu den Men-

[203] Middelhoff, 2001, S. 17.

[204] Rühle, G., Die Büchermacher. Von Autoren, Verlegern, Buchhändlern, Messen und Konzernen. Frankfurt a. M. 1985, S. 47f.

[205] Kollmannsberger, 1995, S. 41.

[206] Buchmarkt, 11/1978, S. 42: ‚Weg vom Seifenplatz, das neue Gesicht der Club-Center': „1969/70 firmierten die Läden einheitlich um in „Club-Center" – eine Beschriftung, die sich leicht gegen das bisher vorherrschende „Bertelsmann" auswechseln ließ, denn sie zählten mit dem Bindestrich ebenfalls 11 Buchstaben."

schen zu bringen. Der Buchhandel reagierte misstrauisch, obwohl Mohn die Möglichkeit bot, in die Kette mit Hilfe einer Art Franchise-System einzusteigen, also als Buchhändler selbst eine *Bücherstube* zu eröffnen. Das *Börsenblatt* sprach von einem ‚Hemmnis der Buchhandlungen', dem *Bertelsmann*-Verbund beizutreten:

> „Das psychologische Hemmnis, dass ausgerechnet das Haus Bertelsmann, dem man in weiten Kreisen, was seine Machtbestrebungen angeht, ohnehin nicht so recht über den Weg traut, diese Initiative ergriffen hat."[207]

Die *Bertelsmann*-Buchgemeinschaft hatte angesichts des bedeutenden Wachstums seiner Mitgliederschaft offensichtlich die zurückhaltende Strategie bezüglich der Buchhandlungen zugunsten einer Offensivtaktik aufgegeben. In einem für Furore sorgenden Interview im *Börsenblatt des Deutschen Buchhandels* forderte Reinhard Mohn 1970 den Buchhandel auf, effizienter zu arbeiten. Geschehen solle das durch eine Beschränkung der Titelanzahl nach dem Vorbild der Buchhandelskette des *Bertelsmann-Clubs*:

> „Ich bin davon überzeugt, dass der wesentliche Umsatz von im Sortiment in Wirklichkeit ohnehin nur von einem relativ kleinen Titelanteil, sagen wir mal von 3000 Titeln, bestritten wird. Die riesig große Titelzahl, die uns hier immer vor Augen schwebt, die ist im Hinblick auf den Umsatzanteil in der durchschnittlichen Sortimentsbuchhandlung gar nicht so relevant. (...) Ich werde also nur einen Teil der Titel, einige Tausend der Titel, in das Dispositionsverfahren hineinnehmen und die anderen eben nicht."[208]

Die Präsenz vor Ort sowie die Akquisitionsaktivitäten der beiden großen Buchgemeinschaften beschleunigten schließlich den Konzentrationsprozess, so dass von ursprünglich 85 Buchgemeinschaften, die es Ende der fünfziger Jahre noch gab, 1964 nur noch acht vorhanden waren.[209]

5.2.5 Modernisierung und Internationalisierung

Bertelsmann erfasste schneller als seine Wettbewerber die Übertragbarkeit des Buchclub-Konzepts auf andere Länder. Da das Wachstum in Deutschland irgendwann ein Ende finden musste, begann die Geschäftsführung Strategien für die Expansion des Buchclubs auf internationaler Ebene auszuarbeiten. Warum sollte ein Abonnement-Modell wie in Deutschland nicht auch im europäischen Ausland erfolgreich sein? Die *Bertelsmann*-Druckereien produzierten Bücher in vielen Sprachen und arbeiteten ohnehin international. Nach Ver-

---

207 Börsenblatt für den Deutschen Buchhandel, 75/1970, S. 2049: Gespräch mit Reinhard Mohn.'

208 Ebd.

209 Zur genauen Anzahl der Buchgemeinschaften; Vgl. Runge, K., Die Buchgemeinschaften und ihre Problematik. In: Hodeige, F. (Hg.), Das Recht am Geistesgut, Festschrift für Walter Bappert. Freiburg 1964, S. 221.

handlungen und konzeptionellen Vorbereitungen begann das Unternehmen 1962 mit der Expansion des *Leserings* in Europa und unternahm mit der Gründung des ‚*Circulo de Lectores*' in Spanien den ersten Schritt ins europäische Ausland. Der Markt war vom Club-Management analysiert worden und Spanien hatte sich, auch wegen der Expansionsmöglichkeiten, die sich aus dem Engagement langfristig in Südamerika ergeben sollten, als besonders geeignet erwiesen.[210]

Es war der erste Meilenstein auf dem Weg zum internationalen Medienunternehmen, das über nationale Grenzen hinweg Medienprodukte nicht nur herstellte, sondern auch distribuierte und Vertriebsstrukturen sowie Kundenstämme im Ausland aufbaute. Die spanische Buchgemeinschaft erwarb rasch eine kulturbildende und spezifisch spanische Identität mit festem Abonnentenstamm und losen Beziehungen zur deutschen Zentrale. Typisch für den bertelsmannschen Umhang mit Inhalten war die Möglichkeit einer weitgehend unabhängigen Programmarbeit, deren kalkulatorischer Erfolg von der *Bertelsmann*-Zentrale in Gütersloh überwacht wurde. Das Prinzip dieser programmatischen Verantwortlichkeit der dezentralen Firmen blieb auch bei den nächsten Schritten erhalten. 1966 erfolgte die Expansion nach Wien mit dem Kauf der *Buchgemeinschaft Donauland,* der größten österreichischen Buchgemeinschaft. Sie bot etwa 500 Buchtitel und 300 Schallplatten mit speziell auf den österreichischen Geschmack zugeschnittenen Inhalten an. *Bertelsmann* beeinflusste ihre inhaltliche Eigenständigkeit nicht, sondern beschränkte sich auf betriebswirtschaftliche Veränderungen. Bereits ein Jahr später, im Januar 1967, kam die Gründung des holländischen ‚*Europaclub voor boeken en grammofoonplaten N.V.*' mit einem Angebot von 250 Büchern und 200 Schallplatten hinzu.[211]

Neben diesen internationalen Aktivitäten erfolgte der Schritt zur marktbeherrschenden Buchgemeinschaft 1970 mit dem 50-Prozent-Einstieg bei der *Deutschen Buchgemeinschaft*.[212] Die *Bertelsmann*-Buchgemeinschaften hatten zu diesem Zeitpunkt in Deutschland einen Marktanteil von 17 Prozent des 1,3 Mrd. DM umfassenden Gesamtbuchmarktes, wobei das System der Buchgemeinschaft als Vertriebsmodell von Büchern den zweiten Platz hinter dem Sortimentsbuchhandel hielt.[213] Die untenstehende Abbildung zeigt die Einzelunternehmen des Bereichs im Jahr 1971.

---

[210] Vgl. Tietz, 1985, S. 353f.

[211] Gööck, 1968, S. 212.

[212] Vgl. Hutter, M./Langenbucher, W., Buchgemeinschaften und Lesekultur. Studie zum Programmangebot von Buchgemeinschaften. Berlin 1980, S. 21.

[213] Bertelsmann Club. „Buch und Leser 1973-1990 – ein Langzeitvergleich. Unveröffentlichte Studie. Gütersloh 1990, S. 11.

Buch- und Schallplattengemeinschaften
Bertelsmann Reinhard Mohn oHG, *Gütersloh*
Lesering/Schallplattenring, *Gütersloh*
Europaring *Gütersloh/Salzburg/Bern*
Deutscher Bildungsring, *Gütersloh*
Europäischer Buch- und Phonoklub, *Stuttgart*
Europäische Bildungsgemeinschaft, *Stuttgart*
Christlicher Bildungskreis, *Stuttgart*
P.P.Kelen Verlagsgesellschaft/Ring der Musikfreunde
Circulo de Lectores, *Barcelona*
Circulo international, *Barcelona*
Buchgemeinschaft Donauland, *Wien*
Europaclub voor boeken en grammofoonplaten, *Antwerpen*

Abb.4. *Bertelsmann*, Buch- und Schallplattengemeinschaften 1971[214]

5.3 Expansion im Ausland, Sättigungserscheinungen im Inland

5.3.1 Export der *Lesering*-Idee

Noch 1973 ergab die von *Bertelsmann* in Auftrag gegebene Studie ‚Buch und Leser (IFAK)', dass 26 Prozent der Kunden ihre Bücher in Buchgemeinschaften erwarben und das Medienhaus in diesem Bereich die führende Position einnahm.[215] Den Ausbau dieser marktbeherrschenden Position ergänzte *Bertelsmann* durch Aufkäufe weiterer Buchgemeinschaften, doch die Dynamik des nationalen Marktes nahm insgesamt ab. Der lang anhaltende Bücherboom der Nachkriegs- und Wirtschaftswunderzeit, herbeigeführt durch die gelungene Integration der lesewilligen, aber mit dem Medium noch unvertrauten Massenzielgruppen, konnte nur bis Mitte der 70er Jahre fortgesetzt werden. Zwar stieg 1974 der Umsatz des Unternehmensbereichs *Buchgemeinschaft* auf 577 Mio. Mark[216], doch wurden die lobenden Kommentare zur Buchgemeinschaft

[214] Quelle: Film und Recht. Informationsdienst des Instituts für Film und Fernsehrecht. 15.1.1971, S. 15.

[215] Bonfadelli, H., Leser und Leserverhalten heute. In: Franzmann, B.; Löffler, D. (Hg.), Handbuch Lesen. München 1999, S. 89.

[216] BG 1973/74, S. 13.

ab 1971 mit der Transformation von *Bertelsmann* zur Aktiengesellschaft zusehends verhaltener.

Die Konzernmanager stellten ‚Sättigungserscheinungen' und eine Beendigung des Wachstumskurses fest. Der einstmalige Vorzeigebereich begann sich als zunehmend schwieriges Feld zu entpuppen. Dass für die Bundesrepublik Deutschland ab Ende der 70er Jahre „nur eine sehr begrenzte Expansion"[217] zu erwarten war, wurde zurückgeführt auf die Emanzipation der *Lesering*-Mitglieder vom gewohnten und an die Buchgemeinschaft gebundenen Mediennutzungsverhalten:

> „Als Ursache für diesen Rückgang des Clubgeschäfts werden geänderte Käufergewohnheiten genannt: die Schwellenangst vor dem Buchladen ist gesunken, zumal wenn es sich um Buchkaufhäuser neueren Stils handelt. Hinzu kommt, dass fast alle interessanten Buchtitel mindestens ebenso schnell wie im Club, aber noch viel billiger, als Taschenbuch erhältlich sind."[218]

Die ehemals medial unerfahrenen Kunden entwickelten sich aufgrund eines zunehmenden Medienwettbewerbs, etwa mit dem Fernsehen, zu umworbenen Nutzern und Konsumenten von Medienprodukten wie Buch und Schallplatte. Darüber hinaus verschwand die Schwellenangst vor dem Betreten einer Buchhandlung weitgehend. Durch diese Wandlung des Mediennutzungsverhaltens, die Arnold ausführlich beschreibt[219], verlor das Abonnentensystem der Buchgemeinschaft etwas von seiner wirtschaftlichen Durchschlagskraft. Als Folge der Beruhigung des deutschen Buchgemeinschafts-Marktes leitete die Unternehmensführung Veränderungen ein: Die Werbung wurde überarbeitet und optimiert, das Programm wurde, worauf noch einzugehen sein wird, angepasst und offensiver gemacht, die Mitgliederansprache und Datenverwaltung erneuert sowie die Personalstruktur und die Entwicklung von Synergien innerhalb des Unternehmens verbessert.

Darüber hinaus beschleunigte die Unternehmensleitung den Konzentrationsprozess und die Expansion ins Ausland beharrlich, und Reinhard Mohn definierte die „Internationalisierung als verlegerische Aufgabe und lohnendes Ziel".[220] Das Auslandsgeschäft begann wichtiger zu werden als das Inlandsgeschäft und die Prioritäten verschoben sich. *Bertelsmann* erkannte im Ausland „erhebliches Wachstumspotenzial".[221] Einige der Auslandsgesellschaften des Bereichs *Buch- und Schallplattengemeinschaften* hatten das defizitäre Anlauf-

---

[217] BG 1977/78, S. 12.

[218] Bundesmann-Jansen, 1992, S. 37.

[219] Zum veränderten Leserverhalten; Vgl. Arnold, H.L., Literaturbetrieb in der Bundesrepublik Deutschland. (2.Aufl.) München 1981, S. 113: „55 Prozent Frauen, 57 Prozent besaßen Volksschulabschluß, 30 Prozent mittlere Reife und 13 Prozent Abitur. Das größte Leserpotential waren dabei Angehörige mittlerer Bildungsschichten in kleineren Städten."

[220] Bertelsmann Briefe, 94/1978, S. 34: Reinhard Mohn. Internationalisierung als verlegerische Aufgabe.

[221] BG 1977/78, S. 12.

stadium seit Mitte der 70er Jahre überschritten und näherten sich „der in diesem Geschäft üblichen Ertragssituation“.[222] Innerhalb von zehn Jahren, seit Gründung des spanischen Buchclubs, war die Auslandsexpansion des *Leserings* zu einem wichtigen Faktor des Unternehmensbereichs *Buchgemeinschaften* geworden.[223] 1977 investierte *Bertelsmann* in die Erschließung des englischen Marktes, um in kurzer Zeit eine Mitgliederanzahl zu erreichen, „die an die 500 000 des weitaus größten britischen Clubs, der *Book Club Association*, heranreicht“.[224]

> „Für den England-Start hat Bertelsmann zehn Millionen Mark bereitgestellt, und Bertelsmanns Londoner Generaldirektor Dr. Manfred Herriger erklärte: ‚Wir wären auch bereit, noch mehr auszugeben. (...) Im Gegensatz zu Deutschland dürfen Buchklubs in England übrigens seit 1963 ihre Titel gleichzeitig mit dem Erscheinungstermin des vereinsfreien Originals herausbringen.“[225]

1978 erwirtschafteten die ausländischen Clubs „mehr als die Hälfte des Umsatzes im Bereich der Buch- und Schallplattengemeinschaften“.[226]

Die Etablierung der Buchgemeinschaftsgesellschaften in anderen Ländern wurde von der Gütersloher Zentrale und ihrer Abteilung ‚Expansion‘ aus gesteuert und durch den internationalen Ideentransfer weiterentwickelt.[227] In den Ideenaustausch eingeschlossen waren betriebswirtschaftliche Aspekte des Marketings, der EDV, der Kundenansprache und der Verwaltung. Wie der Jahresbericht von 1980 vermeldete, brachte dies bei der Expansion Erfolge mit sich, so dass die wachsenden Auslandsaktivitäten in Europa, Mittel-, Süd- und Nordamerika aufgrund des beschriebenen Wachstums und der hohen Sättigung des deutschen Buchgemeinschafts-Marktes die nationalen Aktivitäten von *Bertelsmann* übertrafen.[228]

Anfang der 80er Jahre hatte das Unternehmen seine Aktivitäten mit multinationalen, dezentralen Buchgemeinschaften „in zwanzig Länder und sieben Sprachräume ausgedehnt“.[229] Weltweit vereinigten die *Bertelsmann-Clubs* 1981 über 14 Millionen feste Mitglieder, die über ihre Mitgliedschaft regelmäßig Medienprodukte, vor allem Bücher und Schallplatten, bezogen.

In Deutschland konzentrierten sich die verschiedenen Buchgemeinschaften auf die Erneuerung der Marke und die Integration der aufgekauften Buchge-

---

[222] BG 1975/76, S. 9.
[223] Vgl. Anh. Tab. 14.2.
[224] Börsenblatt für den Deutschen Buchhandel, 26/1.4.1977, S. 92: Bertelsmann in England.
[225] Ebd.
[226] BG 1977/78, S. 13.
[227] Ebd., S. 12.
[228] BG 1980/81, S. 76: Länderübersicht Buch- und Schallplattengemeinschaften; *Europa:* Belgien, Frankreich, Großbritannien, Holland, Italien, Niederlande, Norwegen, Österreich, Portugal, Schweden, Schweiz, Spanien, *Mittel- und Südamerika:* Argentinien, Costa Rica, Ecuador, Kolumbien, Mexiko, Panama, Uruguay, Venezuela, *Nordamerika:* USA, Kanada.
[229] BG 1981/82, S. 24.

meinschaften. Die 1978 für *Bertelsmann* im Buchgemeinschafts-Markt aktiven Firmen, die „Bertelsmann Reinhard Mohn GmbH, die den Lesering, Schallplattenring und Europaring betreibt, die Europäische Bildungsgemeinschaft Stuttgart und die Deutsche Buchgemeinschaft Darmstadt, an der das Haus Bertelsmann zu 50% beteiligt ist“[230], wurden in die Gesamtmarke *Bertelsmann-Club* überführt, was mit der gemeinsamen Präsentation der verschiedenen Marken in den über 270 *Club-Centern*[231] in Deutschland einherging. Im Zuge der Umbenennung in ‚*Bertelsmann Club*‘ fand auch eine umfassende Modernisierung der *Club-Center* statt, deren Inneneinrichtung und Präsentation dem Zeitgeschmack angepasst wurden:

> „Das Ziel der neuen Einrichtung: den Charakter des Fachgeschäfts herausstellen. Damit verbunden ist die Abkehr von allzu schreierischer Werbung und Präsentation. Nur noch vereinzelt werden Bücher in Stapeln angeboten – dann sind die Stapel auch nicht mehr so bombastisch und beherrschend wie früher. Die Farben sind zurückhaltend geworden und der Atmosphäre eines gepflegten Fachgeschäfts angepasst. Lange haben Bertelsmann und die Ladenbaufirmen zusammen mit Farbpsychologen herumexperimentiert.“[232]

Die Präsentation der verschiedenen Einzelmedien-Gemeinschaften lehnte sich zwar an die der Buchhandlung an, denn „rund zwei Drittel des Umsatzes wird mit Büchern erreicht“.[233] Nichtsdestoweniger versuchte *Bertelsmann* sich über sein Angebot vom Buchhandel abzugrenzen, zumindest in der Kommunikationsarbeit.

Das Unternehmen nutzte seine Außendarstellung, um die verschiedenen Unternehmenssegmente nach innen miteinander zu verschmelzen. Deshalb waren die Club-Center „Vertriebsweg für die drei auf dem deutschen Markt tätigen Bertelsmann-Buchclubs Lesering, Europäische Buchgemeinschaft und Deutsche Buchgemeinschaft.“[234] Hier zeigte sich die bei *Bertelsmann* häufig angewandte Vorgehensweise: Klar voneinander getrennte, dezentral geführte Unternehmenssegmente blieben zunächst als solche bestehen. Nach einiger Zeit wurden sie in Einheiten zusammengeführt, um die Kompetenzen zu bündeln. Diese wurden dann sowohl innerhalb des Unternehmens als auch für den Endverbraucher als neue Marke aufgebaut.

---

230 BG 1977/78, S. 13.

231 BG 1977/78, S. 9: „Um den Abonnenten neben der Bestellung per Katalog auch die Möglichkeit zu bieten, im Laden einzukaufen, wurde der Ausbau der Club-Center-Kette fortgesetzt. Alle drei deutschen Buchclubs sind nunmehr in 270 Club-Centern in allen Teilen des Bundesgebietes vertreten.“

232 Buchmarkt, 11/1978, S. 45: Weg vom Seifenplatz, das neue Gesicht der Club-Center.

233 Ebd.

234 Zopp, H., Vortrag beim TOP-Kooperationsforum. Düsseldorf 1983. In: Bertelsmann Briefe, 114/1984.

5.3.2 Marketing- und Rationalisierungsmaßnahmen

Mitte der 80er Jahre vereinigte der *Bertelsmann-Club* in Deutschland 66 Prozent Marktanteil, gefolgt von *Holtzbrinck* mit 23 Prozent und drei anderen Buchgemeinschaften, darunter die *Büchergilde Gutenberg*.

Zu den Maßnahmen, mit denen Mitgliedern Attraktivität signalisiert wurde und potenziellen neuen Kunden der *Bertelsmann-Club* näher gebracht werden sollte, gehörten aufwendige Veranstaltungen wie Live-Konzerte, Lesungen und ‚Marketing-Events' mit prominenten Autoren. Trotz der Verbesserung der Werbemittel, wie der nun im Vierfarben-Druck erscheinenden *Lesering*-Illustrierten[235], stellte Hans Zopp, der damalige Leiter des Unternehmensbereiches *Buch- und Schallplattengemeinschaften*, in den frühen 80er Jahren völlig veränderte Bedingungen des Medienmarktes und wachsende, mediale Konkurrenz auf dem Freizeit- und Mediensektor fest. Ungeachtet des hohen Niveaus von 4,8 Millionen Mitgliedern[236] in Deutschland, hatte sich die Bindung der Kunden an das Abonnementsystem durch eine Zunahme der individuellen Medienkompetenz weiter verringert.

Der Zusammenhang zwischen Medienkompetenz und dem Buchclubsystem ist evident: Je mehr sich die Kunden bei der Nutzung von Medienprodukten emanzipierten und eine individuelle Auswahl trafen, umso weniger erfolgreich wurde das auf einem geschlossenen Programm und einem abgegrenzten Informationskreis beruhende Prinzip des Buchclubs. Je mehr sich das allgemeine Medienangebot im Wettbewerb diversifizierte, umso mehr war die Unternehmensleitung um ihre mühsam aufgebauten Kundenkreise besorgt. Da es unmöglich war, die externen Einflüsse der Medienentwicklung auszuschalten, musste es das Ziel der übergeordneten Strategie sein, die hinzugewonnene Medienkompetenz der Kunden, die ein größeres Angebot forderten, zu kanalisieren und mit *Bertelsmann*-Produkten zu bedienen.

Zunächst bemühte sich *Bertelsmann* aber mit Eilmaßnahmen darum, die Kunden seiner *Clubs* zu halten. Gegen den Mitgliederschwund setzte der *Club* vermehrt Kundenbindungsmaßnahmen über seine Adressdatenbanken und ein verbessertes Preis-Leistungsgefüge ein und optimierte seine Programmarbeit, indem er Bestsellerautoren und attraktive Ergänzungen wie Schallplatten oder Elektrogeräte anbot. Im Geschäftsbericht wurden diese Schritte als ‚erfolgreiche Stabilisierung' des Unternehmensbereichs *Buch- und Schallplattengemeinschaften* bezeichnet.[237]

Walter Gerstgrasser, der 1985 Hans Zopp in der Leitung der Buchclubs ablöste, leitete „Rationalisierungs- und Anpassungsmaßnahmen, gezielte Marke-

---

[235] Tietz, 1985, S. 348.

[236] Die Zahlen gelten für: *Bertelsmann Buchgemeinschaften Bertelsmann Club GmbH, Europäische Bildungsgemeinschaft* und *Deutsche Buchgemeinschaft*; Vgl. BG 1981/82, S. 26f.

[237] BG 1981/82, S. 24.

ting-Aktivitäten und qualitätsorientierte Investitionsprogramme" ein.[238] Die Aktualität der *Club*-Idee sollte dokumentiert und ein Wachstumsschub ausgelöst werden. Die geplanten, Mitte der 80er Jahre eingeleiteten Veränderungen, erfolgten auf dem hohen Niveau des Bereichs *Buch- und Schallplattengemeinschaften*, der 2,2 Milliarden Mark erwirtschaftete und international auf 22 Millionen Mitglieder angewachsen war.[239] Dass die Umsätze im folgenden Geschäftsjahr auf 2,6 Milliarden stiegen und von den 22 Millionen Mitgliedern 80 Prozent aus dem Ausland kamen, macht deutlich, wie global *Bertelsmann* und seine Buchgemeinschaften Ende der 80er Jahre agierten.

Jahr	Mitglieder (Tsd.)			Umsätze (Mio. DM)		
	Inland	Ausland	Gesamt	Inland	Ausland	Gesamt
1955	1450	20	1470	60	1	61
1960	2900	160	3060	167	8	175
1970	2964	1861	4825	245	117	362
1979/80	4934	10156	15099	663	1122	1785
1984/85	4325	12175	16500	612	1585	2197

Abb.5. Statistik der *Buchclub*-Mitglieder und Umsätze 1955 – 1985[240]

Bei allem internationalen Wachstum konnte der langsame, aber stetige Mitgliederrückgang in Deutschland, auch durch die komplette Übernahme der *Deutschen Buchgemeinschaft* 1988[241] nicht aufgehalten werden. Bis 1989 hielt die beschriebene rückläufige Tendenz für die deutschen Buchgemeinschaften stetig an. Der Umsatzanteil der Buchgemeinschaften am Gesamtbuchmarkt der Bundesrepublik ging laut *Buch und Buchhandel* in Zahlen von 7,2 Prozent im Jahr 1982 kontinuierlich auf 4,5 Prozent im Jahr 1989 zurück „während alle anderen Vertriebswege in den Jahren 1982 bis 1989 Umsatzzuwächse von 6 bis 10 Prozent feststellen konnten".[242] Das *Manager-Magazin* sprach von einem Aderlass für das Vertriebsmodell:

> „Seit Anfang der 80er Jahre haben sie gut 800.000 Kunden verloren. (…) Allein der Marktführer Bertelsmann AG registrierte bei seinen drei Buchclubs Lesering, Europäische Bildungsgemeinschaft und Deutsche Buchgemeinschaft zwischen 1980 und 1985 einen Mitgliederrückgang von 4,9 auf 4,3 Millionen. Der

---

[238] Vgl. BG 1984/85, S. 24.
[239] BG 1986/87, S. 20.; Vgl. Anh. Tab. 5.
[240] Vgl. Tietz 1985, S. 353.
[241] Rühle, 1995, S. 47.
[242] Kollmannsberger, 1995, S. 73.

> Umsatz sank im gleichen Zeitraum von 663 Millionen Mark auf 612 Millionen Mark."[243]

Nun sollte die Zentralisierung der Werbung und Mitgliederbetreuung den Schwund aufhalten. Mit der Gründung einer eigenen Gesellschaft, der *Werbeorganisation Bertelsmann Club Vertrieb (BCV)*[244] distanzierte sich *Bertelsmann* von der ursprünglichen Idee der Zusammenarbeit mit Partnerunternehmen. Die Gewinnung neuer Clubmitglieder war auf diese Weise nicht mehr Sache freier, am Markt tätiger Firmen. „Wir haben dies vor zwei Jahren zum wesentlichen in die eigene Hand genommen"[245], hieß es 1986/87. Ein gewichtiges Argument für diesen Schritt sah *Bertelsmann* in den Möglichkeiten der zentralen Datenerfassung. Das gespeicherte Wissen über das Konsumverhalten der Mitglieder brachte den Vorteil, das Angebot stärker auf deren Bedürfnisse abzustimmen und methodischer als die Wettbewerber vorzugehen. Vom damaligen *Bertelsmann*-Vorstandsvorsitzenden wurde dies auch öffentlich als ein grundlegendes Planungsinstrument von Vertrieb und Programm benannt.

> "Denn so gezielt und individuell wie wir kann kein Mitbewerber anbieten. Wir verfügen über sehr genaue Daten über die Zusammensetzung unserer Mitgliedschaft, wir kennen ihre Interessen und ihr Kaufverhalten. Diese Kenntnisse sind Grundlagen unserer vertrieblichen und programmatischen Planungen."[246]

Somit wurde die Werbetätigkeit für den *Buchclub* zentralisiert und mit neuen Werbeformen wie Direktanschreiben, Anzeigen in Programmzeitschriften, Event-Marketing und später TV-Werbung betrieben.[247] Die Frage, die sich den Strategen des Konzerns stellte, war, ob das Abonnement-Modell für Medien langfristig noch zeitgemäß bleiben würde und welche Schritte erfolgen mussten, um es möglicherweise zu modernisieren.

---

[243] Manager Magazin, Register K, Mai 1986. In: Gruner+Jahr AG (Hg.), Maria.
[244] Ebd., S. 20.
[245] BG 1986/87, S. 20.
[246] Buchmarkt, 37/1986, S. 10: ‚Interview mit Frank Wössner. ‘
[247] Zum Einsatz der Werbemittel; Vgl. Kollmannsberger, 1995, S. 60.

5.4 Monopolisierung und Entwicklung zum globalen Medienclub

5.4.1 Strategien in ‚gesättigten' Märkten

In den 90er Jahren des 20. Jahrhunderts bedeutete in Deutschland die Wahl einer Buchgemeinschaft „mit höchster Wahrscheinlichkeit einen Eintritt in eine Bertelsmann-Gemeinschaft".[248]

Für die Übernahme des letzten, großen Wettbewerbers wurde 1989 der Kauf des *Deutschen Bücherbund* durch den Medienunternehmer *Leo Kirch* für 250 Mio. Mark bedeutsam.[249] Die Profitabilität des *Bücherbundes* war aufgrund von „gestiegenen Werbekosten und abgehenden Mitgliedern dramatisch gesunken"[250] und *Kirch* plante, den Bücherbund in das Netzwerk seiner verschiedenen Medienbesitzungen zu integrieren. Er ruinierte den *Bücherbund* aber in kürzester Zeit noch mehr und machte ihn so attraktiv für eine Übernahme durch das Medienhaus. Vorhersehbar war gewesen, dass *Kirch* das notwendige Wissen zum Führen einer Buchgemeinschaft mit ihrer aufwendigen Administration, der verlegerischen Basis und der werblichen Mitgliederbetreuung fehlte. *Bertelsmann* konnte deshalb im Oktober 1991 beim ehemaligen schärfsten Wettbewerber mit 24,9 Prozent einsteigen. Nur ein Jahr später übernahm der Konzern den *Bücherbund* und seine 1,2 Mio. Mitglieder komplett[251] und gab, befördert durch den Zusammenbruch der DDR und die Öffnung der Märkte in den neuen Bundesländern, steigende Umsätze bekannt:

> „Allein die deutschen Clubs legten kräftig zu auf 833 (i.V. 768) Mill. DM zu – vor allem auch wegen der anhaltend lebhaften Nachfrage in den neuen Bundesländern, in denen es inzwischen 1,1 Mill. Clubmitglieder gibt. Bertelsmann hat überdies den Deutschen Bücherbund, Stuttgart, übernommen, der 1,5 Millionen Mitglieder zählte. Hier dürfte es wegen der Doppelmitgliedschaften noch zu Abschmelzungsverlusten kommen."[252]

Das Bundeskartellamt hatte diesen Schritt trotz der Monopolisierung nach näherer Sichtung zugelassen und ihn nicht für problematisch befunden. Es betrachtete den Buchgemeinschaftsmarkt nicht für sich, sondern ordnete diesen in den Gesamtbuchmarkt als ein Vertriebsmodell unter anderen ein. „An diesem Gesamtmarkt hatte *Bertelsmann* nach dem Kauf des Bücherbundes einen Anteil von 9 Prozent. Der Kauf sei 1991 gemäß des Gesetzes gegen Wettbe-

---

248 Kollmannsberger, 1995, S. 112.

249 Zum Erwerb des Deutschen Bücherbundes; Vgl. Der Spiegel, 35/1989, S. 88.

250 Vgl. Börsenblatt des Deutschen Buchhandels, 69/1989, S. 2509: ‚Der Münchener Film- und Fernseh-Tycoon auf dem Weg zum totalen Medienverbund.

251 Vgl. FAZ, 29.2.1992, S. 18: ‚Kirch gibt Bücherbund an Bertelsmann ab. '

252 Süddeutsche Zeitung, 31.10.1992: ‚Bertelsmann Buchgeschäft zeigt stabile Seiten. '

werbsbeschränkungen angemeldet worden."[253] Die *Frankfurter Allgemeine Zeitung* kommentierte die Entscheidung, den Markt der Buch- und Mediengemeinschaften zum Monopol zu machen, „mit dem schlechten Geschäftsverlauf des Stuttgarter Bücherbundes".[254] Im *Bertelsmann*-Geschäftsbericht wurde dies sachlich und ohne die Erwähnung inhaltlicher Aspekte kommentiert: „außerdem wurde im selben Jahr die Integration des Bücherbundes erfolgreich abgeschlossen"[255], heißt es im Abschnitt für den Unternehmensbereich *Buch*, in den die Buchgemeinschaften im selben Jahr integriert wurden.

Mit einem Marktanteil von 97,5 Prozent wurde *Bertelsmann* im Feld der Buchgemeinschaften 1992 im deutschsprachigen Raum mit 6,1 Millionen Mitgliedern das marktbeherrschende Unternehmen. Dennoch hatte das Unternehmen Probleme, die hohe Zahl der Abonnenten zu binden. Die Fachpresse berichtete 1992, dass es für *Bertelsmann* immer größerer Anstrengungen bedurfte, die Mitgliederzahlen seiner *Clubs* auf dem Niveau von 6,5 Millionen zu halten. Als Devise galt beim *Bertelsmann-Club* daher: „Schneller werden, Qualität steigern, Medienereignisse nutzen. (...) Kaum ein Tag vergeht, an dem der Lesering nicht irgendeine Veranstaltung durchführt".[256] International erschloss sich *Bertelsmann* in den frühen 90ern den osteuropäischen und den US-Markt, der für das Unternehmen das wichtigste Terrain werden sollte und baute seine internationalen Mitgliederzahlen aus.[257]

1995 meldete *Bertelsmann* für seine internationalen *Clubs* über 25 Millionen Mitglieder und eine positive Entwicklung des internationalen Mitgliederbestandes, die auf „den raschen und erfolgreichen Aufbau der jungen *Clubs* in Polen, Ungarn und Tschechien mit heute bereits 1,3 Millionen Mitgliedern zurückzuführen" war.[258] Die Analyse des vielversprechenden chinesischen Marktes wurde mit dem ‚Joint Venture' eines chinesischen Verlages eingeleitet und damit die letzte Region der Welt angegangen, die „uns auf dem Weg zum global agierenden Unternehmen noch fehlt"[259], wie der damalige Vorstandsvorsitzende Mark Wössner bekundete.

---

253 Kollmannsberger, 1995, S. 50.

254 FAZ, 29.2.1992, S. 18: ‚Kirch gibt Bücherbund an Bertelsmann ab. '

255 BG 1992/93, S. 36.

256 Buchmarkt, 12/1992, S. 52.

257 Die *Bertelsmann-Clubs* registrierten 1993 5,4 Millionen Mitglieder in Frankreich, Belgien, Schweiz und Kanada, 5,4 Millionen in England, den USA, Neuseeland und Australien, 3,2 Millionen in Italien, Portugal, Spanien und sowie 1,6 Millionen Mitglieder in Holland und Belgien. Vgl. Bertelsmann Buchclubs, Zahlen, Daten, Fakten. Broschüre der Kultur und Öffentlichkeitsarbeit, Mai 1992.

258 BG 1995/96, S. 21.

259 BG 1994/95, S. 7.

> „Eine ganz besondere Premiere findet im gleichen Monat auf der anderen Seite des Erdballs statt: Nach jahrelanger Vorarbeit eröffnet Bertelsmann in Shanghai den ersten Buchclub für China, das bevölkerungsreichste Land der Welt.“[260]

Während international wieder alle Zeichen auf Erweiterung standen, setzten sich die *Bertelsmann-Clubs* Mitte der 90er in Europa mit einer schwachen Konjunktur und einem Wettbewerbsumfeld auseinander, das den Medienkonsumenten vielfältige Medienprodukte anbot. Das Medienabonnement-Modell zeigte in den von Produkten gesättigten Märkten weiterhin deutliche Verfallserscheinungen, ohne dass ein wirkliches Ersatzmodell für die Zukunft zur Verfügung stand. *Bertelsmann* musste sein Geschäftsentwurf noch weiter an die Gegebenheiten des veränderten Medienkonsums anpassen.

Konzeptionell reagierte man daraufhin mit „dynamischen Transformationsprozessen hin zum Community-Geschäft, das mehr Wert auf die Kundenansprache legte“.[261] Den Mitgliedern wurden besondere Preisvorteile, mehr Beratungsservice und exklusive, aktuelle Ausgaben in Aussicht gestellt.[262] Wie sich zeigte, nützten auch diese Maßnahmen nur wenig und die Sparte *Buchclub* kränkelte schließlich so, dass Thomas Middelhoff den Bereichsvorstand Frank Wössner im März 2001 ‚kaltstellte‘ und dieser den Konzern noch vor Erreichen der Altersgrenze verlassen musste.[263]

5.4.2 Multimediale Ausrichtung des *Bertelsmann-Clubs*

Ab dem Jahr 2000 integrierte die Konzernleitung sämtliche *Bertelsmann-Club*-Aktivitäten in die *‚DirectGroup‘*, einen neuen Unternehmensbereich, in dem sich alle Medienprodukte wiederfanden, die *Bertelsmann* über verschiedene Kanäle *direkt* vermarktete.

> „Die Buch und Musikclubs werden mit den weltweiten E-Commerce-Geschäften zu dem neuen Unternehmensbereich DirectGroup Bertelsmann zusammengeführt. Die Bertelsmann Direktvertriebe wurden bereits zum 1. Juli 2000 in den Unternehmensbereich Arvato AG eingegliedert.“[264]

Die ehemalige Buchgemeinschaft wurde damit in das Vertriebsnetzwerk für Medien integriert, das Inhalte jeglicher Art zu den Menschen bringen sollte. Hiervon versprach sich der Konzern, seine ‚Multioptionskunden‘ besser bedienen zu können, deren Mediennutzungsverhalten als ‚hybrid’, also medien-

---

[260] Bertelsmann.de [12.2.2002], (www.bertelsmann.de/bag/chronicle/chronicle5.cfm): Chronik.

[261] Vgl. BG 1999/2000, S. 31.

[262] Der zeitliche Abstand der Aufnahme von Neuerscheinungen in das Clubangebot gegenüber ihrem Erscheinen im Buchhandel verringerte sich. Er betrug bis in die 80er Jahre hinein zwei Jahre und sank bis zum Jahr 2000 auf 6 Monate. Vgl. Buchreport, 8/1983, S. 16.

[263] Financial Times Deutschland, 8.1.2004, S. 29: „Porträt-Serie: 101 Deutsche Topmanager. Heute: Frank Wössner, Dussmann.“

[264] BG 1999/2000, S. 33.

übergreifend, eingeschätzt wurde und wird. *Bertelsmann* stellte auf verschiedenen Kanälen und für verschiedene Zielgruppen massenattraktive Inhalte bereit, um die sogenannte vertikale Integration voranzutreiben und vielfältige Einkaufsmuster zu bedienen.[265]

> „Im Netz schauen, dann telefonisch bestellen, durch Geschäfte bummeln und dann online kaufen - alles ist möglich. Die Multioptionskunden des 21. Jahrhunderts informieren sich und kaufen über verschiedene Kanäle. Darauf reagieren wir, indem wir Online- und Offline-Vertriebskanäle bündeln."[266]

Mit der Gründung der *DirectGroup* führte *Bertelsmann* die exemplarisch in Deutschland vorexerzierte Konsolidierung auf dem Weltmarkt fort. Im Juli 2001 gab die *DirectGroup* in Paris bekannt, sie übernehme die französische Buchclub-Kette *France Loisirs* vollständig. Zusätzlich erwarb *Bertelsmann* die bisherige 50-Prozent-Beteiligung des französischen Medienunternehmens *Vivendi Universal Publishing (VUP)* an *France Loisirs*, womit *Bertelsmann* das erfolgreiche, französische Vertriebsmodell nun komplett führte. Die *Bertelsmann*-Mediengemeinschaften bedienten 2002 28 Millionen Mitglieder und bildeten damit die größte Buch- und Musikfamilie weltweit. Am Gesamtumsatz des Konzerns hatte die *DirectGroup* 2002 einen Anteil von 14 Prozent, was 2,341 Mrd. Euro entspricht.

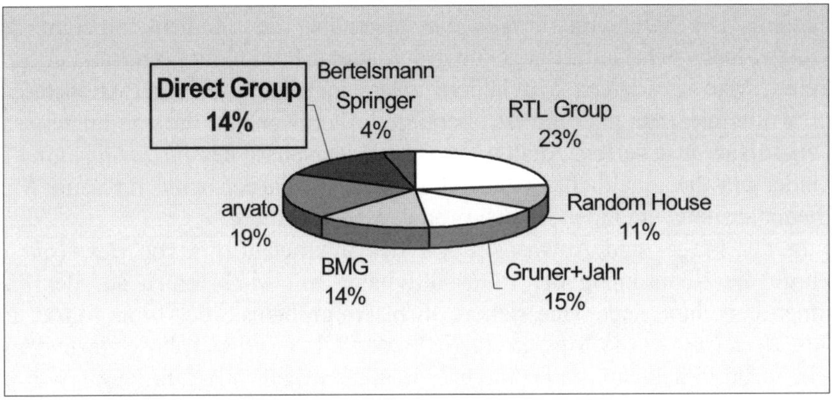

Abb.6. Umsatz der Unternehmensbereiche 2002[267]

[265] Vgl. Prokop, D., Der Kampf um die Medien. Hamburg 2001, S. 417ff.
[266] DB mobil, 4/2002, business talk, S.49: ‚Interview mit Bertelsmann-Vorstand Klaus Eierhoff.'
[267] BG 2002, S. 11.

Der im August 2002 von Ewald Walgenbach abgelöste *DirectGroup*-Vorstand Eierhoff schätzte, dass allein die Mitgliederdaten und die Kundenbeziehungen der *DirectGroup* Milliarden wert seien:

> „Der Buch- und Musikclub ist, meines Erachtens, die größte Medien-Community der Welt. Wir haben heute gut 40 Millionen Mitglieder, die sich *freiwillig* bereit erklären, nicht nur einmal, sondern zwei-, drei-, viermal im Jahr bei uns zu kaufen, die sich verpflichtet haben das zu tun! Das ist die wertvollste Kundenbeziehung, die Sie haben können! Insofern glaube ich, dass die Kundenbeziehungen, die Bertelsmann dort hat, einen zweistelligen Milliarden-Betrag als Wert ausmachen."[268]

Um den Wert dieser Beziehungen zu steigern und die erste Adresse für Medienprodukte zu werden, wurde der *Bertelsmann-Club* zum ‚Multichannel-Anbieter' umfunktioniert. Verschiedene einander zuarbeitenden Unternehmensbereiche wie Marketing, Vertrieb, Mitgliederbetreuung, Druckereien, Musik- und Fernsehfirmen, sollten durch ihre konzernübergreifende Zusammenarbeit günstige Einnahme-Effekte erzielen. Das Stichwort im Jahr 2002 hieß ‚Konvergenz', die Expansion mit Hilfe unterschiedlicher Kommunikationsmittel.

Eierhoff emotionalisierte die Beziehung zu den Kunden und intensivierte die Kommunikation gegenüber dem früheren Modell: „Früher bestellte das Mitglied, bekam sein Buch und fertig."[269] Das neue Modell integrierte und lenkte die Kundenkommunikation über Medien: Beispielsweise könnten „die Mitglieder im *Bertelsmann-Club* miteinander kommunizieren und mit Autoren chatten". Die Sicht von *Bertelsmann* gegenüber der Medienkompetenz des Kunden hatte sich hiermit gegenüber den 80er Jahren nicht grundsätzlich verändert. Man sprach den Mitgliedern zwar einen gewissen Interaktionsradius zu, wollte dies nun aber auf den bereitgestellten Kanälen für sich nutzen und Verkaufsimpulse setzen. Analog zur Entstehungsphase des *Buchclubs*, ging es wieder um die inhaltliche ‚Guide'-Funktion, die *Bertelsmann* für seine Mitglieder ausübte, um ihnen Medienprodukte zu verkaufen.

In der Frage- und Antwort-Rubrik des Internetauftritts von *Bertelsmann* wurde die Neuordnung der *Club*-Aktivitäten mit Maßnahmen auf der Planungsebene hinterlegt. Man sicherte sich ‚ein größeres Stück' vom Markt, indem *Bertelsmann* die Medien auch für den Club vernetzt einsetzte und mit seinen Aktivitäten auf die veränderten medialen Bedürfnisse einging: „Wer im Handel mit Medienprodukten alle Vertriebskanäle optimal integriert, bekommt einfach ein größeres Stück vom Kuchen."[270] Im Bewusstsein der Medienkonsumenten sollte der *Bertelsmann-Club* im überquellenden weltweiten Informationsangebot zu der Adresse werden, die ein einzigartiges Waren- und

---

[268] Ebd.

[269] Ebd.

[270] Bertelsmann.de [2.1.2002], Bereich FAQ: Was sind die Gründe für die Neuausrichtung von BOL und den Buchclubs in Europa und Asien?

Kommunikationsangebot bieten kann. „Ich möchte“, so Klaus Eierhoff, der vor seiner Position als Chef der *Bertelsmann DirectGroup* Vorstand des Bereichs *Multimedia* war, „dass wir die erste Adresse sind für alle Medienprodukte – weltweit in allen relevanten Sprachräumen, vom Universalsortiment bis zum speziellen Angebot für den einzelnen Konsumenten. (...) Unsere Mitglieder wissen, dass sie bei uns hochwertige Medienprodukte zu einem günstigen Preis bekommen“.[271] In Interviews und Publikationen wurde die Positionierung als weltweit ‚erste Adresse‘ beim Kauf von Medienprodukten häufiger genannt:

> „Die DirectGroup Bertelsmann hat sich zum Ziel gesetzt, für ihre Mitglieder und Kunden weltweit die erste Adresse für Medienprodukte und Unterhaltung zu sein. Wir bringen ein sorgfältig ausgesuchtes Mediensortiment auf unterschiedlichsten Wegen zum Kunden. Wir sind entschlossen, unsere herausragende Kompetenz im Direktmarketing und bei der Nutzung neuer Technologien weiter auszubauen, um unsere Kunden individuell zu bedienen.“[272]

Diese Formulierung zeigt, welche ehrgeizigen Ziele sich *Bertelsmann* gesteckt hatte und stellte heraus, wie bewusst sich der Konzern im Jahr 2000 seiner dominanten Rolle auf dem Medienmarkt war.

Als Vertriebsverbund für nahezu sämtliche Medienformen, für Bücher, Musik-CD’s, Filme in Video- und DVD-Format, Computerspiele sowie einer Auswahl an im medialen Umfeld angesiedelten Produkten wie CD-Taschen, Briefpapier-Sets oder Videoarchivierungsboxen[273], verfolgte der *Bertelsmann-Club* das Konzept eines „helfenden Navigators durch das wachsende und zuweilen unübersichtliche Medienangebot“.[274] Durch die Synergien der Konzernteile untereinander konnte der *Club* sich auf ein breites Medienangebot beziehen und dem Kunden gezielt attraktive Angebote antragen: Ein Film, den die *RTL Group* eingekauft hatte, vermochte auf einer DVD, die *Sonopress* in Massenauflagen presste, über die ‚Experten‘ der *Club*-Illustrierten oder auf *VOX* beschrieben und empfohlen und schließlich über den *Club* verkauft und über die *Bertelsmann Distribution* zu günstigen Preisen verschickt werden.[275] Preisvorteile an die Kunden weiterzugeben, ja zu ‚dumpen‘, wurde in solch einer geschlossenen Verwertungskette durch die Verminderung externer Kosten problemlos realisierbar.

Auf der Umsetzungs- und Angebotsseite wurde diese Strategie der übergreifenden Medienauswahl und Beratung in jeder *Club*-Illustrierten deutlich. Mit Hinweisen auf das breite Medienangebot und der Betonung von ‚Vielfalt auf allen Kanälen‘, bemühte sich die *Club*-Illustrierte, ihren heterogenen Mit-

---

271 DB mobil, 4/2002, business talk, S. 49.

272 Bertelsmann.de [26.4.2002], (www.bertelsmann.de/divisions/directgroup/profile/profile.cfm).

273 Artikelbezeichnung aus: Bertelsmann-Illustrierte. Januar, Februar, März 2002, S. 181.

274 ‚Handout‘ der Pressestelle des Club Bertelsmann. Dezember 2001, S. 1.

275 Bei den genannten Unternehmen handelt es sich durchweg um *Bertelsmann*-Firmen. Vgl. Übersichten 14.2.

gliedern gerecht zu werden. Verbindendes Element waren neben der Illustrierten die über 300 *Club*-Filialen, die weiter zu Großbuchhandlungen ausgebaut und umgestaltet wurden. Die Konzentration nahm zu:

> „Im Buchhandel sind bisher nur der Club mit 308 Läden und Weltbild mit 200 Läden annähernd flächendeckend vertreten. Aber eben auch nur annähernd: Selbst bei diesen Unternehmen gibt es noch weiße Flecken auf der Landkarte. (...) Allerdings holt der Buchhandel die Konzentration anderer Branchen nach. Sie wird forciert durch ungeregelte Nachfolge und durch strategische Allianzen. (...) Die Dynamik der Konzentration wird zunehmen. Die Großen wachsen, viele sogenannte Kleine behaupten sich. Was wirklich droht, ist ein Verlust der Mitte.“[276]

2002 modernisierte der *Club* einen Großteil seiner stationären Clubfilialen gemeinsam mit dem profilierten Filial-Buchhändler Jens Grüttefrien, mit dem die *DirectGroup* eigens ein Joint Venture gegründet hatte:

> „Wir haben heute das Ziel, den Club auch im stationären Bereich als Marke zu entwickeln. (...) Wir wollen die Club-Filialen dahin entwickeln, wo sie hingehören, nämlich in eine bessere Lage. Und in die Städte, in denen wir Kunden haben und gewinnen können. Wir haben ja eine Database, aus der wir genau wissen, wo wir gebraucht werden.“[277]

Es wurde außerdem versucht, Offline- und Online-Welt aneinander zu koppeln. Das Internet-Angebot des *Clubs* verwies auf die Filialen und die Illustrierte, die wiederum an die *Club*-Website und ihre Kommunikationsmöglichkeiten angebunden wurden, was die *DirectGroup* als ‚vierte Phase des E-Business‘ bezeichnete:

> „Mittlerweile sollten alle erfolgreichen Unternehmen der ‚Old Economy‘ die vierte Phase des E-Business erreicht haben: Zunächst wurden Online-Geschäfte als eigenständige Unternehmen gegründet, dann in einer zweiten Phase stark gemacht, damit sie sich am Markt bewähren konnten. Darauf erfolgt eine stärkere Anbindung an die Offline-Geschäfte. In der jetzigen vierten Phase heißt es, das Internet vollständig in die Kerngeschäfte zu integrieren. Dieser Prozess ist bei der Bertelsmann AG nun abgeschlossen, auch in der DirectGroup.“[278]

Auf der Internetplattform ‚*www.derclub.de*‘ konnten so mehr als 6000 Produkte des *Bertelsmann-Club*-Programms eingesehen und von *Club*-Mitgliedern zu vergünstigten Konditionen bestellt werden.[279] Die Kommunikationskomponente des personalisierbaren Internetauftritts wurde durch Gutscheinfunktion, re-

---

[276] Buchmarkt, 1/2002, S.38: ‚Dem Buchhandel droht der Verlust der Mitte. ‘

[277] Ebd.

[278] DB mobil 4/2002, business talk, S. 49: ‚Interview mit Bertelsmann-Vorstand Klaus Eierhoff.‘

[279] Derclub.de [10.12.2004], ‚Reiter‘ Hilfe: „Im Club finden Sie die ganze Medien-Vielfalt: Aktuelle Bestseller, günstige Taschenbücher, praktische Sachbücher und Nachschlagewerke, Top-Hits, Volksmusik und Klassik auf CD, spannende Videos und Film-Highlights auf DVD, sowie Hard- und Software für Computer - insgesamt haben wir für Sie über 2.000 Angebote in jedem Katalog und sogar dreimal so viele im Internet.“

gelmäßige Chats mit Autoren, einem Community-Bereich und Zusatz-Services wie den *Club-Reiseservice*, den *Club-Ticketservice* oder die Online-Beraterin *PIA*[280] (Personal Internet Assistant), einer animierten Figur, die automatisiert Fragen beantwortet, aufgewertet.
Die genannten konzeptionellen Veränderungen erneuerten das Geschäftsmodell des *Clubs* nicht grundlegend. Es fehlten die Alleinstellungsmerkmale, die ein medienkundiges Massenpublikum zum Beitritt bewegen konnte. Wie die 2002 und 2003[281] eingefahrenen Verluste der *Clubs* in Deutschland und England zeigten, hatte man noch nicht den richtigen Hebel gefunden, um das Abonnement-Modell zu erneuern.[282] Umso bedeutsamer wurde für *Bertelsmann* die Expansion in die neuen Märke Osteuropa und China. Hier gründete die *DirectGroup* erste Dependencen, wie das Organigramm des 2002 in 6 Segmente gegliederten Unternehmensbereichs zeigt.

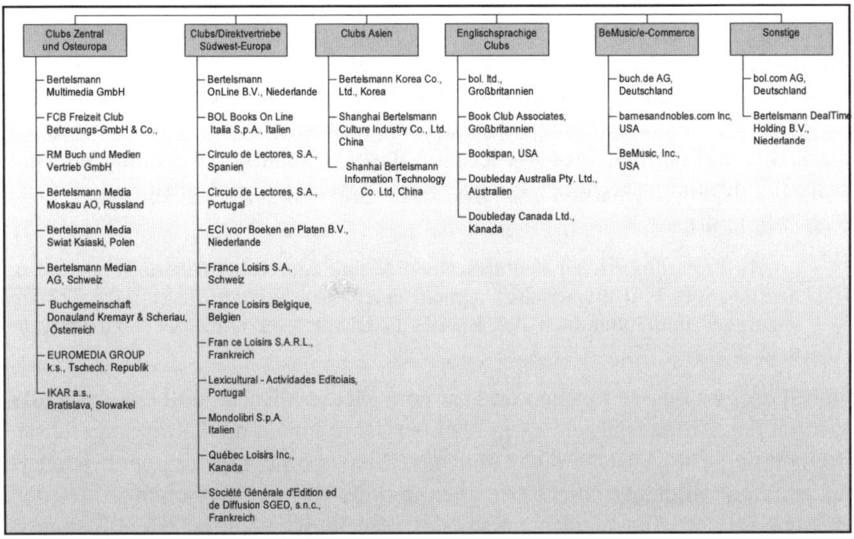

Abb.7. Aufbau der *DirectGroup* 2002[283]

[280] Katalog (Case Studie) der Firma Novo Mind, IQ Interactive, Hamburg 2002: „PIA konnte in einem Zeitraum von 6 Monaten folgende Ergebnisse für ihren ‚Arbeitgeber' erzielen: PIA führte über 34.000 Dialoge, PIA generierte über 20.000 Produktsuchen, PIA beantwortete über 2500 Anfragen zum Thema Mitgliedschaft/Neukunden. Durch Analyse der Benutzer-Dialoge wurden wertvolle Marketinginformationen gewonnen (Benutzerprofile, Produktpräferenzen etc.), die für die Optimierung der Website und die Sortimentspolitik genutzt werden können."

[281] Faz.net [2.1.2004]: ‚2 Bertelsmann-Töchter 2003 ohne große Gewinnbeiträge. '

[282] BG 2002, S. 36: „Die Clubs in Deutschland und Großbritannien mussten dagegen deutliche Umsatzrückgänge hinnehmen und beendeten das Jahr mit hohen Verlusten."

[283] BG 2002, S. 112.

5.5 Der ‚*Buchclub*' zwischen inhaltlichen und unternehmerischen Zielen

Nach der Skizzierung der historischen und strategischen Entwicklung des Buchclubmodells werden nun die inhaltlichen Ziele betrachtet. Der *Lesering* und sein medienübergreifender Nachfolger *Bertelsmann-Club* schienen trotz des zur Verfügung stehenden Apparats keine hervorgehobene inhaltliche Botschaft an ihr Millionenpublikum herantragen zu wollen. In den Darstellungen des Konzerns finden sich vor allem Wirtschaftsdaten und Zahlen der Mitgliederbestände. Direkte inhaltliche Aussagen lassen sich hingegen aus dem Programm und den publizierten Texten der *Lesering*- oder *Club*-Illustrierten herauslesen. Diese Trennung zwischen Programm und Unternehmen gab es bei *Bertelsmann* nicht immer. Bei Gründung des *Leserings* formulierte Reinhard Mohn selbst die programmatischen Ziele für seine Buchgemeinschaft. In einem 1950 verfassten Brief an die Buchhandlungen hatte Mohn drei literaturpolitische Punkte des ‚literarischen' Kulturschaffens definiert, die im *Lesering* zu einer Lösung geführt werden sollten: „Auch dem minderbemittelten Leser die Welt der Bücher zu erschließen, dem Buchhändler dabei die Betreuung zu überlassen und dem Dichter wieder eine Basis zu schaffen, die nicht nur vom Bestseller bestimmt wird".[284] Es galt nach Aussage von Vertriebschef Fritz Wixforth, in die

> „starre Front notorischer Nichtleser und Nichtkäufer von Büchern vorzustoßen, den geistigen und literarischen Appetit einer lethargischen Masse nach Kräften anzuregen und Ignoranten des Buches in Bücherleser und Käufer zu verwandeln."[285]

Nicht-Leser zu Lesern machen und sie vom Medium Buch zu überzeugen, das war von den Anfangsjahren bis in die 80er-Jahre hinein die häufig angeführte, programmatische Absicht des *Leserings*. Man wollte Lesergruppen jenseits der ‚elitären' Bildungsschicht erreichen und die Barriere zwischen ‚Elite- und Massenkultur'[286] überwinden, also die „buchungewohnten Bevölkerungsschichten an das Medium Buch heranführen".

Dieses Heranführen paarte der *Lesering* mit den Geschäftsinteressen des Unternehmens. Der neue Bedarf am Lesen wurde bedient und diente gleichzeitig der Kundengewinnung. Eine Studie des *Divo-Instituts* aus der Wirtschaftswunderzeit zeigte, dass fast die Hälfte der Bevölkerung wenig oder keinen Bezug zum Medium Buch hatte und somit zum potenziellen Kundenkreis des *Leserings* gehörte.

---

[284] Mohn, R., Rundbrief an den Buchhandel zur Ankündigung der Gründung des Leserings. Gütersloh 31.5.1950.
[285] Gööck, 1968, S. 205.
[286] BG 1981/82, S. 26.

> „Wie groß die Masse der westdeutschen Bundesbürger ist, die in ihrer Freizeit keine Neigung zum Bücherlesen verspüren, konnte Mohn aus einem Testbericht des Deutschen Instituts für Volksumfragen, Markt und Meinungsforschung (Divo) in Frankfurt entnehmen. Er stellte vor einigen Monaten durch eine Repräsentativbefragung fest, daß 47 Prozent der interviewten Wirtschaftswunderbürger nicht ein einziges Buch besitzen.“[287]

In empirischen Untersuchungen bestätigte sich analog zu diesem Zitat, dass „die Buchclubs besonders solche Bevölkerungsschichten erreichte, denen Schule und Elternhaus bisher nicht den Weg zu Buch und Lesen eröffnet haben“.[288] Es ist unbestritten, dass das Modell der Buchgemeinschaft mit seinem Programm „das Medium Buch in Bevölkerungsschichten brachte, die es vorher nicht, oder kaum erreichte“.[289] Gööck schildert, dass es aufgrund der inhaltlichen Ausrichtung zur qualitativen Kritik am Programm des *Leserings* kam:

> „Die inzwischen längst bewiesene Tatsache, daß es potentielle Leserschichten gab, die nur darauf warteten, angesprochen zu werden, wurde dabei negiert. Dafür behauptete man, bei den Buchgemeinschaften handele es sich eigentlich um eine mindere Gattung von Literaturkonsumenten, die mit einem am Massengeschmack orientierten Programm von entsprechend niedrigem Niveau zufrieden seien.“[290]

Wie sich der *Lesering* in diesem Zusammenhang sah, nämlich nicht nur als verbreitende Instanz, sondern, wörtlich genommen, als der ‚Leitstern‘ seiner Leser, erschließt sich aus einem Textbeitrag der *Bertelsmann Lesering Illustrierten* aus den frühen 50er Jahren. Dort stellte sich der *Lesering* als inhaltliche Instanz auf, die für sich in Anspruch nahm, den Leser, der die auf ihn einstürzenden Medieninformationen nicht mehr zu verarbeiten vermochte, durch diese hindurchzuführen und ‚wichtige‘ Publikationen herauszusieben.

> „Alljährlich erscheinen allein im Bundesgebiet zwischen fünfzehn- und zwanzigtausend neue Bücher deutscher und ausländischer Herkunft: ein erfreuliches Zeichen für die Regsamkeit des geistigen Lebens bei uns und in der ganzen Welt. Zugleich aber auch für den geistig interessierten Menschen eine so bestürzende Vielfalt, dass, wer durch die labyrinthischen Gänge zwischen den Messeständen geht, seine liebe Not hat, dies alles zu bewältigen. Selbst Fachleute, Verleger, Lektoren, Buchhändler, Kritiker bekennen freimütig: Wir finden kaum mehr durch! Und doch ist es Aufgabe der Fachleute, dem Leserpublikum den Weg durch diese so vielgestaltige Bücherwelt zu bahnen, ihm einen ‚Ariadnefaden‘ an die Hand zu geben, der ihm die Orientierung im Labyrinth des altbe-

[287] Der Spiegel, 30/1957, S. 32.
[288] BG 1977/78, S. 12.
[289] Hutter/Langenbucher, 1980, S. 9.
[290] Gööck, 1968, S. 163.

> währten Guten und des unerprobten Neuen erleichtert. Solche Fachleute sind die Lektoren des Bertelsmann-Leserings."[291]

Der *Lesering* stellte seine Leistung in seinen Illustrierten als Ariadnefaden dar, der den Kunden durch den Mediendschungel führt. Die Ratgeberschaft schloss in der Vorauswahl populäre Sach- und Unterhaltungs-Literatur ein, das heikle Gebiet der politischen Literatur aber aus. *Bertelsmann* hütete sich davor, „den bücherlosen Zeitgenossen mit einem Großangebot an ideologisch aufgeladener Literatur und esoterischem Schrifttum zu überfordern"[292] und stellte das Programm für das ‚neue Publikum' sorgfältig zusammen.

Mit Programmarbeit in der „starren Front der notorischen Nichtleser und Nichtkäufer"[293] konnte der *Lesering* mit ‚anspruchsvoller' Literatur allein keine Punkte machen. Die Mitglieder erwarteten Bestseller, unterhaltende Literatur zum ‚Schmökern', die zum Wieder-Einkauf ebenso wie zum Lesen animierten und wurden darin vom *Lesering* bestärkt. Fast ebenso wichtig wie der populäre Inhalt, war für die Kunden die Ausstattung der Bücher, da sie ihre erworbenen Titel häufig zu Repräsentationszwecken einsetzten. Die Ausstattung der Bände, zum Beispiel Ledereinband und Goldprägung, spielte eine Rolle bei der Zufriedenstellung des Publikums. „Das schönste, was wir Ihnen diesmal zu bieten haben, sind wie immer unsere beiden Hauptvorschlagsbände in Halbleder, mit echter, reicher Goldrückenprägung"[294], heißt es in der Illustrierten von 1960. „Nur Sie können diesen herrlichen Band erwerben! Jeder wird Sie um diesen Schatz in Ihrem Bücherschrank beneiden."[295]

Je mehr Mitglieder der *Lesering* anwarb, umso mehr entwickelte er sich weg von seinen ‚kulturellen' Zielen hin zu einem Unternehmen, das auf ein Geschäft mit Medien ausgerichtet war. Das Buch wurde in seinem Programm im Wesentlichen auf seinen Warenwert reduziert und die Mitglieder dazu angehalten, in diesem Sinne zu konsumieren.

Mit dem Erreichen einer millionenstarken Mitgliederanzahl löste die Inhalte- und Programmarbeit der „kulturvermittelnden Institution Buchgemeinschaft"[296] und ihr Umgang mit dem Medium Buch als Ware, in der kritischen Presse, so Hutter, ‚kulturkritisches Unbehagen' aus.[297] Die Kritik zielte auf die kulturelle Verantwortung, die das Medienunternehmen *Bertelsmann* mit dem Großwerden seines erfolgreichen Vertriebsmodells tragen sollte und die es ja in seinen Publikationen den Mitgliedern gegenüber für sich in Anspruch nahm.

---

[291] Bertelsmann-Lesering-Illustrierte. Gütersloh, Januar, Februar, März 1960, S. 7.
[292] Bigler, R., Literatur im Abonnement. Gütersloh 1975, S. 11.
[293] Gööck, 1968, S. 205.
[294] Bertelsmann-Lesering-Illustrierte. Gütersloh, Januar, Februar, März 1960, S. 2.
[295] Lesering-Illustrierte, Die Rede ist vom Titel ‚Ruhm und Ehre – Die Nobelpreisträger für Literatur'. Gütersloh Oktober, November, Dezember 1970, S. 7.
[296] Vgl. Tietz, 1985, S. 356.
[297] Vgl. Hutter/Langenbucher, 1980, S. 12.

> „War der Lesering ein reines Geschäft oder ein ernstzunehmender Beitrag zur Lesekultur? So ungefähr lautete die Frage. Sie wurde in der Presse gestellt und von Verlegern, Buchhändlern und Kulturkritikern mit Vorwürfen, Kampfansagen und Schmähungen begleitet."[298]

Hervorgehoben wurde, so Dietrich Kerlen, widersinnigerweise in den von *Bertelsmann* herausgegeben *Bertelsmann Briefen* die den Konzern betreffende „mangelnde Verantwortung mit der inhaltlichen Botschaft des Buches".[299]

Die einstige Ehrfurcht vor den Inhalten des Buches und der Kulturtechnik Lesen trat hinter den Geschäftsinteressen zurück. Der *Lesering* würde mit seinen nach geschäftlichen Kriterien ausgewählten Inhalten „die große Masse der belletristischen Literatur nicht nur dem Sortiment, sondern auch der Kritik"[300] entziehen und die Menschen nur als Kunden wahrnehmen.

Einer der Hauptgründe für das kommerzialisierte Profil des *Leserings* ist in der Abwesenheit einer gestaltenden Verlegerpersönlichkeit zu suchen. Zwar gehört es üblicherweise zu den Aufgaben eines Verlegers, betriebswirtschaftlich zu denken, doch er steuert mit seinen persönlichen Interessen häufig auf eine bestimmte Richtung des Programms zu und verbindet Inhalt und Geschäft miteinander.[301]

Bei *Bertelsmann* hatte der Verleger, also Reinhard Mohn, sich schon nach kurzer Zeit im Großunternehmen bewusst auf die rein betriebswirtschaftliche Komponente, auf Vertrieb, Organisation und Controllingmethoden verlegt und steuerte den *Buchclub* sowie seine anderen Firmen als Unternehmen, die ‚Medienprodukte' für den Massenmarkt vertrieben. Es gab für den *Buchclub* schlichtweg keinen Verleger mit Richtlinienkompetenz, sondern ein sozial denkender Manager[302] stand an seiner Spitze, dessen Interesse für Inhalte sich auf eine ökonomisch-funktionalistische Sicht auf die Mitgliederzahlen und ihre Entwicklung begnügte.[303] Reinhard Mohn würde den *Buchclub* „ohne Rücksicht auf irgendeine Linie, jeder Markt- und Lesernachfrage an(passen)"[304], wurde kolportiert.

In einer Rede zur Verleihung des Ehrenbürgerbriefes der Stadt Gütersloh am 30. Juni 1981 bestätigte Reinhard Mohn diese Einschätzung, indem er bekundete, dass der überaus schnell wachsende *Buchclub* eine inhaltlich gestal-

---

[298] Tietz, 1985, S. 345.

[299] Vgl. zur Kritik an der ‚Ware Buch' und seiner Kommerzialisierung: Kerlen, D., Das Buch zwischen Kulturgut und Ware. In: Bertelsmann-Briefe, 136/1996, S. 24.

[300] Habermas, J., Strukturwandel der Öffentlichkeit. Berlin 1962, S. 193.

[301] Im Großverlag *Axel Springer* war dies beispielsweise erkennbar.

[302] Reinhard Mohn stellt seine Position zur Marktwirtschaft dar; In: Mohn, R., Ordnungspolitische Eckpunkte, Leitlinien für die politische Praxis. Gütersloh 1997.

[303] Radikale oder undemokratische Inhalte hätten in diesem Modell schon deshalb nicht gepasst, weil sie Widerstände für das Geschäft bedeutet hätten. Der Markt übte sozusagen eine Kontrollfunktion aus.

[304] Der Spiegel, 7/1981, S. 75.

tende Arbeit als Verleger unmöglich gemacht hätte. Mohn gab das Verlegertum zugunsten seiner Managementfunktion auf:

> „Ich habe anfangs meine Aufgabe so gehandhabt wie mein Vater und mich getreu der Tradition bemüht, von allem zu wissen; alle Bücher zu lesen, alle Autoren persönlich zu empfangen und alle Gespräche selbst zu führen, die darauf folgen mussten. Für die Tätigkeit mancher Verlage mochte das die optimale Methode sein. Ich bin aber daran gescheitert."[305]

Die inhaltliche Verantwortung delegierte Mohn damit an seine Unternehmenseinheit *Buchgemeinschaft* und konzentrierte sich selbst auf betriebswirtschaftliche Führungsaspekte. „Buchgemeinschaften sind keine öffentlichrechtlich organisierten Bildungsinstitutionen. (...) Buchgemeinschaften sind auf Gewinn ausgerichtete Unternehmen; ökonomisch ist eine Niveauerhöhung nur dann, wenn die Nachfrage dorthin tendiert."[306] Es blieb aber die Verantwortung einer Massenorganisation – und als eine solche kann man den *Lesering* mit 2,5 Millionen Mitgliedern ab 1960 bezeichnen. Die inhaltliche Arbeit des *Buchclubs* hatte Kollmannsberger zufolge keine gestalterische Richtung. „Die ökonomischen Zwänge und die schwierige Situation von Buchgemeinschaften in der heutigen Zeit sind bestimmend geworden."[307]

5.6 Über das Programm des *Leserings* und seine Kundenansprache

5.6.1 Der *Lesering* als Kultur-Navigator

Die Arbeit der *Bertelsmann*-Buchgemeinschaft war von Anfang an geprägt vom Geschäft mit einem ursprünglich tendenziell ‚lesefernen' Publikum. Diesem bot sich Anfang der 50er Jahre ein recht schmales Angebot von 62 Titeln, die ausschließlich im Verlag *C.Bertelsmann* lizenziert waren. Unterteilt wurden die Bücher in ‚Wahlbände' und ‚Vorschlagsbände'. Mindestens zwei Bücher des vorgeschlagenen Programms mussten die Mitglieder pro Quartal auswählen und ordern. Wer nicht bestellte, bekam vom *Lesering* automatisch einen der Vorschlagsbände zugesandt. Präsentiert wurden alle Bücher im quartalsweise erscheinenden Katalog des *Leserings*, der mit einem fotografisch gestalteten Umschlag aufgemacht war. Noch im Gründungsjahr wandelte

---

305 Zitiert nach Gööck, 1968, S. 138.
306 Hutter/Langenbucher, 1980, S. 17.
307 Vgl. Kollmannsberger, 1995, S. 69.

sich der Katalog zu einer redigierten Werbeillustrierten mit redaktionellen Inhalten. Eine von *Bertelsmann* beschäftigte, unternehmensgebundene Redaktion besprach darin jedes einzelne, angebotene Buch mit kurzen, verständlichen Rezensionen, stellte besondere Exemplare heraus und informierte den Kundenkreis über die Veränderungen des Angebots.

In der *Lesering*-Illustrierten für das 3. Quartal 1952 informierte die Redaktion über den Zusammenhang von angebotenen Inhalten und Mitgliedsbeiträgen sowie über ihr Ziel, den Lesern möglichst die ‚ganze Welt der großen Werke' bieten zu können. Wie im Zitat ersichtlich, nützte die Redaktion die Stimmen der Leser und vermischte eigene Pläne und Leserwünsche argumentativ:

> „Wir überlegten, wie wir es einrichten könnten (...) um die großen und umfangreichen Werke der deutschen und ausländischen Literatur ebenfalls unseren Lesern bieten zu können. (...) Und wie es oftmals so geht, daß man die besten Gedanken nicht selbst hat, sondern sie von anderen übernimmt, geschah es auch hier, daß uns die Lösung des Problems aus dem Kreise der Lesering-Mitglieder gewiesen wurde. Immer häufiger wurden Stimmen aus unserem Leserkreis laut, die uns rieten, die umständlichen und zeitraubenden Zuzahlungsbeträge ganz fallen zu lassen und dafür eine geringfügige Erhöhung des Monatsbeitrages vorzunehmen. (...) Von jetzt ab wird es uns möglich sein, auch die umfangreichsten Werke der Unterhaltungsliteratur zu bringen."[308]

Die Redaktion führte die Kunden durch die Auswahl des *Lesering*-Programms und informierte über Neuerscheinungen und das Angebot. Das Quartals-Programm wurde als ‚repräsentativ' dargestellt und sollte das Wichtigste des Buchmarkts enthalten. Eine der Hauptaufgaben des Katalogs war es, Verkaufsimpulse zu geben und das Interesse der Kunden konstant aufrechtzuerhalten. Daher hielt jede Illustrierte die „genau kalkulierte Mitte zwischen Illustrierte und Katalog"[309] ein. Frank Wössner, langjähriger Vorstand des *Leserings*, formulierte den Vorteil der Illustrierten: „Es ist einfach bequem, per Katalog einzukaufen. Wir erleichtern dem Medienkäufer die Auswahl aus dem großen Angebot."[310] Die Erleichterung der Auswahl führte in den Hauptvorschlagsbänden zu regelrechten ‚Volksbestellungen'. Roland Gööck, *Bertelsmann* Bestseller-Autor, stellte in seiner Monographie über Fritz Wixforth fest, dass viele Mitglieder auf die abnahmepflichtigen Vorschlagsbände warteten und den *Lesering* aufgrund ihrer wenigen Erfahrungen mit dem Medium beim Buchkauf gerne für sich entscheiden ließen.[311]

---

[308] Lesering Illustrierte. Mitteilungen für das 3. Quartal. Gütersloh, Juni 1951, S. 2.

[309] Kollmannsberger, 1995, S. 167.

[310] Buchmarkt, 3/1994, S. 84: ‚Interview mit Frank Wössner. '

[311] Vgl. Gööck, 1968, S. 116.

5.6.2 Bedeutung von Bestsellern für den *Lesering*

Von der Gründung des *Lesering*-Katalogs bis zur heutigen *Club*-Illustrierten besprach die Redaktion die sogenannten ‚Hauptvorschlagsbände', meist Bestseller auf den herausgehobenen ersten Seiten und lieferte zeitweise Lese- und Gesprächsstoff für ein Millionenpublikum.

Was zum ‚Bestseller' wurde, legten die Verkaufzahlen und die Einschätzungen von Magazinen fest.[312] Die für den Buchmarkt so wichtige *Bestseller*-Liste des Spiegels wird seit Ende 1961 veröffentlicht.[313] Sie war von Beginn an sowohl im Belletristik-, als auch im Sachbuchbereich wichtiger Faktor des Buchclubsortiments[314] und beeinflusste konstant die Auflagen des *Leserings* bis in die Gegenwart hinein. Andersherum nahmen die Vorschlagsbände über ihre hohen Verkaufszahlen Einfluss auf den Bestsellermarkt. Die Vorschlagsbände erreichten in den 50er Jahren Auflagen von bis zu 150.000 Exemplaren und während den Folgejahren Auflagen von bis zu einer halben Million Titeln und mehr.[315] Ein aussichtsreicher, in Millionenauflage erscheinender Romanbestseller wie Johannes Mario Simmels ‚Die Antwort kennt nur der Wind' im Herbst 1973, „kam erst durch die Einvernahme des Romans ins Programmangebot der Buchgemeinschaften zweier Medienkonzerne zustande".[316]

Bei ihren Publikationen wählte das Lektorat des *Leserings* seine Bücher daher häufig so aus, dass sie ein Massenpublikum ansprachen. Beispielhaft für folgende Hauptvorschlagsbände waren die in den ersten Illustrierten hervorgehobenen Titel die ‚Fischer von Jarsholm' von Waldemar Augustiny[317] oder der ‚Traum am Morgen', ein Roman der Autorin Tami Oelfken. Über den Roman von Tami Oelfken schrieb die Redaktion der *Bertelsmann*-Illustrierten:

> „Gina, warum mußt du immer Dinge sagen, die alle vernünftigen Leute erschrecken? Und doch ist das Mädchen Gina eine zarte Blume, hungernd nach verstehender Elternliebe, nach Freundschaft und Schönheit. (...) Wie herb-innig, sehnsuchtsvoll wird erzählt von Ginas Elternhaus und der Bootswerft Vadder Behnkens, wo man vom Helgenbaum ins Stedingerland hinüberträumt."[318]

Bei Durchsicht der *Bertelsmann-Illustrierten* der letzten drei Jahrzehnte zeigte sich, dass dieser populäre Sprach-Duktus für eine Vielzahl der vorgeschlagenen Titel repräsentativ war, so dass Kritiker unter Hinweis auf den Mangel an

---

312 Gollhardt, H., Mogelpackung. Über die Spiegel Bestsellerliste. In: Buchmarkt, 1/1993, S. 6.

313 Kollmannsberger, 1995, S. 128: „Die Spiegel-Liste wird seit Ende 1961 veröffentlicht; damals wurde die Reihung noch per Umfrage (bei jeweils wechselnden Buchhandlungen) durch das Institut für Demoskopie in Allensbach erhoben. Seit 1971 erstellt das Branchenmagazin ‚Buchreport' des Harenberg-Verlags die Liste."

314 Vgl. Media Perspektiven, 10/1985, S. 675: ‚Bestseller bevorzugt.'

315 Vgl. Gööck, 1968, S. 135.

316 Albrecht, R., Bestseller und Bestseller-Forschung. In: Publizistik, Nr.2-3/1980, S. 456.

317 Gööck, 1968, S. 118.

318 Lesering Illustrierte. Mitteilungen für das 34. Quartal. Gütersloh, November 1950, S. 2.

Kultur die „Clubprogramme als Brutstätten des Trivialen und Kitschigen“[319] abstempelten. Das Unternehmen Buchgemeinschaft muss sich, wie der *Lesering*-Lektor Müller-Alfeld meinte, um Bücher bemühen, „die zwar schnulzensuspekt sind, aber gerade darum für die breite Masse der ‚Halb- und Pseudogebildeten‘ zu Bestsellern hochgejubelt werden“[320], weil ohne sie die Finanzen nicht stimmen würden.

Jene populären Bücher, die das Feuilleton nicht besprach, bereitete die *Lesering*-Illustrierte auf. Damit hatte sie im Bereich der Massenliteratur ‚Pforten aufgestoßen‘ und dafür gesorgt, populäre Titel noch mehr Menschen zugänglich zu machen. Es gab sogar *Bertelsmann*-nahe Stimmen, die behaupteten, *Bertelsmann* hätte durch die zahlreichen Besprechungen seiner Bücher, dem ‚populären Literaturjournalismus‘, einen „Ausbruch der Literatur aus dem Kultur-Ghetto der Eingeweihten“[321] möglich gemacht. Damit versuchten sie auch, die Kritik des Feuilletons anzuprangern, der sich der *Lesering* ausgesetzt sah.

Die Breite seines Programms sicherte sich der *Lesering* mit Lizenznahmen anderer Verlage. Das Lizenzmodell, anfangs von den lizenzgebenden Verlagen sehr kritisch aufgenommen, reüssierte in den seit den frühen 50er Jahren, als der Roman *‚Vom Winde verweht‘* zeigte, dass der Vertrieb im *Lesering* dem Buchhandel nicht zwingend schadete. Der Titel war vom Buchhandel vor der Veröffentlichung im *Lesering* etwa 100.000-mal verkauft worden, während er im *Lesering* als Hauptvorschlagsband innerhalb von drei Monaten 450.000-mal bestellt wurde. „Mit Erstaunen und Freude stellte der Verleger fest, dass die Originalausgabe im anschließenden Weihnachtsgeschäft um 25 Prozent besser als in früheren Jahren verkauft werden konnte.“[322] Das Marketing des *Leserings* hatte den Verkauf noch angekurbelt und in Leserschichten getragen, die das Buch im Buchhandel nicht erworben hätten. Denselben Multiplikationseffekt bestätigte 1961 noch nachdrücklicher das Sachbuch *‚Götter, Gräber und Gelehrte‘*, von dem der Buchhandel nur 12.000 Stück absetzte. Der *Lesering* erwarb die Lizenz für das Buch und setzte „in drei Monaten weit mehr als über eine halbe Million Exemplare ab“.[323]

Mit der Steigerung seiner Umsätze erweitete der *Lesering* sein Gesamtprogramm um lizenzierte Titel, Sachbücher und ergänzte es mit einem eigenen Lexikon. Das *‚Bertelsmann Volkslexikon‘*, für das eine eigene Lexikon-Redaktion aufgebaut wurde, erzielte mit einer Auflage von 3,2 Millionen eine

---

319 Roszinsky-Terjung, A., Imperien. In: Arnold, H., Literaturbetrieb in der Bundesrepublik Deutschland. (2.Aufl.) München 1981, S. 22.

320 Müller-Alfeld, T., Stetigkeit und Wandel beim Buchabonnenten. In: Ramseger, G. (Hg.), Das Buch zwischen gestern und morgen. Stuttgart 1969, S. 86.

321 Vgl. Glotz, P.; Langenbucher, W.R., Der missachtete Leser. Zur Kritik der deutschen Presse. Köln 1969, S. 78.

322 Tietz, 1985, S. 349.

323 Kollmannsberger, 1995, S. 137.

außergewöhnlich hohe Auflage und entwickelte sich zur festen Größe im *Lesering*-Programm. Wie sich das Gesamtprogramm im Überblick zusammensetzte, zeigte schließlich eine in den frühen 80ern durchgeführte, umfangreiche Studie über den Aufbau der Programme von Buchgemeinschaften, die laut Kollmannsberger auch auf die heutige Situation übertragbar sei.[324] Sie belegte, dass es sich beim Programm der Buchgemeinschaft aufgrund der hohen Auflagen erwartungsgemäß um ‚leichtere' Literatur handelte. Das Programm mit seiner Auswahl populärer Unterhaltungs- und Sachbuchliteratur entsprach dem Massengeschmack, war aber „jedenfalls nicht nur eine Neuauflage des Bestseller-Programms".[325]

1967 umfasste der *Lesering* 700 Titel aus allen Sparten der Literatur, von denen jährlich um die 200 Titel ausgetauscht wurden und die übriggebliebenen rotierten. Es führte die populäre Unterhaltungsliteratur mit 38 Prozent, ‚moderne Autoren' folgten mit 19 Prozent und ein steigender Anteil an Sachbüchern mit 18,4 Prozent.[326]

Die Auswahl der erfolgreichsten Titel, die der Buchreport zum 25jährigen Jubiläum Titel des *Leserings* nannte, zeigte folgende Verkaufs-Positionen: An erster Stelle stand mit 25 Millionen Exemplaren das ‚*Bertelsmann Volkslexikon*', direkt gefolgt von Roland Gööck's ‚*Neuem Großen Kochbuch*'[327] mit mehr als 2 Millionen Exemplaren Auflage. Erfolgreichste Autoren des *Leserings* waren bis zum Jubiläumsjahr: „Willi Heinrich (dessen 12 Bücher mit einer Auflage von mehr als 5 Millionen Exemplaren registriert sind) und die Titel von Johannes Mario Simmel sowie C.C. Bergius (die beide ebenfalls die 5-Millionen-Grenze beinahe erreicht haben)."[328]

Über die inhaltliche Gesamt-Tendenz der vorgeschlagenen Bände fanden Hutter/Langenbucher heraus, dass sie "als typische Unterhaltungsliteratur kaum Ansprüche an ausgebildete Rezeptionsfähigkeiten und spezifische Rezeptionsbedürfnisse stellen"[329] und im *Lesering* signifikant weniger Autoren als bei allen anderen Buchgemeinschaften zu finden waren.[330] Es wurde ermittelt, dass besonders unterhaltende Belletristik-Angebote, beziehungsweise die

[324] Langebucher, W.; Truchseß, W., Buchmarkt für neue Leser, Studium zum Programmangebot der Buchgemeinschaften 1962–1971. Berlin 1974.

[325] Ebd., S. 54.

[326] Gööck, 1968, S. 211.

[327] Buchmarkt, 3/1981, S. 89: „Wie arbeitet Roland Gööck, der Autor von mittlerweile gut 150 (!) Büchern? „Noch während meiner Bertelsmann Zeit schlug ich dann vor, man müßte doch auch im Lesering mal ein Kochbuch anbieten. Damals war der Club bei Sachbüchern bei den Hauptvorschlagsbänden noch sehr vorsichtig; am Anfang gab es ja nur Belletristik und Nachschlagewerke. Ich habe dann für Fritz Wixforth ein langes Exposé gemacht, und ich bekam dann den Auftrag (...) das war 1962. Das Buch erschien 1963, überholte im ersten Quartal bereits alle Auflagenrekorde."

[328] Buchreport, 4/1975, S. 42.

[329] Hutter/Langenbucher, 1980, S. 133.

[330] Ebd., S. 105.

„triviale Unterhaltungsliteratur (...) den Kern der Programme bildet“[331], mit einem stabilen Anteil an Sachbüchern[332], so dass die kulturell-anspruchsvollen Wagnisse des *Leserings* vernachlässigbar waren.

5.6.3 Qualitätsbewusstsein und Programmarbeit

Für den Zeitraum von 1971 bis 1977 stellen Hutter/Langebucher eine „Expansion der Kriegs- und Soldatenromane, der Heimatromane, der historischen Romane, vor allem aber der schon zuvor dominanten Liebes-, Frauen-, Familien-, Schicksals-, Arzt-Romane“[333] fest. Auffällig sei, dass wenig experimentelle Titel eingesetzt und Wagnisse, wie sie in allen Buchgemeinschaften stattfanden, im *Lesering* nur mit einem oder zwei Titeln riskiert wurden, was die populäre Ausrichtung der Programmarbeit inhaltlich belegte. Die eine oder andere problematische Anordnung in der Programmillustrierten stieß der Kritik auf, wie die Einordnung von Umberto Ecos ‚*Name der Rose*‘ und der ‚*Bibel*‘ in die gleiche Rubrik ‚*Unterhaltung mit Niveau*‘.[334] „Wer so gedankenlos mit der Literatur umgeht, das Publikum offensichtlich total unterschätzt, braucht sich über ein schlechtes Image und wirtschaftliche Sorgen nicht zu wundern“[335], schrieb das *Börsenblatt* zum Programm des *Buchclubs*.

Anhand von häufig auftauchenden Titeln konnten typische *Bertelsmann*-Autoren für die 80er Jahre ermittelt werden, die für die Programmarbeit des *Leserings* in den 70er und 80er Jahren repräsentativ waren: „Warwick Deeping, Lawrence Durell, Elizabet Goudge, Constance Heaven, Hammond Innes, Joseph Kessel, Othmar Franz Lang, Herbert Mark, Georges Simenon, Mary Stuart, Ernst Wiechert, C.C. Bergius, Marie-Luise Fischer, Louis Bromfield, Hans Gustl Kernmayer, Alberto Moravia.“[336]

Von den 80er Jahren bis ins aktuelle Programm hinein versuchte der *Bertelsmann-Club,* den zurückgehenden Mitgliederzahlen mit mehr Exklusivität Einhalt zu gebieten. Die zunehmende Monopolstellung ermöglichte es *Bertelsmann*, exklusive Titel zu produzieren „wie zum Beispiel themenbezogene Reihen, die speziell für den Buchclub herausgegeben und ergänzend kommentiert werden“[337] und diese mit ihrem Netzwerk aus Verlagen abzustimmen.

---

331 Hutter, M., Abriß zu Buchgemeinschaften und Leserkultur. In: Bertelsmann Briefe, 103/1980, S. 6.
332 Hutter/Langenbucher, 1980, S. 74.
333 Ebd., S. 105
334 Kollmannsberger, 1995, S. 167.
335 Börsenblatt des deutschen Buchhandels, 15/1986, S.433: Interview mit Matthias Wegner, Programmchef des Bertelsmann-Klubs.
336 Hutter/Langenbucher, 1980, S. 116.
337 Schmitt, C., Vor dem Ende der Lesekultur. 20 Jahre Buch- und Literaturmarkt aus nächster Nähe. Kehl 1990, S. 62.

Tendenzen zur Kommerzialisierung zeigten sich an der Produktion, die von 600 auf 500 reduziert wurde sowie an der verstärkten Bewerbung von wenigen ‚Spitzentiteln'. Gleichfalls bemühte sich der *Bertelsmann-Club* um populäre Themen mit einer aktuellen und exklusiven Präsentation, um ein Alleinstellungsmerkmal gegen den Buchhandel herauszuarbeiten. „Es erfolgte eine verstärkte Anpassung des Programms an die Anforderungen der Mitglieder"[338], kommentierte *Buchreport*. Neben der populären Literatur enthielt das *Bertelsmann-Club*-Programm konstant eine Auswahl an Titeln aus dem Kanon der ‚kulturell-anspruchsvollen' Literatur, wenngleich die Buchgemeinschaft „nicht der Platz für das literarische Experiment"[339] war und der avantgardistische, literarische Bereich so gut wie nicht vorkam. Mit den sogenannten Klassikern und dem ein oder anderen experimentellen Titel reicherte der *Bertelsmann-Club* sein Programm an. Auf diese Auswahl wies der Geschäftsbericht mit dem Hinweis auf die eigene Programmkompetenz hin:

> „Durch hochwertige, exklusiv im Club erscheinende Programmreihen wie die ‚Klassiker des modernen Denkens' und ‚Liebesgeschichten der Weltliteratur', die von bekannten Persönlichkeiten des kulturellen Lebens herausgegeben werden, gewinnt das Angebot des Clubs zunehmend an Reputation."[340]

Im Programm fanden sich in den 50er Jahren unter der Rubrik ‚Für den Bücherschrank des Literaturliebhabers'[341] Titel der Weltliteratur wie Fontanes *‚Frau Jenny Treibel'*, Leo Tolstois *‚Anna Karenina'*, Hemingways *‚Über den Fluss'* und der *‚Alte Mann und das Meer'*. 1970 signalisierte die Rubrik ‚anspruchsvolle und moderne Literatur'[342] Qualität mit Autoren wie Thomas Mann, Günter Grass, Albert Camus oder Friedrich Dürrenmatt. Diese Anreicherung mit ‚hoher Literatur' fand ununterbrochen bis heute statt. 1980 leisteten dies die sogenannten *Klassikerausgabe*n von Heinrich Mann und Heinrich Böll mit der Rubrik „Kritische Bücher mit literarischem Gewicht".[343]

Ein Jahrzehnt später bot der *Bertelsmann-Club* seinen Kunden unter dem Stichwort ‚Weltliteratur'[344] anspruchvolle Literatur Werke von Heinrich von Kleist, Bertolt Brecht, Hermann Hesse und Goethe an. Gegenwärtig setzt er mit den Rubriken *Edition 21* – junge deutsche Literatur' und ‚Außergewöhnliche Romane in ungewöhnlicher Ausstattung'[345] mit Autoren wie Julie Zeh,

---

[338] Vgl. Buchreport, 8/1983, S. 16.
[339] Strauß, W., Die deutschen Buchgemeinschaften. Frankfurt a. M. 1975, S. 291.
[340] BG 1987/88, S. 14.
[341] Lesering Illustrierte. 4. Quartal, Gütersloh 1951, S. 2.
[342] Lesering Illustrierte. 4. Quartal, Gütersloh 1970, S. 24f.
[343] Vgl. Lesering, Schallplattenring, Europaring-Illustrierte, 3/1981, S. 40: Eine Darstellung der ‚wichtigen' Autoren im Programm von Buchgemeinschaften findet sich bei: Müller-Alfeld, T., Stetigkeit und Wandel. In: Ramseger, 1969, S. 89-95.
[344] Bertelsmann Club. Deutsche Buchgemeinschaft. EBG Buch & Musik (Illustrierte). Oktober, November, Dezember 1991, S. 32f.
[345] Bertelsmann Club-Illustrierte. 1. Quartal 2002, S. 63f.

Martin Walser, Günter Grass und VS. Naipaul anspruchsvollere Titel in Szene. Trotz einer deutlichen Verschlankung des Gesamtprogramms zugunsten weiterer Medienprodukte wie CD-Rom, Musik-CD's, Video- und DVD's im Vergleich zu vorangehenden Jahrzehnten, stellt die *Illustrierte heute*[346] einen sogenannten Beirat vor, in dem prominente ‚Buch-Experten' für den *Bertelsmann-Club* für Vermittlung von kulturellem Fachwissen werben:

> „Soviel konzentrierte Kompetenz gibt es selbst hier nicht alle Tage. (...) Sie (die Mitglieder des Beirats, TL) werden Tipps, Trends und Talente vorstellen, als Juroren tätig sein, Impulse geben. Eine Vordenkerrolle für das Kulturleben unserer Zeit – Vorsprung für Sie!"[347]

In den Darstellungen zum Firmenjubiläum wurde auf diese kontinuierliche Leitfunktion hingewiesen, um herauszustellen, dass der *Bertelsmann-Club* die Verantwortung als Kulturvermittler entschieden ernst nahm:

> „Es ist verständlicherweise unmöglich, hier alle Autoren zu nennen, die im Verlauf der letzten 35 Jahre im Programm des Leserings erschienen. Doch müssen aus dem Bereich der klassischen, der modernen deutschen und der Weltliteratur stellvertretend für viele andere wenigstens Büchner, Döblin, Eichendorff, Fontane, Goethe, Grass, Greene, Hamsun, Heine, Hemingway, Lenz, Thomas und Heinrich Mann, Nietzsche, Jean Paul, Shakespeare, Schiller, Schopenhauer, Stifter, Storm und Walser erwähnt werden. (...) Da der Lesering wohl kaum einen bedeutenden Autor überging, wird man ihm nicht den Vorwurf machen können, er habe den Freunden anspruchsvoller Literatur zu wenig geboten. Im Gegenteil:
>
> Stets lag deren Anteil am Gesamtprogramm höher, als es die Absatzzahlen eigentlich rechtfertigten."[348]

Bis in das aktuelle Programm hinein, hält der *Bertelsmann-Club* an diesen kulturellen Bestrebungen, ungeachtet des Nebeneinanders von Kochbuch, *Spiegel*-Bestseller und Science-Fiction-Schocker fest und sieht sich als einen der gewinnträchtigsten „privatwirtschaftliche(n) Kulturvermittler der Welt".[349]

---

[346] Ebd., S. 12: „Jedes der sechs Beiratsmitglieder bringt sein Wissen ein, um das Club-Angebot noch interessanter, kompetenter und vielseitiger zu machen. Wer zum Beispiel könnte besser beurteilen, welche Wirtschaftsbücher wirklich wichtig sind als Günter Ogger? Wer kann Top-Titel zu modernen Lebensformen besser nennen als Gaby Hauptmann? Lassen Sie sich von Wolfgang Herles den Zugang zu neuen Kulturthemen erschließen, von Tanja Kinkel persönlich Wissenswertes empfehlen, von Lea Rosh auf wichtige Zeitthemen aufmerksam machen, von Walter Kempowski große Literatur nahe bringen. Wichtige Kulturbereiche, prominent und fachkundig im Beirat vertreten."

[347] Ebd., S. 12.

[348] Tietz, 1985, S. 349.

[349] Wittmann, 1999, S. 417.

6. Buchverlage

Die Verlagstätigkeit von *Bertelsmann* kann als ‚Schwerpunkt' des Unternehmens bezeichnet werden. Aus dem *C.Bertelsmann-Verlag* heraus entwickelte es sich zu einem der größten, internationalen Buch-Verlagsunternehmen der Welt, das zahlreiche ‚Fremdverlage' integrierte. Während dieses Prozesses kam es häufig zu Positionswechseln hinsichtlich des eigenen Selbstverständnisses und den daraus abzuleitenden verlegerischen Gestaltungszielen.

6.1 Rolle des ‚Verlegens' zwischen Kultur und Wirtschaft

Die traditionelle Verlagsarbeit umfasst die inhaltlich-kulturelle *und* die marktwirtschaftliche Seite der von ihr hergestellten Druckmedien.[350] Der Verlag trifft die Auswahl der Autoren, stellt ein Programm zusammen, bearbeitet die Manuskripte und koordiniert die Herstellung, den Vertrieb und die Vermarktung des fertigen Druckmediums. Mit ihm wird geistige Arbeit in gedruckte, graphische Erzeugnisse umgewandelt. Die Botschaft des Autors wird „in schrift- oder bildtragende, unterschiedlich materialisierte Schriftträger dauerhaft und authentisch aussagebereit (gehalten)"[351], so dass Verlagsarbeit auch gleichzeitig Kulturarbeit ist.

Verlage bleiben dennoch Unternehmen, die an ihre Bilanz denken und ihre ‚Produkte' marktgerecht platzieren müssen: „Statt nachfrageorientiert nur reagieren zu können, umgekehrt angebotsorientiert agieren zu müssen, ist mittlerweile für alle Druckmedienproduzenten bzw. -verleger selbstverständlich geworden".[352] Da die Verlagslandschaft, wie auch die Entwicklung der *Bertelsmann*-Verlage verdeutlichen wird, seit einigen Jahren verstärkt vom Phänomen der Marktkonzentration geprägt ist und Großverlage herausbildet, nimmt die wirtschaftliche Verwobenheit des Verlagswesens zu. Dabei stehen Großverlage wie *Bertelsmann*, die als Konglomerate aus einzelnen Verlagen zusammengesetzt sind, aber aus diesen einen übergreifenden Zusammenhang

---

350 Neudorf, A., Preisbindung auf dem deutschen Buchmarkt. Köln 1998, S. 105: „Unter dem Begriff Druckmedien werden Inhalte verstanden, die in Form von Büchern, Loseblattwerken, Zeitschriften und Zeitungen verlegt werden."

351 Vgl. Kerlen, D., Druckmedien. In: Franzmann, B.; Löffler, D. (Hg.), Handbuch Lesen. München 1999, S. 246.

352 Ebd., S. 243.

schaffen, im Verdacht, die gewinnorientierte Seite des Verlegens besonders in den Vordergrund zu stellen und seine Kommerzialisierung zu bestärken.

Demgegenüber postuliert *Bertelsmann* seine interne Vielfalt als Kulturunternehmen, die jedem Verlag der Gruppe im Unternehmen eigenständigen Gestaltungsraum lassen will. „Jeder Verlag ist einzigartig und sorgt in absoluter, publizistischer Freiheit für völlig unterschiedliche, eigenständige Programme.“[353] Auch Reinhard Mohn vertritt ausdrücklich die ‚absolute‘ Selbständigkeit der einzelnen Verlagseinheiten und spricht diesen Punkt in Interviews und Publikationen immer wieder an:

> „Ich glaube, dass sehr wohl in einem sehr großen Verlagshaus Inseln der Selbständigkeit geschaffen werden können, wo einzelne Verleger, Chefredakteure vollkommen frei gestalten können. Die Gefahr, dass irgendwelche administrativen Vorgänge diese Leute behindern, halte ich für ganz gering.“[354]

Die eigenen Renditevorgaben und die Zwänge des Marktes lassen *Bertelsmann* die kulturellen Gestaltungsfelder seiner Buchverlage verstärkt einschränken. Die kulturellen Gestaltungsfelder der Einzelverlage werden ausgerichtet auf die wirtschaftlichen Vorgaben des Konzerns. Wie die Entwicklung der Verlage von *Bertelsmann* im Folgenden zeigen wird, hat diese Tendenz mit dem Wachstum des Unternehmens drastisch zugenommen.

6.2 Die Buchverlage vor der Internationalisierung

6.2.1 *Bertelsmann* als C. Bertelsmann-Verlag

Anders, als es *Bertelsmann* über 50 Jahre lang darstellte, hatte das Unternehmen vom ‚Dritten Reich‘ profitiert. Um nach dem Krieg eine Verlagslizenz zu erhalten, baute Heinrich Mohn auf eine Strategie, die „ganz auf die Unkenntnis der Militärregierung setzte. Weder legte er die Unternehmensgewinne während des Krieges dar, noch gab er seine Beitragszahlungen an verschiedene nationalsozialistische Organisationen an“.[355] Ein dem Entnazifizierungsbogen Heinrich Mohns beigefügtes Schreiben enthielt vielmehr bewusst formulierte Falschaussagen: „Nationalsozialistisches Schrifttum habe ich niemals verlegt“.[356]

[353] BG 2000/01, S. 34.

[354] Buchmarkt, 9/1979, S. 26: ‚Was kommt, wenn Mohn geht? Interview mit Reinhard Mohn über die künftige Konzernpolitik.‘

[355] Friedländer/Wittmann, 2002, S. 523.

[356] Ebd., S. 523.

Diese Position wurde unter Mitarbeit des Kriegsheimkehrers Reinhard Mohn glaubhaft vertreten, indem die zahlreichen ‚Kriegs- und Wehrmachtsbücher', die *Bertelsmann* produziert hatte, in der Aufstellung für die Alliierten anderen Bereichen zugerechnet wurden.[357] Dank dieser Vorgehensweise erhielt *Bertelsmann* am 27. März 1946 eine der begehrten Verlagslizenzen von den Alliierten. Schon nach kürzester Zeit war die Produktion wieder auf einen rentablen Stand gebracht und 1946/47 stiegen sie „teilweise wieder auf Normalhöhe".[358] Die Untersuchungskommission zur Rolle von *Bertelsmann* im ‚Dritten Reich' beschreibt, dass Heinrich Mohn die Produktion ganz bewusst zügelte, um die Materialvorräte nicht zu schnell zu verbrauchen.[359]

Als die alliierte Militärregierung auf die Falschaussagen von Heinrich Mohn aufmerksam zu werden drohte, musste der Verlag ‚ad hoc' auf den 25jährigen Reinhard Mohn übertragen werden, der nun immer mehr in den Vordergrund trat. Am 23. April erklärte Heinrich Mohn, unter Hinweis auf seinen angegriffenen Gesundheitszustand, seinen Rücktritt. Am 20. Oktober 1947 trat Reinhard Mohn offiziell die Nachfolge seines Vaters an. Mit einem Rundbrief an den Buchhandel kündigte er den Erhalt der Verlagslizenz an: „Mein Verlag kann Ihnen heute die erfreuliche Mitteilung machen, dass die Verlagslizenz ausgesprochen und bestätigt ist, (...) und ich möchte Ihnen schon heute die Zusicherung geben, dass mein Verlag, wie bisher, ein lebendiger Mittler deutscher und ausländischer Dichtung sein will".[360] *Bertelsmann* verstand sich unverändert als der Publikumsverlag *C.Bertelsmann*, der mit eigener Programm- und Vertriebsarbeit sowie seiner Druckerei und Buchbinderei Bücher herstellte und als Mittler zwischen Autor und Leser firmierte.

C.Bertelsmann vermochte sogleich auf den „aufgeschlossenen, interessierten, mitteleuropäisch gebildeten Leser zu setzen – mit Erfolg".[361] Auf diese Lesergruppe wurde die schöngeistige Programmarbeit während der unmittelbaren Nachkriegszeit abgestimmt. Neben Ausgaben von Storm und Goethe publizierte der *C.Bertelsmann* Unterhaltungsschriftsteller, die dem Verlag verbunden waren[362]: „Waldemar Augustiny, Walter Bauer, Wilhelm Scharelmann. Gedanken, kurze Erzählungen, Gedichte sollten anregen, aufmuntern, unterhalten."[363]

---

[357] Ebd., S. 528: „Die zahlreichen Kriegshefte unter den *Spannenden Geschichten* gingen in der Sparte ‚Jugendschriften' auf, und die sprechenden Hefttitel entfielen ganz. Ein Titel wie Kirchhoffs *Von Hölle zu Hölle* wurde unter der Rubrik ‚Theologie' genannt, obwohl es in Wirklichkeit um eine Attacke auf die Behandlung deutscher Kriegsgefangener in Frankreich nach dem Ersten Weltkrieg ging."

[358] Ebd., S. 525.

[359] Friedländer/Wittmann, 2002, S. 527.

[360] Gööck, 1968, S. 93.

[361] Deichsel, 1985, S. 334.

[362] Heinrich Mohn, der von seinem Sohn eine Generalvollmacht erhalten hatte, wirkte maßgeblich auf die Programmgestaltung ein.

[363] Deichsel, 1985, S. 335.

Vertriebliche Probleme gab es in den ersten Nachkriegsjahren nicht. Nach der geistigen Abschließung im nationalsozialistischen Regime wirkten die Nachholeffekte für schöngeistige Literatur, später auch für Sach-, Hobby- und Fachbuchtitel und stärkten die Verkaufszahlen für Bücher.[364] Nach einer Aufbauphase erholten sich Buchhandel und Verlage in Deutschland und bis kurz nach der Währungsreform 1948 entwickelte sich das Geschäft mit Büchern bisweilen stürmisch, so dass man fast von einem ‚Bücherboom' sprechen konnte: „Bertelsmann wurden die Neuerscheinungen aus der Hand gerissen."[365] Dass dieser Zustand nach der Währungsreform nur von kurzer Dauer sein sollte, zeigte die 1949 abrupt einsetzende Bücherkrise, die neue Gesellschaftsstrukturen und den veränderten Lesebedarf der Bevölkerung offen legte. Der Buchhandel sendete seine unverkauften Bücher an *C.Bertelsmann* zurück: „Die Herbstproduktion von Bertelsmann kam als unverkäufliche Remission zurück."[366] Das Unternehmen kam hierdurch kurzeitig in eine finanziell prekäre Situation – und nur ein von Vertriebschef Fritz Wixforth in Eile eingefädelter Druckauftrag des Wörterbuchs ‚*Duden*' verhinderte massive Entlassungen.

> „In Wiesbaden saß der Franz Steiner Verlag, der damals die für Westdeutschland gültige Lizenz für die Herausgabe der berühmten ‚Duden' besaß. Wixforth wußte, daß die Nachfrage nach dem Rechtschreibbuch größer war als Steiners Liefermöglichkeiten. (...) Der Duden-Auftrag überbrückte die schwerste Zeit."[367]

So verkraftete *Bertelsmann* den Einbruch des Marktes und partizipierte an seiner Erholung. Schon 1951 wurden im Gesamtmarkt wieder 14.000 Neuerscheinungen produziert – mehr als 1927.[368] Das *Börsenblatt* sprach für das Verlagswesen von 1951 von einer „Normalisierung der Verlagsproduktion".[369]

> „An der Buchproduktion 1951 waren 1985 Verlage beteiligt. (...) 41 v.H. aller Verlage gaben 1951 nur einen Titel heraus, 14 v.H. nur 2 Titel und 16,8 v.H. nur 3-5 Titel. Zusammengefaßt kamen die drei untersten Gruppen, die von einem bis zu fünf Titel veröffentlichten, auf 71,95 aller Verlage, das sind 1429 der 1985 Verlage. Die Differenz von 556 umfaßt diejenigen Firmen, deren titelmäßige Produktion mindestens 6 Titel umfaßt."[370]

Die Krise hatte gezeigt, dass eine Flexibilisierung der Unternehmensausrichtung notwendig geworden war. *C.Bertelsmann* richtete sein Verlagsprogramm neu aus, indem der Verlag neben den schöngeistigen Titeln nun auch Fachbücher in Lizenz drucken ließ und sein Programm erweiterte. 1953 gründete

---

[364] Vgl. Uhlig, C., Buchhandel, S. 371. In: Franzmann/Löffler, 1999.
[365] Gööck, 1968, S. 101.
[366] Langenbucher, 1985, S. 40.
[367] Gööck, 1968, S. 107.
[368] Wittmann, 1999, S. 373.
[369] Börsenblatt für den Deutschen Buchhandel, 26/1953, S. 169.
[370] Ebd., S. 169.

Reinhard Mohn den Bereich *Bertelsmann Fachzeitschriften* und entwickelt mit dem Konzept der *‚Deutschen Bau Zeitschrift‘* die erste Publikation.

6.2.2 Vom Verlag zum Unternehmensbereich

Als Vertriebsidee entstand, wie in Kapitel 5 beschrieben, der zweistufige *Lesering*, der die Verhältnisse im Verlag *C.Bertelsmann* in den 50er Jahren rapide veränderte. Nicht mehr der Verlag trieb die Organisation an, sondern er wurde angetrieben durch den Erfolg des expansiven Buchclubs, der hohe Auflagenstärke garantierte und die eigene Verlagsleistung von 4000 Bänden pro Tag überforderte.

> „Reinhard Mohn konnte sich ausrechnen, wohin er mit dem Lesering geriet, wenn die Entwicklung so weiterging: Tausende von neuen Mitgliedern erforderten Zehntausende Mark für Investitionen in die Werbung, in das Buchlager, schließlich in den Druckereibetrieb, dessen Kapazität von etwa 4000 Büchern in absehbarer Zeit nicht mehr ausreichen würde.“[371]

Die steigenden ‚Bestellungen‘ des *Leserings* zwangen Mohn, neue Wege zu gehen und das Gewicht des *C.Bertelsmann*-Verlags innerhalb des Unternehmens zu relativieren.[372] Die inneren Strukturen des Druck- und Verlagshauses wurden in Frage gestellt, da der „C.Bertelsmann-Verlag Träger der Programmkompetenz (...) nur noch als Zulieferbetrieb für den Lesering“[373] diente, der 1954 seine erste Mitgliedermillion erreichte und sich auf den Massenmarkt einstellte. Der identitätsstiftende Verlag *C.Bertelsmann*, der das Unternehmen über vier Generationen hinweg geprägt hatte, wurde zu einem Unternehmensbereich unter anderen.

Die Rede, die Reinhard Mohn zur begleitenden Feier des ‚Millionsten Mitglieds‘ hielt, stand noch im Zeichen des Verlegers, der Kulturarbeit als sein Ziel definierte: „Es ist uns bewusst, daß die Organisation lediglich ein modernes Hilfsmittel verlegerischer Arbeit darstellt. Die kulturelle Verantwortung stets eingedenk zu sein, sind wir verpflichtet und bemüht.“[374] Im Jahresbericht des Jahres 1955 stellte Mohn fest, dass der „Erfolg der einzelnen Verlagsabteilungen nicht zuletzt auch ein Erfolg der Lesering-Arbeit“ sei.[375]

Im November 1955 wurde der *Lesering* in die *Bertelsmann Lesering GmbH* ausgegliedert und trennte sie damit offiziell als eigenständig agierende Einheit vom *C.Bertelsmann-Verlag* und der Vertriebsgemeinschaft. Die Neukonstruktion des Gesamtunternehmens wurde infolgedessen eingeleitet.

---

[371] Gööck, 1968, S. 124.
[372] Langenbucher, 1985, S. 43.
[373] Ebd., S. 41.
[374] Zitiert nach: Gööck, 1968, S. 150.
[375] C.Bertelsmann. Jahresbericht 1955, S. 4.

„An die Stelle einer Kommanditgesellschaft als Holding, der C.Bertelsmann KG mit den persönlich haftenden Gesellschaftern Reinhard, Siegbert und Gerd Mohn und Gerhard Steinsiek und den Kommanditisten Ursula und Annegret Mohn, trat eine Einzelfirma, der C.Bertelsmann Verlag mit Reinhard Mohn als Alleininhaber, Siegbert und Gerd Mohn und Gerhard Steinsiek als stillen Teilhabern."[376]

Zunächst rief die Unternehmensleitung die geschäftsführende Holding *C.Bertelsmann KG* ins Leben. Als Einführung einer geschäftsführenden Organisation war sie ein wichtiger Schritt auf dem Weg zum managementgeführten Unternehmen, das Inhalte vom Geschäftlichen trennte. Reinhard Mohn, der die Geschäftsberichte noch selbst herausgab, machte die Notwendigkeit dieses Vorgangs deutlich, indem er seinen Mitarbeitern mitteilte, dass es schon jetzt, 1957, bei der Verzweigtheit der Geschäftsaktivitäten unmöglich sei, alle notwendigen Impulse von der Geschäftsleitung ausgehen zu lassen: „Wir wollen die Verantwortlichkeit für die einzelnen Aufgabengebiete noch stärker dezentralisieren. (...) Die größtmögliche Freiheit des einzelnen ist anzustreben."[377]

Mit der Entscheidung, das Großunternehmen auch in den Verlagssparten in drei Hauptsegmente zu unterteilen, begann 1959 der zweite Schritt der Umstrukturierung mit dem Ziel der Kostensenkung und Ablaufoptimierung. In drei Bereiche teilte sich der Unternehmensbereich *C.Bertelsmann* auf: Sachbuch, Belletristik und theologische Literatur. Der Aufbau der neugeformten Bereiche sah so aus, dass Belletristik, Romane, Volksausgaben, Jugendbücher, Essays, Lyrik und Kunst im *Siegbert Mohn Verlag* gebündelt wurden, die theologisch-wissenschaftliche Literatur im *Gütersloher Verlagshaus Gerd Mohn* und der Sachbuchverlag mit Lexika, Wörterbüchern, Ratgebern, Fachbüchern und Fachzeitschriften im *C.Bertelsmann-Verlag*.

„Der C.Bertelsmann-Verlag besteht nun aus den Bereichen "Fach- und Sachbuch" und "Bildung und Wissen" mit der Lexikon-Redaktion, aus dem "Kartographischen Institut Bertelsmann" sowie weiterhin aus dem Jugendbuch, das sich nun aber ebenfalls auf Sachthemen konzentriert. Die theologische Abteilung wird mit dem in den dreißiger Jahren erworbenen Rufer Verlag zum Gütersloher Verlagshaus zusammengelegt."[378]

Erste Versuche des *Siegbert Mohn Verlags*, mit den *Siegbert-Mohn-Taschenbüchern* Ende der 50er Jahre innovative Wege zu beschreiten, fanden bei den Lesern keine Akzeptanz: „Die Siegbert-Mohn-Taschenbücher wurden eingestellt, und man hielt sich von diesem Markt abstinent."[379]

Auf Basis der Neugliederung kaufte *Bertelsmann* zur Ergänzung der Sachbuch-Portfolios den *Mosaik-Verlag Hamburg* hinzu, den, wie es in der Selbst-

---

376 Gööck, 1968, S. 161.

377 Bertelsmann Illustrierte. Darin: Mohn, Reinhard, Geschäftsbericht (Einlaßbogen). Gütersloh 1957/58, S. 4.

378 Bertelsmann.de [10.3.2002], (www.randomhouse.de/cbertelsmann/about.jsp?men=138): Bereich Random House.

379 Buchmarkt, 10/1982, S. 131: ‚Interview mit Goldmann-Chef Gert Frederking.‘

darstellung heißt, „profilierten Ratgeber-Verlag mit dem gewissen Etwas, für den individuelle Bücher wichtiger sind als austauschbare Reihenprogramme".[380] Sämtliche andere Aktivitäten hingegen, die den Vertrieb, die Lagerhaltung und den Versand betrafen, wurden in den Bereich *Kommissionshaus Buch und Ton* ausgegliedert. Zentral verwaltet wurden im Bereich *Bertelsmann Verwaltung* die zahlreichen administrativen Funktionen wie das Finanz-, Rechnungs- und Steuerwesen, die Planungsrechnung und das Berichtswesen, das Personal- und Sozialwesen, die Revisions- und Rechtsabteilung und die Organisation und Öffentlichkeitsarbeit. Somit verstand sich *Bertelsmann* Ende der 50er Jahre mit dieser inhaltlich dezentralen, aber verwaltungstechnisch zentral ausgerichteten Unternehmensstruktur als ein vor allem in Deutschland aktives Unternehmen, das kein traditionelles Druck- und Verlagshaus mehr war, aber ebenfalls noch nicht als modernes Medienunternehmen bezeichnet werden konnte.

6.3 Die Verlagsgruppe *Bertelsmann* als ‚Überbau'

6.3.1 Formierung der Verlagsgruppe *Bertelsmann*

In den 60er Jahren prosperierte der Buchhandel.[381] *Bertelsmann* wurde zum Großunternehmen, für das Reinhard Mohn 1960 zum 125jährigen Jubiläum die erste „Grundsatzordnung von Führungsgrundsätzen für das Unternehmen"[382] verkündete. Sie wirkte sich auch auf das Selbstverständnis der Verlage aus, denn sie sollten nun von angestellten Verlagsmanagern geleitet werden. Ihnen gab Mohn die ökonomischen und organisatorischen Voraussetzungen für die Entfaltung verlegerischer Möglichkeiten samt Richtlinienentscheidungen an die Hand. Die Verlagsmanager hatten die Aufgabe, den inhaltlichen Kurs eigenständig zu bestimmen und die Renditen zu steigern.

Keinem der *Bertelsmann*-Verlage gelang jedoch nach der ersten fundamentalen Umstrukturierung, sich eine führende Position in der deutschen Verlagslandschaft zu erarbeiten. Zudem stellte sich heraus, dass die interne Strukturierung nach Belletristik, Sachbuch und theologischer Literatur nicht die erhoffte Dynamik entwickelte. Sie ergab kein schlüssiges Verlagskonzept, was auch die Akquisitionen von Verlagen nicht kaschierten: „Versuche, den Verlagsbereich durch Zukäufe belletristischer Verlage wie den des *Rütten & Loening*

---

[380] Random-House.de [10.2.2002], (www. randomhouse.de/mosaik): ‚Wir über uns. '
[381] Vgl. Wittmann, 1999, S. 417.
[382] 150 Jahre Bertelsmann, 1985, S. 403.

Verlags (1960), des *Marion von Schröder Verlags* (1960) und durch die Gründung des *Verlags Wissenschaft und Politik* (1961) sowie des *Signum Verlags* (1962) in seiner Substanz zu verstärken, schlugen fehl."[383] Konsequenterweise gab *Bertelsmann* den erfolglosen Publikumsverlag *Siegbert Mohn* mit seinen zugekauften Teil-Verlagen nach einiger Zeit auf und „die Firmenmäntel der inzwischen erworbenen Verlage wurden wieder abgestoßen".

Mit der Einsicht, dass der Aufbau in dieser Form nicht funktionierte, ging die Unternehmensleitung nach mehrjährigen Analysen und Planungen 1968 daran, abermals eine folgenreiche Umstrukturierung einzuleiten und die noch verbliebenen elf Verlage in der sogenannten *Verlagsgruppe Bertelsmann* mit mehr eigenständigen Entscheidungsbefugnissen zu organisieren.[384] „Mit Ausnahme des Gütersloher Verlagshauses Gerd Mohn wurden alle bisher selbständig arbeitenden Verlage in der die Verlagsgruppe Bertelsmann eingeordnet."[385] Der Unterschied zum *Siegbert Mohn-Verlag* war nun die Übergabe der Leitung an einen angestellten Verlagsmanager. Rudolf Wendorff war als Leiter der neuen Verlagsgruppe Mitglied des Vorstands, der sich in regelmäßigen Abständen zur Strategieabstimmung und Erfolgskontrolle traf und als Kontrollgremium über den Einzelfirmen als eine Art ‚Generalstab' des Unternehmens installiert wurde. Wendorff war aber kein Mitglied der Inhaberfamilie Mohn mehr wie Siegbert Mohn.

Auch die Funktion des neuen organisatorischen Gebildes wurde neu definiert. Die *Verlagsgruppe Bertelsmann* verstand sich nicht als Buchverlag, der als Absender auf den produzierten Büchern auftrat. Es handelte sich um ein rein organisierendes Dachunternehmen, unter dessen ‚Dach' wiederum einzelne Marken und Einzelunternehmen tätig waren, die der Kunde dann als solche in der Buchhandlung wahrnahm: „Die Verlagsgruppe ist dreistufig – Gesamtleitung, Verlagsbereich, Verlag."[386]

Eine Überarbeitung der Verlagsgeschäfte und die Neubündelung nach Themenbereichen war ferner deshalb notwendig geworden, weil Ende der 60er Jahre wieder zahlreiche Verlagsaufkäufe erfolgen sollten: 1967 übernahm *Bertelsmann* den *Reise- und Verkehrsverlag,* 1968 den *Ullstein Fachzeitschriften- und Fachbuchverlag*, 1969 den Fachzeitschriftenverlag *Heinrich Vogel*.[387] Das Wachstum stieß hier vorerst an seine gesetzlichen Grenzen, wie

---

383 Vgl. Langenbucher, 1985, S. 44.

384 Die Verlage der *Verlagsgruppe Bertelsmann* 1968: (1) C.Bertelsmann Verlag, (2) Bertelsmann Jugendbuchverlag, (3) Bertelsmann Kunstverlag, (4) Bertelsmann Sachbuchverlag, (5) Bertelsmann Lexikonverlag, (6) Bertelsmann Ratgeberverlag, (7) Bertelsmann Sachverlag, (8) Bertelsmann Universitätsverlag, (9) Kartographisches Institut Bertelsmann, (10) Verlag für Buchmarktforschung, (11) Reise- und Verkehrsverlag.

385 Gööck, 1968, S. 214.

386 Den Terminus ‚innerbetriebliches Dogma' verwendet Ulrich Wechsler, Leiter des Unternehmensbereichs Verlage. In: Wechsler, U., Organisierter Pluralismus. Das pluralistische Selbstverständnis des Hauses Bertelsmann. Bertelsmann Briefe, 92/1977, S. 59.

387 Buchmarkt, 10/1977, S. 82: Verlagskonzentration.

ein bereits 1978 durch das Kartellamt ausgesprochenes Verbot belegte. Es gab zu wenig große Wettbewerber in den einzelnen Verlagssegmenten. Die geplante *Bertelsmann*-Beteiligung an der *W.E. Saarbach GmbH* in Köln musste zurückgenommen werden, „da das Bundeskartellamt einen Erwerb von 30 Prozent der Geschäftsanteile nicht genehmigte".[388] Ein Ende der Jahr für Jahr neu erworbenen Verlagszukäufe begann für gewisse Zeit absehbar zu werden. Aus der Not machte Mohn die Tugend der Internationalisierung und stellte fest, „daß wir aus grundsätzlichen Erwägungen unsere Aktivitäten im eigenen Land begrenzen müssen. Man gestattet uns in Deutschland nichts mehr".[389] Wie sich zeigen sollte, stimmte das nicht ganz, denn die Wettbewerbsgrenzen veränderten sich mit dem Wachstum der Konkurrenz ebenfalls, so dass weiteres Wachstum möglich werden sollte.

6.3.2 Konzeption der Verlagsgruppe *Bertelsmann*

Die Verlagerung der Expansionsziele hielt die Leitung der ‚*Verlagsgruppe Bertelsmann*' nicht davon ab, eine Unternehmenskonzeption ihres Bereichs zu entwerfen, mit der Überschneidungen und gegenseitige Konkurrenz vermieden und weitere Akquisitionen vorbereitet werden konnten. Die *Verlagsgruppe* entwarf einzelne, inhaltliche Bereiche, denen die Verlage nach Tätigkeitsfeldern zugeordnet wurden. Für jede größere Aufgabe gründete das Unternehmen einen eigenen, handelsrechtlich selbständigen Verlag mit eigenem ‚Verlagsleiter'.[390] Seine Aufgabe sollte die inhaltliche Führung, die Betreuung von Autoren und die Konzentration auf den Verkauf von Büchern sein, also die „Koordinierung der Information und der Personalpolitik".[391]

Ingesamt grenzte die Unternehmensleitung drei übergreifende Verlagsbereiche voneinander ab: 1. *Literatur, Sachbuch, Kartographie*, 2. *Aus- und Weiterbildung*, 3. *Wissen und Bildung*.[392] Mit dieser thematischen Auffächerung auf inhaltlicher Seite wurde in administrativer Hinsicht die Zentralisierung von Aufgabengebieten in Angriff genommen. Zusammengezogen wurden Tätigkeiten, die nicht doppelt erledigt werden mussten und die nicht benötigt wurden, um den Abteilungen ein ‚Gesicht' zu geben.

---

388 Börsenblatt für den Deutschen Buchhandel, 28/1978, S. 603.

389 Reinhard Mohn, zit. nach: Göttert, J. M., Die Bertelsmann-Methode. Frankfurt 2001, S. 109.

390 Bereiche für das Jahr 1969 nach Gööck, 1968, S. 215: Für schöngeistige Literatur war der *C.Bertelsmann-Verlag* zuständig, der *Bertelsmann Jugendbuchverlag* für Jugendbücher, der *Bertelsmann Kunstverlag* für Kunstveröffentlichungen, der *Bertelsmann Sachbuchverlag* für Sachbücher. Weitere Verlage waren der *Bertelsmann Lexikonverlag*, der *Bertelsmann Ratgeberverlag*, das *Kartographische Institut Bertelsmann* sowie der *Bertelsmann Fachverlag* und der *Bertelsmann Universitätsverlag*.

391 Vgl. Wechsler, U., Selbstverständnis und Organisation der publizistischen Arbeit im Großverlag, Heft 3. Gütersloh 1975, S. 8.

392 Wechsler, 1975, S. 8.

> „Die Zentrale der Verlagsgruppe übernimmt (...) alle Aufgaben, die sich von leistungsfähigen Spezialistengruppen besser ausführen lassen – beispielsweise den Vertrieb mit Verkauf und Werbung, die Buchgestaltung und -herstellung, die Kalkulation und Abrechnung, das Lizenzwesen und die Pressearbeit."[393]

Auch Teile, die bisher zum Kern eines Verlags gehörten, wie das eigene Marketing und die Buchgestaltung, hatte *Bertelsmann* zentralisiert. Beabsichtigt war, die Spezialisierung zu fördern und relevantes Wissen in neuen Bereichen des Buchmarkts aufzubauen: „In funktionaler Arbeitsteilung, die Überschneidungen verschiedener Programmbereiche vermied, hatten es alle Verlagsleiter (...) nur noch mit klar abgrenzbaren Inhalten zu tun. (...) Wer Kunstbücher machte, hatte nichts mehr mit Romanen zu tun."[394] Aneinander gekoppelt werden sollten die Flexibilität kleiner, beweglicher Einheiten und die Risikoabsicherung des Großverlags.

So bestechend einfach das ‚dezentrale' Modell der *Verlagsgruppe Bertelsmann* in der Theorie auch erschien, so schwierig war seine praktische Durchsetzung. Hohe Verluste in der Verlagsgruppe, beispielsweise beim Schulbuchverlag *Pro Schule* stellten sich ein, so dass sich *Bertelsmann* in Teilmärkten gezwungen sah, sich zurückzuziehen.

> „Nachdem der jüngste deutsche Schulbuchverlag mehr als 10 Millionen Mark verschlungen hat und sich auch, so ein Verlagssprecher, keine Perspektiven zeigen, dass in absehbarer Zeit der Nullpunkt erreicht wird, hatte (...) der Wettbewerb mit den Großen der Branche an Reiz verloren."[395]

Problematisch war auch das inhaltliche Profil der Verlage, deren Qualität und Programm vom Feuilleton bemängelt wurde. Kritisch äußerte sich die *Frankfurter Allgemeine Zeitung* zu „jener Entfärbung und Entgeistigung, von der zum Beispiel die Bertelsmann Verlage nicht loszukommen scheinen".[396] Besonders die kleinen Verlage „standen den zentralen Vertriebs-, Werbe- und Finanzabteilungen ziemlich hilflos gegenüber"[397], urteilte Langenbucher im Jubiläumsband des Konzerns. Projekte wie die *AutorenEdition* oder die Neugründung *Verlag Steinhausen*, die anspruchsvolleren Ansätze der Verlagsabteilungen, nahmen die Leser nicht an.

6.3.3 Umzug in die ‚Verlagsmetropole' München

1972 verließ die *Verlagsgruppe Bertelsmann* Gütersloh in Richtung München. Dort wurden die Verlage zusammengeführt und die Meinungsvielfalt zum ‚in-

---

[393] Gööck, 1968, S. 214.
[394] Deichsel, 1985, S. 44.
[395] Buchmarkt, 10/1978, S. 14: ‚Bertelsmann scheitert im Schulbuchgeschäft. Rückblick 1978. '
[396] Frankfurter Allgemeine Zeitung, 11.5.1979: ‚Ein Patriarch. G. von Holtzbrinck wird siebzig. '
[397] Deichsel, 1985, S. 45.

nerbetrieblichen Dogma‘ erhoben.[398] In einiger Entfernung zur Gütersloher Zentrale nutzten die Verlage, „die kulturellen Anregungen der größten deutschen Buchverlagsstadt“.[399] „Jeder Verlag ist ein selbständiges Unternehmen“[400], definierte Dr. Ulrich Wechsler, der die *Verlagsgruppe Bertelsmann* ab 1975 leitete, die Tätigkeit der Verlage.

Wechsler beteuerte, dass den einzelnen Tochterunternehmen uneingeschränkte Programmkompetenz zugesprochen werden würde: „In unseren publizistischen Arbeiten können und sollen unterschiedliche Meinungen veröffentlicht werden. Wir verstehen uns als Verlagshaus der Alternativen und treten für publizistische Freiheit und Vielheit ein.“[401] Der Verlagsleiter hatte die Aufgabe, das Profil seines Verlags herauszuarbeiten und vielversprechende Autoren zu gewinnen, zu pflegen und zu halten: „In bestimmten Zeitabständen informiert er die Gesamtleitung des Hauses über sein Programm, seine Autoren und seine Produktion – nachrichtlich – nicht zur Genehmigung“.[402] Die Aufgabe der Geschäftsführer dieser Verlagseinheiten definierte die damalige Unternehmensverfassung:

> „Die Geschäftsführer leiten ihre Verantwortungsbereiche im Rahmen der mit dem Vorstand abgestimmten Planung selbständig. Sie sind dem Vorstand für die Ergebnisse verantwortlich. Die Leiter von Bereichen, Abteilungen und Gruppen innerhalb der Firmen sind verantwortlich für die Führung und das Ergebnis in ihrem Arbeitsbereich. Sie entscheiden und handeln im Rahmen ihrer Aufgabe selbständig. Das Haus Bertelsmann ist dezentral organisiert und wirtschaftlich in selbständig arbeitende Einheiten gegliedert. Jedes Arbeitsgebiet wird von einem Alleinverantwortlichen im Rahmen seiner Befugnisse geführt.“[403]

‚Im Rahmen der Planung‘ und ‚im Rahmen ihrer Aufgabe‘, schränkte der Text die Entscheidungsbefugnisse ein und verdeutlichte, dass es sich um einen kontrollierten Aktionsraum handelte, in dem die Handelnden unter Ergebnis- und Erwartungsdruck ihres Vorgesetzen standen. „Soviel Individualität wie möglich, soviel Konzerneinheitlichkeit wie nötig“[404] – kommentierte Wechsler die Tätigkeit der dezentralen Unternehmenseinheiten. Jeder der Firmenteile, wie sie sich 1972 in der Verlagsgruppe *Bertelsmann* fanden, sollte ‚kreative Identität‘ einbringen, um ein größeres Ganzes entstehen zu lassen.

---

[398] Den Terminus ‚innerbetriebliches Dogma‘ verwendet: Wechsler, 1977, S. 59.
[399] Deichsel, 1985, S. 45.
[400] Wechsler, 1977, S. 61.
[401] Bertelsmann AG (Hg.), Unternehmensverfassung der Bertelsmann AG. Gütersloh 1973.
[402] Wechlser, 1977, S. 60.
[403] Ebd.
[404] Ebd.

Diese von innen heraus neugeschaffene Verlagsgruppe gab *Bertelsmann* den Namen ‚Verlagshaus der Alternativen'. Mit ihr gelang es dem Vorstand tatsächlich, die Verlage langsam von ihren Programmdefiziten zu befreien.[405]

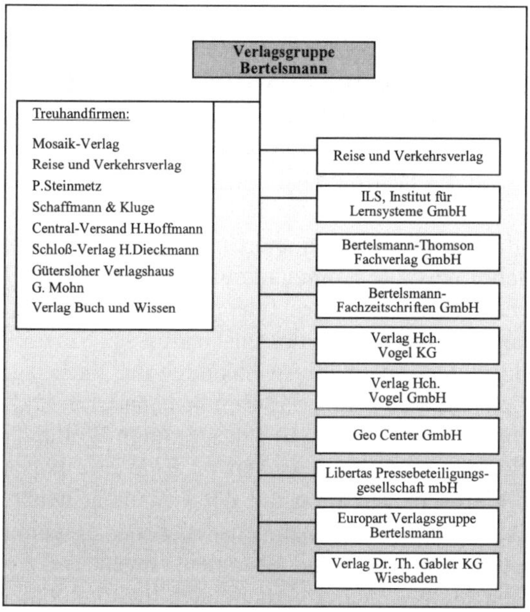

Abb.8. Verlagsgruppe *Bertelsmann* 1972[406]

Ein Blick auf die *Verlagsgruppe Bertelsmann* im Jahr 1975, als der 1910 in Berlin gegründete *Blanvalet Verlag* übernommen wurde, der „die Liste des (...) Programms ganz wesentlich erweiterte"[407], zeigte einen Gesamtumsatz von rund 191 Mio. DM, was im Vergleich zum Vorjahr eine Steigerung um 6,3 Prozent bedeutete. Davon entfielen „rund 163 Mio. DM auf Vertriebserlöse mit Büchern und Fachzeitschriften", wenngleich dieser Bereich sich mit „einem zunehmenden Fotokopierunwesen (und) mit Problemen des Raubdrucks"

---

[405] Bertelsmann.de [1.12.2001], Unternehmenschronik: „Zu großen Erfolgen in den siebziger Jahren werden "Der Winter, der ein Sommer war" von Sandra Paretti, "Expedition RA" von Thor Heyerdahl, "Der dressierte Mann" von Esther Vilar, "Wir Untertanen" von Bernt Engelmann, der "Hite Report" von Shere Hite sowie Henry Kissingers Memoiren. Das Belletristikprogramm wird um eine Reihe russischer Autoren erweitert, wie etwa Tschingis Aitmatow und Jurij Trifonow; außerdem wird die Edition STEINHAUSEN ins Leben gerufen, in der moderne Literatur verlegt und die später unter dem Signet "prosa CB" in das Programm des C.Bertelsmann-Verlags integriert wird."

[406] BG 1972, S. 2f.

[407] BG 1975/76, S. 15.

auseinander zu setzen hatte. Zu *Bertelsmann* gehörten neben der *Verlagsgruppe Bertelsmann* 1975 insgesamt vierundzwanzig als Unternehmen eingetragene kleinere und größere Verlage.[408]

6.4 Wachstum und Internationalisierung der Verlage

6.4.1 Beginn der Internationalisierung

Die Bündelung derart vieler Firmen und Unterfirmen bei *Bertelsmann* rief seit Ende der 60er Jahre besorgte Kommentare hervor, die in der Verlagskonzentration eine Gefahr sahen. Einziges Interesse der „Buchfabriken des Herrn Mohn"[409], so wurde kritisiert, war dessen Geldbörse. Nach einiger Zeit fand man sich jedoch mit den regelmäßigen Zukäufen der Verlagsgruppe ab: „Man hat sich allmählich daran gewöhnt, daß Bertelsmann kauft und kauft und kauft (...). Die früher bei jedem Verlagskauf angestimmten Weltuntergangstöne sind weitgehend nüchterner Analyse gewichen."[410] Es wurde beispielsweise angemerkt, dass der Marktkonzentration mit der Gründung neuer individuell geführter und nicht in große Unternehmensnetzwerke eingebundener Verlage wie dem *Rotbuch-* und dem *Scriptor-Verlag* ein Gegentrend zuwiderliefe.

Wie an der wesentlich schneller verlaufenden Internationalisierung der *Bertelsmann Buch- und Schallplattengemeinschaften* abzusehen war, wurde es für die Verlage der Gruppe nun ein wichtiges Ziel, schneller zu expandieren. *Bertelsmann* bemühte sich Mitte der 70er Jahre darum, akquirierbare nationale und internationale Verlage zu sichten, die in das Portfolio von *Bertelsmann* passen und neue Geschäftsfelder erschließen würden. Dazu ordnete der Unternehmensbereich seine Geschäfte nach den Feldern *Hardcover*, *Taschenbuch*, *Lexikon- und Wissenschaftsverlage* sowie *Fachinformation*.

---

[408] Vgl. BG 1975/76, S. 62: (1) Verlagsgruppe Bertelsmann, (2) C.Bertelsmann Verlag, (3) Mosaik Verlag, (4) Prisma Verlag, (5) RV Reise- und Verkehrsverlag, (6) ILS-Institut für Informations- und Lernsysteme, (7) Westdeutscher Verlag, (8) Friedrich Vieweg & Sohn Verlagsgesellschaft, (9) Deutscher Eichverlag, (10) Schulverlag, (11) ProSchule Verlag, (12) Hamburger Fernbetreuungsgesellschaft, (13) Rufer Versandbuchhandlung, (14) Verlag Buch und Wissen, (15) ORBIS Verlag für Publizistik, Gütersloh, (16) ORBIS Verlag für Publizistik, Hamburg, (17) Europart Verlagsgruppe Bertelsmann, (18) Bertelsmann Thomson Fachverlag, (19) Bertelsmann Fachzeitschriften, (20) Verlagsgesellschaft Otto Spatz, (21) Verlag Heinrich Vogel, (22) Vertrieb Heinrich Vogel, (23) Verlag Aktuelle Information, (24) Verlag Buch und Wissen, Zürich.

[409] Vgl. Molden, F., Woran mißt Reinhard Mohn Bedeutung von Verlagen. In: Buchreport, 13/1976, S. 75.

[410] Buchmarkt, 10/1977, S. 74: ‚Verlagskonzentration.'

Es waren die in den späten 70ern und frühen 80ern stark zunehmenden Akquisitionen von Publikums- und Wissenschaftsverlagen[411], deren Integration und Umgruppierung des sich ständig erweiternden Programms die Arbeit der *Verlagsgruppe* nun bestimmten. Auch wenn Vorstand Ulrich Wechsler in seinen Publikationen zum Verlagswesen auf die Bedeutung der eigenständig erzeugten Inhalte besonders Wert legte, stellte die Geschwindigkeit, mit der *Bertelsmann* im deutschsprachigen und internationalen Raum Verlage einkaufte und mit Zukäufen neue Geschäftsfelder erschloss, die eher blasse Programmarbeit in den Schatten.

6.4.2 Eintritt in den deutschen Taschenbuchmarkt

Am 1. Januar 1977 stieg *Bertelsmann* für damals 10 Mio. DM[412] ins Taschenbuchgeschäft ein. Der Konzern erwarb den 1922 in Leipzig gegründeten und 1952 als Taschenbuchverlag wieder ins Leben gerufenen *Wilhelm Goldmann-Verlag*. Geplant war, *Goldmann* „ins Spitzenfeld der Publikums-Taschenbuchverlage zu führen".[413] Schon 1970 verlegte *Goldmann* „über 2900 Titel mit einer Gesamtauflage von über 110 Millionen".[414] „Jedes 50. Buch, das in Deutschland erscheint, ist ein Goldmann Taschenbuch", pries der zu diesem Zeitpunkt noch eigenständig agierende Verlag seine Leistungen an, bevor er mit dem Tod von Wilhelm Goldmann 1974 in eine Phase der Stagnation abglitt. *Bertelsmann* erwarb damit eine Marke, die zeitweise großen Erfolg gebracht hatte, aber Mitte der 70er Jahre konzeptlos erschien, so dass die Nachlassverwalter den Verlag bereitwillig abgaben.[415] An die Stelle von Wilhelm Goldmann trat Gerd Frederking, der den Verlagsaufbau grundlegend veränderte. Der neue Chef und sein Team analysierten den Zustand von *Goldmann* und entschieden, den Verlag vollkommen zu erneuern.

> „Wir haben uns damals gefragt: Wie sind die Programme anderer Taschenbuchverlage neben Goldmann strukturiert? Was sind ihre Markenzeichen? Was die Arbeitsgebiete? Welche Gebiete bleiben noch frei? Welche kann Goldmann gestalten, besetzen? (...) Ein entscheidender Gedanke war dabei der Gedanke der Kooperation, d.h. die Dinge, die man aus eigener Kraft nicht kann, mit Hilfe de-

---

[411] In den frühen 80er Jahren wurden im Bereich Wissenschaftsverlage *Gabler* und *Westdeutscher Verlag* integriert. Das Segment *Fachinformation*, mit Schwerpunkten in Bau-, Architektur-, Medizin- und Verkehrsfachzeitschriften sowie Telefonbüchern stellte sich als eigener wichtiger Bereich der Verlagsgruppe auf. Die wichtigsten Verlage dieses Bereichs mit seinem breitgefächerten Fachzeitschriftenangebot waren zu diesem Zeitpunkt das *Fernlehrerinstitut ILS*, der *Verlag Herrnberger*, der *Telefonbuchverlag (LTV)* sowie der *Fachverlag Heinze* und der Verkehrsbereich mit dem *Heinrich Vogel Verlag*; Vgl. BG 1983/84, S. 37.

[412] Buchmarkt, 10/1982, S. 132: ‚Interview mit Goldmann-Chef Gert Frederking. ‘

[413] Ebd., S. 131.

[414] Goldmann Gesamtkatalog 1970/71. München 1971, S. 5.

[415] Vgl. Buchmarkt, 12/1996, S. 64: Das neue Gesicht. Goldmann verändert das Outfit.

> rer zu tun, die das entsprechende Know-how auf ihrem Sachgebiet haben. Unsere erste Partnerschaft war die Zusammenarbeit mit dem Musikverlag Schott (...) Die zweite Partnerschaft, mit den ‚Stern-Büchern', folgte sehr rasch. (...) Der nächste wichtige Kooperationsvertrag war der mit dem ZDF über Materialien zu ZDF-Sendungen."[416]

Inhaltlich beseitigte Frederking den schlechten geschäftlichen Zustand *Goldmanns* durch eine Ausrichtung auf absatzorientierte Titel und eine rigorose Reduzierung der Backlist.[417] Er verstand den Neuanfang als Aufruf, sein „Verlagsprogramm wie ein Fernsehprogramm zu gestalten. Fernsehprogramme sind Mehrheitenprogramme".[418]

Die „Ära Bertelsmann"[419] führte den Verlag aus seiner von Krimis und Science Fiction bestimmten Tradition in andere Programmbereiche. Beispielsweise hatten alte, von *Goldmann* herausgegebenen Serien, wie „die Klassiker-Reihe (...) in ihrer heutigen Gestalt mit den alten Ausgaben wahrlich nichts mehr zu tun".[420] Mit Kooperationen wie den *Stern-Büchern* oder der *Schott*-Kooperation gelang es *Goldmann* schließlich aus der einseitigen ‚Krimi'-Ecke, die mit dem Namen Edgar Wallace verbunden wurde, herauszukommen und zu einem Verlag mit breiter programmatischer Basis zu werden.

Bertelsmann hatte, wie sich zeigte, mit dem Erwerb von *Goldmann* sein Engagement im Taschenbuchmarkt ausweiten können, ja eigentlich überhaupt erst gefunden.[421] Insofern war die *Goldmann*-Übernahme ein großes Ereignis, da sich der „größte Medienkonzern Deutschlands", so das Magazin *Buchmarkt*, „den Zugang zur Taschenbuchproduktion sicherte und die letzte große Lücke in seinem Angebot schloß".[422] Das Taschenbuch war deshalb so wichtig, weil es als Buch „in handlichem Format, mit einem dekorativ gestalteten Kartoneinband versehen und durch Klebebindung zusammengehalten wurde und aufgrund der einfachen Ausstattung und einer möglichst rationellen Produktionsweise"[423] im Preis meist unter dem anderer Buchausgaben lag.[424]

Genaugenommen hing der Erfolg des Taschenbuchs zusammen mit den veränderten Lesegewohnheiten der Konsumenten, die weniger auf die Buchausstattung Wert legten. Ein ‚richtiger' Einband, hochwertiges Papier und der

---

416 Buchmarkt, 10/1982, S. 131: Interview mit Goldmann-Chef Gert Frederking.

417 Vgl. Buchmarkt, 12/1996, S. 66: Das neue Gesicht. Goldmann verändert das Outfit: „Goldmann hat seine Backlist rigoros reduziert von 3500 auf 2400 Titel, den Ausstoß der Monatsproduktion ebenso, von 60 auf 40, und seinen Umsatz trotzdem stetig gesteigert."

418 Ebd., S. 131.

419 Ebd., S. 118.

420 Ebd.

421 BG 1976/77, S. 15.

422 Buchmarkt, 10/1982, S. 131: Interview mit Goldmann-Chef Gert Frederking.

423 Leonhardt, C., Das Taschenbuch – seine Stellung und sein Einfluß im Deutschen Buchmarkt. Würzburg 1982, S. 58.

424 Vgl. Leonhardt, 1982, S. 58.

424 Leonhardt, 1982, W 2028.

Prestige-Charakter des Buches, stellten sich in einer Umfrage für den Buchhandel[425] als relativ unwichtig für die Kaufentscheidung des Konsumenten heraus. Was das in Zahlen ausgedrückt bedeutete, zeigte der Bericht von Claudia Leonhardt über den Taschenbuchmarkt[426], die herausfand, dass schon 1975 zwischen sechzig und siebzig Prozent aller verkauften Exemplare des Bereichs ‚Belletristik' auf das Taschenbuch entfielen und das Wachstumspotenzial damit noch nicht ausgeschöpft war:

> „Weil sich das Taschenbuchgeschäft zu einem gewinnbringenden Massengeschäft entwickelte, suchten fast alle großen Hardcover-Produzenten über Beteiligungen, Gemeinschaftsgründungen oder nur über Kooperationen einen Anschluß an diese dynamische Sparte. Am Taschenbuch führt offensichtlich kein Weg vorbei."[427]

Begleitend zur Neupositionierung von *Goldmann* unterstrich eine Werbekampagne die „markigen Worte der ‚Bertelsmänner' über ihre Ambitionen auf dem Taschenbuchmarkt: Goldmann war wieder da".[428] Der Taschenbuchverlag hatte sein Programm unter der Führung des Medienhauses komplett überarbeitet und nach der Übernahme seine ehemals 130 Beschäftigten auf 38 reduziert.

> „Damals waren wohl bei Goldmann, einschließlich des Wissenschaftsbereichs an die 120 oder 130 Mitarbeiter beschäftigt, davon allein 70 in der Auslieferung, die ja früher mit zum Verlag zählte. Heute sind es, wie gesagt, 38, davon sind fünfzehn alte Goldmann-Mitarbeiter."[429]

Bei *Goldmann* klang auf diese Weise an, was bei späteren Übernahmen in viel größerem Stil stattfinden sollte: Eine Integration in den *Bertelsmann*-Verbund verhieß vorderhand relativ große inhaltliche Eigenständigkeit. Nach einiger Zeit ergaben strukturelle und personelle Umbauten dann eine völlig neu wirkende, denkende und schließlich auch inhaltlich arbeitende Unternehmenseinheit, deren Identität als Medienunternehmen keinesfalls dieselbe blieb, wie vor der Übernahme und von *Bertelsmann* ferngesteuert wurde.

6.4.3 Simulation des freien Verlegertums

Weiter ging die Expansionswelle mit der Gründung des *Albrecht Knaus-Verlags* in Hamburg. Überraschend war Albrecht Knaus[430] aus dem Verlag *Hofmann & Kampe* ausgeschieden, dessen Programmarbeit er maßgeblich

---

[425] Vgl. Noelle-Neumann, E., Buchhändler, Buchkäufer 1978. In: Archiv für Soziologie und Wirtschaftsfragen des Buchhandels. XLIII (Bbl., Nr.90, 10.11.1978), S. 699–896.
[426] Leonhardt, 1982, W 2032.
[427] Ebd.
[428] Buchmarkt, 5/1978, S. 41: Kooperation Goldmann/Schott.
[429] Buchmarkt, 10/1982, S. 133: ‚Interview mit Goldmann-Chef Gert Frederking. '
[430] Buchmarkt, 10/1978, S. 61: ‚Premieren Albrecht Knaus Verlag. '

mitgestaltet hatte und gründete unter dem Schirm von *Bertelsmann* seinen eigenen ‚Imprint'-Verlag für Belletristik und Sachbücher im Taschenbuchformat. Innerhalb eines Jahres stellte Knaus ein Programm zusammen, das durchaus an Verkäuflichkeit orientiert war und nach Worten des ‚Verlegers' „von der ersten Produktion an einen sicheren Platz in den Regalen des Sortiments haben müsste".[431] Mit *Knaus* ergänzte *Bertelsmann* seine Verlage abermals um eine Instanz und schuf innerbetriebliche und programmatische Konkurrenz. Die Fach-Öffentlichkeit auf der Buchmesse im Oktober 1977 reagierte darauf insgesamt kritisch, als der Wechsel von Knaus zu *Bertelsmann* bekannt wurde, ja „schrie entsetzt auf"[432], wie das Magazin *Buchmarkt* schrieb. Kritiker befürchteten die Instrumentalisierung einer Persönlichkeit des Verlagswesens für den Großverlag. Doch die negativen Kommentare verebbten mehrheitlich, als Knaus seine Argumente anführte und das Modell der ‚Verlagsgründe' erläuterte: „Ohne die Effizienz des mir zur Verfügung stehenden Apparates der *Verlagsgruppe Bertelsmann* in München, aus eigener Kraft hätte ich das nie geschafft. Das war mir von Anfang an klar."[433] Es überzeugte, dass *Bertelsmann* einem verpflichteten leitenden Mitarbeiter wie Knaus die inhaltlichen Freiheiten eines Verlegers einräumte und nur die Infrastruktur bereitstellte, mit der in kürzester Zeit ein größerer Verlag aufgebaut werden konnte. Der ‚Verleger' hatte als Angestellter die Möglichkeit so zu arbeiten, als sei seine *Bertelsmann*-Abteilung sein eigenes Unternehmen, das er auch nach außen hin als solches präsentierte. Das *Börsenblatt* gab bekannt, dass

> „Dr. Albert Knaus, einst erfolgreich bei Ullstein und Piper, zuletzt hochkarätiger Verlagsleiter von Hofmann & Campe, (...) den Albrecht Knaus Verlag (gründet, TL), der voll eigenständig sein Programm entwickelt und lediglich die Service-Leistungen wie Herstellung, Vertrieb und Pressearbeit der Bertelsmann-Gruppe überlässt. (Imprint-Modell)."[434]

Die Strategen aus Gütersloh simulierten sozusagen das freie Verlegertum, damit die Erfahrung und das Wissen des Mitarbeiters voll zur Geltung kamen. Der „mächtige Konzern" lässt Knaus, so das *Börsenblatt*, „nicht ohne Stolz auf seinen Namen und seine Erfahrung agieren".[435] Knaus enttäuschte seine Geldgeber nicht und bewies die Tauglichkeit des Modells.

Aufgrund offensichtlicher Mängel der Verlagsgruppe im Bereich für politische, kultur- und geistesgeschichtliche Sachbücher im Hardcover-Bereich und dem Willen, diese zu beheben, beteiligte sich *Bertelsmann* 1981/82 mit 75 Prozent an einem weiteren, dem *Siedler* Verlag.

---

[431] Ebd.

[432] Ebd.

[433] Ebd.

[434] Börsenblatt für den Deutschen Buchhandel, 34/1978, S. 796: ‚Albrecht Knaus stellte sich und sein erstes Programm vor. '

[435] Buchmarkt, 10/1978, S. 61: ‚Premieren Albrecht Knaus Verlag. '

Verleger Wolf Jobst Siedler wurde im nahezu gleichen Verfahren zum *Bertelsmann*-eigenen gestaltenden Verlagsleiter. Der *Siedler*-Verlag war, wie es hieß, „unter Bertelsmann-Dach, so daß die Verlagsgruppe ihre Programmkompetenz in einem ‚führenden zeitgeschichtlichen Verlag der Bundesrepublik' aufstockte".[436] Wolf Jobst Siedler selbst äußerte sich in einem Vortrag über die inhaltlichen Freiheiten, die bei *Bertelsmann* herrschten, aber inhaltsleer wirkten:

> „Der Konzern, für den Herr Knaus ein paar Jahre, ich anschließend fast 2 Jahrzehnte die Buchverlage geleitet habe, hat solche (...) definierten Prinzipien festgelegt – Grundregeln von solcher vernünftiger Allgemeinheit, daß sie lange Zeit fast inhaltsleer wirkten."[437]

Faktisch erfolgten inhaltliche Eingriffe wie der Austausch von Personal, die Überprüfung des Programms oder gar der Wiederverkauf bei übernommenen Verlagen erst dann, wenn die Gestalter keinen absehbaren finanziellen Erfolg mehr vorweisen konnten: „Wir werden die Zahl der Titel verringern, um uns an die sich veränderten Marktbedingungen anzupassen"[438], benannte der Geschäftsbericht einen erforderlichen Eingriff.

Um die Renditen zu steigern, machte *Bertelsmann* in allen seinen Verlagen die verlegerische Freiheit abhängig vom monetären Erfolg. Die negativen Folgen, die eine falsche Unternehmensführung für *Bertelsmann* bewirken konnten, wurden begrenzt, indem das Controlling härtere Marktbedingungen simulierte, als sie im Grunde herrschten.[439] Allgemein wurde 10 Prozent Umsatzrendite gefordert. Bei nicht zufriedenstellenden Renditen der dezentralen Unternehmensteile, fing eine Art ‚Alarmglocke' an zu klingeln, die bei noch schlechteren Ergebnissen zentrale Eingriffe, wie Restrukturierungen oder Neubesetzung der Führungskräftepositionen auslösten. Dabei erwies sich in ‚schwierigen Märkten' als recht frei auslegbar, wie weit der persönliche Gestaltungsraum der einzelnen Unternehmenseinheiten reichte und wann ein Eingriff von außen erforderlich erschien, um unternehmerische Niederlagen aufzufangen.

---

[436] BG 1982/83, S. 29.

[437] Siedler, W.J., Geist und Kommerz. Vortrag im Rahmen einer Tagung der Verlagsgruppe Bertelsmann. In: Bertelsmann Briefe, 114/1984, S. 33.

[438] BG 1984/85, S. 30.

[439] Ähnliche Maßnahmen fanden in dem in Teilbereiche zersplitterten Fachinformations- und Wissenschaftsbereich statt, der in den frühen 80er Jahren ebenfalls weiter expandierte. Die Verlagsgruppe übernahm die verbliebenen Prozente vom betriebswirtschaftlichen *Verlag Dr. Th. Gabler*, der damit komplett ins Unternehmen integriert und bis 1981 innerbetrieblich ‚reorganisiert wurde', so dass die Ergebnisse den Renditeansprüchen des Konzerns genügten; Vgl. BG 1981/82, S. 32.

6.4.4 Expansion ins Ausland – die zweite ‚Königsidee'

Der Schwerpunkt der Verlagsexpansion begann sich Mitte der 80er Jahre vom In- auf das Ausland zu verlagern. Das Ausland als „Schlüssel zur Expansion"[440] galt bald als zweite ‚Königsidee' nach dem *Buchclub*. Gründe für dieses Umdenken waren neben den deutschen Beschränkungen des Wettbewerbsrechts auch die Position des bereits international operierenden *Bertelsmann-Clubs* im Bereich der Buchlizenzen.

Teuer mussten Lizenzen von Scouts gesichtet, verhandelt und von Fremdverlagen erstanden werden, so dass die eigenen Verlage nicht mitverdienten. Ohne ein weitgespanntes Netzwerk von eigenen Lizenz- und Verlagspartnern blieb der Buchgemeinschaft nichts anderes übrig, als für die Rechte zu bezahlen. Um diesen Zustand zu beheben, erfolgte das massive Engagement der Verlagsgruppe in internationalen Märkten. Anders als bei den *Buch- und Schallplattengemeinschaften*, die 1962 ihre Internationalisierung begonnen hatten, gab es im Bereich ‚Verlage' erste Netzwerke und Lizenzpartner, aber noch keine großen Unternehmenstöchter. Seit 1975 bereitete sich der Konzern auf die Expansion vor und sandte Mitarbeiter nach Nord- und Südamerika, um Beobachtungen anzustellen und geeignete Übernahmekandidaten ‚auszuspähen'.

> „Wir haben allerdings bereits 1975 angefangen, die amerikanische Verlagssituation zu studieren, die Branche zu analysieren und ebenso einzelne Verlage. Insofern ist es richtig zu sagen, wir beobachten seit zwei, drei Jahren intensiv das amerikanische Verlagswesen."[441]

1977/78 gelang es *Bertelsmann* sich die Eintrittstür in den US-amerikanischen, britischen und spanischen Verlagsmarkt zu verschaffen. Es wurde eine Minderheitsbeteiligung von 40 Prozent an den Vertriebsgesellschaften des auf Lexika und Reihenwerke spezialisierten, in Spanien und Lateinamerika aktiven Verlagshauses *Plaza & Janés* in Barcelona realisiert.[442] Reinhard Mohn entschied, die Mittel zuerst in jenem Land zu intensivieren, in das der *Lesering* ebenfalls als erstes expandiert war und in dem bereits geschäftliche Erfahrungen gesammelt worden waren. Die Übernahme der spanischen Gruppe mit ihren damaligen Vertriebsfirmen in Argentinien, Mexiko und Kolumbien war ein Engagement, das auf Langfristigkeit hin angelegt war und die demografischen Entwicklungen der genannten Länder und der spanischsprachigen Welt mit einrechnete.

> „Das ist ein Engagement, das man langfristig sehen muß. Sieht man von den augenblicklichen politischen Verhältnissen ab, so muß man sehen, daß Lateiname-

---

[440] Ebd., S. 15.

[441] Buchmarkt, 10/1977, S. 32: Das Auslandsengagement der Verlagsgruppe Bertelsmann. Interview mit Dr. Ulrich Wechsler.

[442] Vgl. BG 1976 /77, S. 15.

> rika ein Markt ist, wo zunehmende Kaufkraft entsteht, wo das Analphabetentum rückläufig ist. Mittel- und langfristig gesehen, auf 10 oder 20 Jahre projektiert, ist das ein Markt, der durchaus in eine interessante Entwicklung hineinwächst."[443]

,Synergie' bedeutete hier konkret, dass für bestimmte Sprachräume entwickelte Produkte zwischen den Verlagshäusern ausgetauscht werden konnten und Entwicklungsarbeit keine doppelten Investitions-, sondern nur Adaptionskosten bewirkten. *Plaza & Janés* vermochte beispielsweise die spanische Ausgabe der *,Lexikothek'* einschließlich der Phonobände *,Unser Jahrhundert in Wort, Bild und Ton'* als attraktives Produkt zu übernehmen, da der Spanischsprechende Markt nichts Vergleichbares vorweisen konnte.[444]

Im selben Jahr beteiligte sich *Bertelsmann* mit 51 Prozent am größten Taschenbuchverlag der USA, dem zur *IFI-Gruppe* gehörenden, amerikanischen Verlag *Bantam Books*[445] mitsamt seinen Dependancen in England, Australien und Neuseeland für 36 Millionen US-Dollar. Für den Erwerb von *Bantam* führte Ulrich Wechsler in einem Interview folgende Gründe an: „Erstens wollten wir nach Amerika. Punkt zwei: Bantam bot uns die Chance dazu. Und drittens: Bantam ist ein außerordentlich guter Verlag."[446]

Reinhard Mohn benannte in einem Interview diesen Schritt als den ersten Versuch eines deutschen Buchunternehmens überhaupt, sich zum internationalen Großverlag zu entwickeln. Er stellte die enormen Herausforderungen für Kultur, vorhandenes und zu bildendes Management heraus. Mohn verwies darauf,

> „daß im Buchverlagsbereich Wesentliches im Felde der Internationalisierung überhaupt noch gar nicht existiert – im Gegensatz zu anderen Branchen und Firmen. Die Gründe dafür liegen im kulturellen, historischen Bereich, in Sprachbarrieren, sind in den heutigen politisch, kulturpolitisch unterschiedlich und national ausgerichteten Konzeptionen begründet."[447]

Die von *Bertelsmann* gemeinsam mit *Bantam* getätigte 30 Prozent-Beteiligung an der Mailänder Verlagsgruppe *Fratelli Fabri Editori*[448] mit ihren Schwerpunkten ,Partworks, Lexika und Reihenwerken'[449] und renommierten Verlagen „*Bompiani* und *Sonzogno* (Belletristik und Sachbücher)" stieß das Medienhaus

---

[443] Buchmarkt, 10/1977, S. 37.
[444] BG 1983/84, S. 38.
[445] Bantam war bereits zuvor durch mehrere ,Hände' gegangen. *IFI*, das zur Agnelli-Gruppe gehörende *Istituto Finanzario Industriale*, hatte *Bantam* 1974 vom Konglomerat *National General Corporation* für 70 Millionen US-Dollar gekauft, der sich den Verlag seinerseits 1968 mit dem Konglomerat *Grosset & Dunlap* einverleibt hatte; Vgl. Börsenblatt für den Deutschen Buchhandel, 29/1976, ,Serie bedeutende Ausländische Verlage: Folge 15: Bantam Books', S. 631.
[446] Buchmarkt, 10/1977, S. 32.
[447] Buchmarkt, 9/1979, S. 26: Was kommt, wenn Mohn geht?
[448] BG 1976/77, S. 15.
[449] BG 1977/78, S. 18.

1980 teilweise wieder ab. Ab 1982/83 gehörte *Bantam* dann komplett, also zu 100 Prozent zu *Bertelsmann,* womit der Umsatz des Gesamtbereichs Verlage auf 634 Mio. Mark anstieg.[450] Der Einstieg bei *Bantam* erfolgte passend zu jenem Zeitpunkt, als multinationale Mischkonzerne wie *CBS* oder *Gulf & Western* begannen, im expansiven Buchmarkt aktiv zu werden, um die Rechte ihrer Tochterunternehmen im Taschenbuch und anderen Medien weiterzuverwerten. Der amerikanische Buchmarkt war in Bewegung und galt als „das mit allen Marketing-Wassern gewaschene Milliarden-Geschäft mit der Wissbegierde und dem Unterhaltungsbedürfnis der Konsumenten einer postindustriellen Gesellschaft".[451] Die amerikanischen Konzerne bewegten sich weg von der Vermarktung von Einzelmedien hin zur medienübergreifenden Verwertung mit den entsprechenden Unternehmenszusammenschlüssen.

> „RCS, CBS oder Gulf & Western verfügen ebenso über Film und Fernsehgesellschaften, über Radiostationen oder Zeitschriften und Zeitungen. Sie haben den perfekten Apparat für die multimediale Ausbeutung einer Idee parat: Das mindert die Risiken und das ermöglicht die Potenzierung eines Erfolges. (...) Bantam Books, der größte Paperback-Verlag auf dem US-Markt, setzt sich noch gegen diese Entwicklung zur Wehr. Er bemüht sich, stattdessen eigene Titel zu produzieren."[452]

Dass die US-amerikanischen ‚Medien-Manager' dazu übergingen, Inhalte medien-übergreifend zu verwenden, hatte man von Gütersloh und München aus schon länger beobachtet. Als erste Reaktion nahm man sich den Ausbau des Taschenbuchbereichs vor, der sich zur Zweitverwertung von erworbenen Buchrechten bestens eignete. Das *Börsenblatt* brachte es auf den Punkt: „Der Amerikaner ist zum Taschenbuchkäufer geworden. (...) Es besteht kein Zweifel daran, daß die Paperback-Verleger die Rolle des Spielführers übernommen haben."[453] *Bantam* hielt 1977, zum Zeitpunkt der *Bertelsmann*-Beteiligung, mit 22 Prozent Marktanteil eine Spitzenposition.[454]

Der Verlag war für seine innovativen Formate bekannt, die ihm diese Position sicherten. Einst 1945 von Ian Ballantine gegründet, kam *Bantam* 1964 „als erster US Verlag (...) mit Taschenbuchexemplaren auf den Markt"[455] und führte die Idee der populären *Instant Books* ein. Die *Instant Books* waren Bücher, die wenige Tage nach aktuellen Ereignissen ausführlich über diese berichteten. Als besonderer *Instant*-Erfolg für *Bantam* stellte sich der ‚Warren-Report' über die Ermordung von Präsident John F. Kennedy heraus. „Allein

---

[450] BG 1983/84, S. 30.
[451] Börsenblatt für den Deutschen Buchhandel, 2.8.1977, S. 89: Das Taschenbuch marschiert immer mächtiger.
[452] Ebd.
[453] Ebd.
[454] Börsenblatt für den Deutschen Buchhandel, 29/1976, S. 630: Serie ‚Bedeutende Ausländische Verlage', Folge 15: Bantam Books.
[455] Ebd., S. 630.

die erste Auflage betrug 1,5 Millionen Exemplare."[456] Weitere Gründe, die für eine *Bantam*-Übernahme sprachen, waren die Tiefe des Programms[457], die schlanke, rentable Organisation, das enggeknüpfte, gut funktionierende Vertriebsnetz sowie ein Know-how auf Vertriebsmärkten, die in Deutschland noch kaum erschlossen waren.[458]

> „Dieser Verlag (Bantam, TL) vertreibt seine Taschenbücher weltweit über eine eigene Vertriebsorganisation und unabhängige Großisten. Bei einem bescheidenen Personaleinsatz machte das Unternehmen schon 1977 einen Umsatz von ungefähr 200 Millionen DM, und es würde an ein Wunder grenzen, hätte das schon immer stark vertriebsorientierte Haus Bertelsmann sich nicht für dieses effiziente System interessiert."[459]

Auch negative Folgen stellten sich bei *Bantam*-Präsident Dystel zufolge ein, der 1954 die Verlagsleitung übernommen und diese Position 1976 weiterhin innehatte. Der erfahrene Verlagsmanager beklagte die Folgen der Konzentration für sein Unternehmen, „den Mangel an Titelvielfalt (...), an neuen Ideen, an starken ‚Backlists' (...) durch den Zusammenschluß mehrerer Verlage und den Ankauf durch multinationale Konzerne".[460] Die Konzernbildung, so Dystel, verlangte Umsatzsteigerungen, was bedeutete: „kein Zuwachs an Titeln, Preiserhöhungen pro Buch um durchschnittlich 10 Prozent, Sinken der Anzahl verkaufter Titel." Dystel sah voraus, dass die geschäftlich positiv wirkende Konsolidierung bei einer Integration von *Bantam* in eine Konzernstruktur inhaltlich negative Folgen haben würde. Analog zu anderen übernommenen Verlagen änderte sich mit der Übernahme von *Bantam* unverkennbar das Selbstverständnis des gekauften Verlags.

Schon kurze Zeit nach der Übernahme konsolidierte *Bertelsmann* den zu *Bantam* gehörenden *Transworld Verlag* in Großbritannien durch „Kostenmanagement und Einschränkung der Titelanzahl"[461] und führte den Taschenbuchverlag *Bantam* mit seinem guten geschäftlichen Ruf in das neue Feld des amerikanischen ‚Hardcover'-Bereichs, um sich nicht auf ein Segment festzulegen. Mit dieser strategischen Übernahme gelang es *Bertelsmann,* als Verlagsgruppe weniger auf Lizenzzukäufe angewiesen zu sein, da nun viele Titel im eigenen Haus zu finden waren. Gleichzeitig schmälerte man mit dieser, für damalige Zeiten als ‚streng' bewerteten Konzentration, die Renditen der Wettbewerber, wie *Buchmarkt* bestätigte:

---

[456] Ebd., S. 631.
[457] Ebd., S. 631: „Der Verlag war sowohl im Sachbuch, als auch im schöngeistigen Bereich sehr aktiv: ‚Seien es Science Fiction-Romane, Romancen, Diät-Bücher, Kosmetik-Do-it-yourself-Bücher (...) oder Tie ins-‚Passages' von Gail Scheey mit 3 155 000 Exemplaren im Druck und ‚Trinity' von Lion Uris mit 2 510 000 Exemplaren."
[458] Vgl. Buchmarkt, 10/1977, S. 34.
[459] Langenbucher, 1985, S. 54.
[460] Ebd.
[461] BG 1982/83, S. 33.

> „Die starke Konzentration (...) auf relativ wenige Lizenzgeber bedeutet letztlich, daß die Zugangschancen für alle übrigen Verlage minimal sind. (...) Zuzukaufen sind dann letztlich nur noch einige Rosinen, mit denen sich freie Verleger nützlich machen, und die wenigen Spitzentitel aus dem jeweils anderen Konzernverbund."[462]

Abgesehen vom Vorteil bei der Lizenzbeschaffung, verhalf *Bantam Bertelsmann* zum Einstieg in englischsprachige Geschäftsfelder über europäische kulturelle Grenzen hinaus. Das Unternehmen verlegte in den USA jetzt von der amerikanischen Öffentlichkeit vielbeachtete Bücher, wie die Erinnerungen des früheren Präsidenten Jimmy Carter. Mit Weltkonzernen wie der *Walt Disney Corp.*, ließen sich nun gemeinsam ein ‚Supermarket-Continuity-Programm' planen und durchführen.[463]

Erstmals machte der Bereich *Verlage* 1980/81 mehr Umsatz im Aus- als im Inland. Während die deutschsprachigen Länder im Verlagsbereich 280 Mio. DM umsetzten, brachte es das Ausland auf 354 Millionen.[464] Aus der deutschen Verlagsgruppe war ein internationales Unternehmen geworden, das bisher noch von der Gütersloher Zentrale aus gelenkt wurde.

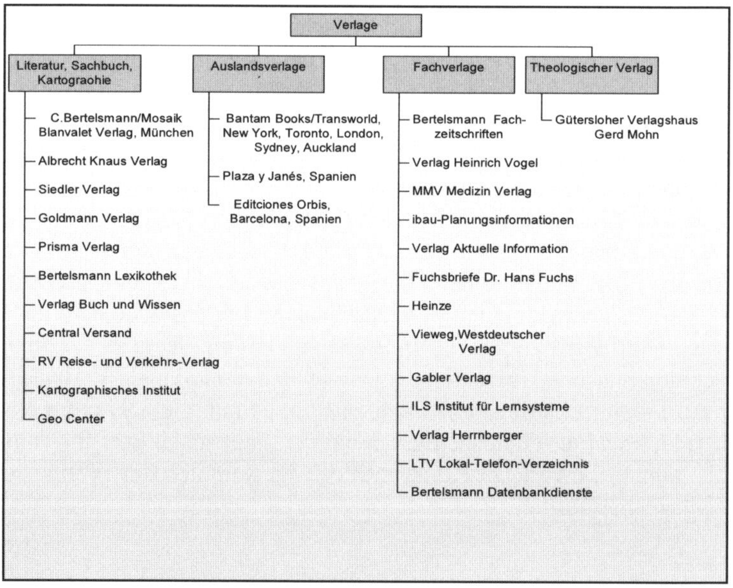

Abb.9. Unternehmensbereich *Verlage* 1984[465]

---

[462] Buchmarkt, 10/1981, S.133: Dossier Lizenzhandel. Bestseller und ihre Hintergründe.
[463] Vgl. BG 1981/82, S. 32.
[464] BG 1980/83, S. 33.
[465] BG 1983/84.

6.5 Die ‚Amerikanisierung' der Verlagsaktivitäten

6.5.1 Integration der Verlagsgruppe *DoubledayDellDelacorte*

Im Laufe der frühen 80er Jahre hatte die *Verlagsgruppe Bertelsmann* ihre Methoden zur Integration von akquirierten Unternehmen systematisiert. Mit der Bewältigung komplexer Aufgaben im Großverlag durch kleine, weitgehend eigenständig entscheidende Einheiten einerseits und der Zusammenführung administrativer Aufgaben andererseits, schienen dem Wachstum organisatorisch kaum Grenzen gesetzt zu sein.

Es arbeiteten 1984 im Bereich *Verlage*, wie der damalige Vorstandsvorsitzende Mark Wössner unter der Überschrift ‚*Medien für Millionen*'[466] berichtete, 28 Einzel-Verlage mit 2700 Mitarbeitern in Barcelona, London, New York und anderen Metropolen. Sie erwirtschafteten einen Umsatz von 894,5 Mio. DM, davon 346,5 Mio. DM im Inland und bereits weit mehr als die Hälfte, 548 Mio. DM im internationalen Ausland.

Nach der wichtigsten Verlagsintegration von *Bantam* und zahlreichen Zukäufen in anderen Ländern stand *Bertelsmann* mit seinen Verlagen nun vor den größten Herausforderungen auf dem Weg der Internationalisierung, dem endgültigen Durchbruch in den USA. Mit *Bantam* war man zwar gut positioniert, aber nach Meinung der Verlagsmanager bei weitem nicht gut genug, um Marktführer zu werden.[467]

Im Hinblick auf die Größe des Verlagsmarktes und seinen geschäftlichen Wachstumschancen, investierte *Bertelsmann* 1985 deshalb erneut 800 Mio. Dollar und erwarb 1985/86, zeitgleich mit der Übernahme des führenden Musiklabels *RCA*, den zweitgrößten Verlag der USA *DoubledayDellDelacorte*.[468] Das waren die bis dahin größte Investition in der Firmengeschichte und der bedeutendste Wachstumsschritt für *Bertelsmann* überhaupt. *Bertelsmann* bezeichnete den Neuerwerb heute auf seiner Website als Durchbruch.

> "The RCA label, which celebrated many triumphs with Elvis Presley, joined Bertelsmann along with Doubleday publishers. The two major acquisitions in the

---

[466] Ebd., S. 18.

[467] *Bantam*, das Standbein im englischsprachigen Raum, stand 1983 mit 153 Mio. Dollar Umsatz ‚nur' an 22. Stelle der umsatzstärksten US-amerikanischen Verlage, womit *Bertelsmann* zwar im Taschenbuchbereich vorne, aber insgesamt ‚unter ferner liefen' mitspielte. Vgl. Publisher's Weeky, The Book Industry Journal. New York 1984, S. 22ff.

[468] Vgl. Greco, A.: „Mergers and Acquisitions in the US Book Industry 1960-1989." In: Albach, P.; Hoshimo, E., International Book Publishing. An Encyclopedia. New York, London: Garland Publishing Inc. 1995, S. 229-241.

United States, which were announced on the same day, made 1986 the breakthrough year in the largest media market in the world."[469]

Gründlich vorbereitet und gesichtet hatte den Handel der damalige Co-Chairman des Musiklabels *RCA/Ariola,* Michael Dornemann. Nach Auswertung von mehr als 20 verschiedenen Projekten hatte Dornemann „erst zum Kauf geraten, als sich die beiden ‚Unikate' (Wössner) anboten, die in die Zielvorstellungen passten."[470] Mit *Doubleday-DellDelacorte* übernahm *Bertelsmann* ein Unternehmen mit einer langen Verlags- und Programmgeschichte, die intensiv mit der amerikanischen Kultur und ihrer belletristischen Literatur verwoben war.

Zum Zeitpunkt der Übernahme hatte der Verlag mit Bürokratieproblemen und überalterten Strukturen zu kämpfen. „Es scheint absurd", war im Branchenblatt *Publishers Weekly* zu lesen, „daß da eine Armada von Vizepräsidenten Verluste aufhäuft und ständig Alarm schlägt".[471] Dessen ungeachtet war *Doubleday&Company* vor der Übernahme mit jährlich etwa 450 Neuerscheinungen allein auf dem nordamerikanischen Buchmarkt bereits eines der größten buchgewerblichen Unternehmen der Welt. Mit 480 Mio. Dollar Umsatz an vierter Stelle der umsatzstärksten Verlage[472] der USA liegend, firmierte *Doubleday* als typischer Großverlag amerikanischer Prägung, mit dessen Namen Legionen von Belletristik- und Sachbuch-Bestsellern assoziiert wurden und der zum Zeitpunkt der Übernahme durch *Bertelsmann* vermutlich „der größte Belletristik-Verlag der Erde" war. Aufgrund seiner programmatischen Ausrichtung auf eine breite Lese-Öffentlichkeit, war auch die Marke *Doubleday* bekannt: „Sein Verlagsprogramm ist von jeher auf den Geschmack breitester Bevölkerungsschichten ausgerichtet."[473] Bereits der Gründer gab die Devise aus: „Verlegt wird, was gefällt."[474]

---

[469] Bertelsmann.de [1.2.2000] (www.bertelsmann.com/bag/chronicle/chronicle4_content.cfm): Unternehmenschronik.

[470] Gemeint sind *RCA* und *Doubleday*; In: Capital Magazin, 12/1986, S. 39: Starparade. Die ehrgeizige Weltstrategie von Bertelsmann.

[471] Ebd., S. 40.

[472] Schulz, F., Marginalien zur Geschichte des amerikanischen Verlagswesens. In: Bertelsmann Briefe, 117/1985, S. 16f.

[473] Ebd., S. 19: „Zu den herausragenden Titeln zählen u.a.: *John Dos Passos* ‚Manhatten Transfer' (1925) *Hermann Wouk* ‚Cain Mutiny' (1951/Die Caine war ihr Schicksal) und ‚Marjorie Morningstar' (1955); *Nelson Algren* ‚The Man with the Golden Arm' (1949/Der Mann mit dem goldenen Arm); *Leon Uris* ‚Exodus' (1958) und ‚Trinity' (1974); *Arthur Hailey* ‚Airport' (1968), ‚Hotel' (1965) und ‚The Moneychangers' (1973/Die Bankiers); *Taylor Caldwells* ‚A Prologue to Love' (Prolog zur Liebe); *Charles Berlitz* ‚The Bermuda Triangle' (1974/Das Bermuda-Dreieck); *Peter Benchley* ‚Jaws' (1974/Der weiße Hai); *Victoria Holt* ‚The Secret Women' (1970/Die geheime Frau) und ‚The Shivering Sands' (1969/Treibsand) sowie schließlich *Alex Haleys* genealogischer Roman ‚Woods' (1976/Wurzeln.) Bemerkenswerte Neuerscheinungen aus jüngster Zeit sind: *Leon Uris* ‚The Haj' (1984/Haddsch), ‚Pet Sematary' des Horror-Spezialisten *Stephen King*, *Victora Holts* Roman ‚Times of the Hunters Moon' (1983) und die autobiographischen Veröffentlichungen zweier Pop-Stars: *Michael*

Frank Nelson Doubleday rief *Doubleday* 1897 ins Leben „in partnership with magazine publisher Samuel McClure. Among their first bestsellers was A Day's Work by Rudyard Kipling“.[475] Vor allem Werke des genannten Kipling und O'Henry's „wurden in riesigen Auflagen an ein lesebegeistertes Millionenpublikum verkauft“.[476] Sie ermöglichten die anfangs starke Expansion des Verlages und die Gründung eigener Druckereien, Buchbindereien sowie einer Buchhandelskette, die überall in den USA vertreten war. Schließlich gründete *Doubleday* seinen eigenen Buchclub samt Versandhandel, bekannt unter ‚*The Literary Guild*‘ und ‚*Doubleday Dollar Book Club*‘. Aufgrund des Erfolges im Vertrieb gilt der Sohn des Gründers, Nelson Doubleday, noch heute als „einer der Pioniere des Mailorder und Subskriptionshandels“.[477]

In den 60er Jahren beschleunigte sich die Verlagsexpansion. Eine der übernommenen Firmen des Verlags war das 1962 durch *Doubleday* erworbene Vertriebsunternehmen *Feffer & Simons*. *Feffer & Simons* galt als Amerikas bedeutendster Buchexporteur. *Feffer & Simons* unterhielt Niederlassungen „in beinahe allen wichtigen Zentren der Erde und vertrat auf dem Vertriebssektor die Interessen der meisten US-Verlage“.[478] Eine weitere wichtige und spektakuläre *Doubleday*-Übernahme war 1976 die des Großverlags *Dell Publishing Group* samt den Subunternehmen *Noble & Noble*, *Laurel Leaf*, *Delta Books*, *Dial Press*, *Delacorte Press*, *Seymour Books* und *Heritage Press*. Das Verlagsprogramm liest sich wie ein Who's who der zeitgenössischen amerikanischen Unterhaltungsliteratur mit Namen wie James Baldwin, Thomas Berger, James Clavell, Joseph Heller, Patrick Mann, Norman Mailer, Irwin Shaw, Danielle Steel, Kurt Vonnegut und Irving Wallace.[479] Diese literarische Equipe wechselte mit dem Kauf zu *Bertelsmann* über.

6.5.2 Die ‚Eroberung‘ Amerikas

Um seine verschiedenen Unternehmen zusammenzuführen und eine neue, gemeinsame Identität entstehen zu lassen, verschmolz das Medienhaus sein ehemaliges Vorzeigeunternehmen *Bantam* mit *DoubledayDellDelacorte* und den Verlagen zur *BantamDoubledayDell-Group*, kurz *BDD* genannt und verkündet dies als Beginn einer neuen Ära im amerikanischen Verlagswesen:

Jackson ‚About Michael Jackson‘ und ‚Sinatra on Sinatra‘ aus der Feder von Frank Sinatras Tochter *Nancy*.“

474 Schulz, 1985, S. 19.

475 Doubleday, Doran & Company, Inc. (Hg.), Doubleday - The Story of a Combined Operation in Book. New York 1945, S. 8.

476 Schulz, F., Marginalien zur Geschichte des amerikanischen Verlagswesens. In: Bertelsmann Briefe, 117/1985, S. 18.

477 Ebd., S. 20.

478 Ebd., S. 19.

479 Verlagshaus der Verlage (Broschüre), Verlagsgruppe Bertelsmann. München 1988, S. 25.

> „Drei traditionsreiche US-Verlage schließen sich unter einem Firmendach zusammen und bilden einen der führenden Publikumsverlage des Landes: BantamDoubledayDell Publishing Group. Bantam, der größte Taschenbuchverlag der Welt, Doubleday, ein Verlag mit literarischer Bedeutung, Dell, ein Taschenbuchverlag und zugleich führend im Kinder und Taschenbuch – drei Verlage, die jeder für sich ein Stück angloamerikanischer Kulturgeschichte repräsentieren. Als Gruppe wirken sie prägend auf die Buch- und Lesekultur der englischsprachigen Welt.“[480]

Offensichtlich war *Bertelsmann* der Auffassung, dass Zusammenschlüsse verschiedener Verlage die Integration beschleunigte. Bevor die Verlage jedoch vereint werden konnten, hatte die neuformierte Verlagsgruppe *BDD* heftige interne Integrationsprobleme zu bewältigen.

Die neue Formation war für das bisher noch von seiner deutschen Herkunft geprägte Unternehmen *Bertelsmann* nicht eben leicht verdaulich. Irritationen traten zu Tage, als sich herausstellte, dass die Unternehmenskultur des Gütersloher Buch- und Verlagshauses nur schwer in Übereinstimmung mit der des uramerikanischen Großverlags *Dell* zu bringen war. Es zeigten sich Risse in den Managementkulturen, ja offen ausgetragene Kulturkämpfe, so dass die *NewYorkTimes* die Verschmelzung der Medienunternehmen als „typisches Beispiel für die in europäisch-amerikanischen Fusionen schlummernden Konflikte wertete“.[481] Immer wieder sandte *Bertelsmann* „seine eigenen Manager an die ‚Front‘ und machte mehr als einmal den Fehler, dem amerikanischen Verbraucher Methoden aufzwingen zu wollen, nur weil sie in Deutschland Erfolg hatten“.[482]

Beispielsweise musste *Doubledays* Buchclubmanager Robert P. Riger, den *Bertelsmann* von der Konkurrenz abgeworben hatte, seine Kompetenzen mit Chairman Gerhard Greiner teilen, einem eher besonnenen deutschen Verlagsleiter. „Das war gerade so, als sollte ein Rock-and-Roll-Star mit einem tibetanischen Mönch arbeiten, mokiert sich ein Doubleday-Mann.“[483]

Riger verließ das Unternehmen ebenso schnell wie sein Kollege Alberto Vitale, hochrangiger Verlagsleiter bei *BDD*, der entgegen den Absprachen mit der *Bertelsmann*-Zentrale das Verlagsprogramm und die Titelanzahl stark ausgebaut und nicht mit der Krise des amerikanischen Buchgeschäfts und mit der Rezession in den USA gerechnet hatte.[484] Riger wie Vitale hatten sich gegenüber der Presse vorher stets lobend über die *Bertelsmann* Unternehmenspolitik geäußert, was zeigte, wie Außenkommunikation und interne Prozesse

---

480 Ebd., S. 21.

481 Wirtschaftswoche, 20/1990, S. 64: Bertelsmann: Konzernchef muß im USA-Geschäft aufräumen.

482 Ebd., S. 65.

483 Ebd., S. 64.

484 Ebd., S. 64: „Die Bücherflut kam zu einem Zeitpunkt auf den Markt, als das US-Literaturgeschäft gerade in die Krise zu rutschen begann. Zerknirscht mußten die US-Buchhandlungen den Verlagen nun den Großteil ihrer Ware als Remissionen zurücksenden.“

voneinander abwichen. So schwärmte Vitale öffentlich von der Bereitschaft Güterslohs, Freiräume für Gestaltung offen zu lassen: „Die Leute von Bertelsmann lassen uns machen, sie gestatten auch Fehler, und das steigert die Kreativität ungemein.“[485] Genau diese ‚Freiheit‘ stellte auch eine Unternehmensbroschüre *Verlagshaus der Verlage* dar. Sie postulierte den neuen Anspruch als Kernpunkt der internationalen Verlagsphilosophie. Ausdrücklich sollten verschiedene Kulturen unterstützt und keine ‚Leitkultur‘ entwickelt werden.

> „Als internationales Verlagshaus der Verlage respektieren und fördern wir nationale Eigenarten, kulturelle Traditionen und unterschiedliche fachliche, wissenschaftliche und politische Denkansätze. Zugleich bemühen wir uns um den Austausch von Ideen, Programmen und Methoden.“[486]

Die Pluralität innerhalb der Unternehmensgruppe war nicht so einfach zu verwirklichen, wie es die Marketing-Logik der Broschüre glaubhaft machen wollte.

Mark Wössner, seit 1983 Vorstandsvorsitzender von *Bertelsmann*, erkannte die Bedeutung internationaler Integrationsfähigkeiten für die Zukunft des Konzerns und setzte alles daran, die Fusionsprobleme in einer nicht eben freiheitlich gestalteten „Phase der inneren Stärkung“[487] zu beseitigen. Wössner verlegte aufgrund der Integrationsprobleme seinen Sitz „kurzerhand nach New York, um das dort angeschlagene Buchgeschäft wieder flott zu machen“.[488] Der von ihm begleitete Umbau der zusammengeführten neuen Gruppe betraf die Reorganisation der Neuerwerbungen, die Integration von Lager, Auslieferung, Verwaltung, die Einstellung neuer Führungspersönlichkeiten sowie die Verlagerung der strategischen Steuerung *aller* Verlage in die Metropole New York.[489] Die Unternehmenskonzeption der Verlage wurde bis hin zu den Führungskräften amerikanisiert und die Integration gelang, was nicht bedeutete, dass die Verlage, die in München ihren Sitz hatten, nun nicht weiter für den deutschen Markt tätig waren. Wenn aber Führungskräfte zu benennen oder übergreifende, strategische Entscheidungen, auch übergeordnete Programmentscheidungen zu treffen waren, entschied die Gesamtleitung aller Verlage hierüber, so dass die US-Zentrale langfristig bedeutenden Einfluss auf die Inhaltsgestaltung nahm.

Mark Wössner hatte somit eine völlig andere Strategie eingeschlagen als sein Vorgänger Manfred Fischer, der nur kurze Zeit im Amt war.[490] Fischer

---

[485] Capital Magazin, 12/1986, S. 39: Starparade. Die ehrgeizige Weltstrategie von Bertelsmann.

[486] Verlagshaus der Verlage (Broschüre), Verlagsgruppe Bertelsmann. München 1988, S. 2.

[487] Frankfurter Allgemeine Zeitung, 20.5.2000, S.9: Ein überraschender Abschied.

[488] Göttert, J.-M., Die Bertelsmann-Methode. Frankfurt 2001, S. 79.

[489] Vgl. BG 1987/88, S. 22.

[490] Bertelsmann Hausmitteilung, 26.11.1982: „In der Beurteilung unternehmerischer Grundsatzfragen haben sich in der Führungsspitze des Hauses Bertelsmann unterschiedliche Auffassungen ergeben. Aus diesem Grunde wird der Vorstandsvorsitzende Dr. Manfred Fischer Ende

hatte empfohlen, die Expansion in den USA stark einzuschränken.[491] Wössner stellte dagegen fest, dass die Akquisition die Erfüllung einer strategischen Linie war. Sie hat laut Wössner „nicht nur unsere Verlagswelt verändert, sondern uns geholfen (...), Amerika zu erobern".[492]

6.6 Die Produktlinie Buch in den frühen 90er Jahren

6.6.1 Osterweiterung und Aufteilung in zwei Unternehmensbereiche

Die Integration der neuen Verlage in den USA begleitete im Geschäftsjahr 1987/88 noch Ulrich Wechsler als Vorstandsmitglied und Leiter des Unternehmensbereichs *Verlage*, „der das laufende Geschäftsjahr ‚optimistisch' sah".[493] Wechsler verließ aber am 30. Juni wegen Meinungsverschiedenheiten das Unternehmen. Als sein Nachfolger übernahm Bernhard von Minckwitz den neuformierten Unternehmensbereich *Verlagsgruppe Bertelsmann International,* der sich weiterhin auf die internationale Expansion konzentrieren sollte. Frank Wössner führte den anderen Verlags-Unternehmensbereich *Buch Deutschland, Österreich, Schweiz.*

> „Aus den beiden Unternehmensbereichen ‚Buch- und Schallplattengemeinschaften' und ‚Verlage' wurden die drei neuen Bereiche ‚Internationale Buch- und Schallplattengemeinschaften', ‚Buch Deutschland, Österreich, Schweiz' und ‚Verlagsgruppe Bertelsmann International'. Die Neugliederung wird die Selbständigkeit der Programmarbeit in den Verlagen und Clubs nicht berühren (...) Im aktuellen Geschäftsjahr arbeiten wir daran, die Umstrukturierung auf den richtigen Weg nach vorn zu bringen."[494]

Mit der Neuordnung ging die neue ‚Buch'-Gruppe die Herausforderung an, vor der die unternehmerische Medienarbeit in der Mediengesellschaft mit ihrem „rasanten technologischen Wandel und neuen Medienangeboten"[495] stand und richtete ihre Organisation auf die zu erwartende Öffnung der Märkte Osteuropas aus.

März 1983 ausscheiden. Diese Entscheidung erfolgte im Rahmen einer einvernehmlichen Regelung."

[491] Vgl. Göttert, J.M., Die Bertelsmann-Methode. Frankfurt 2001, S. 78.

[492] Frankfurter Rundschau, 29.10.1998, S. 13: Wachstum gehört zur Natur des Konzerns, aber es ist kein Ziel.

[493] BG 1987/88, S. 22.

[494] BG 1988/89, S. 22.

[495] Vgl. BG 1990/91, S. 5.

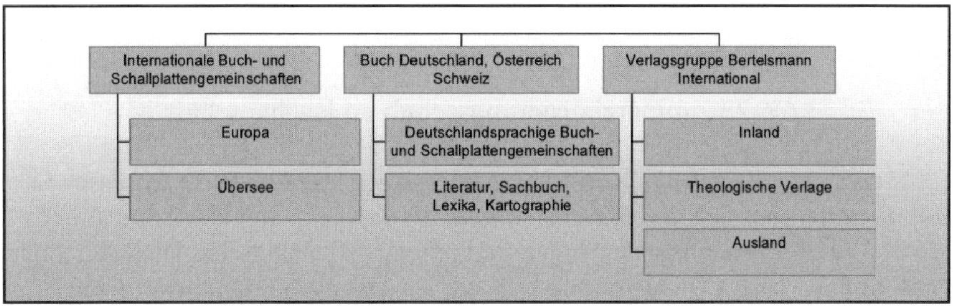

Abb.10. Organisation der ‚*Buch*'-Bereiche 1989[496]

Sie bewies ihre Leistungsfähigkeit 1989, angesichts der politischen Öffnung und Integration von fünf neuen Bundesländern und dem Einzug der Marktwirtschaft in Osteuropa. *Bertelsmann* übernahm in den neuen Bundesländern 4000 Arbeitsplätze und investierte über 1 Milliarde DM. Zu den wichtigsten Projekten gehörten „der Aufbau eines neuen Buchclubs mit inzwischen über 1 Million Mitglieder und die Übernahme der Großdruckerei Pößneck".[497]
Die Neuordnung der Buchgeschäfte, auch die des Verlagsbereichs, war auf die schnelle Öffnung der Märkte und massive Nachfrage vorbereitet. Sich dort zu engagieren, meinte Mark Wössner später, war eine historische Entscheidung.

> „Eine (...) historische Chance bot sich mit der deutschen Wiedervereinigung und der Öffnung der Märkte Mittel- und Osteuropas. Bertelsmann sicherte sich von Beginn an starke Positionen in den neuen Märkten."[498]

Die Anpassung der Verlagstätigkeit an die veränderte Nachfragesituation verhalf dem Unternehmensbereich *Buch Deutschland, Österreich, Schweiz* zu Umsatzsteigerungen. Dank des „in der ganzen Breite sowohl in den neuen Bundesländern als auch in Westdeutschland hervorragend aufgenommenem Programms"[499] war allein bei *Goldmann* ein Umsatzanstieg um ganze 40 Prozent möglich. Die Chancen, die sich aus dem Erstbedarf im Osten Deutschlands ergaben, wurden „aufgrund des interessanten Angebots exzellent genutzt".[500]

Zu den verkaufsstärksten Titeln gehörten dabei die Produkte der Fachverlage wie der *Euro-Reiseatlas* und die *Euro-Guides DDR und Deutschland*, die im Handel millionenfach verkauft wurden. Betriebswirtschaftliche und fach-

---

[496] BG 1988/89, Einband.
[497] Ebd.
[498] BG 1997/98, S. 5.
[499] BG 1990/91, S. 26.
[500] Ebd., S. 26.

wissenschaftliche Titel verkauften sich in der Sonderkonjunktur ebenfalls hervorragend.

6.6.2 Kommerzialisierungsschub im Buchgeschäft

1992 erreichte *Bertelsmann* mit seinen Verlagen exzellente Ergebnisse. Der Unternehmensbereich *Buch Deutschland, Österreich, Schweiz* hatte die Expansion in die Neuen Bundesländer weitgehend abgeschlossen. Die Münchner Publikumsverlage *C.Bertelsmann*, *Knaus*, *Goldmann* und *Blanvalet* blickten „auf das erfolgreichste Jahr ihres Bestehens zurück".[501] Eine stabilisierte Programmarbeit erbrachte in Deutschland neue Höchstwerte bei der Kapitalrendite.[502] Intensiviert wurde die lange geplante, aber bisher verhalten ausgeführte „Zusammenarbeit zwischen Buchclub und Verlagen (...) im Rahmen des Produktlinienkonzepts".[503] Ganz offen wurde zwischen den Unternehmensbereichen kooperiert, um die schwindenden Mitgliederzahlen des *Buchclub*-Modells zu stützen.

Die *Verlagsgruppe Bertelsmann International*, zu der 1992 *Transworld*, *Plaza y Janés*, *Fachinformation* und *BantamDoubledayDell* gehörten, meldeten ebenfalls herausragende Produkterfolge und positive Auswirkungen des Restrukturierungsprogramms bei den amerikanischen Buchverlagen.[504] Die bereits im Vorjahr eingeleiteten „Maßnahmen einer deutlichen Titelreduzierung" und die Konzentration auf die Kerngeschäfte „Hardcover und Taschenbuch in den Bereichen Literatur-, Sach- und Kinderbuch"[505] erreichten hohe Umsatzsteigerungen und folgten dem Trend der Medienindustrie zur Konsolidierung des Angebotes.

Während *Bertelsmann* derart erfreuliche Ergebnisse veröffentlichte, befand sich die gesamte Buchbranche weltweit im Umbruch. In den USA begannen sogenannte Superstores den Buchhandel zu dominieren, die seit 1990 wie Pilze aus dem Boden schossen: „Insgesamt entwickelte sich die Revolution der US-Buchhandelslandschaft in solch atemberaubendem Tempo, daß der Su-

---

[501] BG 1992/93, S. 34.

[502] Sachbuch-Topseller wie ‚Ich, Prinzessin aus dem Hause Al Saud' (Jean P. Sasson) ‚Unter Kreuz und Knute' (Peter Scholl-Latour), belletristische Bestseller wie ‚Lemprières Wörterbuch' (Lawrence Norfolk) oder ‚Mein ist die Rache' (Elizabeth George) und zeitgeschichtliche Titel, etwa ‚Kindheit in Ostpreußen' (Marion Gräfin Dönhoff) überzeugten die Leser. Auch der Taschenbuchbereich mit dem *Goldmann-Verlag* wuchs mit Bestsellern wie ‚Fit For Life I und II' oder ‚Töchter des Himmels' (Amy Chan) während im *Mosaik-Verlag* ‚Mutter sag, wer macht die Kinder' (Janosch) und ‚Körpersprache der Kinder' (Sammy Molcho) ebenfalls Bestseller zu verzeichnen hatten; Vgl. ebd, S. 34.

[503] BG 1994/95, S. 22.

[504] Ebd., S. 37.

[505] Ebd.

perstore von 1991 fast schon nicht mehr den aktuellen Trends“[506] entspreche, stellte *Buchreport* fest. Beeinflusst vom US-amerikanischen Markt bewegte sich auch Europa weg von kleinen Verlagen und bescheidenen finanziellen Einsätzen hin zu Rekordinvestitionen für Rechte und Lizenzen. Mit Besorgnis registrierte die Verlagsbranche deshalb, dass „ähnlich wie beim Hardcover, Autoren der zweiten Reihe immer schwieriger zu verkaufen sind und auch das Mass-Market Taschenbuch allmählich in eine Zwei-Klassen-Gesellschaft zerfällt. Nur wer einen Topautor wie *John Grisham* hat, kann noch ruhig schlafen“.[507]

Warum, das zeigen die Verkaufszahlen der *internationalen Verlagsgruppe* mit ‚Glanzlichtern‘ wie den bei *Bantam* erschienenen Memoiren von Norman Schwarzkopf, die sich innerhalb von drei Monaten eine Million mal verkauften oder der sogar mit 2,6 Millionen Exemplaren bei *Doubleday* verlegte Roman von John Grisham ‚*The Client*‘, „das erfolgreichste ‚Hardcover‘ aller Zeiten“.[508] Die Top-Titel gewannen auch für die medienübergreifenden Zweitverwertungsrechte von *Bertelsmann* an Bedeutung und trugen zur positiven Geschäftsentwicklung bei. Innerhalb des Konzerns ergaben sich im internationalen Bereich deshalb vermehrt Synergieeffekte durch die Rechtevergabe von Hardcover-Titeln an die eigenen, zweitverwertenden Taschenbuchverlage.

> “Von dem Erfolg der Grisham-Bücher bei Doubleday profitierte auch unser Taschenbuchverlag Dell, der sämtliche Grisham-Bücher im Taschenbuchformat verlegt und allein im vergangenen Geschäftsjahr 15 Millionen Mal verkaufte.“[509]

Der geschäftliche Vorteil der Zweitverwertung hatte zur Folge, dass die *Bertelsmann*-Verlage zwar weniger inhaltliche Vielfalt boten als in den 80er Jahren, aber bessere Ergebnisse erwirtschafteten. Anstelle irgendeines Fremdtitels entschieden sie sich schon aus ökonomischen Zwängen des härter gewordenen Wettbewerbs häufig für Titel innerhalb des eigenen Gruppenverbunds.

> „Büchermachen ist Teil des Big Business geworden, nachdem im Zuge der Merger-Mania die großen Unterhaltungskonzerne zugegriffen, renommierte Häuser eingekauft und ihren Konglomeraten einverleibt haben. (...) Büchermachen kommt da auf Tuchfühlung mit der kurzfristigen Erfolgsdenke der Film- und Unterhaltungsindustrie, die auf Starnamen und gutes Marketing setzen.“[510]

So zeigte die Entwicklung der Wiederverwertung, wie sich das Geschäft mit dem Produkt Buch stetig zu einer Tätigkeit entwickelte, in der die Qualität der Inhalte gegenüber dem geschäftlichen Erfolgsdenken eine untergeordnete Rolle spielte. Das Verlegen von Büchern ähnelte immer mehr dem ‚Big Business‘ anderer Mediengeschäfte.

---

[506] Buchreport, 1/1994, S. 28: Der US-Buchmarkt 1993/94.
[507] Buchreport, 20/1996, S. 22: Absatzprobleme beim Taschenbuch.
[508] BG 1992/93, S. 37.
[509] Ebd.
[510] Buchmarkt, 6/1990, S. 114: Delle im Boom.

6.6.3 Die *Buch AG* und der Zukunftsmarkt ‚Buch'

Obzwar Verkaufszahlen und Bilanzen überzeugten, erfolgte 1993/94 die Neuformierung der Buchunternehmen von *Bertelsmann* in der gemeinsamen Produktlinie *Buch*, da es organisatorische Unstimmigkeiten gegeben hatte. Die Unternehmensleitung vereinte internationale, nationale Verlagsaktivitäten sowie die verschiedenen Buchclubs wieder in einem Bereich.[511] Aus den Buchbereichen *Verlagsgruppe Bertelsmann International* und *Buch Deutschland, Österreich, Schweiz* machte die Unternehmensleitung den Bereich *Buch AG* mit 6,3 Mrd. DM Umsatz, in der nun sämtliche Geschäfte mit dem Medium Buch gesteuert und möglichst viele Redundanzen vermieden werden sollten:

> „Die Bertelsmann Buch AG hat sich im Berichtsjahr als Produktlinie neu formiert. Sie bildete die Bereiche Buch Deutschland, Österreich, Schweiz und Osteuropa, Buch Europa/Asien und Buch Amerika sowie den Bereich Fachinformationen. Das Produktlinienkonzept fördert die regionale Kooperation von Clubs und Verlagen und die für die Geschäftsfelder spezifische Bündelung von Know-how, und es schafft beträchtliche Synergien."[512]

Das Konzept der organisatorischen Zusammenlegung in der *Buch AG* steigerte die Umsätze des neuen Unternehmensbereichs auf 6,8 Mrd. DM, ganze 8 Prozent mehr als im Vorjahr.[513] Die Integration der verschiedenen Verlagssparten stärkte dabei „die verlegerische Spitzenposition weltweit".[514] Endgültig hatte sich dabei das Buchgeschäft in den deutschsprachigen Ländern vom Haupt- zum Teilmarkt von *Bertelsmann* entwickelt, war aber mit „einer Vielzahl von Autoren auf den Spitzenplätzen der Sellerlisten vertreten".[515] In den USA brachten die marktführenden *Buch AG*-Verlage von *BantamDoubledyDell* mit ihren Autoren 1995 19 Bücher in Millionen-Auflage sowie 28 Hardcover- und 38 Taschenbuch-Titel auf den New York Times-Bestseller-Listen heraus. *BDD* verlegte mit Bestseller-Autor Grisham des weiteren einen besonderen Mega-Seller: „'The Rainmaker' verkaufte sich bereits in der ersten Woche 300.000 mal, 1996 sogar 2,8 Millionen mal, und galt damit als der „Belletristik-Titel mit den höchsten Erstverkaufszahlen"[516] der Buchhandelsgeschichte. In Großbritannien brachten die *Bertelsmann* Verlage der *Transworld-Gruppe*, *Corgi*, *Black Swan* und *Bantam Press* 48 Titel auf die nationalen Bestseller-Listen,

---

[511] Die Zusammenführung fand auch statt, um den unter Bedrängnis geratenen *Buchclubs* eine stärkere Position zu geben, die eine bessere Vernetzung mit anderen Bereichen gewährleisten sollte. Vgl. hierzu auch: Anh. 14.2 (Tab. 4.1)

[512] BG 1993/94, S. 20.

[513] Der Umsatz setzte sich zu 60 Prozent (4,1 Mrd. DM) aus den Clubs, zu 29 Prozent (1,9 Mrd. DM) aus den Publikumsverlagen und dem Direktvertrieb und zu 11 Prozent (800 Mio. DM) aus der Fachinformation zusammen; Vgl. BG 1994/95, S. 20.

[514] Ebd.

[515] Ebd., S. 21.

[516] Ebd., S. 24.

ähnliche Ergebnisse wurden in anderen englischsprachigen Länden wie Australien, Neuseeland und Kanada erzielt.

Als 1996 das Umsatzvolumen der *Buch AG* nur um 1,1 Prozent wuchs, begegnete der Bereich dem stärkeren Wettbewerbsdruck, verursacht von steigenden Kosten durch hohe Papierpreise und nachlassender Kaufkraft, mit einer weiteren Optimierung ihrer Angebotsstruktur. Die Verlage konzentrierten sich mit ihren strategischen, kreativen und finanziellen Fähigkeiten darauf, „das Absatzpotential ihrer stärksten Novitäten und Backlist-Titel optimal auszuschöpfen".[517] Außerdem überarbeiteten sie das „sorgfältig auf die Nachfrage abgestimmte Programm (...) das aggressiv vermarktet" wurde.[518]

Wie im Verlagsprogramm des 1996 gegründeten *Karl Blessing-Verlags* kamen jetzt bei *Bertelsmann*-Verlagen auffallend viele ‚Seller' von amerikanischen Autoren heraus.[519] Im belletristischen Bereich immer dabei: die prominenten Autoren John Grisham und Danielle Steel, außerdem Frederic Forsyth, Elisabeth George, Martha Grimes, Jay Fielding und Minette Walters.

Auf Anordnung der Unternehmensleitung wurden die Einzelverlage zu größeren Einheiten zusammengefasst und punktuell neue Verlage zur Stärkung der gebildeten Bereiche hinzuerworben. Im Themenfeld Wissenschaft verschmolz die *Buch AG* ihre Verlage[520] zu sogenannten Zielgruppenverlagen, die als Produktlinien jeweils eigene Kundengruppen adressierten. Die Konzentration der Titel entsprach laut Geschäftsbericht der „konsequenten Orientierung an den Wünschen und Interessen der Kunden".[521] Ähnliche Maßnahmen wurden bei *BantamDoubledayDell* ergriffen, denn auch in den USA war das Geschäft mit dem Medium Buch 1996 nicht mehr so profitabel wie in den Vorjahren.

Ein Einbruch des im Wettbewerb stehenden Mediums Buchs wurde befürchtet. *Bertelsmann*-Wettbewerber wie der Medienunternehmer Berlusconi[522], versuchten vor dem Hintergrund des zeitweise schrumpfenden Buchmarktes ihre Buchgeschäfte abzustoßen und investierten vermehrt in andere

---

517 Ebd., S. 25.

518 Ebd., S. 29.

519 Ebd.: „Gemeinsam mit Karl Blessing, einem der erfolgreichsten, deutschen Verleger, wurde im Berichtsjahr der Karl Blessing Verlag gegründet. Er legte im Herbst 1996 sein erstes Programm vor. Seine Autoren sind Scott Turow, Michael Crichton, Egon Bahr, Friedrich Schlemmer und Bruno Jonas."

520 Vgl. BG 1995/96, S. 26, Auswahl (Z=Zukauf): Wissenschaftsverlage: *Verlag Fr. Vieweg & Sohn*, *Westdeutscher Verlag*, *Th. Gabler Verlag*, Newsletter: Der Platow-Brief, Fuchsbriefe, Gerlach-Report, *FBO-Verlag* (Z), *Dieter Zimpel-Verlag* (Z); Verkehr: *Heinrich Vogel* und *Heinrich Vogel Fachzeitschriften*; *Autohaus-Verlag* (Z), *Autohaus-Akademie-Verlag*(Z), *Verkehrsverlag Code Rousseau* (Z).

521 BG 1994/95, S. 27.

522 Vgl. Krempl, S., Das Phänomen Berlusconi. Die Verstrickung von Politik, Medien, Wirtschaft und Fernsehen. Frankfurt a. M. 1996.

Medienbereiche wie Fernsehen oder die Neuen Medien. Für *Bertelsmann* blieb der Buchmarkt laut Unternehmensleitung ‚die Basis'.[523]

Neben den programmatischen Anpassungen gab die *Buch AG* daher das Ziel vor, die Buchgeschäfte technologisch auf die Herausforderungen des Medienwandels und der Digitalisierung vorzubereiten und dafür auch höhere Investitionskosten in Kauf zu nehmen.[524] Es ging um die Einarbeitung in Zukunftsmärkte, die gemeinsam mit papiergebundenen Druckerzeugnissen zukünftige Gewinne sichern würden. Die Bemühungen auf diesem Feld zeigten, dass die Chancen im Verlagssektor sich aufgrund hoher Investitionskosten zugunsten der großen Marktteilnehmer verlagerten.[525] Die Verlage der *Buch AG* „integrieren (...) zunehmend die neuen Informationstechnologien, ‚elektronische Bücher' und Audio-Produkte in ihr Angebot"[526] – auch wenn diese sich noch nicht rentierten. Für die kleinen Verlage hingegen wurde „die Luft (...) zunehmend dünner, weil der Komplex von Marktveränderungen (...) die Marktpräsenz der kleineren Verlage tendenziell" begrenzte.[527]

Verlagskonglomerate wie die *Buch AG* bewirkten besonders in Zeiten zurückgehender Margen durch ihr aggressives Programm- und Investionsverhalten die verstärkte Konzentrationsbewegung auf dem Buchmarkt. In einer Analyse über die Verlagslandschaft bestätigte die Monopolkommission des Deutschen Bundestages diese stark zunehmende Konzentration.[528] Es seien gerade führende Unternehmen, welche die Fusionswelle angetrieben.[529]

---

[523] Handelsblatt, 24.3.1998, S. 31: Der Buchmarkt bleibt die Basis.

[524] BG 1995/96, S. 29: „Ob offline auf CD-ROM oder online über interaktive Datennetze – die Firmen des Bereichs entwickeln mit Nachdruck Produkte für alle denkbaren neuen Märkte."

[525] Vgl. Buchreport, 2/1997, S. 41: Die Verlagskonzentration hat sich auch 1996 fortgesetzt.

[526] BG 1995/96, S. 21.

[527] Buchreport, 4/1996, S. 5: Die große Bereinigung ist unausweichlich.

[528] Dreizehntes Hauptgutachten der Monopolkommission 1988/89, Unterrichtung durch die Bundesregierung, Deutscher Bundestag, 14.Wahlperiode, S. 382: „Von den 3344 Buchverlagen in Deutschland im Jahr 1997 „fielen auf die 240 größten Verlage, d.h. 7,2 % der Gesamtzahl der Unternehmen, etwa 87,0 % der zu versteuernden Umsatzerlöse".

[529] Vgl. Röper, H., Formationen deutscher Medienmultis 1998/99. In: Media Perspektiven, 7/1999, S. 345.

6.7 Strukturelle Erneuerung - *Random House* und *Bertelsmann Springer*

6.7.1 Marktführerschaft in den USA

„Jede Art zu schreiben ist erlaubt – nur eine langweilige nicht“[530] – mit diesem Zitat von Voltaire überschrieb der jährliche *Bertelsmann* Geschäftsbericht 1998 die neue mit geschätzten 1,4 Mrd. DM größte Akquisition der Unternehmensgeschichte. „Random House, eine Gruppe renommierter Verlage von höchster Professionalität und Ansehen, wurde nach Abschluß des Geschäftsjahres Mitglied der Bertelsmann-Familie.“[531] *Bertelsmann* hatte den größten Verlag englischsprachiger Literatur, der 1927 von Bennet Cerf gegründet worden war, übernommen und sich damit ein ganz besonderes amerikanisches Traditionsunternehmen einverleibt. Jetzt war der Konzern zeitweise Besitzer von „40 Prozent des amerikanischen Verlagswesens“[532] und „größter Verleger englischsprachiger Bücher“.[533]

Das Motto des neuen *Bertelsmann*-Verlags war ‚random‘, was ‚auf's Geratwohl‘ bedeutet. *Random House* hatte nach seiner Gründung 1927 auch in wirtschaftlich schwierigen Zeiten funktioniert. Mit der gewagten Buchreihe der *Modern Liberary* setzte Verleger Cerf schon in den ersten Jahren von *Random House* auf ein Angebot, das für die Leser „zahlreiche Werke der modernen Weltliteratur zu erschwinglichen Preisen“ verfügbar machte.[534] Niveau und Anspruch des Verlags waren von Beginn an literarisch gehoben, was schon eine Auswahl der verlegten Werke deutlich macht. Als erstes Buch war von Cerf eine illustrierte Vorzugsausgabe von Voltaires *Candide* verlegt worden; es folgten unter anderem die hochgerühmte „erste regelrechte und lange gültige Buchausgabe von James Joyce berühmten Roman Ulysses“[535] und zahlreiche Klassiker der amerikanischen Literatur. In den 50er Jahren verlegte *Random House* Autoren wie Wilhelm Faulkner, Nathanael West, Tennessee Williams, Eugene O'Neill und W.H. Auden.[536] In den 60er und 70er Jahren

---

[530] BG 1997/98, S. 23.
[531] BG 1995/96, S. 28.
[532] Der Journalist, 4/1999, S. 39.
[533] Wittmann, 1999, S. 429.
[534] Schulz, 1985, S. 32.
[535] Schulz, 1985, S. 33.
[536] Ebd.:“William Faulkner ‚Light in August‘ (1932/Licht im August), Absalom, ‚Absalom‘ (1936), Nathanael West ‚The day of the Locust‘ (1939/Der Tag der Heuschrecke); Tenessee Williams ‚The Glass Menagerie‘ (1944/Die Glasmenagerie); Eugene O'Neill ‚The Iceman Commeth‘ (1946/Der Eismann kommt); W(ystan), H(ugh) Auden ‚The Age of Anxiety‘ (1947/Das Zeitalter der Angst). (...) Große Bucherfolge waren in den 50er, 60er und 70er Jahren Faulkners ‚Requiem for a Nun‘, (1950/Requiem für einen Nonne), James A. Micheners ‚Sayonara‘ (1954), die Romane ‚The Grass Harpe‘ (1951/Die Grasharfe), ‚Breakfast at Tiffa-

setze sich die Reihe der Berühmtheiten in der Schönen Literatur mit Werken von James A. Michener, Truman Capote, Jerzy Kosinski, Jaqueline Susann und anderen fort, während man das Programm um Nachschlagewerke und Bücher der Philosophie, Geschichte, Psychologie, Sozial- und Wirtschaftswissenschaften sowie Kinderbüchern erweiterte.

Anstehende große Investitionen, die das Wachstum unterstützen und die Zukunft des Verlages sichern sollten, bewogen die Besitzer Cerf und Klopfer schließlich dazu, *Random House* samt den Verlagstöchtern *Alfred A. Knopf, Pantheon Books*, *L.W. Singer* und *Blaisdail* 1966 an die finanzstarke *Radio Corporation of America, RCA*, zu verkaufen. Investitionen bei der Ausweitung des Programms erfolgten daraufhin ebenso wie die Erweiterung des Angebots um das so wichtige Taschenbuch. Um sich auch hier, wie im Hardcover-Bereich, im Wettbewerb in eine Spitzenposition zu bringen, erwarb *Random House* 1974 den Paperbackverlag *Ian Ballantine,* der sich im Verbund mit dem Hardcover der Gruppe zu einem der größten Mass-Market-Verlage der USA entwickelte.

Als Verlagsunternehmen hatte *Random House* damit die kritische Größe erreicht, um im Zuge der Fusionswellen der 80er Jahre von einem renommierten zu einem der ganz großen amerikanischen Buchunternehmen aufzusteigen. Mit so angesehenen literarischen Teilen wie *Alfred A. Knopf*[537] und *Pantheon*[538] sowie einer großen Anzahl an Imprints galt *Random House* als bedeutendste Buchmarke der USA.[539] Da die *RCA* 1980 die von ihr betriebenen Buchgeschäfte im Zuge einer strategischen Neuausrichtung nicht mehr zu ihren Kerngeschäftsfeldern zählte, verkaufte sie *Random House* für 65 Millionen Dollar an das Verlagshaus der *Holding Advance Publications, Inc.* der *Condé Nast-Eigner S.I. Newhouse*, den größten privaten Zeitungskonzern der Vereinigten Staaten.[540] Eine Phase des signifikanten Wachstums folgte.

---

ny's' (Frühstück bei Tiffany's) sowie die Erzählung ‚In Cold Blood' (1965/Kaltblütig) von Truman Capote, Paddy Chayefskys jüdisches Schauspiel ‚The Tenth Man' (1959/Der zehnte Mann), die Erzählung ‚Steps' (1968/Aus den Feuern) von Jerzy Kosinski, die Romane ‚Ragtime' (1975) und ‚Kramer versus Kramer' von E.L. Docotorow bzw. von Avery Corman...".

537 Der Verlag wurde 1915 in New York City gegründet und pflegte traditionell vornehmlich die schöne Literatur. Er gilt als einer der angesehensten Literaturverlage der Vereinigten Staaten. In den 30er Jahren gab *Knopf* so berühmte Werke wie *Dashiell Hammet's* ‚Der Malteser Falke' oder *Raymond Chandlers* ‚Der tiefe Schlaf' heraus. 1960 formierten *Random House* Gründer Cerf und Knopf einen gemeinsamen Verlag, der weiterhin als Marke innerhalb der Verlagsgruppe wirkte.

538 *Pantheon* wurde 1942 in New York gegründet und ging hervor aus dem berühmten Leipziger *'Kurt-Wolff-Verlag*', der in Deutschland expressionistische Autoren wie *Kafka*, *Hasenclever*, *Brod* und *Werfel* verlegt hatte und sich nach seiner Neugründung in den USA vermehrt auf Jugendbücher spezialisierte.

539 Schewe, G.; Schaecke, M.; Volmer, M.; Post Merger Integration. Der Fall Bertelsmann/ Random House. Münster 2000, S. 4.

540 L.A. Times, 24.1.1999: What to Read Into Bertelsmann's Acquisition of Random House.

1982 übernahm *Random House* den Taschenbuchverlag *Fawcett Books*, gründete 1983 mit *Villard Books* ein neues Hardcover-Imprint, akquirierte 1984 die *Times Book* der *New York Times*, 1986 die bekannten Reiseführer *Fodor's Travel Guides* und 1988 die ebenfalls renommierte und große *Crown Publising Group* mit den Imprints *Crow*, *Clarkson Potter, Inc.*, *Harmony Books* und der *Outlet Book Company*, einem der führenden Anbieter für tiefpreisige Bücher, heute besser bekannt unter dem Namen *House Value Publishing*. 1987 expandierte die Gruppe nach England und kaufte die englische Verlagsgruppe *Chatto*, *Virago*, *Bodley Head & Jonathan Cape, Ltd.* sowie 1989 den Londoner Verlag *Century Hutchinson Ltd.* samt der ihm seit 1997 angegliederten *Reed Books*.

Das war der Stand, auf dem das Verlagsnetzwerk *Random House* sich zum Zeitpunkt der Übernahme durch *Bertelsmann* befand. Die Akquisitionsentscheidung sah die Presse denn auch als Signal der Kontinuität des neuen Vorstandsvorsitzenden. Thomas Middelhoff[541] zeigte sich begeistert von dem ‚Deal': „»Random House is a dream for Bertelsmann«, says Thomas Middelhoff, 44, who engineered the deal just six months before officially stepping into the CEO's job."[542]

6.7.2 Stärkung des Mediums Buch

Die Übernahme zeigte, dass *Bertelsmann* mit diesem Aufkauf weiter auf das ‚traditionelle' Geschäft mit dem Medium Buch setzte und die Sparte Buch gezielt stärkte, besonders in einer Zeit, da das Geschäft mit Büchern eigentlich schwieriger zu werden drohte. Der neue Merger *Random House*

> „comes at a time when the entire industry is struggling. While more titles are being published (68,000 in 1996), hardcover sales of adult trade books slipped nearly 7% from 1996 to 1997, and overall sales dropped 3.4%. Under corporate ownership, the cultural appeal of books began to give way increasingly to bottom-line considerations. Media czars, expecting books to yield the same 15%-to-20% profits as their other content businesses, have become impatient with their publishers' balance sheets, which seldom return more than 10%."[543]

Das Magazin *Buchmarkt* kommentierte den Kauf mit der Überschrift ‚Das Buch lebt'[544] und Peter Olson, der neue Chairman der Verlagsgruppe betonte das Engagement im Buchgeschäft, indem er es als ‚Core Business' bezeichnete, an die das Unternehmen glaubte: "Other corporations don't view trade

---

541 Am 31.Oktober 1998 löste Thomas Middelhoff Mark Wössner als Vorstandsvorsitzenden ab.
542 Time.com, Business, [6.4.1998], Vol. 151 No. 13: 'The Book On Bertelsmann.'
543 Ebd.
544 Buchmarkt, 5/1998, S. 114: Das Buch lebt, Wolfgang Stock über den Random House-Kauf.

publishing as a core business. We do; we believe in books; they are not a step-child."[545]

Augenscheinlich waren mit der Übernahme von *Random House* die Geschäftsaktivitäten rund um das – internationale - Buch mit 30,8 Prozent des Gesamtumsatzes zur stärksten Sparte des Konzerns geworden. Als dessen verlegerische Kernkompetenz galten national wie international, die Bereiche Belletristik, Literatur und Sachbuch. Wohlweislich verpflichtete sich der Konzern dabei zum Erhalt der kulturellen Vielfalt auf dem amerikanischen Buchmarkt.[546]

Im Vordergrund der Bucharbeit standen nach der Akquisition laut *Bertelsmann* „die publizistische Unabhängigkeit der Verlagshäuser, die Wahrung kultureller Vielfalt und der Respekt vor der Kreativität der Autoren, Lektoren und Verleger".[547] Thomas Middelhoff betonte die freiheitliche Rolle der neuen Unternehmensteile, die in ihrer Eigenständigkeit erhalten bleiben sollten: „The various imprints and divisions are not going to be affected by this. If anything, our hope is to enhance their effectiveness and independence."[548] Auch auf dem deutschen Markt betonten *Bertelsmann*-Sprecher in Interviews die verlegerische Autonomie der Einzelverlage. Ganz wichtig bei der Übernahme von *Random House* sei für beide Partner, also sowohl für *Random House,* die *Newhouse*-Familie und *BantamDoubledayDell*, dass die ‚Philosophien' der beiden Häuser zusammenpassten:

> „Beiden Häusern geht es um publizistische Vielfalt und um die verlegerische Autonomie der Verlage. Das ist ganz wichtig. In der Praxis bedeutet dies, daß jeder Verleger, also der Verleger bei Crown, bei Knopf, bei Ballantine und bei Bantam und bei Doubleday und bei Dell, selbst entscheidet, welches Buch er oder sie veröffentlichen will, und dann auch natürlich, wohin die Rechte verkauft werden."[549]

Unerlässlich erschien die Herausstellung von publizistischer Vielfalt und verlegerischer Autonomie der fusionierten Verlagsgruppen gegenüber der Öffentlichkeit und der eigenen Belegschaft, da *Bertelsmann* die Verlagsgruppe *Random House*, *BantamDoubledayDell* sowie alle anderen internationalen und nationalen Publikumsverlage eben doch zu *einem* gemeinsamen Bereich ver-

---

545 Time.com, Business, [6.4.1998], Vol. 151 No. 13: 'The Book On Bertelsmann.'

546 Germany-Info.org. Info-Website d. Dt. Botschaft, Washington [2.6.1998], (www.germany-info.org/newcontent/np.bak/wk_dn_archive/dn_06_05_98.htm): Bertelsmann Pressemitteilung zur Übernahme von Random House.

547 BG 1998/99, S. 31.

548 New York Times, 4.6.1999: Bertelsmann is reorganizing Random House.

549 D-radio.de, [ohne Zeitangabe aufgrund der Digitalisierung des Archivs], DeutschlandRadio-Online (www.dradio.de/-cgi-bin/es/neu-lit-buch/2028.html): Deutschlandradio, Interview mit Friederike Harmgarth (Bertelsmann Buch AG) und Arnulf Conradi (Berlin Verlag) zur Übernahme des US-Verlags Random House durch den Bertelsmann-Konzern.

schmolz. Ein solches Großunternehmen würde von der Öffentlichkeit und den eigenen Mitarbeitern kritisch aufgenommen werden.

Um die Dimensionen der neuen ‚Buchfirma' deutlich zu machen: *Random House* setzte 2000/01 etwa 2,1 Mrd. Euro um und beschäftige 6.235 Mitarbeiter in 13 Ländern.[550] Im Zusammenspiel der Unternehmensbereiche machte der neuformierte Bereich *Random House* 2002 etwa 10 Prozent des Gesamtumsatzes aus.[551]

6.7.3 Geschäftliche und kulturelle Integration von ‚*Randöm Höuse*'

Der *Random House*-Kauf erregte Aufsehen in der US-Presse, weil das Vordringen eines deutschen Medienkonzerns in den USA als bedrohlich empfunden wurde. Als ‚Blitzkrieg' und ‚Shocker of the decade' bezeichnete das Magazin *Salon* die Akquisition von ‚Randöm Höuse':

> "The sale was, in the words of Publisher's Weekly, the "shocker of the decade," and it wasn't just the trade magazines that were astonished. The New York Times put the sale on its front page, superseded only by the news that Boris Yeltsin had fired his entire cabinet."[552]

Anders als befürchtet, trat *Bertelsmann* ausnehmend amerikaorientiert auf und extrapolierte dies nun mit der Namensgebung und dem Hauptsitz des neuformierten Bereichs. Alle *Bertelsmann*-Verlage fasste der Vorstand in einer neuen Gruppe mit dem Namen *Random House* zusammen: „Der gesamte Verlagsbereich wird unter dem Namen Random House von New York ausgeführt."[553] Als Grund für eine solche schwerwiegende Verlagerung in der Führungsstruktur führte Middelhoff insbesondere die Stärke der Marke *Random House* an. Im Gegensatz zur Marke *Bertelsmann*, die in den USA als ‚relatively anonymous'[554] galt, hatte es *Random House* geschafft, für ein wirklich herausragendes und qualitativ hochwertiges Medienangebot zu stehen. Während *Bertelsmann* nur ganzen 12 Prozent der Amerikaner überhaupt bekannt war, stellte *Random House* in den USA eine große Medienmarke dar, durchaus vergleichbar mit *Walt Disney*.[555] Erworben wurde mit *Random House*, wie die *Los Angeles Times* feststellte, ein ‚wichtiger Teil der amerikanischen Kultur', der eine andere Bedeutung habe, als etwa der Erwerb von *Chrysler* durch

---

[550] Vgl. BG 2000/01, S. 34 und Buchreport, Oktober 2001, S.41: Content-Kontrolle ist alles und nichts unmöglich.
[551] W&V, werben und verkaufen, 31/2002, S. 26: Das Ende der Revolution.
[552] Salon.com [7.4.1998], MediaCircus, (www.salon.com/media/1998/04/07media.html): ‚Bertelsmann's online Blitzkrieg.'
[553] BG 1999/2000, S. 33.
[554] Ebd.
[555] Schewe, 2000, S. 4.

Daimler Benz oder der Bank *Bankers Trust* durch die *Deutsche Bank*, „a major piece of America's cultural patrimony'."

> „All of these deals rocked the financial world, but Bertelsmann has not bought just another big company. It owns a major piece of America's cultural patrimony, with contemporary authors ranging from Norman Mailer and Toni Morrison to John Grisham and Michael Chrichton, along with classic works by international giants such as William Faulkner, Thomas Mann and Marcel Proust."[556]

Solch ein in der amerikanischen Kultur tiefverwurzeltes Unternehmen wie *Random House* musste besonders überlegt integriert und für *Bertelsmann* genutzt werden. Zur Vorbereitung dieses Prozesses setzte die Unternehmensleitung von *Bertelsmann* ein exklusives Projektteam ein, dem Thomas Middelhoff, Peter Olson, der Chief Executive Officer (CEO) von *BantamDoubledayDell*, zwei amerikanische Wirtschaftsfinanzexperten und Pressesprecher Stuart Applebaum angehörten, der den Kontakt zur Öffentlichkeit vorbereitete. Diese wurde vor der Übernahme nicht involviert und der Prozess hochgradig diskret durchgeführt, „da frühere Verhandlungen mit US-Verlagen, wie *Harper Collins* oder *Simon & Schuster* gezeigt hatten, dass sich Spekulationen über einen Unternehmensverkauf negativ auf den Geschäftsverlauf auswirkten".[557] Zu den Aufgaben des leitenden Projektteams gehörte es, Strukturierungsentscheidungen für *Random House* zu treffen, den Prozess zu begleiten sowie weitere Teams der zweiten, operativen Ebene aufzustellen und Ziele für sie benennen: „Zur Umsetzung und Gestaltung wurden weitere Projektteams, Arbeitsgruppen und Ausschüsse eingesetzt."[558] Offensichtlich ergab die Analyse der ‚zweiten' Ebene, dass einige Schritte vonnöten waren, um die Verlagsgruppen miteinander zu verschmelzen.

Nach ihrer Analyse legte die Planungsgruppe acht Haupt-Bereiche, die bei *BDD* und *Random House* durch die Fusion entstanden waren, „zu vier Abteilungen zusammen, um so „zwei Powerhouses für den Massenmarkt' zu schaffen".[559] Handlungsmaxime der neuformierten Gruppe war es, „ihren Autoren und Verlegern die Vorteile der Effizienz und Stärke eines Großunternehmens zu bieten und ihnen gleichzeitig den Raum für Innovation und Risikobereitschaft zu lassen".[560]

Die fünf Vertriebsabteilungen beider Verlagsgruppen wurden zu drei Einheiten verbunden und mit neuen Vertriebswegen versehen.[561] Das Management reduzierte die Lagerorte der Verlagsgruppen auf einen Standort „um im weite-

---

556 L.A. Times, 24.1.1999: What to Read Into Bertelsmann's Acquisition of Random House.

557 In: Berliner Zeitung, 4.4.1998, ‚Identität und Autonomie erhalten – Peter Olson, neuer Chef von Random House über die Zukunft des renommierten Verlages. '

558 Schewe, 2000, S. 7.

535 Ebd., S. 9.

560 BG 1999/2000, S. 29.

561 Vgl. Bertelsmann Management News 63. Gütersloh 1998, S. 7: Es gibt kein Bantamisieren oder Randomisieren.

ren Verlauf des Integrationsprozesses dieses Lager zum größten Distributionslager Nordamerikas für Bücher auszubauen".[562] „In Westminster, Maryland (USA) können täglich rund eine Million Buchbestellungen ausgeliefert werden."[563] Überdies legte *Random House* die administrativen Bereiche der Verlagsgruppen zusammen – Personal, EDV, Rechnungswesen.[564] Weiterhin wurden die Grundlagen für die Digitalisierung aller Informationen geschaffen und mit ihr die Möglichkeit, in Zukunft neue mediale Vertriebswege für die Inhalte zu nutzen. Bis zu „80 Prozent aller Bücher bei Random House waren bereits digitalisiert. Und auch die Produktionsprozesse sind zunehmend digital".[565] Dies ermöglichte eine einmalige Erstellung von Inhalten, die dann auf allen Kanälen, also in Form vom gedruckten Buch, zu Marketingzwecken oder für Internet-Seiten verwendbar waren.

Ferner wurde die Leitung der gesamten Verlagsgruppe in amerikanische Hände gelegt und Peter Olson übergeben, mit dem erstmals ein Amerikaner in den Vorstand der *Bertelsmann AG* und auf den Posten des Chefs aller *Bertelsmann*-Verlage aufstieg. Auch das ‚Supervisory board' besetzte *Bertelsmann* mit den amerikanischen Buch-Managern Richard Sarnoff und John Joyce ebenfalls neu, um dem US-Markt näher zu sein.

> "As part of its effort to have more international representation on its supervisory board, Bertelsmann has appointed two Americans, Richard Sarnoff of Random House and John Joyce, senior v-p and chief financial officer of IBM, as members. In mid-May, Sarnoff became the first American to be elected chairman of the Bertelsmann Management Representative Committee. Sarnoff, who will join the board July 1, is an executive v-p at Random House and president of Random House corporate development and Random House Ventures. He also oversees the company's new media and direct marketing efforts. The supervisory board monitors management of the company and reviews significant business transactions and strategies with the executive board."[566]

Das neue ‚Wir' bei *Random House* bezog sich auf eine amerikanisch ausgerichtete Führung, die ein neues Ethos etablierte „wie es seit jeher der Ordnung der literarischen amerikanischen Traditionsverlage Random House und Knopf entspricht."[567] Dazu gehörte eine Öffentlichkeitsarbeit, die sich gegen kulturpessimistische Kritik und gegen den Vorwurf der Verquickung von Kommerz

---

562 Schewe, 2000, S. 11.

563 BG 1999/2000, S. 30.

564 Die unterschiedlichen und bedeutenden EDV-Systeme der *Verlagsgruppen BDD* und *Random House* firmenweit zu integrieren, übernahm eine eigens eingesetzte ‚Management-Gruppe'.

565 Rede von Thomas Middelhoff, Vorstandsvorsitzender der *Bertelsmann AG* Auswirkungen des Internets auf ein globales Medienunternehmen, 18. Deutscher Logistik-Kongress, 17.10.2001 in Berlin. In Folge zitiert als: Middelhoff, 2001.

566 Publishers Weekly [17.6.2002], (http://publishersweekly.reviewsnews.com): 'The International Book Source of Book Publishing and Book Selling, Sarnoff Named to. '

567 Buchmarkt, 4/2002, S. 24f: 10% Umsatzrendite bleibt unser Ziel. Zu Hintergrund und Zielen der Umstrukturierung bei Random House.

und Kultur wandte, sich aber eine bewusste Nutzung von Synergiemöglichkeiten vorbehielt. Der inhaltliche Austausch zwischen den einzelnen Unternehmensbereichen sollte verstärkt genutzt werden:

> „Da wir aber über Inhalte reden und nicht mehr über spezifische Mediengattungen (also Buch, Zeitschrift, Fernsehen etc.), ist es sinnvoll, die einzelnen Bereiche besser zu verzahnen. Aus einem Bestseller-Buch von Random House kann eine Fernsehserie von RTL entstehen, zu der BMG die Komposition der Filmmusik übernimmt. Für diese Verzahnung der Inhalte haben wir mit einer neuen Unternehmensstruktur die Voraussetzung geschaffen."[568]

Die ‚Stars' von *Random House* blieben, so Olson, trotz solcher renditesteigernden Pläne weiter die Autoren und Verleger. Das Management sei „nur dazu da, ihnen durch Straffung der Konzernstruktur, durch Optimierung der Dienstleistungseffizienz, die Nutzung von Synergieeffekten, die Freiräume so groß wie möglich zu machen".[569] Damit stellten sich die Manager als Ermöglicher und Förderer von unternehmenseigener Kulturarbeit dar.

Aus der Sicht des Medienhauses überzeugte das Ergebnis der Konzeption – gemessen an den Auszeichnungen, die *Random House* erhielt. 1998 schaffte es die Verlagsgruppe, ganze 150 *New-York-Times*-Bestseller zu verlegen und „darüber hinaus wurden 129 Titel der Verlagsgruppe durch die *New York Times Book Review* als Notable Books 1998, also als bemerkenswerte Bücher des Jahres 1998 ausgewählt".[570] Das sah die Gruppe offensichtlich als Zeichen ihrer hohen inhaltlichen Kompetenz.

Da *Bertelsmann* jedoch Abteilungen massiv zusammenlegte und, wie deutlich gemacht wurde, auch identitätsstiftende Verlagsbestandteile aus ökonomischen Gründen miteinander verschmolz, kann davon ausgegangen werden, dass die Schritte von *Bertelsmann* für die Vielfalt der Buchinhalte negative Auswirkungen hatte. Unter einer scheinbaren Vielfalt vollkommen verschiedener ‚Label' mit unterschiedlichen Ausrichtungen, erwarben die Medienkonsumenten nun Bücher, die ökonomisch in Verbindung miteinander standen.

Das Besondere am Zusammenschluss von *Random House* ist sicherlich die Entwicklung von ‚Verlagen' zu ‚Buchmarken' hin, die als Medienprodukte verstärkt in vertikal integrierte Verwertungsketten eingebunden sind. Sie unterscheiden sich an der Oberfläche durch Namen und Aufmachung, nutzen aber den gleichen Produktionsapparat. Die kulturellen Implikationen dieser in hohem Maße kommerzialisierten, gestrafften Umgangsweise mit dem Medium Buch als Produkt sind in ihrer Gesamtheit bisher nicht abzusehen. Mit Sicherheit kann aber schon jetzt festgestellt werden, dass Bücher, die ökonomisch nicht aussichtsreich oder öffentlichkeitswirksam sind, aus den Verlagsprogrammen und den Buchhandlungen noch stärker ausgesiebt werden als bisher.

---

[568] Middelhoff, 2001.
[569] Welt.de [31.3.2001], Channel: Literarische Welt, Der glückliche Herr O.
[570] Schewe, 2000, S. 17.

Damit vermindert sich die inhaltliche Vielfalt in jenen Bereichen, die nicht für ein Massenpublikum geeignet sind. Da *Bertelsmann* bemüht ist, geschlossene Medienverwertungsketten aufzubauen, wird sich dies auch in der Kommunikation des *Buchclubs* und der von *Bertelsmann* kontrollierten Filialen gegenüber den Kunden niederschlagen.

6.7.4 Marktanpassungen und neue Elefantenhochzeit

Unter den veränderten Vorzeichen des 1999 beginnenden Wirtschaftsabschwungs steuerte die Buchbranche international einer ‚Flaute' entgegen und löste eine von den „USA aus verordnete Sparwelle (inklusive verordnetem Personalabbau)"[571] mitsamt strukturellen Veränderungen aus. Sie verstärkte die beschriebene Kommerzialisierungsbewegung und zeigte im Übrigen deutlich, wie schnell die Grenze der Dezentralität bei *Bertelsmann* erreicht war, wenn die Ergebnisse nicht stimmten. Aus der Zentrale von New York aus wurde der Vorstand der Verlagsgruppe ‚umgebaut' und Einzelverlage gingen in übergreifenden Verlagsgruppierungen auf.

In Deutschland war Vorstand Klaus Eck vorgegeben worden, mit 10 Prozent weniger Titeln mehr Umsatz zu erwirtschaften.[572] Um dies zu erreichen, erwarb Eck 2001 den *Luchterhand*-Verlag als wichtige Ergänzung zum Berlin-Verlag, Siedler, btb und Knaus"[573] hinzu:

> „Jetzt machen wir uns daran, den Luchterhand Verlag in unsere Verlagsgruppe zu integrieren. Es soll ein selbständiges Unternehmen bleiben. Wir werden nur Aufgaben, die wir zentral erfassen können, so z.B. Vertrieb, EDV und Controlling bündeln (...) Aber es gibt noch eine Reihe anderer Felder, auf denen wir uns umsehen."[574]

Obschon es der Verlagsgruppe ins Konzept passte, dass „wir nun die Rechte aus dem *Luchterhand*-Verlag in den *btb-Taschenbuch*-Verlag überführen können"[575], genügte die Akquisition nicht, um die schlechtlaufenden Ratgeber-Verlage in der sich entwickelnden Marktflaute nach vorne zu bringen und die Ziele zu erreichen, „ja die Ergebnisse lagen ‚bedeutend darunter".[576]

---

[571] Buchmarkt.de [13.3.2002]: Random House geht auf drastischen Sparkurs.
[572] Buchreport, Dezember 2001, S.13.
[573] Ebd., S.10.
[574] Ebd.
[575] Ebd., S. 12.
[576] Ebd., S. 13.

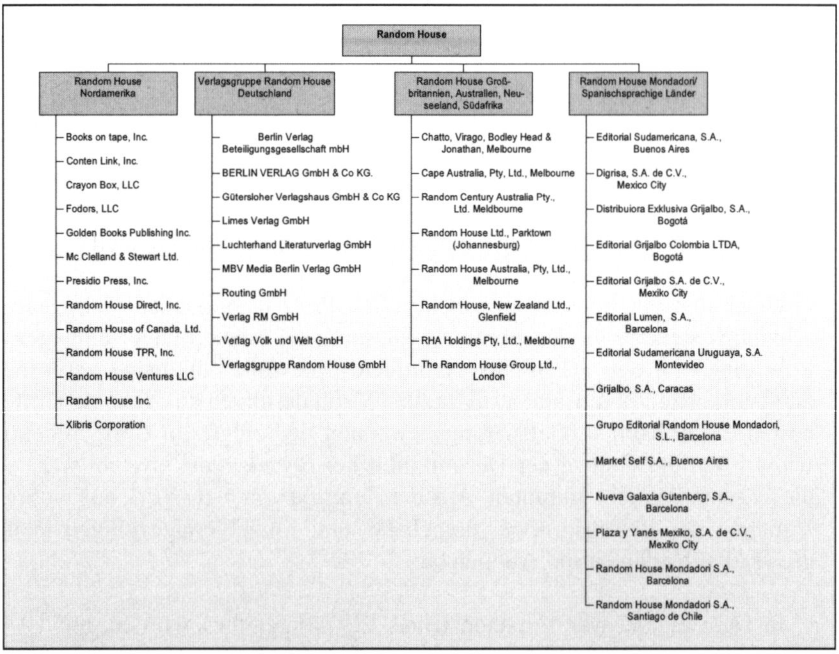

Abb.11. ***Random House*** **Dezember 2002**[577]

Durch Fehlinvestitionen und Missmanagement häufte die Verlagsgruppe im Ratgeber-Bereich binnen vier Jahren Verluste von schätzungsweise 70 Mio. Euro an.[578] Im März 2002 wurden daraufhin die Ratgeberverlage *Falken* und *Mosaik* geschlossen. In der Verlagsgruppe galt besonders letzterer als ein „Ureigengewächs“.[579] Zudem baute die Verlagsgruppe weiteres Personal ab:

> „Die der Gesamtgruppe von USA aus verordnete Sparwelle (inklusive verordnetem Personalabbau) lähmt die bislang so strahlende und erfolgsgewohnte **Verlagsgruppe Bertelsmann**, jetzt **Verlagsgruppe Random House**, und verunsichert die Mitarbeiter, auch, weil es jetzt Kündigungen bei dem erst im Vorjahr übernommenen **Luchterhand Literaturverlag** gegeben hat.“[580]

---

577 BG 2002, S. 109. Zur Entwicklung der Einzelverlage; Vgl. Übersichten der Verlage in Anhang 14.2. (1974: Tab.1; 1985: Tab.3; 1995: Tab.4; 2001: Tab.5.2).

578 Welt.de [23.6.2002]: ‚Bertelsmann verordnet seinen Verlagen eine neue Leitung. ‘

579 Buchmarkt, 3/2002, S. 32: Ein Menetekel; Wer gehört zu den Gewinnern, wer zu den Verlierern?

580 Buchmarkt.de [13.3.2002]: ‚Random House geht auf drastischen Sparkurs. ‘ (Hervorhebungen wie im zitierten Text.)

Random House begründete die Entlassungen und die Schließung von Teilverlagen damit, dass es in einer verschärften Wettbewerbssituation notwendig sei, sich auf die eigene Kompetenz zu besinnen und dort zu wachsen, „wo es die gesamte Gruppe weiter stützt und Synergieeffekte möglich sind. Unter Umständen geht es eben 2 Schritte zurück, um dann drei nach vorne machen zu können“.[581] Als weitere drastische Maßnahme ersetzte die New Yorker Leitung Klaus Eck in seiner Funktion als Vortandsvorsitzenden der deutschen Verlagsgruppe und verwies ihn auf die sogenannte verlegerische Leitung: „Klaus Eck, der bis dahin ziemlich souveräne Gesamtverleger der deutschen Gruppe, bekommt einen Controller an die Seite und einen weiteren vor die Nase gesetzt.“[582] Ferner schieden die bisherigen Geschäftsführer für Marketing und Finanzen, Volker Neumann und Ulrich Geiger, die zusammen mit Klaus Eck seit den 80er Jahren für den Aufstieg der Gruppe zum Marktführer unter den Publikumsverlagen verantwortlich gewesen waren, zum 30. Juni 2002 aus dem Unternehmen aus.

Der Fall ‚Eck‘ bestätigt die geäußerte These, dass die Einzelverlage, bisher noch gesteuerte verlegerische Einheiten, sich verstärkt zu ‚Buchmarken‘ entwickelten, deren Name an bestimmte Buchsegmente, etwa das qualitativ hochwertige Taschenbuch, gebunden waren und dem Leser beim Buchkauf Orientierungshilfen boten. Der interne Wettbewerb innerhalb der Einzelverlage untereinander wurde aufgrund der ‚ökonomischen Optimierung‘ weitgehend abgestellt. Im Buchhandel traten die Buchmarken von *Bertelsmann* gegenüber ihren Kunden zwar in einer Art Scheinkonkurrenz als verschiedene Verlage auf, griffen in ihrer Programmatik und in ihrem Bereich aber ineinander. Die *Zürcher Zeitung* wertete dies als Beweis dafür, „dass bei Bertelsmann kein verlegerisches Denken, sondern der schnöde Mammon regieren wird“.[583] Die im Juni 2002 veröffentlichten Zahlen jedenfalls deuteten darauf hin, dass in den internationalen wie in den deutschsprachigen Märkten von *Random House* aufgrund des schwachen Buchmarktes weniger Vielfalt, weitere Umbauten und Konzentrationsbewegungen zu erwarten waren. Die Buchkonjunktur brach weltweit ein und auch *Random House* zeigte sich anfällig für die lahmende Konjunktur, stellte *Publisher Weekly* fest: “Random's business was hurt by slowing consumer book purchases in the U.S. as well as poor economic conditions in Argentina, which dampened demand for Spanish-language books.“[584]

Dennoch vergrößerte *Bertelsmann* seine Buchsparte durch weitere ‚Elefantenhochzeiten‘ und kaufte antizyklisch weitere Verlage hinzu. Eine Gelegen-

---

581 A.a.O. Buchmarkt, 3/2002, S. 37: Ein Menetekel.

582 Nzz.ch, Neue Zürcher Zeitung online [14.3.2002], (www.nzz.ch/2002/03/15/wi/pagearticle81FHP.html): ‚Umbau der Führungsspitze bei den deutschen Buchverlagen. ‘

583 Buchmarkt, 4/2002, S. 28.

584 Publishersweekly.com [6.10.2001], (www.Publishersweekly.reviewsnews.com): ‘Random Stubs Toe in Stub Period, by Jim Milliot for Newsline.’

heit bot sich, als der *Axel Springer*-Verlag bekannt gab, nicht mehr an das Buchgeschäft zu glauben. *Springers* Buchsparte ‚*Ullstein Heyne List*' hatte 2001 ganze 46 Mio. Euro Verlust gemacht und sei, so eine Unternehmenssprecherin, „eine Renditebremse, die die Entfaltung des Kerngeschäfts behinderte".[585] *Bertelsmann* akquirierte ‚*Ullstein Heyne List*' in der „größten Übernahme im Buchmarkt nach dem Zweiten Weltkrieg".[586] Im Verdrängungswettbewerb war es möglich geworden, dass *Bertelsmann* die in Deutschland auf Platz 3 rangierende Verlagsgruppe unter Vorbehalt der Genehmigung durch das Bundeskartellamt übernahm und damit das Bekenntnis zum Buchgeschäft unterstrich.[587]

> „Random House wird noch leichter als früher über Rabatte Marktanteile kaufen, Regalmeter in den Buchhandlungen belegen und das Sortiment zur Bevorratung vordringlich seiner Titel veranlassen können. (...) Für die Konkurrenz heißt das: Die Präsenz ihrer Bücher schwindet."[588]

Zu *Random House* gehörten somit zeitweise insgesamt 22 Verlage, darunter bekannte Namen wie *Claasen*, *Econ*, *List Propyläen*, *Südwest* und der *Heyne Verlag*, „das Goldstück im Portefeuille".[589] *Bertelsmann* wäre damit zu einem übermächtigen Riesen, insbesondere auf dem Taschenbuchmarkt, geworden.[590] Hinter dieser Akquisition stand die Absicht, nach US-Vorbild unterschiedlichste Verlage unter einem Dach zu vereinen, vom preiskommerziell aufgestellten Verlag bis hin zum Nobelpreisträger bestückten Eliteverlag.[591] Das Bundeskartellamt verhinderte diese geballte Verlagskonzentration im November 2003 und gab seinen Segen zu einer ‚kleinen Lösung', mit der *Bertelsmann* nur etwa 30 Prozent des Taschenbuchmarktes kontrollierte, der Schwelle bei dem das Kartellamt eine marktbeherrschende Stelle vermutet: „Lediglich der Heyne Verlag wurde von Random House (...) erworben. Die schwedische Econ-Gruppe erwarb Econ-Ullstein-List und einige kleine Verlage."[592] Jörg Pfuhl, Chef der *Verlagsgruppe Random House*, äußerte sich in einem Interview zu dieser Entscheidung:

> „Als uns Springer vor einem Jahr seine gesamte Buchsparte angeboten hat, wussten wir: Das ist eine Gelegenheit, die kommt nie wieder. Wir hätten Ull-

---

585 Dradio.de [12.2.2003], (www.dradio.de/cgi-bin/es/neu-lit-l/726.html): ‚Elefantenhochzeit. '

586 Wdr.de [11.2.2001], (www.wdr.de/themen/wirtschaft/wirtschaftsbranche/bertelsmann/ kauf_von _springer. jhtml): ‚Bertelsmann kauft Springer-Buchsparte. '

587 Vgl. epd Medien, 11/2003, S. 14: ‚Bertelsmann kauft Ullstein Heyne List-Buchverlage. '

588 Ebd.

589 Nzz.ch [12.2.2003], (www.nzz.ch/2003/02/12/fe/page-article9OBRE.html): ‚Fusion mit Folgen. Bertelsmann kauft Springer-Buchverlage. '

590 Wdr.de [11.2.2001], (www.wdr.de/themen/wirtschaft/wirtschaftsbranche/bertelsmann/kauf_von _springer.jhtml): ‚Bertelsmann kauft Springer-Buchsparte. '

591 Vgl. Süddeutsche Zeitung, 23.12.2003: ‚Jedes Buch ist ein Risiko. Interview mit Random House-Chef Jörg Pfuhl. '

592 Portale.web.de [28.12.2003], (www.portale.web.de/Kultur): ‚Harry Potter schon die Bilanz – Das Jahr der verbotenen Bücher. '

stein-Heyne-List gerne ganz übernommen. (...) Im Kartellverfahren mussten wir dann von diesen Plänen Abstand nehmen. Aber insgesamt überwiegt die Freude, dass jetzt der Heyne-Verlag an Bord ist, ein Verlag mit großem Namen und starkem Programm. Schließlich hat Bertelsmann fast 25 Jahre lang um Heyne gekämpft.“[593]

Für den Buchmarkt insgesamt bedeutete die Fusion bei aller geschäftlichen Freude auf Seiten von *Bertelsmann* trotz der renommierten Konkurrenten *Rowohlt* und *Fischer* (Holtzbrinck) sowie *dtv* und *Lübbe* einen weiteren Schub in Richtung Konzentration auf starke Anbieter und verkaufsträchtige Massenware, die den stationären Handel zunehmend verändern wird.[594] Noch leichter als früher kann das Medienhaus, das damit an Macht gegenüber dem Handel hinzugewinnt, seinen Einfluss im Buchmarkt geltend machen und die vielseitigen, medialen Kanäle nutzen, mit denen es aus dem Medium Buch letzten Endes ein für das Massengeschäft ausschlaggebendes, multimediales Ereignis macht. So durchdringt das Primat der Ökonomie mit maßgeblicher Unterstützung von *Bertelsmann* auch die Literatur, die dem Zwang zu unmittelbarem Profit immer direkter unterworfen wird.[595]

6.7.5 Bündelung der Wissenschafts- und Fachverlage in *Bertelsmann Springer*

Mit der Auflösung der *Buch AG* zugunsten eines Unternehmensbereichs *Random House* bildeten sich neue Bereiche aus und ein ähnlicher Umbau wie jener der früheren *Verlagsgruppe Bertelsmann* oder der *Buch AG* fand auch im Bereich *Fachinformation* statt. Dieser Vorgang wurde getrennt von den belletristischen Verlagen erarbeitet und wird hier deshalb gesondert beschrieben. Die Fachinformationsgruppe lagerte man zum 1. Juli 1998 aus der *Buch AG* aus und organisierte sie im Hinblick auf das Marktpotenzial neu: Ihre „Expansionschancen im internationalen Markt der Fachinformationen waren entscheidend für eine strategische Neuausrichtung.“[596] Losgelöst vom immer stärker und internationaler werdenden Engagement im Bereich der Publikumsverlage, war der Bereich *Fachinformation* innerhalb der *Buch AG* zwar ein bedeutender, aber nicht marktführender Teil der Buchaktivitäten geblieben.

---

593 A.a.O. Süddeutsche Zeitung, 23.12.2003: ‚Jedes Buch ist ein Risiko.‘

594 Merkur-online.de [28.12.2003], (www.merkur-online.de/nachrichten/kultur/literatur/285,224068.html): ‚Jagd auf den Leser‘: „Die Konzentration auf die verkaufträchtigen Titel nimmt zu. Große Buchhandlungen machen inzwischen mit wenigen Titeln fast die Hälfte ihres Umsatzes. Kaufhauskonzerne wie Karstadt – immerhin viertgrößter Buchhändler – reagieren auf diese Entwicklung mit einer Reduzierung des Angebots.“

595 Vgl. hierzu Bourdieu, P., Kapitalismus als konservative Revolution. In: Die ZEIT, 22.1.1998.

596 BG 1998/99, S. 68.

Bei der Gruppierung der einzelnen Verlage des Bereichs, die sie näher zusammenrücken ließ, hielt das Medienhaus die traditionelle Trennung zwischen Fach- und Wissenschaftsverlagen nicht weiter aufrecht, „weil inzwischen auch die traditionellen Wissenschaftsverlage mit anwenderbezogener Literatur jene Löcher stopfen, die die rückläufige institutionelle und bibliothekarische Nachfrage reißt“.[597] Die Übernahme des wissenschaftlichen *Springer-Verlags* schloss diese strategische Lücke. *Bertelsmann* übernahm zum 1. Januar 1999 86,5 Prozent des Verlags. Ohne Einwände billigte die Europäische Monopolkomission am 16. Februar 1999 das Vorhaben. Der Wettbewerb schien durch die Fusion von *Bertelsmann* und *Springer* nicht gefährdet zu sein, weshalb die Behörde ihr Plazet gab:

> “On Tuesday February 16, 1999, the European Commission decided that, although both companies are active in professional publishing, the takeover does not raise any competitive objections because they have different focuses in that (professional) market. ‘The market share increase through the merger is limited’, the Commission said. ‘Consequently, the concentration has been declared compatible with the common market."[598]

Zeitgleich legte man den übernommenen Verlag mit den anderen Fach- und Wissenschaftsverlagen zum neuen Bereich *Bertelsmann Springer Science +Business Media* unter der Leitung des ehemaligen *Springer*-Vorstandschefs Jürgen Richter zusammen, um die weltweit führende Fachverlagsgruppe zu bilden. Der neue Bereich beschäftigte 5000 Angestellte und hatte in seinem Verlagsprogramm über 24.000 verfügbare Titel, 650 Zeitschriften und 300 elektronische Reihenwerke zu verzeichnen.[599]

Ähnlich wie bei *Random House* hatte *Bertelsmann* mit dem wissenschaftlichen *Springer*-Verlag ein traditionsreiches großes Verlagsgebilde erworben, das international tätig war. Mit *Springer* übernahm *Bertelsmann* einen Verlag, der für sich genommen einer der größten Wissenschaftsverlage Europas mit einer lange gewachsenen Verlagskultur war.

Der *Springer-Verlag* wurde am 10. Mai 1842 durch den Berliner Buchhändler Julius Springer in Berlin gegründet. Springer gab zunächst Schriften zu Fragen der Zeit heraus, entwickelte aber bald ein vielseitiges Programm. Darunter belletristische Titel von Autoren wie Fontane oder Jeremias Gotthelf sowie Bücher über Elektromagnetismus, philosophische, juristische und praktische Publikationen. Schon im ersten Jahrzehnt konzentrierte sich der Verlag auf wissenschaftliche Werke über Land-, Forst- und Volkswirtschaft, Naturwissenschaften und technische Publikationen.[600] Unter den Titeln fand sich

---

[597] Buchreport, 14/1996: Die 100 größten Buchverlage.
[598] Wall Street Journal Europe, 17.2.1999, S. 5.
[599] Vgl. BertelsmannSpringer, Science+ Business Media (Broschüre). München 2001, S. 6.
[600] Broschüre Springer Presse und Öffentlichkeitsarbeit. Stand 2001, S. 1.

1851 auch die Abhandlung des damals noch unbekannten Werner Siemens über Erfahrungen im Telegraphenbau.

Nach dem Tode des Gründers übernahmen die Söhne Ferdinand und Fritz Springer den Verlag und setzten neue Schwerpunkte in der Herausgabe von Zeitschriften.

> „Bedeutende Autoren veröffentlichten ihre Forschungsergebnisse bei Springer – wie die Brüder Siemens, Rudolf Diesel, Hans Landolt, Richard Börnstein, und Michael Faraday oder wurden Herausgeber bedeutender Zeitschriften wie Franz Grasdorf, Ernst Hoffmann und Ferdinand Fischer.“[601]

Julius Springer hatte in den Jahren von 1842 - 1877 insgesamt „etwa 900 Titel verlegt, deren Schwerpunkte auf den Bereichen Medizin und Technik lagen“.[602] Die Produktion seiner Söhne umfasste immerhin schon etwa 2700 Titel.[603] Diesen Schwerpunkt mit wissenschaftlichen Publikationen setzte die dritte Generation der Springers, Ferdinand und Julius Springer, die den Verlag ab 1907 führten, fort. Sie begleiteten und förderten die traditionelle Entwicklung der modernen Wissenschaft und dehnten die Verlagstätigkeit auf neue Gebiete der Medizin, Physik, Mathematik sowie der Staats- und Rechtswissenschaften aus.[604] Während des ‚Dritten Reichs‘ wurde die Familie Springer wegen ihrer jüdischen Vorfahren dazu gezwungen, von ihren Führungspositionen zurückzutreten und Tönjes Lange, ein Vertrauter Springers, übernahm bis zum Kriegsende den Verlag:

> “During the Third Reich, Tönjes Lange assumed leadership of the company, the Springers having been forced to relinquish their positions in 1935 and 1942 because of their Jewish ancestry. Thanks to his efforts, the firm managed to survive, and Lange stayed on as a partner after the war.”[605]

In der Nachkriegszeit, nach weitgehender Zerstörung der Geschäftshäuser durch einen Bombenangriff am 16.3.1945[606], leiteten die beiden Springer-Brüder wieder das Unternehmen. Sie bauten den Verlag mit ihren Mitarbeitern in Berlin und Heidelberg erneut auf und begannen bald darauf mit der Erschließung des nationalen und internationalen Marktes durch ein englischsprachiges Verlagsprogramm. Zahlreiche Titel in englischer Sprache wurden verlegt, Kontakte zu Wissenschaftlern in aller Welt und Beziehungen zu ameri-

---

[601] Schmidmaier, D., Geschichte des Springer-Verlags. Bibliothek Forschung und Praxis, 3/1996, S. 395.

[602] Vgl. Sarkowski, H., Der Springer-Verlag: Stationen seiner Geschichte. Teil 1: 1842-1945. Berlin-Heidelberg-New York 1992, S. 160: „...daß die theoretischen und die angewandten Wissenschaften einen Anteil an der Produktion von 64% gegenüber 24,1% im letzten Jahrzehnt von Julius Springer hatten.“

[603] Der Verlag von Julius Springer im Jahre 1912, Ein bibliographischer Jahresbericht (ohne Autor-Angabe). Heidelberg 1982, S. 6.

[604] Vgl. Sarkowski, 1990, S. 160.

[605] Springer.de [15.7.2002].

[606] Vgl. Sarkowski, 1990, S. 382.

kanischen und britischen Verlagen aufgebaut: „Die Ausweitung unseres Absatzes auf den internationalen angelsächsischen Markt, (...) geschah zunächst durch vorgeschobene ‚Brückenköpfe'. Diese bestanden in Bemühungen um ‚Co-publishing agreements' mit US-amerikanischen und britischen Verlagen."[607]

Als einer der ersten deutschen Verlage gelang *Springer*, den 1964 gegründeten *Springer-Verlag New York Inc.* zu etablieren und zu einem eigenständigen Unternehmen auszubauen. Nur 35.000 Dollar waren hierfür aufgewendet worden, alles weitere finanzierte die Mutterfirma durch Warenkredite. „Der Break Even Point kam nach fünf, die Deckung der gesamten Aufwendungen nach neun Jahren."[608] Der Start glückte mit dem Verkauf der europäischen *Springer*-Literatur vornehmlich aus dem Fachbereich ‚Mathematik'.

> „Eine geniale Leistung, dass Springer-Gesellschafter Heinz Götze bereits vor 15 Jahren die Bedeutung des amerikanischen Marktes für einen international arbeitenden Verlag erkannt hat. Rückblickend gesehen hatte sich Springer nicht nur zur rechten Zeit in den Staaten niedergelassen – beim Start reichte ein Kapital von 35000 Dollar -, sondern auch thematisch richtig orientiert: mit dem Schwergewicht auf den Mathematiktiteln hatte Springer mitten ins Schwarze getroffen. Der Verlag gilt heute in den USA als einer der größten Mathematikverlage, wenn nicht als der größte überhaupt."[609]

1973 nahm dann ein Verlags- und Vertriebsbüro in Großbritannien seine Arbeit auf, 1978 erwarb der *Springer-Verlag Eastern Book Service Inc.* in Tokio und gründete seine japanische Dependance, 1980 begann *Springer Books (India) Private Ltd.* in New Delhi mit seiner Verlagstätigkeit, 1986 folgte Hongkong, 1990 der *Springer-Verlag Ibérica* in Barcelona, 1992 eröffnete *Springer* in Mailand eine Dependance, 1994 folgten Italien, 1995 Singapur und Ungarn.

Parallel zur Internationalisierung erweiterte *Springer* zusätzlich sein deutschsprachiges Programm in Bereichen wie dem Schul- und Lehrbuchsektor und ergänzte seine Kapazitäten im deutschsprachigen Markt durch Zukäufe: 1977 übernahm *Springer* den *J.F. Lehmann Verlag*, 1980 den *Dr. Dietrich Steinkopff-Verlag*, 1983 den *Physica-Verlag*, 1985 den *Birkhäuser-Verlag* Basel/Boston/Berlin und Ende 1994 den Verlag *Urban & Vogel* München. Zur Erweiterung der Verlagstätigkeit dienten außer den Akquisitionen auch Kooperations- bzw. Franchiseunternehmen wie der 1997 gegründete Düsseldorfer *Springer-VDI-Verlag*, der gemeinsam mit dem *VDI-Verlag* Technikzeitschriften verlegte. Mit *Bertelsmann* gab es ein gemeinschaftlich geführtes Kooperationsunternehmen. *HOS multimedica* bot als Joint Venture von *Bertelsmann*, *Burda* und *Springer* elektronische Informationen für Ärzte an. Bei allem

---

[607] Götze, H., Der Springer-Verlag: Stationen seiner Geschichte, Teil II: 1945-1992. Berlin 1992, S. 84.

[608] Ebd., S. 362.

[609] Buchmarkt, 2/1981, S. 31: Wie es den deutschen Wissenschaftsverlagen mit ihren Töchtern in den USA gegangen ist.

Wachstum betonte der *Springer*-Verlag stets, dass Entscheidungsfreude und selbständiges Denken traditionell die Grundlagen der Arbeit bildeten: „Planung, Herstellung, Werbung und Vertrieb sind die Motoren der Produktivität, die immer wieder aufs neue die wirtschaftliche Basis sichern müssen – ohne die Verantwortung für die Wissenschaft außer acht zu lassen.“[610] Jahr für Jahr hatte der Verlag also seine Präsenz durch Gründung neuer Tochtergesellschaften in verschiedenen Ländern und Erdteilen erweitert. Er hatte mit relativ geringen Mitteln und dem „management without capital“[611] ein internationales Netzwerk aus Wissenschaftsverlagen begründet, das hervorragende wissenschaftliche Texte publizierte, um schließlich die Attraktivität für den Erwerb durch Unternehmen wie *Bertelsmann* zu erhöhen. Auch im spezialisierten, wissenschaftlichen Teilmarkt der Verlagsbranche, festigte sich zusehends die fortschreitende Kommerzialisierung.

Hier mündete die Geschichte des *Springer* Verlags, nach jahrzehntelanger Aufbauarbeit in den Kauf durch das Medienhaus. Es stellt sich, besonders aufgrund der Begebenheiten nach der Übernahme, die Frage, ob die Transformation in einen Teilbereich von *Bertelsmann* samt Umbenennung in *BertelsmannSpringer* aus inhaltlicher Sicht überhaupt Sinn machte. Für den Verkauf konnten im Grunde nur wirtschaftliche Gesichtspunkte ausschlaggebend gewesen sein.

6.7.6 Vom Traditionsverlag zum ökonomischen Spielball

Mit dem Aufkauf durch *Bertelsmann* veränderte sich die Identität des *Springer* Verlags grundlegend. *Bertelsmann* legte das Unternehmen mit seiner eigenen Fachverlagsgruppe zusammen. Geplant war, die neu entstandenen *BertelsmannSpringer Science+Business Media* zu der weltweit führenden Wissenschaftsverlagsgruppe zu machen. Das Medienhaus verkündete die Zusammenführung als Geburtsjahr eines ‚global players‘, dessen Verlage sich als ‚forefront of their markets‘ verstanden.

> „BertelsmannSpringer – the whole is more than the sums of its parts. The renowned specialist publishers have joined forces to form **one** company that unites the respective strength of both partners. Springer is one of the leading scientific publishers in the world (…). With their orientation towards career and practice, the media of Bertelsmann professional Information are the forefront of their markets.”[612]

Nicht nur eine Phase von 157 Jahren eigenständiger wissenschaftlicher Verlagstätigkeit nahm mit der Integration in den Firmenverbund von *Bertelsmann*

---

[610] Ebd., S. 379.
[611] Götze, 1992, S. 362.
[612] BertelsmannSpringer, Science+Business Media (Broschüre). München 2001, S. 5.

sein Ende, es fanden auch – wie einleitend beschrieben – Zusammenführungen mit anderen Unternehmensteilen statt, mit denen gemeinsam Synergien erarbeitet wurden. „By combining the experience of both publishing groups (...) the Merger gives us a Basis from which to persue our growth and international expansion."

Im Jahr 2000 bestätigten die positiven Ergebnisse den Erfolg des neuen Bereichs und seiner rund 70 Verlage. Jürgen Richter[613] hatte die *Bertelsmann*-Leitung nicht enttäuscht und setzte mit *BertelsmannSpringer* 1.097,00 Mio. DM um; das waren 3,7 Prozent mehr als im Vorjahr und *BertelsmannSpringer* führte die Rangliste der Fachverlage vor dem *Klett-Verlag* in Deutschland souverän an.[614] Der Verlag entwickelte sich weiter und *BertelsmannSpringer* umfasste 2001 „5000 Mitarbeiter, 700 Millionen Euro Umsatz, 25.000 Buchtitel und 700 Zeitschriften".[615]

Im Interview mit *Buchreport* gab Richter weitere ehrgeizige Ziele bekannt: Die Expansion sei beschlossene Sache und die Umsatzziele würden in absehbarer Zeit auf eine Umsatzgrößenordnung zwischen 2 und 3 Mrd. DM gesteigert, also verdoppelt werden.[616]

Anerkennend formulierte das Fachmagazin, das *Bertelsmann*-Management habe „das Dickschiff *Bertelsmann-Springer* auch 2001 auf Wachstumskurs gehalten".[617] Dass Richter entgegen der Konzernregel länger als bis zu seinem 60. Lebensjahr an der Spitze von *BertelsmannSpringer* stehen durfte, wurde als Auszeichnung für dessen Erfolg gewertet. Die Kehrtwende kam abrupt und überraschend. Noch im Februar 2002 hatte Thomas Middelhoff Gerüchten eine deutliche Absage erteilt, die besagten, dass *BertelsmannSpringer* verkauft werden solle: „Arvato und BertelsmannSpringer werden nicht verkauft. Geschäfte, die so rentabel wie die Fachinformationen oder Arvato sind, behalten wir natürlich."[618]

Das angebliche Gerücht hielt sich hartnäckig und verdichtete sich ungeachtet des Dementis kurze Zeit später zu einer vollkommenen Wende im Umgang mit *BertelsmannSpringer*, die auf einen Verkauf des erst kürzlich erworbenen Verlags hinauslief.

---

[613] Jürgen Richter gilt als einer der erfolgreichsten Manager in der deutschen Medienlandschaft. 1985 hatte er den vom Konkurs bedrohten *Westermann Verlag* für Dieter Schaubs Medien-Union saniert und war dort später erfolgreicher Geschäftsführer. Er erwarb für die *Medien Union* die Chemnitzer "Freie Presse" 1991 weit unter Preis. 1994 wechselte er zu *Axel Springer*, wo er auch im gleichen Jahr Vorstandschef wurde. 1998 kam er als Vorsitzender der Geschäftsführung zur *Bertelsmann Fachinformation* München und kam durch die Fusion in die Vorstandsposition von ‚*BertelsmannSpringer Science+Business Media*'.

[614] Buchreport, 4/2002, S. 13: Die 100 größten Verlage.

[615] Bertelsmannspringer.de [2.2.2002], Zahlen und Fakten BertelsmannSpringer im Geschäftsjahr 2000/2001, PDF aus: (www.bertelsmannspringer.de- /bilanz2001.pdf.).

[616] Buchreport, 4/2002, S. 14.

[617] Ebd., S. 15.

[618] Welt.de [5.4.2002], ‚Welt-Interview: Die Zeit der Internet-Verluste ist vorbei. '

„Noch Anfang April hatte Thomas Middelhoff, Vorstandsvorsitzender der Bertelsmann AG, in einem Interview mit der Welt betont, man werde sich von den profitablen Unternehmensbereichen Arvato und BertelsmannSpringer nicht trennen. Knapp sechs Wochen später steht die Fachinformationstochter nun doch zur Disposition.“[619]

Mitte Juni 2002 verkündete Thomas Middelhoff öffentlich, dass *Bertelsmann-Springer* weder den Anspruch der Gütersloher auf Marktführerschaft erfülle, noch in das Konzept eines integrierten Medienunternehmens passe.[620] Middelhoff behandelte den sich in der sensiblen Integrationsphase befindenden ‚Merger‘[621] *BertelsmannSpringer* wie ein Spekulationsobjekt. Die Einbeziehung der Mitarbeiter in den Informationsfluss gemäß der *Bertelsmann*Unternehmenskonzeption wurde dabei nicht beachtet. Sie besagte, dass die Mitarbeiter umfassend zu informieren und partnerschaftlich zu führen seien: „Partnerschaft ist die Grundlage unserer Unternehmenskultur. (...) Wir sichern die umfassende Information unserer Mitarbeiter, beziehen sie in die Entscheidungsprozesse ein.“[622]

Das Gegenteil war der Fall und belegte die freie Interpretierbarkeit der internen ‚Grundwerte‘, denn die Mitarbeiter von *BertelsmannSpringer* erfuhren aus der Zeitung, dass ‚ihr‘ Unternehmen wie ein Spekulationsobjekt auf der Verkaufsliste und im Zusammenhang mit einem von Middelhoff verfolgten Strategiewechsel stand, der auf den geplanten Börsengang des Unternehmens zielte und das Portfolio hinsichtlich dieser Anforderung überprüfte. Verschiedene Optionen für den Verkauf reichten laut Middelhoff “vom Komplettverkauf über die Wiedereingliederung einzelner Teilbereiche in bestehende *Bertelsmann*-Unternehmen bis hin zu einem Management-Buyout“.[623] Für die Entwicklung hin zu einem integrierten Medienkonzern bedürfe es eine Geschäftspolitik, so Middelhoff, die in allen Gebieten nach der Marktführerschaft strebe. Diesem Anspruch würde die Fachverlagsgruppe aus ökonomischer Sicht nicht gerecht werden:

„Geschäfte, die unseren Anspruch nach Marktführerschaft nicht erfüllen und nicht in das Konzept eines integrierten Medienunternehmens passen, stehen auf dem Prüfstand. Es zeigt sich, dass unsere Fachverlagsgruppe BertelsmannSpringer diese Kriterien nicht erfüllt. Der Vorstand hat entschieden, dass wir hier alle Möglichkeiten prüfen. Das schließt einen Verkauf, die Fusion mit einem anderen

[619] Buchreport, 4/2002, S. 13.
[620] Vgl. Börsenblatt für den Deutschen Buchhandel, 49/2002, S. 8f.
[621] ‘Merger‘, im engl. für ‚Combining of Business Companies‘. Der Begriff Merger wird für die neu zusammengeschlossene Einheit zweier Unternehmen mittlerweile auch im Deutschen verwendet.
[622] Bertelsmann Essentials. Die Grundwerte des Unternehmens. Gütersloh 1998, S. 4.
[623] Börsenblatt für den Deutschen Buchhandel, 56/2002, S. 4.

> Verlagshaus oder einen Management-buyout ein, also die Übernahme durch die eigenen Führungskräfte.“[624]

Weiterhin erfüllte *BertelsmannSpringer* Middelhoff zufolge nicht die erforderlichen Kriterien für eine international marktführende Position.[625]
Als Folge dieses Richtungswechsels der Konzernleitung trat der hochgelobte ‚Troubleshooter‘[626] Richter von seinen Führungsaufgaben zurück und verließ die Gütersloher Mediengruppe zum 31. Juli 2002, wie es hieß, „auf eigenen Wunsch“. Mit der Ablösung von Thomas Middelhoff im Juli 2002 machte *Bertelsmann* den Strategieschwenk dann vorerst wieder rückgängig und es kam zu einem für die Mitarbeiter leidvollen Hin und Her der Konzernstrategie. Nur einen Tag, nachdem Middelhoff das Unternehmen verließ, erschienen in der Fachpresse Berichte darüber, dass *BertelsmannSpringer* im Konzern verbleiben solle: „So wird der erst kürzlich verkündete Verkauf der profitabel arbeitenden Fachverlagssparte Bertelsmann-Springer wahrscheinlich gestoppt.“[627] Nach Middelhoffs Abgang überdachte „Jürgen Richter offenbar seine Pläne. Nach Medienberichten wollte er zunächst im Konzern verbleiben“.[628] Richter verließ *Bertelsmann* dann aber doch. *BertelsmannSpringer* wurde also zunächst nicht verkauft, sondern als profitabler Unternehmensbereich erhalten. Mitteilungen im Oktober 2002 gaben dann wieder das Gegenteil bekannt. *BertelsmannSpringer* sollte jetzt doch verkauft werden, aber nur, wie Gunter Thielen feststellte, „wenn wir den Preis bekommen, den wir wollen“.[629]Im Fall der Fachverlagsgruppe stand damit außer Frage, dass die *Bertelsmann*-Entscheider sich bei ihren Beschlüssen von den ökonomischen Imperativen internationaler Wettbewerbsbedingungen leiten ließen und dabei die instrumentellen gegenüber den kulturellen und inhaltlichen Handlungsparadigmen stark übergewichteten. Die von staatlichen Institutionen ‚unbelästigte‘ Kommerzialisierung trat im Fall *BertelsmannSpringer* besonders handfest zutage und machte ein Unternehmen mit Tausenden von Mitarbeitern zum Spielball einer zum Teil willkürlichen Konzernstrategie. Sie zerschlug ferner mit ihrer Vorgehensweise langfristig entstandene kulturelle Zusammenhänge, um sie anfänglich in Konzernverbünde zu integrieren und nach kurzer Zeit, ihrer Richtung beraubt, wieder abzustoßen.

---

[624] Süddeutsche Zeitung, 17.6.2002: „Zurück in die Weltklasse“; SZ-Gespräch mit *Bertelsmann*-Chef Thomas Middelhoff über Musikfernsehen, die Lage bei Kirch und die Neuordnung seines Konzerns.

[625] Bertelsmann.de [10.7.2002], (www.bertelsmann.de/news/faq/aq_section.cfm?section=11 &a=5750): Rubrik ‚Fragen und Antworten.‘

[626] Manager-magazin.de [5.7.2002], (www.manager-magazin.de/koepfe/artikel/0,2828,204131,00.html): Der ‚Feuerwehrmann quittiert den Dienst‘.

[627] Horizont.de [30.7.2002], (www.horizont.net/medien/news/pages/showmsg.prl?id=38812).

[628] W&V, werben und verkaufen, 31/2002, S. 24: Das Ende der Revolution.

[629] Welt.de [19.10.2002], (www.welt.de/daten/2002/10/1019/un363165.htx): ‚Bertelsmann verabschiedet sich vom Geschäft mit dem Internet. ‘

7. Zeitschriftenverlage – das Druck- und Verlagshaus Gruner+Jahr

Als traditionelles Buchverlagsunternehmen begegnete *Bertelsmann* den periodischen Druckschriften des Zeitschriften- und Zeitungsgeschäfts in seiner Wachstumsphase in der Wirtschaftswunderzeit mit Zurückhaltung. Nach dem Erwerb des Verlagshauses *Gruner+Jahr* änderte sich das grundlegend. Die schrittweise Übernahme sowie die geschäftlichen und kulturellen Veränderungsprozesse bei *Gruner+Jahr* durch den Gütersloher Konzern sicherten dem Zeitschriftenverlag eine führende Position unter den internationalen Zeitungs-, Druck- und Multimediahäusern.[630]

7.1 Das Verlegen von Zeitschriften als dritte ‚Königsidee'

Als traditioneller Verlag mit angegliedertem Druckhaus und zugehöriger Buchgemeinschaft, hatte sich *Bertelsmann* bis Mitte der 60er aus Beteiligungen an ‚schnellen' und ‚politischen' Zeitungsverlagen herausgehalten und „den Erwerb oder Aufbau einer hauseigenen Tageszeitung mit Umsicht vermieden".[631] Zwar war von *Bertelsmann* 1955 zeitweise die Zeitschrift *Bertelsmann Drei*[632] unter der Leitung von Rudolf Wendorff gegründet und vertrieben worden, aber schon 1958 verkaufte Gütersloh den Titel mit einer Auflage von rund 100.000 Exemplaren weiter an den *Bauer Verlag*, der sie unter dem nur temporär eingesetzten Titel *Praline vereinigt mit Bertelsmann Drei* schließlich in die *Praline* übergehen ließ.

Zu diesem Zeitpunkt galt die landläufige Auffassung, dass Zeitschriften als Informationsmedien nicht einfach gekauft und verkauft werden könnten wie andere Wirtschaftsgüter, sondern als politische Instrumente und Meinungsmacher unabhängig bleiben müssten, besonders wenn es sich um ausgewiesen politisch geprägte Unternehmen handelte.

---

[630] Vgl. G+J GB 1999/2000, S. 3.

[631] Langenbucher, 1985, S. 51.

[632] Lott, S., Die Frauenzeitschriften von Hans Huffky und John Jahr. Berlin 1985, S. 579: „Die 1955 im Verlag *C.Bertelsmann* gegründete Zeitschrift erschien zunächst unter dem Titel ‚Drei in einem Heft'. Sie wurde von Rudolf Wendorff herausgegeben. (...) Die Zeitschrift enthielt drei klar voneinander abgegrenzte redaktionelle Teile: 1. ‚Unsere Illustrierte', 2. ‚Unterhaltung und Wissen', 3. Glücklich leben'.

Das Phänomen der Pressekonzentration, das sich Mitte der 60er Jahre beschleunigte, war Ende der 60er Jahre „eines der auch in der Öffentlichkeit am meisten diskutierten Themen des Zeitungswesens“.[633] Die „Zusammenballung ökonomischer Größen“[634] beeinflusste die Unternehmensstrategien einer abnehmenden Anzahl von Verlagen, die aufgrund des Kostenwettbewerbs ihre Ausgaben verringerten. Dabei wurde an der Verlagsinfrastruktur ebenso gespart wie durch die Zusammenlegung von Publikationen und Redaktionen.[635] Die kritische Diskussion stellte für die Ambitionen *Bertelsmann* im Pressebereich kein Hindernis dar, schärfte aber sicherlich das Problembewusstsein im Umgang mit der Öffentlichkeit.

Ende der 60er Jahre traf der Konzern die Entscheidung, in den Zeitschriften-Markt zu expandieren, um neue Medienformen und -produkte zu erschließen und beteiligte sich 1969 am vergleichsweise ‚jungen‘ Hamburger Druck- und Verlagshaus *Gruner+Jahr. Gruner+Jahr* sollte für *Bertelsmann* zur Zeitschriften-Gruppe innerhalb des Hauses werden und später eine Vielzahl verschiedener Zeitschriftenverlage unter einem Dach vereinigen.

Vorderhand begab sich *Bertelsmann* mit der Beteiligung, wie es in der Jubiläumsdarstellung von 1985 heißt, in das Gestaltungsfeld der „Gesellschafts- und Kulturpolitik“[636] sowie „in das Spannungsfeld der politischen Publizistik. Dies geschah nicht zum ersten Mal in der Geschichte des Hauses, denn wie wir wissen, hatten bereits Carl und Heinrich Bertelsmann Zeitungen herausgebracht“.[637] *Bertelsmann*-intern bezeichnete man diesen Schritt später als sogenannte ‚dritte Königsidee‘.[638]

> „Mit dem soliden und stetigen Wachstum von Gruner+Jahr gelang dem Management von Bertelsmann der erfolgreiche Test auf die These von Reinhard Mohn (...), dass neben der traditionellen Vielzahl kleiner Verlage der Großverlag notwendig sei, um ökonomisch und technisch den Anforderungen des modernen Informations- und Bildungsmarktes gerecht zu werden. Als wichtige Gründe dafür nannte Reinhard Mohn die Tendenz zu einer immer breiter werdenden Medienpalette und die Notwendigkeit, sich auf internationale Räume einzustellen.“[639]

---

633 Dovifat, E., Zeitungslehre II, Bd.2; (6.Aufl. von Jürgen Wilke) Berlin 1976, S. 213. Es werden zahlreiche Publikationen zur Pressekonzentration angeführt; darunter: Prokop, D., Massenkommunikationsforschung I, Produktion. Frankfurt a. M., 1972.

634 Vgl. Arndt, H., Begriff und Arten der Konzentration. In: Konzentration der Wirtschaft. Berlin 1960, S. 6.

635 Vgl. Schütz, W.J., Publizistische Konzentration der deutschen Tagespresse. In: Media Perspektiven, 5/1976, S. 189.

636 Langenbucher, 1985, S. 51.

637 Ebd., S. 51.

638 Vgl. Middelhoff, 2001, S. 18.

639 Langenbucher, 1985, S. 51; Langenbucher zitiert die Thesen von Reinhard Mohn aus: Wechsler, U. (Hg.), Selbstverständnis und Organisation der publizistischen Arbeit im Großverlag. Heft 3. Gütersloh 1975.

Die Schwierigkeit, *Gruner+Jahr* in einen modernen, dezentral geführten Medienkonzern einzubinden, lässt sich aus der Entwicklung des Unternehmens vor der Übernahme durch *Bertelsmann* begreifen.

7.2 Die Übernahme von *Gruner+Jahr* durch *Bertelsmann*

7.2.1 Gründung des Verlagshauses *Gruner + Jahr*

Die *Gruner+Jahr GmbH* war am 1. Juli 1965 von Gerd Bucerius (28,25 %), John Jahr (32,25 %) und Richard Gruner (39,5 %) gegründet worden. Alle drei Partner stammten aus unterschiedlichen Geschäftsfeldern. Richard Gruner betrieb ein – seit den 50er Jahren stetig wachsendes – großes Druckhaus, in dem der *Stern* und die erfolgreiche Frauenzeitschrift *Constanze*[640] gedruckt wurden; der ehemalige Sportjournalist Jahr war bis 1962 zu 50 Prozent am *Spiegel* beteiligt und verlegte *Constanze*, *Petra* sowie eine Reihe weiterer Zeitschriften; der dritte Partner schließlich, der Anwalt, Ex-CDU-Politiker und Verleger Gerd Bucerius brachte den *Stern* und die *Zeit* mit in den Firmenverbund ein. Die heterogenen Persönlichkeiten kooperierten aufgrund geschäftlicher Vorteile. Wie Gerd Bucerius feststellte, ergaben sich aus dem Zusammenschluss enorme Vorzüge: „Wir sparen etwa 3 Prozent Umsatzsteuer. Wir kaufen Papier so billig ein wie Springer. Die Großisten respektieren uns. Die Lesezirkel tanzen uns nicht auf der Nase herum."[641] Die geschäftlichen Vorteile der Fusion waren damit gegenüber der Öffentlichkeit recht überzeugend darstellbar. Weniger einfach gestaltete sich die auf die Inhalte bezogene Argumentation. Bucerius bemühte sich, für den Zusammenschluss bei den Lesern der *Zeit* zu werben, ohne dass dies wirklich überzeugend gelang. Hauptargument seines Textes war die Steigerung der Leistungsfähigkeit in einer von heftigem Wettbewerb geprägten Marktsituation.[642]

---

[640] Die Frauenzeitschrift Constanze erreichte in den späten 50er Jahren ein Viertel aller Frauen über 14 Jahren. Sie ging 1969 in der 1887 gegründeten ‚*Brigitte*' auf, die bis heute bei *Gruner+Jahr* verlegt wird; Vgl. Lott-Almstadt, S.B., 1886-1986. Die ersten hundert Jahre. Chronik einer Frauenzeitschrift. Hamburg 1986, S. 199.

[641] Brief von Gerd Bucerius an *Gruner+Jahr* am 14.1.1965; In: Dahrendorf, R., Liberal und unabhängig, Gerd Bucerius und seine Zeit. München 2000, S. 177.

[642] Dörre, K., Globalisierung – das Ende des rheinischen Kapitalismus? In: Loch, D.; Heitmeyer, W., Schattenseiten der Globalisierung, S. 66: „Charakteristisch für diese, von manchen martialisch als »Weltwirtschaftskrieg« beschriebene Form internationaler Konkurrenz ist, dass der Wettbewerb an »allen Fronten« ausgetragen wird. Konkurriert wird über Löhne, Sozial- und Umweltstandards, aber auch bei Investitionspotentialen und der Erschließung neuer Produktionszweige."

> „Auch der Verleger ist Unternehmer, auch eine Zeitung (wie eine Zeitschrift) ist ein ‚Geschäft‘ (mit einer besonderen Verantwortung freilich) (...) In der Vereinigung dieser drei Objekte kommen also Druckerei und vielfältige Verlagserfahrungen zusammen. Man kann mehr leisten, dem chronischen Personalmangel abhelfen, Archive und Verlagsbüros zusammenlegen, statistische Abteilungen (sehr teuer!) einsparen, den Außendienst stärker machen. Man spart Geld und wird leistungsfähiger zugleich. Und weil hier drei Freunde zusammenarbeiten, tauschen sie für den Verlust ihrer Selbständigkeit etwas ein, das noch wertvoller ist: ein erfahrenes, schon jetzt aufeinander eingespieltes Team.“[643]

Den Zusammenhang von unternehmerischer Leistungsfähigkeit und journalistischer Qualität konnte Bucerius nicht überzeugend herstellen, auch wenn die gemeinsam verlegten ‚Objekte‘ zu den renommiertesten und am meisten verbreiteten Zeitschriften in Deutschland gehörten. Als das Unternehmen startete, verlegte *Gruner+Jahr* schon den *Stern*, *die Zeit*, *Constanze*, *Brigitte*, *Petra* und *Schöner Wohnen*, allesamt Titel, die als relativ hochwertig in ihrer Machart galten und zumindest nicht der ‚Yellow Press‘ zugerechnet wurden.[644] Die drei großen ‚Objekte‘ *Stern*, *Spiegel, Zeit* arbeiteten Flur an Flur und „bildeten damals die ‚Hamburger Kumpanei‘: alle eine Handbreit links von der Mitte“.[645]

Gruner+Jahr führte den Markt im Segment der Illustrierten und Frauenzeitschriften an, ohne dass dem Verlagshaus hier, abgesehen vom Offenburger Verleger *Burda*, größere Wettbewerber drohten. Besonders aber imponierte der *Stern* mit seinen Auflagenzahlen. Ihn las zeitweise ein Drittel der westdeutschen Bevölkerung.[646] 1967 erreichte das ‚deutsche Magazin‘, wie der *Stern* sich nannte, eine Auflage von 2,153 Millionen Exemplaren.[647] Dabei wurde von Willi Brandt 1967, in einer Phase der Politisierung vor allem der Studentenschaft, das Einvernehmen zwischen den Großverlagen bemängelt, die sich in ihren ‚Bereichen‘ scheinbar nicht in die Quere kommen wollten:

> „Im deutschen Zeitschriftensektor besteht zwischen den größten Verlagsgruppen insofern eine Art Einvernehmen, als praktisch eine gewisse Sortimentsabgrenzung eingehalten wird. Während der Springer-Konzern kaum in den Markt der Illustrierten- und Frauenzeitschriften eingedrungen ist, hat die Gruner-Jahr Gruppe bisher weder eine Rundfunk- und Fernsehzeitschrift noch eine eigene Tageszeitung herausgegeben.“[648]

---

643 Die Zeit, 28/1965, S. 1: ‚Verlags-Fusion. Zur Unterrichtung der ZEIT-Leser.‘

644 Zur Größe des Verlags; Vgl. Süddeutsche Zeitung, 19.12.1972: Flucht in die Elefantenehe, der neue Pressegigant Bertelsmann.

645 Die Zeit, 43/1996, S. 2: ‚Ein großartiges Journalistenleben.‘

646 Reichweitenmessung der Allensbacher Werbeträgeranalyse. In: AWA 1970, Bd. III – Zeitungen, Zeitschriften, Tabelle 19, S. 5 und AWA 1975, Ergebnisse im Überblick, S. 11.

647 Willi Brandt. In: Der Stern, 52/1988: ‚Der Journalismus kann abdanken, wenn er harmlos wird.‘

648 Arndt, H., Die Konzentration in der Presse und die Problematik des Verleger-Fernsehens. Frankfurt a. M., S. 8.

Gerade wegen der sicheren Marktposition legten die Partner von *Gruner+Jahr* großen Wert auf die Andersartigkeit der eigenen Verlagskultur. Abweichend von Verlagshäusern wie *Axel Springer* oder *Bauer* gab bei *Gruner+Jahr* kein Patriarch eine spezifische Weltanschauung für die journalistische Arbeit vor. Die Liberalität und Qualität, verkörperte sich im Engagement der gegensätzlichen Partner und war Programm in einer „Addition von Objekten und sehr unterschiedlichen Auffassungen der Gesellschafter, deren zunehmende gegenseitige Abneigung irrationale Momente in die Verlagspolitik brachte".[649] Diese publizistische Freiheit beeinträchtigte eine auf hohe Rentabilität hinarbeitende, unternehmerische Konzernführung, da häufig inhaltliche Entscheidungen getroffen wurden, wie etwa die begleitende, aufwendige Recherche zu einem Artikel, die aus rein wirtschaftlicher Betrachtungsweise nicht sinnvoll erschien. *Gruner+Jahr* war aus ökonomischer Sicht daher ein Unternehmen, dessen Potenziale noch nicht ausgeschöpft waren und deren kontroverse Unternehmensleitung zwar die inhaltliche Vielfalt sicherte, aber aufgrund häufiger Auseinandersetzungen über die Richtung des Hauses, ebenfalls nicht geradlinig ‚gemanagt' wurde. Der *Spiegel* berichtete hierzu von *Gruner+Jahr* als einem nicht stringent geführten Gebilde, sondern einem losen Zusammenschluss, einer disfunktionalen „Addition von Objekten und sehr unterschiedlichen Auffassungen der Gesellschafter, deren zunehmende gegenseitige Abneigung irrationale Momente in die Verlagspolitik brachte".[650]

7.2.2 Beteiligung und Integrationsbemühungen

Erst die Uneinigkeit der Inhaber machte den Einstieg von *Bertelsmann* bei *Gruner+Jahr* nach vier Jahren möglich. Der Rückzug des Druckers Richard Gruner[651] aus dem Unternehmen und die Einflussnahme von Gerd Bucerius[652] auf die Verhandlungen, der befürchtete, „daß die geltenden Besitzverhältnisse den Dimensionen des Unternehmens und der Vorsorge für die Zukunft nicht mehr gerecht wurden"[653], forcierten den Kauf von *Gruner+Jahr*-Anteilen durch *Bertelsmann*. Am 16. Mai 1969 verkaufte Gruner seine 25 Prozent der *Gruner+Jahr*-Anteile für geschätzte 85 Mio. DM an seine beiden Mitgesell-

649 Süddeutsche Zeitung, 19.12.1972: Größer als Springer, Bauer, Burda: Der neue Pressegigant Bertelsmann.

650 Ebd.

651 Richard Gruner plante zunächst, seine Anteile an den *Heinrich-Bauer-Verlag* zu verkaufen, was bei seinen Partnern ebenso wie bei den Redaktionen Widerstand aufgrund der ‚Verschiedenheit der geistigen Struktur der Verlagshäuser' auslöste und deshalb nicht realisiert werden konnte.

652 Gerd Bucerius war über *Gruner+Jahr* Mitverleger von ‚*Stern*', ‚*Constanze*', ‚*Brigitte*', ‚*Petra*', ‚*Capital*', ‚*Schöner Wohnen*', ‚*Jasmin*', ‚*Eltern*' und ‚*Twen*' und Alleineigentümer von ‚*Zeit*' und ‚*Volkswirt*'.

653 Schreiber, H., Henri Nannen. Der Herr vom Stern. München 1999, S. 387.

schafter Bucerius und Jahr. Fünf Tage nach dem Geschäft veräußerten diese die übertragenen 25 Prozent für 87 Mio. DM an *Bertelsmann*.[654] Den Beteiligten war klar, dass der Ausstieg Gruners ohne die finanzielle Beteiligung aus Gütersloh nicht möglich gewesen wäre, da Bucerius und Jahr „das Geld nur mit Hilfe von Bertelsmann, also von Reinhard Mohn, hatten aufbringen können".[655] Gleichfalls hätte der Münchner Verlag *Kindler & Schiermeyer*, der die Zeitschriften *Jasmin*, *Eltern* und *Twen* herausgab, nicht im selben Jahr zu 90 Prozent erworben werden können.

Die öffentlichen Reaktionen auf den ‚Deal' waren verhalten, denn *Bertelsmann* war eigentlich nur als das Unternehmen bekannt, das den *Bertelsmann Lesering* betrieb. Der hatte mit seinen „aggressiven Werbeeinsätzen auf offener Straße oder vor Wohnungsstätten"[656] dazu beigetragen, ein Image aufzubauen, dem auch die Verleger von *Gruner+Jahr* misstrauisch gegenüberstanden. Es wurde befürchtet, dass die Brachial-Methoden des Buchclubs auf *Gruner+Jahr* angewendet werden würden. Das zeigte sich im Verhalten der verbleibenden Hauptgesellschafter. Aus Vorsicht „entzogen sie dem neuen Teilhaber die Zuständigkeit für den verlegerischen und redaktionellen Bereich".[657] Henri Nannen, einflussreicher Chefredakteur des *Stern,* äußerte in einem Gespräch gegenüber Reinhard Mohn offen seine Bedenken, die sich auf eine inhaltliche Einflussnahme von *Bertelsmann* bezogen und unterstützte das Verfassen eines Redaktionsstatuts:

> „Ich kann mich erinnern, als Reinhard Mohn das erste Gespräch mit mir führte, da fragte er mich, was denn nun die Redakteure von dem neuen Platz bei Bertelsmann hielten. Und da habe ich ihm unumwunden geantwortet: Die befürchten natürlich den Einbruch der Provinz in unser Haus. Die Antwort ist sicher nicht ganz falsch gewesen."[658]

Manfred Köhnlechner[659], Generalbevollmächtigter von Reinhard Mohn, bestätigte, daß der Konzern „keinerlei Ambitionen im verlegerischen Bereich habe".[660] *Bertelsmanns* Einfluss sollte sich, was über das Redaktions-Statut[661] schriftlich geregelt wurde, auf die Zusammenarbeit im Druckbereich be-

---

654 Der Spiegel, 22/1969, S. 92: Das ‚lechzt': „Zu Gruner+Jahr gesellte sich am Mittwoch letzter Woche anstelle des ausscheidenden Gruner als neuer 25-Prozent-Teilhaber das *Bertelsmann*-Verlagshaus in Gütersloh (Jahresumsatz 600-Millionen)."

655 Dahrendorf, R., Liberal und unabhängig. Gerd Bucerius und seine Zeit. München 2000, S. 179.

656 Vgl. Der Spiegel, 22/1969, S. 92: ‚Das lechzt.'

657 Schneider, W., Die Gruner+Jahr Story. München 2000, S. 69.

658 Diese Aussage äußerte Henri Nannen 1981, zitiert nach: Schneider, 1999, S. 389.

659 Köhnlechner, 12 Jahre lang Generalbevollmächtigter von Reinhard Mohn, verließ *Bertelsmann* im Dezember 1970.

660 Der Spiegel, 22/1969, S. 92: Das ‚lechzt.'

661 Das Redaktionsstatut war eine verbindliche Abmachung zwischen der Unternehmensleitung und den Redakteuren, das letzteren freies Arbeiten, inhaltliche Mitbestimmung und die Mehrheitswahl ihrer Chefredaktion zusicherte.

schränken. Hiermit wurde vorübergehend die ‚Innere Pressefreiheit'[662] gesichert, die eine zu starke, inhaltliche Einflussnahme des Verlegers verhindern sollte. Aus diesem Grunde führten beide Firmen zunächst das Know-How der Bereiche Offsetdruck, dem Spezialgebiet von *Bertelsmann* und den Tiefdruck, das Gebiet auf dem *Gruner+Jahr* führend war, ergänzend zusammen.

Gefährdet war der ausgehandelte Status Quo in dem Augenblick, als *Bertelsmann* ein Jahr nach dem Einstieg bei *Gruner+Jahr*, im Februar 1970 mit 33 1/3-Prozent auch Anteile am *Axel Springer*-Verlag erwerben wollte. Der Konzern legte damit seine Absichten offen, mehr Einfluss innerhalb der deutschen Presselandschaft zu erlangen. Die Nachricht, veröffentlicht vom *Stern*, war eine Sensation und *Bertelsmann* fand sich im kritischen Licht der Öffentlichkeit wieder. Die bedenkliche wirtschaftliche Größe des Gütersloher Verlagshauses war als unerwünschter Nebeneffekt der Fusionsbestrebungen vorübergehend transparent gemacht worden.

Die Planung von *Bertelsmann* ging so weit, dass Axel Springer zu einem späteren Zeitpunkt zusätzliche 42 Prozent der Anteile an seines Verlages, insgesamt also 75 Prozent nach Gütersloh abgeben und lediglich eine Sperrminorität behalten sollte. Damit wäre *Bertelsmann* alleiniger Besitzer, beziehungsweise Teilhaber von zwei politisch konträr zueinander stehenden Verlagshäusern geworden und hätte selbstverständlich auch Einfluss auf inhaltliche Gewichtung und Ausprägung nehmen können.

Problematisch erschien dabei die Unvereinbarkeit der liberalen Position des Hauses *Gruner+Jahr* und dessen publizistischem Flaggschiff *Stern*, dessen Mischung aus „Politik und Busen"[663] für die sozialliberale Koalition eintrat, mit der Haltung des konservativen *Axel Springer-Verlags*. Auch wäre die Machtfülle von *Bertelsmann* übermäßig gesteigert worden. Hinzu kamen politische Gerüchte, die besagten, „dass Bertelsmann in *beiden* Häusern die Mehrheit anstrebe (....) ja Bucerius wolle seinen ganzen Anteil von 37,5 Prozent an *Gruner+Jahr* in ein gleichwertiges Paket der Bertelsmann-Gruppe eintauschen".[664]

Nach heftigem Widerstand seitens der Redakteure und Mitarbeiter beider Verlage, wurde die Verbindung zwischen dem *Axel Springer-Verlag* und *Bertelsmann* am 20. Juli 1970 wieder aufgelöst und Reinhard Mohn dementierte öffentlich seinen Anspruch, wie Springer politische Einflussnahme ausüben zu wollen: „Ambitionen mit direktem Engagement in der Politik habe ich nicht."[665] Als Hauptargument für das Misslingen der Übernahme gab seinerseits der *Axel Springer-Verlag* „die Schwierigkeiten an, die sich aus der

---

[662] Vgl. Roegele, O., Operation an der Presse. „Innere Pressefreiheit", Modelle, Probleme, Motive. In: Die politische Meinung 19, 138/1971, S. 23-43.

[663] Schwerin, J., Henri Nannen, der Stern und die Ostpolitik der sozialliberalen Koalition. Hamburg 1999, S. 56.

[664] Schneider, 2000, S. 83.

[665] Der Spiegel, 42/1973, S. 89f: ‚Wie wir wollen.'

gleichzeitigen Beteiligung des Hauses *Bertelsmann* an den Häusern Axel Springer und Gruner+Jahr ergeben" würden.[666]

Im Hause *Gruner+Jahr* wäre Henri Nannen als Chefredakteur des *Stern* über diese Vorgänge beinahe gestürzt, da die Meldung über den Zusammenschluss von *Bertelsmann* und *Axel Springer* im *Stern* erschienen war. Claus Jacobi, der ehemalige *Spiegel*-Chef sollte Nannen ablösen, doch die Redaktion entschied sich gegen ihn. Möglich geworden war solch eine demokratische Entscheidung durch das 1969 eingeführte ‚*Stern*-Statuts', in dem die Verleger Bucerius und Jahr

> „den 155 Stern-Journalisten Mitbestimmungsrechte zugestehen, wie sie zuvor in Pressehäusern undenkbar waren. (...) Gegen eine Zweidrittelmehrheit eines von der Redaktion gewählten Beirats können die Verleger keinen Chefredakteur mehr einsetzen oder abberufen. (...) Vor allem soll das Statut die Redakteure davor schützen, ‚ähnlich wie Negersklaven (so ein Beirat) mitsamt ihrem Blatt an einen mißbeliebigen anderen Verlag verkauft zu werden."[667]

Nach einiger Zeit zog *Bertelsmann* seine Beteiligung an *Springer* zurück, stieß seine Beteiligung ab und stockte dafür seine Anteile an *Gruner+Jahr* auf.

7.2.3 Mehrheitsbeteiligung und vollständige Integration

Reinhard Mohn bereitete den nächsten Schritt zur Übernahme von 60 Prozent *Gruner+ Jahr*-Anteilen vor und suchte das offene Gespräch mit den Redaktionen und den Mitarbeitern. Den Redakteuren des *Stern* setzte er seine Überzeugungen im Verlauf eines vorsichtigen Informationsprozesses auseinander.

> „Mohn kam zweimal mit den stern-Redakteuren zusammen: am 29. August und am 13. November, wobei der Anlaß für das zweite Treffen der erwähnte Vortrag über den Großverlag war (...) In der Sache – redaktionelle und politische Unabhängigkeit des stern – kam man sich gleichwohl nahe. (...) Nach seiner (Mohns, TL) Auffassung könne dieses Verlagshaus nur im liberalen Sinne mit einem weiten Toleranzspielraum gegenüber politischen Meinungen geführt werden."[668]

Um etwaigen Protesten vorzubeugen, versicherte Reinhard Mohn öffentlich, dass *Bertelsmann* als Unternehmen weder Zeitungen noch Publikumszeitschriften verlegen würde. Wohl auch, um die Dynamik bei *Gruner+Jahr* nicht zu gefährden, die dem Geschäft geschadet hätte, verneinte Mohn nachdrücklich, dass er die Pressekonzentration fördere: „Von einer größeren Konzentra-

---

[666] Schneider, 2000, S. 82.

[667] Stern 50 Jahre, Sonderheft, 26.2.1998, S. 20: ‚Schampus aus den Hirnschalen der Journalisten.'

[668] Süddeutsche Zeitung, 19.12.1972: ‚Größer als Springer, Bauer, Burda: Der neue Pressegigant Bertelsmann.'

tion im Sinne der Pressekonzentration kann jedoch nicht die Rede sein.“[669] Weiterhin publizierte Mohn mit Ulrich Wechsler zusammen eine Art Denkschrift, die auf einer theoretischen Ebene Stellung zur Situation nahm. Die Publikation ‚Selbstverständnis und Organisation der publizistischen Arbeit im Großverlag‘[670], stellte für das Großunternehmen *Bertelsmann* dar, dass innerhalb seiner offenen Strukturen verschiedenartige politische Meinungen zugelassen sein würden. Es nahm auch Stellung zum Zusammenhang von journalistischer Qualität und wirtschaftlichen Entwicklungen. *Bertelsmann* vertrat die Ansicht, dass

> „je qualifizierter die Redaktion ist, desto unabhängiger ist sie von der Anzeigenseite. (...) Eine gute Redaktion versteht es, die Leser und Abonnenten (...) zu binden und damit die Selbständigkeit gegenüber dem Anzeigenmanagement zu sichern.“[671]

Wirtschaftlicher Erfolg sichere journalistischen Gestaltungsraum, verargumentierte Wechsler – und sagte dies auch im Hinblick auf die Zeitschriften von *Gruner+Jahr*. Dass in Großverlagen stets kulturfeindlicher, technokratischer Kostendruck herrsche, versuchte er in seiner Publikation als Vorurteil darzustellen, indem er darauf hinwies, dass eine große Organisation auch Freiheiten böte, beziehungsweise kleine Unternehmen ebenfalls wirtschaftlich arbeiten müssten. Sein Text mündete schließlich im Entwurf eines ‚Verlagshauses der Verlage‘, in dem die Prinzipien ‚Delegation von Verantwortung‘ und ‚Binnenpluralismus‘ mit einer Vielheit der Meinungen herrschten.

> „Solange ein Verleger selbst seine Programmarbeit gestaltete, mochte er für sich in Anspruch nehmen, ausschließlich seine eigene Meinung zum Programminhalt seines Verlages zu machen. Der Großverlag kann das nicht mehr. An seiner verlegerischen Aufgabe arbeiten viele Kräfte mit unterschiedlichen Meinungen. Die Vielfalt der Meinungen muß deshalb durch eine liberale, eine freizügige Verlagskonzeption gesichert und gefördert werden.“[672]

Mohns Bereitschaft, die Redaktionen „liberal, sozial, fortschrittlich und unabhängig“[673] zu belassen, erwies sich als förderlich für die Integration. Die Redakteure blieben selbstbewusst und einigten sich schließlich auf den Grundsatz der Nichteinmischung des Verlags in die redaktionelle Tätigkeit.[674] Tatsache war, dass die 60 Prozent-Beteiligung 1973 ohne größere Probleme glückte und *Gruner+Jahr* mit seinen Objekten *Brigitte*, *Capital*, *Eltern*, *Essen+ Trin-*

---

[669] Der Spiegel, 5/1973, S. 40: Wo das Dogma anfängt, mache ich nicht mit. Bertelsmann-Verleger Reinhard Mohn über Pressekonzentration und Wirtschaftsreform.

[670] Wechsler, U., Selbstverständnis und Organisation der publizistischen Arbeit im Großverlag, Heft 3. Gütersloh 1975, S. 6.

[671] Ebd., S. 6.

[672] Wechsler, 1975, S. 3.

[673] Der Spiegel, 5/1973, S. 40.

[674] Vgl. Der Spiegel, 42/1973, S. 89f: Wie wir wollen.

ken, *Gong*, *Schöner Wohnen*, *Schule*, *Sesamstraße* und *Stern*'[675], über 60 Mio. DM Umsatz und 5354 Beschäftigten ab dem 30. Juni 1974 als Teil von *Bertelsmann* in die Bilanz einbezogen werden konnte. Damit stand der Konzern als „Einskommafünf-Milliarden-Riese"[676] erstmalig auf „Platz 1 der westdeutschen Medienunternehmen".[677]

Mit der 60-Prozent-Beteiligung übernahm *Bertelsmann*-Manager Manfred Fischer am 1. Januar 1974 als Vorstandsvorsitzender die Schlüsselposition des Vorstandsvorsitzenden bei *Gruner+Jahr*: „Ernst Naumann macht Platz für den engsten Mitarbeiter von Reinhard Mohn."[678] Fischer hatte schon seit Juli 1973 als stellvertretender Vorsitzender[679] begonnen, die aufwendigen Stäbe der Unternehmensbereichsleiter bei *Gruner+Jahr* zu reorganisieren. Der neue Vorstandsvorsitzende bekannte sich von Beginn an zu seiner Position und legte seinen Gestaltungsanspruch dar: „Wir haben die Finanzierungsverantwortung, also müssen wir auch die Kompetenz haben, bei der Finanzierung so zu entscheiden, wie wir wollen."[680]

Mit der öffentlich geäußerten Bemerkung, er habe Bereiche entdeckt, in denen noch manches nachzuholen sei, kündigte er geschäftliche und inhaltliche Umbauten an, die der kommentierenden Presse nicht verborgen blieben. Der *Spiegel*, an dem *Bertelsmann* ebenfalls beteiligt war, sprach von einer Machtübernahme bei *Gruner+Jahr*. Der Medienkonzern *Bertelsmann* rüste „zur Machtergreifung im Hamburger Verlagshaus. Gütersloher Manager sollen die Hanseaten auf neuen Kurs steuern".[681] Damit übernahm *Bertelsmann* nun das Steuer, vertreten durch Fischer und einer kleinen, ausgesuchten Führungsmannschaft. Rückblickend wurde diese Übernahme als eine für das Medienhaus typische Vorgehensweise erklärt. *Bertelsmann* kaufte schlecht organisierte Unternehmen auf und optimierte systematisch deren Produkte und Strukturen.[682] Die Gütersloher engagierten sich häufig dort, wo „ein Unternehmen zum Kauf ansteht, dessen Führung nicht besonders gut funktioniert. Denn ein Unternehmen in Schwierigkeiten, aber in einem großen und wachsendem Markt zu kaufen, das verspricht den höchsten Differentialgewinn".[683]

---

675 G+J, BG 1973, S. 14.

676 Süddeutsche Zeitung, 19.12.1972: ‚Größer als Springer, Bauer, Burda: Der neue Pressegigant Bertelsmann.'

677 Vgl. Der Spiegel, 5/1973, S. 40.

678 Der Spiegel, 42/1973, S.89.

679 G+J, BG 1972, S. 2.

680 W&V, werben und verkaufen, 19.1.1973, S. 14.

681 Der Spiegel, 14/1973, S. 36.

682 Vgl. Anh. 14.2.

683 Bleicher, K., Führung durch Vorbild. In: 150 Jahre Bertelsmann. Die Geschichte des Verlagsunternehmens in Texten, Bildern und Dokumenten. Gütersloh 1985, S. 65: „Die unternehmerische Erkenntnis aus dieser Beteiligung (G+J, TL) bestand darin, daß man sich zweckmäßigerweise dort engagiert, wo ein Markt mit wachsendem Potential gegeben ist und wo gleichzeitig ein Unternehmen zum Kauf ansteht, dessen Führung nicht besonders gut

Mit Hilfe einer gezielten Besetzung der Schlüsselpositionen veränderte *Bertelsmann* sein neu erworbenes Unternehmen. Anstatt im Zuge der Übernahme zahlreiche Mitarbeiter zu *Gruner+Jahr* nach Hamburg zu schicken, beschränkte *Bertelsmann* seine Umbesetzungen auf eine kleine Gruppe von Führungskräften, in deren Händen die Steuerung der Veränderungsprozesse lag:

> „Es war nie mehr als eine Handvoll Männer aus Gütersloh, die in den Führungsetagen von Gruner+Jahr arbeiteten. Aber zu ihnen gehörten immer Mitglieder jener ‚jungen Garde', die Reinhard Mohn in sein Unternehmen geholt hatte. (...) Sie waren die eigentlichen Träger des Führungs-Know-how. Auf ihren Schultern lag die Wiedergesundung von Gruner+Jahr."[684]

Die ‚*Bertelsmänner*' hatten die Aufgabe, die Geschäfte und Führungsstrukturen im Stillen neu zu ordnen, denn Gütersloh vertrat die Position, dass es *Gruner+Jahr* nicht an kompetenten Mitarbeitern mangele, aber „an einer effektiven Organisation, die aus dem Nebeneinander verschiedener Redaktionen und Verlagsleitungen ein Gesamtunternehmen machte."[685] So griff *Bertelsmann* verändernd in betriebswirtschaftliche Abläufe und Schemata der Unternehmensstruktur ein, indem der Konzern bei *Gruner+Jahr* die Matrixorganisation einführte. Sie brachte mehr dezentrale Verantwortung und beinhaltete, dass „große Fachbereiche, wie das Anzeigengeschäft oder der Vertrieb, zentral für alle Titel zuständig waren".[686] Sie tangierte deshalb auch den Aufbau eines Verwaltungs- und Steuerungsapparates mit den dazugehörigen einzelnen Produktions-, Vertriebs- und Großhandelsstrukturen. Die Umgestaltungen bezogen sich langfristig auf die Möglichkeiten des Neuerwerbs und der Integration von Fremdunternehmen mitsamt den notwendigen Rationalisierungsmaßnahmen und auf neue Möglichkeiten bei der Lizenznahme und -vergabe von Magazinformaten.

---

funktioniert. Denn ein Unternehmen in Schwierigkeiten, aber in einem großen und wachsendem Markt zu kaufen, das verspricht den höchsten Differentialgewinn."

[684] Bleicher, 1985, S. 65.

[685] Vgl. Langenbucher, 1985, S: 52.

[686] Bertelsmann Briefe, 130/1993, S. 4.

7.3 Die Expansion der Zeitschriften-Verlagsgruppe

7.3.1 Internationalisierung unter Manfred Fischer und Gerd Schulte-Hillen

Manfred Fischer hatte *Gruner+Jahr* auf Wachstumskurs gebracht und die organisatorischen Voraussetzungen für eine internationale Expansion geschaffen. Im Inland erweiterte er den Einflussbereich des Unternehmens seit Mitte der 70er durch Zukäufe von Verlagen mitsamt Fremdmagazinen und der Entwicklung eigener, neuer Titel. 1975 erschien das erfolgreiche Lifestylemagazin *Schöner Wohnen,* dem später weitere Magazine ähnlicher Machart wie *Schöner Essen und Flora* folgten.[687] 1976 beteiligte sich *Gruner+Jahr* an der auflagenstarken Zeitschrift *Frau im Spiegel*[688] des *Lübecker Verlags* und brachte die Eigenentwicklung *Geo*[689] heraus. Auch dieser Zeitschrift entsprangen zahlreiche Derivate wie *Geo Special, Geo Wissen, Geo Saison, Geolino, Geo Epoche* und die *Geo Bücher.*[690]

Mit der monetären Sicherheit dieser inländischen Erfolge und den stabilen Auflagenzahlen der anderen Magazine, wie dem *Stern* und der *Brigitte* im Rücken, bereitete *Gruner+Jahr* mit den spanischen Zeitschriften *Dunia* und *Ser Padres* die Expansion ins europäische Ausland auf der Basis einer gemeinsamen Redaktionsgesellschaft mit den *Gruner+Jahr*-Zeitschriften *Brigitte* und *Eltern* vor.[691]

Als eigentliches Datum der beginnenden Internationalisierung gilt das Jahr 1978, in dem *Gruner+Jahr* mit der Übernahme des Verlags *Cosmos Distribuidora S.A* „als erstes deutsches Verlagshaus auf den internationalen Zeitschriftenmarkt expandierte".[692] *Gruner+Jahr* erwarb obendrein, inzwischen zu 74,9 Prozent zu *Bertelsmann* gehörend, in den USA den Verlag *Parents Magazine Enterprises Inc.*, mit dem in 1,5 Millionen Auflage erscheinenden Magazin *Parents,* der „ersten Elternzeitschrift der Welt"[693] und sechs weiteren Mütter-,

[687] G+J GB 2000/01, S. 44: *Flora, Schöner Essen.*

[688] Text intern, 25.6.1976: „Seit fast 15 Jahren druckt Gruner+Jahr (bzw. dessen Vorgängerin) die Zeitschrift ‚Frau im Spiegel' – wöchentliche Auflage im I. Quartal 76 1.538.731. Demnächst werden die Hamburger auch finanziell beteiligt sein."

[689] Die während der Entwicklung von *Geo* parallel bei *Bertelsmann* produzierte Geographie-Zeitschrift *Orbis* wurde zugunsten *Geo* eingestellt. In: Der Spiegel, 12/1976, S. 86: ‚Inspektion der Welt': „der Wettstreit am Kiosk findet nicht statt, auf den Markt soll nur eins der beiden Edelprodukte kommen, das Hamburger *Geo.* Denn die Konkurrenz wurde schon vor dem Blattstart entschieden: vom Verleger Reinhard Mohn, der als Bertelsmann-Chef und Großaktionär den Wettbewerb mit sich selbst ausmachte."

[690] 1981: *Geo Special*, das monothematische Reisemagazin; 1987: *Geo Wissen*, das Wissensmagazin; 1989: *Geo Saison*, das Reisemagazin; 1995: Internetauftritt *Geo.de*; 1996: *Geolino*, das Kindermagazin; 1998: *Geo Epoche*, das Magazin für Geschichte.

[691] Zu den Beteiligungen: Vgl. Buchreport, 21.10.1977, S. 16.

[692] G+J GB 2000/01, S. 44.

[693] Frankfurter Allgemeine Zeitung, 10.6.1978: Gruner+Jahr kauft amerikanischen Verlag.

Kinder- und Jugendzeitschriften, mitsamt 500 Mitarbeitern. Weniger spektakulär, gleichwohl bedeutend für das Druck-Know-How im Hause *Bertelsmann* und die Fertigung der Zeitschriften im Ausland war, die ein Jahr später 1979 erfolgte Übernahme der zu den in den Erwerbungen in den USA passenden Groß-Offsetdruckerei *Brown Printing Company* in Waseca, Minnesota, in der eine umfassende Rationalisierung[694] eingeleitet wurde.[695] Mit ihr ging in Deutschland auch die Druckerei *Polytransfer Print GmbH & Co* – sozusagen durch die Hintertür – in den Besitz von *Gruner+Jahr* über.[696] Damit umging *Gruner+Jahr* mit seinen damaligen vier Bereichen ‚*Zeitschriften, Druckerei, Handel und Zentralbereich*' die Wachstumsbarrieren[697], die es wie *Bertelsmann* im Inland hinsichtlich seiner Expansion vorfand und setzte 1980 schon 1,4 Mrd. DM um.[698]

Als Manfred Fischer am 1. Juli 1981 in die Position des Vorstandsvorsitzenden von *Bertelsmann* wechselte, übernahm der „Mohn-Adept"[699] Gerd Schulte-Hillen, zuvor Leiter der *Gruner+Jahr*-Druckerei in Itzehoe, den Vorstandsvorsitz bei *Gruner+Jahr*, ohne dass die Schnelligkeit des Wachstums davon beeinträchtigt wurde. Eine der ersten Aktionen, mit denen Schulte-Hillen bekannt wurde, war der sogenannte ‚Keks-Erlass', das Streichen von Keksen und Säften für die Angestellten:

> „Am Wochenende gingen die Leute hier immer mit vollen Taschen raus, sie haben sich mit Säften eingedeckt. Die haben sie gestrichen – um 20000 Mark im Jahr zu sparen. Ein Klacks bei einem Umsatz von ein paar Milliarden Mark. SH: Sollte ich wegsehen? Es war symbolhaft. Ordnung machen."[700]

Die wichtigeren Entscheidungen Schulte-Hillens zielten auf die internationale Expansion, auf wagemutige Eintritte in neue Geschäftsfelder, Straffung und Rationalisierung der dezentralen Organisation. Sein Einstieg wurde jedoch von der Krise im Jahr 1983 überschattet.

---

[694] Auf diese Maßnahmen wird hingewiesen in: G+J, GB 1985/86, S. 8: „Die Entwicklung der US-Großdruckerei Brown Printing Company verlief (...) zufriedenstellend. Dank der in den vergangenen Jahren durchgeführten Rationalisierungsmaßnahmen und der dadurch erreichten hohen Leistungsfähigkeit der Betriebe konnte der Umsatz (...) um 8% gegenüber dem Vorjahr angehoben werden."

[695] Vgl. G+J GB, 2000/01, S. 47: 1997 werden in den USA ein Teil von Brown Printing, die *Brown Printing Division* in Kentucky und die *Riverside CountyPublisihing Company* verkauft. *Brown Printing* erwirbt im Gegenzug die auf Fachzeitschriften spezialisierten Druckereien *PennWell* und *Graftek* in Woodstock.

[696] G+J intern, 18.1.1979.

[697] Das damalige Kartellgesetz begrenzte das Wachstum dahingehend, dass 3 Anbieter nicht mehr als 50 Prozent Marktanteil im Lesermarkt auf sich konzentrieren durften. *Gruner+Jahr* umging das Verbot, indem die internationale Expansion vorangetrieben wurde.

[698] G+J GB 1980, S. 4.

[699] Als solchen benennt ihn: Der Spiegel, 42/1973, S. 36.

[700] Stern, 41/2000, S. 76f: ‚Dann wehre ich mich. Dann gehe ich drauflos.'

Diese hatte der *Stern* mit seiner Berichterstattung über die gefälschten ‚Hitler-Tagebücher'[701] ausgelöst. Sie dominierte längere Zeit die inneren Prozesse von *Gruner+Jahr,* denn die ‚Auflagenkarrieren' des *Stern* waren nun rückläufig.[702] Schulte-Hillen überstand mit der Rückendeckung Reinhard Mohns diese Zeit, darunter auch „die turbulenteste Betriebsversammlung die *Gruner+Jahr* je erlebte".[703]

Der Nachfolger von Manfred Fischer musste unentwegte Umstrukturierungen einleiten, um die Auflagenzahlen der wichtigsten Magazine während der ‚Tagebuch'-Krise zu stabilisieren. Im Krisenjahr erschien der *Stern* in 1,6 Millionen Exemplaren und konnte damit „unter den aktuellen Illustrierten seine Auflage (...) halten".[704]

7.3.2 Die fünf strategischen Schritte zum ‚Juwel'

Als nach dem publizistischen Eklat langsam wieder etwas Ruhe eingekehrt war, beschleunigte Schulte-Hillen das Wachstum wieder, das *Gruner+Jahr* erst zu dem „Juwel im Bertelsmann-Konzern"[705], als das es später bezeichnet wurde, machte. Erkennbar sind fünf strategische Schritte Schulte-Hillens, mit denen er dies forcierte.

1. *Gruner+Jahr* begann auf Initiative von *Bertelsmann*[706] ab 1984 elektronische Medien zu produzieren und sein Medienangebot auszuweiten. Man beteiligte sich zum einen an der *UFA-Film- und Fernseh-GmbH*[707], zu der *RTL, RTL2* und *VOX* neben zahlreichen Radiostationen und dem Pay-TV-Programm *Premiere* gehörten. Es bestand somit die Möglichkeit, eigene Fernsehformate wie 1985 das *tv magazin*, später das 1990 gestartete *Stern TV* zu produzieren, sich an Radiosendern wie *Radio Hamburg* zu beteiligen und da-

---

701 Vgl. Der Spiegel, 31/2002, S. 81: „Am 6. Januar 1980 hielt der ‚Stern'-Reporter Gerd Heidemann das erste vermeintliche Hitler-Tagebuch in Händen. (...) Im Januar 1981 informierten Heidemann und sein damaliger Ressortleiter die Vorstandsetage von Gruner+Jahr über den Fund und den möglichen Aufkauf weiterer Bücher. Dabei umgingen sie die ‚Stern'-Chefredaktion. Insgesamt gibt die Illustrierte 9,3 Millionen Mark für 60 Bände aus, die allesamt der Militaria-Händler Konrad Kujau gefälscht hatte. Am 25. April 1983 erscheint das Blatt mit der weltweit beachteten Schlagzeile ‚Hitlers Tagebücher entdeckt'. Knapp zwei Wochen später, am 6. Mai, verschickte die Deutsche Presse Agentur die Eilmeldung, daß die Bücher nach Angaben des Bundesinnenministeriums gefälscht seien."

702 Auflagenzahlen von 1950–1997. In: Tagesspiegel, 11.1.1998, S. 31.

703 Stern, 2/1983, S. 4.

704 Vgl. BG 1982/83, S. 47.

705 Horizont, 39/1996, S. 76: ‚Gruner+Jahr rüstet sich für die Zukunft.'

706 Im Interview mit dem Magazin *Wirtschaftswoche* gibt Gerd Schulte-Hillen zu: „...die operative Führung (der UFA, TL) lag immer schon im Bertelsmann-Unternehmensbereich Elektronische Medien." In: Wirtschaftswoche, 41/1994, S. 72.

707 Zunächst mit einer 50-Prozent-Beteiligung. 1994 ging die *UFA* über zu *Bertelsmann*, 1996 gründete *Gruner+Jahr* dafür die eigene *G+J Funk- und FernsehproduktionsGmbh.*

mit Marken über unterschiedliche Medienkanäle wirken zu lassen. Zum anderen schuf *Gruner+Jahr* seit Mitte der 90er Jahre konsequent Vermarktungsplattformen im Online-Bereich, startete nach und nach Online-Angebote für alle seine Magazine, gründete Suchmaschinen, ein Online-Reisebüro und eine Online-Vermarktungsabteilung[708], so dass Schulte-Hillen 1999 behaupten konnte: „Wir sind von allen Verlagen im Online-Bereich der erfolgreichste."[709]

2. Schulte-Hillen expandierte gemeinsam mit dem ehemaligen Journalisten Axel Ganz[710], dem späteren Vorstand für den Bereich *Zeitschriften*, massiv in neue Geschäftsfelder[711] und das immer wichtiger werdende Ausland.[712] Das blieb auch der amerikanischen Presse nicht verborgen, die bemerkte: „Gruner+Jahr, loaded with Cash (...) is boosting its international expansion drive."[713] Ein besonders spektakulärer ‚Coup' stellte der 1994 in den USA vollzogene Erwerb von sieben Magazinen, den sogenannten ‚Seven Sisters'[714] der *News York Times Company* für geschätzte 400 bis 640 Mio. Mark dar, der den Umsatz von *Gruner+Jahr* auf insgesamt 4 Mrd. DM erhöhte. Zu den übernommenen Magazinen gehörten „Auflagengiganten wie *Family Circle* (5,1 Millionen) und McCalls (4,6 Millionen)".[715] Ihre notwendige Verjüngungskur samt Überarbeitung[716] nahm Axel Ganz in die Hand, um mit einer auf ‚unter 40 Jahre zu drückenden Leserschaft', „die US-Gruppe so renditestark zu machen, wie wir uns das wünschen".[717] 1994 war *Gruner+Jahr* dank dieser Dynamik bereits mit 28 Zeitschriften auf ausländischen Märkten[718] und insgesamt zirka 50 Magazinen präsent und hatte für die weitere Expansion ins

---

[708] G+J GB 2000/01, S. 46: 1995: *Geo.de, mopo.de, pm-magazin.de, stern.de, tvtoday.de;* 1997: *fireball.de*, 1998: *paperball.de*, 1999: *travelchannel.de, young-miss.de, art.de, nationalgeographic.de.*

[709] W&V, werben und verkaufen, 21/1999. S. 106: Mit Vollgas in die Zukunft.

[710] Ein Porträt von Axel Ganz findet sich in: Der Spiegel, 22/1999, S. 106: „Gruner+Jahr-Vorstand Axel Ganz gilt als Ausnahme-Manager der Verlagszene. Der ehemalige Klatschjournalist wurde jahrelang als ‚König der europäischen Magazin-Presse' gelobt."

[711] Der Druckbereich wurde ausgebaut.

[712] G+J GB 2000/01, S. 44f: 1985: Übernahme von *Ehrlich & Sohn* in Frankreich, Gründung *Gruner+Jahr of the U.K.*; 1986: Start von *Tele Loisirs* in Frankreich, Gründung der Frauenzeitschrift *Mia*; 1987: Erwerb der kalifornischen Druckerei Druckerei *Riverside County PublishingCompany*, Gründung der Frauenzeitschrift *Best* in Großbritannien und des People-Magazin *Voici* in Frankreich, *Geo* in Spanien. 1989: Gründung der ital. Tochterfirma; 1990: Start der italienische Frauenzeitschrift *Vera* u. der *Marie Claire* in Deutschland.

[713] Advertising Age, Nr.9, 27.2.1984, S. 46.

[714] New York Times, 17.6.1994.

[715] Die Zeit, 26/1994, S. 24: Gruner+Jahr. Sieben auf einen Streich.

[716] BG 1995/96, S. 25: „Erhebliche Dollar Millionen wurden in die Heftausstattung investiert und das Erscheinungsbild und die Positionierung der übernommenen Zeitschriften verbessert."

[717] Vgl. Wirtschaftswoche, 41/1994, S. 72: Tango ist ein Drahtseilakt.

[718] Frankfurter Allgemeine Zeitung, 7.6.1993, S. 21: Gruner+Jahr erkundet Zeitschriften Markt in Russland und Asien.

Ausland wichtige Erfahrungen gesammelt. Den eigentlichen Vorteil der Internationalisierung bildete

> „das Know-How, das wir über die Jahre angesammelt haben: Wie man in neue Märkte hinein geht, dort Strukturen schafft, Konzepte umsetzt bzw. Ideen auf den Leser anpasst. Aber auch wie Mitarbeiter in anderem Umfeld geführt werden müssen.“[719]

In dem beträchtlich gewachsenen Unternehmen machte das Ausland 1995 mehr als die Hälfte der Gruppenumsätze aus – und erwirtschaftete eine wesentlich höhere Umsatzrendite als im Inland.[720] *Gruner+Jahr* rückte von Nummer 19 auf Rang 5 der weltweit größten Magazinverlage auf, ohne dass ein Ende der Expansion abzusehen war. Das nun international bedeutende Verlagshaus weitete seine Tätigkeiten in den Märkten USA, Frankreich, Spanien und Italien aus und engagierte sich verstärkt in Polen, Russland, Indien, den Niederlanden, China und Österreich.[721]

3. Dem Verlagshaus gelang es unter Schulte-Hillen in den bisher tabuisierten, weil offensichtlich politischen Tageszeitungsmarkt einzutreten. Angeblich war Gütersloh „heftig dagegen“.[722] *Gruner+Jahr* erwarb 1986 die *Hamburger Morgenpost* und sammelte so erste Erfahrungen in diesem neuen Geschäftsfeld. Mit der Öffnung der Mauer bot sich dann 1989 die Chance, ohne öffentlichen Widerstand, der in vergangenen Zeiten immens gewesen wäre, das Zeitungsengagement stark auszuweiten und das in Hamburg erworbene Knowhow in den neuen Bundesländern einzusetzen. Das Unternehmen engagierte sich beim *Berliner Verlag,* den es 1991 erst zu 50 Prozent, 1992 zu 100 Prozent übernahm[723], und beim *Dresdner Druck- und Verlagshaus*, das 1991 mit 27,5 Prozent, 1992 mit 55 Prozent und 1994 zu 100 Prozent akquiriert wurde.[724] Damit gab *Gruner+Jahr* die Zeitungen *Berliner Kurier*, *Chemnitzer Morgenpost*, *Dresdner Morgenpost*, *Hamburger Morgenpost*, *Mecklenburger Morgenpost*, *Sächsische Zeitung*, *Wochenpost* und die *Berliner Zeitung* heraus – darunter mit der *Sächsischen Zeitung* die auflagenstärkste Tageszeitung im Raum Dresden und Ost-Sachsen.[725] Von defizitären Engagements wie der *Hamburger Morgenpost* trennte sich Schulte-Hillen allerdings nach einiger Zeit wieder. Das umfangreichste, unter Schulte-Hillen auf den Markt gebrach-

---

719 Text intern 35 Jahre, Nr.15, 22.2.2002., S. 36: ‚Heute fragt keiner mehr warum eher nicht.‘

720 Süddeutsche Zeitung, 10.2.1995: ‚Die Umatzrendite, die jenseits der deutschen Grenzen höher liegt als im Inland, sorgt für willkommene Farbe in der Bilanz.‘

721 Vgl. G+J GB 2000/01, S. 46: 1998 kommt in China *Car&Motor* auf den Markt; *Gruner+Jahr* beteiligt sich im selben Jahr an der Wiener *News-Gruppe* mit 75 Prozent gelingt der Einstieg in den österreichischen Markt.

722 Schneider, 2000, S. 254.

723 Vgl. G+J GB 2000/01, S. 46: 1991: 50-prozentige Beteiligung im Joint Venture mit der *Maxwell-Gruppe* 1992: Komplettübernahme des *Berliner Verlags.*

724 Ebd., S. 41: 1992: Aufstockung der Beteiligung auf 55 Prozent; 1994: Aufstockung auf 100 Prozent und Komplettübernahme.

725 Vgl. Bertelsmann Report, 1.2.1992, S. 53.

te Zeitungsprojekt, war im Februar 2000 die Neueinführung einer anspruchsvollen, überregionalen Tageszeitung in Deutschland.[726] Die im Joint Venture mit dem Londoner Medienkonzern *Pearson* und dem britischen ‚Chefredakteurs-Import' Andrew Gowers[727] entwickelte *FTD, Financial Times Deutschland*[728] lief *Gruner+Jahr* bis heute verlustreich und versprach sich erst ab 2005 zu rentieren.[729]

4. *Gruner+Jahr* erneuerte seine Organisation, weil diese das schnell wachsende Unternehmen nicht zufriedenstellend trug. Zur Erreichung der unternehmerischen Zielsetzungen von *Gruner+Jahr* genügten die herkömmlichen hierarchischen Strukturen mit ihrer traditionellen Aufgabenverteilung nicht mehr.[730] Sie würden den „steigenden Anforderungen des Marktes und seiner Innovationsdynamik nicht mehr beikommen".[731] Deshalb wurde die von *Bertelsmann* Anfang der 80er Jahre übernommene ‚Matrixorganisation' durch eine neue, nach Profitcentern strukturierte ‚Linienorganisation' abgelöst. Mit ‚Linien' waren, analog zu den Produktlinien bei anderen Unternehmen, die nun eigenverantwortlich arbeitenden Verlagsgruppen mit ihren jeweiligen Produkten, den Zeitschriften, gemeint, die wie mittelständische Verlagsunternehmen mit einem Verleger an der Spitze organisiert wurden.[732] Ein Prinzip, das bei *Bertelsmann* in den Buchverlagen bereits getestet und für gut befunden wurde, ließ sich so auch bei *Gruner+Jahr* durchsetzen. Schulte-Hillen erreich-

---

[726] G+J GB 2000/01, S. 47.

[727] Vgl. Die Welt, 24.10.2000, S. 37: Wir machen Kunsthandwerk. Stabswechsel bei Gruner+Jahr.

[728] Zur Positionierung der FTD. In: G+J inside; Alltag in einem Medienhaus. Hamburg 2001, S. 70: „Die *Financial Times Deutschland* ist eine Zeitung. Aber nicht nur. Sie funktioniert zudem wie eine Kopfstation, von der aus Information in diverse digitale Kanäle eingespeist werden. News gibt's online, via WAP, SMS, Palm oder Radio. One Brand – all media."

[729] Frech, G., Der Bewusstseinsreise mit Denkfabrik. In: Forum IG Medien, Nr.3-4, März, April 2000, S. 27: „Chefredakteur Andrew Gowers rekrutierte etwa 130 Journalistinnen und Journalisten – zum größten Teil aus anderen Wirtschaftsredaktionen (...) Anfangs sprachen beide Verlage von einem Investitionsvolumen in Höhe von 180 Millionen Mark. Inzwischen gehen Branchenbeobachter von um die 300 Millionen aus."

[730] Stahmer stellt 1995 fest, dass in Presseverlagen wie in anderen Unternehmen, die Kosten der Koordination und Organisation der Betriebsorganisation mit steigernder Betriebsgröße zunehmen. Um diese Effekte zu vermeiden, sei die ständige Hinterfragung der Organisation und die Stärkung von Verbundeffekten in Großverlagen fortwährend notwendig. Vgl. Stahmer, F., Ökonomie des Presseverlages. München 1995, S. 32f.

[731] Bertelsmann Briefe, 130/1993, S. 4.

[732] 2002 finden sich für das Inland folgende ‚Linien' bzw., Verlagsgruppen im Bereich Zeitschriften, Vgl. Horizont, 25/2002, S. 10: Stern/Geo (*Stern, Geo, Art*); Wirtschaftspresse (*Capital, Impulse, Börse Online*); Brigitte/ München (*Brigitte-Familie, Eltern-Familie, Marie-Claire, PM-Familie*); Schöner Wohnen (*Schöner Wohnen, Häuser, Decoration, Neues Wohnen, Flora, Essen & Trinken, Schöner Essen, Living at Home*); Ehrlich&Sohn (*Frau im Spiegel, Gala, Kundenzeitschriften*); Fleet *(TV Today);* National Geographic *(National Geographic*).

te „eine wesentliche Erhöhung der Arbeitseffizienz und was noch wichtiger ist, der Kreativität".[733]

5. Die Unternehmensleitung bemühte sich schließlich darum, das kreative Fundament zur Gründung neuer Zeitschriften, dem Kernsegment von *Gruner+Jahr* zu schaffen. Die gesetzten Ziele konnten jedoch nicht ganz erreicht werden, worauf später noch eingegangen wird.

Mit dem Erreichen der Altersgrenze gab Gerd Schulte-Hillen gemäß der bei *Bertelsmann* geltenden 60-Jahre-Klausel am 1. November 2000 den Vorstandsvorsitz bei *Gruner+Jahr* ab und übernahm den Vorsitz des Aufsichtsratsvorsitzes bei *Bertelsmann* und bei *Gruner+Jahr* zugleich: „Wir übergeben den Geleitzug in voller Fahrt."[734] Nur 2 Jahre später, Ende 2003, trat er wegen Differenzen mit der Familie Mohn und Gunter Thielen vom Posten des Aufsichtsratsvorsitzenden zurück, was einem offenen Protest gleichkam. Er hatte die Sinnhaftigkeit einer Fusion der *Bertelsmann*-Musiksparte *BMG* mit der *Sony Music*-Gruppe bezweifelt, offene Kritik am ‚matriarchalischen' Führungsstil der Familie Mohn geäußert und über die Strategie des Unternehmens einen „erbitterten Streit"[735] mit dem 2003 amtierenden Vorstandsvorsitzenden Thielen ausgefochten.[736] Ab dem 1. Januar 2004 wurde Schulte-Hillen von Dieter Vogel, dem ehemaligen Vorstandsvorsitzenden von Thyssen, in seiner Funktion als Aufsichtsratsvorsitzender von *Bertelsmann* abgelöst.[737]

Noch im Jahr 2000 hätte niemand im Entferntesten mit einer solchen Entwicklung gerechnet, war es doch ein glänzendes Rekordergebnis, das der loyale *Bertelsmann*-Manager Schulte-Hillen präsentieren konnte. *Gruner+Jahr* hatte die Wandlung vom redaktionell dominierten Zeitschriftenhaus zum managmentgesteuerten Zeitschriften-Handelsunternehmen erreicht und war Europas größtes Zeitschriftenhaus geworden.[738] Die Umsätze hatten sich seit 1981 verdreifacht, die Titelanzahl von 21 auf über 100 vervielfacht, die Präsenz internationalisiert und das eigene Selbstverständnis in das des internationalsten Verlagshauses eingefügt: „Gruner+Jahr ist in den letzten 20 Jahren zu

---

733 Ebd.

734 Welt am Sonntag, 16.6.2000, S. 70: ‚Mein Leben bleibt aufregend. Gerd Schulte-Hillen (...) zieht Bilanz. '

735 Financial Times Deutschland, 20.11.2003: ‚Bertelsmann Aufsichtsratschef Schulte-Hillen geht.': Er habe damit (mit dem Rücktritt, TL) die Konsequenz aus einem erbitterten Streit mit Konzernchef Gunter Thielen gezogen, hieß es in Gütersloh."

736 Ebd.: ‚Mohn-Familie festigt Griff um Bertelsmann': „Während Schulte-Hillen in einer Vorlage für die Aufsichtsratssitzung am Mittwoch Thielen aufgefordert hatte, seinen Fusionsplan plausibel zu machen, hielten das weder die Gesellschafter für nötig, noch die restlichen Aufsichtsräte. (...) Schulte-Hillen hatte in seinem Papier gefordert, Alternativen zur Fusion zu erwägen: den Verkauf von BMG oder die Weiterführung. (...) Zu dieser Zeit war Schulte-Hillens Schicksal bereits besiegelt. Dienstag hat er den Eignern den Rücktritt angeboten."

737 Heise.de [17.12.2003], (www.heise.de/newsticker/data/tol-17.12.03-000/): ‚Dieter Vogel ist neuer Bertelsmann-Aufsichtsratschef.'

738 G+J GB 2000/01, S. 5.

einem weltweit operierenden Konzern geworden, der auch im Zeitungsbereich und bei den neuen Medien wichtige Akzente setzt.“[739]

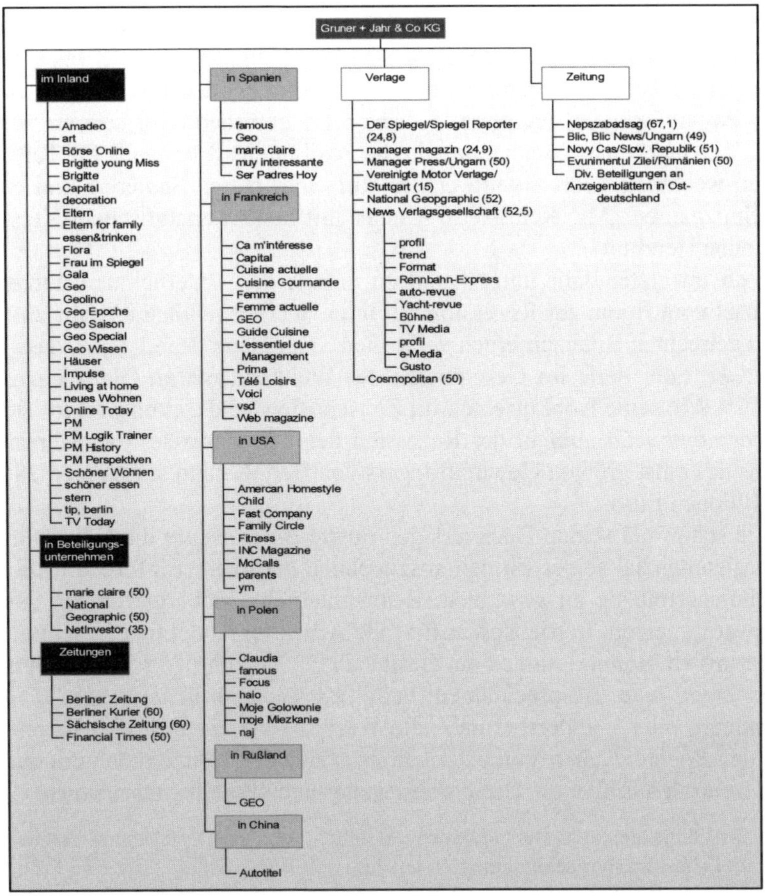

Abb.12. ***Gruner+ Jahr*** **2001**[740]

7.3.3 *Gruner + Jahr* auf Synergie-Kurs

Mit der Übergabe des Vorstandsvorsitzes an Bernd Kundrun wurden folgende ehrgeizige Ziele für *Gruner+Jahr* festgelegt: Das Verlagshaus strebte die

[739] G+J GB 1999/2000, S. 5.

[740] Vgl. Röper, H. Formationen deutscher Medienmultis 1999/2000. In: Media Perspektiven, 1/2001, S. 7.

Marktführerschaft in all seinen Märkten an und sollte „weltweit die führende journalistische Heimat faszinierender Zeitschriften und Zeitungen" werden.[741] Der neue Vorstandsvorsitzende, der diese Ziele umzusetzen hatte, galt *noch* mehr als eine typische *Bertelsmann*-Führungskraft als Schulte-Hillen. Bernd Kundrun war durch die *Bertelsmann*-Schule gegangen, hatte „18 Jahre seines Berufslebens bei Bertelsmann verbracht (...) etwa bei den Buchclubs (...) oder beim Pay-TV-Sender Premiere"[742], bevor er, gefördert von seinem Mentor Mark Wössner[743], zu *Gruner+Jahr* in die Position des Vorstands für Tageszeitungen wechselte. Dort erwarb er den Ruf eines harten Sanierers und erhielt den Spitznamen „Mr. NettoNetto – einer mit hohem analytischem Verstand, aber ohne Herzblut".[744]

Doch im ersten Jahr unter Kundrun musste das Unternehmen durch den Wechsel vom Boom zur Rezession mit ihren Werbeeinbußen im Jahr 2001 einen regelrechten Bilanzeinbruch verkraften. ‚Der Neue' stand dafür, dass *Gruner+Jahr*, „die Perle im Geschmeide des Weltkonzerns an Glanz eingebüßt habe".[745] Wie seine Konkurrenten im Zeitschriften- und Zeitungssektor steckte *Gruner+Jahr* jetzt „tief in der Rezession der Zeitungskrise. Der Jahresüberschuss des einst größten Gewinnbringers von Bertelsmann stürzte von 284 auf 42 Millionen Euro".[746]

Wie schon bei seinen Buchverlagen nutzte *Bertelsmann* die Krise, um das Synergiepotenzial seiner Firmen auszudehnen und mehr Einfluss auf die Unternehmensstrategie zu gewinnen. Beim unternehmenübergreifenden ‚Synergy-Award', „einem Betriebsoscar für tolle Arbeit im Kollektiv (...) schnitt G+J jüngst mit elf Nominierungen am Besten ab".[747] Nutzung von Synergien meint Maßnahmen wie Besprechungen beim *Bertelsmann-Club* durch *Brigitte*-Redakteure oder – andersherum – die Werbung von Zeitschriftenabonnenten über den *Buchclub*, also Vernetzungen zwischen den Konzerntöchtern und deren dezentralen Einheiten. Diese seien weiter und schneller auszubauen:

> „Er könne sich zum Beispiel auch vorstellen, dass der Bertelsmann-Sender RTL im Frühstücksfernsehen einen Anlagetipp von Börse Online oder eine Frühjahrsdiät von Brigitte bringe. (...) Als Bertelsmann jüngst in China aktiv wurde, in-

741 G+J GB 2000/01, S. 7.

742 Süddeutsche Zeitung, 26.1.2002, S. 40: ‚Vom Ende der Gartenzäune. Der Manager Bernd Kundrun bringt den größten deutschen Verlag Gruner+Jahr näher an den Bertelsmann-Konzern.'

743 Ebd. Süddeutsche Zeitung, 26.1.2002.

744 Die Welt, 24/2000, S. 37: ‚Wir machen Kunsthandwerk. Stabswechsel bei Gruner+Jahr.'

745 Welt am Sonntag, 3.6.2002, S. 62: ‚Wer nagt da am Knochen?'

746 Manager-magazin.de [15.4.2002], (www.manager-magazin.de/ebusiness/artikel/0,2828,190005,00.html): Gruner+Jahr. Kundruns große Baustelle.

747 Süddeutsche Zeitung, 26.1.2002, S. 40: ‚Vom Ende der Gartenzäune'.

formierte die PR-Zentrale die Neue Westfälische gleich mit über die Pläne von G+J, die das Reich der Mitte mit Geo beglücken wollen."[748]

Noch deutlicher wurde die gemeinsame Synergie-Linie, als der *Bertelsmann*-Chief Executive Officer Thomas Middelhoff, was zu Zeiten eines Gerd Bucerius nicht einmal denkbar gewesen wäre und eine Revolution innerhalb des Verlagshauses ausgelöst hätte, plötzlich eigenständig – „offenbar ohne das Wissen von Kundrun – mit der Essener WAZ-Gruppe über den Verkauf der unrentablen G+J-Zeitungen verhandelte".[749] Middelhoff bestimmte aus der Zentrale die Unternehmenspolitik, die darauf zielte, weniger rentable Geschäftsfelder abzustoßen. Er verstieß damit offen gegen die ‚Grundwerte des Unternehmens', in denen beschrieben wurde, dass die Dezentralität der Schlüssel zum Erfolg sei.[750]

Mitgetragen von Bernd Kundrun, der sich als angestellter Manager selbstredend nicht gegen Middelhoffs ‚Fauxpas' stellte, wurde dann im August 2002 die Entscheidung getroffen, dass *Gruner+Jahr* den *Berliner Verlag* mit der *Berliner Zeitung* und dem *Berliner Kurier* an seinen großen Wettbewerber im Tageszeitungsgeschäft, die Verlagsgruppe *Holzbrinck* verkauft, was die Verlagskonzentration im Zeitungsmarkt bedeutend intensivierte.[751] Noch ein Jahr vorher hatte Kundrun über die *Berliner Zeitung* gesagt: „Die Berliner Zeitung ist und bleibt eines unserer journalistischen Schmuckstücke"[752] und Aufsichtsratschef Schulte-Hillen hatte dies bestätigt: „Auf die Berliner Zeitung bin ich richtig stolz. Sie ist im Sinkflug. Nein, sie ist in bester Reiseflughöhe."[753] Das meinungsbildende Handwerk ‚Zeitungsgeschäft' wurde im aufwendig gefertigten internen Magazin *Gruner+Jahr inside*[754] gelobt und die Trennung von eben diesem Handwerk dann gleichfalls positiv bewertet. Nur hierdurch sei für

---

[748] Ebd.

[749] Ebd.

[750] Bertelsmann Essentials. Die Grundwerte des Unternehmens. Gütersloh 1998, S. 7: „Dezentralität ist der Schlüssel zu unserem Erfolg. Unsere Firmen genießen den größtmöglichen Freiraum."

[751] taz, die tageszeitung, 27.6.2002, S.1: Die Gewerkschaft ver.di kritisierte die Transaktion als ‚Besorgnis erregenden Konzentrationsschub. ' Es gebe Grund für Sorge um die Arbeitsplätze, teilte der Ver.di Bundesvorstand mit. Daher sei es notwendig, „schon bald über eine gesetzliche Flankierung im Pressewesen nachzudenken, um journalistische Unabhängigkeit und publizistische Vielfalt zu sichern."

[752] Tagesspiegel, 31.8.2001, S. 31: ‚Probleme? Herausforderungen!'

[753] Der Stern, 41/2000, S. 76.

[754] G+J inside; Alltag in einem Medienhaus. Hamburg 2001, S. 15: „Tageszeitung ist Menschenwerk und insofern nie vollkommen. (...) Tageszeitung heißt eigene Recherche und Reportagen, ein Informationsnetzwerk mit Korrespondenten auf der ganzen Welt, heißt Analyse und Meinung, und außerdem heißt Tageszeitung, so schön so schreiben, wie es einem Enthusiasten nur möglich ist. (...) Eine gesamtdeutsche Qualitätszeitung für die ganze Hauptstadt."

Gruner+Jahr eine „nachhaltige Verbesserung der Ertragsqualität“[755] zu erreichen, teilte die Pressemitteilung mit:

> „Darüber hinaus werden strategische Portfoliomaßnahmen angestrebt, die den Investitionsspielraum von Gruner+Jahr für die kommenden Aufgaben erweitern und eine weitere Fokussierung des Managements ermöglichen. In diesem Zusammenhang wurde auch der Ausstieg aus dem deutschen Regionalzeitungsgeschäft beschlossen. (...) Das Regionalzeitungsgeschäft weist nur geringe Synergien zu den Zeitschriftengeschäften von Gruner+Jahr auf.“[756]

Das Bundeskartellamt untersagte im Dezember 2002 allerdings vorerst den Verkauf, da die *Holtzbrinck*-Gruppe eine zu starke Stellung einzunehmen drohte. Gleichwohl fühlte sich *Gruner+Jahr* nicht an seine rechtliche Verpflichtung gebunden, das Tagesgeschäft weiter zu übernehmen und wies die Verantwortung von sich: „Formal ist Gruner+Jahr (...) weiter für das Tagesgeschäft verantwortlich, allerdings war in den Verkaufsverträgen festgelegt worden, dass Holtzbrinck im Falle eines Kartellamtvetos allein nach einer Lösung zu suchen habe.“[757] Im Spiel zwischen Konzernen und Bundeskartellamt geschah mit den Angestellten des *Berliner Verlags* Ähnliches wie bei *BertelsmannSpringer*.

7.4 Journalistische Qualität und Ökonomie im Zeitschriftenmarkt

Den Weg, den *Gruner+Jahr* zurückgelegte, bis Verkaufsaktionen, wie die des *Berliner Verlages* mit seinen zahlreichen Beschäftigten, ohne größere innerbetriebliche Widerstände möglich waren, lässt sich nur aus einer gelungenen Trennung von ökonomischen und journalistischen Prozessen verstehen, die sich zwangsläufig auf die inhaltliche Qualität der erzeugten ‚Produkte‘ auswirkte. Der von *Gruner+Jahr* vielfach gebrauchte Begriff ‚Qualität‘ ist jedoch als normativer Begriff schwer fassbar.

Journalistische Qualität in den Medienformen ‚Zeitungen‘ und ‚Zeitschriften‘ zu definieren, gleiche dem Versuch „einen Pudding an die Wand zu nageln“[758], stellt der Medienwissenschaftler Ruß-Mohl fest. Denn der Begriff

---

755 Guj.de [25.6.2002], (www.guj.de/intern/news/presse2002/meld-020626.html): ‚Vorstand von Gruner+Jahr beschließt neue strategische Ausrichtung.‘

756 Ebd.

757 Welt.de [13.12.2002], (www.welt.de/daten/2002/12/13/24742.html).

758 Ruß-Mohl, S., Der I-Faktor. Qualitätssicherung im amerikanischen Journalismus – Modell für Europa. Zürich 1994, S. 94.

'Qualität', der im Lateinischen Beschaffenheit, Güte oder den Wert eines Gegenstandes bedeutet, lasse „völlig verschiedene Bewertungen und Beurteilungen zu".[759]

Die Qualität journalistischer Inhalte soll hier aufgrund dieser begrifflichen Schwierigkeiten deshalb vorab von ihrem Gegensatz her erfasst werden: Ein *qualitativ schlechter* journalistischer Inhalt ist nicht durchdacht und enthält Brüche, er weist handwerkliche und formale Mängel auf, wurde nur oberflächlich recherchiert und informiert nicht wahrheitsgemäß, kommt marktschreierisch daher, aber bietet dürftige Informationen. Schließlich, eines der wichtigsten Kriterien, berichtet ein minderwertiger journalistischer Inhalt nicht objektiv und unabhängig, sondern dient Zwecken, die keine journalistischen sind.[760] Journalistische Qualität ist demnach ein multidimensionales Konstrukt einer Anzahl von einander mehr oder weniger entsprechenden Kriterien, die auch subjektive Komponenten enthalten.

Gruner+Jahr definierte den Begriff für sich und bekundete 2002 im Internet, dass das Unternehmen mit seinen Zeitschriften Journalismus im besten Sinne bieten wolle: „Gründlich recherchiert, informativ, anregend und unterhaltsam. Bei aller Verschiedenheit unserer Zeitschriften verlegen wir daher ausschließlich Qualitätstitel, die im Hinblick auf Inhalt und Optik ihr jeweiliges Marktsegment anführen."[761] Noch genauer nahm es der Geschäftsbericht 2000/01, in dem die vier zentralen Begriffe 'Eigenständigkeit', 'Unabhängigkeit', 'Glaubwürdigkeit' und 'Kompetenz' herausgearbeitet wurden, die den Qualitätsbegriff des Verlagshauses bestimmen sollten:

> „Wir schaffen eigenständige, glaubwürdige und unabhängige Inhalte von höchster Qualität. Unsere Zeitschriften und Zeitungen zeichnen sich durch hervorragende journalistische Kompetenz aus. (...) Wir stehen für – journalistische Unabhängigkeit; - Qualität für unsere Leser; - attraktive Zielgruppen und optimalen Service für Anzeigenkunden; - unternehmerisches Denken und Handeln; - Entwicklung und Unterstützung journalistischer und unternehmerischer Talente; - eine fördernde und fordernde Unternehmenskultur; - Marktführerschaft in den Kernsegmenten; - hohe Rentabilität und Wertsteigerung."[762]

Kontinuierlich und durchgängig wurde der Begriff 'Qualität' bereits vorher verwendet: Seit der "Gründung vor 22 Jahren", so der Geschäftsbericht von 1985/86, setze *Gruner+Jahr* auf „hohe Qualität, kritischen Journalismus und Meinungsvielfalt".[763] Die *Gruner+Jahr*-Philosophie sei nie 'elitär und teuer' gewesen, sondern stets „anspruchsvoll und auf hohem Qualitätsniveau. Und so

---

759 Vgl. Wallisch, G., Journalistische Qualität: Definitionen – Modelle – Kritik. Konstanz 1995, S. 6f.

760 Vgl. zur Beeinträchtigung journalistischer Qualität: Wolff, V., Wettbewerb und Qualität bei Presseprodukten. In: Publizistik, 3/1998, S. 260.

761 Guj.de [7.6.2002], (www.guj.de, http://www.guj.de/produkte/zeitschriften/index.html).

762 G+J GB 2000/01. (Klappentext).

763 G+J GB, 1985/86, S. 2.

sind alle unsere Zeitschriften".[764] Der Geist von *Gruner+Jahr* zeige sich in erster Linie darin, „daß wir qualitativ gute Zeitschriften machen und uns mit ihnen identifizieren"[765], heißt es zehn Jahre später. „Unser Bekenntnis heißt Qualität. Nehmen wir beispielsweise Geo, das gerade seinen 20. Geburtstag feiert. Dort erleben Sie Qualität pur."[766] *Gruner+Jahr* sei ein Haus, „das sich vor allem der Qualität verschrieben hat. (..) Unsere Chefredakteure können ihre Blätter frei gestalten. (...) Der Vogel singt nur schön, wenn er in Freiheit ist".

Als Tochterunternehmen von *Bertelsmann*, in einem von Fragmentarisierung geprägten hochkompetitiven Marktumfeld für Zeitungen und Zeitschriften, in dem Teilmärkte schnell entstehen und verschwinden, wird *Gruner+Jahr* mit seinen Zeitungen und Zeitschriften diesem immer wieder thematisierten ‚Qualitätsversprechen' heute nur noch zum Teil gerecht.

Betrachtet man die Zeitschriften des Verlagshauses während seiner Gründungsjahre, so ist in den 60er und 70er Jahren eine hohe Identifikation der Verleger mit der ‚Qualität' der Objekte zu beobachten. Gerd Bucerius etwa strich die Beschaffenheit der ‚politischen' *Zeit* und seiner leitenden Journalistin Marion Gräfin Dönhoff heraus, Henri Nannen verantwortete mit ‚journalistischer Besessenheit'[767] den *Stern* und John Jahr identifizierte sich mit der Qualität ‚seiner' Frauen-, Wohn- und Lifestyletitel. Eine Verlegerpersönlichkeit wie ‚Gerd ‚buci' Bucerius'[768] ließ seinem Chefredakteur Nannen, dessen Schlachtruf ‚Leute ran!' elektrisierend auf die Arbeit der Redaktion wirkte, „Haßliebe hin oder her, am Ende immer freie Hand (...), weil er begriffen hatte, daß Nannen singulär war". Nannens ‚Freiheit' hatte zur Folge, dass das redaktionelle Konzept sich zur Erreichung seiner Ziele den ökonomischen Vorgaben der Unternehmensleitung häufig widersetzte und eigenen Vorgaben folgte.

Durch diese relative Unabhängigkeit des Journalismus von verlegerischer Einflussnahme, wurden besondere inhaltliche Gewichtungen vorgenommen. Nach einer Politisierungsphase in den 60er Jahren, der „an die Stelle der Soroya Schnulze (...) kenntnisreiche, kritische Artikel über die Herrschaft des Schahs rückte, an die Stelle der herkömmlichen Sex-Ration Serien über Familienplanung und Reportagen mit bis dahin nie gesehenen Fotos, von der Entwicklung des menschlichen Embryos im Mutterleib"[769], galt der *Stern* als „Speerspitze des aufgeklärten sozial liberalen, wenn nicht sogar linken Journalismus. (...) Wenn man vom *Stern* kam, dann gingen in Bonn überall die Türen auf". Den beschäftigten Journalisten vermittelte man die Idee, aufgrund der

[764] Manager Magazin, 3/1986: ‚Wir müssen höllisch aufpassen, mm-Gespräch mit dem Gruner+Jahr Vorstandsvorsitzenden Gerd Schulte-Hillen.'

[765] Text intern, 26.8.1994, S. 17.

[766] Horizont, 39/1996, S. 76: ‚Gruner+Jahr rüstet sich für die Zukunft.'

[767] Die Welt, 1.8.1998, S. 37: ‚Auf dem moralischen Hosenboden der Wahrheit.'

[768] Zitiert nach: Süddeutsche Zeitung, 24.12.1993, S. 5: ‚Henri Nannen wird achtzig Jahre alt.'

[769] Die Zeit, 43/1996, S. 2: ‚Ein großartiges Journalistenleben.'

Qualität „zu einer gewissen journalistischen Elite des Landes zu gehören“.[770] Das Magazin strahlte auf das ganze Verlagshaus *Gruner+Jahr* ab: „Polarisierende Geschichten, exzellente Fotos, journalistische Monomanie, die Gabe Themen zu erspüren, bevor sie sich manifestiert hatten.“[771] Journalistische Qualität fasste Nannen in einem Interview mit *Der Woche* außerdem als gesellschaftliche Gestaltung. Es war „nicht irgendeine Sache, die man da geleistet hat. Sich informieren, sich eine Meinung bilden, andere Meinungen zu beeinflussen“.[772]

Das änderte sich – nicht abrupt, sondern in einem langfristigen Prozess – mit dem Eintritt von *Bertelsmann* ins Unternehmen, wie Gerd Schulte-Hillen bestätigte: „Henri Nannen hat damals gesagt, der Stern sei die Lokomotive, die den ganzen Bahnhof ziehe – ist das heute noch so? ‚In wirtschaftlicher Hinsicht sicherlich nicht‘, sagt Schulte-Hillen.“[773]

Es ging jedoch nicht um einzelne Zeitschriften wie den *Stern*, sondern um alle Objekte des Verlagshauses. Ein Ökonomisierungsschub in den Aufbauten von *Gruner+Jahr* setzte wie beschrieben ein und Manfred Fischer sah sich als erster ‚Bertelsmann‘ auf dem Vorstandsvorsitz von *Gruner+Jahr* veranlasst, die Bedeutung, die inhaltliche Qualität für ihn hatte, immer wieder herauszustreichen und sich für die Unabhängigkeit der unbequemen Meinung einzusetzen, die Gerd Bucerius noch eher ertragen hatte: „Ausgewogene Kommentare sind unjournalistisch und langweilig. Ausgewogene Zeitschriften auch.“[774] *Gruner+Jahr* sei Herausgeber ganz besonders hochwertiger Zeitschriften wie *Art, Brigitte, Capital, Eltern, Essen & Trinken, Geo, Impulse, Nicole, P.M.*[775], *Schöner Wohnen, Stern* und *Yps*.[776] Das *G+J*-Konzept würde voll bestätigt werden durch „redaktionelles Spitzenniveau für anspruchsvolle Leserschaften und Spitzenservice für Vertriebs- und Anzeigenkunden“.[777] Doch entgegen dieser Aussagen begann die *G+J*-Verlagsleitung auf der redaktionellen Ebene den Spielraum der Redaktionen vorsichtig einzuschränken und ein wichtiges ‚Qualitätsmerkmal‘, die weitgehende Unabhängigkeit, zu vermindern.

Ein prominentes Beispiel hierfür ist die Entlassung des ausgewiesen ‚links‘ stehenden Manfred Bissinger in den 70er Jahren, damals Henri Nannens stellvertretender Chefredakteur und designierter Nachfolger ‚des Alten‘. *Bertels-*

---

[770] Interview mit Klaus Liedtke vom 11.11.1998; Zitiert nach: Schwerin, J., Henri Nannen, der Stern und die Ostpolitik der sozial-liberalen Koalition. Hamburg 1999, S. 35.

[771] Ebd.

[772] Die Woche, 52/1993, S. 39: ‚Unwiderstehlich unausstehlich.‘

[773] Die Welt, 1.8.1998, S. 37.

[774] Manfred Fischer zu Programmpluralismus und publizistischen Selbstverständnis. In: Gruner+Jahr intern, 17.7.1980.

[775] Das populärwissenschaftliche Magazin *P.M.* wird von Gerhard Peter Moosleitner gegründet und mit Erfolg im Markt eingeführt.

[776] Aufzählung in: Gruner+Jahr, BG für das Rumpfgeschäft vom 1. Januar bis zum 30. Juni 1980, S. 12.

[777] ZV+ZV 40-41, November 1977.

mann betrieb Bissingers Ablösung, nachdem dieser einen kritischen Artikel über die Kapitalflucht deutscher Unternehmen ins Ausland verfasst hatte. Mit dem Text hatte Bissinger wichtige Unternehmenseigner, die bedeutsame Werbekunden waren, vorgeführt; darunter die Chefs von *Tchibo*, *Dr. Oetker* und *Bertelsmann* selbst.[778] Reinhard Mohn griff ein und machte klar, dass *Gruner+Jahr* „sich nunmehr von dem Verantwortlichen trennen müsse".[779] Als unmittelbare Folge wurden – trotz Protesten der Redaktion – „sowohl das Statut als auch Manfred Bissinger gekündigt".[780]

Derartige Signale offenbarten, dass die ökonomischen Kräfte im Vergleich zu den journalistischen bei *Gruner+Jahr* mit dem Eintritt von *Bertelsmann* zumindest an Einfluss gewonnen hatten. Wie sehr, zeigte die Krise der gefälschten ‚Hitler-Tagebücher' des *Stern* in den frühen 80ern. Es handelte sich um eine Zäsur hinsichtlich journalistischer Unabhängigkeit, weil die betriebswirtschaftlich geprägte Unternehmensleitung sie zum Anlass nahm, gegenüber der Redaktion Richtlinienentscheidungen zu treffen. Anfangs konnten die Proteste der Journalisten nach der ‚Hitler-Krise' die Berufung des konservativen *FAZ*-Journalisten Johannes Gross als Chefredakteur gerade noch verhindern; *Stern*-Redakteure wiesen öffentlich auf die Gefahr für den *Stern* hin, der im Fall des Falls auch für journalistische Aufklärung ‚viel Geld' investierte:

> „Der Stern ist in Gefahr! Nicht die Illustrierte, in der wir die Wahrheit über Herbert von Karajan und Hildegard Knef erfahren. Die wird überleben. Nicht der Stern, der auf bunten Anzeigenseiten den Geschmack von Freiheit und Abenteuer verspricht. Nein, in Gefahr ist *der* Stern, der früher als alle anderen zum Risiko einer neuen Ostpolitik aufrief. Der früher und entschiedener als alle anderen die Gefahren der Kernenergie einer Millionen Leserschaft offenbarte. (...) Der Stern ist in Gefahr, der ohne Angst Skandalen nachgeht, auch wenn ihre Aufklärung sehr viel Geld kostet."[781]

Nach vehementen Auseinandersetzungen zwischen Redaktion und Unternehmensleitung übernahm der konservative und im Zeitschriftengeschäft unerfahrene Reisejournalist Peter Scholl-Latour die Chefredaktion.[782] In Gütersloh wurde der Wechsel wohlwollend kommentiert. Mark Wössner äußerte sich auf seiner ersten Bilanzpressekonferenz als Vorstandsvorsitzender in Gütersloh insofern zufrieden, als dass der *Stern* selbstverständlich wie bisher linksliberal bleibe: „Aber die neue Chefredaktion soll die rot-grüne Gedankenwelt zurückdrängen und die Öko-Freaks im Zaum halten."[783]

Das qualitative Profil des *Stern* und seiner Führung war damit nachhaltig beschädigt worden, wie die Entwicklung an der Spitze des Magazins zeigte. In

[778] Der Stern, 52/1977: ‚Und morgen die ganze Welt.'
[779] Vgl. Journalist, 2/1978, S. 19: ‚Der ‚stern' Eklat.'
[780] Schwerin, 1999, S. 37.
[781] Der Stern, 26.5.1983, S. 4: ‚Tage, die den Stern erschütterten.'
[782] Vgl. Schneider, 2000, S. 215.
[783] Zitiert nach: Schneider, 2000, S. 215.

der Rolle des Chefredakteurs als Interessenvertretung und Leitung der Redaktion, folgten Scholl-Latour, der nach knapp einem Jahr zurücktrat, beim *Stern* bis heute mehr als „14 Chefredakteure in 19 Jahren".[784] Nebenbei wurde die Besetzung der Redaktion schlanker gemacht, die Redaktion von 120 auf 90 Redakteure und die Ressorts von 18 auf 8 reduziert.[785] Der Kostendruck des Marktes wurde an das Magazin weitergegeben, das sich bei seinen Recherchetätigkeiten finanziellen Beschränkungen ausgesetzt sah, die es in seiner Frühzeit nicht gegeben hatte. Anderen Zeitungen fiel als Folge dieser Streichungen auf, dass der *Stern* seit der Krise von 1984 „weniger mit gesellschaftspolitischen Kontroversen als mit leicht zweifelhaften Publikationen, wie zum Beispiel den Fotos des toten Uwe Barschels öffentliches Aufsehen"[786] erregte.

Ökonomisch ist dieser Wechsel klar nachzuvollziehen und auf andere Magazine übertragbar. Besser recherchierte Texte mit profundem Hintergrund, die auf Seiten des Journalismus mehr Investitionen erfordern, bringen offenbar hinsichtlich der Nachfrage nicht zwangsläufig mehr Rendite:

> „Wenn Konsumenten die Qualität von Produkten vor dem Kauf und vor dem Konsum nicht beurteilen können, sind sie bei rationalem Verhalten auch nicht bereit, eine bessere und üblicherweise teurere Qualität zu bezahlen, weil immer das Risiko bestehen würde, ein Produkt von minderer Qualität zu erwerben. Entsprechend besteht für Produzenten kein Anreiz, eine bessere Qualität mit höheren Kosten zu produzieren, weil die Konsumenten dies nicht erkennen können und nicht mit höheren Nachfragepreisen honorieren würden. Das bewirkt, daß nur schlechtere = billigere Qualität auf den Markt kommt, die Produkte mit höherer Qualität verlassen den Markt."[787]

Das *Gruner+Jahr*-Management war aber dazu angehalten, hohe Rentabilität und Wertsteigerung zu erwirtschaften. Und dies, obwohl der Zeitschriftenmarkt in den 90ern weniger von einem Qualitäts- als von einem Kostenwettbewerb geprägt wurde: Bei 9000 Titel und knapp 10 Millionen Heften pro Jahr, waren es nur 1,1 Prozent der Titel und Exemplare, die „allgemeine überwiegend politische und universelle Information für ein breites Publikum bieten und den Rezipienten vor allem in seiner Rolle als Staatsbürger ansprechen".[788] Die Verlage versuchten, auf das Medienverhalten der Kunden, das vor allem vom Fernsehen beeinflusst wurde, zu reagieren: „Wir müssen mit unseren Zeitschriften heute viel beweglicher agieren. (...) Wir müssen perma-

---

784 Die Welt, 24.10.2000, S. 37: Wir machen Kunsthandwerk. Stabswechsel bei Gruner+Jahr.

785 Vgl. Tagesspiegel, 11.1.1998, S. 31.

786 Ebd.

787 Heinrich, J., Qualitätswettbewerb und/oder Kostenwettbewerb im Mediensektor. In: Rundfunk und Fernsehen, 2/1996, S. 167.

788 Kiefer, M.L., Unverzichtbar oder überflüssig. Öffentlich-rechtlicher Rundfunk in der Multimedia-Welt. In: Rundfunk und Fernsehen, 1/1996, S. 15.

nent justieren, permanent den Markt im Visier haben und uns ständig neue Dinge einfallen lassen, um möglichst dicht am Leser zu sein.“[789]

Gruner+Jahr vermied daher Neugründungen im ‚politischen‘ Zeitschriftenbereich und konzentrierte sich auf populistische Innovationen. Die Zeitschriftenmacher entwickelten in den 90ern zum Beispiel die ‚Hochglanz-Society-Illustrierte‘ *Gala,* „das „unterhaltsame Leute-Magazin auf hohem Niveau“[790] und die Programmzeitschrift *TV Today*[791], ein miserabel laufendes Plagiat von *TV Movie* des Konkurrenzverlags *Verlagsgruppe Milchstraße. Börse Online*, die erfolgreichste Einführung der 90er Jahre, vermochte sich als Anlegermagazin zwar zu etablieren, war aber keine Eigenentwicklung, sondern eine schlichte Übernahme vom *Süddeutschen Verlag.*[792] Die wichtigere Eigenentwicklung *Tango,* ein unter dem ehemaligen *Bild-Zeitungs*-Chefredakteur Tiedje entwickeltes zweites Donnerstags-Magazin, sollte neben dem *Stern* lanciert werden, missriet aber 1995 und schlug mit rund 50 Mio. DM Verlust zu Buche. Ebenso mussten die 1997 hausintern entwickelte *‚Junge Illustrierte Konr@d*‘, die die Neuen Medien zum Lebensstil erklären wollte, zum Jahresende 1999 sowie das selbst entworfene Magazin *XXLiving,* eine Art verjüngtes *Schöner Wohnen,* gekreuzt mit Sport- und Lifestyleaspekten, 1998 eingestellt werden.[793] Darüber hinaus scheiterte das 1998 im Haus entwickelte Magazin *Bizz*, ein Wirtschaftsmagazin, dass junge Zielgruppen mit einer Mischung aus Lifestyle und Wirtschaft erreichen sollte und das Ende 2001 eingestellt wurde. Einziges gewinnbringendes neues Projekt war das in Lizenz der amerikanischen *National Geographic Society* produzierte *National Geographic (NG)*, das die Welt mit oberflächlichen, amerikanischen Augen sah und negative Blickpunkte vermied.[794] Entwickelt wurde *‚NG*‘ gemeinsam mit dem spanischen Verlag *RBA*. Die Chancen der erworbenen Magazine *Fast Company* und

---

789 Horizont, 39/1996, S. 76: ‚Gruner+Jahr rüstet sich für die Zukunft.‘

790 AaO. Frankfurter Allgemeine Zeitung, 7.6.1993, S. 21.

791 KressReport, 34/1999, S. 4: „TV Today: Das Programmblatt hat schon einen dreistelligen Millionenbetrag gefressen und ist von schwarzen Zahlen noch weit entfernt. Das Blatt steht nach der teuren Preisoffensive mit sinkenden Auflagen – knapp 1,1 Millionen – und stagnierendem Anzeigenumsatz schlechter denn je da.“

792 Wirtschaftswoche, 41/1994, S. 72: ‚Tango ist ein Drahtseilakt‘: „Börse Online wird sich zu einem Blatt entwickeln, das Themen rund um die Geldanlage im weitesten Sinne zum Inhalt hat. Damit läßt sich eine Auflage von 120.000 Exemplaren erzielen, denn bei uns werden in den nächsten Jahren sehr große Vermögenswerte vererbt.“

793 Vgl. Daten zum Markt und zur Konzentration der Publikumspresse in Deutschland im I. Quartal 2000. In: Media Perspektiven, 10/2000, S. 471.

794 W&V, werben und verkaufen, 21/1999, S. 106: „bei der Thematik von National Geographic bietet es sich an, auf die Ressourcen der National Geographic Society zurückzugreifen. (...) Deshalb wird auch akzeptiert, dass die Welt in National Geographic vor allem mit amerikanischen Augen gesehen wird.“

Inc., mit denen *Gruner+Jahr* eine eigene Wirtschaftszeitschriftengruppe in den USA gründen wollte, sind bisher nicht abzusehen.[795]

Es scheint, als hätte das *Gruner+Jahr*-Management den Wandel der eigenen, inhaltlichen Ziele, die weg von der politischen Meinungsaussage und journalistischer Innovation führten, nicht wahrgenommen. Unverändert wird der Punkt ‚Qualitätsführerschaft' für Produkte wie *Tango* oder *XXLiving* in Anspruch genommen und eine Art ‚Qualitätskontinuum' konstruiert. Man sollte sich „überhaupt über jede zusätzliche Zeitschrift freuen, weil sie die Leute zum Lesen anhält und sie ein bisschen vom verdummenden Fernsehen wegbringt"[796], meinte Gerd Schulte-Hillen.

Dass die Inhalte bei *Gruner+Jahr* von ökonomischen Entscheidungen und Interessen dominiert wurden und dies den journalistischen Zweck der Zeitungs- und Zeitschriftentitel zweckentfremdete, dürfte Schulte-Hillen und Kundrun jedoch nicht verborgen geblieben sein. Denn *Gruner+Jahr* tendierte schon seit den 90er Jahren dazu, die Anzeigenkunden als ihre eigentliche Zielgruppe und die Zeitschriften und Zeitungen als Verkaufsinstrumente zu sehen. Die Entpolitisierung des Zeitschriften-Portfolios sprach eine eindeutige Sprache.

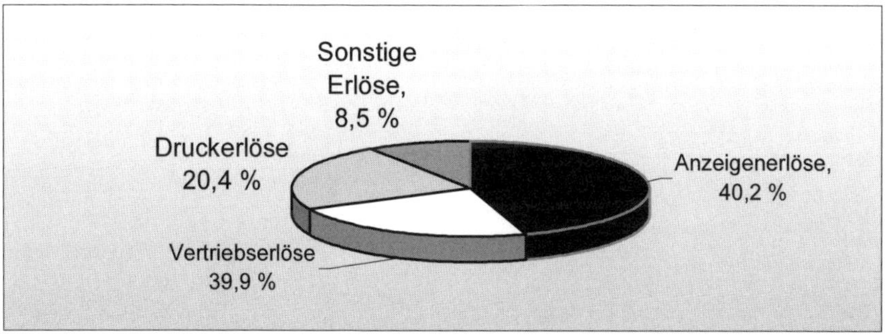

Abb.13. *Gruner + Jahr*, Umsatz nach Erlösarten in Prozent 2002[797]

‚Anzusprechen sind Unternehmen, für die das Printmedium ausschließlich „als Träger einer Werbebotschaft fungiert".[798] Verkaufte ein Zeitungs- oder Zeitschriftentitel langfristig nicht genug Anzeigen wurde das ‚Objekt', wie beispielsweise der *Berliner Verlag*, wieder abgestoßen. Durch diese von kom-

---

[795] Wall Street Journal, 118/2000, S. 14: "the combination of Inc., aimed the small businesses, and Fast Company gives Gruner+Jahr the base to build a business information unit."

[796] Der Spiegel, 42/1994: ‚Tango-Verleger Gerd Schulte-Hillen (..) über seine neue Illustrierte.'

[797] BG 2002, S. 24.

[798] Vgl. zur Beeinträchtigung journalistischer Qualität: Wolff, V., Wettbewerb und Qualität bei Presseprodukten, Publizistik, 3/1998, S. 260.

merziellen Interessen bestimmte Gesamthaltung transformierte man die Inhalte zu einer Art von redaktionellem Marketing.[799]

Insgesamt lässt die Entwicklung von *Gruner+Jahr* einen ähnlichen Eindruck zurück wie jener, der bei den Verlagen von *Random House* gewonnen werden konnte. *Bertelsmann* ist es gelungen, einen auf seine Inhalte ausgerichteten Zeitschriftenverlag zu einem Unternehmen zu machen, dessen Führungskräfte die Ökonomie vor die publizierten Inhalte stellen. Überdies entpolitisierte *Bertelsmann/Gruner+Jahr* seine ehemals politischen Verlagsprodukte und beraubte sie, entgegen eigenen Aussagen, weitgehend ihrer Unabhängigkeit. Kundrun steuert mit *Gruner+Jahr* heute deshalb ein Unternehmen, das seine Zeitschriften ‚*nicht auch*', sondern ‚*vor allem*' nach ökonomischen Aspekten lenkt und sie als Produkte in die *Bertelsmann*-Gruppe einbettet, wo sie mit anderen Bereichen des Unternehmens für die Vernetzung bereit stehen.

---

[799] Vgl. Weischenberg, S., Journalistische Qualität. Theorie und Praxis aktueller Medienkommunikation. Bd.1: Mediensysteme, Medienethik, Medieninstitutionen. Opladen 1992, S. 7f.

8. MUSIKVERMARKTUNG

Im Musikbereich hat sich das Medienhaus zu einem ‚Major', einem weltweit agierenden Musikkonzern entwickelt. Als einziges Unternehmen der Musikbranche schaffte *Bertelsmann* den Aufstieg unter diese weltweiten Marktführer mit Hilfe eines erst in den 50er Jahren neu gegründeten Unternehmens. Das Kapitel über Musikvermarktung stellt den Entwicklungsgang der Musiksparte innerhalb des *‚Schallplattenrings'* und der *‚Ariola Eurodisc'* bis hin zur weltweit präsenten *‚Bertelsmann Music Group BMG'* dar und fragt schließlich nach der Rhetorik, mit der der Konzern das Thema Musik seinen Kunden souffliert.

8.1 Der Schallplattenring und die *Ariola*

8.1.1 Zum guten Ton gehört der schöne Klang

Das Geschäft mit Tonträgern nahm bei *Bertelsmann* seinen schlichten Anfang mit der Erweiterung des *Lesering*-Angebots. Dieses wurde um eine kleine Auswahl von Schallplatten ergänzt, die bei den Mitgliedern reißenden Absatz fanden.[800] Vertriebschef Fritz Wixforth hatte die Erweiterung angeregt und eine Arbeitsgruppe ins Leben gerufen. 1955, als die Vinylplatte die zerbrechliche Schellackplatte ablöste, lag bereits ein Schallplattenprogramm zur Ergänzung des Buchangebots vor.

Gegen die ersten ‚Plattenversuche' des Hauses gab es zunächst erhebliche Bedenken. Es regten sich Zweifel an der Kompetenz des Hauses, das sich vor allem durch das Buch charakterisiert sah. Zudem galt der bundesdeutsche Tonträgermarkt als geschlossene Gesellschaft, die deutschlandweit gerade einmal 31 Millionen Schallplatten absetzte.[801] „Zutritt gab es hier nur für Insider des Plattengeschäfts. Andere wurden a priori ausgeschwitzt."[802] Führend waren die Kölner *EMI* mit ihren Stars *Heino* und *Carpendale* sowie der

[800] Vgl. Gööck, 1968, S. 169.
[801] Lachmann, U., Die Struktur des Deutschen Musikmarktes. Tübingen 1960, S. 31.
[802] Rudorf, R., Ton ab – Die Geschichte der Schallplatte in Deutschland. BMG Entertainment. München 1998, S. 77.

Marktführer *Deutsche Grammophon*, der *Freddy*, *Karel Gott* und andere bekannte Schlagerstars unter Vertrag hielt.[803]

Trotz der Widerstände hielt *Bertelsmann* unter dem Motto ‚Bertelsmann legt eine neue Platte auf‘[804] an seinen Plänen fest und wagte sich aus seinem „Stammbereich des Buches in einen neuen Medienbereich vor“.[805] Am 1. Juni 1956 begann der eigens gegründete *‚Bertelsmann Schallplattenring‘* mit dem Slogan "zum guten Buch gehört der schöne Klang“[806] Schallplatten an *Club*-Mitglieder im Abonnement nach den Methoden des *Leserings* zu verkaufen. Die Mitgliedsbedingungen hatte das Verlagshaus „an den Leseringerfahrungen ausgerichtet. (...) Es gab Hauptvorschlagsplatten, Platten zur freien Auswahl, Treueplatten (...) und natürlich eine Schallplattenring-Illustrierte“.[807] Bereits nach einem Jahr konnten 100.000 Mitglieder verpflichtet werden, denen der *Lese-* und *Schallplattenring* auch die zugehörigen Abspielgeräte anbot:

> „Dichtung und Musik: das sind zwei Freunde, die den Alltag zum Feiertag machen. Ja, auch die Langspielplatte gehört heute schon ‚zum guten Ton‘, seitdem es so herrliche und vor allem preiswerte Abspielgeräte gibt wie die neue Cortina (auch für Stereoplatten!) und die Eltec Minetta.“[808]

Das Repertoire des *Schallplattenrings* umfasste in der ersten Ausgabe seiner Illustrierten etwa 200 Platten unterschiedlicher Genres. Sie enthielt bekannte Namen wie „die tschechische Philharmonie, das RIAS-Symphonie-Orchester, das Orchester der Wiener Staatsoper, die Hamburger Philharmoniker (...) Dirigenten wie Leopold Ludwig, Leo Blech (...), Solisten wie David Oistrach und Gaspar Cassadó“.[809] Dokumentarplatten, Wortplatten und auch Platten mit Unterhaltungsmusik schlossen sich an. Der Versuch mit anspruchsvollen Hörspielplatten wie einer Faustinterpretation *Will Quadfliegs*, die Verbindung von Literatur und Platte herzustellen, scheiterte am fehlenden Interesse der Abonnenten und wurde nur in geringem Umfang weiterverfolgt. „Das Medium Schallplatte konnte Wortbeiträge nur an der Peripherie in kleinsten Stückzahlen mitverkaufen – aber durch Wortplatten keine Sekunde existieren.“[810]

Was die bedeutende, weil breitenwirksame Unterhaltungsmusik anging, war es das Problem von *Bertelsmann*, nicht über ein breites Angebot an bekannten Interpreten zu verfügen. Die umsatzbringenden Stars konnten nur durch Kauf von Lizenzen ins Angebot aufgenommen werden. Aufgrund von

---

[803] Vgl. Reichhardt, R., Die Schallplatte als kulturelles und ökonomisches Phänomen. Zürich 1962, S. 22f.

[804] Vgl. Tietz, 1985, S. 351.

[805] Langenbucher, 1985, S. 51.

[806] 150 Jahre Bertelsmann. Die Geschichte in Bildern 1835-1985, S. 165.

[807] Gööck, 1968, S. 169.

[808] Die ‚*Eltec Minetta*‘ und die ‚*Cortina*‘ waren beides Schallplattenspieler; Vgl. Bertelsmann Lesering Illustrierte, Januar, Februar, März 1960, S. 86.

[809] Vgl. Gööck, 1968, S. 170.

[810] Rudorf, 1998, S. 77.

Erfahrungen mit dem Erwerb von Lizenzen im Buchhandel, stellte sich die Unternehmensleitung im Schallplattensektor auf vergleichbare Schwierigkeiten ein und versuchte den absehbaren Problemen entgegenzuwirken und sich eine eigenständige Position zu erarbeiten.

Bemerkenswert ist die von *Bertelsmann* in einer Gründungsoffensive vorgenommene Bündelung der vertrieblichen, industriellen, inhaltlichen und betriebswirtschaftlichen Kompetenzen des Unternehmens für die Errichtung des neuen Tonträgerbereichs. Im Zusammenspiel verschiedener Unternehmen waren Tonträger Teil einer integrierten, ökonomischen Kette. Vertriebschef Fritz Wixforth war es gewesen, der dem Leiter der Industriebetriebe Herbert Multhaupt die legendäre Frage stellte: „Ihr habt doch soviel Maschinen, könnt ihr nicht auch Schallplatten pressen?“[811] Die Ingenieure konnten und bauten in Gütersloh eine eigene Produktionsanlage für Schallplatten. Zu ihr gehörte eine industrielle Infrastruktur, die sowohl die Distribution als auch die Herstellung von Schallplatten und Schallplattenhüllen bewältigen konnte. Die *Bertelsmann*-Tochter *Sonopress*, die vor allem für das Pressen der Schallplatten zuständig war, wurde am 22. April 1958 mitsamt Aufnahmestudios und Tontechnik eröffnet und produzierte monatlich 225.000 Platten. Zu ihnen fertigte die *Bertelsmann*-Druckerei *Mohndruck oHG* die passenden Plattentaschen, Etiketten und Aufkleber an. Der angegliederte Musikverlag der *Verlagsgemeinschaft* kümmerte sich um die weiteren Druckerzeugnisse und den Rechtehandel. Zeitgleich sorgte die Unternehmensleitung dafür, dass auch eines der vordringlichsten Ziele im Tonträgerbereich, der Aufbau des eigenen Interpretenstammes, verfolgt wurde. Zu diesem Zweck gründete *Bertelsmann* 1958 die *Bertelsmann*-Schallplattenfirma *Ariola*, die zunächst vor allem den *Lesering* belieferte.[812]

Um näher am Zentrum der deutschen Medienszene tätig zu sein, formierte sich der ‚inhaltliche Part‘ der *Ariola* unter dem Namen *Ariola Eurodisc Musikproduktion* in München "als selbständige Produktionsgesellschaft unter der Leitung von Egmont ‚Monti‘ Lüftner, einem ehemals erfolgreichen Vertriebsmitarbeiter des Leserings“.[813]

Bei der Namensfindung diskutierten die Gütersloher eine Vielzahl von Vorschlägen: „In die engste Auswahl kam schließlich der Name *Baccarola*. Dann spielten die Bertelsmänner aber die verbale Klaviatur so lange durch, bis *Ariola* geboren war.“[814] Durch den Anfangsbuchstaben A wurde die *Ariola* bei Neuaufnahmen und Gesamtprogrammen in der Regel an erster Stelle genannt, was die Platzierungen in den ‚Listings‘ verbesserte. Derartige Details waren von Bedeutung, weil es der jungen Schallplattenfirma an Lizenzen und Ver-

[811] Randow, 1985, S. 373.
[812] Vgl. Zeppenfeld, W., Tonträger in der Bundesrepublik Deutschland. Bochum 1978, S. 96ff.
[813] Rudorf, 1998, S. 77.
[814] Rudorf, 1998, S. 76.

trägen mit bekannten Interpreten ebenso fehlte, wie an guten Verbindungen zum Fachhandel.

Unter den Titeln und Alben fanden sich in der Aufbauphase der *Ariola* häufig Kompilationen von Künstlern der ‚zweiten Reihe' wie „Lale Andersen, Eddie Constantin und Zarah Leander, die der Schallplattenring bereits unter Vertrag genommen hatte".[815] Als erste Veröffentlichung der *Ariola* erschienen „»die Regenbogenkinder« mit Josephine Baker, die nur noch älteren Bürgern aus den 40ern ein Begriff war".[816]

Mit der vertrieblichen Unterstützung des *Schallplattenrings* gelang es Lüftner, einige bekannte Interpreten für die *Ariola* zu verpflichten. Der Verkaufsdruck der 200.000 Mitglieder ermöglichte es der *Ariola*, hohe Gagen an ihre Künstler zu zahlen und 1959 einen exklusiven Vertragsabschluss mit der *Deutschen Grammophon-Gesellschaft*[817] abzuschließen. Diese Vertriebssituation erlaubte es dem *Schallplattenring*, sein Repertoire erheblich zu erweitern:

> „Mit dem Vertragsabschluß zwischen dem Bertelsmann-Schallplattenring und der Deutschen Grammophon-Gesellschaft ist auf dem Schallplattenmarkt eine neue Situation entstanden, die es uns erlaubt, den Mitgliedern jetzt auch Originalaufnahmen dieses Unternehmens, auf denen exklusiv verpflichtete Weltstars zu hören sind, mit den Weltmarken »Deutsche Grammophon-Gesellschaft«, »Polydor« und »Fontana« anzubieten."[818]

Der Durchbruch für die *Ariola* gelang 1959 schließlich mit dem Riesenhit ‚*Am Tag als der Regen kam*', für den der Interpretin von ‚Dalida' der Goldene Löwe verliehen wurde.[819]

8.1.2 Aufstieg der *Ariola* zum deutschen Musik-Marktführer

Die ‚Dalida-Sensation', deren Erfolg auf das mit dem *Lesering* abgestimmte Marketing zurückzuführen war, ließ die *Ariola* in den frühen 60er Jahren an die Spitze der Hitparaden vordringen und zum ‚Protagonisten' des Deutschen Schlagers werden. Regelmäßig fiel die Presse „über den Schlagerschwachsinn (Stern) her, mit dem die „Ariola-Fuzzis" (Frankfurter Rundschau) an die Umsatzsonne wollten".[820]

---

[815] Langenbucher, 1985, S. 51.

[816] Rudorf, 1998, S. 77.

[817] Vgl. Wicke, P., Musikindustrie im Überblick. Ein historisch-systematischer Abriß. [Berlin 1997], (www2.hu-berlin.de/fpm/texte/musikind.htm), S. 15: „In Deutschland faßte nach dem Krieg als erstes Unternehmen die Deutsche Grammophon wieder Tritt, zumal ihre alten Produktionsstätten in Hannover weitgehend erhalten geblieben waren."

[818] Zitiert nach Gööck, 1968, S. 180.

[819] Am 17. November 1959 erhielt *Dalida* den Bronzenen Löwen von *Radio Luxemburg*.

[820] Bunte, 18.2.1999, S. 60: ‚Und die Erde ist doch eine Scheibe. *Ariola*, der einzige Musik-Konzern in rein deutscher Hand, feiert 40.Geburtstag.'

In der Zeit der ‚Swinging Sixties' bereitete *Bertelsmann* durch die Vervollständigung seines Schlager-Künstlerstammes die inhaltlichen und geschäftlichen Grundlagen für das weitere Wachstum ihrer Schallplattenlinie vor. Sie konnte die allgemeine Schwäche des *Ariola*-Katalogs, der noch immer hinsichtlich der Angebotstiefe bestand, jedoch nur teilweise überdecken. In rascher Folge wurden deshalb mehr Inhalte produziert.

Es entstanden neben Schlagereinspielungen gewinnbringende Operetten-Aufnahmen mit Künstlern wie *Rudolf Schock* oder *Margit Schramm*, die der *Ariola* halfen, „ihren Marktanteil ständig zu vergrößern".[821] 1962 verpflichtete *Bertelsmann* eine ganze Reihe von Künstlern, darunter den Operettendirigenten *Robert Stolz*, *Jimmy Makulis*, dessen ‚Gitarren wehen leise durch die Nacht' oberste Plätze in den Hitparaden einnahmen sowie *Jan & Kjeld*, die mit ‚Banja Boy' 1,3 Millionen Schallplatten verkauften.[822]

1965 besiegelte das Management der *Ariola* die Kooperation mit der staatlich sowjetischen Schallplattengesellschaft *Melodia* und erwarb mit deren Gesamtkatalog Originalaufnahmen klassischer Interpreten wie *Svjatoslav Richter* oder *Mstislaw Rostropowitsch*, die ihren Zugang zum Segment der klassischen Musik eröffnete. Daneben schloss die *Bertelsmann*-Plattenfirma ebenfalls einen Vertrag mit dem Berliner Label *Hansa Musikproduktion*, das von den Brüdern *Peter* und *Thomas Meisel* geleitet wurde. Mit der Vereinbarung sicherte sich *Bertelsmann* Jungstars wie *Michael Holm*, ‚*The Hollies*' oder ‚*Marion*' Interpreten, die eine jüngere Zielgruppe ansprachen.

Die Erweiterung des Repertoires in verschiedene Musikrichtungen zielte darauf ab, ein Programm aufzubauen, dessen Hauptbestandteil die Prominenz des ‚Deutschen Schlagers' bildete, das aber flankiert wurde von einer soliden Auswahl an Klassik-, Unterhaltungs- und Popmusik.

Von besonders lautem Medienecho wurde 1965 die „Zusammenarbeit zwischen dem Topstar der deutschen Unterhaltungsmusik und Bertelsmann"[823] begleitet. Der damals ungemein populäre Entertainer und Schlagersänger *Peter Alexander* wechselte von der *Deutschen Grammophon/Polydor* zur *Ariola*. Unter den *Bertelsmann*-Stars ragte neben *Peter Alexander* auch der holländische Kinderstar *Hendrik Simons*, alias ‚*Heintje*' heraus, „dessen Erfolg bisher gewohnte Dimensionen sprengte".[824] Die Singles und Alben von ‚*Heintje*' verkauften sich millionenfach und garantierten durch zahlreiche Auftritte in Spielfilmen und Fernsehsendungen medienübergreifende Präsenz und stabile Umsätze. Schon 1971 verkaufte *Ariola* mit *Heintjes* ‚Mama' über eine Million Singles – ebensoviel wie mit den Singles ‚Ich bau Dir ein Schloß' und ‚Heidschi Bumbeidschi'. Die Langspielplatte ‚*Heintje*' verkaufte sich über 2,5 Mil-

---

[821] 150 Jahre Bertelsmann. Die Geschichte in Bildern 1835-1985, S. 199.
[822] Rudorf, 1998, S. 78.
[823] Ebd. 150 Jahre Bertelsmann, S. 206.
[824] Ebd., S. 209.

lionen mal. „Der Heintje Bruttoumsatz in Deutschland, Österreich und Schweiz überschritt die 150 Millionen-Mark-Grenze."[825] Weitere umsatzbringende Schlagerstars wie *Udo Jürgens*, *Rex Gildo*, *Tony Marshall*, *Nini Rosso*, *Anneliese Rothenberger* und *Mireille Mathieu* schlossen sich an. *Bertelsmann* hatte im Tonträgermarkt eine gewisse Größe erreicht und konnte seinen Stars hohe Gagen bieten:

> „Mit jährlichen Garantiesummen bis zu 750.000 Mark, die kein Konkurrent aufbringen kann, banden die Gütersloher die teuersten und populärsten Stars des deutschsprachigen Show-Geschäfts an ihr Unternehmen: Udo Jürgens, Peter Alexander, Mireille Mathieu und Hendrik Simons alias Heintje, die von jeder Langspielplatte wenigstens 350000 Exemplare verkaufen."[826]

Ihre ‚Spitzenkünstler' katapultierten die *Ariola* bald in die vordersten Ränge der europäischen Musikindustrie und prägten ihr Programm im folgenden Jahrzehnt. Eine beliebte Methode der *Ariola* war es, erfolgreich vermarktete Hits wiederholt als Sammel- und Jubiläumsausgaben aufzulegen und Alben wie ‚Weihnachten mit Heintje', ‚Weihnachten mit Rudolf Schock', ‚Schlager-Express mit Udo Jürgens', ‚Heintje u.a.', ‚Das goldene Robert Stolz Album', ‚Peter Alexander singt Robert Stolz'[827] über den *Schallplattenring* und den Einzelhandel anzubieten.

1971 gehörte *Ariola-Eurodisc* bereits zu den sieben größten Schallplattengesellschaften in der Bundesrepublik, die zusammen bereits 133,6 Millionen Schallplatten und Musikkassetten absetzten.[828]

> „Es gibt in der Bundesrepublik sieben größere Plattengesellschaften: Deutsche Grammophon, Ariola, Electrola, Teldec, Phonogram, CBS und Metronome. (...) Die sieben großen Firmen aber teilen sich den Plattenmarkt auf. (...) Mangelnde Konkurrenz erübrigt jedes Experiment – der Hörer hat zu hören, was ihm angeboten wird."[829]

Unter diesen europäischen ‚Majors' sollte die Konzentration bald zunehmen, da der Vertrieb zusehends länderübergreifend arbeitete und sich internationalisierte. 1972 hoben die Behörden in Deutschland die Preisbindung für Tonträger auf, die bisher wie im Buchmarkt feste Preise vorgeschrieben hatte. Daraufhin wichen Zehntausende von kleinen Fachgeschäften für Schallplatten und Musikkassetten großen Vertriebskonzernen.[830]

---

825 Rudorf, 1998, S. 78.
826 Der Spiegel, 11/1970, S. 105: ‚Bertelsmann. Freundlicher Moloch. '
827 Alle Alben vorgestellt. In: Bertelsmann Lesering Illustrierte. Oktober, November, Dezember 1970, S. 67f.
828 Vgl. Wirtschaftsbericht der Phonographischen Wirtschaft. Hamburg 1971.
829 Rudorf, 1972, S. 253.
830 Vgl. Wegner, M., Musik und Mammon. Die permanente Krise der Musikkultur. Baden-Baden 1999, S. 203.

Ariola	
Deutschland	**Österreich**
Ariola Eurodisc GmbH, München	Ariola Schallplatten GmbH, Wien
Arabella Musikverlag, München	Ufa-Werbefilm GmbH, Wien
Universum Film GmbH, Gütersloh	
Wiener Bohème Verlag GmbH, Berlin	
Dreiklang-Dreimasken, Bühnen- u Musikverlag GmbH, ,Berlin	**Benelux**
Ufaton-Verlagsgesellschaft mbH, Berlin	Ariola Eurodisc Benelux B.V. Haarlem
Musik-Edition Discoton GmbH, München	Edition Arabella Benelux C.V. Haarlem
Bavariaton-Verlag GmbH, München	
Ufa-International GmbH, München	**Frankreich**
Ufa-Werbefilm GmbH, Düsseldorf	Editions Musicales Arabella S.A.R.L. Neuilly
AQUARIUS-Film GmbH, Düsseldorf	
AQUARIUS-Film GmbH & Co. KG, München (75%)	
Ufa-Werbefilm GmbH & ATB Ton+Bild mbH, Düsseldorf (80%)	**Spanien**
Ufa-Fernsehproduktion GmbH, Berlin	Ariola Eurodisc bS.A. Barcelona
Bertelsmann Fernsehproduktion, Inhaber R. Mohn, Berlin	Arabella-Ediciones Musicales A.A., Barcelona
Videophon Gesell. f audiovisuelle Kommunikationsmittel, München	Eurocinta S.A., Barcelona
Kommanditgesellschaft Videophon München	

Abb.14. ***Ariola*** **1973/74**[831]

Mitte der 70er Jahre behauptete die *Ariola*, wie der *Bertelsmann*-Geschäftsbericht wissen ließ, dank „guter Repertoire-Politik und marktgerechter Preisanpassungen ihre hervorragende Position auf dem deutschen Markt erfolgreich".[832] Sie war auf dem Weg dahin, sich mit ihren Dependencen zu einem der führenden Unternehmen der Musikindustrie in Europa zu entwickeln. Es gelang, den Erfolg der *‚Buch- und Schallplattengemeinschaften‘* auf die *Ariola* zu übertragen und sie zum expansivsten deutschen Tonträger-Unternehmen zu machen, das „rund 3000 Titel aus allen Bereichen der Pop- und der klassischen Musik führte"[833] 1974 lag der Anteil der „drei führenden Tonträgerunternehmen PolyGram, Bertelsmann und EMI-Electrola (...) bei knapp 70 Prozent"[834] und *Bertelsmann* meldete hervorragende Ergebnisse für seine Musik-Unternehmen: „Alle Bereichsfirmen haben ihre Umsatzplanung gut realisieren können. (...) im Bereich der deutschen Schlagermusik festigte die Ariola ihre in der Bundesrepublik führende Stellung."[835]

[831] Entn. aus BG 1973/74.
[832] BG 1973/74, S. 12.
[833] Von der Schallplatte zur Audiovision, zur Lage des bundesdeutschen Phonomarktes. In: Media Perspektiven, 1/1981, S. 23.
[834] Ebd., S. 23.
[835] BG 1975/76, S. 25.

8.1.3 Internationale Arbeit als Existenzgrundlage

In den 60er und Anfang der 70er Jahre waren national bekannte Künstler wie *Peter Alexander* noch von maßgeblicher Bedeutung. Dies änderte sich im Zuge der beginnenden Globalisierung seit Mitte der 70er Jahre. Die weltweiten Erfolge der ‚*Beatles*' hatten neue Maßstäbe gesetzt, so dass sich das Musikgeschäft veränderte. Die über lokale Märkte hinausgehende Vermarktung von Tonträgern erforderte transnationale Organisationen mit „über den Erdball verteilten Fabriken für verschiedene Tonträger- und Distributionszentren".[836] *Bertelsmann* beschloss, „mit bewährten Führungsgrundsätzen und verbesserten Methoden des Vertriebes und der Technik verstärkt auf Auslandsmärkten tätig zu werden".[837] Über seine ‚*Lese- und Schallplattengemeinschaften*' verstärkte das Medienhaus die Internationalisierung und arbeitete seinen Plattenfirmen im Ausland mit den firmeneigenen Club- und Filialnetzwerken zu.[838] Nach diesem Prinzip unterstützte der Vertrieb die *Ariola*-Dependencen in den Niederlanden (1969), Spanien (1970), Frankreich[839] (1973), Belgien (1976), Mexiko, Schweiz und Großbritannien (1977), die von Lüftner und seinem Team „zuweilen aus dem Boden gestampft wurden".[840] Reinhard Mohn selbst kommentierte in den *Bertelsmann*-Briefen die Notwendigkeit der Internationalisierung im Tonträger-Bereich und betonte die gute, internationale Reproduzierbarkeit des Produkts ‚Musik':

> „Besonders wichtig und unerlässlich war die Internationalisierung für unsere Schallplattenfirma. Aufgrund der sehr viel leichteren internationalen Austauschbarkeit des Produktes Musik sind hier ähnliche Voraussetzungen gegeben, wie Sie sie aus den Bereichen des Films und des Fernsehens kennen. Für den Musikbereich ist die internationale Arbeit nicht eine Alternative, sondern eine Voraussetzung der Existenz."[841]

Durch Lizenz-Kooperationen mit amerikanischen und englischen Labels wie *A&M Records*, *Island Records*, *Virgin Music* und *MCA,* sorgte die *Ariola* bei steigendem Interesse an englischsprachigen Titeln für inhaltlichen Nachschub, weit über ihr eigenes Sortiment hinaus. „Internationale Produktversorgung war für uns eine Existenzfrage"[842], stellte Lüftner fest, der sich seit Anfang der 70er

---

[836] Schmidt, C., Organisation der Majors. In: Moser, R; Scheuermann, A. (Hg.), Handbuch der Musikwirtschaft. München 1992, S. 109.

[837] Vgl. BG 1973/74, S. 11.

[838] Vgl. musik, 553/1975, S. 6: Die Konzerntöchter sind im Vorteil: Den 4 Millionen Club-Mitgliedern in Deutschland wurde „eine gemessen am Gesamtmarkt überproportionale Anzahl an Ariola-Tonträgern offeriert und in den Auslandsgesellschaften war dies nicht anders."

[839] Die französische Firma wurde aufgrund von Schwierigkeiten mit der Rechtesituation nicht *Ariola,* sondern ‚*Arabella Frankreich*' genannt.

[840] Rudorf, 1998, S. 79.

[841] Mohn, R., Reinhard Mohn, Internationalisierung als verlegerische Aufgabe. In: Bertelsmann Briefe, 94/1978, S. 35.

[842] Zitiert nach: Rudorf, 1998, S. 79.

Jahre darauf konzentrierte, das internationale Netzwerk der *Ariola* zu erweitern. Es gelang der *Ariola* bald darauf, „die wichtigsten westeuropäischen und lateinamerikanischen Märkte zu erschließen"[843] und mit der *Ariola America Inc.*[844] 1976 auch auf dem US-amerikanischen Markt, dem größten Tonträger-Markt der Welt, präsent zu sein. Der Ableger *Ariola America Inc.* schaffte es jedoch nicht, nennenswerte Ergebnisse zu erzielen und musste nach nur einem Jahr wieder geschlossen werden.

Nachdem alle nationalen und internationalen *Bertelsmann*-Musikunternehmen 1977 im eigenen Vorstandsbereich ‚*Musik, Film, Fernsehen*' zusammengefasst und mit den anderen Unternehmensbereichen gleichgestellt worden waren, gab die *Ariola* bekannt, dass man den US-Markt keineswegs aufgegeben werde. Vielmehr mündete der Versuch, in den USA Fuß zu fassen, 1980 im Kauf des bekannten und „vor allem im Rock- und Pop-Mainstream aktiven amerikanischen Label *Arista Records"*.[845] Deren Muttergesellschaft *Columbia Pictures* hatte sich von ihrer ‚Tochter' trennen wollen und verkaufte *Arista* nach langen Verhandlungen für 50 Millionen Dollar. Die Übernahme war für *Bertelsmann* notwendig geworden, da „das stark von der englischsprachigen Pop-Musik beeinflusste Schallplattengeschäft einfach zur Internationalisierung" zwang.[846] Durch den Erwerb wurde „sowohl Repertoire für den amerikanischen Markt aufgebaut als auch die anderen Bereichsfirmen mit verkaufsträchtiger Arista-Musik versorgt".[847] Mit Künstlern wie *Dionne Warwick*, *Barry Manilow*, *Alan Pa*rsons oder *Air Supply* erreichte *Bertelsmann* nun Ende der 70er Jahre, auf dem Höhepunkt der Disco-Welle, vordere Plätze in den US-Charts.

Zu diesem Zeitpunkt begann sich bereits ein struktureller Wandel im Tonträgermarkt anzudeuten.[848] Die Verbraucher seien nach dem allgemeinen Hochpunkt im Musik-Business weltweit wählerischer geworden, merkte Lüftner in seinem Jahresbericht 1980/81 an und sie hätten ihr Konsumverhalten verändert.

> „Früher dominierte eine bestimmte Musikwelle und garantierte hohe Verkaufszahlen. Heute muß das Repertoire breit gestreut sein, um auf die vielseitigen Wünsche des Publikums eingehen zu können. (...) Durch Werbekampagnen in

---

843 Bertelsmann (Broschüre), Zentrale Presse und Informationsabteilung (Hg.), Gütersloh 1977, S. 6.

844 BG 1975/76, S. 27: „Mit Beginn des Geschäftsjahrs nahm die Ariola America Inc. in Beverly Hills ihre Tätigkeit auf. Bereits im ersten Geschäftsjahr konnten einige Künstler im Mittelfeld der amerikanischen Single-Hit-Paraden platziert werden (...). Es zeigte sich jedoch, daß die ursprünglich geplanten Investitionen im Promotion- und Produktionsbereich zu niedrig angesetzt waren."

845 Vgl. Wicke, P., Musikindustrie im Überblick. Ein historisch-systematischer Abriß. [Berlin 1997], (www2.hu-berlin.de/fpm/texte/musikind.htm), S. 1.

846 Frankfurter Allgemeine Zeitung, 3.10.1979, S. 15: ‚Ariola kauft Arista.'

847 BG 1980/81, S. 40.

848 Vgl. Hirch, W., Schallplatten zwischen Kunst und Kommerz. Wilhelmshaven 1987, S. 199ff.

> Radio und Fernsehen sprechen wir zwar breitere Käuferschichten an; es ist jedoch teurer als früher, ein gutes Produkt am Markt durchzusetzen."[849]

Erstmalig waren die internationalen Tonträgermärkte 1980 „von bisher nicht gekannten rezessiven Tendenzen gekennzeichnet".[850] Die allgemeine, schlechte wirtschaftliche Lage wirkte sich negativ auf die Nachfrage von Tonträgern aus. Hinzu kam das Angebot an Niedrigpreis-Tonträgern, die Unsicherheit der Verbraucher in Anbetracht neuer, aufkommender technischer Systeme wie der *Compact Disc* (CD)[851] sowie das Problem des Raubkopierens[852] durch Kassetten.

Im Vergleich zu seinen Wettbewerbern war *Bertelsmann* mit der stabilen Vertriebsplattform seiner internationalen Buch- und Schallplattenclubs im Vorteil gegenüber seinen Wettbewerbern, musste aber ebenfalls zurückgehende Umsätze eingestehen. Daher wurden Mitarbeiter gekündigt, die Abläufe im Produktmanagement überarbeitet und das Programm mehr auf Top-Seller fokussiert.[853] Unerwartete Sorgen machte im rezessiven Umfeld auch der so wichtige amerikanische Markt mit dem *Arista*-Label. Dieses schrieb 1982 trotz Restrukturierung hohe Verluste. Deshalb wurde im Rahmen eines Joint Ventures 50 Prozent von *Arista* an den amerikanischen ‚Phono-Giganten'[854] *RCA*, die Nummer fünf im weltweiten Tonträgergeschäft, für 30 Mio. Mark veräußert.[855] Durch die mit dem Teilverkauf eingeleitete Fusion erreichte die *RCA/Ariola* eine bessere Position im weltweiten Tonträgermarkt und verbesserte sich auf den dritten Rang unter den internationalen ‚Majors'.

> „Sollte der Zusammenschluß gelingen, womit Lüftner bis zum Ende des Jahres rechnet, würde RCA/Ariola, bisher an Platz 5 und 6 in dem etwa 9 Mrd. $ umsatzstarken Tonträgermarkt, hinter Warner/Polygram und CBS gleichauf mit der britischen EMI auf Rang 3 rutschen."[856]

---

849 BG 1980/81, S. 39.

850 Media Perspektiven, 1/1981, S. 23.

851 Vgl. Zombik, P., Die Schallplatte. Kulturträger- u. Wirtschaftsfaktor. In: Media Perspektiven, 7/1987, S. 443.

852 Eine von der British Phonograph Industry (BPI) schätzte 1981 für den britischen Markt Umsatzverluste durch ‚Hometaping' von ca. 1,3 Milliarden DM; Zitiert nach BG 1981/82, S. 43.

853 BG 1982/83, S. 44.

854 Vgl. Handelsblatt, 13.6.1984: ‚Internationale Kooperation von Ariola und RCA. '

855 Hohenthal, C., Riesen rücken näher zusammen. Vier Konzerne wollen ihre Musiksparten fusionieren. In: Die ZEIT, 31/1984, S.19: „Arista, der amerikanische Zweig der Bertelsmann Schallplattenfirma Ariola, hatte noch 1982 einen Verlust von knapp dreißig Millionen Mark abzubuchen. Daraufhin verkaufte die Gütersloher Mutter im März vergangenen Jahres (1983, TL) die Hälfte des erfolglosen Unternehmens an RCA."

856 Handelsblatt, 13.6.1984: ‚Internationale Kooperation zwischen Ariola und RCA. '

Unzweifelhaft entwickelte sich Arista nach der Gründung des Joint Ventures zum ‚Toplabel' in den USA: „Das war vor allem einer Künstlerin zu verdanken, die in diesen Jahren ihr sensationelles Debut feiert: Whitney Houston."[857]

Das Wissen von *Bertelsmann* über den US-Markt hatte offenkundig vor der Fusion mit der *RCA* noch nicht ausgereicht, um sich im US-Tonträgergeschäft mit zufriedenstellenden Ergebnissen durchzusetzen. Wenn die attraktiven Interpreten schon rar gesät seien, kommentierte die *Zeit*, „dann können Fachleute, die die Hörgewohnheiten eines Landes genau kennen, sie leichter entdecken als eine ausländische Mutterfirma".[858]

8.2 Aufstieg zum Major Label und Ende der ‚fetten Jahre'

8.2.1 Von der *Ariola* zur globalen *Bertelsmann Music Group*

Ende 1983 begann die Rezession abzuebben und die Märkte erholten sich langsam. Impulse im Musikmarkt kamen von innovativen Werbeformen wie dem Musikvideo[859] und dem neuen Tonträger CD.[860] Die Konsumenten kauften mit ihrem „wiedergewonnenen Optimismus"[861] mehr ein, und die gesamte Produktion der Tonträgerindustrie zog an. Allerdings nahm die Fragmentierung des Marktes weiter zu. Die Hörerschaft zerfiel in viele verschiedene Gruppierungen mit disparaten Stilen und Geschmäckern. Dadurch stiegen auf Marketing-, Produktions- und Vertriebsseite die Kosten, worauf die Majors mit verstärkter Konzentration reagierten. Wie die *Ariola* schlossen sie sich in rentableren Verbünden zusammen.[862] *Bertelsmann* hatte während der Verhandlungen zum *RCA/Ariola*-Joint Venture bereits Interesse an der Übernahme des amerikanischen Musikkonzerns bekundet. Nun plante das Medienhaus die *RCA/Ariola* ganz zu kaufen und zu integrieren.

---

[857] Die Pop-Sängerin wurde im April 1983 mit 19 Jahren von *Arista*-Gründer Clive Davis unter Vertrag genommen und bescherte der *BMG* bis Mitte der 90er Jahre 100 Millionen Dollar Gewinn. Vgl. Bmgentertainment.de, [6.3.2002], (Rubrik: History – die Achtziger).

[858] Hohenthal, 1984, S.19.

[859] Der Musikkanal MTV wurde als Joint Venture von *American Express* und *Warner Communications* 1981 gegründet.

[860] BG 1983/84, S. 16: *Bertelsmann* setzte mit seinem Bereich *Musik, Film Fernsehen* zu diesem Zeitpunkt insgesamt eine halbe Milliarde DM um. *Musik, Film, Fernsehen*: 498,9 Mio. Deutsche Mark.

[861] BG 1984/85, S. 54.

[862] Zur Veranschaulichung sei bemerkt, dass allein die *Sonopress* in Gütersloh 1985 täglich 250.000 Langspielplatten, 100.000 Singles, 100.000 Musikkassetten, 4000 Videokassetten und jährlich 100.000 CD's herstellten. Vgl. Randow, 1985, S. 372.

„Bertelsmann möchte besonders RCAs Erfahrungen mit Musik-Videos nutzen. Viele Bands werden heute berühmt, nur weil es gute Clips von ihnen gibt – kurze Videofilme, in denen die Musiker mit viel Bewegung und raffinierten elektronischen Tricks ihre Songs darbieten. In Amerika sind diese Filme längst ein gutes Geschäft und auch die deutschen Jugendlichen scheinen immer mehr auf den Geschmack zu kommen. Die Musik kann ruhig schlecht sein, Hauptsache der Clip kommt rüber.“[863]

Nach langwierigen Verhandlungen mit *General Electric*, dem Besitzer der *RCA*, gelang *Bertelsmann* die einvernehmliche Komplettübernahme des US-Unternehmens. Das Medienhaus erwarb 1986 für 330 Mio. US-Dollar die noch verbleibenden 75 Prozent des *Ariola/RCA*-Joint Ventures, mitsamt dem amerikanischen RCA-Schallplattenclub.[864] Danach wurden alle Musik-, Rundfunk- und Tonträgerproduktionsfirmen[865] in einem Bereich zusammengefasst. Die neue *Bertelsmann Music Group* (BMG) avancierte so „binnen kürzester Frist zu einem der Größten der Branche“.[866] Sitz der Zentrale war nicht mehr München, sondern New York, wo die Bereichsleitung nach einiger Zeit in das 44stöckige *Bertelsmann*-Hauptquartier direkt am New Yorker Time Square einzog. Dort residierte die *BMG* gemeinsam mit der Verlagsgruppe *Bantan-DoubledayDell* und machte Ende der 80er Jahre einen Umsatz von über 3 Mrd. Mark.[867] Die Neuformierung des Bereichs wurde genutzt, um unrentable Produktionsstätten der Musiklinie, beispielsweise ein Plattenpresswerk in den USA, zu schließen und die Gesamtorganisation zu restrukturieren.[868] Mit den Maßnahmen wurden Strukturen geschaffen, die den Anforderungen der fortgesetzten Internationalisierung gewachsen waren und dem Wahlspruch "act local, think global“[869] gerecht wurden. Das Netzwerk der *BMG* musste die kre-

---

[863] Hohenthal, 1984, S.19.

[864] Nur ein Jahr später, 1988, übernahm der *Sony*-Konzern die *CBS Records* für 2 Milliarden US-Dollar und gründete *Sony Music*, die 1990 bereits einen Weltmarktanteil von 18 Prozent erreichten.

[865] BG 1990/91, S. 48: „Die Tagesproduktion überstieg zum Teil eine Million Tonträger. Der stark anwachsenden Nachfrage nach der Compact Disc stand eine gleichbleibende Produktion von Musikkassetten und ein deutlich zurückgehendes Geschäft mit traditionellen Schallplatten gegenüber. (...) Gefertigt wurden 1990/91 171 Millionen Singles, davon 73 Millionen CDs, 51 Millionen Musikkassetten, 34 Millionen Langspielplatten und 13 Millionen Singles.“

[866] Wicke, P., Vom Umgang mit Popmusik, [1993], (www2.hu-berlin.de/fpm/texte/popindu.htm). Darin: Pop-Musik als Industrieprodukt.

[867] *BMG 1987/88*: 2,582 Mrd. DM; *BMG 1990/91*: 3,391 Mrd. DM; *BMG 1993/94*: 5,944 Mrd. DM.

[868] BG 1987/88, S. 31.

[869] Musikalisch schafft die *Ariola* Ende der 80er Jahre mit nationalen Produktionen den Sprung in die internationalen Charts. David *Hasselhoff* wurde 1989 mit seiner Single "I've Been Looking for Freedom" zum gefeierten Star und verkaufte mehr als 5,5 Millionen Einheiten. Das Duo *Modern Talking*, von und mit *Dieter Bohlen*, landete mehrere internationale Hits und erzielte 41 Millionen verkaufte Tonträger weltweit. *Milli Vanilli*, ein Projekt des Produzenten *Frank Farian*, erreichte vor allem in den USA vorderste Hitparadenplatzierungen. Mit drei Alben und sieben Singles verkauften *Milli Vanilli* mehr als 18,5 Millionen Einheiten.

ative Produktion dezentral und die Distribution zentral steuern, um mit den Wettbewerbern wie *Warner* und *EMI* mitzuhalten. Bertelsmann hatte die Vorbereitung zur Internationalisierung zum richtigen Zeitpunkt eingeleitet, kurz bevor große Elektronikkonzerne den Musikmarkt für sich entdeckten. Spektakuläre, milliardenschwere Akquisitionen tätigten beispielsweise *Sony* 1988 mit dem Kauf der amerikanischen *CBS-Music* und *Mathsushita* 1990 durch den Kauf der *MCA*.[870] Wie diese neuentstandenen, in Großkonzerne eingebetteten ‚Majors' expandierte auch die *BMG* neben ihrem großen Zusammenschluss *Ariola/RCA* mit Hilfe zahlreicher, kleinerer Unternehmenszukäufe und Neugründungen und hielt 1991 insgesamt 14 Prozent des Weltmarktes.[871] Dieser Weltmarktanteil verbarg nicht, dass eine der wichtigsten, strategischen Regionen von der *BMG* unerschlossen geblieben war. In der asiatisch-pazifischen Region mit ihren schnell „steigenden Einkommen"[872] und noch heranwachsenden, bald einkaufsbereiten „riesigen Mengen an Teenagern"[873] war *Bertelsmann* mit seinen Musikfirmen nicht vertreten. Das ‚Territorium' wurde von *BMG*-Chairman Dornemann[874], dem Nachfolger von Monti Lüftner, zum Hauptziel der Wachstumsbestrebungen der *BMG* erklärt. Eine Expansionswelle begann, die in Japan ihren Anfang nahm. Die *BMG* passte sich dazu den lokalen Gegebenheiten an: „In Japan sind wir eine japanische Firma mit japanischen Mitarbeitern, die japanische Musik produzieren."[875] In einem Joint Venture mit der *Japan Victor Company (JVC)* führte die *BMG* den ersten japanischen „Bertelsmann-Brückenkopf im Fernen Osten schon im ersten Jahr in die Gewinnzone".[876] Wenig später akquirierte die *BMG* zuerst das im asiatischen Raum bedeutendste, unabhängige Label *Fun House* (Japan)[877], dann das Unternehmen *Elite Music* (Taiwan) und die Firma *Music Impact* (Hongkong).

---

[870] Lüftner, E., Weltmusikmarkt. In: Moser/Scheuermann, 1992, S. 24: „Im Juni 1990 erwirbt der japanische Hardware-Gigant Matsushita für über 6 Mrd. Dollar den Entertainment-Konzern MCA."

[871] Schmidt, C., Organisation der Majors. In: Moser, R., Scheuermann, A., Handbuch der Musikwirtschaft, München 1992, S. 79f.

[872] Gassner; R., Weltmusikmarkt. In: Moser/Scheuermann, 1997, S. 17.

[873] Gassner, 1997, S. 17.

[874] Dornemann wechselte vom *Unternehmensbereich Druck und Industriebetriebe* (UDI), wo er kaufmännischer Bereichsvorstand gewesen war, 1983 in den *Unternehmensbereich Musik/Film/Fernsehen.*

[875] Rudi Gassner, damaliger Chef des internationalen *BMG* Geschäfts; Zitiert nach: Schuler, T., Die Auslands-Bertelsmänner. In: Jahrbuch Fernsehen 1996/97. Frankfurt 1997, S. 20.

[876] BG 1987/88, S. 30.

[877] Gassner, 1997, S. 23: Der Kauf von Fun House, einem der größten unabhängigen Label Japans, stellte die erste Übernahme eines größeren örtlichen Labels dar und war „ein Zeichen dafür, was sich in Zukunft in diesem Teil der Welt ereignen wird".

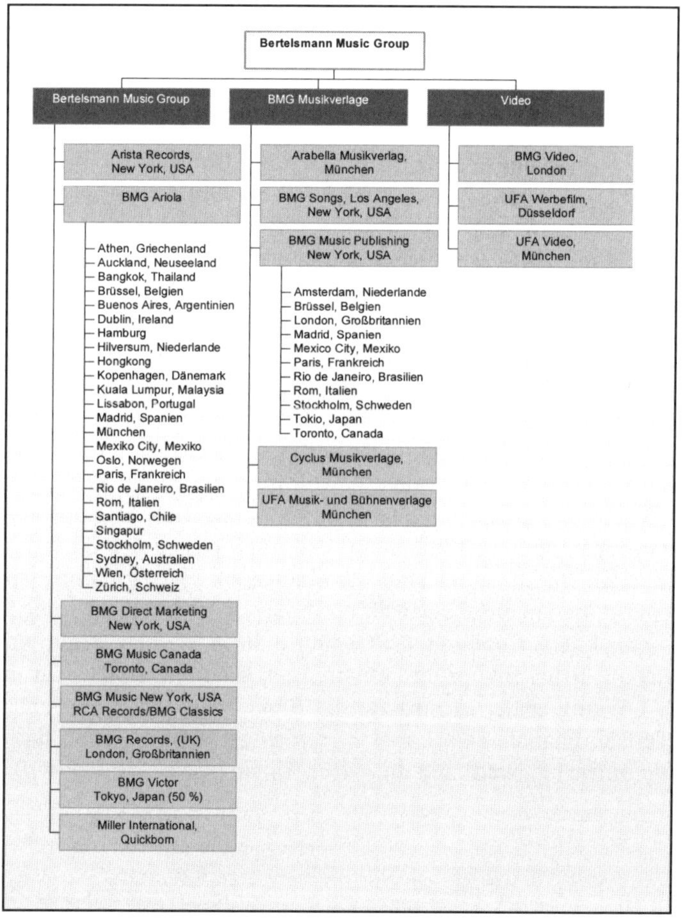

Abb.15. Bereich *Musik + Video/BMG* 1989[878]

Mitte der 90er Jahre hatte die *BMG* ihre Präsenz insgesamt auf 40 Länder erweitert und verzeichnete in der Region ‚Asien-Pazifik', besonders in den Ländern Japan, Thailand, den Philippinen, Indonesien, Korea und China erhebliche Zuwächse.[879] Neben dem ‚asiatisch-pazifischen' Wachstumsschwerpunkt wuchs die *BMG* ebenfalls in anderen Teilen der Welt weiter. Zahlreiche

---

[878] BG 1988/89, Einband.

[879] Asien erreichte 1995/96 bereits 12% des Gesamtumsatzes. Vgl. BG 1995/96, S. 35f: „BMG Superstars im asiatisch-pazifischen Raum sind *E-Kin Cheng*, *Winnie Lau*, *Roman Tam* und *Masahura Fukuyama*. Von *Sha-Ran-Q* aus Japan wurden mehrere Millionen Alben und Singles verkauft."

kleinere und mittelgroße Musikfirmen wurden erworben, beispielsweise in Europa, wo die *BMG* für 250 Mio. das 1808 gegründete, größte noch unabhängige Label Italiens, die *G.Ricordi S.p.A.* übernahm.[880] Das Wachstum begleitete der Ausbau der Vertriebsaktivitäten, wie die des Musikclubs *BMG Music Service*, der sich zum weltweit größten Direktmusikvertrieb entwickelte.

Allgemein sprach die Musikindustrie in ihrem 1990 herausgegebenen ‚Handbuch der Musikwirtschaft' von einem buchstäblichen ‚Kaufrausch', der die Konzentration bedeutend beschleunigte: „Das unabhängige Musikunternehmen wurde so etwas wie eine gefährdete Spezies."[881] Allein zur *BMG* gehörten Mitte der 90er Jahre über 200 dezentral geführte Labels, zahlreiche Musikverlage, Filmproduktionen, Musikclubs und Tonträgerhersteller.[882] Nichts desto trotz war die *BMG* im aggressiven, globalen Wettbewerb ‚nur' einer der Mitspieler der Branche. Der Gesamtmarkt stellte sich nach zahlreichen Fusionen und Aufkäufen wie folgt dar: Es führten die beiden ‚Titanen' der Musikindustrie, *Time Warner* und *Sony*, dann die durch Mischkonzerne aufgekauften Labels *Polygram*, *EMI* und *MCA* und „schließlich der Außenseiter, der alles besser zu wissen glaubt: eben Bertelsmann".[883]

Was die *BMG* in diesem Umfeld auszeichnete, waren ihre Vertriebsstrukturen und ihre kommunikative Managementkultur, die sie ihrem Mutterkonzern zu verdanken hatte. Dank der Erfahrung in anderen Bereichen wie den Buch- und Medienclubs, hatte *Bertelsmann* frühzeitig für Komplexitätsreduzierung innerhalb der *BMG* gesorgt. Wie in den anderen Bereichen half die Einführung von Steuerungsmechanismen für das stets wachsende Gebilde *BMG* mit seinen zahlreichen Tochterfirmen. Neben Berichtswesen, Controlling und Personalwesen verbanden die elektronischen Medien die einzelnen dezentralen Einheiten.

Als Manko identifizierte die Unternehmensleitung allerdings das Ideengebäude, das diesen ökonomischen Apparat zusammenhielt. Deshalb galt es nun, laut *BMG*-Chairman Dornemann, die verschiedenen Gruppierungen des Unternehmens mit Hilfe eines besonderen gemeinsamen Pflichtbewusstseins zum ‚Home of the Artists' zu machen. Damit meinte Dornemann besonders die Pflege und den Aufbau der ‚Stars', auf die sich wie im Verlagssektor die wirklich einträglichen Tonträgerverkäufe konzentrierten. Die ‚Top-Stars' bestritten den Löwenanteil des Umsatzes, weshalb sie im übertragenen Sinne auf dem Weg noch mehr ‚gehegt und gepflegt' werden sollten als bisher. Weltbekannte Interpreten wie *Whitney Houston*, *Eros Ramazotti*, *Toni Braxton*, *Carlos San-*

---

880 Mit G. Ricordi gingen die Rechte an zahlreichen italienische Künstler in den Besitz der *BMG* über. Darunter *Marko Masini*, *Gianna Nannini*, *Fabrizio de André* und *Antonello Venditti*, außerdem Originalmanuskripte berühmter klassischer Komponisten wie *Rossini*, *Puccini*, *Donizetti* und *Verdi*. Vgl. BG 1993/94, S. 31f.

881 Gassner, 1997, S. 17.

882 Vgl. Anh. 14.2.

883 Schuler, 1997, S. 19.

tana, die *Eurythmics*, *Lisa Stanfield*, *Take That* oder *Snap* erwirtschaften für die *BMG* neben lokalen Topstars wie *Masaharu Fukuyama* (Japan), *So Pra Contrariar* (Brasilien), *Ana y Victor* (Spanien) oder *Peter Maffay* (Deutschland), um nur einige zu nennen, bis Mitte der 90er Jahre stabile Gewinne. Nur diesen „Megahit-Künstlern“[884] sei es zu verdanken, dass die *Bertelsmann*-Musiksparte in der Musikszene den Ruf genoss, „ein ‚heißes, weil aufregendes und entwicklungsstarkes Unternehmen zu sein“.[885] Als solches musste die *BMG* „mehr sein als eine leistungsfähige Distributionsmaschine, die (...) Absatzwege erschließt“.[886]

Dennoch galt die *BMG* mit ihrem Umsatz von mehr als 7,3 Mrd. Mark 1995 als die ‚Cash Cow‘ im *Bertelsmann*-Konzern. Über sie profitierte *Bertelsmann* von einer der am stärksten boomenden Branchen des Konsumgütermarktes, die von 1985 bis 1995 jährliche Wachstumsraten von durchschnittlich 12 Prozent erreichte, weltweit 3,3 Mrd. Tonträger-Einheiten absetzte und 40 Mrd. US-Dollar erwirtschafte.[887] Besonders der konstant höhere Preis, den der Hörer für die CD im Vergleich zur Kassette und LP bezahlten[888], hatte dazu geführt, dass die „Umsätze sich in den letzten zehn Jahren vervierfachten“.[889]

8.2.2 Das Ende der ‚fetten Jahre‘

Ihr zehnjähriges Jubiläum konnte die *BMG* mit einem Rekordumsatz von 7,3 Mrd. Mark feiern, getragen von der ‚Macarena‘-Welle des spanischen Duos ‚*Los del Rio*‘, das weltweit 10 Millionen Alben verkaufte.[890] Euphorisch sprach der interne ‚Aktuelle Dienst‘ von Rekorden in aller Welt und berichtete von 30 *BMG*-Künstlern, die jeweils mehr als eine Million Exemplare absetzten. Die *BMG* feierte außerdem ihre 20-Prozent Beteiligung an der „weltgrößten unabhängigen Musikorganisation (...) Zomba“[891] und erreichte mit der *Sonopress*-Tagesproduktion von 2,5 Millionen Tonträgereinheiten einen Rekord, der den Tonträger-Hersteller zum zweitgrößten der Welt machte. Die ‚Welt‘

[884] BG 1993/94, S. 30.
[885] Ebd., S. 30.
[886] Ebd.
[887] Gassner, 1997, S. 17.
[888] Rötzer, F., Musikkonzerne wegen illegaler Preisabsprachen verklagt, [9.8.2000], (www.telepolis.de/deutsch/inhalt/musik/8514/1.html): „In den USA haben 28 Bundesstaaten gegen 5 große Plattenfirmen und zwei Musikketten Klage wegen illegaler Preisabsprachen erhoben. Sie hätten dazu geführt, dass die Kunden seit 1995 höhere Preise für CDs zahlen mussten.“
[889] Gassner, 1997, S. 18.
[890] Bertelsmann, Aktueller Dienst. BMG Entertainment (Musik): Höhepunkte 1997, S. 2.
[891] Ebd., S. 3.

schrieb in einem Artikel über die *BMG*, dass das Angebot der Gruppe mittlerweile unüberschaubar sei.[892]

Wie in den späten 70er Jahren deutete sich auf diesem Kulminationspunkt für die gesamte Musikindustrie ein Trend zum Negativen hin an, der auf die Entwicklung der neuen digitalen Medien zurückgeführt wurde.[893]

Deren Auswirkungen waren dann ab Mitte der 90er Jahre immer mehr zu spüren. Für wie brisant die gesamte Branche die Entwicklung hielt, zeigte der illustrative Vergleich der neuen digitalen Möglichkeiten mit der Kernspaltung: „Die Atombombe sei explodiert, wie die sinkenden Umsatzzahlen bewiesen."[894] Die Musikbranche stehe am Scheideweg: „Seit Mitte der 90er-Jahre nimmt das Tonträgergeschäft ab."[895] 1998 war das letzte ‚fette' Jahr der „goldenen Ära vor der Erfindung des CD-Brenners und des netzkompatiblen Datenschrumpfformats MP3".[896]

Im gleichen Jahr bezifferten die deutschen Musikfirmen den durch ‚Musik'-Piraterie entstandenen Verlust, besonders bei den attraktiven, jungen Zielgruppen auf noch erträgliche 120 Mio. DM. Für das erste Halbjahr 1999 konstatierten sie bereits einen Rückgang des CD-Umsatzes von annähernd 10 Prozent.[897] *Bertelsmann* bekundete im selben Jahr, dass der Welt-Musikmarkt insgesamt stagnierte und konstatierte ein ‚schwieriges Marktumfeld' mit ‚strukturellen Schwächen' bei einem Rückgang von 7,6 Prozent des Umsatzes und einem Verlust von 6 Mio. Euro.

Weltweit, so stellten Marktforscher fest, summierten sich die heruntergeladenen Titel 2002 auf 3,5 Milliarden kostenlose Downloads aus dem Netz. Die dominierenden Musikfirmen *Universal, Warner, EMI, SonyMusic* und *BMG* sahen aufgrund dieser Tendenzen „zunehmend ihr gesamtes Geschäftsmodell in Frage gestellt, da Musik, wie jeglicher in Bits und Bytes zerlegbare *content*, zu den über Datenleitungen nicht nur bestell-, sondern auch liefer- und konsumierbaren Gütern gehörte".[898]

Auswege aus der Krise sah Thomas Middelhoff Ende der 90er Jahre in weiteren Zusammenschlüssen der ‚Majors' untereinander und dem Symbol der ‚Bedrohung', der ‚Filesharing'-Börse *napster*. Gegen sie hatte *Bertelsmann*

---

892 Die Welt, 25.9.1998, S. 32: ‚Ariola. Es begann mit einem Misserfolg.'

893 Zeit-Gespräch mit Thomas Middelhoff. In: Die ZEIT, 46/2001: „Wir hätten es alle wissen können: Irgendwann haben die Hörer ihre Platten durch CDs ersetzt. Dann nimmt das Wachstum ab - und man muss mehr auf der Kostenseite tun."

894 Krempl, S., [3.9.1999], (www.telepolis.de/deutsch/inhalt/te/5257/1.html): ‚Hiroshima der Musikindustrie, mp 3 und die Folgen.'

895 Focus, 7/2000, S. 226: ‚Aus dem Takt geraten. Misstöne bei Bertelsmann. '

896 Gröbchen, W., [23.8.2002], (www.telepolis.de/deutsch/inhalt/musik/13138/1.html): ‚zu kunfts-musik.com!?'

897 Vgl. Wisskirchen, H., [14.2.2000], (www.music-journal.com/htm/medien/ mp3_1.htm.): ‚MP 3 – das neue Audioformat.'

898 Vgl. Gröbchen, 2002.

mit anderen Konzernen 1999 vor Gericht geklagt.[899] *Napster* expandierte seitdem mit beispielloser Dynamik und erreichte im Jahr 2000 40 Millionen Mitglieder, die gegenseitig Musikstücke tauschten.[900] Ende Oktober 2000 beteiligte sich *Bertelsmann* über die *eCommerce Group (BeCG)* an *napster*, mit dem Plan, die Tauschbörse für sich nutzbar zu machen, nachdem die Versuche, gemeinsam mit anderen Plattenfirmen eine Online-Initiative zu starten, gescheitert waren. Auf der Musikmesse *Popkomm* tadelte Middelhoff, „die Musikindustrie habe auf die Herausforderungen durch *Napster* und Co. nicht mit einer ‚Nach-Vorne-Strategie', sondern nur mit einer ‚Abwehrhaltung und Distanz' reagiert".[901] Mit seinem *‚napster Coup'*, der unter dem Projektnamen ‚Thunderball'[902] vorbereitet wurde, plante Middelhoff nun eine kostenpflichtige Alternative zum Filesharing-Modell.

Mit *napster*, als global bekannter Marke, sollten künftig alle Medienangebote, neben Musik auch Filme und Bücher in eine Art Club digitalisiert zur Verfügung gestellt werden.[903] ‚Thunderball' war geprägt von heftigen, internen Diskussionen und Meinungsverschiedenheiten zwischen Middelhoff und der *BMG* Führungsspitze.[904] Sowohl *BMG*-Chairman Dornemann als auch Chief Executive Officer Strauss Zelnick lehnten die Beteiligung an der Online-Tauschbörse ab und verließen das Medienhaus im November 2000 mit hohen Abfindungen, als deutlich wurde, dass *Bertelsmann* sich an *napster* beteiligte. Middelhoff war gezwungen, den *BMG*-Vorstand umzubauen und sandte Rolf Schmidt-Holtz, den erfolgreichen Konstrukteur der *RTL Group*-Fusion, an die Spitze des Musikgeschäfts.[905] Allerdings konnte auch Schmidt-Holtz den Reinfall, den die *napster*-Beteiligung darstellte, nicht kaschieren. *Bertelsmann* stellte sein *napster*-Engagement schließlich nach knapp zwei Jahren, nach zahlreichen Pressemeldungen und dem Urteil eines US-Gerichts vollständig

---

[899] Napster wurde vom 19jährigen Hobbyprogrammierer Shawn Fanning entwickelt. Der Erfolg der Tauschplattform gründete im wesentlichen auf dem einfachen, kostenlosen Zugang zu einer großen Auswahl an urheberrechtlich geschützter Musik.

[900] „Nach einer Untersuchung der Firma PC Pitstop war Napster Anfang 2000 auf 30 Prozent aller Internet-PCs installiert." Vgl. Röttgers, J., [1.11.2000], (www.telepolis.de/deutsch/inhalt/musik/3583/1.html): 'Middelhoffs Napster Coup.'

[901] Der Spiegel, 45/2000, S. 126: ‚Das Ende der Anarchie.'

[902] Vgl. Röttgers, 2000.

[903] Spiegel.de, [3.5.2001], (www.spiegel.de/netzwelt/technologie/0,1518,131722,00.html): ‚Künftig alle Medienangebote digitalisieren.'

[904] Wired.com, [10.11.2000], (www.wired.com/news/culture/0,1284,40087,00.html): "Zelnick sent a company-wide e-mail lauding the move, he never put his own personal stamp of approval on it. (…) Zelnicks lack of enthusiasm for the deal may have helped pave his way out the door."

[905] Interview mit *BMG*-Chef Rolf Schmidt-Holtz. In: W&V, werben und verkaufen, 21/2001, S. 4: Der Einkäufer geht auf Tour. „Mit Napster zeigen wir, dass wir alle Wege ausnützen wollen, um zum Kunden zu kommen."

ein.[906] Die Plattform *napster* war, wie *MusicNet*[907] und *Listen.com*[908], daran gescheitert, Musik im Internet kostenpflichtig anzubieten.

Erst drei Jahre nach *napster* sollte es schließlich der Firma *apple* mit ihrer ‚digitalen Jukebox' *iTunes*[909] und dem zum Konzept passenden Abspielgerät gelingen, die Konsumenten halbwegs vom kostenpflichtigen Weg des Musikkaufs via Internet zu überzeugen. Bei *iTunes* können Ende 2003 400.000 Musiktitel legal geordert und verwaltet werden.[910]

Fast parallel mit der von Middelhoff eingeleiteten Beteiligung an *napster* scheiterte im April 2001 die zusätzlich geplante Fusion zwischen der *BMG* und *EMI* nach einem 6monatigen Verhandlungsmarathon[911], die von den EU- und US-Kartellbehörden schon *Time Warner* verwehrt worden war. Middelhoff hatte beabsichtigt, die *BMG* durch eine konzertierte Akquisitions- und Fusionsoffensive der *EMI*-Gruppe mit ihren 400 Labels zur ‚globalen Nummer 1' auf dem Weltmusikmarkt zu machen.[912] Kartellwächter Mario Monti verbot die schon vorab öffentlich bekannt gegebene Fusion, so dass sich Thomas Middelhoff von der Presse spöttische Kommentare gefallen lassen musste, die ihn der Geschwätzigkeit bezichtigten:

> „Silence would be golden. Last year Mr. Middelhoff declared that he would have the world's biggest music company by acquiring the British Music company EMI and merging it with Bertelsmann Music Group (BMG). He has been stopped by regulators (…) and is now left with a gutted operation."[913]

Es blieb trotz dieses Rückschlages bei dem Ziel von Middelhoff und dem neuen *BMG*-Chef Schmidt-Holtz im Sommer 2001, die Gruppe größer, erfolgreicher und durch ein verschärftes Tempo der mittleren Firmenzukäufe kleinerer

---

906 Welt.de [5.9.2002], (www.welt.de/daten/2002/09/05/0905un35463.htx): ‚Baustelle Bertelsmann' „In den USA ist (...) das ehrgeizige Projekt Napster gescheitert. Ein US-Gericht hat den Verkauf der Web-Musiktauschbörse an die Gütersloher untersagt. Dabei hat (...) Bertelsmann bereites geschätzte 100 Mio. Euro in die Firma gesteckt."

907 *MusicNet* bot für zehn Dollar den Download von 100 Songs pro Monat an. Hinter *MusicNet* verbargen sich die Unternehmen *Bertelsmann, AOL* und *RealNetworks*.

908 Heise.de news, [8.1.2002], (www.heise.de/newsticker/data/sha-08.01.02): ‚Listen.com bietet zu künftig Musik von BMG und EMI.'

909 apple.com/itunes/ [22.12.2003].

910 Vgl. Heise.de [16.12.2003], (www.heise.de/newsticker/result.xhtml?url=/ newsticker/data/jk-16.12.03-003/default.shtml& words=iTunes): 'Apple feiert iTunes Music-Store': "Mit einem bunten Einstieg auf der Website feiert Apple einen neuen Meilenstein, den man nach eigenen Angaben mit dem iTunes Music Store erreicht hat: Seit dem Start im April dieses Jahres habe man nunmehr mehr als 25 Millionen Songs über den Online-Musikshop verkauft."

911 Die *EMI*-Gruppe besaß im Jahr 2001 13,2 Prozent Anteile im Weltmarkt und rangierte auf Platz 3 hinter der *Vivendi-Universal Gruppe* und *Sony Music*.

912 Thomas Middelhoff am 17.1.2000: „Ich will im Musikgeschäft die Nummer 1 werden." In: Focus, 7/2000, S. 226: ‚Aus dem Takt geraten.'

913 Redherring.com [1.10.2001], (www.redbherring.com/mag/issue105/167791.html): 'Thomas Middelhoff Faces the Music at Bertelsmann.'

Labels zur Nummer 1 werden zu lassen.[914] Nach einiger Zeit auf dem Chefposten der *BMG* wurde Schmidt-Holtz im Frühjahr 2002 gewahr, wie ‚marode' die Gesamtorganisation der *BMG* war: „Selbst leitende Angestellte wussten nicht, in welch dramatischer wirtschaftlicher Situation der Konzern sich befand."[915] Dieser noch von der Boom-Zeit geprägte Zustand der *Bertelsmann*-Musikgruppe zwang die Verantwortlichen erstens zu weiteren Umstrukturierungs-Maßnahmen und zweitens dazu sich weiterhin dringend nach Fusionsmöglichkeiten umzusehen sowie in aktive Verhandlungen mit den anderen Major-Labels einzutreten.

Gunter Thielen führte diese Strategie Middelhoffs 2003 fort und konnte schließlich im November die Fusion der *BMG* mit der Musiksparte des Elektronikriesen *Sony*, der *Sony Music Entertainment (SME)* zur Nummer Zwei des Marktes einleiten.[916] An der neuen Firma *Sony BMG* beteiligten sich beide Konzerne zu je 50 Prozent und schlossen damit Anfang 2004 mit 25,2 Prozent Marktanteil und einem Nettoumsatz von vier Milliarden Euro zur Nummer Eins des Musikmarkts, *Universal Music*, auf.[917] Die Führung der fusionierten Firmen übernahmen Rolf Schmidt-Holtz als Präsident des Verwaltungsrats und *Sony-Music*-Chef Andrew Lack für das laufende Geschäft. Wie das *ManagerMagazin* errechnete, wird die Fusion voraussichtlich die Stellen von 2000 Mitarbeitern kosten, damit die veröffentlichten Planzahlen einhaltbar sind.[918] Einer der ersten Führungskräfte, die das Medienhaus im Zuge der Fusion verließen, war der prominente Chef des *BMG*-Plattenlabels *Arista* Antonio „L.A." Reed. Er hatte zwar Erfolge mit Stars wie Pink und Outkast ver-

---

914 Vgl. Interview mit *BMG*-Chef Rolf Schmidt-Holtz, in: W&V, werben und verkaufen, 21/2001: S. 4.

915 Financial Times Deutschland, FTD.de, [18.3.2002], (www.ftd.de/cgi-bin/gx.cgi/appLogic+FTContent Server?): ‚BMG will Abhängigkeit von Superstars beenden.'

916 Heise.de [10.11.2003], (www.heise.de/newsticker/data/boi-06.11.03-007/): ‚Bertelsmann und Sony planen gemeinsames Musikunternehmen.': „Die Medien- und Entertainmentunternehmen Bertelsmann und Sony wollen unter dem Namen Sony BMG einen gemeinsamen Musikkonzern gründen. Das Gemeinschaftsunternehmen, das je zu 50 Prozent im Besitz der beiden Firmen sein wird, soll die Recorded-Music-Sparten beider Seiten zusammenführen. Musikverlage, Auslieferung und Herstellung werden nicht Teil des neuen Unternehmens sein. Geführt wird das neu gegründete Unternehmen von Top-Managern beider Konzerne. Zunächst haben beide Firmen einen "Letter of Intent" über den Zusammenschluss unterschrieben, Details zu der Fusion und Absprachen mit externen Stellen, etwa den US-amerikanischen und europäischen Wettbewerbshütern, sollen in den nächsten Wochen folgen.

917 Die Marktanteilszahlen stammen vom internationalen Phonoverband IFPI. Vgl. IFPI.org [23.12.2003], (www.ifpi.org/site-content/press/20030909.html): "Global market share figures for 2002 were as follows: BMG –11.1%, EMI – 12.0%, Sony – 14.1%, Warner – 11.9%, Universal – 25.9%, Independents – 25%. RIN also charts the major record companies' top ten selling albums globally in 2002."

918 Manager-Magazin.de [17.12.2003], (www.manager-magazin.de/ebusiness/ artikel/0,2828, 278 647,00-html): ‚Wir hätten Schwindsucht bekommen. ': „Das Ebita des neuen Musikmultis soll laut internem Finanzplan 2006 bereits 269, in den Folgejahren 283 beziehungsweise 294 Millionen Euro betragen. Zu erreichen seien die Planzahlen indes nur mit massivem Stellenabbau. Schätzungsweise müssen 2000 Stellen gestrichen werden."

zeichnen können, in den zwei Jahren seiner Tätigkeit aber nahezu 100 Millionen Dollar Verlust angehäuft und das Medienhaus enttäuscht.[919]

Derartige Verluste soll die Fusion nun endgültig beseitigen: *Sony BMG* avisiert jährliche Einsparungen bis zu 310 Mio. Euro und plant im Jahr 2006 bereits einen Gewinn von rund 269 Mio. Euro. Nur mit der Fusion sei das Unternehmen *BMG* für *Bertelsmann* überhaupt zu retten, kommentierte Schmidt-Holtz die Fusion: „Bei weiterhin sinkendem Markt hätten wir irgendwann die kritische Kraft verloren. Wir hätten uns nicht gesundgeschrumpft, sondern einfach die Schwindsucht bekommen."[920]

8.3 Die Rhetorik der Musikindustrie

Die Begeisterung der Hörer an kostenloser Musik im Internet zeigte, dass mit den abnehmenden Gewinnen der Musikindustrie[921] nicht das Interesse an der Musik gefährdet war. Bedroht wurde allerdings die Grundlage der hohen, industriellen Einnahmen, die ökonomische Operationalisierung der Musik mit Hilfe eines kostenpflichtigen Datenträgers. Dieser wurde nun für die Distribution von Musik nicht mehr benötigt. Vor allem bei den jungen Hörern bildeten sich neue Routinen im Umgang mit Musik aus, die nicht mehr an den materiellen Tonträger mit seinem Plattencover gebunden waren. Die Verwertungskette von impulsgebendem Musikmarketing bis zum Kauf eines Tonträgers und seiner Zweitverwertung war nachhaltig durchbrochen.

Mit der neuen Distributionssituation endete, zumindest strukturell, ein Zustand, der eine besonders erfolgreiche Verbindung von Ökonomie und Kultur darstellte. Der Preis für die im Grunde immaterielle Musik konnte über den Verkauf von Tonträgern zum Konsumgut gemacht und preislich auf sehr hohem Niveau gehalten werden.[922] Monetär verdienten an diesem ‚Kniff' besonders die international tätigen Konzerne wie *Bertelsmann*, die Tonträger grenz-

---

[919] Vgl. Financial Times Deutschland, 15. Januar 2004: ‚BMG beendet exzessives Superstar-Management.': „Der Rauswurf sowie das Fehlen eines Nachfolgers sind weitere Signale der Branche, dass die Zeit des exzessiven Superstar-managements vorbei sind."

[920] Musikmarkt.de [18.12.2003], (www.musikmarkt.de/content/news/news_2.php3?bid=7829& begriff=sony%20bmg&auts=1068478369&buts=1073316769&methode=1&afb=1&katparam=7|368|3 738|39|41|40|42|49|43|61|63|64|65|66|6720|21&kate2=News&art=quick&next2=0,30,1): ‚Manager Magazin: Sony will schnell positives Ergebnis.'

[921] Auf was für einem hohen Niveau sich der Rückgang vollzieht, wird daran deutlich, dass die Konzertveranstalter und Tonträgerindustrie 2001 in Deutschland ganze 5,4 Milliarden Euro umsetzten. Vgl. Süddeutsche.de [24.4.2002], (www.sueddeutsche.de/kultur/terimekritik/musik/421643/index.htm): ‚Boomerland ist weggebrannt.'

[922] Für eine CD bezahlte der Kunde 2002 einen Durchschnittspreis von 16 Euro.

übergreifend abzusetzen vermochten. Sie grenzten Musik ab und verwandelten so Aufmerksamkeit in Geld:

> "Wenn jemand ein Lachsbrötchen gegessen hat, ist es weg. Niemand sonst kann jemals wieder in den Genuss dieses Brötchens kommen. (...) Ein Musikalbum hingegen kann beliebig oft gekauft, gehört, besessen werden. Und deshalb kann eigentlich auch niemand durch den Preismechanismus vom Musikkonsum ausgeschlossen werden - es sei denn, Musik wird unter recht hohen Investitionskosten privatisiert, wie es etwa geschieht, wenn bei Open-Air Konzerten ein Zaun um das Gelände gezogen wird. Genau das ist bei der Vermarktung und Distribution von Musik geschehen."[923]

Einer Analyse von Peter Wicke zufolge, bemühte sich die Musikindustrie zur Aufrechterhaltung ihres ökonomischen Modells um die Stärkung derartiger Grenzen. Sie suchte mit ihrem Apparat nicht nach einem besonders geeigneten Musikstück für das Publikum, sondern war bemüht, über Marketing und Promotion „für ein auf Tonträger am Markt präsentes Stück Musik so kontrolliert wie möglich ein Publikum aufzubauen, statt dieses in einer feststehenden Form vorauszusetzen".[924] Sie beabsichtigte, was schon die Bezeichnung Musikindustrie darlegt, die Rationalisierung und Ökonomisierung dieses Prozesses. Die krude Logik dieser Vermarktung eines immateriellen Mediums, verbarg ihr ökonomisches Interesse. Gegen den an und für sich normalen, ökonomischen Vorgang der Profitmaximierung, arbeitete die Musikindustrie während der 90er Jahre mit ihrer Öffentlichkeitsarbeit und einer Rhetorik, die – eigentlich verkehrt herum – den musikalischen Inhalt über den mit seiner Vermarktung erzielten Profit stellte. Tugenden wie ‚Vertrauen', ‚Liebe', ‚Begeisterung' und ‚Kunst' seien wichtiger als die Vermarktungsmaschinerie mit ihrer Infrastruktur. Ein ‚Haus' für Künstler zu sein, bedeutete, so der ehemalige *BMG*-Chef Dornemann, die besondere, emotionale Arbeit für die Kreativen hochzuhalten: „Wer im Musikgeschäft Erfolg haben will, muss seine Künstler »lieben« und darf sie nicht nur als Umsatzträger schätzen."[925] Dies beinhaltete, dass potenzielle Spitzenkünstler üppig dotierte Plattenverträge erhielten und die Labels Neuveröffentlichungen mit breit angelegten und teuren Marketingkampagnen begleiteten. Sein Nachfolger Schmidt-Holtz stellte noch am Anfang seiner Tätigkeit die Arbeit der *BMG* zunächst in gleicher Manier dar:
„Die ureigene Aufgabe einer Musikfirma sei es, den Zuhörern Musik zu bringen, die sie begeistert. (...) Wir konzentrieren uns auf das, was wir am besten können: Talente suchen und zu fördern, die richtigen Songwriter zu finden und daraus ein wunderschönes Produkt zu machen."[926]

---

[923] Lischka, K., [6.5.2002],Vgl. heise.de/tp (www.telepolis.de/deutsch/special/-auf/7554/1.html): ‚Her mit dem Markt. '
[924] Wicke, 1997, S. 18.
[925] BG 1990/91, S. 42.
[926] W&V, werben und verkaufen, 21/2001, S. 1: ‚Der Einkäufer geht auf Tour.'

Als die Krise ihren vorläufigen Höhepunkt ansteuerte und Schmidt-Holtz Verluste zu melden hatte, schlug der Manager andere Töne über Stars und Firma an und die geschäftliche Vorsicht trat deutlich in den Vordergrund: „Ich halte es für gefährlich, wenn man bei Planungen auf die Hoffnung auf Hits setzt. Wir müssen mit dem Graubrot fünf Prozent Gewinnrendite machen.“[927] Die Verträge mit den Superstars würden viel zu teuer sein, die Gagen überzogen: „Wir können es uns auf Dauer nicht mehr leisten, solche Verträge abzuschließen. Da wurden unglaublich hohe Vorauszahlungen geleistet.“[928] Und die alte Zentrale seines Unternehmens selbst bezeichnete der *BMG*-Chef „als ‚Geschwulst‘, die mit ihren 92 Abteilungen völlig unüberschaubar gewesen sei“.[929] Eine ‚Radikalkur‘ mit einer Konzentration der Ressourcen nach innen und außen war die Folge, bei der die Mitarbeiterzahl um 1.100 Angestellte vermindert wurde. „Allein in der Konzernzentrale wurde von 450 auf 140 Mitarbeiter abgespeckt.“[930]Dass diese Aussagen den eigentlichen Charakter der Musikindustrie darstellen, machte *BMG's* ehemaliger künstlerischer Leiter Dan Gorgiglione deutlich. Er charakterisierte die *BMG* als profit- und marketinggetriebene Organisation. Die *BMG*-Manager „verstünden nichts von Musik und (...) interessierten sich auch nicht dafür. Sie hätten Musikkenner durch Marketingleute ersetzt, die lediglich wüssten, wie man Rotwein, Bananen und Yoghurt verkauft, und ließen zu, dass diese Marketingleute das Programm bestimmten“.[931] Damit lässt sich auch bei der *BMG* wie bei den anderen Bereichen von *Bertelsmann* eine deutliche Tendenz zur Indifferenz gegenüber den Inhalten erkennen, die leitmotivartig wiederkehrt. Das Primat der Ökonomie wendet sich gegen die Inhalte selbst und destilliert aus Musik möglichst verwertbare Produkte. Die Inhaltliche Position des Medienhauses ist infolgedessen an die ökonomische Funktion der Musik gebunden.

---

[927] Financial Times Deutschland, FTD.de, [18.3.2002] (www.ftd.de/cgi-bin/gx.cgi/appLogic+FT ContentServer?): ‚BMG will Abhängigkeit von Superstars beenden.‘

[928] Ebd.

[929] Ebd.

[930] Ebd.

[931] Schuler, 1997, S. 18.

9. Film-, Fernseh- und Hörfunkunternehmen

Die Film-, Fernseh- und Hörfunkaktivitäten gehören heute zum Kerngeschäft des Medienhauses. Gebündelt in der *RTL Group* bilden sie einen der umsatzstärksten Bereiche mit strategischer Bedeutung für die Fortentwicklung des Gesamtunternehmens.[932] Das folgende Kapitel beschreibt, wie *Bertelsmann* die Rundfunkmedien für sich erschloss und sich zum dominierenden europäischen Anbieter im Rundfunk-Markt entwickelte.

9.1 Erster Vorstoß in den Film- und Fernsehmarkt

9.1.1 Partizipation am entstehenden Fernsehmarkt

Mit der Wirtschaftswunderzeit veränderte sich die Fernsehnutzung in Deutschland. Fernsehen wurde für ein Massenpublikum zur Alltagsgewissheit: „Von den 11.658 angemeldeten Teilnehmern im Jahr 1954 stieg die Zahl auf 1.211.935 im Jahr 1958 und auf 3.375.003 im Jahr 1960."[933] Während dieser ‚Industrialisierung'[934] wandelte sich das Fernsehen zum Massen- und Leitmedium, dessen Bedeutung drastisch zunahm. Das Interesse am Kino erlahmte und ein Besucherrückgang in den Filmtheatern[935] stellte sich auch im Zuge eines allgemeinen Wandels der Freizeitgestaltung[936] ein. Die Kinobranche und

---

[932] Vgl. hierzu auch Anh. 14.1.

[933] Hickethier, K., Geschichte des Fernsehens. Stuttgart 1998, S. 112: „1993, als das ZDF mit seinem Programmbetrieb begann, gab es bereits 7.213.486 Teilnehmer. Damit war innerhalb von ca. zehn Jahren eine Fernsehdichte von ca. 35 Prozent der Haushalte erreicht."

[934] Ebd., S. 114. „Das Medium baute sich von einem bei einer Landesrundfunkanstalt angesiedelten Versuchsbetrieb zu einem föderativen System aus und sah sich als strukturelles Abbild der Bundesrepublik. Es modernisierte sich selbst durch Weiterentwicklung seiner Produktions- und Distributionstechniken, es baute sein Programm aus, fand zu neuen Angebotsstrukturen und veränderte grundlegend seine Produktionspraxis."

[935] Vgl. Schneider, I., Film, Fernsehen & Co. Zur Entwicklung des Spielfilms in Kino und Fernsehen. Heidelberg 1990, S. 58.

[936] Hickethier, K., Die Zugewinngemeinschaft. Zum Verhältnis von Film und Fernsehen in den sechziger und siebziger Jahren. In: Hoffmann, H.; Schobert, W. (Hg.) Abschied vom Gestern. Bundesdeutscher Film der 60er und 70er Jahre. Frankfurt a. M. 1991, S. 192: „Die Ursachen für den Niedergang des Kinos lagen jedoch nicht in erster Linie im Fernsehen als einem Konkurrenzmedieum, sondern sie lagen in den veränderten Lebensverhältnissen, dem neuen Le-

die auf sie ausgelegte Filmproduktion glitten reziprok zur Verbreitung des Fernsehens in eine Krise. Von 6434 Kinos, die es 1956 gab, verringerte sich die Anzahl bis 1966 auf 4784[937] und bis 1969 auf 3739 Lichtspieltheater.[938] Eine Studie des Münchner ‚Institute for Motivational Research Ernest Dichter' stellte in diesem Zusammenhang 1970 fest, dass das Kino in der öffentlichen Meinung tief gesunken sei: „tiefer geht es nicht mehr."[939]

Für das Fernsehen hingegen, nahm der Bedarf an ‚Programm-Ware' zu. Eigenproduktionen genügten der *ARD*[940] nicht, um ihre Sendezeit auszufüllen und „zu diesem Zeitpunkt war deutlich geworden, dass in den nächsten Jahren mit einer gigantischen Ausdehnung der Programmräume gerechnet werden musste".[941] Erste größere Filmpaket-Käufe im Jahr 1960 bestätigten diesen Bedarf.

Neben der *ARD* wollte die Adenauer-Administration ein zusätzliches zweites Fernsehprogramm gründen, ein „privatrechtliches Unternehmen unter Regierungskontrolle".[942] Vorbereitend wurde hierfür von der Bundesregierung am 25. Juli 1960 die sogenannte *Deutschland Fernsehen GmbH* gegründet, eine Art „Staatsfernsehen in privatrechtlichem Gewande".[943] Zur Konzeption des geplanten Kanals trug im Vorfeld auch die Privatwirtschaft maßgeblich bei, in der sich Verleger und Industrielle als *Freie Fernsehen GmbH (FFG)* zusammengeschlossen hatten.[944]

Die Ausstrahlung des ‚Adenauer-Fernsehens' wurde vom Bundesverfassungsgericht jedoch am 17. Februar 1961 unter Bezug auf Artikel 30 des Grundgesetzes, in einem als *Magna Charta* des öffentlich-rechtlichen Rundfunks bezeichneten Urteil, untersagt. Das Gericht begründete seine Entscheidung mit dem Argument, „dass im Rundfunk alle gesellschaftlichen Kräfte zu Wort kommen müssten und er nicht einseitig einer Gruppe überlassen werden

---

bensgefühl und dem tiefgreifenden Wandel in den Kommunikationsbeziehungen der Gesellschaft."

[937] Vgl. Deutsche Filmstatistik 1966. In: Film-Telegramm, 44/1967, S. 6.

[938] Vgl. Film-Telegramm, 34/1970, S. 2.

[939] Zitiert nach: Ungureit, in: epd/Kirche und Film, 7/1970, S. 2. Bei der Dichter-Studie handelt es sich um eine Untersuchung über den Kinobesuch, durchgeführt vom Münchner ‚Institute for Motivational Research Ernest Dichter. '

[940] Die *ARD* (Arbeitsgemeinschaft der öffentlich-rechtlichen Rundfunkanstalten der Bundesrepublik Deutschland) wurden 1950 als Zusammenschluss der Rundfunkanstalten gegründet und gingen mit dem Gemeinschaftsprogramm ‚Deutsches Fernsehen' am 1.11.1954 bundesweit auf Sendung; Vgl. Hickethier, K., Geschichte des Fernsehens. Stuttgart 1998, S. 71f.

[941] Prümm, K., Film und Fernsehen. Ambivalenz und Identität. In: Jacobsen, W.; Kaes, A.; Prinzler, H. (Hg.), Geschichte des deutschen Films. Stuttgart 1983, S. 512.

[942] Kleinsteuber, H.J., Rundfunkpolitik in der Bundesrepublik. Der Kampf um die Macht über Rundfunk und Fernsehen. Opladen 1982, S. 26.

[943] Vgl. Albert, R., Entwicklung der Privatisierung und Regulierung im Bereich des Rundfunks. In: König, K.; Benz, A., Privatisierung und staatliche Regulierung. Baden-Baden 1997, S. 348.

[944] Schiwy, P., Rundfunkverfassungsrecht. München 1997, S. 34: „Bereits zu Beginn des Jahres 1961 waren die Sendungen für einen Zeitraum von einem Vierteljahr fertiggestellt."

dürfte".[945] Das Fernsehen sollte Sache der Länder bleiben, deren Ministerpräsidenten dann bereits kurz darauf, am 6. Juni 1961 die Gründung des öffentlich-rechtlichen *Zweiten Deutschen Fernsehens (ZDF)* beschlossen. Es war nichtsdestoweniger anzunehmen, dass sich durch die neue Konkurrenz von *ARD* und *ZDF* der Bedarf an Inhalten ausweiten würde.[946]

An diesem entstehenden Markt wollte auch *Bertelsmann* partizipieren und beteiligte sich am allgemeinen „Gründungsfieber der Filmbranche"[947] mit einer eigenen Fernseh-Produktion. In der Festschrift zum 125jährigen Jubiläum des Medienhauses wurde vorhergesagt, dass das Fernsehen „dieses Medium der optisch-akustischen Vermittlung"[948] in Zukunft die bisher bekannten Formen der Publizistik an Reichweite und Intensität übertreffen werde. „In sinnvoller Ergänzung seiner verlegerischen Zielsetzung wird sich das Haus Bertelsmann auch dem Fernsehen zuwenden." Die Zuwendung vollzog sich zeitgleich mit dem ersten ‚Ökonomisierungsschub' des bundesdeutschen Fernsehens, der durch die Einbeziehung privatwirtschaftlicher Auftragsproduzenten und die Trennung von Produktion und Distribution eingeleitet wurde.[949]

Unter den neuen, für das Fernsehen produzierenden Unternehmen fanden sich neben privaten Fernsehfilmproduzenten, wie der *Bertelsmann Fernsehproduktion* und der *CCC-Television,* auch die den öffentlich-rechtlichen Anstalten verbundenen Produktionsunternehmen wie *Studio Hamburg* und Kinoproduzenten wie die *UFA* oder die *Bavaria Filmkunst.*[950] Die ‚bescheidene'[951] *Bertelsmann Fernsehproduktion* hob sich anfangs nicht sonderlich von den vielen neuen Fernsehfirmen ab, brachte ihrem Konzern aber wertvolle Erfahrungen und Kontakte ein; „enge Verbindungen zu einer Handvoll potenter und erfahrener TV-Produzenten (...) denen Bertelsmann gegebenenfalls Aufträge weiterreichen kann".[952] Produziert wurde im kleinen Rahmen, fast mittelständisch.[953] Ziel der Gesellschaft war es laut Geschäftsführer Wolfgang Lohmeyer, der aus der Redaktion der *Lesering*-Illustrierten in die Fernsehproduktion des Konzerns gewechselt war, „zusammen mit den Rundfunkanstalten und Programmgesellschaften Fernsehspiele, Dokumentarberichte und Beiträge für das Familien- und Jugendprogramm herzustellen".[954] Eine enge Arbeitsverbindung zwischen den öffentlich-rechtlichen Sendern und der *Bertelsmann Fern-*

---

945 Kleinsteuber, 1982, S. 37.
946 Zu diesen Annahmen vgl. Verband Deutscher Film- und Fernsehproduzenten e.V. Geschäftsbericht 1962/63. Wiesbaden 1962, S. 8.
947 Hickethier, 1998, S. 120.
948 Langenbucher, 1985, S. 55.
949 Zur Auftragsvergabe der Filmproduktion an private Firmen; Vgl. Schneider, I., Film, Fernsehen und Co. Zur Entwicklung des Spielfilms in Kino und Fernsehen. Heidelberg 1990.
950 Ebd., S. 120f.
951 Vgl. Der Spiegel, 3/1964, S. 23.
952 Fischer, K.J., Film-Telegramm, 34/1965, S. 3.
953 Vgl. Langenbucher, 1985, S. 55.
954 Vgl. Gööck, 1968 ,S. 201.

sehproduktion entstand und wurde zunächst gefestigt. Sie führte jedoch nicht, wie bei vielen anderen Produktionsfirmen, zu einem zufriedenstellenden Geschäft. Die Zahl der Firmen erwies sich als „zu groß für den Bedarf an Programmen."[955] Als ‚diffizil' und ‚wenig zufriedenstellend' bezeichnete Reinhard Mohn bald die Absatzwege für seine Produktionen.[956] Obendrein fehlte es sowohl an Erfahrung, als auch an der passenden Infrastruktur für die groß angelegte Produktion und den Vertrieb von filmischen Inhalten. Der Konzern sah sich bis 1962 nicht in der Lage, seine kleine Eigengründung angemessen ins Spiel zu bringen und das neue Medium zu besetzen. Von bis zu 12 Mio. DM Schulden, die *Bertelsmann* mit seiner Fernsehproduktion machte, war die Rede.[957] Als sich daher die Chance bot, durch Zukauf eines Unternehmens zum größten Filmkonzern in Deutschland zu werden, trat *Bertelsmann* im Hinblick auf das Fernsehen, in ‚monatelange Verhandlungen' ein.

9.1.2 Kauf und Integration des größten, deutschen Filmkonzerns

Sehr überraschend wurde im Herbst 1963 bekannt, dass beim *Bertelsmann Verlagskonzern* in Gütersloh großes Interesse bestünde, den legendären, aber abgewirtschafteten Filmkonzern *Universum Film AG* zu erwerben.[958] Der *UFA* war es nicht gelungen, sich in den 50er Jahren mit dem Wirtschaftswunder zu neuen ‚filmischen Höhen' aufzuschwingen. Alle nach der Neugründung im Jahr 1956 unternommenen Versuche, den berühmten ‚UFA-Rhombus' wieder aufzupolieren, waren fehlgeschlagen und führten 1962 zu beträchtlichen Defiziten.[959] Allein die umfangreichen Filmproduktionen unter Geschäftsführer Arno Hauke rissen 1960 binnen zwölf Monaten ein Loch von 5,4 Mio. DM ins Budget, so dass die *UFA* 1962 mit 23 Mio. DM verschuldet war.[960]

Die Verhandlungen nahmen mehrere Monate in Anspruch, besonders da *Bertelsmann* nicht nur die rentabel arbeitenden Tochtergesellschaften, sondern auch die weniger einträglichen, wie das Kopierwerk, übernehmen sollte, was komplizierte Regelungen nach sich zog. So wurde beispielsweise mit der Berliner Finanz- und Immobilienfirma *Becker & Kries* eine neue Gesellschaft gegründet, die am 31.12.1963 die Ateliers und das Kopierwerk für 7,5 Mio. DM übernahm. An dieser Gesellschaft wiederum musste sich *Bertelsmann* zu 40 %

---

[955] Vgl. Schneider, 1990, S. 89.
[956] Fischer, 1965, S. 3.
[957] Stuttgarter Zeitung, 3.9.1965, Bertelsmanns Griff nach den Filmsternen: „Nach einem „on dit" der Fernsehbranche büßte Bertelsmann damals wenigstens 12 Millionen Mark ein, wenn nicht noch mehr."
[958] Vgl. Film-Echo/Filmwoche, 74/1963, S. 8.
[959] Vgl. Die Welt, 8.1.1964: ‚Bertelsmann will die UFA aktivieren.'
[960] Der Spiegel, 3/1964, S. 23; ‚Klappe zu.'

beteiligen, um das Risiko zu mindern.[961] Schließlich führten die Gespräche zu einer Einigung und *Bertelsmann* kaufte den „einstmals größten Filmkonzern der alten Welt“[962] für 10,5 Mio. DM und machte ihn Anfang 1964 zu seinem 25. Tochterunternehmen.

Zwischen der *Deutschen Bank* als Hauptaktionärin der *UFA* „und dem Generalbevollmächtigten des Buch- und Schallplattenkonzerns Bertelsmann, Dr. Köhnlechner, war das Geschäft am Sylvestervormittag perfekt geworden“.[963] Die Entscheidung wurde begünstigt durch, „einen sehr hohen Steuerverlustvortrag von rund 26 Millionen (...), den der Verlag *Bertelsmann* auf Grund der gesetzlichen Bestimmungen mit gegenwärtigen und künftigen Gewinnen auf einen Zeitraum von fünf Jahren aufrechnen konnte“.[964]

Namentlich übernahm *Bertelsmann* mit dem Kauf der *Universum Film AG* die *UFA International*, eine der damals größten deutschen Film-Exportfirmen[965], die *UFA Werbefilm*, die hauptsächlich Kinowerbefilme, Fernsehspots, Industrie-, Dokumentar- und Lehrfilme produzierte, die *UFA Fernsehproduktion* und die *UFA-Filmauswertung* mit dem gesamten *UFA* Filmstock sowie *den Bohème* und den *Tonverlag*.[966] Nur wenige Wochen später gingen auch die *UFA Theater AG* und die Kinos der *UFA* zu *Bertelsmann* über. Dachgesellschaft blieb die *Universum Film AG*.[967]

Für das einst bedeutendste Unternehmen der *UFA*-Gruppe, die Spielfilmproduktion, interessierte sich das Medienhaus zunächst scheinbar weniger. Die Investitionssummen waren beträchtlich, das Geschäft insgesamt riskant. Eigene Spielfilmproduktionen schloss *Bertelsmann* auch deshalb aus, weil der Konzern auf Auftragsproduktionen und auf die Vermietung der Berliner Ateliers der *UFA* angewiesen gewesen wäre. Man werde „unter keinen Umständen mehr die Spielfilmproduktion aufnehmen“[968], teilte Manfred Köhnlechner mit. Infolgedessen wurde die Übernahme als Ende einer Ära wahrgenommen:

---

[961] Vgl. Film-Echo/Filmwoche, 47/1964, S. 8.

[962] Vorwärts, 15.1.1964: ‚Ludendorffs. Projekt. Verlagshaus Bertelsmann hat die UFA übernommen.‘

[963] Der Spiegel, 3/1964, S. 22.

[964] Kreimeier, K., Die UFA-Story, Geschichte eines Filmkonzerns. München 1992, S. 451f.

[965] Die UFA-International GmbH vertrat ursprünglich nur reine Exportinteressen der *Universum Film AG*, entwickelte sich aber in den 50er Jahren zu einem bedeutenden Verleih, der Coproduktionen in südamerikanischen Ländern und deren Vertrieb in Europa übernahm. Vgl. Schmidt, G., Die Entwicklung des UFA-Filmkonzerns nach dem II. Weltkrieg. München 1965, S. 97.

[966] Der Spiegel, 3/1964, S. 23: Der Spiegel nennt die *Bertelsmann*-eigene Fernsehproduktion noch 1964 bescheiden. Weitere übernommene *UFA*-Unternehmen waren darüber hinaus die Kinos der *UFA-Theater AG,* die mit ihren 48 Filmtheatern, rund 27000 Sitzplätzen mit den Kinos der *Bertelsmann*-eigenen Merkurtheater mit rund 4000 Sitzplätzen vereinigt wurden und die *UFA Musikgruppe*, die eine Schnittstelle zum Musikbereich der *Ariola* bildete.

[967] Hebecker, K., Der Rest der UFA zerfällt in kleine Teile. In: Film-Telegramm, 2/1964, S. 2.

[968] Die Welt, 8.1.1964: ‚Bertelsmann will die UFA aktivieren.‘

„Die ‚UFA', (...) einst Deutschlands strahlendster Stern am Himmel des Weltkintopps, erlosch in der vorletzten Woche in Gütersloh."[969]

Das Interesse von *Bertelsmann* an der Spielfilmproduktion war gleichwohl mitnichten erloschen, wie sich bald herausstellte. Veränderungen hatten sich durch ein konkretes Film- und Fernsehabkommen ergeben, das am 25. Mai 1965 zwischen *ARD*, *ZDF* und dem *Verband Deutscher Film- und Fernsehproduzenten* geschlossen wurde: „ARD und ZDF sicherten sich in diesem Vertrag den Ankauf der Fernsehrechte an 100 deutschen Spielfilmen (...) aus den Produktionsjahren 1960 bis 1964."[970] Das Abkommen zeigte, dass Kinofilme zweitverwertbar waren und das Fernsehprogramm sinnvoll ergänzen konnten. *Bertelsmann* sah deshalb die Möglichkeit, über die Infrastruktur der *UFA* umfangreiche, medienübergreifende Geschäfte mit den öffentlich-rechtlichen Fernsehsendern zu tätigen: „Das Haus Bertelsmann hat stets die Auffassung vertreten, dass sich die großen Medien Buch, Film, Fernsehen und Schallplatte keineswegs gegenseitig ausschließen müssen, sondern sich sinnvoll ergänzen können."[971]

Bertelsmann installierte in Folge eine rentable Verwertungskette, die von der Film- und Fernsehproduktion über die Vermarktung bis hin zum Filmrechtehandel reichte. Die *UFA* wurde in den Händen von *Bertelsmann*, was sich auch am Zukauf weiterer Produktionsfirmen zeigte, zum integrierten Film- und Fernsehkonzern, der beide Medien, Kino und Fernsehen, bedienen sollte. Das Medienhaus fädelte sich in die „Jagd um die Stoffe für das Fernsehen" ein.[972]

Somit wurden die bestehenden Arbeitsgebiete 1965 ausgeweitet und nach Maßgabe der *Bertelsmann*-Geschäftsführung mit anderen *Bertelsmann*-Unternehmen wie den Verlagen, verwoben.[973] Dies betraf auch den Bereich der Fernsehproduktionen. Die *Deutsche Wochenschau GmbH*, an der die *UFA* mit 48 Prozent beteiligt war, sowie die Abteilungen des *UFA-Werbefilm* und der *UFA-Fernsehproduktion* wurden eng mit der *Bertelsmann Fernsehproduktion* verknüpft. Film und Fernsehen waren für *Bertelsmann* nicht länger a priori Konkurrenten. Manfred Köhnlechner erklärte im Namen von *Bertelsmann* die Fehde zwischen Kino und Fernsehen für beendet und äußerte sich zu den Film- und Fernsehplänen des Unternehmens wie folgt:

> „Wir müssen aber auch Filme drehen, die wir im Fernsehen zeigen können. So stellt sich uns die Zukunft recht deutlich dar: Filme zu drehen, die sowohl in die Kinos passen als auch dem Fernsehen Programm-Dienste leisten. Die ständige Rede von der Feindschaft zwischen Film und Fernsehen hat allen Beteiligten

---

[969] Der Spiegel, 3/1964, S. 22.

[970] Vgl. Schneider, 1990, S. 64.

[971] Filmecho/Filmwoche, 51/1965, S. 15: ‚Enge Partnerschaft Constantin/Bertelsmann.

[972] Film-Telegramm, 19/1966, S. 4.

[973] *Bertelsmann* Geschäftsführer H. Röber zitiert nach: Schmidt, G., Die Entwicklung des UFA-Filmkonzerns nach dem II. Weltkrieg. München 1965, S. 98.

> mehr geschadet als genutzt. Wir müssen in Zukunft gemeinsam planen, gemeinsam überlegen, wie wir an den Markt herankommen. Die alten Zeiten der Fehde sind vorbei.“[974]

Erwerbungen im Filmbereich, die *Bertelsmann* zum zeitweise größten ‚Filmkonzern Europas‘ machten, folgten. Im Geschäftsbericht 1966 war zu lesen, dass das Medienhaus im Bereich Film und Fernsehen in ein „expansives Stadium“ getreten sei.[975] *Bertelsmann* wurde über seine Beteiligungen nun auch zum Filmproduzenten. Am 1. Juli 1965 kaufte das Unternehmen 50 Prozent der renommierten Firma *Constantin-Film*[976], die zum Zeitpunkt des *Bertelsmann*-Engagements mit dem erfolgreichen Vertrieb von *Karl-May* Filmen auf eine Goldader gestoßen war.

Die *Constantin* war das in Verleih und Produktion größte deutsche Unternehmen der Branche, zu der eine ‚Handvoll‘ Organgesellschaften gehörten, darunter die bedeutendste deutsche Filmimportgesellschaft *Beta*, „die zu achtzig, wenn nicht noch mehr Prozent, alle in der Bundesrepublik zur Ausstrahlung gelangten Fernsehfilme in Lizenzen besitzt“.[977] Mit der *‚Beta‘*[978] gewann *Bertelsmann* direkten Einfluss auf die öffentlich-rechtlichen Fernsehanstalten. Jene versorgte *ARD* und *ZDF* mit Spielfilmen, Dokumentarfilmen, Lehr- und Informationsfilmen: „Zentnerweise wurden ‚Pakete‘, d.h. geschlossene Sammlungen von Filmen, von *ARD* und *ZDF* eingekauft, zumeist auf fünf Jahre – nach dieser Zeit fallen die Rechte an die Beta – sprich Bertelsmann zurück.“[979] Hinzu kamen weitere Firmenkäufe: *Bertelsmann* beteiligte sich 1965 am *Pallas-Filmverleih*, am *Nora-Filmverleih* und an der *Merkur*-Filmtheatergruppe. Eine solche Machtzusammenballung, kommentierte das *Film-Telegramm* „wie sie jetzt in den Händen von Bertelsmann liegt, hat es in der Geschichte des deutschen Films niemals gegeben“.[980]

Nach Einschätzung der *Frankfurter Allgemeinen Zeitung* meinte es Reinhard Mohn daher Ernst mit dem Einstieg ins Film- und Fernsehgeschäft.[981] Seine Planung lief auf eine neue ökonomische Betrachtung von Medieninhal-

---

[974] Fischer, K.J., Kein Nachfolger von Goldwyn Meyer. Bertelsmann will weder ein Film- noch ein Fernsehmonopol. In: Film-Telegramm, 19/1966, S. 3.

[975] Zitiert nach: Film-Telegramm, 12/1966, S. 4.

[976] *Bertelsmann* kaufte 50 Prozent. Zu *Constantin Film* gehörten auch die Firmen *Constantin Film Verleih*, Wien; *Export-Film Bischoff & Co,* München; In den 50er, 60er, und 70er Jahren produzierte die *Constantin Film* beispielsweise Erfolgstitel wie *‚Winnetou‘*.

[977] Stuttgarter Zeitung, 3.9.1965, S. 46: ‚Bertelsmann Griff nach den Filmsternen.‘

[978] Seit dem Bestehen des deutschen Fernsehens wurden in ARD und ZDF über 1500 Spielfilme ausgestrahlt. Zwei Drittel davon sind schätzungsweise von der *Beta* vermittelt worden. Vgl. Rheinischer Merkur, 23.7.1965: ‚Rammstoß der Bertelsmänner.‘

[979] Fischer, 1965, S. 6.

[980] Film-Telegramm, 12/1966, S. 4.

[981] Frankfurter Allgemeine Zeitung, 4.10.1971, S. 3: ‚Deutsche und amerikanische Verleiher im Zeitraffer. ‘ „Wie ernst es Bertelsmann aber mit den Filminteressen wirklich gewesen sein muss, ist außer mit der Beteiligung bei Constantin 1965 auch mit dem Erwerb der Merkur-Theaterbetriebe und des Pallas-Filmverleihs bekundet worden.“

ten hinaus, die er mehr als Investitionsgüter, denn als Kulturgüter verstand. Bereits 1965 wurde *Bertelsmann* bezeichnet als der „größte Film- und Fernsehkonzern, den es jemals in Deutschland gegeben hat".[982] Weil das Medienhaus über die Zukäufe an der Filmproduktion größeren Stils beteiligt war, wurde 1966 wegen der Bündelung der vielen Firmen von dem ehemaligen Verlagshaus vom ‚heimlichen neuen Filmimperium'[983] gesprochen, das die Marktkonzentration vorantreiben würde:

> „Die Konzentration ist im Gange. (...) Bertelsmann hat sich mit der Zeit vieles geholt, was zu holen war oder was sich in seine Arme geflüchtet hat: die Universum Film GmbH, die UFA Theater GmbH, Düsseldorf, den Pallas Verleih und vieles mehr."[984]

Der Konzern selbst äußerte sich 1966 zu seinen Plänen und erklärte, dass es neben der laufenden Produktion und Vermarktung für öffentlich-rechtliche Programme, den Aufbau eines privaten Fernsehkanals verfolgte: „Das private Fernsehen wäre so vorzubereiten, dass es eines Tages – vielleicht 1968 – in die Tat umgesetzt werden kann."[985] Lizenzen hatten die Ministerpräsidenten der Länder zu erteilen. Derartige Aussagen kommentierten, so damals Kurt Jachim Fischer im *Film-Telegramm*, den groß aber lautlos angelegten, sich am Horizont abzeichnenden Plan von *Bertelsmann*, auf den auch die Akquisition der *UFA* letztendlich hinarbeitete: „Das Arrangement des privaten Fernsehens im vierten Kanal."[986]

9.2 *Bertelsmann* und der ‚vierte Kanal'

9.2.1 Initiativen für das kommerzielle Fernsehen

Mit seiner Entscheidung regelte das Bundesverfassungsgericht, wie oben beschrieben, am 28. Februar 1961[987] den Umgang mit dem Fernsehen: „Der Rundfunk ist mehr als nur ‚Medium' der öffentlichen Meinungsbildung, er ist ein eminenter ‚Faktor' der öffentlichen Meinungsbildung."[988] Das Fernsehen blieb, nachdem diese Rechtsgrundlage geschaffen worden war, Sache der

---

[982] Stuttgarter Zeitung, 3.9.1965: ‚Bertelsmanns Griff nach den Filmsternen.'

[983] Vgl. Welt am Sonntag, 3.7.1966, S. 8: 'Bertelsmann – das neue Filmimperium.'

[984] Süddeutsche Zeitung, 26.6.1965, S. 46: ‚Leinwandbeherrscher Bertelsmann.'

[985] Manfred Köhnlechner zitiert in: Fischer, J.K., Kein Nachfolger von Goldwyn Meyer. Bertelsmann will weder ein Film- noch ein Fernsehmonopol, In: Film-Telegramm, 19/1966, S. 3.

[986] Ebd.

[987] Vgl. BVerfG 12, Entscheidung des Bundesverfassungsgerichts, S. 205f.

[988] BVerfG 12, Entscheidung des Bundesverfassungsgerichts, S. 205, 260.

Bundesländer, die sich bereits kurze Zeit nach dem Urteilsspruch, am 6. Juni 1961 im Staatsvertrag über das *ZDF*, darauf festlegten, eine unabhängige öffentliche Anstalt als Träger für das neue Programm zu benennen. Einen Zwang zum öffentlich-rechtlichen Rundfunksystem schrieb das Bundesverfassungsgericht nicht ausdrücklich fest. Es ließ die Möglichkeit offen, dass auch Gesellschaften privaten Rechts Träger von Rundfunksendungen sein könnten, „verlangte aber, daß der Rundfunk weder dem Staat noch einer gesellschaftlichen Gruppe ausgeliefert" werden dürfte.[989]

Die hohen Kosten, die das am 31. März 1963 auf Sendung gehende *ZDF* verursachte, gaben den dem *Bundesverband Deutscher Zeitschriftenverleger (BDZV)*, der ebenfalls ein werbefinanziertes kommerzielles ‚Verleger-Fernsehen' zu initiieren beabsichtige, Möglichkeit zur Intensivierung seiner scharfen Angriffe auf das öffentlich-rechtliche Rundfunksystem.[990] Die Verleger beklagten „vehement die fortschreitende Wettbewerbsverzerrung zwischen Presse und Rundfunk, in der die privatwirtschaftliche Presse eine zunehmende Benachteiligung empfand".[991] Der Präsident des *BDZV*, Axel Springer, wandte sich 1964 als Wortführer gegen die Stellung des staatlichen Fernsehens[992] und schlug die privatwirtschaftliche Übernahme des *ZDF* vor.[993] Springer bot die Tilgung der *ZDF*-Schulden durch den *BDZV* unter der Bedingung an, dass das *ZDF* in eine privatwirtschaftliche Sendeanstalt umgewandelt werden würde.[994] „Ich verlange nur unseren Anteil an der neuen Maschine"[995], meinte der rechtskonservative Verleger-Präsident und verstärkte seine Forderung durch massive Öffentlichkeitsarbeit der ‚Springer-Medien', allen voran der *BILD*-Zeitung.[996] Bemüht wurden darüber hinaus „Bischöfe und Abgeordnete, Fürsten, Minister und Journalisten".[997] Mit ihnen leistete die CDU-Fraktion unterstützende Vorarbeit und forderte, dass den *ARD* und dem *ZDF* das Werbefern-

---

989 Dussel, 1997, S. 230.

990 Vgl. Denkschrift des BDZV zum Verlegerfernsehen: Pressefreiheit und Fernsehmonopol, Beiträge zur Frage der Wettbewerbsverzerrung zwischen den publizistischen Mitteln. Bad Godesberg 1966.

991 Vgl. Dussel, K., Deutsche Rundfunkgeschichte. Konstanz 1997, S. 234.

992 Vgl. „Christ und Welt", 13/1966, S. 33: ‚Mit immer rascherem Tempo voran.': Axel Springer zur Pressekonzentration – Eine Entgegnung an „Christ und Welt".

993 Vorschlag des BDZV zur Übernahme des *ZDF* am 27.11.1964. In: Rundfunkanstalten und Tageszeitungen, Dokumentation 1. Frankfurt a. M. 1965, S. 399; Vgl. auch: Bleicher, J.K., Institutionengeschichte. In: Hickethier, K. (Hg.), Geschichte des Fernsehens in der Bundesrepublik Deutschland (Bd.1), München 1993, S. 105.

994 Noch während der Diskussion hervorgebrachte Argumente finden sich. In: Ipsen, H.P., Der Fernseh-Vorschlag der Zeitungsverleger. Zur Frage der Vereinbarkeit mit dem Staatsvertrag über das ‚Zweite Deutsche Fernsehen'. In: Die Öffentliche Verwaltung 1964, S. 793ff.

995 Axel Springer 1963; Zitiert nach: Der Spiegel, 7/1968, S. 59. „Ich werde Deutschland wiedervereinigen, ob Sie es glauben oder nicht."

996 Vgl. beispielsweise BILD-Zeitung, 18.7.1963: ‚Fernsehdiktatur gegen alle.'

997 Der Spiegel, 43/1967, S. 34: ‚Springer. Abteilung Pub.'

sehen entzogen und einem vierten Verleger-Kanal überantwortet werden sollte.

Nachdem der CDU-Politiker Berthold Martin bereits 1963 eine Untersuchungskommission zur Klärung der Wettbewerbslage durchgesetzt hatte, wurde diese am 29. April 1964 gebilligt, um die Verhältnisse zu beleuchten.

> „Sieben unabhängige Fachleute wurden berufen, die Untersuchung durchzuführen: neben vier Professoren für Recht, Wirtschaft und Soziologie ein Kulturdezernent und zwei Manager aus der Wirtschaft. Den Vorsitz übernahm Dr. Elmar Michel, der Vorstandsvorsitzende der Salamander AG."[998]

Die *Michel Kommission* stellte 3 Jahre später in ihrem Abschlussbericht 1967 fest, dass der Konzentrationsgrad in der Presselandschaft problematisch sei. Damit war der Versuch, über die Politik ein privatrechtliches Fernsehen zu installieren, zunächst fehlgeschlagen.

Bei dem Bestreben einen vierten Kanal zu gründen, wirkte *Bertelsmann* als wichtiger Impulsgeber in der Auseinandersetzung.[999] Das Medienhaus hielt sich bei der Debatte aber im Hintergrund und zog bewusst nicht die Aufmerksamkeit der Presse auf sich. Der Konzern war einsichtsvoll genug, „keine schlafenden Hunde zu wecken".[1000] Es ist allerdings offensichtlich, dass besonders *Bertelsmann* als größter europäischer Filmkonzern von einem vierten, privaten Kanal profitiert hätte. Als einziges Großunternehmen im möglichen Konglomerat eines Privatfernseh-Senders, verfügte *Bertelsmann* über eine angemessene Film- und Fernsehproduktionsinfrastruktur, die bei einem vierten Kanal zum Einsatz gekommen wäre, wie das *Film-Telegramm* 1965 darlegte:

> „Denn dieser Reinhard Mohn hat genau das getan, was seine Zeitungs- und Zeitschriftenverleger-Kollegen versäumten: sie schrieben hundertfach Memoranden und Denkschriften, Überlegungen und Planungen. Mohn aber handelte. Sein Apparat steht. (...) Mohn und seine Mannschaft wissen, wie sie ‚es' anstellen müßten, eine solche Programmierung durchzuziehen. (...) Abgesehen davon, daß Mohn genug Geld besitzt, um die Mannschaften bei der ARD und dem ZDF abzuwerben, die er redaktionell und technisch braucht. Denn wenn der 4. Kanal kommt, dann erübrigen sich auch bei ARD und dem ZDF personelle Einsparmaßnahmen: diese besorgt Bertelsmann, indem er all die unzufriedenen, unausgelasteten (...) TV-Leute abwirbt."[1001]

Das Wachstum des Konzerns war 1966 an eine Grenze gelangt, an der eine ‚Lex Bertelsmann' drohte. Manfred Köhnlechner dementierte daher weitere

---

998 Dussel, K., Deutsche Rundfunkgeschichte. Konstanz 1997, S. 235.

999 Hebecker, Klaus, Buhmann Springer oder: Die Schlacht der Massenmedien. In: Film-Telegramm 38/1967, S. 3: „Der einmal (meines Wissens von Bertelsmann) inspirierte Plan eines privaten Fernsehens, getragen von Zeitungsverlegern, von Buchverlegern, von der Filmindustrie und von der Großindustrie von Mercedes bis Agfa-Geavert über Mannesmann bis Thyssen oder Krupp(...)."

1000 Fischer, K.J., Lex Bertelsmann und was dahintersteckt. In: Film-Telegramm, 37/1966, S. 2.

1001 Fischer, 1965, S. 3.

Expansionspläne: „Wenn wir bei der gegenwärtigen publizistischen Situation noch eine Filmfirma kaufen, wird am folgenden Tag in Bonn ein Gesetz gegen uns eingebracht, um eine weitere Konzentrierung im Film-Sektor zu verhindern.“[1002]

Schließlich scheiterte der erste Versuch der Gründung eines kommerziellen Fernsehens. Die Bestrebungen des *BDZV* entwickelten sich zum Skandal, als ein *Springer*-Mitarbeiter der Abteilung für Elektronische Publikationsmittel beim Ablichten vertraulicher Unterlagen des *ZDF* ertappt wurde. Er sollte „die öffentlich-rechtlichen Fernsehanstalten diskreditieren und damit die Gründung privater TV-Unternehmer notwendig erscheinen lassen“.[1003] Der *Springer*-Verlag hatte seine Mitarbeiter zur Spionage angestiftet, um die Rahmenbedingungen für ein Verlegerfernsehen zu verbessern.[1004] Die öffentliche Meinung wandte sich in diesem Zusammenhang 1967 gegen Axel Springer, der zum ‚deutschen Buhmann‘[1005] wurde. *Bertelsmann*, das im Film- und Fernsehbereich eindeutig aktivere Unternehmen, stand nicht im Fokus, obwohl es mit *Springer* kooperierte. Aufgrund des dezentralen Unternehmensaufbaus konnte eine Diskreditierung vermieden werden.

> „Wenn sich plötzlich eine ziemlich hohe Welle der Mißbilligung und des Mißtrauens gegen Axel Springer richtet – und nicht gegen Bertelsmann, Constantin-Film oder Beta-Filmimport – dann gibt es dafür eine einfache Erklärung. Nicht die geschäftliche Machtposition Springers (...) hat den Verlagskonzern ins Feuer der Kritik gebracht, sondern die politische Uniformität aller Springer-Publikationen.“[1006]

Die geringen Aussichten auf einen Durchbruch beim kommerziellen Fernsehen aufgrund der gesellschaftlichen Widerstände, ließen Axel Springer 1969 hinsichtlich des Verlegerfernsehens schließlich resignieren und den Bereich für Elektronische Publikationsmittel schließen.[1007] Fast gleichzeitig mit dem Rückzug vom privatrechtlichen Fernsehen wurde *Springer* in eine Aktiengesellschaft umgewandelt, an der sich „Bertelsmann, Deutschlands größter Kulturkonzern“[1008] 1970 zu einem Drittel beteiligte, woraufhin die Gütersloher zeitweise insgesamt 24 Prozent der Gesamtauflage der westdeutschen Zeitungen und nahezu 35 Prozent der Zeitschriftenauflagen kontrollierten.[1009] Köhnlechner hatte vor, das Medienhaus in einem rasanten Wachstumsprozess durch

---

[1002] Fischer, 1966, S. 2.
[1003] Der Spiegel, 43/1967, S. 34.
[1004] Ebd.
[1005] Hebecker, K., Buhmann Springer oder: Die Schlacht der Massenmedien. In: Film-Telegramm, 38/1967, S. 2.
[1006] Ebd.
[1007] Der Spiegel, 14/1969: ‚Privat TV. Poesie mit Amalie.‘
[1008] Vgl. Der Spiegel, 11/1970, S. 104. ‚Bertelsmann. Freundlicher Moloch.‘
[1009] Vgl. Der Spiegel, 11/1970, S. 99: „Johannes Mohn (...) und sein Vater, Bertelsmann-Hausherr Reinhard Mohn (...) haben ein Drittel der Springer AG erworben.“

Beteiligungen an *Gruner+Jahr* und dem *Springer-Verlag,* zum mächtigsten Informationskonzern Europas zu machen und auch die marktführende Position im privaten Fernsehmarkt anzustreben. Ausdrücklich wurden die Interessen im Bereich audiovisueller Kommunikationsmittel miteinander verbunden, „um sich gemeinsam auf die Anforderungen des zukünftigen Marktes dieser modernen Medien vorzubereiten“.[1010]

Entgegen der Hoffung beider Konzerne war 1969 die Realisierung eines allgemeinen, privaten Fernsehkanals jedoch ziemlich unwahrscheinlich geworden. Mit dem in diesem Jahr erfolgten Regierungswechsel von der CDU zur SPD-Regierung waren die Chancen auf eine Liberalisierung des Marktes gesunken.[1011] Ungeduldig wurde nach Möglichkeiten der Distribution für die Filminhalte gesucht. Unter anderem versuchte *Bertelsmann* gemeinsam mit einer „in Bielefeld erscheinenden Tageszeitung ein regionales Fernsehen für den ostwestfälischen Bereich aufzubauen (...) und ein Teil des Programms mit Constantin-Filmen zu bestreiten“.[1012]

Kurz vor seinem Ausscheiden aus dem Konzern 1970 verfolgte Köhnlechner noch ein weiteres Konzept. Er versuchte den zusammengeschlossenen Unternehmen *Bertelsmann*, *Springer* und *Gruner+Jahr* zu guter Letzt über das Kassettenfernsehen die nötigen Abspielmöglichkeiten in großem Stil zu sichern.[1013] Die Fernsehteilnehmer sollten durch ein ‚Kassettengerät‘ in die Lage versetzt werden, „Programme in Kassettenform“[1014] zu konsumieren. Die damaligen Entwicklungen der Industrie, die Super-8-Filmkassette, die EVR-Kassette und die Magnetband-Kassette[1015], konkurrierten miteinander und schienen fast marktreif zu sein. 1969 vermutete die Fachzeitschrift *Filmecho/Filmwoche*, dass sich das Kassettenfernsehen gar „in spätestens einem oder zwei Jahren (...) zu einer zusätzlichen Konkurrenz für den Film im Kino entwickeln werde“.[1016] Mit auf Magnetband gespeicherten Bildungs- und Unterhaltungssendungen sollten Fernsehinhalte wie Bücher und Schallplatten auf die deutschen Haushalte und Unternehmen, ähnlich wie bei einem ‚Closed Circuit TV‘[1017] distribuiert werden. Dabei hätte der Konzern Verknüpfungen ausspielen können:

[1010] Filmecho/Filmwoche, 17/1979, S. 5: ‚Bertelsmann-Beteiligung an Springer.‘

[1011] Vennebusch, 1988, S. 49: „Bis in die 80er Jahre hinein lehnte die SPD die Einführung privatwirtschaftlicher Rundfunkveranstaltung grundsätzlich ab.“

[1012] Dpa Meldung, Bielefeld 26.2.1970.

[1013] Vgl. zu gemeinsamen Kassetten-Fernseh-Plänen von *Springer* und *Bertelsmann*: Kress Report, 101/1970, S. 4.

[1014] Genschow, G., Axel Springer und das Kassetten-Fernsehen. In: Film-Telegramm, 3/1970,S.2.

[1015] Ebd.: „Die drei Kassettenformen (...) sind nicht untereinander austauschbar. Damit steht ein harter Wettbewerb zwischen Industriegiganten bevor.“

[1016] Vgl. Filmecho/Filmwoche, 99/1969, S. 4: ‚Kassetten-Fernsehen bringt neue Probleme.‘

[1017] Vgl. Zielinski, S., Audiovisionen. Hamburg 1989, S. 214: „ »Closed Circuit TV«, Fernsehen für eingeschränkte Benutzerkreise in Hotels, Hospitälern, Ausbildungseinrichtungen, Flugzeugen oder Unternehmen.”

> „Mit Beteiligungen an Filmateliers und mit den Show-Stars von Bertelsmanns ‚Ariola', mit Springers ‚Hör Zu' (die für ‚Ariola'-Stars Reklame machen kann) und Bertelsmanns TV-Produktionsgesellschaften und den Bildblättern von Gruner+Jahr verfügt das Elefanten-Kombinat über so weitgespannte „in house"-Kapazitäten, daß keine andere derzeit sichtbare Firmen-Gruppierung aus vergleichbar günstiger Position in den Verbundkampf starten könnte – ins Rennen um die totale Kommunikation und die TV-Kassette."[1018]

Köhnlechner äußerte sich zuversichtlich darüber, dass dieser frühe ‚Kassetten-Markt'[1019] in kurzer Zeit stark expandieren werde: In fünf Jahren, so Köhnlechner 1970, „wird der erste Höhepunkt erreicht sein".[1020] Noch im Mai 1970 gab *Bertelsmann* bekannt, dass die Firmentochter *UFA-Werbefilm* die Kassetten-Interessen des Hauses wahrzunehmen beabsichtige und damit zu rechnen sei, dass sich das Haus *Springer* an der *UFA-Werbefilm* beteilige. Mit Hilfe der großen Adressen-Pools des *Buchclubs* liefen Vorbereitungen dafür, das neuartige Fernsehen zu seinen Kunden zu bringen, denn „in zehn Jahren fragt keiner mehr nach Firmen. Da heißt es dann nur noch, ist es deutsch, amerikanisch oder japanisch".[1021]

Die Durchsetzung des Kassettenfernsehens missglückte dessen ungeachtet, da weder ein übergreifender Abspielstandard, noch ausgereifte Speichermedien und nur wenig Interesse seitens der Konsumenten vorhanden waren: „Es gibt überhaupt noch keine Norm. Fernseh-Kassetten sind zu teuer. Der Unterhaltungsbedarf kann von Film und Fernsehen befriedigt werden."[1022] Die Investitionen im Kassettenbereich wurden deshalb 1971 eingestellt. Schon vorher war ein Umdenkungsprozess bei *Bertelsmann* eingeleitet worden, der die Aktivitäten im Film- und Fernsehsektor insgesamt in Frage stellte.

9.2.2 Der Rückzug

Am 14. März 1970 gab *Bertelsmann* bekannt, dass sich das Unternehmen, in Vorbereitung auf die Umwandlung in eine AG, aus Teilen des Filmgeschäfts zurückziehen werde und „die Ertragslage (...) wegen der ständigen Verminderung der Abspielmöglichkeiten und der wachsenden Konkurrenz des Fernse-

---

[1018] Der Spiegel, 11/1970, S. 105.

[1019] Erst 1988 stieg die Verbreitung von Videorekordern in der Bundesrepublik auf etwa 9 Millionen mit ca. 4,4 Millionen industriell bespielten Kassetten im Fachhandel, an deren Fertigung *Bertelsmann* über seine Gütersloher Fertigungsanlagen beteiligt war; Vgl. 9.Jahreswirtschaftsbericht des Bundesverbandes Video (BVV). Hamburg 1988.

[1020] Frankfurter Rundschau, 18.5.1970: ‚Dachgesellschaft für TV-Kassetten.': Bertelsmann möchte Springer ‚und andere' an UFA-Werbefilm beteiligen.

[1021] Manfred Köhnlechner; Zitiert nach: W&V, werben und verkaufen, 15.5.1970: Springer (und andere) UFA-Teilhaber?

[1022] Genschow, G., Ruhe vor dem Sturm? In: Film-Telegramm, 16/1971, S. 2.

hens nicht zufriedenstellend“ sei.[1023] Das Medienhaus beabsichtige, von seiner Einflussnahme zugunsten der Gründung eines privatrechtlichen Fernsehkanals oder anderer Abspielmöglichkeiten abzusehen und ‚politische Selbstbeschränkung‘ zu üben.[1024] Reinhard Mohn selbst informierte die Presse 1971 darüber, dass er an ein privatrechtliches Fernsehen nicht mehr glaube: „Es sei unwahrscheinlich, dass in den nächsten zehn Jahren entsprechende Möglichkeiten im Bundesgebiet geschaffen werden könnten.“[1025] Daraufhin wurde der *Bertelsmann*-Anteil der *Constantin-Film* mit ihren Tochtergesellschaften an den ehemaligen Inhaber Waldfried Barthel zurückverkauft.[1026] Überdies stieß das Medienhaus kurze Zeit später, 1972, die *UFA-Filmtheater-AG* ab: „Der Filmtheaterbesitzer Heinz Riech, der bereits über einen stattlichen Kinopark verfügt, erwarb von Bertelsmann die Lichtspieltheater in der Bundesrepublik.“[1027] Diese Entscheidung des fast vollständigen Rückzugs vom Fernseh- und Filmgeschäft lag darin begründet, dass für den Konzern in absehbarer Zeit keine angemessen hohen Erträge zu erwarten waren. Von *Bertelsmann* „war es einmal offen herausgesagt worden, dass man die Gewinne im Filmgeschäft nicht für ausreichend halte“.[1028] Nach welcher Maxime das Medienhaus vorging, beschrieb die *Stuttgarter Zeitung*: „Für Bertelsmann geht es allein um das Geld (...) Das Filmgeschäft hat sich aber nicht ganz so angelassen, wie es sich vor einigen Jahren die *Bertelsmann*-Leute ausrechneten (...) Das ‚wirklich große Geld‘ kam nicht.“[1029] Der Weg führte daher, nachdem eine Änderung mittelfristig nicht absehbar war, zurück zum Kerngeschäft. In Gütersloh sah man in den herkömmlichen Tätigkeitsfeldern des Medienhauses, den Buch- und Zeitschriftenverlagen und den Buch- und Schallplattengemeinschaften mehr Chancen für die Erwirtschaftung angemessener Renditen.

Die ‚politische Selbstbeschränkung‘ folgte als strategischer Kommentar auf die gleichzeitige Beteiligung beim *Springer*-Verlag und bei *Gruner & Jahr*, durch die *Bertelsmann* die Öffentlichkeit gegen sich aufbrachte. Aufgrund der prahlerischen Äußerungen Köhnlechners[1030] artikulierte der Konzern ein Signal, das sein eigenes Wachstum relativierte:

[1023] ZV + ZV, 10/1970, S. 358.

[1024] Handelsblatt, 28.8.1972: ‚Bertelsmann konzentriert sich auf die Publizistik.‘

[1025] ZV + ZV, 7.12.1973: Mohn: ‚Keine Pläne für privates Fernsehen.‘

[1026] Media Perspektiven, 2/1972, S. 86: UFA-Kette wechselt Besitzer. Bertelsmann zieht sich vom Filmtheatergeschäft zurück.

[1027] Hebecker, K., Optimisten setzen aufs Kinogeschäft. In: Film-Telegramm, 1/1972, S. 2.

[1028] Frankfurter Allgemeine Zeitung, 4.10.1971, S. 3: ‚Deutsche und amerikanische Verleiher im Zeitraffer.‘

[1029] Stuttgarter Zeitung, 30.7.1969: ‚Wie lange bleibt Bertelsmann noch hart?‘

[1030] Der Spiegel, 15/1971, S. 76: ‚Köhnlechner. Erst durchatmen.‘: „Köhnlechner hat das Gigantengeschäft, die Fusion mit Axel Springers Presseimperium, die er angekurbelt hatte, selbst durch leichtfertiges Plaudern wieder zerstört. (...) Köhnlechner hatte Geschäftsfreunden und Politikern erzählt, dass er im Hause Springer (...) kräftig aufräumen werde. Er würde das Renommierblatt ‚die Welt‘ verkaufen, den kostspieligen Auslandsdienst abstoßen und durch weitere Rationalisierungsmaßnahmen den Gewinn um 100 Millionen Mark steigern.“

> „Offenbar glaubt man bei Bertelsmann, mit diesem Verkauf zwei Fliegen mit einer Klappe schlagen zu können: Einmal trennt sich der Verlag von Unternehmen, deren Gewinne unter der in Gütersloh üblichen Spanne liegen, zum anderen soll auf diese Weise eine Beruhigung der durch den neuen Konzentrationsvorgang alarmierten Öffentlichkeit erreicht werden."[1031]

Wegen derartiger Aussagen, aber auch weil sein expansiver Kurs nicht gefruchtet hatte, musste der Generalbevollmächtigte des Medienhauses, im August 1970 von der Unternehmensleitung zurücktreten.

Nur die *UFA*-Werbefilmproduktion in Düsseldorf und die *UFA*-Fernsehproduktion in Berlin, letztere ausschließlich tätig als Auftragsproduzent für die öffentlich-rechtlichen Fernsehanstalten, betrieb der Konzern in kleinem Maßstab weiter, um den Kontakt zum Medium nicht vollständig aufzugeben. Der Strategiewechsel führte weg von der Diversifikation hin zur Konzentration auf die lukrativeren Kernbereiche des Unternehmens, auf Verlage, Buchgemeinschaften und Tonträgerfirmen und beförderte in diesen Feldern die Internationalisierung.[1032]

Die Manager hielten die verbleibenden Film- und Fernsehaktivitäten in den 70er Jahren für so marginal, dass der Bereich der ‚Sammel'-Unternehmensabteilung ‚*Musik, Film und Fernsehen*' zugeordnet wurde, gemeinsam mit sämtlichen Tonträgergeschäft.

Nach der Schrumpfungsphase Anfang der 70er Jahre beschränkte sich die Tätigkeit der beiden Fernseh- und Film-Produktionsfirmen, so der Geschäftsbericht 1973, „weitgehend auf die Einschaltung von Werbefilmen bei Funk und Fernsehen sowie auf die mit ihren Leistungen gut im Markt liegenden Auftragsproduktionen der UFA-Filmproduktion in Berlin".[1033] Als *Bertelsmann* 1977 mit US-amerikanischen Medienunternehmen verglichen wurde, stellte sich heraus, dass ‚der Gütersloher Medienriese' trotz seiner 161 internationalen Firmen im Gegensatz zu den Wettbewerbern in den Vereinigten Staaten „kaum fürs Fernsehen produzierte".[1034] War *Bertelsmann* in den 60ern in kürzester Zeit zum größten Filmkonzern Deutschlands gewachsen, so verschwand der Film- und Fernsehbereich Anfang der 70er Jahre ebenso schnell wieder von der Bildfläche und blieb von da an über ein Jahrzehnt ein kleiner Seitenzweig des Medienhauses.

1031 Christ und Welt, 20.3.1970: ‚Zu leicht befunden. In Gütersloh wirft man Ballast ab.'

1032 Vgl. Film-Echo/Filmwoche, 3/1972, S. 5: ‚Für viele gute und falsche Argumente gewappnet sein.'

1033 BG 1973/74, S. 12. Insgesamt setze der Unternehmensbereich *Musik, Film, Fernsehen* 234 Mio. DM um.

1034 Vgl. Media Perspektiven, 10/1979, S. 689: ‚Der erfolgreiche Weg ins Ausland.'

Musik, Film, Fernsehen

- Ariola-Eurodisc, *Gütersloh/Wien*
- Eurodisc-Musikproduktion, *München*
- Ariola-Eurodisc, *Amsterdam*
- Ufa-Musikverlage, *Westberlin/München*
- Bohème-Verlag, *Wien*
  - Ufaton-Verlagsgesellschaft
  - Edition-Dreiklang
  - Dreiklang-Dreimasken, Bühnen und Musikverlag
  - Universum-Film GmbH (Ufa), *Düsseldorf, Westberlin*
- Ufa-International, *München*
- Ufa-Werbefilm, *Düsseldorf*
- Ufa-Theater AG, *Düsseldorf*
  - Mannheimer Lichtspieltheater GmbH
  - Pallas-Film Verleih GmbH, *Düsseldorf*
  - Merkur-Filmtheater GmbH, *Frankfurt (Main)*
  - Terra-Filmkunst GmbH
- Constantin-Film GmbH, München (Beteiligung 60%)
- Bertelsmann-Fernsehproduktion, *Westberlin*
- Ufa-Fernsehproduktion, *Westberlin*
- Videophon GmbH, *Westberlin* (Beteiligung mit Gruner+Jahr)

Abb.16. Bereich *Musik, Film, Fernsehen* 1971[1035]

9.3 Zweiter Vorstoß und Entwicklung zum ‚Marktführer'

9.3.1 Öffnung des Rundfunks für die Privatwirtschaft[1036]

Mit den technologischen Neuerungen zur Verbreitung von Informationen wie der Satellitentechnik und dem Breitbandkabel, kündigten sich Mitte der 70er Jahre neuartige Möglichkeiten zur Distribution von Rundfunk an. Eine Umstrukturierung der Rundfunklandschaft in Richtung eines ‚dualen Rund-

[1035] Entn. aus: Film und Recht,1/1971, S.15: ‚Die Schriftsteller und ihr Recht: Zur Konzentration wirtschaftlicher und ideologischer Macht im Verlagswesen.'

[1036] Unter Rundfunk wird nach allgemeiner und verfassungsrechtlicher Auffassung sowohl Hörfunk als auch Fernsehen verstanden. Aufgrund des raschen technischen Wandels hat das Verfassungsgericht aber von einer ‚für alle Zeiten gültigen Definition' bewusst abgesehen. Vgl. Franke, T., Medienfreiheit. Berlin 2001, S. 71.

funks'[1037] war nach langen Konflikten verschiedener Interessengruppen abzusehen, als 1981 das ‚dritte Rundfunkurteil'[1038] des Bundesverfassungsgerichts die zwei Ordnungsmodelle des öffentlich-rechtlichen und privaten Rundfunks einander gegenüberstellte und beide Formen des Fernsehens grundsätzlich für legitim erachtete.[1039] Das Gericht, dem das saarländische Rundfunkgesetz zur Beurteilung vorlag, präzisierte „den Gehalt der grundgesetzlichen Rundfunkfreiheit im Hinblick auf die sich immer stärker abzeichnende Rundfunkfreiheit".[1040] Es legte neben Leitgrundsätzen für den Erhalt des Gesamtprogramms eine begrenzte Staatsaufsicht sowie ein Erlaubnisverfahren und Auswahlregeln für die Zulassung der Veranstalter fest.[1041] Die Anforderungen an den privaten Rundfunk waren hinsichtlich der vielfaltsichernden, binnenpluralistischen Struktur des Programms, laut Wolfgang Hoffmann-Riem, zwar recht hoch gesteckt, „gleichzeitig wurde vom Gericht aber erstmals (...) die stärker wettbewerbsorientierte außenpluralistische Variante als verfassungsrechtlich möglich unterstellt, bei der sich die geforderte Vielfalt erst durch die Gesamtheit der Anbieter einstelle."[1042]

Bereits 1980 hatten die Ministerpräsidenten der Länder beschlossen, an vier Standorten zeitlich befristete Tests zum Kabelrundfunk durchführen zu lassen. Vorgesehen waren die Städte Berlin, Mannheim/Ludwigshafen, München und Köln oder Wuppertal.[1043] Bald waren die Pilotprojekte aufgrund der schnellen technischen und medienpolitischen Entwicklung zu mehr als nur ‚Tests' ge-

---

1037 Vgl. zum Begriff des ‚Dualen Systems': Ebd., S. 35: „Auf der einen Seite stehen die öffentlich-rechtlichen Rundfunkanstalten, (...), die in ihrer Organisation und Programmgestaltung durchwegs einem ‚binnenpluralen' Modell folgen und deren Tätigkeit überwiegend aus Gebühren finanziert wird. Auf der anderen Seite treten private Veranstalter hinzu, bei denen Meinungsvielfalt im Wesentlichen durch Außenpluralität und nicht auf dem Wege einer binnenpluralen Programmgestaltung sichergestellt werden soll, die ihre Erträge von Wirtschaftswerbung finanzieren."

1038 Bevor die massiven Investitionen der großen Unternehmen wie *Bertelsmann* in Folge ihre Konzentrationskraft auf dem Fernsehmarkt entfalten konnte, kam es durch die neue Übertragungssituation, die nur regional unterschiedliche Empfangbarkeit ermöglichte, kurzfristig, wie Hickethier es nennt, zu einer „Melange unterschiedlicher Verbreitungsformen und Dichten." Vgl. Hickethier, 1998, S. 420.

1039 Ebd., S. 27: Hesse geht hier auch auf das Urteil des Bundesverfassungsgericht in BGBl. (Bundesgesetzblatt) 1981 II, S. 50 ein.

1040 Vgl. Eifert, M., Hoffmann-Riem, W., Die Entstehung und Ausgestaltung des dualen Rundfunksystems. In: Schwarzkopf, D., Rundfunkpolitik in Deutschland; Bd.1. München 1999, S. 51 u. 59: „Ihm (dem BVG, TL) lag nach langem rechtlichen Vorspiel das saarländische Rundfunkgesetz zur Beurteilung vor, in dem bereits nach 1967 die unausgereifte und auch politisch blockierte Möglichkeit zur privaten Rundfunkveranstaltung vorgesehen war. Das Gericht wiederholte in Abrundung seiner früher entwickelten Grundzüge, daß die Rundfunkfreiheit ‚primär eine der Freiheit der Meinungsbildung dienende Freiheit sei' und eine gesetzlich auszugestaltende ‚positive Ordnung' (...) sicherstellen müsse, ‚daß die Vielfalt der bestehenden Meinungen im Rundfunk in möglichster Breite und Vollständigkeit Ausdruck findet".

1041 Ebd., S. 59.

1042 Ebd., S. 58.

1043 An die Stelle der letzen beiden Städte rückte später Dortmund.

worden: „Noch bevor die ersten Ergebnisse aus den Pilotprojekten vorlagen, sorgten die Landtage – bis auf Hessen – (...) dafür, dass neben den öffentlich-rechtlichen Hörfunk- und Fernsehprogrammen auch private verbreitet werden durften."[1044]

Nach dem Regierungswechsel von 1982 förderte die Bundesregierung die Projekte und nutzte sie, „um unter dem Deckmantel von Experimentierklauseln die Weichen für die dauerhafte Lizenzierung von bundesweit privatwirtschaftlichen Fernsehanbietern (...) zu stellen".[1045] Helmut Kohl hatte 1981, damals noch als Oppositionschef, „die Initiative von RTL-Generaldirektor Gustave Graas und *Bertelsmann*-Vorstandsschef Mark Wössner begrüßt, ein Programm (*CLT* 60 %, *Bertelsmann* 40 %) zu schaffen und dieses Vorhaben als ‚ein Jahrhundertereignis' gepriesen".[1046] 1982 nutzte seine Regierung die Infrastrukturkompetenz der Post, um eine energische Verkabelungspolitik durchzuführen. Die Bundesregierung hatte über diesen Weg die Initiative in der Rundfunkpolitik wiedergewonnen, die ihr seit 1961 nach deutschem Verfassungsrecht nicht zustand.[1047] Erst die „Vielzahl der Übertragungskanäle im Kabel schaffte die entscheidende Voraussetzung für privatwirtschaftliche Rundfunkvielfalt."[1048] Hohe Defizite wurden in Kauf genommen, um die Ausgangsposition für die privatwirtschaftlichen Fernsehanbieter zu verbessern. Binnen eines Jahres nach dem Regierungswechsel verlegte die Post über zwei Millionen Kabelanschlüsse und gestattete den Aufbau eines Fernmeldesatellitensystems, wobei die Kosten wesentlich höher als geschätzt ausfielen.[1049] Die medienpolitische Wende[1050] signalisierte den kommerziellen Anbietern, dass das Engagement im neuen Medienmarkt sich zu lohnen versprach. [1051] Unterstützend wirkten die schnelle technologische Entwicklung, die werbewirtschaftlichen und publizistischen Gewinninteressen sowie die Absicht, die Politikberichterstattung zu erweitern.[1052]

[1044] Vgl. Meyn, H., Kabel-Pilotprojekte: Was sie erbracht haben. In: Das Parlament, 35/1986.

[1045] Bleicher, J.K., 1992, S. 267-283.

[1046] Juppe, U., Die RTLplus Deutschland Fernsehen Gmbh & Co Betriebs KG 1984-94. Vom Tittensender zum Marktführer. In: Bleicher, J.K. (Hg.), Programmprofile kommerzieller Anbieter. Analysen von Fernsehsendern seit 1984. Opladen 1984, S. 43.

[1047] Schwarzkopf, D., Die Medienwende. In: Ders. (Hg.), Rundfunkpolitik in Deutschland, Bd.1. München 1999, S. 43: „Die ‚Medienwende' von der Alleinstellung des öffentlich-rechtlichen Rundfunks zur konkreten Einführung privatrechtlichem Rundfunk wurde im wesentlichen von der nach deutschem Verfassungsrecht für die Rundfunkordnung nicht zuständigen Bundesregierung vollzogen."

[1048] Bleicher, 1992, S. 292.

[1049] Vgl. Hickethier, 1998, S. 418.

[1050] Die neue Bundesregierung hob die Bedeutung der Medienmärkte explizit hervor. In: Deutscher Bundestag, 9. Wahlperiode, 121. Sitzung, S. 7217.

[1051] Hickethier, 1998, S. 416.

[1052] Vgl. Wehmeier, S., Ökonomisierung des Fernsehens: In: Medien und Kommunikationswissenschaft, 3/2001, S. 320.

Bertelsmann beteiligte sich an diesem Prozess und belebte seine zurückgefahrenen Ressourcen und Kontakte im Rundfunkbereich. Der Wunsch nach Gestaltung des kommerziellen Rundfunkmarktes wurde geäußert. Das Medienhaus verlangte vom Staat 1981 lautstark, dem Markt seine Freiheit zu lassen und ihn nicht zu regulieren. Da das ‚bewegte Bild' an Bedeutung gewinne, solle sich die Politik mit Eingriffen zurückhalten, um die Wettbewerbsfähigkeit des Landes nicht zu gefährden:

> „Der ‚Staat' sollte in einer solchen Situation das Pluralismusgebot auf dem Felde der Kommunikation beachten und eher behutsam und fördernd eingreifen. Mit technischen Blockaden Medienpolitik zu betreiben, erscheint uns gefährlich. (...) Die Telekommunikation ist vielleicht eine der vorerst letzten Möglichkeiten der Bundesrepublik Deutschland, auf einem zukunftsorientierten Gebiet ihre internationale Wettbewerbspolitik zu sichern."[1053]

Absicht von *Bertelsmann* war es, den Weg zum Medienkonsumenten auf möglichst allen in Frage kommenden Kanälen zu suchen und „in der Pionierphase des privaten Fernsehens in der Bundesrepublik eine gestaltende Mitverantwortung zu übernehmen".[1054] Dazu engagierte sich der Konzern bei allen ihm sich bietenden Distributionsmöglichkeiten.

Im Sommer 1984 ließen die Länder, beginnend in Niedersachsen, Privatfunkveranstaltungen zu, aber die „Heterogenität der Einzelregelungen behinderte (...) die im Fernsehbereich von den Veranstaltern (...) angelegte bundesweite Verbreitung der Programme".[1055] Beim am 1. Januar 1984 startenden Kabel-Pilotprojekt in Ludwigshafen hatten die Gütersloher eine Genehmigung für einen Kanal beantragt und erhalten und starteten einen Testlauf mit zunächst 1.200 an das Kabelnetz angeschlossenen Haushalten.[1056] Das kommerzielle Fernsehen wurde hier versuchsweise getestet, doch stand im Grunde fest, dass es nicht wieder abgestellt werden würde.[1057] Das Kabelprogramm kategorisierte *Bertelsmann* als unternehmerisch uninteressant, „da für die teuren Programme zu wenig Werbe-Interessenten zur Verfügung standen".[1058] Mark Wössner wies als Vorstandsvorsitzender des Unternehmens darauf hin, dass

---

[1053] BG 1981/82, S. 8.

[1054] Bertelsmann, Aktueller Dienst, 39/1983. Nachrichten aus der Unternehmensgruppe für Presse, Funk und Fernsehen, S. 2.

[1055] Eifert, 1999, S. 61.

[1056] Halefeld, E., Regionaler Einstieg ins bundesweite Fernsehen? In: Media Perspektiven, 1/1984, S. 33: „Das Zuschauerinteresse war beim Kabelstart nicht überwältigend: Zur Jahreswende waren 1200 Haushalte aus dem Versuchsgebiet an das Kabelnetz angeschlossen. (...) Bis Ende 1985, so der Verkabelungsfahrplan, könnten es 140.000 bis 150.000 Teilnehmeranschlüsse sein."

[1057] Die Kabelpilotprojekte hatten eine begrenzte Laufzeit: Ludwigshafen (1984-86), München (1985-86), Dortmund (1985-88) und Berlin (1985-1990).

[1058] Frankfurter Allgemeine Zeitung, 9.12.1982: ‚Bertelsmann-Konzern rüstet für das Fernsehen.'

„selbst bei Zulassung von Werbung die Reichweiten so gering seien, daß ein Einstieg ins Fernsehen eine reine Verlustinvestition bedeute".[1059]

Die Öffnung der Märkte löste, entgegen Wössners herunterspielender Rhetorik, aber eine Art ‚medienpolitischen Urknall'[1060] aus. Auch für *Bertelsmann* war es der erste Probelauf im gewinnträchtigsten Markt der folgenden Jahrzehnte, der für den Medienkonzern mit einer komplizierten Produktionssituation begann.

Das ausgestrahlte ‚Test'-Programm von *Bertelsmann* war ein im Ausland für die Bundesrepublik produziertes Programm. Gemeinsam mit dem Kooperationspartner *CLT*[1061] veranstaltete das Medienhaus deutschsprachiges Fernsehen nach den Gesetzen des Großherzogtums Luxemburg. Die *CLT,* „ein verwirrendes Geflecht französischer und belgischer Firmen"[1062], erfahren im Hörfunk- und Fernsehbereich, hatte ihrerseits finanzstarke Partner in Deutschland gesucht, die ihren Gang in den bundesdeutschen Markt begleiten und die Akzeptanz des Senders in Deutschland unterstützen.[1063] Das 1931 gegründete Unternehmen zählte zu einem der führenden Radio- und Fernsehunternehmen Europas.[1064] Es strahlte schon 1955 den französischsprachigen Kanal ‚Télé Luxemburg' aus, der in den 70er Jahren als *RTL TV* in Teilen Frankreichs und Belgien empfangen werden konnte.[1065] Die Deregulierung der Märkte in den frühen 80er Jahren nutzte die *CLT*, um in Ländern wie Deutschland, Frankreich, Belgien und den Niederlanden tätig zu werden und um eine Senderorganisation aufzubauen. *Bertelsmann* beteiligte sich zu 40 Prozent am *CLT*-Sender *RTLplus*. Vereinfacht skizziert dazu die untenstehende Grafik die damaligen Besitzverhältnisse der Wettbewerber im deutschen Privatfernsehmarkt.

[1059] Rede von Mark Wössner auf der Jahrestagung der GFK-Gesellschaft für Konsum-, Markt- und Absatzforschung. Zitiert nach: Filmecho/Filmwoche, 31/ 1983, S. 11: ‚Bertelsmann-Chef zur Fernseh-Zukunft.'

[1060] Bernhard Vogel; Zitiert nach: Hickethier, 1998, S. 414.

[1061] Am 8. Dezember 1983 gab das Haus *Bertelsmann* bekannt, dass es mit der *Compagnie Luxembourgoise de Télédiffusion (CLT)* eine Gesellschaft namens *RTLplus* gründen werde.

[1062] Vgl. Möller, U., Law Online, [4/1996], (www.forum-recht-online.de/496/496moeller.htm): ‚Auf dem Weg in die Informationsgesellschaft': „Dieser neue, gewichtige Partner von *Bertelsmann* im Fernsehgeschäft war „ein verwirrendes Geflecht französischer und belgischer Firmen."

[1063] Posewang, W., Geschichte des privaten Rundfunks in Deutschland. 1.4. Konzentrationsdebatte. In: Pape, M.; Samland, D. (Hg.), Medienhandbuch. Privater Rundfunk/Privates Fernsehen. Neuwied 1996, S. 4.

[1064] Vgl. Pauly, J., De la Forteresse au Palais de verre. L'Histoire de la CLT. Luxemburg 1990. S. 49: „L'avènement de la TV va avoir de fortes incidences sur les finances de la société. En effet, les premières anneés d'exploitation de la TV seront largement déficitaires. La CLR souhaite par conséquente des allégements fiscaux qui lui sont consentis par le gouvernement grand-ducal. Cette même année, la CLR va abandonner son nom au profit de celui de CLT pour Compagnie Luxembourgoise de Télédiffusion."

[1065] Vgl. Botzler, U., Vierzig Jahre CLT: Der erste europäische Privatsender. In: epd/Kirche und Rundfunk, 9/1995, S. 20.

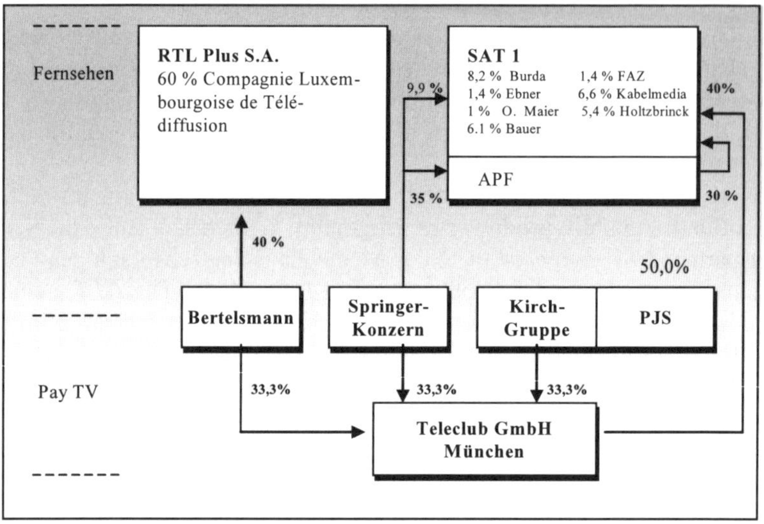

Abb.17. Bundesweite private Fernseh-Programme 1985[1066]

In diesem Geflecht von Beziehungen positionierte sich *Bertelsmann* vorteilhaft und profitierte massiv von den Distributionsmöglichkeiten, Erfahrungen und Kapazitäten seiner wichtigsten TV-Beteiligung.[1067]

Noch bevor die CDU-regierten Länder das kommerzielle Fernsehen zuließen, sendete *RTLplus* neben dem Kabelpilotprojekt ein fünfeinhalbstündiges TV-Programm vom 330 Meter hohen, luxemburger Sendemast der *CLT* in Teile der Bundesrepublik. In Ermangelung eines rechtskräftigen Staatsvertrages geschah dies „vorbei an den geltenden Rundfunkgesetzen".[1068] *RTLplus* hatte hiermit demonstriert, dass vom Ausland aus Sendungen nach Deutschland problemlos übertragbar waren. Das stärkte die Position jener „die argumentierten, wenn privatrechtlicher Rundfunk nicht in Deutschland eingeführt werde, dann werde er aus dem Ausland hereingebracht".[1069] Genutzt wurde das

[1066] Vgl. Röper, H., Formationen deutscher Medien-Multis. In: Media Perspektiven, 2/1985, S.129.

[1067] Röper, H., Pätzold, U., Infrastrukturprobleme privater Fernsehprogramme. In: Rundfunk und Fernsehen, 2/1984, S. 202: „Das Unterhaltungsprogramm können die Luxemburger durch eigene Bestände und die ihnen seit Jahrzehnten bekannten Quellen speisen. (...) Probleme werden aber in den informierenden Programmen deutlich. (...) Im bundesdeutschen Inland beginne für RTL die Probleme mit der Infrastruktur."

[1068] HFF, Hörfunk, Fernsehen, Film, 1/1984, S. 7.

[1069] Schwarzkopf, D., Die Medienwende. In: Ders. (Hg.) Rundfunkpolitik in Deutschland, Bd.1. München 1999, S. 43.

Sendegebiet des Hörfunkunternehmens *CLT*, das von *Radio Luxemburg* im Hörfunkbereich bereits erschlossen war. So wurden schon 1984 etwa 200.000 Haushalte im Saarland und in Teilen von Rheinland Pfalz und Nordrhein-Westfalen über die Hausantennen erreicht.[1070]

Bei den ersten 150 Haushalten entpuppte sich anhand der Einschaltquoten, dass bei Ausstrahlung von *RTLplus* „der tägliche TV-Konsum pro Tag und Haushalt um mehr als eine Viertelstunde an(stieg)".[1071] Der bisher unbekannte Sender aus dem Großherzogtum avancierte „an Mosel und Saar auf Anhieb zum Marktführer in der Primetime (...) RTLplus ‚fing' seine Zuschauer überwiegend von der ARD: Überall, wo der Neuling in den Äther eindrang, sank der Marktanteil der ARD von 55 auf 35 Prozent". Der Sender schaffte dies durch konzerngesteuerte Unterstützung des weitverbreiteten *Radio RTL*, in dem „kräftig für RTLplus geworben wurde".[1072] Aber auch das neue Programmformat des kommerziellen Senders sprach die Zuschauer an, weil es vor allem eingängige Unterhaltung bot, weitgehend ohne anstrengenden Informations- und Bildungsanspruch.[1073] Es offerierte „more of the same an Filmen und Serien, statt Gewinn an inhaltlicher Vielfalt".[1074]

Der Geschäftsbericht von *Bertelsmann* stellte die rechtlich unsaubere Vorgehensweise, die eine Novellierung der Mediengesetzgebung beschleunigen wollte, geschönt dar: Im Bekenntnis zum schnellen Ausbau der Fernsehaktivitäten hätte das Medienhaus „die Entwicklung privatwirtschaftlicher Alternativen zum bisherigen öffentlich-rechtlichen Rundfunk aktiv mitgestaltet".[1075] Im Konzern machte sich Aufbruchsstimmung breit, wie der ungewöhnlich euphorisch anmutende Kommentar des Geschäftsberichts verdeutlicht, der sich von den Texten anderer Jahre deutlich abhebt:

[1070] Vgl. Fischer, 1996, S. 13-49.

[1071] 15 Jahre RTL. RTL Kommunikation (Hg.), Köln 1999, S. 20.

[1072] Thoma, H., RTL, Köln. In: Fischer, H.D., Skizzen zur Entwicklungsgeschichte privaten Hörfunks und Fernsehens. In: Fischer, H.D.; Jubin, O.; Privatfernsehen in Deutschland, Konzepte, Konkurrenten, Kontroversen, Frankfurt a. M. 1996, S. 65: „Während Sat.1 immerhin mit 100 Mio. DM ausgestattet war, stand RTL im ersten Jahr ein aus heutiger Sicht lächerliches Budget von 25 Mio. DM zur Verfügung. Dennoch kamen wir besser aus den Startlöchern, schließlich hatten wir ja auch RTL Radio im Rücken. Dort konnten wir kräftig für unser Fernsehen werben."

[1073] Faul, E., Die Fernsehprogramme im dualen Rundfunksystem. In: Rundfunk und Fernsehen, 1/1989, S. 45: „Im privat-kommerziellen Fernsehen ist das Volumen für politische und gesellschaftliche Informationen nicht nur absolut, sondern auch relativ schmächtiger. Verglichen mit dem Anstaltsfernsehen ist die Berichterstattung der Privaten weniger an Institutionen und Organisationen, sondern mehr an Personen und anderen anrührenden oder anregenden Interessenmomenten orientiert."

[1074] Lange, B., Das duale Rundfunksystem in der Bewährung. In: Hickethier, K., Fernsehen. Wahrnehmungswelt, Programminstitution und Marktkonkurrenz. Frankfurt a. M. 1992, S.296.

[1075] BG 1983/84, S. 45.

> „1983/84 ist für sie (die Bertelsmänner) ‚ein Jahr der Wende' (...) Voller Motivation und ‚Tatendrang' habe man bereits unter dem Stichwort ‚Weichenstellungen für die Zukunft' mit der Entwicklung neuer Vorwärtsstrategien für die zweite Hälfte der 80er Jahre begonnen: Neben der Forcierung des USA-Geschäfts sollen die ‚Zukunftsmärkte' der neuen elektronischen Medien, vor allem des Privatfernsehens erschlossen werden."[1076]

Ihre gesamten Beteiligungen und Film- und Fernsehfirmen bündelte die Gruppe 1984 in dem neuen Unternehmensbereich *Elektronische Medien*. Die Leitung übernahm der Ex-Minister Manfred Lahnstein, der über gute Kontakte zum ‚politischen Establishment' verfügte. *Bertelsmann* brachte als Tochtergesellschaften die *UFA-Filmproduktion GmbH* sowie die *Universum-Film GmbH Werner Mietzer* aus Berlin ein. Von *Gruner+Jahr* kamen die in Hamburg ansässigen Firmen *Stern TV, GEO-Film International* und *G+J Film Produktion* hinzu.[1077] Die *UFA Film- und Fernseh GmbH* leitete als geschäftsführende Holding die einzelnen ‚Töchter', also die dezentral organisierten Unternehmen ‚von oben' und war damit „Koordinations- und Steuerungsinstrument aller Aktivitäten im Bereich Fernsehen und Hörfunk".[1078] Als eine unternehmerische Einheit im *Bertelsmann*-Konzern gehörte es zum Ablauf, dass auch die *UFA Film- und Fernseh GmbH* monatlich an die Konzernleitung berichtete.

Zu diesem Zweck wurden Kommunikations- und Meldefunktionen in der Fernseh-Holding ebenso wie in den Tochterunternehmen eingerichtet. Alle TV-Unternehmen des Medienhauses unterlagen damit der unternehmenseigenen Steuerungsphilosophie mit einer monatlichen Berichterstattungspflicht. Diese umfassten verschiedene standardisierte Parameter wie

> „Umsatz, Betriebsergebnis, Jahresüberschuß, Eigenkapital, Betriebsvermögen und Finanzbedarf. Zusätzlich erheben die Profit Center geschäftsspezifische Kennziffern (wie beispielsweise Reichweiten oder TV-Einschaltquoten). (....) Abgerundet werden die Berichte durch einen Kommentar des jeweiligen Geschäftsführers zu den Plan-Abweichungen der monatlichen Ergebnisse und durch einen Ausblick."[1079]

Dergestalt gebündelte Informationen gewährleisteten neben Vernetzungseffekten unter den Einzelabteilungen die Steuerung und den Wissenserwerb von Seiten der Konzernleitung und vermieden Risiken durch die Möglichkeit der Früherkennung von Problembereichen. Die Kontrolle der Unternehmenseinheiten fand, wie im Zitat dargestellt, mit Hilfe einer Zahlenapparatur statt, die es dem Management erleichterte, von den Inhalten zu abstrahieren und sich

[1076] Ein altes Unternehmen auf neuen Wegen. Anmerkungen zur Bilanzpressekonferenz der Bertelsmann AG am 7. März 1984. In: Media Perspektiven, 3/1984, S. 188.
[1077] Vgl. Langenbucher, 1985, S. 56.
[1078] Neuert, U., Controlling im Unternehmensbereich *Film/Funk/Fernsehen*. In: Wachs, F.C. (Hg.), Zwischenbilanz: Die UFA und die elektronischen Medien. Mainz 1993, S. 244.
[1079] Pellet, R. Controlling bei der UFA Media und Marketing. In: Wachs, 1993, S. 256.

auf die großen Linien der Konzernentwicklung zu konzentrieren. Solch ein ‚Controlling'-Apparat[1080] war zum einen unabdingbar, um die immer komplexer werdenden Sachverhalte aus der Perspektive des Managements zu analysieren, zum anderen um organisatorisch „in der Pionierphase nicht fernab zu bleiben und später mit teurem Geld dann auf einen fahrenden Zug aufzusteigen, (...) im Gegenteil soviel Weichen wie möglich zu stellen, um in Ruhe ein TV Geschäft in der zweiten Hälfte der 80er Jahre, in den 90er Jahren angehen zu können".[1081]

Der neu formierten Fernsehgruppe verordnete die Konzernleitung zusätzlich zu den genannten Abstraktions- und Kontrollwerkzeugen weitere Vorgaben in Form eines Einstiegskonzepts, welches das Medienhaus stufenweise an das Fernsehen heranführte. Das erste Ziel sah vor, dass sich der Konzern am Fernsehen von Anfang an beteiligte, um die „notwendige Harmonisierung der Landesmediengesetze voranzutreiben".[1082] Das zweite schrieb fest, dass über die *RTL*-Beteiligung Erfahrung aufzubauen war: „An der Seite von *RTLplus* wollen die Bertelsmänner Fernsehkompetenz erwerben, *RTLplus* soll im Laufe der Jahre – mit deutlicher Einschaltung von *Bertelsmann* in Programmfragen »zum Anführer der privatwirtschaftlichen Kanäle werden«."[1083] Das dritte Ziel schließlich umfasste die Planung der Pay-TV-Aktivitäten. Für sie beantragte der Konzern beispielsweise in München die Lizenz für einen Pay-TV-Kanal mit sechsstündigem Programm an Filmen und Unterhaltungssendungen. Mark Wössner vertrat diese ‚strategischen Ziele' als Vorstandsvorsitzender so überzeugend, dass sich die Kommentatoren von *Media Perspektiven* in ihrem Bericht über die Pressekonferenz des Konzerns bereits 1984 veranlasst sahen, von „Bertelsmann als der zukünftigen Nummer Einzig"[1084] auf dem deutschen Privatfernsehmarkt zu sprechen.

Im Jubiläumsjahr 1985 präsentierte Mark Wössner es als seinen Erfolg, Fernsehen in großem Stil in die Aktivitäten von *Bertelsmann* eingebunden zu haben.[1085] Das Medienhaus war Mitte der 80er Jahre „an einem Punkt angelangt, da es gleichzeitig national und international operierte und mit dem Buch, der Musikkonserve und den bewegten Bildern des Fernsehens die Sinne

---

[1080] Vgl. zur Rolle der New Economy für die interne Überwachung von Konzernen: Müller A.; Thienen, L. e-Profit, Controlling-Instrumente für erfolgreiches E-Business. Freiburg 2001, S.18ff.

[1081] Mark Wössner; Zitiert nach: TV-Courier, 8/1984.

[1082] Ebd.

[1083] Ein Altes Unternehmen auf neuen Wegen. Anmerkungen zur Bilanzpressekonferenz der Bertelsmann AG am 7. März 1984. In: Media Perspektiven, 3/1984, S. 188.

[1084] Ebd., S. 191: „Angesichts so geballter Wirtschaftskraft dürfte allerdings die Wahrscheinlichkeit, daß Bertelsmann nicht nur die ‚Nummer Eins', sondern langfristig vielleicht auch die (deutsche) ‚Nummer Einzig' im privaten Fernsehgeschäft in der Bundesrepublik Deutschland wird, so gering nicht einzuschätzen sein."

[1085] Zur Gesamtstruktur insbesondere den Bereich *Musik und Video*. Vgl. 14.2 (Tab.3.4).

der Menschen ansprach".[1086] Es waren zunächst allerdings vor allem die strukturellen Grundlagen im deutschen Rundfunksektor geschaffen, so dass der Konzern Mitte der 80er Jahre nun daran ging, seinen Bereich *Elektronische Medien* nachdrücklich zu erweitern und von *einem* zu *dem* deutschen Rundfunkunternehmen zu werden.

9.3.2 Fernsehen und Hörfunk als Marktgeschehen

In den Folgejahren war der Sender *RTL* das maßgebliche Instrument, mit dem *Bertelsmann* den Fernsehmarkt besetzte. Bei der Versorgung mit Inhalten und bei der strukturellen Arbeit wurde *RTLplus* von der *UFA* unterstützt, die mit ihrer Lobby- und Programmarbeit wesentlich zur Deregulierung des Rundfunks in Deutschland und damit zur Etablierung des »dualen Systems« beitrug. Ab Oktober 1984 sendete *RTLplus* über den französischen Satelliten *TDF* und vom 28. August 1985 an verbreitete *RTLplus* sein Programm bundesweit über den *ECS*-Satelliten und die ersten deutschen Kabelnetze. Schnelligkeit war geboten, da der Hauptkonkurrent *Sat.1* seit Anfang Januar 1985 über den *Eutelsat*-Satelliten bundesweit verbreitet wurde.[1087] Horst Röper beschrieb, dass *Bertelsmann* im Wettbewerb trotzdem deutlich aufholte:

> „Der zweitgrößte Medienkonzern der Welt ist verspätet in den Wettlauf um die Neuen Medien gestartet, hat inzwischen aber viel Boden gutgemacht und seine Fühler nach allen Märkten ausgestreckt. (...) Bertelsmann wichtigste Beteiligung ist der 40-Prozent-Anteil an RTLplus, dem deutschsprachigen Fernsehprogramm von Radio Télé Luxembourg."[1088]

Auch wenn sich *RTL* um eine schnelle Verbreitung in Deutschland bemühte, lag der Sitz von *CLT/RTL* 1985 noch nicht im Land. Die Ausstrahlung von Luxemburg aus blieb zunächst „in mancher Hinsicht vaterlandslos und gesetzlos".[1089]

Erst im November 1986 konturierte das Bundesverfassungsgericht im ‚vierten Rundfunkurteil' das ‚duale Rundfunksystem' verfassungsrechtlich. Das Gericht entschied, dass den Öffentlich-Rechtlichen in der dualen Rundfunkordnung die „Grundversorgung" zukomme, um die „Vielfalt der bestehenden Meinungsrichtungen" zu sichern. Geringere Ansprüche hatten die privatwirtschaftlichen Sender zu erfüllen, die mit einer Zusatzversorgung aber gleichfalls der Kontrolle durch einen pluralistischen Ausschuss unterlagen. Dieses

---

[1086] Langenbucher, 1985, S. 56.
[1087] Vgl. Hirsch, 1985, S. 523.
[1088] Röper, H., Formationen Deutscher Medienmultis. In: Media Perspektiven, 2/1985, S. 124.
[1089] Hirsch, M., Die Renaissance der nationalen Medienpolitik: Stolperstein der europäischen Fernsehliberalisierung. Das Beispiel CLT/RTL. In: Rundfunk und Fernsehen, 2/1988, S. 163.

System wurde im ‚Staatsvertrag zur Neuordnung des Rundfunkwesens'[1090] ein halbes Jahr später noch untermauert. *Bertelsmann* betrachtete die nun geregelte Koexistenz von privaten und öffentlich-rechtlichen Systemen als Ausräumung von Hindernissen.

> „(Es, TL) konnten eine Vielzahl rechtlicher, technischer und politischer Hindernisse überwunden werden, die dem privaten Rundfunk in Deutschland bisher entgegenstanden. Besondere Erwähnung verdient dabei die Unterzeichnung des Medienstaatsvertrages aller Bundesländer über die Neuordnung des Rundfunks, auf dessen Grundlage ein geregeltes Nebeneinander von öffentlich-rechtlichen und privaten Rundfunkveranstaltern möglich wird."[1091]

Damit war für *Bertelsmann* die rechtliche Grundlage geschaffen worden, Beteiligungen zu halten, eigene Fernsehsender zu betreiben und das ‚Medienneuland des privaten Hörfunks'[1092] zu erschließen. Denn auch die Radiolandschaft wurde Anfang der 80er Jahre noch von den öffentlich-rechtlichen Anstalten bestimmt.[1093] Auf die Kommerzialisierung des Hörfunks im Zuge des dualen Systems und das sich etablierende kommerzielle Radio soll an dieser Stelle nur der Vollständigkeit halber eingegangen werden.

Bertelsmann begriff das Radio vorwiegend als Begleit- und Nebenmedium anderer Konzernbereiche. Einen besonderen Vorteil des Hörfunks sah Gütersloh darin, mit ihm neue Märkte und Reichweitensteigerungen bei vergleichsweise geringen Investitionen realisieren zu können.[1094] In Werbekombination unterstützte der Hörfunk das Fernsehen oder half dem Musikbereich durch fortgesetztes Abspielen ‚Hits' zu kreieren: „Zwischen Musikproduzenten und Rundfunksendern bestanden sehr enge Verbindungen."[1095] Im Zuge der *CLT*-Beteiligung bezog *Bertelsmann* die Programmbelieferung für den Hörfunk und den Aufbau privatrechtlicher, kommerzieller Radiosender in Deutschland in seine Rundfunkpläne mit ein.[1096] So spezialisierte sich die *Bertelsmann*-eigene ‚*Rundfunknachrichtenagentur (RUFA)*' auf aktuelle Berichterstattung aus Bonn und entwickelte sich zum meistgenutzten Hörfunkdienst der Radio-

---

1090 Vgl. Stock, M. Der neue Rundfunkstaatsvertrag. In: Rundfunk und Fernsehen, 2/1992, S. 189-221.

1091 BG 1986/87, S. 44.

1092 BG 1984/85, S. 43: „Auf dem Sektor des privaten Hörfunks möchte sich die UFA unter eigener journalistischer Verantwortung engagieren und führender Anbieter werden. Das Engagement von UFA Radio im Münchner Hörfunk-Projekt findet beim Publikum guten Anklang und bringt wertvolle Erkenntnisse in diesem Medien-Neuland."

1093 Vgl. Hörfunk 1980. ARD-Handbuch 81, S. 114.

1094 Vgl. zu den Marktstrategien der Radiomacher: Balon, R.E., Radio in the '90s. Audience, promotion and marketing strategies. Washington, D.C. 1990.

1095 Vgl. Wegner, 1999, S. 204.

1096 Vgl. zur Entwicklung des Hörfunks seit 1984: Widlock, P., Billigware oder Luxusgut? Der Hörfunk in Deutschland seit 1984 im Wandel. In: Jarren, O. (Hg.), Medienwandel – Gesellschaftswandel? 10 Jahre dualer Rundfunk in Deutschland: eine Bilanz. Berlin 1994, S. 229-243.

sender in Deutschland[1097], während der konzerneigene *‚Deutsche Funk Programm Service‘ (dfs),* anderen Hörfunkveranstaltern „unterhaltende und informierende Programme als Bausteine für deren lokales oder regionales 24-Stunden-Angebot anbot“.[1098] Zu den gewissermaßen automatisch erfolgten Beteiligungen an den *RTL*-Radiosendern der *CLT* Ende der 80er Jahre kamen Radio-Eigengründungen des Medienhauses in einzelnen Bundesländern wie *Antenne Bayern, Klassik Radio* sowie eine Beteiligung an *Radio Hamburg.*[1099]

Auch beim Leitmedium Fernsehen ging es Mitte der 80er Jahre für *Bertelsmann* darum, die Position von *RTLplus* als führendem Privatsender im deutschsprachigen Raum auszubauen.[1100] Die Einbindung deutscher Großverlage als Teilhaber des Senders half *RTLplus* dabei, sich eine größere Akzeptanz in der Bundesrepublik zu sichern, die mögliche Benachteiligungen bei der Lizenz und Frequenzvergabe ausräumte:

> „Man sah (...) sehr schnell ein, daß man, angesichts des Standortpokers und der Frequenzdiplomatie, wohl kaum an der Eindeutschung vorbeikommen werde. Anfangs hatte man in Luxemburg freilich geglaubt, daß die Allianz mit Bertelsmann ausreichen würde, das Odium des ausländischen Senders loszuwerden.“[1101]

Am 9. September 1986 wurde die *RTLplus Deutschland Fernsehen GmbH und Co. KG* in Gütersloh gegründet. Die *WAZ*-Gruppe war als Gesellschafter hinzugekommen und hielt 10 Prozent.[1102] 1987 übernahmen zudem *FAZ*, *Burda* und die *Kabelmedia-Programmgesellschaft* Anteile an *RTLplus*. Als Dachorganisation nahm die *UFA Fernsehen GmbH* im Rahmen dieser verzweigten Partnerschaftsverhältnisse die strategische Führungsrolle bei *RTLplus* und den anderen Rundfunk-Unternehmen wahr.

Wie im untenstehenden Schaubild dargestellt, koordinierte die ‚Holding‘ für *Bertelsmann* die Beziehungen zu den beteiligten Partnern:

> „Die Film-, Funk- und Fernsehaktivitäten sind in der UFA Film- und Fernseh GmbH als Holding zusammengefaßt. Die UFA hält die Beteiligung an RTLplus, dem PayTVKanal Premiere (...) und ist Muttergesellschaft von mehreren Toch-

[1097] Die *RUFA* wurde als eine der wichtigsten, deutschen Agentur für Hörfunkbeiträge 1997 von der *UFA Film- und Fernseh GmbH* an die *Deutsche Presse Agentur (dpa)* verkauft. Vgl. zur Thematik der Programmzulieferer: Wöste, M., Networkbildung durch die Hintertür? Programmzulieferer für privaten Hörfunk in der Bundesrepublik – eine Bestandsaufnahme. In: Media Perspektiven, 1/1989, S. 9-22.

[1098] BG 1986/87, S. 45.

[1099] Vgl. BG 1988/89, S.36f.

[1100] Vgl. BG 1986/87, S. 44.

[1101] Hirsch, 1988, S. 167.

[1102] Rtl-group.de [14.5.2002]: Ein großer Schritt in der Unternehmensgeschichte: Deutschlands größte Regionalzeitungsgruppe, die *Westdeutsche Allgemeine Zeitung* (WAZ), übernimmt 10 Prozent der Anteile von *RTLplus.*

terfirmen, deren Aktivitäten auf Filmproduktion, Fernsehproduktion sowie nationale und internationale Ko-Produktionen ausgerichtet sind.“[1103]

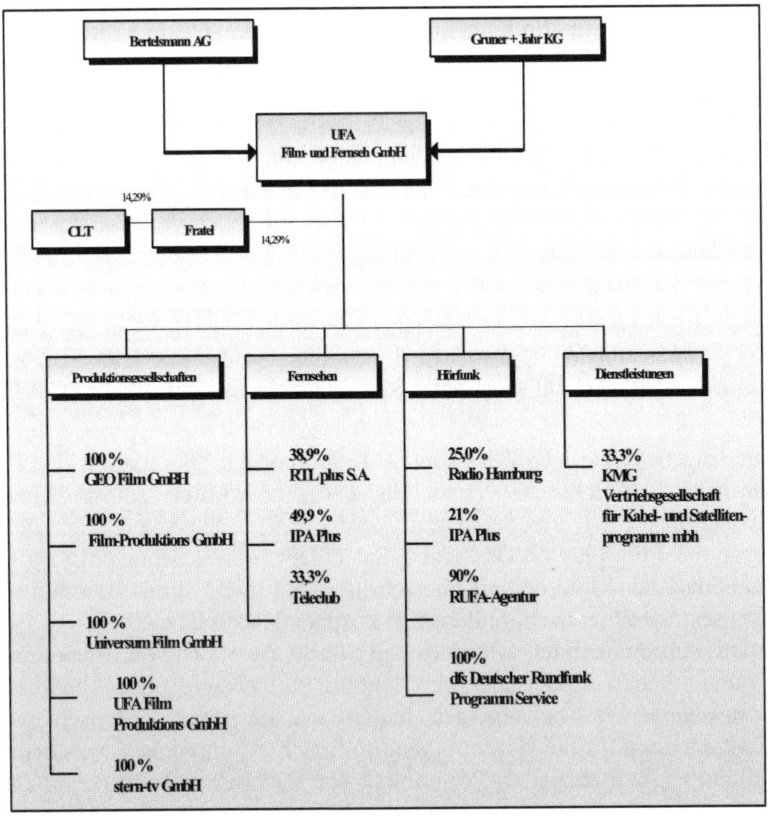

Abb.18. ***Ufa*** **Beteiligungsstand 1.1.1987**[1104]

In der Sylvesternacht 1988 fand dann der offizielle Umzug von *RTLplus* statt. Gemeinsam verlagerten die Betreiber den Standort des Senders von Luxemburg nach Köln, um zusätzliche terrestrische Frequenzen zu erhalten.[1105]

RTLplus wollte seinem Wettbewerber *Sat.1* im ‚Frequenzpoker‘ nicht aufgrund von Standortvorteilen unterliegen. Nordrhein-Westfalen, das bevölke-

[1103] BG 1990/91, S. 46.
[1104] epd kifu, 28.2.1987.
[1105] Vgl. Hickethier, 1998, S. 427.

rungsreichste Bundesland, hatte *RTLplus* eine sogenannte Erstfrequenz erteilt, die bisher nur von den öffentlich-rechtlichen Sendern genutzt wurde.

Die Einschaltquoten von *RTLplus* schossen dadurch laut *Bertelsmann* augenblicklich in die Höhe: „Ende 1988 wurden mehr als 8 Millionen Haushalte erreicht. Ende 1989 werden es mehr als elf Millionen Haushalte in der Bundesrepublik Deutschland sein. (...) Innerhalb von elf Jahren hat sich die technische Reichweite von RTL verdreifacht."[1106]

Die Standortinitiative des Bundeslandes hatte *RTLplus* über zwei Millionen[1107] potenzielle zusätzliche Zuschauer gebracht. Anzumerken wäre allerdings, dass die Reichweitenzahlen, auf deren Grundlagen die Preise für die Werbung berechnet wurden, sich je nach Institut erheblich voneinander unterschieden. Die öffentlich-rechtlichen Anstalten warfen *RTLplus* vor, mit Umfrageergebnissen ‚Augenwischerei' zu betreiben:

> „Die völlig unterschiedlichen Ergebnisse, zu denen etwa Infratest (im Auftrag von RTLplus) und die Gesellschaft für Konsum-, Markt- und Absatzforschung (...) gelangten, sind auf nicht vergleichbare Erhebungsmethoden zurückzuführen."[1108]

Im Gegenzug beklagte sich *Bertelsmann* in den späten 80er Jahren darüber, dass die öffentlich-rechtlichen Anstalten versuchen würden, „die eröffneten Verteilwege für die privaten Sender zu »verstopfen«".[1109] So seien „die Satellitenprogramme Eins plus (ARD) und 3-Sat (ZDF), deren Sehbeteiligung die des Testbildes nur unwesentlich überschritten, Beispiele für kostenintensive Belegung von Satellitentranspondern und knappen Kabelplätzen".[1110]

Bei den werbetreibenden Unternehmen wurde die Reichweitengewinnung der privatrechtlichen Sender anerkannt und mit steigenden Budgets honoriert. Wie *Bertelsmann* 1988 bekannt gab, hatten sich die privaten Fernsehkanäle zum „Basismedium für die werbetreibende Wirtschaft" entwickelt, was bedeutete, daß die werbefinanzierten Programme von *RTLplus* und *Sat.1* zum „Bestandteil der Mediaplanung der Markenartikelindustrie geworden waren".[1111] Entsprechend den zunehmenden Einnahmen durch Werbung, stiegen auch die Investitionen, die *Bertelsmann* und *RTLplus* für die Aufwertung des Fernsehprogramms tätigten.

Das prominenteste Beispiel für die Aufwärtsbewegung der Investitionen stellte die Verhandlung der *UFA* mit dem *Deutschen Fußball Bund (DFB)* zur Vermarktung der Bundesliga dar. Letztere war bis 1988 ein preisgünstiger Programmbestandteil der öffentlich-rechtlichen Fernsehanstalten gewesen.

[1106] BG 1987/88, S. 33,
[1107] Schütz, 1996, S. 49.
[1108] Hirsch, 1985, S. 519.
[1109] Wachs, 1993, S. 14.
[1110] Ebd., S. 14.
[1111] BG 1987/88, S. 34.

Die *UFA* verhandelte, gestützt über die Kontakte von *Bertelsmann* und „erhielt 1988 vom DFB den Zuschlag für einen Dreijahresvertrag über die Fernseh-Übertragungsrechte zum Preis von 135 Mio. DM“.[1112] Zusätzlich wurden die Rechte am englischen Tennisturnier *Wimbledon* gekauft, an dem prominente deutsche Tennisspieler in der Phase des Tennisbooms teilnahmen und gewannen.[1113] Der Sport, seit diesem Zeitpunkt als ‚schwarzes Gold des Fernsehens‘[1114] bezeichnet, brachte *RTLplus* neue Zuschauergruppen: „Bereits im November 1988 sahen bei einer Live-Übertragung des Bundesligaspiels Bayern München gegen den VfB Stuttgart 4,22 Millionen Zuschauer zu. Mehr als jemals zuvor bei einem kommerziellen Sender.“[1115] Das fußballbegeisterte Massenpublikum wechselte kollektiv zum privatrechtlichen Fernseh-Ereignis über. Ihren Rechtebesitz erweiterte die *UFA* nach diesem ersten Coup kontinuierlich um weitere mediale Großereignisse. 1992 erhielt ihr Rechtepaket

> „neben Wimbledon, den US-Open Tennis Championships in New York und den »Golden Four«- Leichtathletik-Sportfesten in Zürich, Brüssel, Oslo und Berlin auch Rechte an Fußball-Europa-Pokal-Spielen, an diversen Fußball-Bundesliga-Aktivitäten sowie einer Vielzahl kleinerer Projekte, von einzelnen Boxkämpfen bis hin zur Veranstaltung »Sportler des Jahres«.“[1116]

Immer voluminöser wurde der planerische Aufwand des Geschäfts mit den Fernsehinhalten. Wegen der wachsenden Komplexität von strategischer Leitung, Produktion, Rechtehandel und Rechnungswesen wurde die *UFA* schließlich umgebaut. Steigenden Anforderungen begegnete *Bertelsmann*, analog zu anderen Unternehmensbereichen, mit der Bildung von einzelnen, eigenverantwortlich arbeitenden, dezentralen Einheiten, die abgegrenzte Kompetenzfelder betreuten.[1117] Für die Vermarktung von TV-Übertragungsrechten, von Sport- und Kulturveranstaltungen, Spielfilmen und Fernsehproduktionen zeichnete in der *UFA Holding* die *UFA Media+Marketing* verantwortlich, während die Film- und Fernsehproduktionsfirmen in den eher mittelständischen Tochtergesellschaften *UFA Berlin* und *Trebitsch Holding* gebündelt wurden.[1118]

Weitere Geschäftsfelder waren „die Koordination internationaler Koproduktionen, die Verwertung von Merchandisingrechten und die Veranstaltung

---

[1112] Noch 1984 hatten ARD und ZDF für nur 10 Millionen Mark gekauft. Vgl. Pellet, R., 1993, S. 254.

[1113] RTL-television.de, [15.9.2002], (www.rtl-television.de/html/frameset_chronik.html): „Steffi Graf und Boris Becker gewinnen Wimbledon und nur RTLplus ist in Deutschland live dabei. Dafür gibt es Traumquoten. 5,05 Millionen beziehungsweise 6,08 Millionen Zuschauer sehen das Damen- und das Herren-Endspiel.“

[1114] Bourgois, I., Privatrechliches Fernsehen. In: Schwarzkopf, D., Rundfunkpolitik in Deutschland, Bd.1. München 1999, S. 446.

[1115] Hickethier, 1998, S. 479.

[1116] Pellet, 1993, S. 254.

[1117] Stille, A., Holding, Sender, Produktionsgesellschaft. In: Wachs, 1993, S. 68.

[1118] Vgl. Capital, 1/1994, S. 94: ‚Wir wollen ein weltweites Filmnetz aufbauen.‘

eigener Events zur Live-Übertragung".[1119] Das in der neuen *Bertelsmann*-Tochter gesammelte Wissen erleichterte *dem* Konzern den Weg zum Wachstum in verschiedene Richtungen, unter anderem nach Hollywood mit seinem weltweiten Filmgeschäft. Wössner vertrat hierzu stets die Meinung, dass ein Medienhaus wie *Bertelsmann* in Hollywood präsent sein müsse und die bisher aufgebauten eigenen Produktionsfirmen nur ‚Fingerübungen' seien:

> „Nur in Hollywood ist die Kompetenz für das weltweite Filmgeschäft vorhanden. (...) Nach den Fingerübungen mit unseren eigenen, eher mittelständischen Filmfirmen fühlen wir uns gerüstet für Kooperationen und Akquisitionen (...) Ich bin mir jedenfalls sicher, dass Bertelsmann am Ende des Jahrzehnts im schnell wachsenden Markt des Film- und Entertainment ein Faktor von eigenem Gewicht sein wird. Die Verwirklichung unseres Zieles, unsere Präsenz im Filmgeschäft auf eine international wettbewerbsfähige Größe auszuweiten, ist eine strategische Langzeitentscheidung."[1120]

Ungeachtet allen Expansionsdrangs besaß *Bertelsmann* Anfang der 90er noch nicht die kontrollierende Mehrheit an seiner wichtigsten Fernsehbeteiligung *RTLplus*. Daher konnte der Sender nur fragmentarisch eingebunden und verändert werden, wenngleich der Einfluss von *Bertelsmann* auf die Organisation von *RTLplus* unverkennbar war. Das Medienhaus veränderte die personellen Strukturen, verbesserte das Controlling, trug zur Optimierung des Marketings bei und arbeitete insgesamt auf die bessere Marktdurchdringung hin. Eine von der *UFA* herausgegebene Aufsatzsammlung wies in diesem Zusammenhang auf die notwendige Managementverbesserung beim ‚schnell gewachsenen Kind' *RTLplus* hin:

> „Ähnlich einem zu schnell gewachsenen Kind, dem die Kleidung nicht mehr passt, stimmten die Strukturen des Unternehmens nicht mehr. 1989 galt es, die Strukturen an die Erfordernisse eines Unternehmens anzupassen, das sich anschickte, den Mittelstand zu verlassen."[1121]

Das Wachstum überforderte die Organisation des Senders schlichtweg. Seine Kosten stiegen unverhältnismäßig an, weshalb *Bertelsmann* einen scharfen Sparkurs anregte. Zur konsequenten Kostensenkung gehörte die Durchsetzung eines völlig neuen Renditeverständnisses, das den Geschäftsverantwortlichen *und* den Programm-Machern nahelegte. Ein verstärkt ökonomisches, sich an den Quoten *und* an Kosten orientierendes Verständnis von Inhalten wurde laut *Bertelsmann* unabdingbar:

> „Wie etwa soll der für das geschäftliche Ergebnis Verantwortliche beurteilen, ob zum Beispiel ein zusätzliches 14. Feuerwerk für eine Spielshow wirklich mehr Zuschauer an das Programm binden wird? Diese – ohnehin gewagte Prognose

---

[1119] Vgl. Neuert, U., Controlling im Unternehmensbereich Film/Funk/Fernsehen. In: Wachs, 1993, S. 244.

[1120] Capital, 1/1994, S. 95: ‚Wir wollen ein weltweites Filmnetz aufbauen.'

[1121] Vgl. Stille, 1993, S. 68ff.

> kann nur der Programmmacher selbst treffen. Den aber interessieren die damit verbundenen Kosten nur am Rande; denn seine Spielshow wird aus dem Programm gekippt, wenn die »Quoten« nicht stimmen. Man schaute in Richtung USA und Gütersloh und entdeckte Management und Mitarbeiter-Modelle, die Lösungsansätze boten."[1122]

Die wirtschaftlich motivierte Sicht auf das ‚Produkt' Fernsehen wurde hier zum Ausdruck gebracht: „Das Grundverständnis wandelte sich von einem Fernsehen, das sich auf einen Kulturauftrag berief, zu einem Fernsehen, das als Marktgeschehen verstanden wurde, bei dem verschiedene Anbieter um Marktpositionen kämpfen."[1123] In diesem Umfeld des privatrechtlichen Rundfunks hatte sich *RTLplus*, auch durch die Unterstützung *Bertelsmanns,* zu einem der Hauptakteure entwickelt.

9.3.3 Zunehmende Kommerzialisierung des Programms

Anfang der 90er Jahre streuten die privaten Fernsehsender in Deutschland rund um die Uhr Werbeunterbrechungen in ihrem Programm ein. Einzige Bedingung für deren Ausstrahlung war, dass sie nur 20 Prozent der Gesamtsendezeit betragen durften „und so konnte RTL ab 1991 zur Hauptsendezeit von jeder Stunde 12 Minuten Werbung absenden".[1124] Möglichst hohe Einschaltquoten und Reichweiten sollten erzielt werden, um den ‚Werbekunden' ‚massenattraktive' Werbeplätze unterbreiten zu können.[1125] Besonderen Wert wurde dabei auf die ‚14-49-Jährigen' Zuschauer gelegt, deren Kaufverhalten durch Werbung besser beeinflussbar war, als das der älteren Zuschauer, und für die sich die werbetreibenden Unternehmen vornehmlich interessierten.[1126] Der Sender musste „der Werbeindustrie, die ja sozusagen im vorhinein bucht, auch die Sicherheit geben, dass sie ihre Zielgruppe mit diesem Programm auch erreicht".[1127] Es gelang *RTLplus* bereits Anfang der 90er Jahre, dem Wunsch der Werbewirtschaft zu entsprechen und bei der definierten Zielgruppe gleichauf mit den öffentlich-rechtlichen Sendern zu liegen. Hielten diese 1989 noch ganze 75 Prozent der Marktanteile, so fiel der Anteil 1991 in der genannten Zielgruppe auf 63 Prozent, 1993 auf 42,9 Prozent und 1996 auf 39,3 Prozent

---

[1122] Vgl. Stille, 1993.

[1123] Hickethier, K., Krisensymptome. Produzenten und Vermittler von Medienkultur - am Beispiel des Fernsehspiels. In: Saxer, U. (Hg.), Medien-Kulturkommunikation. Publizistik, Sonderheft 2, 1998, S. 415.

[1124] Prokop, D., Der Kampf um die Medien. Hamburg 2001, S. 404.

[1125] Vgl. Jürgen, H., Medienökonomie, Bd.1: Mediensystem, Zeitung, Zeitschrift, Anzeigenblatt, Opladen 1994, S. 211.

[1126] Vgl. Wehmeier, S., Ökonomisierung des Fernsehens. In: Medien und Kommunikationswissenschaft, 3/2001, S. 315.

[1127] Thoma, H., Einschaltquote über alles? In: Lorenz, T., Steinig, W., Die Medien-Macher. Basel 2001, S. 91.

zurück. Im gleichen Zeitraum stiegen die Marktanteile der privatwirtschaftlichen Programme „von 17,9 auf 51,8 Prozent".[1128]

Die günstige Position war auf die programmatische Konzeption des Senders zurückzuführen, die sich deutlich von jener der *ARD* und des *ZDF* abhob. Helmut Thoma verglich den Programm-Macher mit einem Angler, der auf Fischfang ging: „Der Wurm muß dem Fisch schmecken, nicht dem Angler."[1129] Entsprechend konstruierte *RTLplus* sein Programm gezielt nach kommerziellen Gesichtspunkten. Der Sender bot exklusive Inhalte im Sportbereich. Seine Inhalte waren insgesamt leichter konsumierbar, verloren ihren pädagogischen ‚Beigeschmack' und sollten den Zuschauer interessieren:

> „Der Sender wollte Informationen bieten, die den Zuschauer interessierten, nicht solche, die sie interessieren sollten. (...) RTLplus wollte mit möglichst geringem finanziellem Aufwand ein Fernsehprogramm machen und einen Platz besetzen. (...) Es ging (...) nicht vorrangig um die Konkurrenz mit den öffentlich rechtlichen Sendern, sondern darum, dass aus RTLplus in Deutschland etwas werden kann."[1130]

Im Gegensatz zum Wettbewerber *Sat.1* konnte sich *RTLplus* bei der Gestaltung seines Programms aber nicht auf ein großes Filmarchiv wie das des Leo Kirch stützen.[1131] Verstärkt wurde deshalb auf Eigenproduktionen und günstig eingekauftes Material zurückgegriffen, mit dem möglichst viel Aufmerksamkeit erzeugt wurde. Der Programm-Mix wechselte häufig, bot aber in der Regel leichte Unterhaltung:

> „SAT.1 und RTL beschränkten sich von Beginn an vornehmlich auf Unterhaltungsangebote, weil hierdurch die bestmögliche breite Ansprache der Zuschauer gewährleistet wurde. Alle Programmformate mit einer weniger breiten Zielgruppenansprache, hierzu zählen vor allem Kultur- und Informationsformate, konnten den privaten Sendern nicht die Reichweite liefern, die sie für die Werbewirtschaft als Medien interessant gemacht hätten."[1132]

Mit möglichst geringem finanziellem Aufwand wurde mithin ein Fernsehprogramm zusammengestellt, das, so Thoma, am wirtschaftlichen Erfolg ausgerichtet war, „möglichst den Grundbedingungen entsprach und uns nicht blamierte. Aber mehr konnte man nicht verlangen".[1133] Mit ‚Blamieren' meinte Thoma das Image seines Senders, das zeitweise in Richtung ‚Tittensender' abzugleiten drohte. Der ehemalige *RTL*-Chef sprach damit die in dieser Etablierungsphase auf *RTLplus* gezeigten Softporno-Produktionen an. Ins Programm genommen wurden Filme aus den 70er Jahren wie ‚*Liebesgrüße aus der Le-*

[1128] Wehmeier, S., Fernsehen im Wandel. Münster 1997, S. 149.
[1129] Zitiert nach: 15 Jahre RTL, RTL Kommunikation (Hg.) Köln 1999, S. 11.
[1130] Juppe, 1984, S. 42.
[1131] Vgl. Clark, T., Der Filmpate. Der Fall des Leo Kirch. Hamburg 2002, S. 79.
[1132] Vennebusch, 1988, S. 42.
[1133] Interview mit Helmut Thoma in der *WDR*-Reportage „Seid umschlungen Millionen" vom 6.1.1994. VHS Band, Uni Bibliothek Freiburg.

derhose', die man sehr günstig anschaffte, weil selbst „Leo Kirch nicht angenommen hatte, dass er das je verkaufen könne".[1134] Mit solchen Tabubrüchen sprach *RTLplus* anfänglich die Zuschauer buchstäblich unter der Gürtellinie an.

> „Daß das Programm von RTL bereits von Anfang an nicht nur als erfrischend, sondern manchmal auch als erschreckend anders empfunden wurde, war nicht zuletzt auf die Ausstrahlung erotischer Filme, oder besser gesagt, klamaukiger Sex-Komödien aus den siebziger Jahren zurückzuführen. RTL brach damit das Tabu, das die öffentlich rechtlichen Anstalten in den Jahrzehnten davor festgelegt hatten."[1135]

Daneben wurden günstige Shows produziert. Darunter, um nur einige zu nennen, die Nachrichten-Show ‚*Der heiße Stuhl*', die Talkshow ‚*Hans Meiser*', die schrille Tortenwurf-Show ‚*Alles oder Nichts*', die Oben-Ohne-Show ‚*Tutti Frutti*', die Voyeur-Show ‚*Playboy-Late-Night-Show*', die Heirats-Show ‚*Traumhochzeit*', die Karaoke-Show ‚*Mini-Playback-Show*', die Primetime-Unterhaltungs-Show ‚*Gottschalk*' oder die Preisrate-Show ‚*Der Preis ist heiß*'. Diese Produktionen standen in der Wachstumsphase der privatrechtlichen Sender beispielhaft für den Talkshowboom und die Boulevardisierung der Inhalte.[1136]

Als herausragendes Beispiel einer Kommerzialisierung des Fernsehprogramms, gilt nach wie vor die aus dem US-Fernsehen transformierte Show ‚*Der Preis ist heiß*'.[1137] Hier fanden Markenartikel auch außerhalb der Werbeblöcke ihren Weg direkt ins Programm, indem die Zuschauer einfach die Preise von Markenprodukten errieten. Die Show wurde auch in Deutschland ein Kassenschlager und von insgesamt einer Million Zuschauern am Bildschirm verfolgt.

> „Der Preis ist heiß: „Seit dem Startschuß am 2. Mai (1989, TL) wächst die Fan-Gemeinde der halbstündigen RTL-Show, die von Montag bis Freitag täglich gesendet wird, unaufhörlich. Die Rekordmarke liegt bereits bei einer Million Zuschauer. (...) Die publikumsträchtige Sendeform, die Unterhaltung und Werbung so perfekt kombiniert, ist keine deutsche Erfindung, sondern amerikanischer Import."[1138]

Hinzu kamen Sendereihen, die, wie Knut Hickethier sie nennt, als Programmfüller fungierten: „Vor allem die Ausstrahlung von Serien am Vor- und Nachmittag in Programmen wie RTLplus, SAT 1 und Pro 7 brachte eine An-

[1134] Vgl. Thoma, 2001, S. 97.
[1135] Thoma, H., RTL, Köln. In: Fischer/Jubin, 1996, S. 70.
[1136] Vgl. zu den Showtiteln: 15 Jahre RTL, RTL Kommunikation (Hg.) Köln 1999, S. 27ff.
[1137] Bleicher, 1993, S. 120: „RTLplus beispielsweise richtet ganze Sendungen allein auf Produkte der werbetreibenden Industrie aus, etwa die Game Show DER PREIS IST HEISS, die mit den Fragen nach den Preisen bestimmter Produkte gleichzeitig die Werbung für diese Produkte liefert."
[1138] Hauch-Fleck, M.L., Die profitable Show. In: Die ZEIT, 24/1989, S. 42.

gleichung der Strukturen an amerikanische Vorbilder wie den Daytime Serials."[1139]

Im kommerzialisierten Programmaufbau wurden Sendungen wie die Serie, die Show oder das Infotainmentmagazin bereits in der Produktion an ihren jeweiligen Programmtypus angeglichen, um den Werbetreibenden ein bestimmtes Umfeld zu garantieren und Kosten im Vorfeld besser kalkulieren zu können. Es zeichnete sich „hinsichtlich der Programmdynamik, der Programmpräsentation und des Programmablaufs deutlich sichtbar ein Trend zur formalen programmstrukturellen Angleichung ab (...), der sich mit dem Begriff des Formatfernsehens umschreiben läßt".[1140] Das ‚Formatfernsehen'[1141] orientierte sich hierbei an der Entwicklung des Hörfunks, bei dem sich eine Schematisierung des Programms bereits nachhaltig durchgesetzt hatte.[1142] Die Formatierung bewirkte einen „Abbau des ressort- und redaktionsbezogenen Programms (...) zugunsten eines Programms, das sich aus mehrstündigen, musikdominierten Magazinsendungen zusammensetzte".[1143]

Gleichzeitig wurde das Genre des öffentlich-rechtlichen Rundfunksystems von Vermarktungsflächen mit vereinfachter Struktur und zielgruppenorientierter Ausrichtung abgelöst.[1144] Vorreiter dieser Entwicklung war *RTLplus*, das als erster Sender sein Programm auf ‚einfachen Sendeleisten' aufbaute und entsprechend der Zielgruppen vermarktungstauglich bestückte und die Ausbildung von Gewohnheiten verstärkte.[1145]

[1139] Hickethier, K., Kultur Medien Kommunikation. Die Fernsehserie und das Serielle des Fernsehens. Lüneburg 1991, S. 29.

[1140] Meckel, 1997, S. 477.

[1141] Hickethier, 1998, S. 526: „Der Begriff des Formats entstand im Lizenzhandel, da beim Lizenzerwerb von Sendungsideen und -konzepten auch Inszenierungsstile, Präsentationsformen etc. fest vereinbart wurden, um – wie z.B. bei »Glücksrad« - einen international überall ähnlichen Erscheinungsstil zu gewährleisten. (...) Das Format umfaßt also alle Elemente des Erscheinungsbildes einer Sendung."

[1142] Schramm, H., Petersen, S., Wie kommt die Musik ins Radio. In: Medien und Kommunikationswissenschaft, 2/2002, S. 227: „Seit Einführung des dualen Rundfunksystems in Deutschland ist eine zunehmende Formatierung von Hörfunksendungen zu verzeichnen. (...) Um ein optimal auf die Zielgruppe abgestimmtes Musikprogramm zu gewährleisten, wird immer weniger auf das Bauchgefühl der Musikredakteure und immer mehr auf die Zahlen aus der Musikforschung vertraut."

[1143] Vgl. Hickethier, 1999, S. 90.

[1144] Hickethier, 1998, S. 526; Vgl. zum Formatbegriff auch: Hickethier, K., Film- und Fernsehanalyse, Stuttgart/Weimar 1993, S. 205f: „Die Formatierung des Programms dient der quotenbezogenen Optimierung der Inhalte, ihrer Präsentationsformen und Zuschaueradressierungen."

[1145] Vgl. Programmschema der Vollprogramme. In: Grimme, 4/1998, S.40-47: ab 8:00 Uhr beginnt tagtäglich folgendes Programmschema: *Daily Soap, US-Comedy, US-Daily Soap, Gameshow. Um 12:00: Notruf täglich, im Anschluß bis 17:00 Talk. Ab 17:00 Gameshow, Daily soap, Guten Abend RTL, Exklusiv. Etc.*

Zur Optimierung der Programmstruktur baute man das Programm sukzessive aus[1146] und füllte jeden Tag mit einem Zeitraster, das die Wochen mit gleichbleibenden Angebotsbändern überzog.[1147] Was bei den Zuschauern für Unterhaltung und Aufmerksamkeit sorgte, zeigte sich auf Seiten der Programmschemata als formalisierte, dem Markt zugänglich gemachte, programmatische Systematisierung.

Bertelsmann vertrat zur beschriebenen inhaltlichen Gestaltung seines Beteiligungssenders *RTLplus* eine klare Position. Es sei nicht die Aufgabe eines Senders, so *UFA*-Manager Rolf Schmidt-Holtz, sein Publikum zu erziehen oder zu bilden, sondern die Aufgabe des Staates, durch ‚gezielte Medienpädagogik dafür zu sorgen, dass dem Privatfernsehen mündige Zuschauer vorgesetzt werden würden.

> „Die Menschen aber müssen andererseits auch lernen, Stoffe aufzunehmen, Unterhaltung zu rezipieren – und trotzdem eine gewisse Distanz zu bewahren. Das lernt man allerdings nicht durch steriles, gewalt- und erotikfreies Fernsehen, sondern durch gezielte Medienpädagogik. Nur so bekommen wir den mündigen Bürger, der mit dem Medium Fernsehen verantwortungsvoll umgehen kann."[1148]

In solchen Interviews mit werblichem Unterton äußerte sich sehr deutlich die von ökonomischen Interessen bestimmte Position des Konzerns, der das privatrechtliche Fernsehen nicht nur zu finanzieren hatte, sondern Geld verdienen wollte. Die vollkommene programmatische Freiheit erachtete das Medienhaus als notwendigen Schritt, um „nicht mit immer neuen Reglementierungsvorschlägen potentielle Investoren abzuschrecken".[1149]

Kritiker hingegen sahen sich veranlasst, von den privaten Fernsehkanälen als ‚Marktplätzen der Information' zu reden. Dieter Stolte, Intendant des *ZDF*, verglich das Fernsehen 1992 mit einem Informations-Supermarkt, in dem die Sichtweise auf die Zuschauer sich gewandelt habe: „Die Zuschauer sind zu Konsumenten geworden, die mittels der Fernbedienung durch die Kanäle wie mit einem Einkaufswagen durch einen Supermarkt fahren und sich aus dem breiten Angebot nach eigenem Gusto ein Menü zusammenstellen."[1150] Immer weniger Zuschauer interessierten sich, geprägt vom Angebot der Privaten Sender für die vermittelnden Aspekte des Fernsehens: „In einem zunehmend durch Unterhaltung und Serielles geprägten Gesamtspektrum wird es immer

---

[1146] Hickethier, 1998, S. 436: „Sukzessive baute RTLplus sein Programm aus. Von 17.00 Uhr reichte das Programm bis Mitternacht; dann wurde das Nachtprogramm erweitert. Als im Herbst 1987 Sat.1 die Ausstrahlung eines Morgenmagazins ankündigte, kam RTLplus dem Konkurrenzsender zuvor und begann bereits am 23. 9. 87 Frühstücksfernsehen von 6:30 bis 8:30 zu senden. Die Programmlücke von 8:30 bis 17.00 Uhr füllte sich in den Folgejahren."

[1147] Vgl. Hickethier, 1998, S. 437.

[1148] Capital, 1/1994, S. 96: ‚Wir wollen ein weltweites Filmnetz aufbauen.'

[1149] Vgl. BG 1994/95, S. 6.

[1150] Stolte, D., Fernsehen am Wendepunkt. Meinungsforum oder Supermarkt? München 1992, S. 63.

schwieriger, nichtserielle, dazu noch anspruchsvolle Programme zu finden.“[1151] Kultur sei zu einem berechenbaren Wirtschaftsfaktor geworden.

Dieser Kommerzialisierungsprozess beschränkte sich nicht nur auf das Fernsehen. *Bertelsmann* beteiligte sich ebenso an der fortschreitenden Kommerzialisierung des privatrechtlichen Hörfunks, der sich zum publikumsorientierten Zielgruppenmedium entwickelte. Die jeweiligen Hörfunk-Programme wurden einheitlich formatiert und erhielten ein stereotypes ‚Layout‘ – bei dem alle Bestandteile punktgenau die senderspezifische Klangfarbe garantierten.[1152] Dabei legte der Konzern besonderen Wert auf die Entwicklung und Optimierung sogenannter Begleitprogramme in den Radioformaten AC (Adult Contemporary) und MOR (Middle of the Road).[1153] Solche Radioformate konnten besonders gut nebenbei gehört werden, also beim Essen, Auto fahren, im Büro oder anderen alltäglichen Situationen. Mit diesem Formatierungskonzept erzielten die *Bertelsmann*-Sender Anfang der 90er Jahre überall höhere Reichweiten: *Antenne Bayern*, *Radio NRW* und *Radio Hamburg* hatten in ihren regionalen Märkten Anteile hinzugewonnen, während der *Berliner Rundfunk* und *Klassik Radio* in Berlin Platz 3 unter den Wettbewerbern einnahmen. Der Konzern arbeitete auch hier auf die Vergrößerung der Reichweiten hin und ergänzte den Vermarktungsteppich seiner Fernsehsender um einen profitablen Zusatzmarkt. Das Medienhaus investierte entsprechend und sah im Geschäftsfeld des Hörfunks „Spielraum für weiteres Wachstum der bestehenden Geschäfte“.[1154]

9.3.4 Marktführerschaft und Aufbau einer Sendermarkenfamilie

Ende der 80er Jahre steigerten die privatrechtlichen Sender die Verbreitung ihrer Programme kontinuierlich. Seit 1989 wurde der erste ASTRA-Satellit in Betrieb genommen, so dass viele Programme für Endverbraucher über Parabolantennen empfangbar waren. Diese neue Verbreitungsform und die deutsch-deutsche Wiedervereinigung bewirkten eine ungeahnte Marktausweitung. Von 1989 bis Mitte der 90er Jahre herrschte ein regelrechter Boom im privatrechtlichen Fernsehen, in der sich die großen Sender konsolidierten und ‚Senderfamilien‘ bildeten. Angeregt durch steigende Werbebudgets, die wiederum Investitionen ermöglichten, befand sich die Medienbranche „im Beteiligungs- und Diversifikationsfieber (...) Vor allem Springer/Kirch und Bertelsmann (...) gründeten gemeinsam mit anderen Partnern (...) immer neue

[1151] Neumann-Bechstein, W., Fernsehen und Kulturgesellschaft. München 1992, S. 85.
[1152] Haas, M., u.a., Radio-Management: Ein Handbuch für Radio-Journalisten. München 1991.
[1153] Radioformate genannt in: Arbeitsgemeinschaft der Landesmedienanstalten (ALM), (Hg.), Jahrbuch der Landesmedienanstalten 1995/96, S. 396f.
[1154] Vgl. BG 1993/94, S. 35.

Programme“.[1155] Die ‚Aufholjagd‘ zwischen den privaten Anbietern und den öffentlich-rechtlichen Anstalten habe sich fortgesetzt, stellte *Bertelsmann* in seinem Geschäftsbericht von 1991 fest und zeigte sich auf Sender-Ebene hochzufrieden mit dem ungebrochenen Werbeinteresse und dem durchgeführten Ökonomisierungsprozess: „Von dem kräftig gewachsenen Werbevolumen sicherte sich unsere Beteiligungsgesellschaft *RTLplus* zum ersten Mal den größten Anteil unter den privaten Anbietern.“[1156]

1993 floss bereits jede dritte Mark aus den Mediabudgets der werbetreibenden Unternehmen in die Kassen von *RTLplus.*[1157] Sowohl die *CLT* als auch *Bertelsmann* waren mit der Position ihres Senders und seiner Marktdurchdringung hochzufrieden und betrachteten *RTLplus* als ‚Marktführer‘.

> „RTL-plus n'a plus à prouver son succès: en 1991, la chaîne a pu développer encore sa position de leader parmi les stations de télévision privées en Allemagne avec une part d'audience nationale moyenne autour de 14-15%. (...) En ce qui concerne la pénétration technique de la chaîne, 77% des foyers de l'ancienne RFA peuvent recevoir le programme; 70 % des foyers ancienne RDA sont en mesure de capter la chaîne, chiffre important si l'on sait qu'il n'y a pas encore de fréquences terrestres à disposition ni même de câplage.“[1158]

Seit 1992 war *RTLplus* unangefochtener Markführer[1159] im deutschen Fernsehen, mit 2,56 Mrd. DM Umsatz 1994 der größte kommerzielle Sender Europas und hatte somit die öffentlich-rechtlichen Sender hinter sich gelassen.[1160] Es gelang *RTLplus* „die Marktführerschaft in Konkurrenz mit den deutschen Sendeanstalten zu übernehmen“.[1161] Nach sieben Jahren hatte *RTLplus* in Deutschland einen Bekanntheitsgrad in der Bevölkerung erreicht, der eine begriffliche Abgrenzung als Kontrastprogramm zum gleichnamigen Radiosender *RTL*[1162] nicht mehr notwendig machte. Das *plus* wurde gestrichen, der Sender in *RTL Television* umbenannt.

Zur Erweiterung von *RTL Telvision* wurde zudem der Plan eines Sender-Netzwerks entworfen, der verschiedene Kanäle einschloss. *CLT* und *Bertelsmann* entschieden sich bei der Bewerbung des neuen Senders gemeinsam für

[1155] Bourgois, 1999, S. 440.

[1156] BG 1990/91, S. 46.

[1157] Wachs, 1993, S. 50.

[1158] CLT, Rapport Annuel 1991, S. 35.

[1159] Rundfunk und Fernsehen, 1/1996, S. 145: „Die Marktanteile verteilen sich bei Zuschauern ab 6 Jahren wie folgt: RTL 17,6 %, ZDF 14,7 %, SAT.1 14,7 %, ARD 14,6 %, Pro 7, 9,9 %, RTL 2 4,6 %, Kabel 1 3 %, VOX 2,6 %, DSF 1,3 %. (...) Die privaten Fernsehanbieter erzielen insgesamt Bruttowerbeumsätze von 8.617 Mio. Mark, ein Plus von 10,1 Prozent.“

[1160] BG 1994/95, S. 34.

[1161] Vgl. Juppe, 1984, S. 41.

[1161] Röper, 1985, S. 124.

[1162] CLT Broschüre, CLT Corporate Communications, Luxemburg, 11/1994, S. 27: „Established in 1933, France's best known radio station has 9 Million listeners daily. With an audience share of 19,2 %, RTL has a larger audience than France Inter and Europe 1 – it's closest competitors combined.”

eine Dachmarkenstrategie, die vorsah, *RTL* als programmatischen Leitfaden für den Zuschauer einzusetzen und die Sendungen des ‚gestrippten', möglichst jederzeit wiedererkennbaren Programms, als Submarken zu verstehen. Der Fernsehkonsument suche „in einem zersplitterten Markt (...) nach Haltepunkten jenseits des einzelnen Produkterlebnisses - und das kann nur die Dachmarke sein"[1163], gab der *RTL*-Pressereferent zu Protokoll.

Plangemäß wurde unter der Dachmarke *RTL* am 6. März 1993 als zweite Stufe *RTL 2* gegründet, „ein ergänzender Sender, der sich als ‚jugendorientiertes Vollprogramm' verstand"[1164] und an dem *Bertelsmann* zu 8,5 Prozent beteiligt war.[1165] Eigentlich war *RTL 2* aber ein sogenannter ‚Spin-Off-Kanal', auf dem Filme, die bereits auf *RTL* gelaufen waren, wiederverwertet und nochmals gesendet wurden. Die Sender ergänzten sich aus der Sicht der Vermarkter, weshalb die ‚Pioniermarke' *RTL*, eine ‚Sendermarkenfamilie' mit *RTL 2* bildete.

Die gewählte ‚Familienmarkenstrategie' half *Bertelsmann* dabei, neue Teilmärkte zu erschließen. Die Programme profitierten von dem bereits vorhandenen Markenimage der ‚Mutter' und erreichten mit ihrem massenattraktiven Angebot vergleichsweise schnell ihr Publikum.[1166] Man bildete Verwertungsketten, mit denen die anfallenden Ankauf- und Produktionskosten auf mehrere Kanäle umgelegt wurden. Hinzu kam die Möglichkeit, für die werbetreibenden Unternehmen ihre Zielgruppen genauer anzusprechen. Zeitweise erlebten *RTL* und die Kirch-Sender *Pro7 und Sat.1* einen wahren Werbeboom: „Von den mehr als 4,3 Mrd. Mark Nettoumsatz, den das Privatfernsehen 1993 insgesamt erzielt, entfallen auf sie fast 90 Prozent."[1167]

Bei dermaßen positiven Ergebnissen im Fernsehmarkt arbeitete *Bertelsmann* Mitte der 90er Jahre daran, die eigenen Beteiligungen von 38,9 Prozent an *RTLplus* und 7,9 Prozent an *RTL 2*[1168] zu erweitern und aus der Rolle des ‚nur Beteiligten' herauszukommen. Das Medienhaus wurde zudem von den starken Wettbewerbern *Springer* und *Kirch* angetrieben, die sich bei *ProSieben*, *Sat.1* und dem *Deutschen Sportfernsehen* engagierten. *Bertelsmann* arbeitete daher mit Nachdruck, parallel zu den Aktivitäten bei *RTL* und *RTL 2*, an neuen Konzepten für zwei weitere Fernsehsender.

Dies waren zum einen der Free-TV-Sender mit dem Arbeitstitel *‚Westschiene'*, zum anderen der Pay-TV-Sender *‚Premiere'*, der von *Bertelsmann*

1163 Seitz, A., RTL Television – alles unter einem Dach, Aufgabe und Zukunft von Dachmarken deutscher Fernsehsender, 1.Teil: Der Kölner Privatsender RTL. In: Horizont, 49,50/1994, S. 56f.

1164 Medienspiegel, 11/1993, S. 3: ‚RTL 2, Klare Zielvorgabe.'

1165 Vgl. BG 1994/95, Einband.

1166 Wehmeier, 1998, S. 158: „Diesen Vorteil der Familienmarkenstrategie konnte die RTL-Familie für die eigene Entwicklung nutzen."

1167 Naeher, G., Mega-schrill und super-flach. Der unaufhaltsame Aufstieg des Fernsehens in Deutschland. Frankfurt a. M. 1993, S. 16.

1168 Vgl. BG 1992/93, S. 2.

gegen den Abo-Sender von Leo Kirch, den *'Teleclub'* konzipiert worden war.[1169] Ein Team bereitete das Projekt *Premiere* fast ein ganzes Jahr vor. Das Programm wurde zusammengestellt, Filmrechte verhandelt und schließlich eine Kooperation mit dem französischen Pay-TV-Sender *Canal+* aufgesetzt. *Bertelsmann* hatte vor, *Premiere* „mit der ganzen Kraft eines Medienmultis in den überfüllten Fernseh- und Videomarkt zu drücken".[1170]

9.3.5 Das VOX-Debakel

Neben *Premiere* plante *Bertelsmann* im Free-TV das Konzept eines neuen Fernsehsenders unter dem Projektnamen *'Westschiene'*. Das Vorhaben sollte anspruchsvolles Programm und Kommerz miteinander verbinden.[1171] Dabei setzte Gütersloh auf 'Infotainment'[1172], „eine Art Mischung aus Information und anspruchsvoller Unterhaltung".[1173]

Den 'Westschiene'-Plänen stellten sich gleichwohl die *RTL*-Partner von *Bertelsmann* entgegen, als sie vom Alleingang Güterslohs erfuhren. *RTL*-Chef Helmut Thoma und *WAZ*-Chef Schumann hielten den Sender für einen zukünftigen Wettbewerber und mobilisierten *CLT* und *FAZ,* die verlangten, dass die 'Bertelsmänner' von ihrem Engagement bei *RTL* zurücktreten müssten. Unter Berufung auf den Gesellschaftervertrag ging es den *RTL*-Teilhabern darum, nicht geschäftlich von *Bertelsmann* angeführt zu werden.

> „Der RTL-Gesellschaftervertrag verbietet den Teilhabern ausdrücklich, sich ohne die Genehmigung des Beirats an anderen Reklamesendern zu beteiligen. (...) „Die Bertelsmänner können ja so viele Westschienen machen wie sie wollen", sagt WAZ-Chef Schumann, aber dann müssen sie bei RTL raus."[1174]

Eine ganz andere Position nahm die Landesregierung Nordrhein-Westfalens ein. Sie sah in der Neugründung eine Chance für den Wirtschaftsstandort Nordrhein-Westfalen und bemühte sich aktiv um eine Einigung der streitenden Konzerne. *Bertelsmann* wurde außerdem unterstützt, weil sich das SPD-regierte Land den Aufbau einer liberalen Senderfamilie erhoffte, die ein Ge-

---

[1169] Der Spiegel, 11/1992, S. 136: „Im Herbst vergangenen Jahres hatten die Landesmedienanstalten Nordrhein-Westfalen, Saarland, Hessen und Bremen einem Konsortium unter Führung der Bertelsmann-Tochter UFA (...) Die Lizenz für die Westschiene gegeben."

[1170] Der Spiegel, 2/1990, S. 86: 'Richtige Mischung. Teures und riskantes Tele-Spiel zweier Medienriesen.'

[1171] Der Spiegel, 11/1992, S. 137: „Die Westschiene wäre nach RTLplus, Sat1, Pro7, Tele5 und einem neuen Kabelkanal aus München, der sechste TV-Sender, der sich allein durch Werbung finanziert."

[1172] Schultheiß, B.M.; Jenzowsky, S.A., Infotainment. Der Einfluss emotionalisierend-affektorientierter Darstellung auf die Glaubwürdigkeit. In: Medien und Kommunikationswissenschaft, 48/2000,1, S. 75ff.

[1173] Managermagazin, 8/1993, S.11: 'Bertelsmann/VOX, Stimme des Herrn.'

[1174] Der Spiegel, 11/1992, S. 137.

gengewicht zu den konservativen *Kirch*-Sendern bilden würde. Gemeinsam mit *Bertelsmann* wollte der zuständige Minister Wolfgang Clement „das einwohnerstärkste Bundesland von der Kohlezeit in die Kommunikationsära beamen".[1175] In Einzelgesprächen bemühte er sich die „bockigen Bertelsmann-Partner"[1176] vor allem bei der *WAZ* positiv zu beeinflussen, da es auf absehbare Zeit um die letzte Gründung eines deutschen Privatsenders ging.

Auf *Bertelsmann*-Seite wurde noch kurz vor dem Start von *VOX*, wie der Sender schließlich benannt wurde, am eigenen ‚elitären' Konzept gezweifelt. Planspiele, die *VOX* in eine *RTL*-Familie unter dem Namen *RTL-VOX* integriert sahen, waren wegen der übermäßigen Medienkonzentration und zum Schutze der Meinungsvielfalt gar nicht zulässig.[1177] Ohnehin hätte der *RTL*-Partner *CLT* dies nicht zugelassen: „»Wir sind doch nicht bescheuert«, so ein *CLT*-Manager, »unser Geld in ein wirtschaftliches Himmelfahrtskommando zu stecken«."[1178] Besonders inhaltlich konnte *VOX* und das Infotainment-Konzept Gerüchten zufolge selbst die eigenen Mitarbeiter nicht überzeugen.

Ungeachtet dieser im Vorfeld laut gewordenen Zweifel ging der Sender mit Unterstützung der Politik und den Partnern *Holtzbrinck*, *Süddeutsche Verlag* und *West LB* als *VOX* an den Start. Bewusst versuchte man, ‚Leute mit Köpfchen' anzusprechen, indem fast ausschließlich auf die Programmform Magazin gesetzt wurde.[1179] Adressiert wurden „Manager, Anwälte, Ärzte, Ingenieure, Wissenschaftler, kurzum Leute mit höherer Bildung und entsprechendem Einkommen".[1180] Selbstbewusst präsentierte sich der Sender in seiner ersten, 1992 erschienenen Broschüre als journalistischer Anwalt der Zuschauer:

> „VOX ist ‚die Stimme', aber auch ‚der Akzent' und ‚der Ton'. VOX steht dafür die „journalistische Stimme zu erheben" Akzente im deutschen Fernsehen zu setzen und mit einem intelligenten Angebot den Ton anzugeben. VOX steht mit seinem zukünftigen Programm für einen fairen und unparteiischen Journalismus. (...) Dabei versteht sich VOX als journalistischer Anwalt der Zuschauer und ‚direkter visueller Draht' zu den tagesaktuellen Ereignissen."[1181]

Nach dem Auftakt am 25.1.1993 schrumpften die Zuschauerzahlen rasch. Zu diesem Zeitpunkt waren bereits mehr als 180 Mio. DM in die Erfindung eines

---

1175 Der Spiegel, 11/1994, S. 119: ‚Kleine Schleifspur.' Interview mit *Bertelsmann*-Chef Mark Wössner über das VOX-Debakel.

1176 Der Spiegel, 11/1992, S. 138.

1177 Süddeutsche Zeitung, 10./11.7.1993: ‚Mächtige Gegner rüsten zur Eroberung.'

1178 Der Spiegel, 37/1992, S. 137: ‚Grobe Verletzung. Der Bertelsmann-Konzern plant einen Informations-Kanal.'

1179 Wolf, F., VOX ist VOX ist VOX, Die ersten Monate des »Ereignisfernsehens«. In: *Jahrbuch Fernsehen* 1992/93, Frankfurt a. M. 1993, S. 61: „Es gibt ein Mittagsmagazin und ein Reporter-Magazin, ein Familien-Magazin und ein Sportmagazin, ein Medienjournal und ein Lifestyle-Journal, ein Film- und Videomagazin, ein Erfinder-Magazin und ein Reisemagazin, ein Elternjournal und »Avanti«"

1180 Süddeutsche Zeitung, 10./11.07.1993, S. 10.

1181 VOX, VOX Film und Fenseh-GmbH & Com. KG. (Broschüre), Köln 1992, S. 2.

„vermeintlich besseren Fernsehens investiert worden, das niemand sehen wollte".[1182] *VOX* hatte den Publikumgeschmack nicht getroffen und keine Anhänger gefunden.[1183] Als ‚Nullquotenfernsehen'[1184] bezeichnete *VOX*-Pressesprecher Samland das eigene Programm, dem „die Werbekunden scharenweise davonliefen".[1185]

Die Analyse des *Spiegel* schrieb den fatalen Start von *VOX* besonders dem Mangel an Programmqualität zu:

> „Ein informationsorientiertes Konzept, wie es VOX hatte, ist nicht mit amerikanischen Konserven und Cartoons zu machen. Daß bei dem großen Aufwand aber kein grandioses, sondern ein läppisches Programm herauskam, muß als Arbeitsfehler bezeichnet werden."[1186]

Programmatisch und finanziell entwickelte sich das *VOX*-Projekt bald zu einem Desaster für das Medienhaus, aus dem Mark Wössner nach fünf Monaten Konsequenzen zog. Die Leitung des Senders wurde zur ‚Chefsache' gemacht und das Konzept überarbeitet. Den verantwortlichen Planern bei *VOX*, etwa Geschäftsführer Erich Staake, wurde nahegelegt, das Unternehmen zu verlassen.

Zurück zum normalen Erfolgsfernsehen, hieß dann 1994 die Devise, nachdem die *VOX*-Partner nacheinander ihre Beteiligungen aufgaben. Die *Holtzbrinck-Gruppe* zog ihre 14,5 Prozent zurück, der *Süddeutsche Verlag* seine 20 Prozent und die *West-LB* gab ihren 25,1 Prozent-Anteil auf. Knapp vor einer drohenden Pleite und der Abwicklung des Senders stiegen zwei neue Großinvestoren ein. Der französische Pay-TV-Sender *Canal+* und *Rupert Murdoch,* Besitzer des damals viertgrößten Medienkonzerns der Welt, der

News Corp[1187], beteiligten sich, da sie „Brückenkopfe im deutschen Fernsehmarkt erobern wollten".[1188]

[1182] Manager Magazin, 8/1993, S. 11.

[1183] Wolf, 1993, S. 59.

[1184] Süddeutsche Zeitung, 10./11.7.1993: "Anstelle des angekündigten ‚innovativen Fernsehens' erschienen meist ‚langweilige, anstrengende Magazine', wie Pressesprecher Bernd Samland in einer schonungslosen internen Analyse zu Papier brachte. Ergebnis: ‚Null-Quotenfernsehen'"

[1185] Manager Magazin, 8/1993, S. 11.

[1186] Der Spiegel, 11/1994, S. 119.

[1187] epd/Kirche und Rundfunk, 12/1996, S. 9: Rupert Murdoch betreibt „ein Drittel aller in Großbritannien verkauften Zeitungen, fast die Hälfte der Zeitungen in seinem Geburtsland Australien und mit HarperCollins einen der größten Buchverlage der Welt. In Großbritannien betreibt er die Satellitengesellschaft BSkyB, die 28 Programme an über fünf Millionen Abonnenten verbreitet. Mit dem Fernsehsender Fox, dem Hollywood-Studio 20th Century Fox und dem ‚TV Guide', der größten Fernsehillustrierten der USA ist er dabei, den großen Fernseh-Networks in den USA so erfolgreich Konkurrenz zu machen, daß fast ein Drittel der Gewinne seiner Mediengruppe von Fox stammten. Zusammen mit der Telefongesellschaft MCI erhielt er letzten Monat die Erlaubnis, in den USA das Satellitenfernsehen AskyB zu betreiben, das 200 Digitalprogramme anbieten soll. Sein asiatisches Satellitenfernsehen Start TV ist schon

Bedingung der neuen Teilhaber war der programmatische Umbau des Senders. *VOX* „machte es künftig wie alle: Sport, Krimi, Spiel und Tierfilme".[1189] Von der Konkurrenz wollte der Sender sich nur noch mit etwas mehr Qualität abheben, ohne eine elitäre Zuschauerschaft anzusprechen. Geschäftsführer Markus Tellenbach sprach von „»etwas anspruchsvolleren Filmen« (Richard Löwenherz statt Conan der Barbar) und der Balance zwischen »Information und Unterhaltung«".[1190] Damit realisierte *Bertelsmann* nun zwar kein neues, revolutionäres Senderkonzept, aber der Konzern hatte, obschon mit unverhältnismäßig hohem Einsatz, seinen Einfluss im Fernsehmarkt um eine weitere Beteiligung ausgefächert und seine Sendermarkenfamilie um einen Bestandteil ergänzt.

9.4 Formierung und Entwicklung der unternehmenseigenen Sendergruppe

9.4.1 Bemühungen im Abonnenten-Fernsehen

Die hohen Investitionen für den *Bertelsmann*-Pay-TV Kanal *Premiere* sollte nach Plan des Medienhauses von einem Unternehmensverbund getragen werden. Am 24. Februar 1994 unterzeichnete *Bertelsmann* gemeinsam mit der *Telekom* und *Kirch* eine Absichtserklärung zur Gründung einer gemeinsamen Dienstleistungsgesellschaft, der *‚Media Service GmbH' (MSG)*. Die Aufgabe der Gesellschaft war es, über den Bezahlfernseh-Sender *Premiere*[1191] einen einheitlichen Dekoderstandard durchzusetzen. Durch die Zusammenarbeit zwischen *Kirch, Bertelsmann* und der *Telekom* würde „Deutschland über die einzige offene, und damit diskriminierungsfreie, technische Plattform für digitales Fernsehen in Europa verfügen".[1192] Anders, als es sich die beteiligten Konzerne erhofft hatten, untersagte die EU-Regulierungsbehörde die Zusammenarbeit der beiden größten deutschen TV-Firmen. Sie befürchtete eine noch

---

dabei, vom Nahen Osten bis nach Japan zu einem globalen Produkt zu werden (...) In Australien kontrolliert er den Pay-TV-Markt zusammen mit der Telefongesellschaft Testra".

[1188] Vgl. Süddeutsche Zeitung, 15.5.1995, S. 12: ‚Was macht eigentlich VOX?'

[1189] Manager Magazin, 8/1993, S. 14.

[1190] Süddeutsche Zeitung, 15.5.1995, S. 12: ‚Was macht eigentlich VOX?'

[1191] *Premiere* löste am 28. Februar 1992 den *Teleclub* ab und übernahm dessen Abonnenten. Zum Start konnten deshalb bereits 100.000 Abonnenten verbucht werden.

[1192] Bertelsmann AG. Aktueller Dienst. Nachrichten aus der Unternehmensgruppe für Presse, Funk und Fernseher, September 1997, S. 3.

stärkere Monopolstellung des Dyopols ‚*Bertelkirch*'.[1193] Es sei zu erwarten, dass bei einer Vereinigung der *MSG*-Partner, „die MSG nicht nur in der Anlaufphase, sondern auch zukünftig eine marktbeherrschende Stellung einnehmen werde, da das Vorhaben den Markt für administrative und technische Dienstleistungen (...) abschotten werde".[1194]

Das Medienhaus sah dies etwas anders und intensivierte seine Bemühungen zur Verhinderung einer beschränkenden Konzentrationskontrolle. *Bertelsmann* forderte die deutsche und europäische Politik auf, die junge Multimedia-Industrie durch ‚Deregulierung' zu fördern. Der Konzern merkte an, dass die Marktregulierung „das Eindringen ausländischer Investoren zusätzlich fördere".[1195] Trotz dieser ‚ProKonzentration'-Offensive verhinderte die Europäische Kommission 1995 die Bildung der *MSG*. Das Nachfolgeprojekt *Multimedia Betriebsgesellschaft (MMBG)* wurde deshalb auf eine breitere Basis gestellt, indem etwa die öffentlich-rechtlichen Rundfunkanstalten eingebunden wurden. So konnten die kartellrechtlichen Hürden genommen werden. Der Decoder der *MMBG* nannte sich *mediabox*[1196] und wurde in Kooperation mit der *Deutschen Telekom* und den fünf weiteren Kooperationspartnern eingesetzt.[1197]

Kirch hingegen entschied sich nach langen Diskussionen über die zu verwendende Verschlüsselungstechnik mit den Partnern der *MMBG* zu einem Alleingang „mit der VEBA-Tochtergesellschaft *VEBACOM* und der *Metro Handelsgesellschaft*."[1198] Die *Kirch*-Tochter *Beta-Technik* brachte den Dekoder *d-box* für den Empfang der deutschen digitalen Plattform *DF1* heraus. Sie startete mit ihren 20 Programmen am 28. Juli 1996 nahezu unter Ausschluss der Öffentlichkeit[1199] mit einer *Formel 1*-Übertragung vom Hockenheimring. An diesem später in *Premiere World* umbenannten Sender beteiligte sich Rupert Murdochs *British Sky Broadcasting (BSkyB)* im selben Monat mit 19 Prozent.[1200]

[1193] Hickethier, 1998, S. 518: „Die 1997 verkündete (jedoch 1998 von der EU untersagte) Kooperation zwischen Bertelsmann und der Kirch-Gruppe bezeichnete das Ende der Konkurrenzphase und zeigt den Beginn einer durch das Dyopol ‚Bertelkirch' (taz, 24.6.1997) bestimmten Phase an."

[1194] Altes, 2000, S. 482.

[1195] Vgl. epd/Kirche und Rundfunk, 67/1994, S. 14-15: ‚Bertelsmann warnt vor Antikonzentrations-Hysterie.'

[1196] Der Decoder *mediabox* wurde von der deutsch-französischen Firma *Seca*, einem Gemeinschaftsunternehmen von *Bertelsmann* und *Canal* + entwickelt.

[1197] Neben der *Deutschen Telekom* (35%) und *Bertelsmann* (15%) beteiligten sich die *CLT* (15%), *ARD* (7,5%), *ZDF* (7,5%) sowie *RTL* (7,5 %) und *Canal* + (7,5 %).

[1198] Zimmer, J., PayTV: Durchbruch im digitalen Fernsehen. In: Media Perspektiven, 7/1996, S. 395.

[1199] Ebd., S. 399: „Allerdings findet der Empfang (von DF1, TL) noch nahezu unter Ausschluß der Öffentlichkeit statt, da es offenbar Probleme mit der fristgerechten Lieferung der Decoder gibt."

[1200] Am 6. März 1996 war BSkyB bereits eine strategische Allianz mit *Bertelsmann*, *Canal*+ und *Havas* eingegangen, um digitales Fernsehen in Deutschland einzuführen. Diese Kooperation wurde bereits im Juni darauf wieder gekündigt. Vgl. Matzen, 1996, S. 119.

Im Gegenzug stellte *Bertelsmann* für die Programmversorgung seiner Plattform wiederum eigens ein digitales Programmpaket zusammen, das *ClubRTL* getauft wurde und für das 50 digitale Spartenkanäle sowie Pay Per View-Angebote geplant waren.[1201] Ein Problem war es aber, dass sich *Kirch* „unter massiven Investitionen (...) fast sämtliche Pay-TV-Programmrechte der US-Majors gesichert hatte“.[1202]

Kurz nach der Präsentation von *ClubRTL* im August 1996 zerfiel die *MMBG* dann sehr schnell. Die *Deutsche Telekom* zog sich als erster Anteilseigner zurück, *Bertelsmann* und die anderen Teilhaber folgten.[1203] Daraufhin entschloss sich das Medienhaus zu einem Richtungswechsel. Der Konzern entschied, von der offensiven auf eine zurückhaltende Vorgehensweise bei der Pay-TV-Thematik umzuschwenken, da ein Programmstart von *ClubRTL* nicht für sinnvoll gehalten wurde. Die Marktchancen „für ein weiteres *PayTV*-Angebot neben *Premiere* und *DF1* seien äußerst gering einzuschätzen“.[1204] *Bertelsmann* schätzte, dass selbst bei drei Millionen Abonnenten das Bezahlfernsehen in einigen Jahren allenfalls auf einen Umsatz von 1,5 Mrd. DM kommen würde.[1205] Der Konzern entschloss sich deshalb, das Engagement bei *Premiere* völlig einzustellen und den Bereich seinem Wettbewerber *Kirch-Gruppe* zu überlassen. Nur 5 Prozent der Anteile verblieben vorerst bei *Bertelsmann*, „um sich weiter den Zugang seines internationalen Rechtehandels zum deutschen Pay-TV-Markts zu sichern“.[1206] Jener noch verbleibende Anteil von *Premiere* wurde letztlich, um diesen Schritt vorwegzunehmen, im Januar 2001 abgestoßen. Für die Abgabe erhielt das Unternehmen über 1,5 Mrd. DM, womit es die ‚Desinvestition‘ mit 800 Mio. Euro gewinnbringend abschloss.[1207]

> „Bei über dreißig frei empfangbaren Sendern in Deutschland war die Marktdurchdringung des Pay-TV von vorneherein schwieriger als in den Nachbarländern. (...) Da jedoch eine gemeinsame Führung nicht in Sicht war, entschloß sich CLT-UFA schließlich im März 1999 zum Verkauf eines 45%-Anteils an Premiere an die Kirch-Gruppe.“[1208]

[1201] Lange, 1998/99, S. 100.
[1202] Zimmer, 1996, S. 398.
[1203] Matzen, 1996, S. 120.
[1204] Vgl. Matzen, 1996, S. 121.
[1205] Süddeutsche Zeitung, 26.9.1996, S. 31: ‚Wössner setzt auf werbefinanziertes Fernsehen.‘
[1206] Posewang, 1996, S. 35.
[1207] CLT UFA, Geschäftsbericht 1999, S. 7: “Die Gruppe hat daher ihr strategisches Interesse an einer Beteiligung an Premiere neu bewertet und Verhandlungen mit der Kirchgruppe aufgenommen, die am 25. März 1999 mit dem Verkauf von 45 % der Anteile für 1.565 Mio. DEM erfolgreich abgeschlossen wurden.“
[1208] Ebd., S. 23.

Damit hatte der Konzern „nicht nur einen außerordentlichen Verkaufserlös von 1,6 Milliarden DM erzielt, sondern sich auch vom größten Verlustbringer befreit".[1209]

Von der *KEK* wurde die Entwicklung bei *Premiere*, das nach dem Rückzug von *Bertelsmann* in *Premiere World* umbenannt wurde, positiv bewertet. Mit dem Rückzug der *CLT-UFA* aus dem Bereich des PayTV „sei eine Entflechtung der Veranstaltergruppen – namentlich Kirch und Bertelsmann – festzustellen, was zu einer Verbesserung der Meinungsvielfalt im bundesdeutschen Fernsehen führe".[1210] Die Transaktion entkräftete die *Kirch-Gruppe* jedoch mittelfristig und trug wesentlich zu ihrem Konkurs im Jahr 2002 bei.

9.4.2 Polemisieren gegen die Konzentrationskontrolle

Wie beim Bezahlfernsehen bildeten sich Mitte der 90er Jahre auch im Free-TV Firmen-Allianzen, angetrieben „durch das Zusammenwachsen der europäischen Märkte sowie durch die sich abzeichnende weltweite Konvergenz von klassischen Medien und Telekommunikation".[1211] Das ‚Rüsten' für die ‚Märkte der Zukunft' äußerte sich in immer größeren internationalen Firmenzusammenschlüssen im Mediensektor. *Bertelsmann* positionierte sich auf dem Free-TV-Markt marktführend und festigte seine vertikale Verwertungskette. Zur *RTL*-Senderfamilie gehörte Mitte der 90er Jahre bereits ein europäisches Netzwerk von 13 Radio- und Fernsehstationen, mit *RTL* und den Tochtersendern *RTL 2* und *Super RTL*.[1212] Hinzu kamen auf der Produktionsseite Firmen, die ihre Tätigkeiten ebenfalls ausgedehnt hatten. Die *UFA Berlin* wurde 1994 mit ihrer ‚industriellen' Programmherstellung zum ersten Mal kommerziell führende Produktionsfirma im Bereich der Langzeitserien wie *‚Gute Zeiten, schlechte Zeiten'*[1213], *‚Unter uns'* und *‚Verbotene Liebe'*.[1214]

Mit seinen ausgedehnten Beteiligungen stieß *Bertelsmann* im Rundfunkbereich schon 1995 deutlich an die Konzentrationsgrenze, die dem Konzern die Beteiligung an höchstens zwei Programmen im Hörfunk und Fernsehen gestattete. Lediglich über Anbietergemeinschaften ohne die Mehrheit bei einem Eigentümer konnte der Aufbau des Netzwerks betrieben werden. Mark Wössner hatte die Zulassung und Anerkennung einer neuen Medienordnung als ‚über-

---

[1209] Röper, H., Formationen deutscher Medienmultis 1998/99. In: Media Perspektiven, 7/1999, S. 350.

[1210] Vgl. KEK, Jahresbericht 2000, S. 53 ff.

[1211] Bourgois, 1999, S. 441.

[1212] *Super RTL* wurde 1995 gemeinsam mit dem *Disney*-Konzern gegründet; Vgl. Süddeutsche Zeitung, 28.4.1995, S. 22: ‚No Sex, no Drugs, no Rock'n'Roll.' ‚Kinderfreundliches Programm': Heute startet Super RTL als Vorläufer für einen ‚Disney Channel'.

[1213] RTL Pressemappe zum Sendestart am 11.5.1992. 10 Jahre RTL. Köln 1994, S. 27.

[1214] Vgl. Anhang Tab.5.1.

lebenswichtig‘ für den Wirtschaftsstandort Deutschland bezeichnet. Ein Hindernis für die Erweiterung des Konzerns war es, dass sich auf dem deutschen Fernsehmarkt ein deutliches Dyopol der Sendergruppen *Kirch* und *Bertelsmann* abzeichnete, welches die Meinungsvielfalt zu gefährden drohte. Die Sicherung der Meinungsfreiheit war das eigentliche Anliegen des Dualen Systems gewesen, das die Entstehung kontrollierender, privatrechtlicher Interessengruppen vermeiden sollte. Zum sich nun herauskristallisierenden Dyopol im deutschen Fernsehmarkt vertrat *Bertelsmann* die Position, dass das Medium wegen der notwendigen Investitionen geradezu nach wenigen großen Gruppierungen verlangte und dadurch die Meinungsfreiheit in keinster Weise beeinträchtigt sei. Die Landesmedienanstalten würden mit ihren Kontrollbemühungen den Medienmarkt zu Unrecht ‚lähmen‘ und ‚terrorisieren‘, polemisierte der *Bertelsmann*-Chef.

> „Die Landesmedienanstalten arbeiten oft ineffektiv und mit zu komplizierten und uneinheitlichen Methoden. Ihre Arbeit sollte deshalb auf einfachen Grundsätzen aufbauen. (...) Der Fernsehmarkt verlangt finanzkräftige Investitionen. Oligopolistische Strukturen müssen als notwendig anerkannt und sinnvoll kontrolliert werden. Überkreuzbeteiligungen sind ein Überlebensprinzip auf dem Weltmedienmarkt. Ein Verbot gleiche einem Anschlag auf den Wirtschaftsstandort Deutschland.“[1215]

Auf einer *Bertelsmann*-Führungskräftetagung im August 1994 warnte Wössner abermals vor medienpolitischer Stimmungsmache und ‚Anti-Konzentrations-Hysterie‘, die teils aus wahltaktischen, teils aus kulturpessimistischen Erwägungen geschürt werden würden. Er spielte damit konkret auf die öffentliche Diskussion über *Bertelsmann* an, die das Thema der durch vertikal integrierte Konzerne bedrohten Empfängerfreiheit im Zuge der anstehenden Novellierung des Rundfunkstaatsvertrags thematisierte.[1216]

Wössner forderte, „die Medienbürokraten in Staatskanzleien und Landesmedienanstalten sollten ihre Folterinstrumente wieder einpacken“[1217] und appellierte an die Unternehmerfreiheit. Die Debatte verzerre die Realitäten und „Vorgänge dieser Art sollten (...) nicht unter Hinweis auf Macht- und Konzentrationsaspekte denunziert werden“.[1218] Beschränkende Maßnahmen der Behörden „zum Schutz der vermeintlich bedrohten Meinungsvielfalt oder der nationalen Kulturen können im globalen Wettbewerb schnell zu gravierenden Verzerrungen führen“.[1219] Die massive Fusionswelle in den USA musste „von den europäischen Medienpolitikern richtig verstanden werden“. Das sei not-

---

[1215] Capital, 1/1994, S. 92-87: ‚Wir wollen ein weltweites Filmnetz aufbauen.‘
[1216] Lilienthal, V., Dammbruch. SPD-Medienpolitik und eine Bertelsmann-Tagung. In: epd/Kirche und Rundfunk, 74/1994, S. 4.
[1217] Ebd.
[1218] BG 1994/95, S. 6.
[1219] Mark Wössner im einleitenden Vorwort von: BG 1994/95, S. 6.

wendig, da an der Branche etwa 10.000 Arbeitsplätze hingen, die der private Rundfunk innerhalb von 10 Jahren geschaffen habe.[1220]

Das aus der Debatte hervorgegangene Modell zeigte, wie „stark und letztlich in ihrem Sinne erfolgreich die Industrie auf die Verhandlungsführer der Länder eingewirkt“[1221] hatte. Der neue Rundfunkstaatsvertrag ermöglichte eine weitgehende Deregulierung des Privatrundfunks. Der Vertrag ersetzte die bisherige Begrenzung von Gesellschafteranteilen durch das ‚Zuschauer-Beteiligungsmodell‘ mit einem erlaubten Marktanteil von knapp einem Drittel. Bei 30 Prozent Marktanteil wurde die Grenze für eine vorherrschende, mediale Meinungsmacht vermutet[1222], weshalb sich die Konzentrationskontrolle[1223] seit 1997 „an einem Maximum von 30 Prozent Zuschauermarktanteil“ orientierte.[1224] Der Konzentrationsgrad wurde „nicht mehr auf die kapitalmäßige Beteiligung einzelner Veranstalter an einem Programm, sondern unmittelbar auf dessen publizistische Wirkung durch die Zahl der erreichten Zuschauer abgestellt“.[1225]

Die Modifikationen durch den Rundfunkänderungsstaatsvertrag gaben der fortschreitenden Konzentration ihren gesetzlichen Rahmen und sanktionierten die bereits bestehenden Verhältnisse.[1226] Vorgaben über die Anzahl der Fernsehsender, an der sich ein Konzern beteiligen durfte, wurden nicht gemacht, weshalb die 1996 eigens gegründete ‚Kommission zur Ermittlung der Konzentration im Medienbereich (KEK)‘ kaum etwas anders machte „als ein Unbedenklichkeitsattest nach dem anderen auszustellen“.[1227]

Dieses neue Modell, so der evangelische Pressedienst *epd Medien*, öffnete die „letzten Schleusen, die die Vermachtung im Medienbereich noch einigermaßen regulierten.“[1228] Auch der *Bertelsmann*-kritische *RTL*-Chef Helmut Thoma zweifelte am Marktanteilsmodell: „Eine solche Konzentrationsgrenze sei überhaupt nichts wert (...). Jeder TV-Veranstalter könne vor Gericht be-

---

1220 epd/Kirche und Rundfunk, 67/1994, S. 15: ‚Bertelsmann warnt vor Antikonzentrations-Hysterie.‘

1221 Röper, H., Mehr Spielraum für Konzentration und Cross ownership im Mediensektor. In: Media Perspektiven, 12/1996, S. 610.

1222 Vgl. Kleinsteuber, H.J., Thomaß, B., Konkurrenz vs. Konzentration. Unternehmensverflechtungen im globalen Medienmarkt. In: Meckel, M.; Kriener, M. (Hg.), Internationale Kommunikation. Eine Einführung. Opladen 1996, S. 125-144.

1223 Vgl. zur phasenweisen ‚Aufweichung‘ des Rundfunkrechts: Hoffmann-Riem, W., Erosion des Rundfunkrechts. München 1990.

1224 Matzen, 1997, S. 118.

1225 Hesse, A., Zur aktuellen Entwicklung des Rundfunkrechts, BayVBl. 1997, S. 165.

1226 Vgl. epd. Kirche und Rundfunk, 1/1997, S. 18: ‚Rundfunkstaatsvertrag-Novelle in Kraft getreten.‘

1227 Altes, 2000, S. 482.

1228 Vgl. Lilienthal, V., Dammbruch. SPD-Medienpolitik und eine Bertelsmann-Tagung. In: epd/Kirche und Rundfunk, 74/1994, S. 3-6.

weisen, dass 25 oder 30 Prozent in Wahrheit auch 21,7 oder 23,4 beziehungsweise 28,1 oder 29,9 Prozent sein können."[1229]

Bertelsmann jedoch nutzte die neue Rechtslage, um zum einen seinen vertikalen Expansionsbestrebungen in Produktion, Filmrechtehandel und Vermarktung verstärkt nachzugehen, zum anderen, um weitere Sender in seine Senderfamilie zu integrieren. Hier galt es, die eigentliche Kontrolle über die *RTL*-Senderfamilie zu erlangen, um die Expansion problemlos und ohne langwierige Verhandlungen mit internen Partnern anzugehen. Dazu plante der Konzern seine Anteile abermals deutlich zu erhöhen.

9.4.3 Übernahme der *RTL*-Mehrheit

Mit der 37,6-Prozent-Beteiligung an *RTL* gab sich *Bertelsmann* nicht zufrieden, da die Führungs- und Steuerungsfunktion der Gruppe bei diesen Anteilsverhältnissen noch bei der *CLT* lag. Das Medienhaus vermochte *RTL* und seine Tochterunternehmen aufgrund der Besitzverhältnisse daher nicht, wie im Konzern üblich, vorbehaltlos in den Unternehmensverbund zu integrieren. Dieser Zustand, schrieb die *taz*, „ärgerte verständlicherweise den fünfmal größeren Bertelsmann-Konzern (...), der immer noch zwei Drittel seines Geschäfts mit gedruckten Medien macht und gern auch Europas Nummer eins beim Fernsehen würde".[1230] Zu Differenzen mit der *CLT* kam es Mitte der 90er Jahre hinsichtlich der Ausgaben für die Programmarbeit, in die *Bertelsmann* massiv investieren wollte, während die *CLT* einen gegenteiligen Sparkurs verfolgte. Sich verschärfende Auseinandersetzungen über die Vorgehensweise führten daraufhin zu einem teilweise öffentlich ausgetragenen Machtkampf zwischen den Partnern. Die Gütersloher stritten, so die *Süddeutsche Zeitung* im Dezember 1995, „seit Monaten mit der CLT um die Macht beim TV-Marktführer RTL".[1231]

Auf *Bertelsmann*-Seite koordinierten das Vorstandsmitglied Dornemann[1232] und der ehemalige *Stern*-Chefredakteur Schmidt-Holtz die Schritte des Konzerns. Sie konzipierten die Gesamtplanung und führten Verhandlungen mit Interessengruppen und Unternehmen, die *RTL*-Anteile hielten. Kalkuliert spielten die *Bertelsmann*-Manager das Interesse ihres Konzerns am privaten Fernsehen herunter. „Man spiele im Privatfernsehen doch gar keine besondere Rolle (...) Das eigene Unternehmen verfüge (...) über nur wenige Programmvorräte und die Beteiligungen an den Sendern selbst seien auch nicht gerade bedeu-

---

[1229] Süddeutsche Zeitung, 10.1.1995, S. 13: ‚RTL-Chef Thoma und RTL-Eigner Bertelsmann pieksen sich.'

[1230] Vgl. taz, die tageszeitung, 4.4.1996, S. 3: ‚Eurofernsehen aus Gütersloh'.

[1231] Süddeutsche Zeitung, 22.12.1995, S. 23.

[1232] *BMG Entertainment*-Vorstand Dornemann war hier übergreifend zuständig, da der Bereich TV/Film Europa seinem Geschäftsbereich *BMG Entertainment* zugeordnet worden war.

tend."[1233] Das scheinbare Understatement entpuppte sich als Ablenkungsmanöver. Die Manager begannen mit dem Kauf von 2 Prozent der *RTL*-Anteile von *Burda* eine Verhandlungs- und Akquisitionsoffensive.[1234] Sie bildeten die sogenannte ‚westfälische Allianz'[1235] mit der ebenfalls an *RTL* beteiligten Essener *WAZ*-Gruppe die Gesellschaft *BWTV*. In dieser Gesellschaft bündelten die beiden Konzerne ihre gemeinsamen Interessen gegen die *CLT*. Mit der vielbeachteten Bildung dieser TV-Holding erreichten beide Konzerne eine „verbesserte Ausgangsposition in verschiedenen medienwirtschaftlichen Handlungsfeldern".[1236] Damit waren die Besitzverhältnisse an *RTL* zwischen *BWTV* und der *CLT* zunächst ausgewogen. Hinzu kam kurz darauf, dass die *WAZ* sich ein weiteres Prozent sichern konnte, das sich noch im Besitz der *FAZ* befand.[1237] Damit hatten *Bertelsmann* und *WAZ* die Stimmenmehrheit mit 50,1 Prozent erreicht:

> „Und dies ausgerechnet zu einem Zeitpunkt, da der Aufbruch ins Multimediazeitalter bevorsteht und ein Sender wie RTL als Finanzierungsquelle und Ausgangsbasis für weitere TV-Vorhaben aller Art wie das Abonnementsverfahren (...) an Bedeutung gewinnt. Folglich wehrte sich die CLT bei Gericht vehement gegen die Transaktionen von UFA und WAZ mit Burda und FAZ."[1238]

Konstatiert werden muss, dass *Bertelsmann* und *WAZ* die *CLT* praktisch ausgehebelt hatten und 1995 mit 50,1 Prozent der Kapitalanteile über eine Mehrheit verfügten. Das ehemals tonangebende Unternehmen wurde in die Rolle des Minderheitengesellschafters gedrängt und verlor seine Führungsrolle über den von ihr gegründeten Sender. *Bertelsmann* hingegen konnte seine Interessen nunmehr ungestört verfolgen. Dazu gehörte beispielsweise der Aufbau des digitalen Fernsehens, dessen Chancen Mitte der 90er Jahre noch als vielversprechend galten.

9.4.4 Fusion von *CLT* und *UFA* zum führenden Rundfunkunternehmen Europas

Die *Kirch-Gruppe* und *Murdoch* bildeten Mitte der 90er Jahre eine starke Gruppierung gegen *Bertelsmann* und beschleunigten den ‚Allianzreigen' um

[1233] Süddeutsche Zeitung, 27.7.1995, S. 14: ‚Auf dem Weg in die obere Liga.'

[1234] *Burda* und *FAZ* hatten kleine Anteilspakete erhalten, da es die deutschen ‚Medienwächter' ursprünglich untersagt hatten, dass ein Anteilseigner, etwa die *CLT*, die alleine Mehrheit an *RTL* hielt.

[1235] Vgl. Süddeutsche Zeitung, 26.9.1995, S. 12: ‚Das große Sitzezählen.'

[1236] BG 1994/95, S. 34.

[1237] Süddeutsche Zeitung, 27.7.1995, S. 14: „Das Zünglein an der Waage spielt nun der Verlag der Frankfurter Allgemeinen Zeitung (FAZ), dem das restliche Prozent gehört."

[1238] Vgl. Süddeutsche Zeitung, 20.9.1995, S. 31: ‚Bertelsmann und die WAZ haben nun die RTL-Mehrheit. '

die Verteilung der Pfründe im deutschen Rundfunkmarkt. Das Medienhaus antwortete mit der Fusion von *UFA* und *CLT*.[1239] Nachdem sogar gerichtlich um die Vorherrschaft bei *RTL* gestritten worden war „überraschten die beiden Konzerne (...) mit der Absicht zu fusionieren".[1240] Den Vorteil der Fusion sah *Bertelsmann* in den Umsetzungsmöglichkeiten einer komplementären Strategie, „die sich auf die gesamten Senderaktivitäten, die Programmproduktion und die Akquisition von audiovisuellen Rechten erstreckt".[1241]

Am 19. Juni 1996, am selben Tag, als die Ministerpräsidenten die Erweiterung der Konzentrationsgrenzen mit dem dritten Rundfunkänderungsstaatsvertrag beschlossen, vereinigten sich *CLT* und *UFA* zur geschäftlichen Einheit *CLT-UFA* und bildeten somit den umsatzstärksten, werbefinanzierten TV-Anbieter Europas.[1242] Dafür zahlte *Bertelsmann* rund 1,6 Mrd. DM an die *CLT*.[1243] *CLT-UFA* existierte namentlich ab Januar 1997, nahm Mitte des Jahres ihre operative Arbeit in Luxemburg auf und machte *Bertelsmann* zum ‚Fernsehgiganten'[1244] auf dem europäischen Kontinent.

Hier waren *Bertelsmann* und die luxemburgische Aktiengesellschaft *Audiofina* beteiligt, die wiederum zu 72,9 Prozent *GBL Electrafina*, also den ehemaligen Eignern der *CLT* gehörte.[1245] Zur Strategie gehörte es, „to acquire controlling positions in the companies in which it has interests but as a result of regulatory restrictions in certain countries, which limit the stake a shareholder may own in national television network, CLT-UFA retains a number of minority interests".[1246]

Das neue, europäische Medienschwergewicht veränderte die gesamte europäische Medienlandschaft und nahm die marktführende Position in den Bereichen Fernsehen, Hörfunk und Filmproduktion ein. Den Kern bildete das Geschäft mit dem Fernsehen, das 1997 über 77 Prozent des Umsatzes ausmachte.[1247] Die *CLT-UFA* bündelte 22 Fernsehstationen, darunter prominente Marken wie *RTL, M6* und *Channel 5*, die täglich geschätzte 120 Millionen poten-

---

[1239] Altes, 2000, S. 485.

[1240] Möller, U., Law Online, Heft 4/ [September 1996], (www.forum-recht-online.de/ 496/ 496 moeller.htm): ‚Auf dem Weg in die Informationsgesellschaft.'

[1241] CLT-UFA, Geschäftsbericht 1996, S. 12.

[1242] Vgl. Matzen, C., Chronik der Rundfunkentwicklung 1996. In: Rundfunk und Fernsehen, 1/1997, S. 120: „Der Zusammenschluß wurde von der Europäischen Kommission am 7. Oktober gebilligt."

[1243] Vgl. Der Spiegel, 15/1996, S. 99: ‚Teuflisch intelligent. Bertelsmann und RTL Gründer CLT legen ihre Fernsehaktivitäten zusammen, ein neuer Koloß entsteht': „Gemeinsam können die Euro-Strategen nun ihre Spielfilm-Deals mit den großen Hollywood-Studios Warner, Disney und MCA Universal nutzen. Je nach Bedarf wird das Material auf die Senderkette verteilt."

[1244] Vgl. taz, die tageszeitung, 4.4.1996, S. 3: ‚Eurofernsehen aus Gütersloh'.

[1245] Eine Übersicht der Beteiligungsverhältnisse findet sich in: epd Medien, 3/1997, S. 19.

[1246] Audiofina to be renamed RTL Group, CLT UFA. Pearson TV, Introduction of the UK Official List, Sponsored by Merril Lynch International. Luxembourg 2000, S. 13.

[1247] BG 1997/98, S. 64.

zielle Zuschauer erreichten.[1248] In Deutschland besaß das Unternehmen 89 Prozent der Anteile an *RTL*, 37,5 Prozent der Anteile an *Premiere*, 34,7 Prozent an *RTL 2* und 24,9 Prozent an *VOX*.[1249]

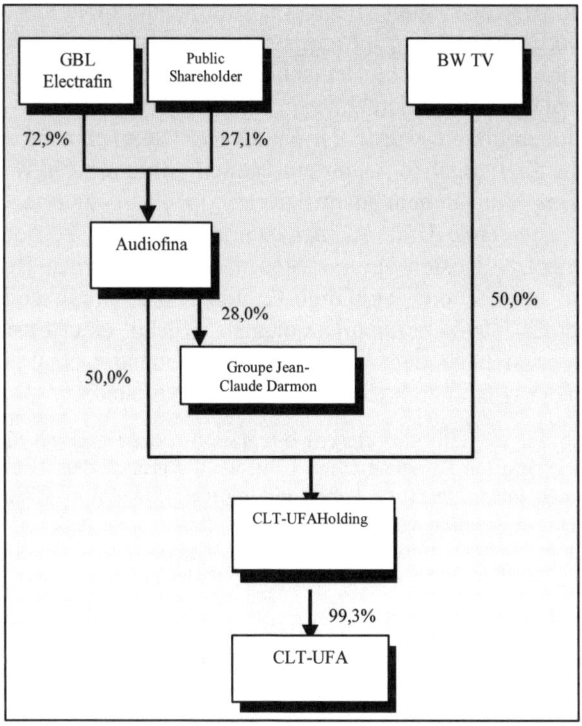

Abb.19. Struktur der *Audiofina*[1250]

Die Gruppe war ebenfalls der größte private Hörfunkkonzern Europas. Mit der Fusion wurde ein „Netzwerk im europäischen Äther"[1251] gebildet, das einzelne Zielgruppen, beispielsweise die 14-21jährigen genauer ansprach und neben Vollprogrammen zahlreiche Spartenprogramme einrichtete. In Deutschland

[1248] Audiofina to be renamed RTL Group, CLT UFA, Pearson TV. Introduction of the UK Official List, Sponsored by Merril Lynch International. Luxembourg 2000, S. 10.
[1249] Vgl. Süddeutsche Zeitung, 4/5.4.1997, S. 23: ‚Bertelsmann steigt bei CLT ein und wird Großmeister im deutschen Fernsehgeschäft.'
[1250] Audiofina to be renamed RTL Group, CLT UFA, Pearson TV. Introduction of the UK Official List, Sponsored by Merril Lynch International. Luxembourg 2000, S. 11.
[1251] CLT-UFA. The European Entertainment Enterprise. Broschüre der Öffentlichkeitsarbeit CLT-UFA. Luxemburg, 3/2000, S. 17.

besaß die Gruppe ihr größtes Hörfunk-Portfolio, darunter die „reichweiten- und einnahmestarken Ballungsraumsender 104,5 RTL, Berliner Rundfunk, Radio Hamburg, Radio NRW und Antenne Bayern, sowie Syndicator FM Radio Network".[1252]

Insgesamt betrieb die *CLT-UFA* 18 Radiostationen mit ungefähr 25 Millionen Hörern in 11 europäischen Ländern und war „mit Sendern wie *Fun Radio*, *Atlantic 252* und *Talk Radio UK* ein leistungsstarker Anbieter in Belgien, der Tschechischen Republik, Frankreich, Deutschland, Luxemburg, den Niederlanden, Schweden und Großbritannien".[1253]

Wie bei Großfusionen üblich, wurde der Status des Unternehmens geprüft und neue strategische Zielvorgaben nach dem Modell ‚structure follows strategy' erarbeitet.[1254] Das Management identifizierte doppelt besetzte Abteilungen und sich überschneidende Unternehmensbereiche, die aus betriebswirtschaftlicher Sicht unnötige Kosten verursachten. Daraufhin wurden Bereiche zusammengelegt und Mitarbeitern gekündigt. Gaston Thorn, Vorsitzender des Verwaltungsrates der *CLT-UFA* bezeichnete dies als ‚Risiko' einer Fusion. Er berichtete, dass Experten nach den langjährigen Auseinandersetzungen die operationelle Fusion der ‚Elefantenhochzeit' sorgfältig begleiteten:

> „Vereint arbeiten wir sorgfältig an diesem Integrationsprozeß und ich bin froh, daß es nicht zur geringsten Krisensituation kam, wohl wissend, daß jede Implementierung Risiken birgt. Natürlich haben uns einige Kollegen verlassen, und wir vermissen jeden einzelnen von ihnen. Aber es kamen auch neue hinzu, um mit uns die Gruppe weiterzuentwickeln – eine Gruppe, deren Ambitionen und Hoffnungen in Europa keine Grenzen mehr gesetzt sind."[1255]

An der Spitze des Unternehmens stand ein Management, das von *Bertelsmann* und *CLT* gestellt wurde. *Bertelsmanns* ‚Spitzenmanager' Rolf Schmidt-Holtz wurde zur *CLT-UFA* gesandt, um mit dem bisherigen Vorstandsvorsitzenden Rémy Sautter eine gemeinsame Unternehmensleitung zu bilden.[1256] Sautter hatte „die Ehre, den Vorstandsvorsitz mit Rolf Schmidt-Holtz zu teilen. Diese duale Führungsstruktur hat sich zum Ziel gesetzt, die Gruppe zu neuen Erfolgen zu führen".[1257] Der bertelsmanninterne *Aktuelle Dienst* berichtete im September 1997 über den Zusammenschluss:

[1252] Ebd.

[1253] Vgl. BG 1995/96, S. 40.

[1254] Vgl. zur Phrase ‚structure follows strategy'; Hahn, D., Strategische Unternehmensführung – Grundkonzept. In: Hahn, D.; Taylor, B., Strategische Unternehmensplanung. Strategische Unternehmensführung. Stand und Entwicklungstendenzen. Heidelberg 1997, S. 42ff.

[1255] CLT-UFA Geschäftsbericht 1996, S. 5.

[1256] Vgl. epd, Kirche und Rundfunk, 3/1997, S. 18f: ‚CLT-UFA: Die Fusion ist perfekt. Generaldirektoren sind Rémy Sautter und Rold Schmidt-Holtz.'

[1257] Vorwort von Rémy Sautter, Mit-Vorstandsvorsitzender der CLT-UFA. CLT-UFA Geschäftsbericht 1996, S. 12.

> „Im April dieses Jahres wurden die Aktivitäten von CLT und UFA in der neuen Gesellschaft CLT-UFA zusammengeführt. Der (...) zwischen Bertelsmann und der luxemburgischen Gesellschaft Audiofina geschlossene Vertrag festigt die strategische Position von Bertelsmann im deutschen Fernsehgeschäft und eröffnet neue Perspektiven im europäischen Markt. (...) Durch die Übernahme von insgesamt 50 Prozent an der CLT-UFA, Europas führendem Fernseh- und Radiounternehmen, wurde Bertelsmann – gemeinsam mit der Audiofina – zum führenden europäischen TV-Wettbewerber."[1258]

Auch wenn von der Vereinigung zweier unterschiedlicher Unternehmenskulturen unter einem Dach gesprochen wurde[1259], regelte doch faktisch der Vertrag zwischen der *CLT* und der *UFA*, wessen ‚Kultur' bestimmte. In der Gemeinschaftsfirma „lenkt, laut schriftlicher Übereinkunft (...) der von Bertelsmann benannte Manager »die Geschäfte in der Bundesrepublik Deutschland, Österreich und der deutschsprachigen Schweiz«".[1260] Den erfahrenen Konsolidierern des Medienhauses gelang es, die Position des Unternehmens „als europäischer Marktführer in allen Stammgeschäften und vor allem im Free-TV auszubauen und die Rentabilität dabei deutlich zu erhöhen".[1261] 1997 belief sich der Umsatz auf ganze 5,5 Mrd. DM, 1998 bereits auf 6,4 Mrd. DM.[1262] Nach nur einem Jahr ihres Bestehen hatten sich die Gewinne der *CLT-UFA* „nahezu verdoppelt".[1263]

9.4.5 Inhalte – Output-Deals, Eigenproduktionen, Vermarktung

Die Vorteile, die sich aus der Fusion von *CLT* und *UFA* ergaben, wirkten sich ganz besonders im Bereich ‚Inhalte' aus, in dem die *Kirch*-Gruppe bis dato den Markt anführte. *CLT*-‚Chefstratege' Ewald Walgenbach[1264] erzwang deshalb die stärkere Kooperation der Sender untereinander, um die wichtige Prime-Time durch gemeinschaftliche Eigenproduktionen und Einkäufe zu stärken.[1265] Mit dieser Strategie fing die *CLT-UFA* ihre Nachteile ein Stück weit

[1258] Bertelsmann AG, Aktueller Dienst, Nachrichten aus der Unternehmensgruppe für Presse, Funk und Fernseher. September 1997, S. 2.
[1259] BG 1997/98, S. 65.
[1260] Süddeutsche Zeitung, 22.4.1996, S. 12: ‚Wenn die Macht zum Handicap wird.'
[1261] Ebd., S. 7.
[1262] Vgl. BG 1997/98, S. 64.
[1263] CLT UFA, Geschäftsbericht 1998, S. 8.
[1264] Ewald Walgenbach wechselte als General Manager vom Beratungsunternehmen *Boston Consulting* 1994 zu *Bertelsmann* als Leiter Strategische Entwicklung. 1995 wurde er Managing Director der *UFA Film- und Fernsehen Gmbh* und nach der Fusion von *CLT* und *UFA* 1997 Executive Vice President Abteilung Fernsehen, Produktion und Rechtehandel der *CLT-UFA*. Seit Mai 2000 Chief Operating Officer (CEO) der *CLT-UFA* und der *RTL Group*.
[1265] CLT-UFA, Geschäftsbericht 1998, S. 7.

auf, etwa mit Hilfe des Austausches eigenproduzierter Nachrichtensendungen im Inhaltebereich.[1266]

> "Channels benefit form synergies not only with their parents, but also with sister broadcasters. M5 thus bought a series of films from RTL Television, which sold rights for a total of DEM 320 million to RTL 2. At the same time, channels have moved to share know-how."[1267]

Durch die vermehrten Ausstrahlungs- und Kooperationsmöglichkeiten konnten nun übergreifend verwertbare, attraktive Inhalte in größerem Stil eingekauft werden. In einem ‚Output-Deal' für 2,25 Mrd. DM wurden Free-TV-Rechte an allen bis zum Jahr 2006 hergestellten Produktionen der US-amerikanischen *MCA Television Group* erworben.[1268]

Zudem erhöhte die *CLT-UFA* neben dem Kauf von Fremdinhalten ihre Aktivitäten bei günstigen Eigenproduktionen in den Bereichen Sport, Nachrichten, Shows, Infotainment, Soaps, Serien und Filme von 900 Stunden auf über 1000 pro Jahr.[1269] Allein bei *RTL* stiegen die Investitionen in eigenproduzierte Programme von 1996 um 70 Mio. DM auf 1,13 Mrd. DM im Jahr 1997.[1270] Mit diesem Volumen vergaben die privat-rechtlichen Sender Aufträge an eine Vielzahl externer Produktionsfirmen. Sie hatten inzwischen die öffentlich-rechtlichen als Auftraggeber überholt und sich ein Versorgungsnetzwerk aufgebaut, das je nach Bedarf flexibel reagierte.[1271]

Daneben investierte *Bertelsmann* in eines „der wichtigsten Glieder in der Wertschöpfungskette von Fernsehveranstaltern"[1272], der Vermarktung von Werbezeiten. Am 26. Februar 1998 genehmigte die Europäische Kommission ohne Auflagen den Kauf der 1928 gegründeten Vermarktungsagentur *Information et Publicité (IP)* der *Havas*-Gruppe. Der international tätige Werbezeitenvermarkter war in 28 Ländern bei europaweit 60 TV-Sendern, 290 Radiostationen und 130 Printmedien tätig. Zum Zeitpunkt der Übernahme durch *Bertelsmann* betreute das Unternehmen milliardenschwere Budgets an Werbegeldern.[1273] Die Zentrale der *IP* in Paris wurde aufgelöst und ihre verschiedenen, internationalen Niederlassungen direkt mit den lokalen Sendern der

---

[1266] Ebd., S. 9.
[1267] Ebd., S. 6.
[1268] Posewang, 1996, S. 23.
[1269] CLT-UFA, Geschäftsbericht 1997, S. 6.
[1270] W&V, werben und verkaufen, 33/1998, S. 84.
[1271] Vgl. Kresse, H., ‚Make or buy' – Strategien der Programmbeschaffung für private Fernsehveranstalter. In: Schröder, H.D. (Hg.), Entwicklungen und Perspektiven der Programmindustrie. Baden-Baden 1999, S. 140. Genaue Übersicht über die Beteiligungen der *RTL Gruppe*, s. Anhang 14.2 (Tab.5.1).
[1272] BG 1997/98, S. 67.
[1273] Vgl. Bertelsmann AG, Aktueller Dienst. Nachrichten aus der Unternehmensgruppe für Presse, Funk und Fernseher, September 1997, S. 3.

CLT-UFA verschmolzen, um sie zur optimierten Vermarktung der Programme einzusetzen.[1274]

> „CLT-UFA will maintain international operational links between advertising representation entities at several levels: general management, marketing, research and sales departments. This coordination will allow IP's operating units to share know-how and make the most of the Group's international presence on an advertising market where international companies play a dominant role."[1275]

Die Integration der *IP*-Vermarktungsagenturen in die jeweiligen Sendeanstalten förderte deren Umsätze, verbesserte die Zusammenarbeit untereinander nachhaltig und brachte Einblick in das Preisgefüge der Wettbewerber. Da sich bei den Sendern der *CLT* im Vermarktungsbereich Abhängigkeiten zu großen, externen Vermarktern wie *HMS Carat* gebildet hatten, verbesserte *Bertelsmann* seine Wettbewerbsposition auch in diesem Segment. Die *IP* stärkte die *CLT-UFA* abermals in ihrer Position als führendes, europäisches Medienunternehmen: „As Europe's top entertainment business, we are living the proof that Europeans have the entrepreneurial spirit to capitalize on their cultural diversity and win a leading place on the international media scene."[1276]

Angesichts dieser audiovisuellen Wertschöpfungskette mit ihrer medienübergreifenden Diversifizierung in Distribution, Produktion, Rechtehandel und Vermarktung wurde die *CLT-UFA*-Gruppe im *Bertelsmann*-Konzern nicht mehr dem Unternehmensbereich *BMG Entertainment* untergeordnet. Sie bildete ab 1998 eine eigene Linie innerhalb des Medienhauses, die sämtliche Rundfunkkompetenzen unter einem Bereich zusammenfasste.[1277]

Bereits drei Jahre nach ihrer Fusion hatte die *CLT-UFA* die Konsolidierungs- und Integrationsstufe und „ein solides Fundament für ihre weitere Expansion gelegt".[1278] Ihre Leistungsfähigkeit steigerten die Sender beispielsweise durch ‚Komplementärprogrammierung'.[1279] Für diese aufeinander abgestimmte Programmgestaltung benötigte *Bertelsmann* weitere Sender. Thomas Middelhoff und Michael Dornemann griffen im Dezember 1999 dann bei Verhandlungen in New York City auch sofort zu, als Rupert Murdoch dem Medienhaus anbot, seinen Anteil an *Vox* zu übernehmen, damit er sich mit seinem Partner Kirch auf das Bezahlfernsehen *Premiere* konzentrieren könne. Im Jahr 2000, nach Abschluss des Geschäfts, übernahm die *CLT-UFA* den 49,9 Prozent umfassenden Anteil von Murdochs *News Corp.* sowie 24,9 Prozent von *Canal+*. Somit erhöhte die *CLT-UFA* ihre Anteile an *VOX* auf 99,7 Prozent und band den Sender in das *Bertelsmann*-System ein.

[1274] Vgl. CLT-UFA, Geschäftsbericht 1999, S. 15.

[1275] CLT-UFA, Geschäftsbericht 1997, S. 14.

[1276] Ebd., S. 5.

[1277] CLT-UFA, Geschäftsbericht 1997, S. 9.

[1278] CLT-UFA, Geschäftsbericht 1999, S. 9.

[1279] Ebd., S. 8: „Dank der zu erwartenden Komplementärprogrammierung mit RTL wird VOX sein Profil schärfen können."

9.4.6 Die *RTL Group*

In Anbetracht der unterschiedlich gewachsenen Unternehmenskulturen von *CLT* und *UFA* lag es nahe, dem Unternehmen langfristig eine neue Gesamtidentität zu geben. Im Juli 2000 erwarb *Bertelsmann* die TV-Sparte des britischen Verlagskonzerns *Pearson*, um aus *Pearson Television* und der *CLT-UFA* die *RTL Group* zu bilden. Das britische Unternehmen plante, sich vor allem auf sein Kerngeschäft, den Verlagsbereich, zu konzentrieren und gab deshalb seine Produktionssparte an *Bertelsmann* ab. Als wichtigste Gesellschafter der neuen Gruppe formierten sich *Bertelsmann/WAZ*, also *BW TV*, mit 37 Prozent, die *GBL* mit 30 Prozent und der *Pearson*-Konzern mit noch 22 Prozent der Anteile.[1280] Unter der Dachmarke und dem Signet des Marktführers *RTL*[1281] wurden insgesamt 23 TV-Sender in neun Ländern vereinigt und bildeten „Europas größter Broadcaster und TV-Produzenten".[1282] Gemeinsam produzierte die Gruppe 189 Programme und 10.000 Stunden Programminhalte in 33 Ländern, betrieb 85 Websites mit über 250 Millionen Seitenabrufen und erreichte pro Tag mit ihren Radiosendern 23 Millionen Hörer.[1283] Im europäischen Raum hielt die *RTL Group* überdies die Marktführerschaft im Bereich der Rechteverwertung. Mit einem Umsatz von über 8 Mrd. DM und einem Vorsteuerergebnis von 1,1 Mrd. DM im Jahr 2000, galt die *RTL Group* damit innerhalb von *Bertelsmann* als „die wichtigste Konzerntochter vor dem Verlag Gruner +Jahr".[1284]

Dank der Fusion mit der weltweit tätigen TV-Produktionsschiene von *Pearson* stärkte *Bertelsmann* den Ausbau seiner inhaltlichen Ressourcen und erreichte über die Beteiligung am spanischen TV-Sender *Antena 3* den Zugang zum südamerikanischen Markt.[1285] Von der Problemlosigkeit des Zusammengehens waren die Verantwortlichen überzeugt, da es sich um eine Übernahme ‚unter Freunden' handelte: „Jetzt legen wir CLT-UFA und Pearson Television zusammen und wir werden auch damit Erfolg haben."[1286]

Die Unternehmen waren einander gut bekannt, da *Bertelsmann* mit *Pearson* schon vor der Fusion geschäftliche Kooperationen im Print- und TV-Geschäft getätigt hatte. Das Medienhaus und *Pearson* kooperierten gemeinsam am Pro-

---

[1280] 10,3 Prozent notierten als frei handelbare Wertpapiere an der Londoner Börse.

[1281] Kek (Az.: KEK 138) v. 14. Mai 2002: „97 % (ca. 32,5 Mio.) aller deutschen Fernsehhaushalte können das Programm von RTL Television empfangen (Stand 1. Januar 2001; AGF/GFK-Fernsehforschung). (...) Mit seinem Programm erreicht RTL die Marktführerschaft bei der werberelevanten Zielgruppe der 14- bis 49-jährigen Zuschauer."

[1282] Vgl. BG 2000/01, S. 28.

[1283] RTL Group Geschäftsbericht 2000, S. 13.

[1284] Die Zeit, [1.7.2001], (www.zeit.de/2001/07/Media/200107_bertelsmann.html): ‚Eine Cash Cow für Gütersloh. '

[1285] Vgl. BG, 2000/01, S. 29.

[1286] Juan Abelló, Vorsitzender des Verwaltungsrates der RTL-Group. In: RTL Group Geschäftsbericht 2000, S. 10.

jekt der deutschen *Financial Times (FTD)*, beim TV-Produktions-Joint Venture *Grundy UFA*, dem britischen Sender *Channel 5* und dem ungarischen *RTL Klub*. In Deutschland produzierte *Pearson Television* in erster Linie Fernsehspiel- und Quizshows, so unter anderem das *'Familien Duell'* für *RTL*, *'Jeder gegen Jeden'* für *SAT.1*, *'Geh auf's Ganze'* für *Kabel 1* oder *'Herzblatt'* für die *ARD*.[1287]

FremantleMedia, wie *Pearson TV* nach seiner Einbindung genannt wurde, sicherte der *CLT-UFA* mit einem Mal den Zugang zu großen Programmbeständen; etwa zu einer „umfangreichen Gameshow-Bibliothek mit Formaten wie Family Feud und The Price is Right, sowie dem jüngsten Erfolg, Greed".[1288] Mit *Fremantle* konnten die Sender der Gruppe darüber hinaus ihren großen Bedarf an Auftragsproduktionen vermehrt von einem Tochterunternehmen abwickeln lassen.

	Rang			Auftragsvolumen in 1000 Min.		
	2000	1999	1998	2000	1999	1998
RTL	1	1	1	139	143	145
SAT.1	2	2	2	139	136	129
ARD	4	3	3	64	65	66
ZDF	5	4	4	58	53	44
RTL II	3	7	9	72	31	10
tm3	7	9	7	37	18	25
VOX	6	6	5	44	37	33
ProSieben	8	5	6	35	39	29
Kabel 1	8	8	10	26	21	7
n-tv	10	10	8	19	9	20
Sonstige				105	106	75
alle Sender gesamt				738	658	583

Abb.20. Auftragsvolumen TV-Produktion nach Sendern 1998 - 2000[1289]

Von der Fusion versprach sich *Bertelsmann* „spannende Programme, umfangreiche Formatressourcen und eine Belebung der kreativen Kultur".[1290] In ihrem

[1287] Fremantle.de [8.8.2002], (www.fremantle.de/index3.php?m=1).
[1288] RTL Group Geschäftsbericht 2000, S. 13.
[1289] Vgl. Pätzold, U., Röper, H., Fernseproduktionsvolumen 1998 bis 2000, in: Media Perspektiven 1/2003, S. 27.
[1290] Ebd., S. 10.

ersten Geschäftsbericht verstand sich die *RTL Group* als ‚Power House'.[1291] Dementsprechend selbstbewusst schilderte sich das Unternehmen selbst als ‚unübersehbare Größe':

> „RTL Group ist ein einzigartiges Unternehmen. Was uns von unseren Konkurrenten unterscheidet, ist unsere starke Präsenz in den vier Bereichen Fernsehen, Radio, Inhalte und Neue Medien sowie unsere Reichweite in so vielen Regionen Europas. Wir liegen auf den kommerziellen TV- und Radiomärkten an der Spitze, wir sind eine unübersehbare Größe im Bereich Neue Medien, und wir sind eines der wenigen wirklich globalen Unternehmen im Content-Bereich."[1292]

Die *RTL Group* bezeichnete die Bereiche *TV, Radio, Content und New Media*[1293] als ihre vier ‚Säulen', denen zahlreiche Marken zugeordnet wurden.[1294]

Nach der Zusammenlegung unter dem Dach der *RTL Group* begann erneut, wie bci der Fusion der *CLT-UFA*, die Suche nach renditesteigernden Konvergenzen zwischen den neuen, heterogenen Unternehmensteilen. *Bertelsmann* wollte Wirtschaftscinheiten der gleichen Art, wie Vermarktungs- und Fernsehproduktionsfirmen mit Unternehmen anderer Zweige, wie sie *Gruner+Jahr* oder die Dienstleistungsfirmen[1295] im Konzern darstellten, stärker verbinden.[1296] Alle Firmen des Medienhauses mussten enger als bisher zusammenarbeiten, um beispielsweise Inhalte wie die von *‚RTL Aktuell'* medienübergreifend zu vermarkten und zentralisierbare Leistungen wie den Verwaltungs- und Kommunikationsapparat besser zu nutzen.

Die Leitung der *RTL Group* konzentrierte sich auch intern auf die neue „Strategie und Wertschöpfung und darauf, Brücken zwischen unseren verschiedenen Geschäftsbereichen zu schlagen".[1297] Die verschiedenen Medien wurden hierfür mit sogenannter ‚Überkreuznutzung' aneinander gekoppelt. Diese ‚Cross Promotion' intensivierte den Austausch „zwischen Inhalten, Sendern und Internet".[1298]

> „Wir positionieren unsere TV-, Radio- und New Media Firmen so, dass sie einander ergänzen, wir nutzen Programme und Ressourcen gemeinsam, und wir

[1291] Zum Begriff ‚Power House' und der marketing-orientierten Beschreibung der Fusion, vgl. ebd., S. 3.
[1292] Rückblick des CEO (Didier Bellens); In: ebd., S. 11.
[1293] Vgl. BG 2001/01, S. 29.
[1294] Siehe Übersicht der *RTL Group*, Anhang 14.2 (Tab.5.1).
[1295] Hier wären besonders die Unternehmen des *Arvato* Bereichs zu nennen, die Adresspools verwalten, Datenbanken programmieren oder Telefonhotlines administrieren. Vgl. hierzu das Kapitel über *Bertelsmann Arvato* in dieser Arbeit.
[1296] Vgl. zu horizontaler und vertikaler Konzentration: Holznagel, B., Grünwald, A., Schriftenreihe der Landesmedienanstalten, Bd.19: Meinungsvielfalt im kommerziellen Fernsehen. Berlin 2001, S. 15.
[1297] RTL Group Geschäftsbericht 2000, S. 13.
[1298] BG 2000/01, S. 29.

entwickeln attraktive Cross-Media-Packages (...). Unsere nächste Herausforderung wird die Einführung grenzübergreifender Synergien darstellen.“[1299]

Zur besseren Überkreuznutzung wurden Unternehmen wie *RTL New Media* gegründet, die sämtliche Online-Geschäfte der *RTL Group*-Unternehmen unter einem Dach zusammenfasste. *RTL New Media* produzierte und koordinierte einheitlich für die Radio- und Fernsehsender der *RTL Group* Online-Werbemaßnahmen, E-Commerce-Aktivitäten, TV Shopping und Pay-on-Demand-Dienste, so dass externe Dienstleister an diesem Geschäftsfeld möglichst wenig partizipierten und der ‚Media-Mix‘[1300] einheitlich zusammengestellt wurde.[1301] Die Anteile der verschiedenen Bereiche am Gesamtumsatz stellt das untenstehende Kreisdiagramm dar:

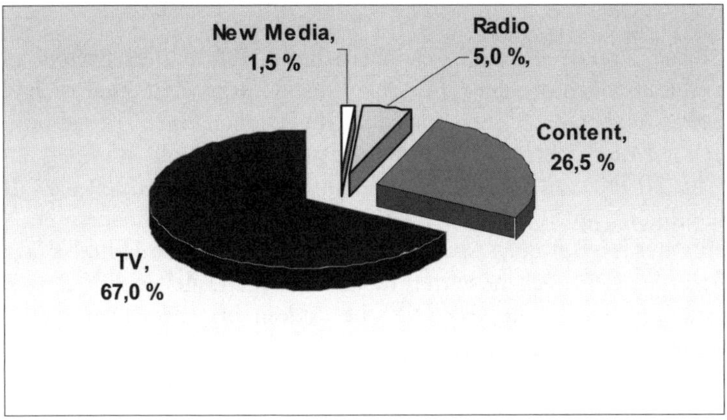

Abb.21. *RTL Group*. Umsatz nach Geschäftsfeldern. (BG 2000/01)

Herausforderungen sah Didier Bellens, Chief Executive Officer der *RTL Group* und Vertrauter des *CLT*-Chefs Albert Frère in der Überwindung der „geographischen und kulturellen Hindernisse zwischen Unternehmen und Mitarbeitern“.[1302] Er plante, weiter zu expandieren: „In England, Spanien und Frankreich wird es weitere Konsolidierungswellen geben, und da wird Bertelsmann über die RTL Group eine wichtige Rolle spielen.“[1303] Mitte 2000 gab Thomas Middelhoff hierzu bekannt, dass das Medienhaus plane, „die Markt-

[1299] RTL Group Geschäftsbericht 2000, S. 11.
[1300] Zum Begriff des übergreifenden ‚Media Mix‘ vgl. Gleich, U., Crossmedia – Schlüssel zum Erfolg. In: MediaPerspektiven, 11/2003, S. 513f.
[1301] RTL New Media, Unternehmensbroschüre ‘Strategien für die Zukunft’. Köln 2001, S. 21.
[1302] RTL Group Geschäftsbericht 2000, S. 13.
[1303] Ftd.de, [5.4.2002], (www.ftd.de/tm/me/101439869966.html?nv=rs): ‚Bertelsmann sieht sich in der Erfolgsspur.‘

anteile der *RTL Group* in jenen Ländern auszubauen, wo der Fernsehkonzern bereits vertreten sei. (...) Auch habe die RTL Group die USA im Visier".[1304]

Die von der Konzernspitze weiterhin verfolgten Wachstumsziele sehen zum gegenwärtigen Zeitpunkt vor, unter maßgeblicher Beteiligung der *RTL Group* aus *Bertelsmann* einen „von TV und Internet getriebenen, integrierten Medien- und Entertainment-Konzern der Zukunft"[1305] mit weltweit führender Position zu machen. Diese Zukunftspläne rückten aufgrund der einbrechenden ‚New Economy' und dem Platzen der ‚Internet-Bubble'[1306] vor allem das Fernsehen als Herzstück ins Zentrum: „Das TV-Geschäft haben wir durch *RTL* mit einem dicken Ausrufezeichen versehen."[1307] Um die *RTL Group* auf ihrem Expansionsweg vollkommen im Sinne seines Konzerns zu führen, arbeitete Middelhoff allerdings immer noch auf die alleinige Führungsrolle von *Bertelsmann* hin. Noch waren *Pearson* mit 22 Prozent und die *GBL*[1308] mit fast einem Drittel beteiligt.

Um diese Anteile ebenfalls zu übernehmen führte *Bertelsmann* im Jahr 2000 Verhandlungen mit der *GBL*. Schon nach kurzer Zeit ergab sich eine für beide Seiten akzeptable Vorgehensweise. Im Rahmen einer Transaktion, deren Wert sich auf rund zehn Mrd. Euro belief, gab die *GBL* mit Wirkung ab 5. Juli 2001[1309] ihr 30-Prozent-Paket an *Bertelsmann* ab.[1310] Dafür erhielt die *GBL* eine 25,1-Beteiligung an *Bertelsmann*. Der Preis für das Aktienpaket von 30 Prozent, ein gutes Viertel *Bertelsmann* gegen nicht einmal ein Drittel *RTL*, wurde als außerordentlich hoch bewertet, denn die *GBL* erhielt neben den *Bertelsmann*-Anteilen zudem die Garantie, die Aktien bis spätestens 2004 an der Börse veräußern zu können.[1311]

Die Besonderheit der Übernahme lag freilich darin begründet, dass Reinhard Mohn mit 79 Jahren erstmalig von seiner bisherigen Haltung abgewichen war, die eine Fremdbeteiligung nicht zuließ. Mohn gestattete es nicht nur, dass sich ein Unternehmen an *Bertelsmann* beteiligte, er bewilligte gleichfalls den

---

[1304] Welt.de, [6.11.2001], (www.welt.de/daten/2000/09/14/0914un190815.htx): ‚RTL Group baut ihre internationale Präsenz aus.'

[1305] Welt.de, [27.12.2001], (www.welt.de/daten/2001/12/27/1227un304457.htx): ‚Bertelsmann übernimmt RTL Group fast vollständig.'

[1306] Vgl. zum Einbruch des weltweiten Marktes der Neuen Medien, Perkins, A.B.; Perkins, M.C.; The Internet Bubble. The Inside Story on Why it burst. New York 2001.

[1307] Welt.de, [10.4.2002], (www.welt.de/daten/2002/04/05/0405un324312.htx): ‚Die Zeit der Internet-Verluste ist vorbei.'

[1308] Der Besitzer der *Group Bruxelles Lambert* (GBL), Albert Frère, der reichste Mann Belgiens, hielt im Jahr 2002 gemeinsam mit der franko-kanadischen Familie Desmarais Unternehmensbeteiligungen, die auf über 100 Milliarden US-Dollar geschätzt wurden.

[1309] BG 2000/01, S. 28.

[1310] Die Welt, [5.2.2001], (www.welt.de/daten/2001/02/05/0205un220583.htx): ‚Bertelsmann übernimmt die Mehrheit bei RTL Group.'

[1311] Vgl. Röper, H., Formationen deutscher Medienmultis 2000/2001. In: Media Perspektiven, 9/2002, S. 409f.

bisher tabuisierten Börsengang.[1312] Der Patriarch war überzeugt davon, dass sein Unternehmen „nur dann die richtige Dynamik erhalte, wenn es auch der Kontrolle durch den Kapitalmarkt ausgesetzt sei".[1313] Mohn beharrte allerdings auf seinem Standpunkt, dass kein Fremdunternehmen eine Sperrminorität erhalten solle. Deshalb erhielt die *GBL* exakt 25 Prozent *mit* und 0,1 Prozent *ohne* Stimmrechte.

> „Damit ist erstmals in der Firmengeschichte ein Investor wesentlich an dem Gütersloher Imperium beteiligt und kann seinen Anteil in drei Jahren an die Börse bringen. (...) Sperrminorität und Anteilsverteilung waren die Dreh- und Angelpunkte der Transaktion. Gerade für Herrn Mohn war es wichtig, dass die Bertelsmann-Verwaltungsgesellschaft, die die Stimmrechte hält, alleine Entscheidungshoheit über Bertelsmann hat und auch der Charakter des Unternehmens erhalten bleibt."[1314]

Middelhoff sah *Bertelsmann* im Gegensatz zu dieser Kontinuitätsaussage am Beginn einer ‚neuen Ära'. Seit dem Frühjahr 2001 bereitete er das Medienhaus auf den Börsengang vor: „Wir sind von nun an ein neues Unternehmen"[1315], verkündete Thomas Middelhoff. Von der Presse wurde die Vorgehensweise, so der *ZEIT*-Pressedienst, von *Bertelsmann* nahezu einhellig begrüßt und als gelungener, strategischer ‚Coup' Thomas Middelhoffs kommentiert.[1316] Mit der Übernahme der *RTL Group* zeige Middelhoff deutlich die Richtung der weiteren Entwicklung des gesamten Unternehmens an: „Weg vom traditionellen Print-Haus hin zum Entertainment-Konzern."[1317]

9.4.7 Die *RTL-Group* als *Bertelsmann*-Tochter

Die *Pearson*-Anteile der *RTL Group* kaufte *Bertelsmann* im Dezember 2001. Der Austritt von *Pearson* erfolgte, da der britische Konzern seinen Einfluss

---

[1312] FAZ zitiert nach Presseübersicht in: Zeit.de, [6.2.2001], (www.zeit.de/2001/06/Politik/200106_printletter_0602.html): „Mohn hat wieder einmal historischen Ballast abgeworfen. (...) Dafür hat er ‚Big Brother auf sich genommen. (...) Es wäre auch kein Schaden, wenn die Bertelsmänner ihre hohen Ansprüche an die Qualität ihrer Erzeugnisse bei manchen RTL-Produktionen stärker als bisher durchsetzten."

[1313] Vgl. Informationweek.de, [2.4.2002], (www.informationsweek.de/print.php3?/channels/channel40/010593.htm): ‚Risikoreicher Schlingerkurs bei Bertelsmann.'

[1314] Welt.de, [6.2.2001], (www.welt.de/daten/2001/02/11/0211un221806.htx): ‚Wieviel ist der Medienriese wert.'

[1315] RZ-Online.de, [5.2.2001], (www.rhein-zeitung.de/on/01/02/05/topnews/rtl.html): ‚Bertelsmann übernimmt RTL-Mehrheit.'

[1316] Presseübersicht. In: Zeit.de, [6.2.2001], (www.zeit.de/2001/06/Politik/200106_printletter_ 0602.html): „Nahezu einhellig begrüßten die Kommentatoren der Tageszeitungen diesen Schritt."

[1317] Handelsblatt.com [24.12.2001], (www.handelsblatt.de): Middelhoff verwandelt *Bertelsmann* in Entertainment-Konzern.

bei der *RTL Group* durch die Fusion von *GBL* und *CLT-UFA* gänzlich verlor:[1318]

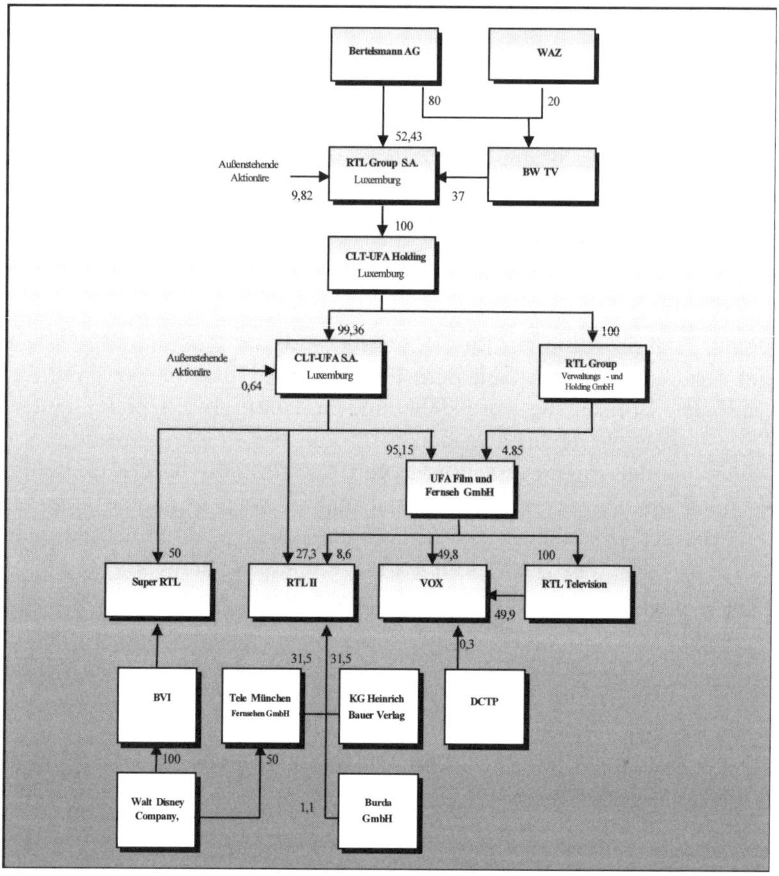

Abb.22. Beteiligungen und Programme der *RTL Group* im Fernsehen; BRD 2002[1319]

„Für 1,5 Milliarden Euro übernahm Bertelsmann den verbleibenden 22-prozentigen Anteil und erhöhte seinen Anteil an der RTL Group auf 89 Prozent.“[1320] *Bertelsmann* verfügte damit über eine zwei Drittel Mehrheit[1321] an der

---

[1318] Mit dem vormals eng verbundenen britischen Konzern, arbeitete *Bertelsmann* damit nur noch bei der gemeinsamen Zeitung ‚*Financial Times Deutschland*‘ zusammen.

[1319] Stand September 2002. Vgl. epd Medien, Dokumentation, 78/2002, S. 21.

[1320] Vgl. FTD.de, [27.12.2001], (www.ftd.de/tm/me/7242596.html): ‚Bertelsmann erhöht Anteil an der RTL Group.‘

[1321] Die verbleibenden Anteile wurden als ‚FreeFloat‘ an der Börse gehandelt. Die Aktionäre gingen auf ein Kaufangebot von *Bertelsmann* nicht ein. Vgl. RTL Group, annual report 2001,

RTL Group, die 2002 mit 23 TV- und 14 Radiosendern in acht Ländern Europas größtes TV-, Radio- und Produktionsunternehmen darstellte.[1322]

Bertelsmann hatte bisher durch die Fusion Möglichkeiten zur Kostensenkung geschaffen und zusätzlich den Anteil der Produktion am Gesamtumsatz von 21 auf 36 Prozent verbessert.[1323] Die Ausgaben senkten die Manager der *RTL Group*, indem unprofitable Tochterunternehmen abgestoßen und Personalkosten (‚headcount') abgebaut wurden.[1324]

> „Group management took decisive action in 2001 to maximise utilisation of resources and bring down costs. This was done throughout the Group, not least at Group level, where we have reduced headcount, streamlined our operations, and closed some corporate locations. We restructured our content business in the US to reduce losses and improve our risk profile, closing our syndication business and downsizing our international drama commitments."[1325]

Gleichzeitig bemühte sich *Bertelsmann* um eine Verringerung der Abhängigkeit von der werbetreibenden Wirtschaft. Dazu wurde der *RTL Shop* entwickelt und als ‚Teleshopping'-Fenster in Programme eingeklinkt. Seit Februar 2001 war er sowohl auf *VOX* als auch auf *SAT1* zu sehen und konnte als 24-Stunden-Programm über den Satelliten *ASTRA 1A* empfangen werden. Zugleich produzierte der *RTLShop* ein ‚Teleshopping'-Fenster im Morgenprogramm von *RTL*. Zwar ist diese Form der Vermarktung noch in ihrer Etablierungsphase begriffen, aber die Ergebnisse[1326] zeigten, dass *Bertelsmann* in wohl absehbarer Zeit auf diese neue Finanzierungsform setzen wird, der Sender zu Händlern macht.

Neben dem *RTLShop* ging *Bertelsmann* nach der Regel des antizyklischen Zukaufs in krisenhaften Marktsituationen vor: „Einen besseren Zeitpunkt zum Kaufen gibt es doch gar nicht"[1327] meinte Didier Bellens. So erschien im Sommer 2002 die Pressemitteilung zur Übernahme von 47,3 Prozent des deutschen

---

S. 11: "Bertelsmann announces that it has decided not to proceed with a voluntary public offer for the remaining RTL Group shares."

1322 Welt.de, [5.9.2002], (www.welt.de/daten/2002/09/05/0905und354623.htx): ‚Baustelle Bertelsmann': „Der Ebita-Gewinn ist im ersten Halbjahr auf 173 Mio Euro von zuvor 235 Mio. Euro geschrumpft."

1323 Vgl. W&V, werben und verkaufen, 28.6.2002, S. 23: ‚Unbekannte Größe. (Interview mit Didier Bellens) '.

1324 Der polnische Sender *RTL 7*, die schwedischen Radiostationen *104,7 RTL* und *WOW 105.5* sowie die französische Technik-Firma VCD wurden verkauft. Vgl. RTL Group, annual report 2001, S. 11.

1325 RTL Group, annual report 2001, S. 5.

1326 Medienspiegel, Mediendienst des Instituts der Deutschen Wirtschaft Köln, September 2002, S. 1: „Das Geschäft mit dem Absatz von Bauch-weg-Trainern, Elektro-Woks und Schmuck blüht. H.O.T. Germany, QVC Deutschland und der RTL Shop kamen 2001 zusammengerechnet bereits auf rund 500 Millionen Euro Umsatz."

1327 Welt.de, [14.8.2002], (www.welt.de/daten/2002/08/14/0814un350442.htx): ‚Wir können uns auch einen Musiksender vorstellen. RTL-Group-Chef Bellens strebt in allen Sparten Rang eins an.'

Nachrichtensenders *n-tv* und seinen Hörfunkbeteiligungen vom *Holtzbrinck*-Konzern. Anfang 2004 stockte *Bertelsmann* diesen Anteil nochmals auf 50 Prozent am Gemeinschaftsprojekt mit *CNN/TimeWarner* auf.[1328]

n-tv und *CNN/Time-Warner* arbeiteten seit längerem zusammen am Aufbau eines großen, privaten europäischen Nachrichtenkanals, an dem *Bertelsmann* ebenfalls Interesse zeigte. Durch den Zukauf komplettierte die *RTL Group* das Portfolio ihrer europäischen Fernseh- und Radiosender im Nachrichtenbereich mit einem als seriös wahrgenommenen Sender.[1329] „170 Mio. Euro zahlt die RTL Group für die 47,3 Prozent (...) sowie für die Beteiligungen (....) an zwölf Radiosendern in Deutschland."[1330] Der Zukauf wurde diesmal als ‚Quantensprung' bezeichnet:

> „Ein Nachrichtensender hat uns schon seit langer Zeit gefehlt. Wir bieten zwar mit unserer Fernsehsender-Familie in Deutschland viel Unterhaltung und auch bei Nachrichten sind wir Spitze. Wenn wir aber wirklich in jedem Bereich die Nummer eins sein wollen, brauchen wir auch einen Nachrichtensender. Und was die Verluste von N-TV angeht (...) Wir werden jetzt aus N-TV ein profitables Unternehmen machen. Da können Sie ganz beruhigt sein."[1331]

Für den verkaufenden *Holtzbrinck*-Konzern bedeutete die Veräußerung von *n-tv* eine unternehmerische Wende. Noch im Juni hatte *Holtzbrinck* von *Bertelsmann* die ‚Berliner Zeitung' und den ‚Berliner Kurier'[1332] erstanden, deren Kauf dann im Dezember 2002 nicht zugelassen wurde. Mit dem Verkauf seiner Beteiligung an *n-tv* zog sich das Zeitschriftenunternehmen nun gänzlich von den Neuen Medien und damit vom Fernsehwettbewerb mit *Bertelsmann* zurück. Selbst *Focus*-Chefredakteur Markwort bekundete, dass der *RTL*-Einkauf den Wettbewerb besonders im Radiogeschäft verzerre und die Gewichte im Berliner Markt extrem verlagere.[1333] Er hoffte, dass die Wettbewerbshüter die *RTL Group* in ihre Schranken verweisen werde. Dies traf für die Übernahme von *n-tv* nicht zu. Im November 2002 erteilte die EU-Kommission die Genehmigung für den Teilerwerb des Senders. Es gab „keine

---

[1328] Digitalfernsehen.de [6.1.2004], (www.digitalfernsehen.de/news/news_4292.html): ‚RTL erhöht Anteil auf 50 Prozent.'

[1329] Diese ‚Seriosität' von *n-tv* unterstützt auch Curtius bei seiner Betrachtung der Nachrichtenqualität von *n-tv*, die dem Sender eine ‚vergleichsweise gute Informationsqualität bescheinigt. In: Curtius, T., Produktion eines Fernseh-Nachrichtenkanals. Eine Untersuchung von n-tv. In: Wilke, J., Nachrichtenproduktion im Mediensystem. Köln 1998, S. 203-255.

[1330] Berliner-Morgenpost.de, [14.8.2002], (www.morgenpost.berlin1.de/archiv2002/020814/wirtschaft/story541781.html): ‚RTL Group kauft Fernsehgeschäft von Holtzbrinck.'

[1331] Welt.de, [14.8.2002], (www.welt.de/daten/2002/08/14/0814un350442.htx): ‚Wir können uns auch einen Musiksender vorstellen. RTL-Group-Chef Bellens strebt in allen Sparten Rang eins an.'

[1332] Vgl. Horizont, 3/2002, S.16: Die Zukunft der Medien.

[1333] Welt. de, [6.11.2002], (www.welt.de/daten/2002/08/14/0814wi350434.htx): ‚Für die Medien wird es brenzlig.': „Ich hoffe, dass die Landesmedienanstalten sich noch mit dem Thema beschäftigen."

wettbewerbsrechtlichen Bedenken gegen den Erwerb des 47,3-prozentigen (...) Anteils. n-tv sei zu klein, um eine dominierende Stellung zu schaffen oder zu verstärken".[1334]

An dem Urteil der Kommission bemängelte Horst Röper, dass der Nachrichtensender *n-tv* zwar nicht marktbeherrschend, aber durchaus relevant für die öffentliche Meinungsbildung und die Vielfalt der Presselandschaft sei. Er vertrat hierzu die Auffassung, dass der Rundfunkstaatsvertrag abgeändert werden sollte, um die gefährdete Meinungsvielfalt im Nachrichtensektor zu sichern: „Es kann nicht sein, dass wir zur Vielfaltsicherung nur Marktanteile zusammenrechnen – da ist der Marktanteil von n-tv ein verschwindend geringer. (...) Hier muss der Rundfunkstaatsvertrag verändert werden."[1335]

Die Programmplaner begannen ihrerseits damit, Kamerateams und Sendekapazitäten zwischen *n-tv* und *RTL* auszutauschen sowie die Koordination und Kostenstruktur[1336] der Nachrichtenproduktion zu verbessern. Konsequenz war, dass 70 Mitarbeiter, meist aus der ‚Technik', das Unternehmen verließen. Die „umfangreichsten Restrukturierungen in der Geschichte des Senders" wurden vorgenommen.[1337]

Zur Überwachung dieser komplexen Aufgaben kam Hans Mahr[1338], der ehemalige Direktor für Information bei *RTL*, als „Chef-Koordinator für Gruppen-Synergien"[1339] zur Holding der *RTL Group*. Mahr umriss sein wichtigstes Ziel mit zwei ökonomischen Begriffen: „Wir müssen eine höhere Profitabilität und Effektivität erreichen."[1340]

Didier Bellens hingegen, verließ die *RTL Group* im Februar 2003, weil der direkte Einfluss von *Bertelsmann* zugenommen hatte. Zu sehr war der Manager den Interessen der *CLT* und dem gekündigten Vorstandsvorsitzenden Middelhoff verpflichtet gewesen, als dass er für Gütersloh an der Spitze des wich-

---

1334 Handelsblatt, 5.11.2002: ‚Einstieg bei N-TV genehmigt. '

1335 epd.de, [17.7.2002], (www.epd.de/medien/print/692_3691.htm): ‚Abenteuerlich. Presse-Krise, Kirch-Pleite: Ein epd-Interview mit dem Medienforscher Horst Röper.'

1336 taz, die tageszeitung, 19.12.2002, S. 18: ‚Umständehalber anzugeben': „»Während wir früher massiv vom Neuen Markt berichtet haben, weil das die Leute interessiert hat, machen wir jetzt eine Sondersendung zur Zinsbesteuerung oder eine Sendereihe über Unternehmerfamilien«, so Brandstätter. (*n-tv* Geschäftsführer, TL) Was nicht nur am Interessenschwund, sondern auch am Sparzwang liegt: Eine Liveschaltung zur Nasdaq ist nun mal teurer, als einige Experten – womöglich aus dem Haus – zur Abgeltungssteuer zu befragen."

1337 Ebd., S. 18: ‚Umständehalber anzugeben.'

1338 Hans Mahr äußerte sich stets ‚extrem' zu seinen inhaltlichen Zielen und hat den Ruf eines ‚Rationalisierers' unter den Programm-Machern. So sprach er 1999 von einer permanenten Kultur-Revolution im Nachrichtenbereich von *RTL*. 15 Jahre RTL, RTL Kommunikation (Hg.), Köln 1999, S. 69: „Wir müssen unseren Erfolg stabilisieren, und das kann im Bereich der Nachrichten nur durch eine permanente Kulturrevolution gelingen, um es populär auszudrücken. Wir müssen durch ständige Bemühungen den Schritt voraus erhalten, im technischen Bereich, im neuen, redaktionellen Ideen und in ihrer Umsetzung."

1339 Diesen Titel nennt: Wirtschaftswoche.de, [12.8.2002], (www.wiwo.de/wiwowwwangebot/fn/ww/SH/0/sfn/buildww/cn/cn_artikel/id/852): ‚Hans Mahr: Ein Bertelsmann in Luxemburg.'

1340 Ebd.

tigsten *Bertelsmann*-Bereichs weiter tragbar gewesen wäre.[1341] Für Bellens übernahm der im Medienhaus hoch angesehene Gerhard Zeiler, Chef des Kölner Fernsehsenders *RTL*, Anfang März 2003 die Leitung der *RTL Group*. Damit ist Zeiler in jüngster Zeit verantwortlich für alle Rundfunkunternehmen des Konzerns, die 2002 fast 4,4 Mrd. Euro umsetzten.

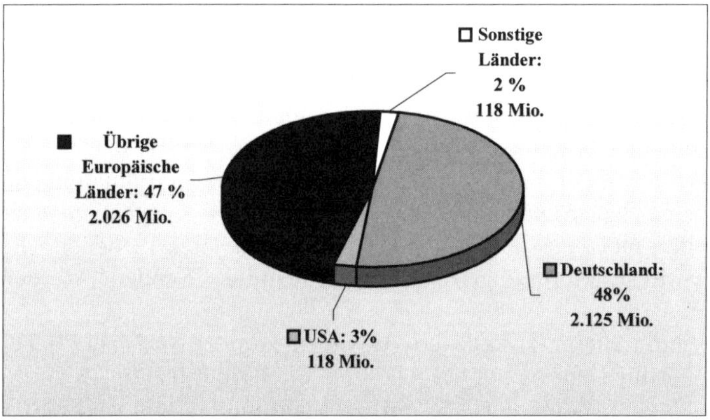

Abb.23. *RTL Group*, Umsatz nach Regionen 2002.[1342]

Unter dem neuen Chef verstärkte *Bertelsmann* sein Engagement in neuen Märkten und Sparten. Gemeinsam mit dem *Disney*-Konzern wurde mit *Super RTL* der Kinderkanal-Markt in Mittel- und Osteuropa angegangen.[1343]

1341 manager-magazin.de, [14.2.2003], (www.manager.magazin.de/koepfe/artikel/0,2828,235231, 00. html): ‚Didier Bellens. Pommes statt Bertelsmann.': „Nach Informationen aus Branchenkreisen gilt Bellens als Middelhoff-Vertrauter. Der geschasste Konzernchef hatte offenbar vor seinem Abgang geplant, Bellens als Finanzvorstand bei Bertelsmann zu installieren. Als Middelhoff den Segen der Bertelsmann-Eigner Mohn verlor, hatte es auch Bellens zunehmend schwer. Er galt dem Medienkonzern bald als Auslaufmodell."

1342 BG 2002, S. 17.

1343 Financial Times Deutschland, 12.12.2003: ‚Disney und RTL Group planen Export ihrer Kindersender': „Disney hat diese Idee an uns herangetragen", berichtet *Super-RTL*-Chef Claude Schmit im Gespräch mit der FTD, „jetzt haben wir eine Einheit gegründet, die die Auslandsmärkte im einzelnen untersucht."

9.5 Inhaltliche Position zum Rundfunk

Das Medienhaus *Bertelsmann* bietet dem Zuschauer eine Anzahl von Sendern und Programmen an, deren Produktionen, Personalbestand sowie Vermarktungs- und Verwaltungsabläufe, wie dargestellt, komplementär aufeinander abgestimmt werden. Die unterschiedlichen Images und programmatischen Ausrichtungen suggerieren einerseits Vielfalt, stellen aber andererseits eine sorgfältig aufeinander bezogene Einheit dar. Jeder einzelne Inhalt auf *RTL, RTL2, VOX, Super RTL, n-tv* und zahlreichen Radiostationen ordnet sich den Zielen der Gesamtorganisation unter.

> „In der RTL-Senderfamilie laufen die besten Filme und interessantesten Übertragungen beim Hauptsender RTL, die zweite Wahl bei VOX und der Schrott bei RTL2; die gleiche Rangfolge gilt bei Wiederholungen. Bevor aber die Filme und Shows gesendet werden, sollten sie im Bertelsmann-Konzern produziert oder von der Bertelsmann-Agentur gekauft worden sein, parallel werden sie von den eigenen Printmedien (Gruner+Jahr) gesponsert und von den eigenen Merchandising-Firmen begleitet."[1344]

Ein solch zentralisierter Führungsgedanke stand der öffentlich vertretenen Position von Reinhard Mohn diametral entgegen. Er definierte als Grundsatz für *Bertelsmann*, dass „Gewinnstreben nicht über Verpflichtung zur Übernahme gesellschaftlicher Verantwortung gestellt werden sollte".[1345] Auf den Rundfunk übertragen, meint dies ‚Qualität und Excellence'[1346] und ‚Qualität mit Quote'.[1347] Seinem Selbstverständnis nach sah sich *Bertelsmann* beim Rundfunk als liberaler „Garant für publizistische Unabhängigkeit und Pluralismus".[1348] Man beklagte „die ‚Oberflächlichkeit des Mediums', den ‚Sensationalismus' der Nachrichtengebung und sorgte sich um ‚Gewalt und Sex' im Programm".[1349]

Dem ungeachtet wurden die Sender der *RTLGroup* im Verlauf des Konzern-Expansionskurses nicht in ihrer qualitativen, gesellschaftlich verantwortlichen Position gestärkt. Im Gegenteil fand eine Intensivierung der massenattraktiven, populären Formate sowie eine Zunahme der Werbung statt. „Fernsehen wird zum *trash*, Fernsehkanäle sind ‚zugemüllt', das Programm ist ‚überdüngt', Fernsehkonsum führt zur ‚geistigen Umweltverschmutzung'".[1350] Bei der Summierung der Fernsehwerbung aller privatrechtlichen, deutschen Sen-

[1344] Hautsch, G., [25.3.2002.], (www.igmedien.de/publikationen/m/2001/03/24a.html): ‚Bertel an der Börse. '
[1345] Vgl. Süddeutsche Zeitung, 25.5.1996, S. 17: ‚Die Macht des Hauses Bertelsmann.'
[1346] RTL Group, annual report 2001, S. 3.
[1347] Vgl. Geschäftsbericht CLT-UFA 1999, S. 17.
[1348] Süddeutsche Zeitung, 12.12.1995, S. 4: ‚Bertelsmann kann Kirch überholen.'
[1349] Süddeutsche Zeitung, 17.9.1994, S. 18: ‚Vor dem Sexfilm die hehre Feier.'
[1350] Schneider, I., Konzepte vom Zuschauen und Zuschauer. In: Ders., Spangenberg P.M., Medienkultur der 50er Jahre. Diskursgeschichte der Medien nach 1945. Wiesbaden 2002, S. 258.

der wurden „im Durchschnitt 46 Stunden Werbung pro Tag ausgestrahlt. Theoretisch könnten also mittlerweile zwei Fernseher ein Vollprogramm mit Werbung bestücken“.[1351]

Diesen Kommerzialisierungsprozess unterstützte *RTL* aktiv durch seine Vorgehensweise im Markt. Der Sender setzte im Jahr 2000 beispielsweise das bis dato unzulässige ‚Split-Screen‘-Verfahren während der Live-Übertragung des Schwergewichtsboxkampfes *Schulz/Klitschko* und des Formel 1-Rennens am 25.September bewusst ein, um neue Werbeformen testen zu können.[1352] Im selben Jahr klagte *RTL* gegen den Werbeblocker „Fernsehfee“, mit dem die Zuschauer Werbung ausblenden konnten und erreichte schließlich sein Verbot.[1353]

Eine Intensivierung der Werbewirkung erzielte *Bertelsmann* durch die Platzierung von Werbung im Programm selbst. Das sogenannte ‚Product-Placement‘, die Vermarktung innerhalb des Programms, konnte über den Kauf der bereits erwähnten Firma *Pearson TV*, der späteren *FremantleMedia*, von der *RTL Group* leichter implementiert werden. Thorsten Grohte, Leiter der Medienpolitik beim *VPRT*, der Dachorganisation der deutschen Privatsender hielt „ein geschickt platziertes Produkt in einer Kultserie wie ‚Gute Zeiten, schlechte Zeiten‘ (...) ohnehin für weitaus wirkungsvoller als einen Werbespot.“[1354]

Film- und Fernsehproduktionen ließen sich durch medienübergreifende Kooperationen, Merchandising und Lizenzverkäufe auch außerhalb dieses figürlichen Vermarktungsrahmens zu Verkaufsflächen instrumentalisieren: „Merchandising – das ist RTL ‚zum Anfassen‘ (...) – Fan-Artikel steigern den Erlebniswert eines TV-Formats und binden die Zuschauer an den Sender.“[1355]

Im Wettbewerb um den geldbringenden ‚Werbekuchen‘ reichte es jedoch nicht aus, die Bedürfnisse der werbetreibenden Unternehmen einseitig zu bedienen. Nur wenn die Sender mit attraktiven Inhalten ein möglichst großes Publikum anzogen, konnten sie auch erfolgreich werben: „Ganz klar. Content ist für uns key to success“[1356], stellte Didier Bellens fest. *Bertelsmann* wählte deshalb bei seinen Inhalten eine sich am Mainstream orientierende ‚Middle-

---

[1351] Engländer, J., Der Werbemarkt 2000. Fernsehwerbung mit höchster Wachstumsrate. In: Media Perspektiven, 6/2001, S. 292.

[1352] Vgl. Matzen, 2000: Die Niederländische Landesmedienanstalt für privaten Rundfunk (NLM) hatte ein Beanstandungsverfahren eingeleitet, so dass *RTL* anfangs noch auf die Werbeform verzichtete. Inzwischen wurde es genehmigt.

[1353] Vgl. ebd., 2000. In: Medien und Kommunikationswissenschaft, 1/2001, S. 120: Die „Fernsehfee“, der *TC Unterhaltungselektronik AG*, der zur Ausblendung von Werbung durch automatisches Umschalten auf einen freien Kanal entwickelt wurde, verlor im juristischen Streit zwischen *RTL*.

[1354] Vgl. Gangloff, T.P., Werbung ist geil. Ein striktes Werbeverbot im Kinderprogramm wäre für einen Sender wie Super RTL das Aus. In: Grimme, 2/2000, S. 36-38.

[1355] RTL New Media, Unternehmensbroschüre 'Strategien für die Zukunft', Köln 2001, S. 26.

[1356] Vgl. W&V, werben und verkaufen, 26/2002, S. 23.

of-the-road-Strategie'.[1357] Sie sollte den ,zappenden' und suchenden Zuschauern den Einstieg in die jeweiligen Inhalte erleichtern und ,Content' möglichst schnell und einfach vermitteln.

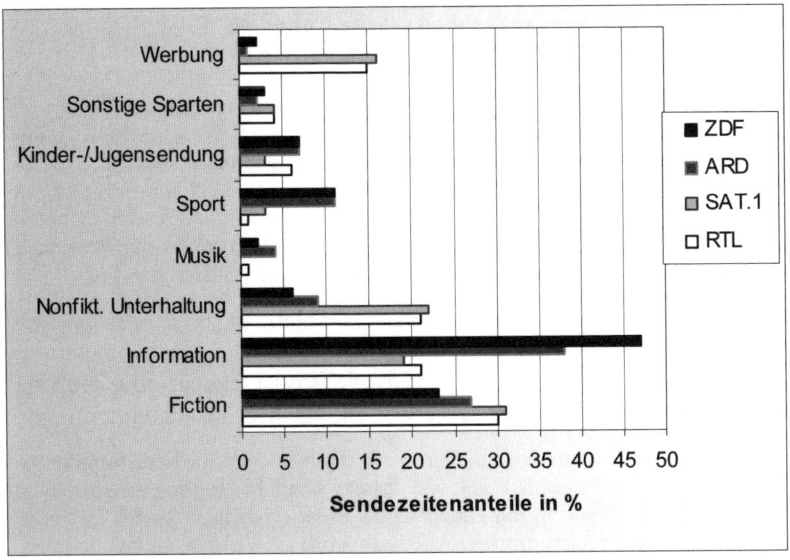

Abb.24. Vergleich Programmspartenprofile ARD; ZDF, Sat1, RTL, 2000.[1358]

Des Weiteren setzte *RTL* verstärkt auf die Vermischung von Information und Unterhaltung: „Unsere Texte werden nicht noch mal extra durch den Boulevard-Turbo gejagt', doch das Bildmaterial drückt um so ungenierter auf die Tränendrüse."[1359] Die Formate aus dem Bereich Infotainment[1360] arbeiteten da-

[1357] Vgl. BG 1992/93, S. 5.

[1358] Vgl. Krüger, U.M.; Zapf-Schramm, T., Die Boulevardisierungskluft im deutschen Fernsehen. Programmanalyse 2000: ARD, ZDF, RTL, SAT.1 und Pro7 im Vergleich. In: Media Perspektiven, 7/2001, S. 329.

[1359] Hilmer Rolff, Chef der Magazine bei *RTL*. In: Gangloff, 1997, S. 6.

[1360] Vgl. genaue Differenzierung der Programmstruktur. In: Krüger, U.M., Unterschiedliches Informationsverständnis im öffentlich-rechtlichen und privaten Fernsehen. In: Media Perspektiven, 2/2000, S. 283. Zu den Infotainmentformaten gesellen sich Daily Talkshows, Doku-Soaps und Sendungen mit inszenierten Gerichtsfällen, die sich ebenfalls im Grenzbereich zwischen Information, Pädagogik, Dokumentation und Unterhaltung befinden. Sie werden als ,Etikettenschwindel' kritisiert. Infotainment-Formate höhlen Qualitätsmaßstäbe wie die „Trennung von Nachricht und Kommentar, (die) Offenlegung von Quellen, (die) Verwendung bestimmter Sprache und (die) Einhaltung ethischer Grenzen" aus; Vgl. Weischenberg, S., Tendenz zu mehr Flachsinn im Journalismus. In: Tendenz, 3/2000, S. 16.

bei nach dem Prinzip „ohne Emotionen keine Ratings".[1361] Diese inhaltliche Ausgangsposition schafft die Basis für „aktuelle, menschliche und lebensnahe" Sensationsnachrichten.[1362] ‚Harte' Themen wie Kriminalität, Unglücke, Katastrophen und Darstellungen von Opfern privater Einzelschicksale wurden hochemotional präsentiert. Formale Mittel wie die Personalisierung dienten der Konkretisierung abstrakter Zusammenhänge über die Ermöglichung des Mitleidens und Mitfühlens durch den Zuschauer.

> „Die Anmoderation soll Neugier wecken, die ersten Bilder sollen den Zuschauer öffnen, und der Kommentar soll ihn packen. Die Eltern eines kranken Kindes sind verzweifelt, denn ‚Ärzte verweigern eine lebensrettende Operation': Das kann man nachvollziehen, in so eine Situation kann jeder kommen. Wo nicht an Mitgefühl appelliert werden kann, wird auf den Nervenkitzel gesetzt. ‚Überall war Blut', ist eine Aussage, die man in Boulevard-Magazinen immer wieder hört; in Dörfern und Städten ‚regiert die Angst', irgendwo ‚lauert der Tod'.[1363]

Auch in jüngster Zeit sind die Informationssendungen der ‚*RTL Familie*' von den Themen Katastrophen/Unglücke, Kriminalität, Sex/Erotik, Human Interest/Prominenz und privatem Alltag.[1364] Infolgedessen ist tendenziell kaum eine Verbesserung der Programmqualität zu erwarten, wie Meckel ausführt:

> "Die Etablierung thematisch ähnlicher Sendestrecken über mehrere Programmplätze hinweg, die Neuproduktion von immer ähnlicheren Programmen nach konkreten Formatvorgaben, die zunehmende Schwierigkeit, in einem fast alles umfassenden Markt programmliche Alternativen zu entwickeln und umzusetzen, lassen für die zukünftige Entwicklung des deutschen Fernsehprogrammarktes wenig qualitative Dynamik erwarten."[1365]

Für die Quote nahm *Bertelsmann* auch Tabubrüche in Kauf, möglichst ohne diese in Verbindung mit dem Konzern zu bringen. Die *RTL Group* besetzte beispielsweise mit ‚*Big Brother*' im Jahr 2000/01 einen vieldiskutierten Trend, mit dem sie ihre Reichweite unter den begehrten 14-29jährigen Zuschauern phasenweise stark verbesserte. Das ‚Reality-Voyeur'-Format, bei dem die Bewohner eines Containers ‚live' gefilmt und im Fernsehen fast rund um die Uhr zu bestaunen waren, wurde auf *RTL Television* in Ausschnitten und auf *RTL 2*[1366] gezeigt, auf den Internet-Websites der *RTL*-Gruppe dargestellt und

---

[1361] *Taff*-Chef Michael von Dessauer: „Nichts ist schlimmer an einem Boulevard-Stück, als wenn der Zuschauer hinterher sagt: ‚Eigentlich hat mich das ziemlich kalt gelassen'." In: Gangloff, T.P., 1997, S. 6.

[1362] Werbebroschüre RTL „Der Tag gehört uns. Programm 2001", S. 46.

[1363] Gangloff, 1997, S. 6.

[1364] Krüger, 2002, S. 528.

[1365] Meckel, 1997, S. 477.

[1366] RTL Group Geschäftsbericht 2000, S. 24: „Big Brother spielte eine entscheidende Rolle beim Erfolg von RTL II. Zwei Staffeln wurden im Verlauf des Jahres ausgestrahlt: Bei der ersten lag der durchschnittliche Zuschaueranteil bei 3,1 Millionen und bei der zweiten sogar bei 3,4 Millionen. (...) Die Beliebtheit des Programms und die umfangreiche Vermarktung der Sen-

schließlich durch die *BMG* weitervermarktet. Thomas Middelhoff kommentierte das Format diplomatisch als Aufmerksamkeitsgewinnung, über die man sich nicht allzu sehr aufregen solle: „Nach der tausendsten Folge wäre der Zuschauer auch an Hinrichtungen nicht mehr interessiert.“[1367] Der damals für die Inhalte zuständige Manager Rolf Schmidt-Holtz bemerkte zur öffentlichen Debatte, dass er sie für ‚geradezu lächerlich‘ halte: „Ein Sender ist nicht der Bildungsbürger der Nation und er ist ebenso wenig Volkshochschule.“[1368] Die Bemühungen, mit ‚frischen Ideen‘ ähnliche Formate wie *‚Big Brother‘* oder die in 43 Ländern erfolgreiche Sendung *‚Deutschland sucht den Superstar (DSDS)‘*[1369] zu entwickeln, ist denn heute auch eines der wichtigsten Ziele der *RTL Group:*

> „Doch wir brauchen frische Ideen wie Pop Idol. Deshalb stecken wir neben dem laufenden Geschäft 15 Millionen Euro im Jahr in die Entwicklung neuer Formate. Im vorigen Jahr haben wir so 330 neue Konzepte entwickelt. Daraus entstanden 38 neue Formate, die wir in verschiedenen Ländern verkauft haben.“[1370]

Pop Idol alias *DSDS* kann wohl als das Paradebeispiel für ein Format angeführt werden, das verschiedene Ressourcen der *Bertelsmann*-Gruppe nahezu idealtypisch zusammenführte. Sämtliche Fäden liefen schon bei der Vorplanung im Medienhaus zusammen, kontrolliert von einem Komitee aus Vorstandsmitgliedern, dem *Bertelsmann Corporate Network*, das die internationale Vermarktung und Entwicklung der ‚Idols‘ im Auge behielt. Von der Produktion der Sendung über die musikalische Vermarktung mit dem zugehörigen Magazin bis hin zum Vertrieb der Tonträger und die Public Relations koordinierte *Bertelsmann* die Aktivitäten. Produziert wurde *DSDS* von der *Bertelsmann*-Tochter *Grundy Light Entertainment*, ausgestrahlt auf *RTL* und anderen Sendern der *RTL Group.* Im Ausland, etwa in Frankreich und Belgien erhielten die *Bertelsmann*-Sender *M6* und *RTL 4* die Ausstrahlungsrecht für die *DSDS*-Derivate. Bei *BMG* erschien die Single zum Format, die sich mehr als eine Millionen mal verkaufte und im Internet vermarktete *RTL New Media* die Website zur Show.[1371]

---

dung haben die Markt RTL II gestärkt und es dem Sender ermöglicht, sich als Trendsetter für junge Zuschauer einen Namen zu machen.“

[1367] Thomas Middelhoff zitiert nach: Bresser, K., Die Slatkoisierung des Fernsehens. In: Weber, F., Big Brother. Inszenierte Banalität zur Prime Time. Münster 2000, S. 322.

[1368] Interview mit *BMG*-Chef Rolf Schmidt-Holtz. In: W&V, werben und verkaufen, 21/2001, S.1: Der Einkäufer geht auf Tour.

[1369] Das Konzept zu ‚Pop Idols‘ – so kaufte *Bertelsmann* vom englischen Musikproduzenten Simon Fuller. Fuller hattte bereits die Spice Girls zu Superstars gemacht und betreut Popstars wie *Annie Lennox* oder *Victoria Beckham.*

[1370] Vgl. W&V, werben und verkaufen, 26/2002, S. 23.

[1371] Die Zahlen sind entnommen aus: Sueddeutsche.de, [10.2.2003], (www.sueddeutsche.de/index.php?url=/kultur/terminekritik/-musik/61813&datei=index.php): ‚DSDS – Deutschland sucht sehr sonderbar.‘

12,93 Millionen Zuschauer verfolgten die *RTL*-Talentshow am Fernsehschirm. Die Quote betrug 40,3 Prozent in der Konsumrelevanten Sparte der 14-49-jährigen.[1372] Es gelang dem Konzern mit diesem Netzwerk ein nahezu flächendeckend verbreitetes, mediales Ereignis zu erzeugen, dessen minderwertiger Gehalt von zahlreichen Kommentatoren der Presse scharf kritisiert wurde, ohne dessen Erfolg zu schmälern:

> „Seit Big Brother war die Fernsehnation nicht mehr so vereint. Alte und Junge, Akademiker und Arbeiter, Dumme und Schlaue sitzen vor der Glotze und verfolgen die Real-Life-Popstar-Soap. Die einen, weil sie mitleiden und -fiebern, weil sie Fans sind und auf das Durchkommen ihrer Lieblinge hoffen, wie Vati auf den Sieg seiner Mannschaft in der Champions League. Die anderen, weil sie mit einer Mischung aus Schaulust und Ekel einem einzigartigen Menschenversuch beiwohnen wollen, der ihre schlimmsten Vorurteile und Befürchtungen bestätigt. "Deutschland sucht den Superstar" besteht aus einer riesigen, bunten Blase Nichts."[1373]

Für den Erfolg dieser Inszenierung verlieh der Konzern dem *Superstar*-Projekt seinen konzerninternen *Bertelsmann Synergy Award* als Anerkennung für die erfolgreichste unternehmensübergreifende Zusammenarbeit. Inhaltlich äußerte sich der Konzern ausschließlich positiv über das neue Vermarktungsinstrument.

Kein anderer Medienkonzern vermochte auch nur ansatzweise seine vorhandenen Fähigkeiten und Ressourcen derart übergreifend zu organisieren wie *Bertelsmann*, stellten die Landesmedienanstalten fest.[1374] Die medialen Inhalte des Konzerns wurden von einer immer verwobeneren und durchdachten Vermarktungsmaschinerie angetrieben, die aus Aufmerksamkeit Kapital erzeugte.[1375]

Unter maßgeblicher Beteiligung des Medienhauses war deshalb das eigentliche Ziel des dualen Systems[1376], das Informationsfreiheit sichernde Prinzip medialer Gewaltenteilung, ausgehebelt worden.[1377] Ignacio Ramonet spricht in

---

[1372] Ebd.

[1373] Telepolis.de, [10.2.2003], (www.heise.de/tp/deutsch/html/result.xhtml?url=/tp/deutschspecial/auf/14151/1.html&words=Deutschland%20sucht%20Superstar): ‚Schlimmer geht's immer. ‘

[1374] Vgl. Holznagel, B.; Grünwald, A., Schriftenreihe der Landesmedienanstalten, Bd.19: Meinungsvielfalt im kommerziellen Fernsehen. Berlin 2001, S. 15.

[1375] Krüger/Zapf-Schramm, 2001, S. 343: „Tendenzen zur Boulevardisierung waren schon 1995 auffällig bei den Privatsendern zu beobachten und konnten auch in den folgenden Jahren bestätigt werden."

[1376] Lange, B.P., Das duale Rundfunksystem in der Bewährung. In: Hickethier, K. (Hg.), Fernsehen, Wahrnehmungswelt, Programminstitution und Marktkonkurrenz. Frankfurt a.M. 1992,S. 297: Die hohen Summen, die für den Aufbau der Infrastruktur eines Senders erforderlich waren, hatten bereits Ende der 80er Jahre „zur Konzentration auf zwei Angebote – Sat1 und RTLplus – geführt, hinter denen die potentesten deutschen Medienmultis stehen."

[1377] Vgl. Schatz, H.; Schulz, W., Qualität von Fernsehprogrammen. Kriterien und Methoden zur Beurteilung von Programmqualität im dualen Fernsehsystem. In: Media Perspektiven, 11/1992, S. 690-712.

Le Monde diplomatique von einer massiven Gefahr für den Pluralismus der Meinungen, die von den Konzentrationsprozessen im Medienbereich ausgingen.[1378] Der Vorrang der Rentabilität, mit der Konzerne wie *Bertelsmann* den Rundfunk gestalteten, gefährde das allgemeine Grundrecht darauf, „gut informiert zu werden".[1379]

[1378] Vgl. Ramonet, I., Ware Information. In: Le Monde Diplomatique, 13.12.2002, S. 1.

[1379] Ebd., S. 1: „Zu den wertvollsten Rechten des Menschen gehöre das Recht, seine Gedanken und Meinungen frei mitteilen zu können. In den demokratischen Gesellschaften tritt neben die Garantie der Redefreiheit ein weiteres Grundrecht – das Recht gut informiert zu werden. Durch den Konzentrationsprozess in der Medienbranche (...) ist dieses Recht zunehmend gefährdet."

10. Druck-, Dienstleistungs-, Online-Betriebe

Die technischen Betriebe bei *Bertelsmann* wirken vornehmlich hinter den Kulissen des Medienhauses. Die Druckereien und Dienstleistungsfirmen leisten Arbeiten, die eine Art Rückrat des Unternehmens bilden und seine medialen Produktionsketten schließen. Abschließend wird als letzter Unternehmensbereich die Entwicklung der ‚Technik' und ihrer aktuellen Funktion für *Bertelsmann* beschrieben.

10.1 Die *Bertelsmann* Technik

Mohn & Co. wurde im Januar 1946 neu gegründet. Die ‚Technik' von *Bertelsmann* umfasste die Druckerei, die Setzerei und Buchbinderei von *C.Bertelsmann* – „die technische Herstellung also, die keiner besonderen Genehmigung bedurfte".[1380] Ein Großteil der Technikbetriebe war im Krieg unzerstört geblieben und von „17 Druckmaschinen war nur eine einzige vollständig zerstört worden".[1381] Die Produktion konnte auf diese Weise bereits kurze Zeit nach dem Krieg wieder in Betrieb genommen werden und erbrachte durch Fremdaufträge, die rund 60 Prozent des Umsatzes ausmachten, schon im ersten Jahr Gewinne. Wie in allen Teilen des Verlagshauses begann hier, dank den Erfolgen des *Leserings,* der Buchbedarf ab 1950 schlagartig anzusteigen. Trotz ständiger Erweiterung konnte *Mohn & Co.* die Nachfrage nicht bewältigen, so dass Fremdaufträge vergeben werden mussten. Ab 1955 bebaute die ‚Technik' daher ein riesiges Gütersloher Grundstück von 225.000 Quadratmetern mit neuen Industrieanlagen für die Buch-, die Tonträgerherstellung sowie die Distribution.[1382]

Mohn & Co. verwandelte sich zu einem modernen Industriebetrieb, der mit seiner Buchbinderei samt Falzmaschinen, einer *Smyth*-Buchfertigungsstraße,

[1380] Friedländer, 2002, S. 525.
[1381] Ebd., S. 515.
[1382] Chronik Bertelsmann Industrie 1824 – 1992. (4.Aufl.) Gütersloh 1992, S. 43.

Super *M.A.N.*-Buchdruckmaschinen mit Buchdruck-Rotation[1383], einer Repro-Abteilung und neuen Offsettdruckmaschinen[1384] auf die Massenanforderungen des *Leserings* einstellte.

Der Offset-Druck bildete bald die Kernleistung von *Mohndruck* und entwickelte sich zum allgemeinen Druckverfahren mit dem höchsten Marktanteil.[1385] Innerhalb eines Jahres erweiterten die Techniker die Druckbetriebe um die Schallplattenfabrik *Sonopress* mit sechs Schallplattenpressen.[1386] Hinzu kam die Lager- und Versandabteilung namens *Kommissionshaus Buch und Ton*, die schon im 4. Quartal 1958 „täglich 6000 Pakete, 60000 Päckchen und 40 t Frachtgut bewältigte".[1387] Im Jubiläumsjahr 1960 feierte der Unternehmensbereich seine Leistungsfähigkeit und sein erreichtes Ziel, millionenfach für ‚Kulturlogistik' gesorgt zu haben:

> „Die modernsten technischen Fabrikationsmethoden (...) sind bei uns entwickelt worden, um einem Lebensbedürfnis entgegenzukommen, das, wenn nicht das dringendste überhaupt, so doch dem Menschen gemäßeste ist. Die Begegnung mit der geistigen Welt. (...) Man darf es schon einen Entschluß und eine Tat nennen, die vielgeschmähte, vielgelästerte Technik in den Dienst des Geistes gestellt und damit das Werk unserer Dichter und Denker in die Häuser von Millionen getragen zu haben."[1388]

Als im Jubiläumsjahr 1960 die Nachfrage an Büchern besonders stark anzog, beschäftigte *Bertelsmann* die eigenen Druckbetriebe bis an die Grenze der Belastbarkeit. Die Leistung der Druckereien musste in kurzer Zeit auf eine Tageskapazität von 70.000 erweitert werden. Um die Buchfertigung für eine noch höhere Nachfrage zu automatisieren und die Fließbandproduktion einzuführen, entwickelten *Mohndruck*-Techniker die in den 30er Jahren erfundene Klebebindung weiter. Erst diese zur Marktreife taugliche Innovation, ermöglichte *Bertelsmann* 1960 die Kopplung verschiedener Maschinen zu industriellen Produktionsstraßen. Weil auch die Anforderungen der Leser gestiegen und neben einfacher Schrift vielfarbige Fotografien abzubilden waren, führte *Mohn & Co.* 1961 die Technik des wirtschaftlicheren Rollenoffsetdrucks ein, der bis Mitte der 60er Jahre eine sechzehnfache Produktivitätssteigerung auf

---

[1383] Randow, 1985, S. 361: „MAN lieferte 1956 eine Buchdruckrotation, die mit einer nicht mehr ebenen, sondern zylindrischen Form direkt von der laufenden Papierrolle zweiseitig bedruckte Bogen produzieren konnte."

[1384] *Bertelsmann* hatte bis 1958 nur Hochdruck, also klassischen Buchdruck betrieben.

[1385] Leunert, A., Allgemeine Fachkunde der Drucktechnik. Baden, Schweiz 1993, S. 23.

[1386] Gööck, 1968, S. 215: „Die Schallplattenfabrik Sonopress, der Firma Mohndruck angeschlossen, steht in erster Linie für den Bedarf des Schallplattenrings und der Ariola-Eurodisc zur Verfügung, arbeitet aber auch für fremde Schallplattenfirmen. Das Kommissionshaus verfügt nun über ein Lager für 12 Millionen Bücher und eine Million Schallplatten."

[1387] Chronik Bertelsmann Industrie, 1992, S. 43.

[1388] Lesering-Illustrierte, zitiert nach: Chronik Bertelsmann Industrie. 1824-1992. Gütersloh 1992, S. 49.

7,2 Millionen Seiten pro Schicht erlaubte.[1389] Mit dieser Kapazitätserweiterung wurden die Leistungen der Industriebetriebe auch anderen, außenstehenden Unternehmen angeboten: „Reinhard Mohn vertrat die Auffassung, der technische Bereich von Bertelsmann müsse sich ebenso am Markt bewähren, wie es der Lesering und die Verlage schon taten.“[1390]

Die anstrengenden Herausforderungen des externen Wettbewerbs sollten dafür sorgen, dass die *Bertelsmann Industrie* im von vielen Wettbewerbern geprägten Druck- und Dienstleistungsbereich die notwendigen ‚Abstandstechnologien‘[1391] einrichtete, die *Bertelsmann* Kosten und Leistungsvorteile gemessen mit der Konkurrenz zusicherte. Dafür gründete *Bertelsmann* eigens eine Verkaufsorganisation, die für die Unternehmen des Technik-Bereichs Aufträge akquirierte. Neben diesen Fremdaufträgen zwangen auch die Massenbestellungen des *Leserings* den Konzern im Laufe der 60er Jahre zu fortwährenden Vergrößerungen, Automatisierungen und Technologieinnovationen.

Begleitend zur nationalen Expansion des *Leserings* kamen Aufträge aus dem Ausland hinzu. Das Netzwerk an Druck- und Distributionsfirmen expandierte mit dem *Lesering* nach Spanien (1962), Österreich (1966), Großbritannien (1967), Italien (1968), die USA (1969), Frankreich (1970) und Portugal (1972) und integrierte Betriebe wie das italienische Druckhaus *Istituto Italiano d' Arti Grafiche*. In den Umsatzzahlen, die sich von 1960 bis 1970 von 58 Millionen auf 183 Millionen verdreifachten, schlug sich die Marktöffnung monetär nieder. Anfang der 70er Jahre „gingen immer mehr Verlage und Industriekunden aus dem In- und Ausland dazu über, ihre Druckerzeugnisse in Gütersloh fertigen zu lassen“.[1392]

Besondere Leistungen, die Fremdkunden überzeugten, waren neben der „Schnelligkeit, Terminelastizität und Qualität“[1393] im Druckbereich auch die Peripherie-Angebote der ‚Industrie-Services‘ wie Lagerhaltung, Verpackung und Versand, die *Mohn & Co.* europaweit verkaufte. *Bertelsmann* bot also nicht nur Druck, sondern ein umfassendes Leistungspaket an.

Diese Auffächerung der ursprünglichen Druckerei zu einem integrierten Industriedienstleistungsunternehmen mit hoher Wiederholungssicherheit bei den Fertigungsprozessen, begründete ein Netzwerk, das beispielsweise ein europaweites ‚Direktmarketing-Anschreiben‘ einer Automobilfirma von der krea-

---

[1389] Den sogenannten Rollenoffset, bei dem der Druckmaschine das Papier von einer Rolle zugeführt wird, setzte *Bertelsmann* seit 1961 ein. Eine neue Papierbahn kann unmittelbar an das Ende der gerade ablaufenden Papierbahn angeklebt werden, ohne die Druckmaschine anzuhalten; Vgl. Randow, 1985, S. 362.

[1390] Randow, 1985, S. 364.

[1391] ‚Abstandstechnologie‘ meint Technologien, die den Entwicklungsvorsprung vor den konkurrierenden Unternehmen sichern.

[1392] Randow, 1985, S. 365.

[1393] Mohndruck (Broschüre), Gütersloh 1968, S. 2.

tiven Erstellung, über den Druck bis hin zur Auslieferung an ‚geclusterte‘[1394] Adressen komplett übernahm: „So steht z.B. Händlerbetreuung von Automobilfirmen ebenso auf dem Programm wie die Lagerung, Verpackung und der Versand von Warenproben an Einzeladressen für die Nahrungsmittelindustrie.“[1395]

Weil die technischen Betriebe aufgrund des schnellen Wachstums teilweise noch direkt von der *Bertelsmann*-Zentrale koordiniert wurden, schuf diese 1971 den neuen, autarken Unternehmensbereich *Technik*. In ihm wurden die graphischen Großbetriebe[1396], die Schallplattenfabrik *Sonopress*, die Papierfabrik[1397], die Dienstleistungsfirmen[1398] sowie die Auslandsniederlassungen zusammengefasst. Den Bereich *Bertelsmann Technik* leitete zuerst Herbert Multhaupt, dann, ab 1976 Mark Wössner. Sie standen der Gesamtgeschäftsführung mit ihren Ressorts Marketing, Controlling, Technologie und Öffentlichkeitsarbeit vor. Dem Führungsgremium unterstanden wiederum die dezentralen Geschäftsführer der Einzelunternehmen des Bereichs *Technik*. Durch diese Dezentralisierung verband man „viele Einzel-Spitzenleistungen (...) zu einer Gesamtleistung, die die Wendigkeit eines Kleinbetriebs (ermöglicht durch das Prinzip der Delegation von Verantwortung) mit der Leistungsfähigkeit eines Großbetriebs verknüpfte“.[1399]

Die zu anderen *Bertelsmann*-Bereichen im Konkurrenzverhältnis stehende ‚Technik‘, entwickelte die Automatisierung während der 70er Jahre stetig weiter.[1400] Sie erreichte bei der Herstellung von ‚Hardcovern‘, Taschenbüchern oder Werbemitteln die Realisation von Komplettfertigungsstraßen nach dem Prinzip „Papier rein – Buch raus“.[1401]

Im Druckbereich ergänzte *Bertelsmann* seine ohnehin europaweit agierenden Betriebe 1976 um den Kauf der ‚Akzidenzdruckereien‘ *Chr. Belser* und *maul+co* mit etwa 1500 Mitarbeitern, die später in Nürnberg zum Großunter-

---

[1394] ‚Cluster‘ sind Schematisierungsmuster, nach denen Adressdatenbanken gegliedert werden. Beispielsweise Altersgruppen, Milieus, Herkunft, Aktualität, Kaufverhalten etc.

[1395] Chronik Bertelsmann Industrie, 1992, S. 94.

[1396] *Mohndruck Reinhard Mohn OHG*; Gütersloh, *Istituto Italiano Grafiche S.p.A.* Bergamo; *Printer Industria Gráfica S.A.* Barcelona; *Druck und Verlagsanstalt Wiener Ges.m.b.H.*

[1397] *Cartiere del Garda S.p.A.*

[1398] *Industrie Service Reinhard Mohn OHG*, Gütersloh; *Distributor GmbH*, Düsseldorf; *Setradis S.A.*, Paris-Noyelles-sous-Lens.

[1399] Chronik Bertelsmann Industrie, 1992, S. 83.

[1400] Die Drucktechnologie wurde während der 70er Jahre mehrmals komplett erneuert. Beispiel für millionenschweren Anschaffungen in den Gütersloher Betrieben: Die *‚Ultraschnelle‘ Lichtsatzanlage* (1975), *M.A.N. ‚Rotoman‘-Rollenoffsetmaschinen* (1975), *‚Roland 800' Bogenoffsetdruckmaschinen* (1976), *‚Gregg‘-Maschinen* für die Produktion von Werbesendungen (1978), die *‚Rund-Andruckmaschine ‚Mailänder 610‘* für die Repro, *‚Kochbau-Rollenoffsetmaschinen Compacta C.* ‘ (1978) und der *‚Chromograph 300 Laser‘* (1978).

[1401] Pro Stunden konnten so ab 1983 zehntausend Taschenbücher gefertigt werden, die am Ende der Produktionsstraße auf Paletten fertig zum Abtransport bereit standen.

nehmen *maul-belser* fusionierten.[1402] Vervollständigt wurden die Offset-Kapazitäten in Folge mit dem Kauf der traditionsreichen Berliner Druckerei *Elsnerdruck*[1403], die sich auf Drucksachen für Industrie, Verlage und Dienstleistungen spezialisiert hatte und die Kapazitäten im Tiefdruckbereich erheblich erweiterte. Vor den Übernahmen lagen diese bisher alleine bei der Druckerei von *Gruner +Jahr* in Itzehoe, an der sich *Bertelsmann* 1969 beteiligt hatte.

Im Juni 1977 stieg der Umsatz des Unternehmensbereichs *Technik* im Vergleich zum Vorjahr um 50 Prozent auf eine halbe Milliarde DM[1404], wovon beinahe die Hälfte im Ausland erwirtschaftet wurde. Die ‚Technik' umfasste insgesamt „13 Betriebe mit zusammen 7589 Mitarbeitern".[1405] Davon waren 8 Unternehmen in der grafischen Industrie, drei im Dienstleistungssektor und je eines in der Papierindustrie und Tonträgerfertigung tätig.[1406]

10.2 Der ‚Unternehmensbereich Druck- und Industriebetriebe' (UDI)

Das Jahr 1979 begann mit der Umbenennung des Unternehmensbereichs Technik in Unternehmensbereich *Druck- und Industriebetriebe*. Die Geschäftsführung des *UDI*, wie der Bereich bald nur noch genannt wurde, modernisierte den Gesamtaufbau und die Abläufe. Die Geschäftsleitung gliederte die 20 Werke und 9000 Mitarbeiter in vier Bestandteile, über denen ein Vorstandsbereich ‚Unternehmensbereich Druck- und Industriebtriebe' stand, der direkt dem Vorstand der *Bertelsmann AG* berichtete. Folgende Geschäftsfelder wurden gebildet: ‚Ausland' mit Papierfabrikation und Druckereien, ‚Inland' mit Offsetdruck und Dienstleistungen, ‚Tiefdruck' und ‚Fertigung von Audio- und Videoproduktion'. Zu jedem Segment gehörte eine eigenverantwortliche übergreifende Leitung, die wiederum die Geschäftsführer der zahlreichen Ein-

---

1402 Zum Zeitpunkt der Übernahme erzielten beide Druckereien einen Umsatz von 200 Millionen Mark. *maul-belser* wurde 1985 zu einem mit modernster Technologie ausgestatteter Tiefdruckbetrieb fusioniert; Vgl. BG 1984/85, S. 40.

1403 *Bertelsmann* übernahm *Elsnerdruck* 1981. Der Betrieb erzielte zum Zeitpunkt der Übernahme einen Umsatz von 20 Millionen Mark. Vgl. Chronik Bertelsmann Industrie, 1992, S. 145.

1404 BG 1976/77, S. 32: 505,1 Mio. DM.

1405 Ebd., S. 16.

1406 Vgl. BG 1976/77, S. 18: Zu den europäischen Ländern kamen Produktionsbetriebe in Kolumbien und Brasilien hinzu.

zelbetriebe kontrollierte.[1407] Allein bei *Mohndruck*[1408] kamen drei neue Geschäftsführer hinzu, um den Vorsitzenden der Geschäftsführung des *UDI*[1409] zu entlasten.[1410] In seinem Gesamtvorstand verankerte der *UDI* strategische Geschäftsfelder wie Unternehmensentwicklung, Organisation, EDV, Marketing, Vertrieb und Controlling, die allen Unternehmen zugute kamen und Schnittstellen zwischen den Unternehmen bildeten.[1411]

Anfang der 80er Jahre begann der *UDI* ferner mit dem Aufbau einer neuen, digitalen, elektronischen Infrastruktur. 1981 wurde ein großes Rechenzentrum in Betrieb genommen, das die Logistik elektronisch systematisierte. Es erfasste alleine im Betrieb der *Bertelsmann Distribution* jährlich die Positionen von 40 Millionen Büchern, 5 Millionen Tonträgern und 400.000 Videokassetten, die verschickt wurden.[1412] Auch diese logistische Leistung wurde wiederum als erwerbbare Dienstleistung auf dem freien Markt für Fremdfirmen wie beispielsweise die *Karstadt*-Warendistribution angeboten.

Der dezentrale, hierarchische Aufbau des *UDI* samt Infrastruktur diente der besseren Übersichtlichkeit und Konsolidierung und er bereitete die weitere Vergrößerung im In- und Ausland vor. So erreichte *Bertelsmann* mit der Vereinigung der Druckereien *maul+belser* 1983 im Offsetbereich einen Wachstumsschub. *Elsnerdruck* wurde zum führenden Taschenbuchverlag in Europa und die digitale CD-Produktion bei *Sonopress* verstärkt. Im Ausland leiteten Zukäufe in den USA die internationale Expansion ein, die im Wesentlichen der heutige Vorstandsvorsitzende Gunter Thielen übernahm, der im Bereichsvorstand des *UDI* 1985 Mark Wössner nachfolgte.

Bertelsmann beteiligte sich auf seinem internationalen Expansionskurs zunächst an der US-Taschenbuchdruckerei *Offset Paperback Manufacturers Inc* (1981), kaufte dann die Druckerei *Delta Lithograph Company* (1984), danach die zum *Doubleday*-Verlag gehörenden Druckereien (1985).[1413]

1407 Welche Größenordnung ein Einzelbetrieb dieser Ebene hat, verdeutlicht der *Mohndruck*-Kalenderverlag. Er stellte 1981 12 Millionen Kalender her und setzte knapp 40 Mio. DM um. Vgl. GB 1981.

1408 Allein *Mohndruck* hatte 1990 eine Tageskapazität von 225.000 Büchern, 400.000 Broschüren, 750.000 drahtgehefteten Produkten, 120.000 Wandkalendern und 75.000 Telefonbüchern.

1409 Bevor er Vorstandsvorsitzender der *Bertelsmann AG* wurde war Mark Wössner ‚Vorsitzenden der Geschäftsführung des *UDI*'.

1410 Vgl. BG 1980/81, S. 34: „Mohndruck ist zwar eine Firma von beträchtlicher Größe, doch die-Industriekunden empfinden sie nicht als anonymen, undurchsichtigen Massenproduzenten, sondern als flexiblen Partner (...) wir können jetzt alle Arten attraktiver Werbemittel schnell und preiswert herstellen. Dabei hat die Qualität unserer Produkte insgesamt ein hohes Niveau erreicht. Beispiele sind Zeitschriften wie Geo, Art, Capital, Charme, Vogue, Architektur wohnen und viele ähnliche, anspruchsvolle Titel."

1411 Vgl. Bertelsmann Technik intern, Jubiläumsausgabe 1981, S. 3f.

1412 Chronik Bertelsmann Industrie, 1992, S. S. 234.

1413 BG 1987/88, S. 34: Die Druckereien von *Doubleday* „arbeiteten bisher als reine Regiebetriebe nur für den Eigenbedarf von *Doubleday*. Wir haben sie (...) so strukturiert, dass sie auch im Wettbewerb voll bestehen können."

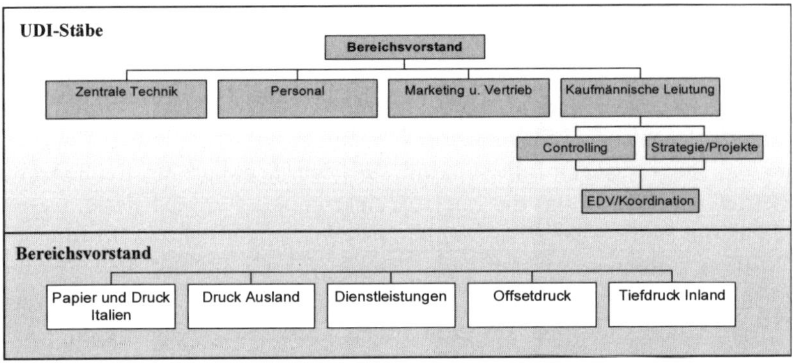

Abb.25. Organisation des UDI 1985[1414]

In Spanien modernisierte die Gruppe ihre Tiefdruckerei *Eurohueco* (1983) und wurde Marktführer, begann in Kolumbien sowie in Brasilien die Produktion zu vergrößern (1985) und neben Büchern, auch Plastikkarten zu produzieren (1987).[1415] Der Maschinenpark in Portugal wurde mit neuen Maschinen ausgestattet (1988), die Betriebe in den USA zur *BOMC Bertelsmann Printing & Manufacturing Corporation* fusioniert (1988) sowie die Produktion der Papierfabrik *Cartiere de la Garda* auf 400.000 Tonnen jährlich erhöht (1990). Alles in allem Veränderungen, die dazu führten, dass 1992 die Auslandsfirmen des *UDI* 1,686 Mrd. DM, die Inlandsfirmen 1,386 Mrd. DM umsetzten.

Bertelsmann war zu einem der weltweit führenden Druckdienstleistender geworden, der nur noch partiell von seinem nationalen Stammmarkt abhängig war. Wie Gunter Thielen feststellte, intensivierte das Unternehmen diesen Prozess, denn es standen bereits die Reformländer in Osteuropa und dem asiatischen Raum „am Horizont".[1416]

Als *Bertelsmann* den *UDI* 1993 nach dem Produktlinienkonzept[1417] zur *Bertelsmann Industrie* umwandelte, vertrat ein ‚Board'[1418] den Bereich, das die strategische Führung unter Thielen konzentrierte. Im selben Jahr erlebte die Druckindustrie in Deutschland eine scharfe Rezession, gegen die sich *Bertelsmann* durch frühzeitigen Personalabbau und Internationalisierung absicherte: „Die Produktlinie Industrie hat vor dieser Krise rechtzeitig und entschlos-

[1414] Ebd. S. 182f.
[1415] Vgl. ebd., S. 34.
[1416] Vgl. BG 1993/94, S. 5.
[1417] Die anderen Produktlinien: *Buch*, *BMG Entertainment*, *Gruner+Jahr*, *Musik + Video*.
[1418] Eine Kritik zu verschiedenen Ansätzen der Unternehmensorganisation findet sich in: Wittlage, H., Die Gestaltung der Organisationsstruktur internationaler Unternehmen. In: Betriebswirtschaftliche Forschung und Praxis, 3/1995, S. 359ff.

sen Kostenmanagement betrieben. Auf diese Weise konnten die Druckereien der Marktschwäche trotzen und ihre Spitzenpositionen in Europa weiter festigen.“[1419] Anstatt die Investitionen in der Krise abzusenken, erhöhte das *Bertelsmann Industrie*-Board diese im intensiver werdenden Wettbewerb noch und agierte antizyklisch.

Bei den Neu-Investitionen wurde besonders das Feld der Dienstleistungen einbezogen. Anfang der 90er Jahre machten sie im *UDI* erst 9 Prozent[1420] der Gesamtumsätze aus und lagen damit ungefähr gleichauf mit der Papierherstellung. Thielen und seine Stäbe der *Bertelsmann Industrie* hatten frühzeitig begriffen, dass die Druckindustrie von der Immaterialisierung der Datenströme und der davon betroffenen Veränderung der Medienlandschaft negativ beeinflusst wurde.[1421]

Die Lösung für das Problem sah *Bertelsmann* im Ausbau seiner ‚immateriellen‘ Services. Zwar setzten die Manager voraus, dass die Druckmedien weiter Bestand haben würden[1422], aber am fundamentalen Technologiewandel im Dienstleistungsbereich lasen sie ab, dass die neuen Medien wie der Computer oder das Internet durchaus eine Bedrohung für die klassischen Medien darstellten. Im Geschäftsbericht war die Rede von einer Revolution, die bevor stand:

> „Ein halbes Jahrtausend nach Gutenberg steht die Druckindustrie vor einer technologischen Revolution, die ihr Gesicht verändert. (...) Mit großem Nachdruck gestaltet die Produktlinie Bertelsmann Industrie diesen Wandel entscheidend mit: Ihre Offsetdruckereien sind Marktführer in Europa, ihre Tiefdruckunternehmen Pioniere beim Einsatz leistungsfähigster Technologien, ihre Dienstleistungsfirmen bahnen den Weg zum serviceorientierten Gesamtanbieter.“[1423]

Als Dienstleistungsunternehmen stachen die Dienstleistungsfirmen, konzentriert in der *Bertelsmann Distribution* mit ihren großen Logistik-Zentren[1424] und Angeboten heraus. Darunter Direktmarktingleistungen wie der Versand von Massenwurfsendungen, die Erstellung von Karten- und Clubsystemen[1425], aus-

---

[1419] Vgl. BG 1993/94, S. 46.

[1420] Vgl. BG 1992/93, S. 44: Gesamtumsatz nach Geschäftsfeldern: 9% Dienstleistungen, 9% Papier, 32% Bücher/ Kalender, 50% Zeitschriften/ Werbemittel.

[1421] Vgl. Münch, R., Die Arbeitsbilder wandeln sich. In: Börsenblatt, 55/1997, S. 14.

[1422] Im Geschäftsbericht des darauffolgenden Jahres war bereits von schrumpfenden Märkten für Druckprodukte die Rede; Vgl. BG 1995/96, S. 58.

[1423] BG 1994/95, S. 47.

[1424] Bertelsmann Industrie (Broschüre), Gütersloh 1994, S. 12: „Die Bertelsmann Distribution GmbH gehörte zu den größten Paketversendern in Deutschland. Im Wert von jährlich drei Milliarden Mark werden Bücher, Schallplatten, Unterhaltungselektronik, Computer, Hard- und Software, Prospekte und Plakate bewegt. (...) Gleichgültig ob 20 oder 200.000 Stück bereitgestellt werden müssen – Aufträge, die uns bis zwölf Uhr mittags erreichen, werden noch am selben Tag den Transportführern übergeben.“

[1425] Vgl. ebd., S. 12: „Einen Schwerpunkt (im Direktmarketing, TL) stellen intelligente Karten und Clubsysteme dar; Beispiele sind *Lufthansa Miles & More* und *Bahncard.“*

gefeilte Finanzdienstleistungen[1426] und der Verkauf von Adressen.[1427] In dem Teilunternehmen, dessen Arbeitsgebiet ehemals die Belieferung und Adresserfassung der *Buchclub*-Kunden gewesen war, sah *Bertelsmann* den Ansatzpunkt, um die Gruppe zu einer „Dienstleistungsagentur“ mit vielfältigen Services für Fremdkunden zu machen.

Drei neue Schwerpunkte wurden beim schnellen Ausbau der *Bertelsmann Distribution* zur Dienstleistungsgruppe gesetzt: Erstens die profunde Beherrschung und Anwendung der neuen digitalen Technologien rund um die elektronischen Medien, zweitens der Ausbau und die Kategorisierung des Angebotsspektrums um Inhalte- und Kommunikationsleistungen und drittens die schnelle Ausdehnung zu einem globalisierten[1428] Netzwerk, das zur Akquisition von Großkunden unerlässlich sein würde.

Bertelsmann plante mit diesem Veränderungsprozess, die bisher vornehmlich am eigenen Unternehmen und seinen Bedürfnissen ausgerichtete Technikgruppe, zu einer Art großer ‚Medien-Agentur‘ zu machen, die für ihre Fremdkunden sämtliche, weltweiten kommunikativen, elektronischen Prozesse erstellen, optimieren und bei Bedarf zusätzlich die kommunikative Kundenbetreuung übernehmen sollte. Die *Bertelsmann Industrie* formulierte das, mitten im Gestaltungsprozess bildhaft: „Kundennähe und Flexibilität sowie die Fähigkeit, maßgeschneiderte Problemlösungen für ihre Auftraggeber zu realisieren, sind die Hauptgaranten für den Erfolg des Dienstleistungsgeschäftes.“[1429] In der neu gruppierten Unternehmung gingen die Druckereien aber keineswegs unter. Die *Bertelsmann Industrie* wollte auf dem Kerngeschäft aufsetzen, „Old und New Economy verzahnen“[1430], mit den anderen ‚Services‘ vernetzen und sich so auf die Herausforderungen der „Megatrends Digitalisierung, Dienstleistungsorientierung und Globalisierung“ einstellen.[1431]

[1426] Ebd., S. 12: „Wir führen Kundenkonten, klären Kontendifferenzen, überwachen die Bonität und führen das Mahn- und Inkassowesen durch.“

[1427] Die Firma *AZ Bertelsmann Direct* ist bei *Bertelsmann* auf den Handel mit Adressen spezialisiert. Zielgruppen können nach Alter, Kaufkraft, Postkauf-Neigung, Wohngebiets-Typ, Wohnsituation, nach Ortsgröße und Konsum-Schwerpunkten erworben werden. Vgl. AZ Bertelsmann/direct, Consumer-Zielgruppen 2002, Top-Privatadressen für Ihre Neukundengewinnung. Gütersloh 2002, S. 2.

[1428] In diesem Zusammenhang fällt auch der Schlüsselbegriff vom globalisierten Konzern. Vgl. hierzu: Mittelstraß, J., Regionalität versus Globalität. In: Steger, U. (Hg.), Facetten der Globalisierung. Heidelberg 1999, S. 223: „Es gibt Wörter, die wie auf Samtpfötchen daherkommen und wie eine Pranke zuschlagen. ‚Globalität‘ ist so ein Wort, wenn man es in seiner wirtschaftlichen und politischen Bedeutung als *Globalisierung* liest. (...) Der Begriff (...) der Globalisierung ist nicht nur ein wirtschaftlicher und wirtschaftspolitischer Begriff. (...) Auch wenn Globalisierung – nach den politischen Rahmensetzungen des 2. Weltkriegs – ökonomisch induziert ist, die Auswirkungen reichen weit darüber hinaus und sind bislang noch wenig verstanden, insbesondere in ihrer Bedeutung für den Menschen in seinen sozialen Bezügen und organisatorischen Strukturen.“

[1429] BG 1996/97, S. 58.

[1430] Vgl. BG 1999/2000, S. 51.

[1431] BG 1998/99, S. 50.

10.3 Die Druck- und Dienstleistungsgruppe *Bertelsmann Arvato*

Der Wechsel im Vorstand von Mark Wössner zu Thomas Middelhoff blieb im Bereich *Bertelsmann Industrie* nicht ohne Folgen. Er wurde 1998 erneut umstrukturiert und in die Druck- und Dienstleistungsgruppe *Bertelsmann Arvato* umbenannt, die das neue, um ein umfangreiches Dienstleistungsnetzwerk erweiterte Spektrum repräsentierte. Für den neuen Namen hatte die Kölner Agentur *Unykat* über 1.100 Vorschläge gemacht, von denen nur zwölf für die erste und dann sechs für die zweite Runde übrig blieben. Das Dutzend wurde juristisch geprüft und von 50 Muttersprachlern daraufhin gestestet, ob der eine oder andere Vorschlag nicht möglicherweise im Arabischen, Finnischen, Chinesischen etwas Negatives, Schädliches oder gar Beleidigendes bedeutete. Mit dem Begriff ‚Arvato' entschied man sich letztendlich für ein vieldeutiges Kompositum aus Technik, Kunst, Organisation und Variation:

> "In diesem Begriff stecken 'Ars' (lat. Kunst) sowie 'va' (Variation), 't' (Technik) sowie 'O' (Organisation); außerdem beginnt er mit A für Alpha und endet mit O für Omega (wie das griechische Alphabet, das berühmte 'A und O'). Mit Arvato assoziierte die überwiegende Mehrzahl der befragten Testteilnehmer überdurchschnittliche Seriosität und Kompetenz, Dynamik, Größe und Internationalität sowie Dienstleistungs-Orientierung. Auch in den Kategorien 'Persönliche Präferenz' und 'Eigenständiger Charakter' erhielt Arvato große Zustimmung."[1432]

Die Teilbereiche von *Bertelsmann Arvato* blieben Dienstleistungen, Druck Inland, Druck Ausland und Spezialverlage. 1999 machte der Bereich 2,239 Mrd. Euro Umsatz mit 19.683 Mitarbeitern. Davon erwirtschaftete allein die Dienstleistungsgruppe *Bertelsmann Services Group* 818 Mio. Euro.[1433] Die *‚Offset Paperback Manufactures'* des Bereichs fertigte im Jahr 1999 40 Prozent aller Taschenbücher in den USA an.

Nach der Aufbauarbeit der Dienstleistungen, beziehungsweise der *Services Group*, hatte sich die Gruppe auf 30 Standorte ausgedehnt und begann den Einstieg in den chinesischen und indischen Markt vorzubereiten, der 2001 vollzogen wurde, zu einem Zeitpunkt als die Gruppe bereits 2.992 Mrd. Euro erwirtschaftete. *Bertelsmann Arvato* sah sich als weltweit hochqualifizierten Dienstleister, der „länder- und kontinentübergreifende einheitliche, individuell

---

[1432] Pressemitteilung zur Neugründung von Bertelsmann Arvato, Gütersloh, 8. Juni 1999.

[1433] BG 1999/2000, S. 53: „In den letzten sieben Jahren stieg der Umsatz von 184 Mio. Euro auf heute 818 Mio. Euro; gleichzeitig wuchs die Zahl der Mitarbeiterinnen und Mitarbeiter an mehr als 30 Standorten im In- und Ausland – von 2.588 auf 10.190."

gestaltete Organisationslösungen aus einer Hand"[1434] lieferte und seine Technologieführerschaft im Druckbereich fortwährend ausgestaltete.[1435]

Auf eine besondere Leistung von *Arvato* soll hier nun in erster Linie eingegangen werden: Die techniklastigen Multimedia- oder IT-Dienstleistungen wurden schon im Jahr 2000 nahezu vollständig bei *Arvato* gebündelt. Noch 1995 hatte *Bertelsmann* im Bereich *Multimedia* den ,Wachstumsmotor' des Konzerns erkannt und errechnet, dass 2005 „etwa ein Drittel des Umsatzwachstums des Gesamthauses aus dem Sektor Multimedia stammen wird".[1436] Multimedia umfasste zu diesem Zeitpunkt Inhalte- und Zugangsdienste, IT- und Internet-Dienstleistungen, E-Commerce, Interaktives Fernsehen sowie Netzwerktechnologie und -infrastruktur. Diese diversen Leistungen wurden bei *Bertelsmann* während des Internet-Booms der späten 90er Jahre an verschiedenen Stellen im Konzern postiert. Im zeitweise eigens gegründeten Bereich *Multimedia*[1437] in der *DirectGroup* und eben bei *Arvato*, waren Spezialisten in größerem Umfang mit ,Multimedia' beschäftigt. Thomas Middelhoff, der eine offensive Internet-Strategie verfocht, bündelte bereits 1995/96 verschiedene ,Multimedia'-Kompetenzen im Unternehmensbereich *Multimedia.* Seine Substanz bildete die Firma *AOL Europe* mit 3,8 Millionen Kundenkontakten, die *Bertelsmann* 1994 gemeinsam mit *AOL* gegründet hatte.[1438] Hinzu kam *mediaways*, ein Unternehmen, das Rechenzentren und Netzwerk-Infrastrukturen bereitstellte, Internet-Agenturen wie *T1* und *Pixelpark*, die Multimedia-Angebote gestalteten sowie das E-Commerce-Portal *BOL.* In einer ,3-Phasen Strategie'[1439] sollte der *Multimedia*-Bereich zunächst Fuß fassen, dann umfangreiche E-Commerce-Aktivitäten abwickeln und schließlich den Vertrieb möglichst aller *Bertelsmann*-Inhalte über elektronische Netzwerke

---

[1434] Vgl. BG 1998/99, S. 51.

[1435] Beispiele für Anschaffungen sind eine vierte Tiefdruckrotation mit einer Druckbreite von 3,5 Meter bei *maul-belser* oder die Inbetriebnahme der weltweit ersten 48-Seiten Offset-Rotation bei *Mohn Media*; Vgl. BG 1999/2000, S. 51.

[1436] BG 1994/95, S. 55.

[1437] Der Bereich *Multimedia* wurde 1995/96 gegründet und zunächst von Thomas Middelhoff als Bereichsvorstand verantwortet, bevor er als *New Media* von Klaus Eierhoff übernommen wurde.

[1438] epd/Kirche und Rundfunk, Heft 16,17/1995, S. 13: ,Bertelsmann AG kooperiert mit America Online. ': „Die Bertelsmann AG ist zusammen mit dem US-Unternehmen America Online eine ,strategische Partnerschaft' eingegangen, um den Multimedia-Markt nicht nur europa-, sondern weltweit zu erschließen. Bei der Präsentation des Projekts am 1. März in Frankfurt meldeten die beiden Partner einen globalen Führungsanspruch an, auch gegen Konkurrenten wie Microsoft, Time Warner, Sony und TCI. (...) Noch in diesem Jahr soll das gemeinsame Tochterunternehmen (Gesellschafterstruktur 50:50) für interaktive Online-Dienste zeitgleich seine Arbeit in Deutschland, Frankreich und England aufnehmen."

[1439] BG 1994/95, S. 55: „Die bunte Erlebniswelt von Multimedia, die auf den externen Betrachter manchmal chaotisch wirken mag, hat eine klare strategische Basis."

ermöglichen.[1440] *Bertelsmann* hatte die multimediale ‚Eroberung Europas' im Sinn: „»Europa definieren wir bis zum Ural, sagte Thomas Middelhoff."[1441] Schnelles und umfangreiches Wachstum würde *Bertelsmann* die Marktposition sichern. Das Medienhaus reagierte wie andere Großkonzerne. Diese befürchteten die Beschädigung ihrer Geschäfte durch die neuen, interaktiven Kanäle und bildeten absichernde Netzwerke: „Wie Planwagen, die sich zum Schutz gegen den Angriff eines unbezwungenen Indianerstamms zu einem Kreis formieren, schlossen sich die Medienunternehmen zu Allianzen zusammen."[1442]

Höhepunkt des ‚Internet-Hypes' war bei *Bertelsmann* das Boom-Jahr 1998. Ausgehend von der „Matrix aus globalem Entertainment, publizistisch-politischem Einfluss und E-Commerce"[1443] wurde der Geschäftsbericht in grellen Farben wie eine Internet-Seite gelayoutet. Der Konzern gab sich den Anstrich eines modernen, integrierten Internet-Konzerns.

Ein Jahr später implodierte die Internet-Wirtschaft. Der Zerfall einer ganzen Branche relativierte schnell die Bedeutung der ehemaligen ‚dynamischen Wachstumsträger' von *Bertelsmann.*[1444] So wurde die Firma *Mediaways* 1999 an *Téléfonica* verkauft, für die um mehr als 1000 Mitarbeiter geschrumpfte Agentur *Pixelpark* suchte man erfolglos Abnehmer, der Buchshop *BOL* wurde in die *DirectGroup* ausgegliedert, die ihrerseits aufgelöst wurde. Auch die *AOL*-Beteiligung musste von *Bertelsmann*, allerdings mit einem Trostpflaster von rund 15 Mrd. DM, im Jahr 2000 aufgegeben werden.[1445] Der *Bertelsmann*-Wettbewerber *TimeWarner* fusionierte mit *AOL* zu einem der größten Medienunternehmen der Welt und folgte damit einem allgemeinen Drang zu verstärktem Wachstum.[1446]

Middelhoff verabschiedete sich gezwungenermaßen von der Lösung eines integrierten Internet-Konzerns und blieb im einstigen Boom-Bereich ‚Multi-

---

[1440] Ebd., S. 55: „Die Multimedia-Strategie von Bertelsmann zielt darauf, internationale Allianzen zu bilden und gemeinsam mit starken Marktpartnern aus unterschiedlichen Industriezweigen die Entwicklung voranzubringen."

[1441] epd/Kirche und Rundfunk, 16,17/1995, S. 13: ‚Bertelsmann AG kooperiert mit America Online.'

[1442] Rushkoff, D., Virtuelles Marketing. In: Rötzer, F.; Maresch, R. (Hg.), Cyberhypes, Möglichkeiten und Grenzen des Internet. Frankfurt a. M. 2001, S. 104.

[1443] Hachmeister/Rager, 2000, S. 19.

[1444] Vgl. Die Welt, 21.2.2000, S. 14: ‚Bertelsmann erwägt Rückzug aus AOL Europe. '

[1445] Der Spiegel, 13/2000, S. 117: ‚Enge Führung': „Nach zähen Verhandlungen gab der Medienkonzern Bertelsmann die Kontrolle über AOL Europe für rund 15 Milliarden Mark an die US-Mutter AOL Inc. zurück. (...) Das boomende Internet-Geschäft in Europa soll amerikanisiert werden."

[1446] Vgl. zum Hintergrund des Ausstiegs: FTD Financial Times Deutschland, 2.3.2002, S. 5: ‚AOL-Verkauf soll wie Strategie aussehen. '

media‘ ohne erkennbare, neue Strategie zurück. Er besann sich wieder mehr auf die *RTL Group* und das ‚klassische‘ Medium Fernsehen.[1447]

Arvato hingegen hatte seine ‚Multimedia‘-Leistungen in eine andere Richtung entwickelt und arbeitete in den Feldern Datenmanagement, Care/ Bonussysteme und Finanzservices. Die ‚Technik‘-Gruppe konzentrierte sich auf den „Informationsfluß von Waren und Werten im Business-to-Business und Business-to-Consumer-Bereich“.[1448] Sie war damit dort tätig, wo Systeme aufzubauen waren, die Informationen und Technologie mit den Erfahrungen von *Arvato* kombinierten, etwa beim Aufbau von Online-‚Call-Centern‘, Logistikprozessen, Adressdatenbanken oder der Optimierung von Data Warehouses.[1449] *Arvato* konzentrierte sich somit mehr auf die im Hintergrund ablaufenden Entwicklungsgänge der neuen Medientechnologien und verband sie mit seinem Dienstleistungsbereich. Die ‚Neue Ökonomie‘ war also bei *Arvato* auf strategischer Ebene mit den herkömmlichen Tätigkeitsfeldern verwoben worden.

Dieses Geschäftsmodell schien so gut zu funktionieren, dass sich *Bertelsmann* 1999 dazu entschloss, seinen ‚Multimedia-Bereich‘ aufzugeben und sämtliche Leistungen bei *Arvato* gemeinsam mit den traditionellen Technologiefeldern in der *Bertelsmann mediaSystems* zu bündeln.[1450] Trotz dieser Integration entwickelte sich *Arvato* so zum bedeutendsten Bereich neben der *RTL Group.* Allerdings scheint der Kurs von *Bertelsmann* bezüglich der ‚Neuen Medien‘ Anfang 2003 unbestimmt. Unklar ist, wie *Bertelsmann* seine ‚Inhalte’, die Inhalte von *Gruner+Jahr*, *Random House* und der *RTL Group* in Zukunft mit den elektronischen Medien vermarkten will. Mit dem Wechsel des ehemaligen *Arvato*-Vorstandes Thielen an die Spitze von *Bertelsmann,* ist für *Arvato* mittelfristig eine größere Akquisition oder eine programmatische Offensive zu erwarten, die dieses vielschichtige ‚Content-Dilemma‘löst.

[1447] Computerwoche, 12/2000, S. 8: ‚Der Gütersloher Medienkonzern Bertelsmann verabschiedet sich von der Idee eines integrierten Internet-Konzerns. ‘

[1448] BG 1999/2000, S. 53.

[1449] Hier werden die Daten, die beispielsweise eine Handelskette täglich generiert (Produkt-Art, Stückzahl, Preis etc.) so aufbereitet, dass sie interpretierbar sind. Vgl. Bauer, A.; Günzel, H. (Hg.), Data Warehouse Systeme. Heidelberg 2001, S. 3: „Ein Data Warehouse-System ist ein Informationssystem, bestehend aus allen für den Data Warehouse-Prozess notwendigen Komponenten. Dies sind die Komponenten des Datenbeschaffungsbereichs und der Analyse, der Metadatenmanager, der Data-Warehouse-Manager und die Datenbanken Basisdatenbank, Data Warehouse und Repositorium.“

[1450] Vgl. Handelsblatt, 20.3.2000, S. 24: ‚AOL-Europe Verkauf kontrovers diskutiert. Strategiewechsel bei Bertelsmann. ‘

11. DIE *BERTELSMANN* UNTERNEHMENSKULTUR

11.1 Harmonisierung von Widersprüchen

Im Zusammenhang mit *Bertelsmann* fällt häufig der Begriff ‚Unternehmenskultur', der im vorliegenden Text verstanden wird als die Gesamtheit von Grundannahmen, Werten und Normen, die in einer Unternehmung gelebt werden.[1451] Zu unterscheiden ist zwischen der tatsächlichen, gelebten Unternehmenskultur und ihrer Darstellung ‚nach außen'.

Die öffentlich publizierten Kommentare von *Bertelsmann* zur eigenen Unternehmenskultur sind logischerweise nicht objektiv und aus eigenem Interesse positiv eingefärbt. Die Unternehmenskultur des Konzerns wird in Geschäftsberichten, Reden, Diskussionspapieren und im Internet durchgängig gelobt. Da das Unternehmen stets im offenen Wettbewerb steht, stellt es seine Schwächen und Probleme in der Öffentlichkeit nicht dar. Thomas Middelhoff lobte so stets die intakte ‚Unternehmenskultur' „auf die wir alle sehr stolz sind"[1452], während Reinhard Mohn von der ‚Unternehmenskultur' als ‚betrieblicher Solidargemeinschaft'[1453] sprach, die eine wesentliche Grundlage für die Motivation der Angestellten darstelle.[1454]

Hinter dem von Mohn, Middelhoff und seinem Nachfolger Thielen gebrauchten Begriff der ‚Bertelsmann Unternehmenskultur' steht unzweifelhaft ein langwieriger Entwicklungsgang. Seit den 50er Jahren wurde bei *Bertelsmann* kontinuierlich daran gearbeitet, die Rahmenbedingungen für die im Konzern herrschenden Werte und Vorstellungen zu optimieren und mit konkreten Handlungen zu füllen. Noch als Verlagsunternehmen begann das Medienhaus über regelhafte, schriftlich niedergelegte ‚Unternehmensgrundsätze' nachzudenken, die der Gestaltung einer Unternehmenskultur vorausgeschickt wurden. Reinhard Mohn verfolgte damit die Absicht, die Interaktion seiner Mitarbeiter, ihre Orientierungsmuster und Überzeugungen im Arbeitsalltag zu prägen und eine gemeinsame Ideenwelt für das Unternehmen entstehen zu lassen. Zur Förderung der Unternehmenskultur dienten anfänglich vor allem die Reden von Reinhard Mohn zur ‚gesellschaftlichen Position des Unternehmens' und zur ‚Delegation von Verantwortung': „Viele hundert Vorträge ha-

[1451] Vgl. hierzu die tabellarische Übersicht zur Begriffsabgrenzung. In: Meffert, H., Marketing-Management. Wiesbaden 1994, S. 428.
[1452] Vgl. BG 2000/01, S. 2.
[1453] Vgl. Mohn, R., Menschlichkeit gewinnt. Gütersloh 2000, S. 77.
[1454] Mohn, R., Systemfortschreibung als Voraussetzung für die Führungsfähigkeit. Kiel 2000, S. 5ff.

ben diesem Bemühen, verstanden zu werden und zu verstehen, gedient. Es ist uns so bei Bertelsmann gelungen, das Gefühl gemeinsamer Verantwortung zu bewahren."[1455]

Das erste gedruckte Schlüsseldokument zum Thema ist die 1960 publizierte ‚Bertelsmann Grundsatzordnung'. Die Unternehmensleitung verfolgte mit der ‚Grundsatzordnung' die Intention, das gemeinschaftliche Umfeld für ein neues Arbeitsethos[1456] der Mitarbeiter zu schaffen. Im Großunternehmen, zu dem sich *Bertelsmann* entwickelt hatte, drohten Entfremdung und Anonymität die Motivation der Mitarbeiter zu unterlaufen und die Arbeitsqualität zu verschlechtern. Andererseits war ‚das Management' beunruhigt vom Verlust der Planungsgenauigkeit und der zunehmenden, organisatorischen Unübersichtlichkeit. Die ‚Grundsatzordnung' steuerte gegen diese Entwicklung und bemühte sich darum, die Bedingungen für einen stärkeren Zusammenhalt sicherzustellen. *Bertelsmann* beschrieb der Text als ‚gemeinschaftliches Projekt', das für seine handelnden Subjekte eine sinnvolle Welt gestaltete.

> „Dem Betrieb gegenüber trägt jeder die gleiche Verantwortung wie in seinen persönlichen Angelegenheiten. (...) Für den Erfolg des Unternehmens ist die Führung von entscheidender Bedeutung. (...) Die Initiative des Einzelnen ist die stärkste Kraft des Unternehmens."[1457]

Der Leistung des Einzelnen sollte Sinn verliehen werden, indem sie als ‚Dienst' am Menschen begriffen wurde: „Im Mittelpunkt all unserer betrieblichen Überlegungen steht der Mensch. Ihm zu dienen ist die erste Aufgabe des Unternehmens."[1458] Die Mitarbeiter wurden folglich aufgefordert, Verantwortung zu übernehmen und im internen Wettbewerb „ihre eigenen Unternehmer zu werden". Anstatt bloßen Ausführens von angeordneten Aufgaben, forderte das Medienhaus intelligente Eigeninitiative von seinen Mitarbeitern. Im Gegenzug durften sie leistungsorientierte Vergütung und Aufstiegsmöglichkeiten gemäß ihren Fähigkeiten erwarten. Dazu wurde das begleitende Anreizsystem leistungsgemäßer Bonifikation in ein Managementkonzept eingebettet, das eine Verbindung zwischen den individuellen Zielen der Mitarbeiter und jenen des Unternehmens herstellte. Es wurde versucht, das sich im Besitz der Familie Mohn befindende Unternehmen *Bertelsmann*, ideell zum dezentralisierten Unternehmen der Mitarbeiter zu machen und überkommene Werte wie Glaube, Pflichtbewusstsein, Ordnung und Tradition in modernere Leitmaxime wie Selbstverwirklichung, Kreativität und Individualität umzumünzen.[1459] Reinhard

---

[1455] Ebd., S. 6.

[1456] Hier ist durchaus auch im Sinne Max Webers eine Weiterentwicklung der aus dem Protestantismus heraus entstandenen, typisch ‚deutschen' Arbeitsethik mit ihrer Affinität zur Durchorganisation und Aktenmäßigkeit zu sehen.

[1457] Zitiert nach Gööck, 1968, S. 194.

[1458] Bertelsmann Grundsatzordnung. Gütersloh 1960.

[1459] Vgl. Heinen, E.; Frank, M., Unternehmenskultur. München 1997, S. 135.

Mohn stand als Besitzer für diese konstruierte Illusion und trat modellhaft für die Unternehmenskonzeption ein.[1460]

> „Ich behaupte von mir, daß meine Arbeitskraft etwas Wert ist, und ich entnehme aus dem Betrieb Geld, aber ich richte meinen Lebensstil so ein, daß ich meinen Mitarbeitern sagen kann, daß mir dies zustehe und daß ich dafür gearbeitet habe."[1461]

Entsprechend der theoretischen Wertekonstruktion wurde auch die Gesamtorganisation von *Bertelsmann* geordnet. Die Unternehmensleitung zerlegte sie in kleine, dezentral geführte Einheiten mit jeweils verantwortlichen Vorgesetzten. Sie führte des Weiteren ein neues Vergütungs- und Beteiligungsmodell[1462] ein, das zahlreiche Seminare den Führungskräften des Konzerns vermittelten. Mit der praktischen Umsetzung des Modells gestaltete *Bertelsmann* ein ungewöhnlich leistungsorientiertes Arbeitsklima, mit dem die Betriebe des Hauses das ‚explosive' Wachstum der 60er Jahre bewältigten.

Erst zu Beginn der 70er Jahre, als der Konzernumsatz von 700 Mio. auf fast 5 Mrd. Mark wuchs, erneuerte man das erste Modell der Unternehmenskultur. Das Wachstum zum internationalen Großkonzern, die Diversifikation der Medienangebote und die Integration großer Fremdunternehmen[1463] stellte *Bertelsmann* vor immense Herausforderungen. Ihnen war die alte ‚Grundsatzordnung' nicht mehr gewachsen. Zudem sah sich das Medienhaus aufgrund seiner Wachstumsbestrebungen öffentlicher Kritik ausgesetzt, wie Ulrich Wechsler, der damalige Chef der Verlagsgruppe in einem Führungsseminar feststellte:

> „Wären wir das größte Medienunternehmen der Welt auf amerikanischem Boden, bräuchten wir diese Diskussion gar nicht zu führen. Aber in Deutschland ist ja Größe als solche schon etwas dubioses; und Größe im Medienbereich ist nicht nur dubios, sondern verwerflich. Wir müssen akzeptieren, daß wir im Glashaus sitzen."[1464]

Eine neu erarbeitete ‚Unternehmensverfassung'[1465] mitsamt ‚Leitsätzen für die Führung' schaffte hier vorausschauend Abhilfe und justierte die ‚Unterneh-

---

[1460] Zu Reinhard Mohns Führungsstil. Vgl. Bleicher, 1993, S. 61.

[1461] Zitiert nach Gööck, 1968, S. 184.

[1462] Mohn, 2000, S. 5: „Vier Jahre verdoppelten wir jährlich den Umsatz, um dann zu erkennen, dass wir dieses Wachstumstempo nicht finanzieren konnten. (...) Meine Lösung der Kapitalbeschaffung war typisch für das Verständnis der Arbeitsgemeinschaft im Hause Bertelsmann: Da ich aufgrund der hohen steuerlichen Belastung nicht genug Kapital bilden konnte, entschloss ich mich, den Gewinn den Mitarbeitern zu schenken – bei minimaler Abgabenbelastung. Meine Bedingung lautete, den Nettobetrag der Firma als Darlehen bis zur Pensionierung zur Verfügung zu stellen."

[1463] Die Erhöhung der Anteile von *Gruner+Jahr* auf 76 Prozent stand bevor und erfolgte 1976.

[1464] Zitate zur Unternehmensverfassung. In: Materialien zum Führungskräfteseminar Unternehmensverfassung. In: Bertelsmann Berichte, 7/1980.

[1465] Deutscher Gewerkschaftsbund, zitiert in: Bertelsmann Berichte, 7/1980: „Es sei keine Rede von einer Berufungsinstanz oder von Beschwerderechten. Der Text dokumentiere allenfalls Harmonievorstellungen und sei somit unverbindlich."

menskultur' neu. Da Reinhard Mohn den Vorstandsvorsitz abgegeben hatte und nur noch im Hintergrund agierte, erarbeitete nicht mehr der Besitzer selbst, sondern ein Kreis von Führungskräften die Neu-Konzeption unter Beobachtung des Inhabers. Die ‚Verfassung', wie die neuen Konzernregeln betitelt wurden, äußerte sich zur gesellschaftlichen Stellung von *Bertelsmann* und hob das Element der allgemeinen Unternehmensverantwortung hervor:

> „Das Unternehmen tritt für eine freiheitliche, demokratisch verfaßte und sozialverpflichtete Ordnung unserer Gesellschaft ein, wie sie im Grundgesetz festgelegt ist. Wir bekennen uns zu einer Wirtschaftsordnung mit den Prinzipien: Leistung, Wettbewerb und breit gestreutes, privates Eigentum. (...) Unser Unternehmen sieht es als seine Verpflichtung an, auch in eigener Verantwortung moderne gesellschaftspolitische Lösungen zu entwickeln."[1466]

Die Arbeit von *Bertelsmann* musste, so der Text weiter, wirtschaftliche Leistung erbringen, aber auch danach beurteilt werden, „ob sie dem Menschen dient. Dem einzelnen Menschen ebenso wie der Gesellschaft". Ein Charakteristikum der erneuerten ‚Unternehmensverfassung' war die Formulierung fast staatstragender, allgemeiner Aussagen[1467], die den Leistungsbeitrag von *Bertelsmann* für die Gesellschaft beschrieben. Auch die inhaltliche Arbeit fand Erwähnung, allerdings ohne sie mit den entscheidenden ökonomischen Zielen ins Verhältnis zu setzen. Die publizistische Arbeit des Unternehmens sollte durch die Dezentralität und Delegation der Programmverantwortung „die freie Meinungsbildung in der Gesellschaft fördern".[1468] Das Medienhaus versprach mit seiner ‚Verfassung' den Redakteuren und Lektoren ein „höchstmögliches Höchstmaß an individueller Freiheit der Gestaltung". Mit dieser liberalen Position warb der Konzern dann in einer Anzeigenkampagne:

> „Unsere Unternehmensverfassung gibt den Fachleuten freie Hand – in unseren Buch- und Zeitschriftenverlagen, unseren Musik- und Filmproduktionen, unseren Buch- und Schallplattenclubs. Sie wählen Stoffe aus, ohne nach weltanschaulichen Vorgaben zu schielen."[1469]

Das Problem der Unternehmensverfassung war, dass sie im praktischen Vollzug sehr großen Interpretationsspielraum zuließ. Tatsächlich ließ Bertelsmann seinen Fachleuten in den publizistischen Bereichen, bei *Gruner+Jahr* oder den *Verlagen,* aber insofern nicht völlig freie Hand, als generell eine deutliche Übergewichtung ökonomischer im Vergleich zu den inhaltlichen Zielen be-

---

[1466] Unternehmensverfassung der Bertelsmann AG, abgedruckt in: Manager Magazin, Oktober 1973, S. 78.

[1467] Ebd., S. 81: „Unsere Aussage, dass die Arbeit unseres Unternehmens, dem Menschen dient, ist in der Diskussion verschiedentlich als Gemeinplatz qualifiziert worden. Wir haben aber gerade mit diesem Satz (...) die positive Erfahrung gemacht, dass wir immer wieder in kritischen Situationen mit dieser Devise konfrontiert wurden."

[1468] Ebd., S. 78.

[1469] Gegen die Monokultur, Anzeige in Buchmarkt, 3/1985, S. 19.

stand. Die ‚Führungskräfte', die sich in der wirtschaftlichen Organisation *Bertelsmann* nahezu vollständig aus Kaufleuten rekrutierten, wachten mit einer ausgefeilten Mischung aus ‚Laissez-faire' und Planwirtschaft sorgsam darüber, wie die Unternehmensgrundsätze zu deuten waren. Bei Zielabweichungen vom geplanten Gewinn wurde nicht gezögert, auch wenn es der inhaltlichen Vielfalt und der Publikation verschiedener Meinungen schadete, ‚optimierende' Maßnahmen, wie etwa die Rationalisierung in den Redaktionen[1470], einzuleiten.

In den parallel zur Unternehmensverfassung entworfenen und herausgegeben *‚Leitsätzen für die Führung'* wird diese Übergewichtung des Ökonomischen nochmals unterstrichen. Hier wurde die Rolle der ‚Eliten'[1471] und ‚Management-Ressourcen' im Medienkonzern unterlegt, die Dezentralität und Beteiligung abermals als Grundprinzip gestärkt[1472], Verhaltensregeln aufgestellt,[1473] konkrete Bestimmungen für die Besetzung von Positionen[1474] dargelegt und Überlegungen zur betrieblichen Praxis angestellt.

An keiner Stelle gingen die *Leitsätze für die Führung* oder ihre begleitenden Erläuterungen[1475] auf konkrete inhaltliche Positionen ein. Themen wie Marktkonzentration, Meinungsgestaltung und inhaltliche Qualität blieben unerwähnt. Konkrete Verantwortung für meinungsbildnerische Vorgänge wies der Konzern Ende der 70er Jahre gar zurück.[1476] Hierzu blieben die Aussagen zwar stets emphatisch, aber allgemein: „Das Unternehmen soll liberal und fortschrittlich sein. Es strebt an, in eigener Verantwortung moderne, gesellschaftliche Lösungen (...) zu entwickeln."[1477] Übergeordnet sei nicht die Ge-

---

[1470] Vgl. hierzu Kap. 7.4; 9.5.

[1471] Den Begriff einer ‚Elite' für die Führungskräfte des Konzerns verwendet Reinhard Mohn. In: Mohn, 2000, S. 74.

[1472] Bertelsmann Leitsätze für die Führung. Gütersloh 1974, S. 2: „Das Haus Bertelsmann ist dezentral organisiert (...) Die Zielsetzungen des Gesamtunternehmens haben Vorrang vor den Interessen der einzelnen Firmen."

[1473] Ebd., S. 2: „Führungskräfte müssen sich der besonderen Verantwortung aus ihrem Führungsauftrag bewußt sein und sich durch vorbildliches Verhalten und fachliche Leistung ständig neu qualifizieren. (...) Der Vorgesetze soll die persönliche Motivation eines jeden seiner Mitarbeiter beachten und zu verstehen suchen. Er muß sich bemühen, die Motivation des einzelnen mit der gemeinsamen Zielsetzung in Einklang zu bringen."

[1474] Ebd., S. 3: „Für jede Führungsposition ist ein Stellvertreter zu benennen. Die Ablösung von Führungskräften darf nicht aus persönlicher Rücksichtsnahme unterlassen werden, wenn die Leistung der Aufgabe nicht gerecht wird. Persönliche Diskriminierung und soziale Härten sind zu vermeiden."

[1475] Zu den Leitlinien wurden eigens begleitende Erläuterungen aufgelegt: Vgl. Leitsätze für die Führung des Hauses Bertelsmann, Beiträge zur Erläuterung, Gütersloh 1974.

[1476] BG 1977/78, S. 21: „Sind die Massenmedien allmächtig? Die empirische Kommunikationsforschung sagt eindeutig: Nein. Massenmedien wirken nicht monokausal: Kein Mensch reagiert unbedingt so, wie eine Aussage in einem Massenmedium es vorzubestimmen scheint. (...) Massenmedien bestätigen eher vorgefaßte Haltungen und Meinungen."

[1477] Unternehmensverfassung der Bertelsmann AG, abgedruckt in: Manager Magazin, Oktober 1973, S. 78

winnmaximierung, sondern der optimale Leistungsbeitrag, der den Anspruch auf Selbstverwirklichung mit einer angemessenen Verzinsung des Kapitals verbinde. Mohn selbst machte aber in Nebensätzen deutlich, dass die ‚Unternehmenskultur' etwas verhüllte und die Legitimierung und Handhabung der Führung unterstützte: „Hinter all dem verbirgt sich die Kunst der richtigen Führung eines Unternehmens und seiner Mitarbeiter."[1478] Erreicht hatte *Bertelsmann* durch seine konzeptionelle Arbeit, dass der Konzern während der 70er Jahre weitgehend unbehelligt wuchs.

Widersprüche in der Unternehmenskultur oder sich kontradiktorisch zueinander verhaltende Aussagen wurden den Mitarbeitern verargumentiert und blieben unaufgelöst stehen: Die Führungskräfte des Konzerns leiteten ihre Firmen selbständig, *aber* ein ausgefeilter Kontroll- und Regelapparat kontrollierte sie. *Bertelsmann* maßregelte die Redaktionen durch ökonomische Maßnahmen *und doch* bekannte sich das Unternehmen zu publizistischer ‚Liberalität' und ‚größtmöglicher Freiheit'. Die Mitarbeiter sollten eigenverantwortliche Unternehmer sein, *obwohl* das Unternehmen zu 100 Prozent im Besitz der Familie Mohn[1479] oder der von ihr kontrollierten Stiftung verblieb. *Bertelsmann* trat für einen verantwortlichen Umgang mit Medien ein, *aber* führte die Rundfunks-, Verlags-, Musik- und Druckereibranche antreibend in ein Oligopol.

Die Aufzählung ließe sich fortführen, obgleich *Bertelsmann* sich stets als liberales, verantwortungsbewusstes Unternehmen darstellte, das im Sinne der Gesellschaft handelte und Reinhard Mohns ‚Unternehmenskultur' als Weg für kreatives und verantwortungsbewusstes Handeln präsentierte: „Vor allem seinem Weitblick ist es zu verdanken, dass engagierte Unternehmenskultur heute ein elementarer Baustein der Unternehmenskultur weltweit geworden ist"[1480], lobte Bundespräsident Rau.

11.2 Das globale Unternehmen als ‚Heimat'

Die frühe Entfaltung der ‚Unternehmenskultur' als Management-Instrument ist aus betriebswirtschaftlicher Sicht eine herausragende Leistung. Die Unternehmensleitung von *Bertelsmann* erfasste die Möglichkeiten der Konstruktion

[1478] Mohn, R., Mitarbeiterbeteiligung, Unternehmenskultur und Sozialpartnerschaft. In: Ergebnisse eines Kongresses der Niedersächsischen Landesregierung in Zusammenarbeit mit der Arbeitsgemeinschaft zur Förderung der Partnerschaft in der Wirtschaft (AGP) und der Bertelsmann Stiftung am 14. November 1988 in Hannover. Gütersloh 1989, S. 25.

[1479] Noch 2002 nennt Horst Röper die Familie Mohn die „Eignerfamilie". In: Röper, H., Formationen deutscher Medienmultis. In: Media Perspektiven, 9/2002, S. 407.

[1480] Geleitwort von Johannes Rau; In: Middelhoff/Thielen, 2001, S. 11.

eines gemeinschaftlichen Ideengebäudes, lange bevor die Wissenschaft das Thema der ‚Unternehmenskultur' für sich entdeckte. Sie wandte sich erst Anfang der 80er Jahre dem Thema zu, nachdem die ‚Corporate Culture'-Debatte[1481] nach den anglo-amerikanischen Publikationen von Ouchi[1482], Deal/Kennedy[1483] und Peters/Waterman[1484] den betriebswirtschaftlichen ‚hula hoop of the 80's[1485] auslösten. Die Etablierung einer eigenen Wertekonstruktion gilt seitdem unbestritten als „wichtiger unternehmerischer Erfolgsfaktor".[1486] Sie greift dann „wenn ex ante unvorhergesehene und unvorhersehbare Umweltzustände eintreten"[1487] und „sichert – zusammen mit anderen Managementfunktionen die Effizienz der Unternehmenssteuerung".[1488]

Ein solcher unvorhergesehener Zustand kam Anfang der 80er Jahre auf das Medienhaus mit seiner Internationalisierung zu. *Bertelsmann* begann, sich global auszubreiten und ein weltumspannendes Firmennetzwerk aufzubauen. Dabei stellten sich interkulturelle Beeinträchtigungen ein, so dass beispielsweise die von *Bertelsmann* gekaufte Verlagsgruppe *DoubledayDellDelacorte* nicht zufriedenstellend integriert werden konnte.[1489] Massive Störungen zwischen *Bertelsmann* und dem gekauften Verlag beruhten auf einem ‚Clash of Culture'[1490] zwischen vollkommen unterschiedlichen ‚Unternehmenskulturen'. Die Krise konnte erst durch hohen, personellen Aufwand beigelegt werden und zeigte *Bertelsmann* die Bedeutung einer interkulturell adaptierbaren Unternehmenskonzeption.

Der Konzern ging daraufhin dazu über, seine nationale ‚Unternehmenskultur' nicht mehr nur zu übertragen, sondern den kulturellen Aspekt bei Fusionen oder Neugründungen genauer zu bedenken und seine Handlungen den Gepflogenheiten des Landes anzupassen. 1985 wurde in die Unternehmensverfassung aufgenommen, dass kulturelle Tradition und nationale Eigenarten

---

1481 Die Debatte wiederum war eine Folge des Schocks, den die Exporterfolge der amerikanischen Wirtschaft auf die US-amerikanische Wirtschaft hatten. Eine Zusammenfassung findet sich in: Dülfer, E., (Hg.), Organisationskultur: Phänomen, Philosophie, Technologie. Stuttgart 1988, S. 1–20.

1482 Ouchi, W., How American Business can meet the Japanese Challenge. Reading 1982.

1483 Deal, T., Kennedy, A., Corporate Cultures, Rites and Rituals of Corporate Life. Reading 1982.

1484 Peters, J., Waterman, R., In Search of Excellence, Lessons from America's Best run Companies. New York 1982.

1485 Weßling, M., Unternehmenskultur und Unternehmensethik. Münster 1992, S. 3f.

1486 Vgl. Junkes, J, Mitarbeiterbeteiligung, Finanzierungspolitik und Unternehmenskultur. München 2002, S. 161.

1487 Vgl. ebd., S. 162.

1488 Steinmann, H., Kontrollorientierte Unternehmenskultur als Steuerungsinstrument. In: Middelhoff/Thielen, 2001, S. 120.

1489 Vgl. Kap. 6.5.

1490 Diesen Begriff für das Scheitern internationaler Unternehmenskultur-Bildung verwendet etwa: Oberender, P., Megafusionen. Berlin 2002, S. 35.

zu beachten und zu fördern seien.[1491] Die sensible Vorgehensweise beim Umgang mit ‚fremden' Kulturen entwickelte sich bei *Bertelsmann* so zu einer anerkannten Leitmaxime. Der Konzern ging außerdem schrittweise dazu über, nicht mehr vornehmlich nationale Führungskräfte in seine neuen Länder zu senden, wie es in den frühen 80er Jahren noch vielfach praktiziert worden war, sondern begabte Führungskräfte aus den jeweiligen Nationen zu rekrutieren. Diese für *Bertelsmann* rekrutierten ‚Eliten' wurden zunächst eingehend im Instrumentarium des Konzerns geschult und erst danach in Management-Positionen mit Entscheidungsbefugnis eingesetzt. So gelang es, die interkulturellen ‚Hürden' zu überwinden und das Medienhaus, was die Einbindung oder den Aufbau neuer Unternehmen weltweit betraf, zu einem globalen Gebilde auszugestalten:

> „Die kulturelle Hürde endgültig zu überwinden gelang uns, in dem wir Führungskräfte aus den jeweiligen Ländern förderten und entwickelten – und zwar unter unternehmerischen Bedingungen. (...) Dazu wurden die Manager aus dem Ausland sorgfältig einige Jahre mit unserer Arbeit vertraut gemacht und erst dann unter ihrer Verantwortlichkeit Kapital eingesetzt."[1492]

Bertelsmann identifizierte sich nach seiner Konzeption nicht mehr mit *einer* Konzernidee, die sich an nationalstaatliche Grenzen und an einzelne Kulturen banden. Das Medienhaus war zu einem Betrieb geworden, der in verschiedenen Staatsgebilden tätig und beheimatet war: „*Bertelsmann Systems* soll in Indien heute ein weitgehend indisches Unternehmen sein, während sich *Random House* in den USA als US-amerikanisches Unternehmen versteht."[1493] Seit 1987 überwiegen die internationalen Mitarbeiter im Konzern und 2002 arbeiteten fast 60 Prozent der *Bertelsmann*-Mitarbeiter im Ausland.

Die ‚Kultur' des Konzerns begann über Ländergrenzen hinweg zu reichen und ließ seit Anfang der 90er Jahre neue Metaphern für *Bertelsmann* entstehen, die vorher nicht gebraucht worden waren. Ein solcher Begriff wurde ‚Heimat'. *Bertelsmann* wollte für seine Mitarbeiter eine internationale ‚Heimat' sein und ihnen ein Zuhause bieten. Aufgrund seiner ‚Gemeinschaft' und seiner ‚Partnerschaft' verstand sich der Konzern als „weltweite internationale Heimat für Kreative"[1494], zu deren ethischen Aufnahmebedingungen die Achtung von ‚Recht und Gesetz' und die Ablehnung „jeglicher Form von Diskriminierung und Belästigung am Arbeitsplatz" sei.

[1491] Bertelsmann Unternehmensverfassung. Gütersloh 1985, S. 2: „In unserer internationalen Tätigkeit wollen wir kulturelle Tradition und nationale Eigenart achten und fördern."

[1492] Vgl. Mohn, R., Systemfortschreibung als Voraussetzung für die Führungsfähigkeit. Kiel 2000, S. 13.

[1493] Vgl. Sozialbericht 2000/01, S. 2.

[1494] Bertelsmann Essentials. Die Grundwerte unseres Unternehmens. Gütersloh 1998.

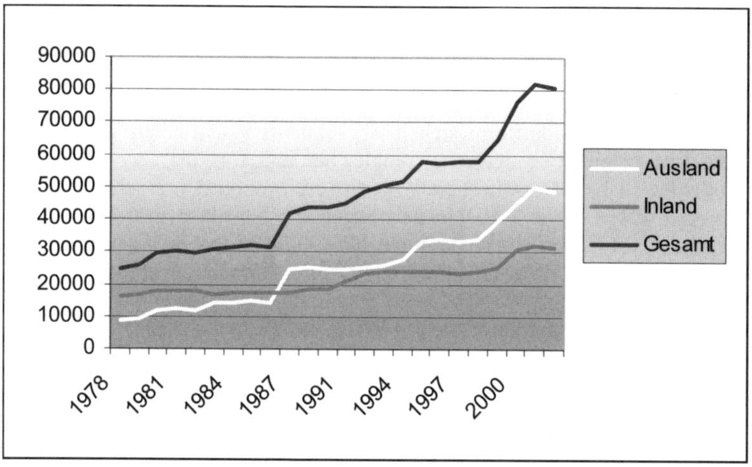

Abb.26. Mitarbeiterentwicklung 1978 – 2002.[1495]

Auf diese Heimat könnten die Mitarbeiter weltweit ‚stolz' sein: „I am proud to work for this company!"[1496]

Bei der Konzeption dieser transnationalen ‚Unternehmenskultur', in der ein direkter Kontakt zwischen den vielen Mitarbeitern unmöglich geworden war, kommt heute dem Internet eine herausgehobene Funktion für die Ausbildung der innerbetrieblichen Gemeinschaft zu. Das Medium Internet wird von *Bertelsmann*, ebenso wie von anderen Konzernen, als Steuerungsinstrument und Werkzeug der Unternehmenskonzeption eingesetzt.[1497] Mit Hilfe des Internets wurden vergleichsweise kostengünstig[1498] innerbetriebliche Kommunikationsnetzwerke geschaffen, die eine neue Form von Zusammenhang erzeugten.

Für die kommunikative Pflege der Gemeinschaft stellte der Konzern verschiedene Netze mit verschiedenen Graden der personalisierten Zugangsberechtigung bereit. Über die Eingabe von Username und Passwort können sich Mitarbeiter im Außendienst oder von zu Hause aus einloggen. Die Führungs-

---

[1495] Entn. aus: BG 1978-2002.

[1496] Thomas Middelhoff zitiert einen amerikanischen Mitarbeiter im Vorwort zu: BG 2000/01, S.2.

[1497] Vgl. Sassen, S., Digitale Netzwerke und Macht. In: Globalisierung und Demokratie. Frankfurt a.M. 2000, S. 342: „Eine der vielleicht signifikantesten Entwicklungen der neuesten Zeit ist der Gebrauch des Webs und das Einsetzen von Firewalls, um firmeninterne Netzwerke einzurichten."

[1498] Das Internet selbst stellte die Infrastruktur für die Netzwerke bereit. Sie brauchten nicht eigens aufgebaut werden.

kräfte tauschen sich beispielsweise in den Foren des *Executive Net* (*bE-NET*[1499]) aus, die über 80.000 ‚normalen' Angestellten können übergreifend im Firmen-Intranet (BeNet) miteinander kommunizieren, das erst 2003 auf Basis des Content-Management Systems ‚Tridion R5' neu aufgesetzt und international gestaltet wurde:

> „Auf der Intranet-Plattform stehen tagesaktuelle Nachrichten und Berichte aus dem Unternehmen in deutscher, englischer und französischer Sprache online. Außerdem haben die Mitarbeiter Zugriff auf weitere Unternehmensinformationen und -daten sowie auf Dienstleistungen wie beispielsweise eine interne Stellenbörse. (...) Neben Userverwaltung für 80.000 Mitarbeiter beinhaltet die technische Lösung (...) ein Editorenkonzept für unternehmensinterne Abteilungen, die damit ihre eigenen BeNet-Seiten gestalten können sowie eine Serverarchitektur, die den Belastungsspitzen eines Weltkonzerns standhält."[1500]

Ferner haben die Mitarbeiter der Tochterunternehmen aus 55 Ländern die Möglichkeit, sich in lokalen Intranets, beispielsweise im *RTL-Intranet*, miteinander zu verständigen: „Es wird kräftig gesurft, gemailt und gechattet, die Mitarbeiter lernen, die neuen Technologien und das Internet zu nutzen und nicht zuletzt die partnerschaftliche Unternehmenskultur von Bertelsmann zu schätzen!"[1501]

Zu erkennen ist bereits, dass *Bertelsmann* seine technischen Systeme aus Kostengründen in Zukunft weitgehend zentral organisieren und Informationen von übergreifender Bedeutung gebündelt verwalten wird. Lokale Netzwerke werden als Teilsysteme in dieser zentralen Plattform aufgehen und als Teilidentitäten behandelt werden. Einzelne Unternehmen sind in dieser Struktur Bestandteil einer größeren Gemeinschaft, deren ‚Werte' sich durch die Vernetzungsmöglichkeiten nicht grundlegend verändert haben. Auch in seinen virtuellen Netzwerken setzt das Medienhaus auf insgesamt sieben Punkte, an denen sich die weltweite Gemeinschaft manifestieren soll: Leistungsorientierung, unternehmerische Führung, Partnerschaft, Delegation von Verantwortung, Mitarbeiterbeteiligung, Sensibilität für kulturelle Unterschiede und Kontinuitätssicherung.[1502]

[1499] Bertelsmann Executive Net.

[1500] Contentmanager.de [2.6.2003], (www.contentmanager.de/magazin/news_h5026_bertelsmann_ag_relauncht_ihr_intranet_mit_nionex.html): ‚Bertelsmann AG relauncht ihr Intranet mit Nionex.'

[1501] Alle Begriffe entnommen aus: Bertelsmann Sozialbericht 2000/01, S. 2.

[1502] Mohn, R., Systemfortschreibung als Voraussetzung für die Führungsfähigkeit. Kiel 2000, S. 15.

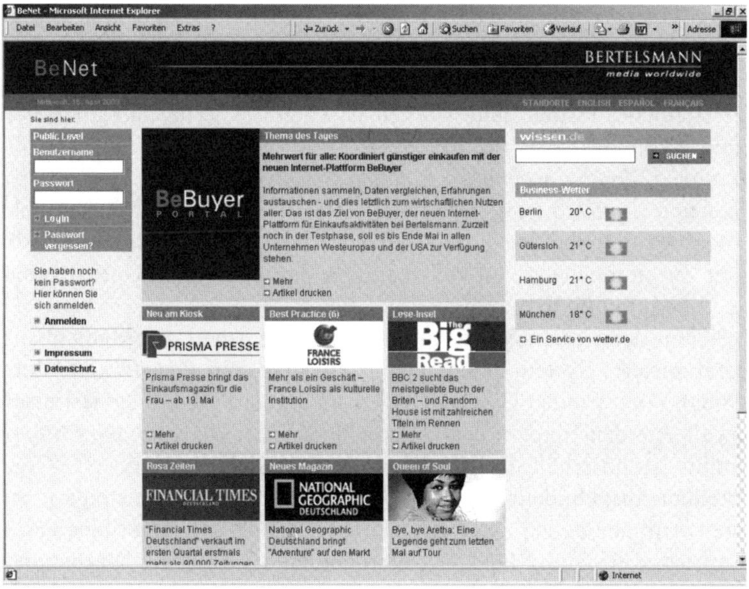

Abb.27. Unternehmensportal www.planet-b.net (Stand: 16.4.2003)

Im weltweiten Machtgefüge des Konzerns helfen diese Konstanten, hierarchische ‚Führung' zu stabilisieren und ökonomisch motivierte ‚Machtausübung' zu unterstützen. Die elektronischen Netzwerke stellen eine Art Problemlösungs- und Verarbeitungsmaschinerie dar, deren Funktion auf die Optimierung der Unternehmensabläufe zielt.[1503] Das Primat der ökonomischen Ziele wird mit der Hilfe der durchgehend überwachbaren, ‚elektronischen Unternehmenskultur' mehr verstärkt als gemindert.

11.3 Dezentrale Identitäten

Bertelsmann ist heute als transnationaler Medienkonzern ein Verbund aus vielen internationalen Tochterunternehmen, die mehr als 70 Prozent des Umsatzes im Ausland erwirtschaften[1504] und Millionen von Menschen ansprechen: „Zu den weltweit mehr als 80 Millionen Medienkonsumenten pflegen wir di-

[1503] Vgl. Hess, T., Implikationen des Internet für die Medienbranche. In: Keuper, F., Electronic Busines und Mobile Commerce. Wiesbaden 2002, S. 577f.

[1504] Vgl. BG 2001/02, S. 2ff.

rekten Kontakt.“[1505] Trotzdem wird der Medienkonzern oft nur für den Betreiber des *Bertelsmann*-Clubs gehalten. Der Grund hierfür ist, dass der Konzern sich zugunsten seiner ‚Marken‘ diskret zurückhält.[1506] Bei näherer Betrachtung der Bereiche, Firmen und Marken ist ebenfalls keine inhaltlich verbindende Linie erkennbar. Was die *Financial Times, Brigitte*, *Stern*, *RTL, NTV, Radio Hamburg, Zomba, webmiles, Random House, Goldmann, Peter Alexander* und *Christina Aguilera* gemeinsam haben, bleibt von außen besehen unklar. Zwar handelt es sich durchweg um Medienprodukte, jedoch scheint *Bertelsmann* ein loser Zusammenhang von vielen aneinander geknüpften Unternehmen zu sein, die mannigfaltige Erzeugnisse produzieren.

Neben der Unternehmenskultur sind alle Firmen des Medienhauses in ein hierarchisches System eingebunden. Sie sind dem *Bertelsmann*-Vorstand und seinem Vorsitzenden Gunter Thielen untergeordnet, der seine Entscheidungsgewalt von den Eignern des Unternehmens, der *Bertelsmann Stiftung* und der Familie Mohn erhält. Bei *Bertelsmann* setzt sich dieses oberste Gremium aus exzellent ausgebildeten, betriebswirtschaftlichen Wissensträgern zusammen, deren Aufgabe es ist, aktiv zu ‚führen‘.[1507] ‚Führen‘ meint hier vor allem, die langfristige Richtung für alle Unternehmen vorzugeben, Wachstumsfelder im Markt zu erschließen[1508], den Entwicklungsgang zu überwachen und Maßnahmen einzuleiten, falls eine Harmonisierung mit einem Tochterunternehmen nicht zu erreichen ist.

Sämtliche Firmen von *Bertelsmann* werden dazu in einer Art Koordinatensystem erfasst und direkt oder indirekt ‚nach oben‘, auf die Zentrale hin, gegliedert. Eine einzelne Firma, wie *BertelsmannSpringer* beispielsweise, kann im Rahmen des Ordnungsprinzips sporadisch im Zentrum von *Bertelsmann* angesiedelt sein und sich nach einem Strategiewechsel des Vorstands am ‚Rand‘ des Unternehmens oder unter dem Dach eines anderen Konzerns wie-

---

[1505] Bertelsmann, media worldwide (Broschüre), 2002, S. 2.

[1506] Bruhn, M., Die Marke. Facetten der Medienkultur. Wien 2001, S. 9f: „Der Markenartikel ist das facettenreiche Phänomen, das uns im Alltag täglich begleitet. Jeder Konsument war schon einmal direkt oder indirekt mit Marken verbunden. Die praktische Bedeutung des Markenartikels hat in Europa und auch weltweit stark zugenommen. Waren es 1994 noch rund 49000 Marken, die in den Medien beworben wurden, so geht man aktuell von etwa 65000 Marken aus. (...) Die Kulturwissenschaft beleuchtet das Thema Marke unter Berücksichtigung der sich stetig wandelnden Wert- und Normvorstellungen der Gesellschaft und zieht hieraus Konsequenzen für den Aufbau und die Pflege von Marken.“

[1507] Wunderer/Grundwald charakterisieren Führung durch 11 Merkmale: 1. Ziel, Ergebnis, Aufgabenorientierung, 2. Gruppenprozeß, 3. Rollendifferenzierung, 4. Einflußprozeß, 5. Soziale Interaktion, 6. Wert- und Normbildung, 7. Persönlichkeitseigenschaften, Fähigkeiten, Fertigkeiten, 8. Konfliktprozesse, 9. Informations- und Kommunikationsprozesse, 10. Entscheidungsprozesse, 11. Entwicklungsprozesse. In: Wunderer R.; Grundwald, W., Führungslehre. Berlin 1980, S.57ff.

[1508] Vgl. zum Strategieprozess des leitenden Managements und den zwei Grundströmungen der marktorientierten und ressourcenorientierten Perspektive. In: Hahn, D., US-amerikanische Konzepte strategischer Unternehmensführung. In: Hahn, D.; Taylor, B.; Strategische Unternehmensplanung, strategische Unternehmensführung. Heidelberg 1997, S. 157f.

derfinden.[1509] Letzten Endes ist es das Verständnis der Entscheidungsträger, das bestimmt, was im Veränderungsprozess zu *Bertelsmann* gehört.

Das Schema, dem das betriebliche Netzwerk folgt, ist bei *Bertelsmann* jedoch nicht starr und unbeweglich, sondern aus verschiedenen produktiven Teilen geknüpft. Die einzelnen Unternehmen mit ihren interessegeleiteten Führungskräften[1510] werden so geführt, dass sie im Rahmen der Vorstandsvorgaben die Chance zur Gestaltung eigener, dezentraler Unternehmensidentitäten erhalten und in einer Art betriebsinternen ‚Mikro-Marktwirtschaft' beweglich bleiben.[1511] Häufige Prozessveränderungen wenden die Risiken von zu starken Identitätsbildungen einzelner Unternehmen ab, die sich gegen den Gesamtkonzern stellen könnten. Die beständigen Umgruppierungen der Unternehmensbereiche[1512] dienen so auch der Korrosion von Teilidentitäten und der Legitimierung der zentralen, strategischen Unternehmensführung.[1513]

Von seinen vielen verschiedenen ‚kontrollierten Identitäten' verspricht sich *Bertelsmann* eine vorteilhaftere Position als von einem großen, homogenen Gesamtgefüge, das im Medienbereich schnell kontraproduktive Kritik heraufbeschwören könnte. Das im Verborgenen kontrollierte System des Medienhauses, zeigt seinen Zusammenhang willentlich nicht, um weiter wachsen zu können. Das Netzwerk zwischen den Unternehmen betrifft deshalb nicht die ‚Fassade'. Es konzentriert sich, wenn möglich, auf die Knüpfung von Zusammenhängen im Hintergrund und arbeitet weltweit auf eine Harmonisierung der übergreifenden Zielvorstellungen in seinen Tochterfirmen hin.[1514]

Gemeinsam mit einer relativ geringen Anzahl von transnationalen Wettbewerbern wie *AOlTimeWarner*, *News Corp.* und *Vivendi Universal* beherrscht das Medienhaus „die neuen Kontinente produktiver Netze".[1515] Bekundetes Ziel ist es, in seinen Märkten und Ländern die tonangebende Rolle zu spielen:

> „Bertelsmann will in seinen Märkten die Nummer eins, zwei oder drei sein. Wo stehen wir jetzt? Im Buchgeschäft sind wir weltweit Marktführer, in Europa gilt

---

[1509] Vgl. hierzu Kap. 6.7; 9.2; 10.3. Siehe zu den Umgruppierungen auch Anhang, 14.1.

[1510] *Bertelsmann* versuchte stets, seine Führungskräfte über Hierarchie *und* Eigeninteresse einzubinden, also den repressiven Zwang durch einen internalisierten, selbst auferlegten ‚freiwilligen Zwang' zu ersetzen. Vgl. Kap. 11.1.

[1511] Auf die motivierende Komponente dieser ‚Delegation von Verantwortung' wurde ebenfalls in Kap. 11 eingegangen.

[1512] Vgl. 14.1.

[1513] Im Konzern sind nach Umbildungen der Bereiche, wie sie nach der Kündigung Middelhoffs 2002 anstand, stets personelle Wechsel im Vorstand sowie in den Tochterunternehmen zu beobachten.

[1514] Hardt/Negri verwenden ebenfalls die Netzwerk-Metapher. Vgl. Hardt, M.; Negri, A., Empire. Die neue Weltordnung. Frankfurt a. M. 2002, S. 309: „Die Struktur und das Management von Kommunikationsnetzwerken sind wesentliche Vorbedingungen der Produktion in der Informationsökonomie. Diese globalen Netzwerke müssen so aufgebaut sein und so geleitet werden, dass sie Ordnung und Profit garantieren."

[1515] Hardt/Negri, 2002, S. 311.

> das für Fernsehen und Radio, die Sportrechte-Vermarktung und die Zeitschriften. Im US-Zeitschriften- und im Musikgeschäft müssen wir noch zulegen.“[1516]

Ob ein dezentral geführtes Unternehmen zu *Bertelsmann* in das Konzern-Raster passt oder nicht, leitet sich davon ab, ob es diesem Antrieb gerecht wird. Mit den ehrlichen Worten von Ex-Vorstand Thomas Middelhoff: "Was sich nicht rechnet, muss weg."[1517]

[1516] Zeit-Gespräch mit Thomas Middelhoff. In: Die ZEIT, 46/2001.

[1517] Thomas Middelhoff zitiert nach: Frech, G., Der Bewusstseinsriese mit Denkfabrik. In: Forum IG Medien, 3-4/ 2000, S. 21.

12. Die ‚*Bertelsmannisierung*' und ihre Auswirkungen

Die Beschreibung des *Bertelsmann*-Konzerns zeigte, dass es sich bei dem Medienhaus um eines der weltweit führenden Medienunternehmen handelt, dessen Expansionsdrang ungebremst ist. Durch seine hocheffiziente und zielgerichtete Koordination der Unternehmensteile, wachsen der Konzern und sein Einfluss auf die Geschäfte mit Medien kontinuierlich. Es kann deshalb mit Fug und Recht von einer *Bertelsmannisierung*, einem vom Medienhaus ausgehenden, gesellschaftlichen Veränderungsprozess gesprochen werden, der stellvertretend für andere Großkonzerne steht. Dies wird im Folgenden an den drei Themenbereichen *Organisation*, *Inhalte* und *Markt* demonstriert.

12.1 Organisation

Das verzweigte, globale Unternehmen *Bertelsmann* wird über weitgehend computerisierte, zentrale Planungs- und Berichtsinstrumente gesteuert.[1518] Eine zahlenmäßig kleine Elite übt mit ihren elektronischen ‚Tools' auf der Grundlage von ‚Zahlen' und ‚Marktinformationen' die strategische Führung über eine gewaltige Anzahl von weltweiten Unternehmenstöchtern aus. An ihrer Spitze steht der Vorstand, der wiederum an die Besitzerfamilie Mohn, vergleichbar mit anderen Unternehmenseignern, im Rahmen einer Art ‚Mohnarchie' berichtet.[1519] Reinhard Mohn festigte in jüngster Zeit vehement die Macht seiner Familie in den entscheidenden Gremien des Medienhauses: „Bertelsmann soll auch nach dem Tod des Firmenpatriarchen dauerhaft von der Familie gelenkt werden."[1520]

Zu den betriebswirtschaftlichen Planungswerkzeugen kommt die interne Informationspolitik hinzu. Sie gestaltet als aktives Element der Unternehmens-

[1518] Mohn, R., Die gesellschaftliche Verantwortung des Unternehmers. München 2003, S. 35.

[1519] Reichtum ist hier direkt korreliert mit Macht. Vgl. Volz, F.G., ‚Vermögen' – vorbereitende Thesen zu einer (anthropologischen) Theorie des Reichtums. In: Ders., Huster, E.U., (Hg.), Theorien des Reichtums. Münster 2002, S. 21: „Macht über andere Menschen nicht nur im Blick auf ihr Arbeitsvermögen oder ihre Prokreativität (...), sondern auch in dem Sinne, die Lebensumstände, die Lebenslagen und -formen der anderen im Interesse der Lebensführung und der Ausgestaltung des Lebensstils der einen zu prägen."

[1520] taz, die tageszeitung, 21.11.2003: ‚Ein Fürst dankt ab. '

kultur das Selbstbild des Konzerns und seiner 80.000 Mitarbeiter. Positive Neuigkeiten werden bekannt gemacht, negative Informationen werden ausgeklammert oder abgemildert.[1521] Die unternehmensweiten Netze betonen stets die Qualität und Sinnhaftigkeit der Konzernarbeit.

Derartige Mittel sind notwendig, um die Organisation *Bertelsmann* zu stabilisieren. Was scheinbar als Konstante ‚*Bertelsmann*' wahrgenommen wird, ist ein heterogenes, pulsierendes Gebilde. Dieses wird ständig umgruppiert, umorganisiert, enger miteinander verwoben oder wieder voneinander entkoppelt. Häufig werden Firmen antizyklisch hinzugekauft, wenn rezessive Phasen die allgemeinen Preise niedrig halten.[1522]

Mit der offenen, internationalen Struktur des Konzerns können irgendwo auf der Welt neugegründete oder hinzugekaufte Tochterfirmen vergleichsweise problemlos aufgenommen werden. Weil *Bertelsmann* jedes Jahr etwa um die Größe von *Burda* wächst, ist eine enorme Assimilationsarbeit zu leisten.[1523] Verschiedene Unternehmenskulturen müssen in Übereinstimmung miteinander gebracht werden, damit keine geschäftsschädigende Heterogenität die Arbeitsleistung der Mitarbeiter herabsetzt.

Bertelsmann befindet sich daher in einem für einen internationalen Großkonzern typischen, nicht abreißenden Restrukturierungsprozess, der die Steigerung der allokativen und produktiven Effizienz bezweckt, Verkrustungen im Medienhaus verhindert und externe Beobachtung einschränkt. Denn viele Informationen über das Unternehmen sind im Grunde relativ frei für jeden verfügbar, aber ihre Komplexität vereitelt, um noch einmal auf die am Anfang des Textes geäußerten These zurückzukommen, dass sie von den Medienkonsumenten kontextualisiert werden. Was die Organisation angeht, so steht *Bertelsmannisierung* für die Vernetzung von hunderten, kaum überschaubaren, internationalen Medienunternehmen und zehntausenden von Wissensarbeitern in einem zentral steuerbaren Unternehmensgefüge mit transnationaler Unternehmenskultur.

12.2 Inhalte

Im Zuge der Transformation zur Informationsgesellschaft entwickeln sich die Medien zu einer immer wichtigeren Branche.[1524] *Bertelsmann* konzentriert sich

[1521] Beispielsweise erfuhren die Mitarbeiter des Online-Buchshops *BOL* aus der Presse, dass ihr Unternehmen aufgelöst werden sollte. Bei den Töchtern *Pixelpark* und *BertelsmannSpringer* verhielt es sich ähnlich. Auf dem Unternehmensportal www.planet-b.net werden nur positive oder geschönte ‚News' verbreitet.

[1522] Vgl. Kap. 6.5; 7.3; 9.4.

[1523] Vgl. Unternehmenssprecher Manfred Harnischfeger zitiert nach: Schuler, 1997, S. 15.

[1524] Vgl. Knobloch, S., Werbestrategien der deutschen Medien. In: Medien & Kommunikationswissenschaft, 1/2003, S. 39.

mit seinen Geschäften insbesondere auf den Handel und die Produktion von Medieninhalten, die in modernen Großgesellschaften nahezu allgegenwärtig sind. Für Rolf Schmidt-Holtz, zeitweise als ‚Chief Creative Officer' die oberste inhaltliche Instanz bei *Bertelsmann*, sind ‚Contents' demgemäß „die Leitwährung des Mediengeschäfts".[1525] Das Medienhaus gewinnt Kapital aus dem Grundstoff der ‚informationellen Wirtschaft', in der die Produktivität und Konkurrenzfähigkeit von der Fähigkeit abhängt, „auf effiziente Weise wissensbasierte Information hervorzubringen, zu verarbeiten und anzuwenden".[1526]

Mit seinen breitgefächerten und medienübergreifenden Inhalten sorgt der Konzern für Publizität, mit der er Wirklichkeit für Personen und Sachverhalte in einer unüberschaubar gewordenen Welt herstellt.[1527] Obwohl die von *Bertelsmann* produzierten Inhalte täglich Millionen von Medienkonsumenten erreichen, verhält sich der Konzern zu ihrem Gehalt weitgehend indifferent. Es existiert kein inhaltliches Ethos, kein publizistisches Wertekonstrukt, keine vorgeschriebene politische Richtung, wenngleich ‚Content' als strategisches Kerngeschäft des Konzerns bezeichnet wird. Die produzierten Inhalte sollen vornehmlich den Geschmack eines Massenpublikums treffen, um Werbung zu verkaufen und Zusatzfunktionen wie Sponsoring, Merchandising oder Product Placement zu erfüllen.

Die Wissensarbeiter bei *Bertelsmann* haben die Aufgabe, ‚wert-volle' Informationen herzustellen. Da der Wert sich an der Nachfrage bemisst, zählt weniger, was der Inhalt mitteilt, sondern ob ein Publikum sich für ihn interessiert oder nicht: „Der Individualität des Einzelnen, den Bedürfnissen unserer Zuhörer, Zuschauer, Leser und Nutzer gilt unsere größte Aufmerksamkeit. Sie zu begeistern ist unser Job."[1528] Genau so verhält es sich nicht! Je massentauglicher ein Inhalt, je weniger individuell er ist, umso mehr Kapital lässt sich aus ihm gewinnen. Im Umkehrschluss wird möglichst wenig Geld in die Erzeugung von Inhalten investiert, wenn sie nur ein kleines Publikum oder gar ein einzelnes Individuum erreichen. Das Individuum allein ist für einen Medienkonzern wie *Bertelsmann* relativ ‚wert-los'. Der Konzern beteiligt sich zwar an Projekten, die nur ein Nischen- oder Spartenpublikum ansprechen, um neue Inhalte an sie heranzuführen und Wachstumsfelder zu entdecken, ist jedoch stets daran interessiert, ein Produkt zur Massentauglichkeit weiterzuentwickeln. Durch diese ökonomische Betrachtungsweise popularisiert, kommerzia-

[1525] BG 1998/99, S. 10.

[1526] Castels, M., Das Informationszeitalter I. Opladen 2001, S. 82.

[1527] Saxer, U., Der gesellschaftliche Ort der Massenkommunikation. In: Haas/Jarren, 2002, S. 3: „Das Objekt der publizistischen Medien hingegen ist (...), Publizität. Publizistik (...) stellt Öffentlichkeit für Personen und Sachverhalte her und macht diese bekannt. Auf diese Entscheidung sind politische Entscheidungen und Sinngehalte ebenso angewiesen wie Güter und Dienstleistungen. (...) Umgekehrt sind die Massenmedien ihrerseits auch wieder von Politik, Kultur und Wirtschaft für ihren Bestand und ihr Funktionieren abhängig."

[1528] Bertelsmann, media worldwide (Broschüre), 2002, S. 2.

lisiert und mindert *Bertelsmann* kontinuierlich die *inhaltliche* Qualität von Medienprodukten, während es ihre wirtschaftliche Funktionalität verbessert.

Die Folge dieser Form der Kommerzialisierung ist die Substitution meritorischer durch marktorientierte Ziele. Die ‚globale Heimat' *Bertelsmann* industrialisiert ihre Inhalte, indem sie sie zur qualitativ minderwertigen Vermarktungsfläche marginalisiert.

Eine auf das Inhaltliche bezogene Öffentlichkeitsarbeit bei *Bertelsmann* stellt dies als ‚Public Marketing' positiv dar.[1529] Den Experten der Abteilung ‚ZÖ' (Zentrale Öffentlichkeitsarbeit) bei *Bertelsmann* obliegt „die systematische Beobachtung der Entwicklung im gesellschaftspolitischen Umfeld, die Einbindung dieser Information in das Marketingsystem (...) und die Gestaltung der Beziehungen zum gesellschaftspolitischen Umfeld".[1530] Die *Bertelsmannisierung* der Medieninhalte stellt den Prozess ihrer zentral betriebenen Kommerzialisierung, Vermassung und Vermachtung dar sowie dessen synchrone Verschleierung.

12.3 Markt

Möglichst viele Tätigkeiten sollen bei *Bertelsmann* an den für im Unternehmen entscheidenden Zweck der Gewinnoptimierung und an die Verbesserung der Marktposition gekoppelt sein. Der Markt wird als ‚hartes' Regulativ vorbehaltlos anerkannt. Die ‚Kunden', die mit ihrem Seh-, Hör- und Kaufverhalten eigentlich kontrollieren, was der Markt produziert, erhalten aber aufgrund des oligopolistischen Wettbewerbs nur bestimmte Informationsausschnitte und haben deshalb stark eingeschränkte Entscheidungsmöglichkeiten. In einer konsumorientierten, von Medien geprägten Lebenswelt werden die Farben und Produkte bunter, aber die Wahlmöglichkeiten und Meinungen unzweifelhaft eingeschränkt. „Die vermeintliche Vielfalt in den Fußgängerzonen und Einkaufszentren ist eine Illusion."[1531] Bei den Medieninhalten verhält es sich nicht anders. Im scheinbar vielfältigen Medienwettbewerb wird ein Großteil des Wertes, den die Verbraucher erzeugen, in den Bilanzen weniger übergeordneter Holdings und Dachfirmen verbucht. Diese führen, wie die *Bertelsmann*-Verwaltungsgesellschaft, die Bestückung der Medienkanäle, so dass sie sich nicht gegenseitig kannibalisieren, sondern als Vermarktungsketten ‚perfor-

[1529] Röttger, U., Public Relations – Organisation und Profession. Wiesbaden 2000, S. 57.
[1530] Ebd.
[1531] Vgl. Rohwetter, M., Mogelpackung Wettbewerb. Die Vielfalt de Einkaufstüten täuscht – viele Marken gehören zu wenigern Konzernen. In: Die ZEIT, 24.4.2003, S. 20.

men'. Marktführerschaft, Kostenführerschaft sowie Anlagesicherheit sind deshalb Ziele, an denen die Einzeltätigkeiten im Konzern gemessen werden. Durch strikte, sich am Idealbild des freien, hochkompetitiven Marktes orientierende Wirtschaftlichkeit wird der langfristige Erfolg des Unternehmensverbundes und die Verzinsung des investierten Kapitals gesichert, das sich schließlich wieder bei den Eignern bündelt.[1532]

Längst spielt das Medienhaus dank dieser Haltung vorne mit: In den strategischen Tätigkeitsfeldern Verlagswesen, Rundfunk, Druckwesen und Mediendienstleistungen hält *Bertelsmann* führende Positionen. Im deutschen Privatrundfunk[1533], bei den Zeitschriftenverlagen[1534] oder den Druckereien[1535] hat diese Dynamik bereits zu einer quasi marktbeherrschenden Rolle geführt.

Die ihn reglementierenden Staaten begreift der Konzern auf dem Weg zu seinen Zielen häufig als ‚Widersacher', deren laufende Interventionen eine Gefahr für das Unternehmen und die globale Wirtschaft darstellen.[1536] Geltende Wettbewerbsbeschränkungen hat *Bertelsmann* in der Vergangenheit meist durch langfristige Lobby- und Öffentlichkeitsarbeit untergraben, so dass kontinuierlich Marktanteile hinzugewonnen werden konnten. Es bestehen zudem wechselseitige Abhängigkeiten zur Politik, da *Bertelsmann* Arbeitsplätze schafft, Standortvorteile bringt und vermittels seiner Medien kommunikativen Einfluss besitzt.

Mit der außerordentlich starken Position, die *Bertelsmann* erreicht hat, kann der Konzern heute realen, marktwirtschaftlichen Wettbewerb häufig grenzübergreifend aushebeln, indem er sich mit seinen wenigen bedeutenden Konkurrenten abstimmt oder schlichtweg dominierende Schlüsselpositionen einnimmt. Weitreichende Beteiligungen sichern dem Medienhaus zu, dass es auch am Innovationspotenzial und den Ideen junger Unternehmen partizipiert und über ein externes, kreatives Netzwerk verfügt.

Trotz zahlreicher kritischer Berichte der Wirtschafts- und Fachpresse zur Größe des Konzerns, ist *Bertelsmann* im Bewusstsein der Bevölkerung das Unternehmen, das mit seinem vermeintlichen ‚Gütersloher Stallgeruch' immer noch sympathischer ist als seine internationalen Widersacher wie der *Murdoch*- oder der *Berlusconi*-Konzern.

Somit wird unter *Bertelsmannisierung* die Beeinflussung des freien Wettbewerbs verstanden, den ein Großkonzern in bestimmten Marktsegmenten seinen Wünschen entsprechend prägt, ohne ihn als Leitbild aufzugeben.

[1532] Vgl. Hering, T., Investitionstheorie aus der Sicht des Zinses. Wiesbaden 1995, S. 5f.
[1533] Vgl. Kap. 9.4.
[1534] Vgl. Kap. 7.4.
[1535] Vgl. Anhang 14.2 (Tab.5.5).
[1536] Vgl. Mohn, R. , Die gesellschaftliche Verantwortung des Unternehmers. München 2003, S. 23.

12.4 Schluss

Bertelsmann ist trotz der 2003 geführten Debatte über Gunter Thielens fehlende, unternehmerische Vision[1537] und den verstärkten, aber konzeptionslos anmutenden Einfluss der Familie Mohn auf das Unternehmen erfolgreicher als seine nationale Konkurrenz. Reinhard Mohns Frau wurde 2003 neben ihrer Position als Aufsichtsrätin und Vorsitzende der Verwaltungsgesellschaft auch zur Familiensprecherin der Familie Mohn gemacht und ist damit die oberste Instanz im Konzern.[1538] Sie konnte ihre Position durch den Bruch mit dem Aufsichtsratsvorsitzenden Thielen und der von ihr betriebenen Ablösung des Finanzchefs Siegfried Luther als Testamentsvollstrecker von Reinhard Mohn[1539] abermals stärken.

Die betriebswirtschaftliche Fortune des Unternehmens zeigt sich ungeachtet dieser Auseinandersetzung an der stabilen Umsatzkurve und dem Zuwachs des operativen Gewinns. Trotz schwieriger Rahmenbedingungen konnte dieser von 116 auf 207 Mio. Euro im dritten Quartal 2003 gesteigert werden.[1540] Unbestritten sind die Stabilität der Organisation, die Effizienz der betrieblichen Arbeit, das überdurchschnittliche Engagement der Mitarbeiter und die Dynamik der Unternehmung. Als Arbeitgeber bindet *Bertelsmann* internationale Medieneliten und bezahlt die Mehrheit seiner Angestellten zufriedenstellend. Die Produkte und Marken sind massenwirksam und gehören zu den Top-Angeboten der Branche. Auch das Image des Medienhauses ist besser als das anderer Großkonzerne. Es wird landläufig für liberal, weltoffen und vergleichsweise bodenständig gehalten. Gewonnen haben auch die Besitzer. Liz Mohn und ihre Familie zählen zu den reichsten Menschen der Welt. Der Konzern hat zur Umverteilung von Einkommen und Vermögen zu jenen Personen geführt, die die Rechte an geistigem Eigentum und physischen Verteilungssystemen besitzen.[1541]

[1537] Sueddeutsche.de [22.12.2003], (www.finanzen.sueddeutsche.de/nws.php?nws_id=1000271921&cmp_id=362,3): ‚Bertelsmann stellt nach Konsolidierungsphase Signale auf Wachstum. ': „Als ein wenig dröge, frei von Visionen, eher zaudernd und zurückhaltend – so wurde der Führungsstil von Bertelsmann-Chef Gunter Thielen häufig vor allem von den Kreativen im Konzern beschrieben."

[1538] Manager-Magazin.de, [17.4.2003], (www.manager-magazin.de/magazin/artikel/0,2828,240967,00.html): ‚Weib, ewiges Rätsel': „Liz Mohn, die von ihren Führungskräften, wie ein Vertrauter sagt, "Galanterie, Emotionalität und Stärke" erwartet, setzt wie ihr Mann auf moralische Standards. Doch weil der Matriarchin die legislative Glorie ihres Mannes fehlt, ist sie für Gütersloh, was die böse Königin für das Märchen ist: irgendwie nicht akzeptabel."

[1539] Netzzeitung.de [7.1.2004], (www.netzzeitung.de/medien/266924.html): ‚Liz Mohn über Luther.':Erst vor kurzem wurde Siefried Luther als Testamentsvollstrecker von Reinhard Mohn abberufen, weil, so die Familie, er seine Aufgabe bereits erfüllt habe."

[1540] Financial Times Deutschland, 21.11.2003: ‚Gütersloher verbessern ihr operatives Ergebnis. '

[1541] Vgl. Erber, G.; Hagemann, H., Netzwerkökonomie. In: Zimmermann, K.S., (Hg.) Neue Entwicklungen in der Wirtschaftswissenschaft. Heidelberg 2002, S. 294.

In einer neuen Topographie der von Medien mitgesteuerten Macht haben insbesondere Kommunikationskonzerne wie *Bertelsmann* an Gewicht hinzugewonnen. Das Medienhaus und seine globalen Kombattanten kontrollieren mehrheitlich die Zugänge zur Gestaltung von Information.[1542] Sie verhindern nach Möglichkeit die weltweite Produktion von sich fundamental unterscheidenden Inhalten, die vor allem die Werbetreibenden verunsichern könnten. Mit zwar bunten, aber vereinheitlichten globalen ‚Contents', die von möglichst wenig Medienschaffenden erstellt werden, kann der Kunde geführt und mehr Kapital erwirtschaft werden. Dass die Informationskanäle dabei umso mehr ‚harmonisiert' werden, je erfolgreicher die wenigen großen Medienkonzerne sind, liegt in der Natur der Sache. Inwieweit diese Oligarchisierung der Medien der Führungselite von *Bertelsmann* bewusst ist, kann leider nur bedingt festgestellt werden. Das Kapitel über die Unternehmenskultur des Medienhauses zeigte jedoch, dass die steuernde Führungselite des Konzerns ihr Handeln sowie dessen mittelfristige Folgen reflektiert und mit einer ihm eigenen Unternehmensideologie auch legitimiert. Der Erfolg im Markt dürfte bei den Mitarbeitern also vor allem mit Stolz über den eigenen Erfolg verbunden sein.

Das ‘power network'[1543] von *Bertelsmann* und anderen global operierenden Konzernen zeigt denn auch den „triumph of economic forces that are increasingly organized at the world level, while political legal and social agents retain very limited if any capacity to intervene at this level at all."[1544] Über seine internationalen Verteilungssysteme hat das Medienhaus Einfluss auf das tägliche Zeitbudget vieler Menschen gewonnen und gestaltet Wirklichkeit. Wirtschaftlichkeit ist damit zu einem wesentlichen Charakteristum geworden, das die persönliche Zeit und Lebenswelt vieler Medienkonsumenten dominiert.

Ungebremst, aber unauffällig arbeitet das Medienhaus mit seinem Verständnis von Medien als ‚Kapitaltransformatoren der Aufmerksamkeit' daran, das kritische Potenzial der Medienkonsumenten herabzusetzen. Die scheinbar produzierte bunte ‚Vielfalt der Information' in den Medienmärkten ist vor allem eine recht inhaltsleere Inszenierung der Kapitalerzeugung – viel Lärm um fast nichts. *Bertelsmann* sagt Individualität und meint Massenmarkt, man spricht von Qualität, aber vermindert den Anspruch der Inhalte, es wird Begeisterung eingefordert, aber genau genommen ist Quote erwünscht und nicht

[1542] Allerdings kann hier weniger von einer globalisierter Informationsdistribution, als vielmehr von einer ‚Amerikanisierung' der Inhalte gesprochen werden, wie Toraine feststellt. Toraine, A.; The new capitalist society. In: Ben-Rafaelo, E.; Yitzhak, S. (Hg.); Identity, Culture and Globalization. Leiden 2001, S. 269: „Finally, American hegemony is now particularly visible in cultural industries, such as films, television and the Internet, and in the enormous and accelerated concentration of capital in this sector, where superpowerful companies have been formed."

[1543] Vgl. Johnson, C., Blowback. The costs and Consequences of American Empire. New York 2000, S. 204f.

[1544] Ebd., S. 270.

zuletzt will das Unternehmen unpolitisch sein, muss aber schon wegen seiner ökonomischen Interessen politischen Einfluss nehmen.

Zu befürchten ist, dass das supranationale Netzwerk des Medienkonzerns sein Massenpublikum in Zukunft noch gezielter manipulieren kann als heute. Ökonomische und politische Konstellationen könnten ungerechtfertigterweise legitimiert werden. Teile unserer massiv von Medien geprägten Lebenswelt laufen Gefahr, unter den Einfluss vermögender Personen zu geraten, die ihre privaten Überzeugungen zur sozialen Illusion hochstilisieren und Kultur als Machtinstrument missbrauchen.

Kein demokratischer Prozeß kontrolliert die sich hier formierende Autorität wirklich. Die alltäglich erlebte, selbstverständlich erscheinende Realität der Medienkonsumenten ist dabei, zu einem privatwirtschaftlichen Konstrukt zu werden. Als solches dämmt es die freiheitliche, demokratische Meinungsbildung ein und fördert das nachvollziehbare, ökonomische Hauptziel des Medienhauses: Die Erreichung der größtmöglichen Kontrolle des Kapitals über die Meinungsgestaltung, oder anders formuliert, „die Ausrichtung der Realität auf die Massen und der Massen auf sie“.[1545]

Diese Wirkung der Konzentration auf die Meinungsfreiheit ist nicht erst hier, sondern schon vielfach angemerkt und gegen das fortschreitende Wachstum des Medienhauses eingebracht worden. *Bertelsmann* hat es trotzdem immer wieder geschafft, die periodisch aufflackernden, kritischen Töne in der Öffentlichkeit aus den Schlagzeilen verschwinden zu lassen und sich als dezentraler, subsidiarer Unternehmensverbund und Kulturförderer zu präsentieren.

[1545] Benjamin, W., Das Kunstwerk im Zeitalter seiner technischen Reproduzierbarkeit. In: Tiedemann, R.; Schweppenhäuser (Hg.), Abhandlungen. Gesammelte Schriften I.2. Frankfurt a.M., S. 480.

13. Literaturverzeichnis

Zitierweise:

Quellen aus dem Archiv-Bestand von *Bertelsmann* werden mit Titel, Monats- und Jahresangabe versehen. Einige Quellen, zum Beispiel ältere Geschäftsberichte, -illustrierten oder Unternehmensdarstellungen im *Bertelsmann*-Archiv wurden nicht eindeutig gekennzeichnet.
Für Zitate aus den Online-Versionen werden zu Beginn der Adressname (ohne www) mit der Top-Level-Domain angegeben. Danach folgt das Datum in eckiger Klammer und in runder Klammer, falls er angezeigt wird, der vollständige ‚Link'; schließlich der vollständige Titel der Publikation oder ein Zitat in „Anführungszeichen". Beispiel:

Bertelsmann.de [2.3.2003],
(http://www.bertelsmann.de/bag/chronicle/chronicle1_ content.cfm): Titel.

13.1 Literatur

Afhüppe, S., Gottgewollter Reichtum. Max Weber. Die protestantische Ethik. In: Die ZEIT, 34/1999.

Albert, R., Entwicklung der Privatisierung und Regulierung im Bereich des Rundfunks. In: König, K., Benz, A. (Hg.), Privatisierung und staatliche Regulierung. Baden-Baden 1997, S. 347-356.

Albrecht, R., Bestseller und Bestseller-Forschung. In: Publizistik, 2-3/1980, S. 456.

Altmeppen, K.D., Publizistische und ökonomische Aspekte von Medienmärkten und Markthandeln. In: Ders. (Hg.), Ökonomie der Medien und des Mediensystems.Opladen1996.

Altmeppen, K.D.; Karmarsin. M., (Hg.), Medien und Ökonomie. Bd. 1/1. In: Dieselb., Medien und Ökonomie – Intentionen und Überblick. Wiesbaden 2003, S. 7–19.

Altmeppen, K.D.; Karmarsin. M., (Hg.), Medien und Ökonomie. Wiesbaden 2003.

Altes, B., Paradigmenwechsel in der europäischen Fusionskontrolle. In: Media Perspektiven, 11/2000, S. 482-489.

Arndt, H., Ollenburg, G., Begriff und Arten der Konzentration. In: Ders. (Hg.), Konzentration der Wirtschaft. Berlin 1960.

Arndt, H., Die Konzentration in der Presse und die Problematik des Verleger-Fernsehens. Frankfurt a. M. 1967.

Arnold, H.L., Literaturbetrieb in der Bundesrepublik Deutschland. (2.Aufl.) München 1981.
Baerns, B., Öffentlichkeit oder Journalismus? Zum Einfluß im Mediensystem. Köln 1985.
Balon, R.E., Radio in the '90s. Audience, promotion and markting strategies. Washington D.C. 1990.
Bauer, A.; Günzel, H. (Hg.), Data Warehouse Systeme. Heidelberg 2001.
Bausch, H., Rundfunkpolitik nach 1945. München 1980.
Bavendamm, D., Die Gründer und ihre Zeit, Teil 1: Carl Bertelsmann, Kaufmann des Biedermeier. In: Bertelsmann-Briefe, 116/1984, S.7.
Bavendamm, D., Bertelsmann, Mohn, Seippel. Drei Familien, ein Unternehmen. München 1986.
Beck, K., Medienberichterstattung über Medienkonzentration. In: Publizistik, 4/2001, S. 403-424.
Becker, J., Der Bertelsmann-Konzern. In: Prokop, D., Medienforschung, Bd.1: Konzerne, Macher, Kontrolleure. Frankfurt a. M. 1985.
Beine, G., Ökonomisches Denken im 19. Jahrhundert. Industriestadt und Zentralort als Ziele Gütersloher Kommunalpolitik. In: Brakensiek, S. (Hg.), Kultur und Staat in der Provinz. Perspektiven und Erträge der Regionalgeschichte. Bielefeld 1992, S. 213-231.
Ben-Rafaelo, E.; Yitzhak, S. (Hg.), Identity, Culture and Globalization. Leiden 2001.
Benjamin, W., Das Kunstwerk im Zeitalter seiner technischen Reproduzierbarkeit. In: Ders. Abhandlungen. Gesammelte Schriften I.2, Tiedemann, R.; Schweppenhäuser (Hg.), Frankfurt a. M. 1991, S. 471-508.
Bigler, R., Literatur im Abonnement. Die Arbeit der Buchgemeinschaften in der Bundesrepublik Deutschland. Gütersloh 1975.
Bleicher, K., Führung durch Vorbild. In: 150 Jahre Bertelsmann. Die Geschichte des Verlagsunternehmens in Texten, Bildern und Dokumenten. Gütersloh 1985, S. 59-83.
Bleicher, J.K., Zur Institution des ‚Deutschen Fernsehens. In: Hickethier, K., Fernsehen. Wahrnehmungswelt, Programminstitution und Marktkonkurrenz. Frankfurt a.M. 1992, S. 267-283.
Bleicher, J.K., Institutionengeschichte. In: Hickethier, K. (Hg.), Geschichte des Fernsehens in der Bundesrepublik Deutschland, Bd.1. München 1993, S. 67-133.
Bonfadelli, H., Leser und Leserverhalten heute. In: Franzmann, B.; Löffler, D. (Hg.), Handbuch Lesen. München 1999
Botzler, U., Vierzig Jahre CLT: Der erste europäische Privatsender. In: epd/Kirche und Rundfunk, 9/1995, S. 20-21.
Bourdieu, P., Kapitalismus als konservative Revolution. In: Die ZEIT, 22.1.1998.
Bourgois, I., Privatrechliches Fernsehen. In: Schwarzkopf, D., In: Ders. (Hg.) Rundfunkpolitik in Deutschland, Bd.1. München 1999, S. 436-502.
Brakensiek, S. (Hg.), Kultur und Staat in der Provinz. Perspektiven und Erträge der Regionalgeschichte. Bielefeld 1992.
Bresser, K., Die Slatkoisierung des Fernsehens. In: Weber, F., Big Brother. Inszenierte Banalität zur Prime Time. Münster 2000.
Bruhn, M., Die Marke. Facetten der Medienkultur. Wien 2001.
Bürklin, W. (Hg.), Eliten in Deutschland: Rekrutierung und Integration. Opladen 1997.
Bundesmann-Jansen, J.; Pekruhl, U., Medienkonzern Bertelsmann. Neues Managment und gewerkschaftliche Betriebspolitik. Nördlingen 1992.
Busch, F.O., (Korvettenkapitän d.R.) Prinz Eugen im ersten Gefecht. Gütersloh 1943.

Castels, M., Das Informationszeitalter I. Opladen 2001.
Clark, T., Der Filmpate. Der Fall des Leo Kirch. Hamburg 2002.
Curtius, T., Produktion eines Fernseh-Nachrichtenkanals. Eine Untersuchung von n-tv. In: Wilke, J., Nachrichtenproduktion im Mediensystem. Köln 1998, S. 203-255.
Dahrendorf, R., Liberal und unabhängig. Gerd Bucerius und seine Zeit. München 2000.
Daniels, U., Bertelsmann und die Konzentration im Verlagswesen. Blätter für deutsche und internationale Politik, 1/1973, S. 57-68.
Deal, T.; Kennedy, A., Corporate Cultures, Rites and Rituals of Corporate Life. Reading 1982.
Deichsel, A., ‚Haltung, Nutzen, Unterhaltung'. In: 150 Jahre Bertelsmann. Die Geschichte es Verlagsunternehmens in Texten. Bildern und Dokumenten. Gütersloh 1985, S. 313-339.
Dörre, K.; Globalisierung – das Ende des rheinischen Kapitalismus? In: Loch, D.; Heitmeyer, W., Schattenseiten der Globalisierung, S. 63-91.
Dovifat, E., Zeitungslehre II, (6. Aufl. von Jürgen Wilke, Bd.2) Berlin 1976.
Dülfer, E. (Hg.), Organisationskultur: Phänomen, Philosophie, Technologie. Stuttgart 1988.
Dussel, K., Deutsche Rundfunkgeschichte. Konstanz 1997.
Eck, S., Am Anfang war das Plüschtier – am Ende Milliardenumsätze. Märchenwelt Merchandising: das Geschäft mit TV und Kinofiguren. In: Tendenz, 2/2000, S. 22-26.
Eifert, M., Hoffmann-Riem, W., Die Entstehung und Ausgestaltung des dualen Rundfunksystems. In: Schwarzkopf, D., Rundfunkpolitik in Deutschland, Bd.1. München 1999, S. 50-112.
Engländer, J., Der Werbemarkt 2000. Fernsehwerbung mit höchster Wachstumsrate. In: Media Perspektiven, 6/2001, S. 290-297.
Erber, G., Hagemann, H., Netzwerkökonomie. In: Zimmermann, K.S. (Hg.), Neue Entwicklungen in der Wirtschaftswissenschaft. Heidelberg 2002.
Estermann, M.; Lersch, E., Buch, Buchhandel, Rundfunk 1945-1949. Göttingen 1997.
Faul, E., Die Fernsehprogramme im dualen Rundfunksystem. In: Rundfunk und Fernsehen, 1/1989, S. 25-46.
Faulstich, W., Einführung in die Medientheorie, München 2002.
Fischer, H.D., Skizzen zur Entwicklungsgeschichte privaten Hörfunks und Fernsehens. In: Ders.; Jubin, O., Privatfernsehen in Deutschland, Konzepte, Konkurrenten, Kontroversen. Frankfurt a.M. 1996, S. 13-49.
Fischer, H.D.; Jubin, O., Privatfernsehen in Deutschland, Konzepte, Konkurrenten, Kontroversen. Frankfurt a.M. 1996.
Fischer, K.J., Rammstoß der Bertelsmänner. In: Rheinischer Merkur, 21.7.1965.
Fischer, K.J., Kein Nachfolger von Goldwyn Meyer. Bertelsmann will weder ein Film noch ein Fernsehmonopol. In: Film-Telegramm, 19/1966, S. 3.
Franke, T., Medienfreiheit. Berlin 2001.
Franzmann, B.; Löffler, D. (Hg.), Handbuch Lesen. München 1999.
Frech, G., Der Bewusstseinsreise mit Denkfabrik. In: Forum IG Medien, 3-4/März, April 2000, S. 15-32.
Friedländer, S.; Frei, N.; Rendtorff, L.; Wittmann, R. (Hg.), Bertelsmann im Dritten Reich. München 2002.
Funke, F., Buchkunde, (5.Aufl.) München 1992.
Gangloff, T.P., Werbung ist geil. Ein striktes Werbeverbot im Kinderprogramm wäre für einen Sender wie Super RTL das Aus. In: Grimme, 2/2000, S. 36-38.

Gassner; R., Weltmusikmarkt. In: Moser, R.; Scheuermann, A. (Hg.), Handbuch der Musikwirtschaft. München 1997.
Genschow, G., Axel Springer und das Kassettenfernsehen. In: Film-Telegramm, 3/1970, S. 2.
Genschow, G., Ruhe vor dem Sturm? In: Film-Telegramm, 16/1971, S. 2.
Gleiberg, G., Zu Pressekonzentration und Meinungsmanipulation. Frankfurt 1972.
Gleich, U., Crossmedia – Schlüssel zum Erfolg. In: Media Perspektiven, 11/2003, S. 510–516.
Glotz, P.; Langenbucher, W. R., Der missachtete Leser. Zur Kritik der deutschen Presse. Köln 1969.
Gööck, R., Bücher für Millionen. Fritz Wixforth und die Geschichte des Hauses Bertelsmann. Gütersloh 1968.
Göttert, J.M., Die Bertelsmann-Methode. Frankfurt a.M. 2001.
Götze, H., Der Springer-Verlag: Stationen seiner Geschichte, Teil2: 1945-1992. Berlin 1992.
Goldfridrich, J., Geschichte des deutschen Buchhandels vom Beginn der Fremdherrschaft bis zur Reform des Börsenvereins im neuen Deutschen Reiche (1805–1889), Bd.4. Leipzig 1913.
Gollhardt, H., Mogelpackung. Über die Spiegel Bestsellerliste. In: Buchmarkt, 1/1993, S. 6.
Greco, A., Mergers and Acquisitions in the US Book Industry, 1960-1989. In: Albach, P.; Hoshimo, E. (Hg.), International Book Publishing: an Encyclopedia. New York, London 1995.
Gröbchen, W., [23.8.2002], (www.telepolis.de/deutsch/inhalt/musik/13138/1.html): zukunftmusik.com!?.
Günther, E., Probleme der Fusionskontrolle. Bergisch Gladbach 1980.
Guttadin, F., Einführung in die 'Protestantische Ethik' Max Webers. Wiesbaden 1998.
Haas, M., u.a., Radio-Management: Ein Handbuch für Radio-Journalisten. München 1991.
Haas, H., Jarren, O. (Hg.), Mediensysteme im Wandel. Struktur, Organisation und Funktion der Massenmedien. Wien 2002.
Habermas, J., Strukturwandel der Öffentlichkeit. Berlin 1962.
Hachmeister, L; Rager, G., Wer beherrscht die Medien? Die 50 größten Medienkonzerne der Welt. München 1997.
Hahn, D., US-amerikanische Konzepte strategischer Unternehmensführung – Grundkonzept. In: Ders.; Taylor, B.; Strategische Unternehmensplanung, strategische Unternehmensführung. Stand der Entwicklungstendenzen. Heidelberg 1997.
Halefeld, E., Regionaler Einstieg ins bundesweite Fernsehen? In: Media Perspektiven, 1/1984, S. 33-44.
Hammerstein, K., ‚Nur der Erfolg zählt'. Gruner+Jahr-Vorstand Axel Ganz gilt als Ausnahme-Manager der Verlagsszene. In: Der Spiegel, 22/1999, S. 106-112.
Hardt, M.; Negri, A., Empire. Die neue Weltordnung. Frankfurt a.M. 2002.
Hauch-Fleck, M.L., Die profitable Show. In: Die ZEIT, 24/9.6.1989, S. 42.
Hautsch, G.,[25.3.2002.], (www.igmedien.de/publikationen/m/2001/03/24a.html):‚Bertel an der Börse'.
Hebecker, K., Optimisten setzen aufs Kinogeschäft. In: Film-Telegramm, 1/1972, S. 2.
Heinen, E.; Frank, M., Unternehmenskultur. München 1997.
Heinrich, J., Qualitätswettbewerb und/oder Kostenwettbewerb im Mediensektor. In: Rundfunk und Fernsehen, 2/1996, S. 165-183.
Hering, T., Investitionstheorie aus der Sicht des Zinses. Wiesbaden 1995.

Herkenrath, M., Transnationale Konzerne im Weltsystem. Wiesbaden 2003.
Hess, T., Implikationen des Internet für die Medienbranche. In: Keuper, F., Electronic business und Mobile business. Wiesbaden 2002, S. 569-602.
Hesse, A., Zur aktuellen Entwicklung des Rundfunkrechts, BayVB1.1997, S. 165-173.
Hesse, A., Rundfunkrecht. (2.Aufl.) München 1999.
Hickethier, K., Kultur Medien Kommunikation. Die Fernsehserie und das Serielle des Fernsehens. Lüneburg 1991.
Hickethier, K., Die Zugewinngemeinschaft. Zum Verhältnis von Film und Fernsehen in den sechziger und siebziger Jahren. In: Hoffmann, H., Schobert, W., Abschied vom Gestern (Hg.). Bundesdeutscher Film der 60er und 70er Jahre. Frankfurt 1991.
Hickethier, K., Fernsehen. Wahrnehmungswelt, Programminstitution und Marktkonkurrenz. Frankfurt a.M. 1992.
Hickethier, K., Film- und Fernsehanalyse. Stuttgart/Weimar 1993.
Hickethier, K., Produzenten und Vermittler von Medienkultur. In: Saxer, U. (Hg.), Medien-Kulturkommunikation. Publizistik Sonderheft 2, 1998, S. 141-159.
Hickethier, K., Geschichte des Fernsehens. Stuttgart 1998.
Hickethier, K., Trends in der Programmentwicklung im öffentlich-rechtlichen und im privaten Fernsehen. In: Schröder, H.D. (Hg.), Entwicklungen und Perspektiven der Programmindustrie. Baden-Baden 1999, S. 89-104.
Hilbk, K., Gütersloh und Preußen. Eine Wahlverwandtschaft 1815-1888. Gütersloh 1988.
Hiller, H. (Hg.), Bücher billiger...Buch und Öffentlichkeit e.V. München 1968.
Hirch, W., Schallplatten zwischen Kunst und Kommerz. Wilhelmshaven 1987.
Hirsch, M., CLT/RTL: Schwierige Zeiten für Wegbereiter der Kommerzfunks. In: Rundfunk und Fernsehen, 3-4/1985, S. 512-524.
Hirsch, M., Die Renaissance der nationalen Medienpolitik: Stolperstein der europäischen Fernsehliberalisierung. Das Beispiel CLT/RTL. In: Rundfunk und Fernsehen, 2/1988, S. 163-172.
Hoffmann, H.; Schobert, W., (Hg.) Abschied vom Gestern. Bundesdeutscher Film der 60er und 70er Jahre. Frankfurt a.M. 1991.
Hoffmann-Riem, W., Erosion des Rundfunkrechts. München 1990.
Hohenthal, C., Riesen rücken näher zusammen. Vier Konzerne wollen ihre Musiksparten fusionieren. In: Die ZEIT, 31/1984. S. 19.
Holznagel, B., Grünwald, A., Schriftenreihe der Landesmedienanstalten, Bd.19: Meinungsvielfalt im kommerziellen Fernsehen. Berlin 2001.
Hutter, M., Abriß zu Buchgemeinschaften und Leserkultur. In: Bertelsmann Briefe, 103/1980, S. 3-12.
Hutter, M.; Langenbucher, W., Buchgemeinschaften und Leserkultur, Studie zum Programmangebot von Buchgemeinschaften. Berlin 1980.
Ipsen, H.P., Der Fernseh-Vorschlag der Zeitungsverleger. Zur Frage der Vereinbarkeit mit dem Staatsvertrag über das ‚Zweite Deutsche Fernsehen'. In: Die Öffentliche Verwaltung 1964.
Jakobs, H.J.; Müller, U., Augstein, Springer & Co., Deutsche Mediendynastien. Wiesbaden 1990.
Johnson, C., Blowback. The costs and Consequences of American Empire. New York 2000.
Jürgen, H., Medienökonomie. Bd.1: Mediensystem, Zeitung, Zeitschrift, Anzeigeblatt. Opladen 1994.
Junkes, J., Mitarbeiterbeteiligung, Finanzierungspolitik und Unternehmenskultur. München 2002.

Juppe, U., Die RTLplus Deutschland Fernsehen GmbH & Co Betriebs KG 1984 - 94. Vom Tittensender zum Marktführer. In: Bleicher, J.K. (Hg.), Programmprofile kommerzieller Anbieter. Analysen von Fernsehsendern seit 1984. Opladen 1984, S. 41-78.

Karmarsin, M., Theorie der Medienunternehmung, In: Karmarsin, M., Winter, C., Medienwirtschaft und Gesellschaft I. Münster 2001. S. 11-21.

Kempowski, W., Schwarzbrod und Freiheit sei mir beschieden. 150 Jahre Bertelsmann. Die Geschichte des Verlagsunternehmens in Texten, Bildern und Dokumenten. Gütersloh 1985, S. 9-36.

Kerlen, D., Das Buch zwischen Kulturgut und Ware. In: Bertelsmann-Briefe, 136/1996.

Kerlen, D., Druckmedien. In: Franzmann, B.; Löffler, D. (Hg.), Handbuch Lesen. München 1999.

Keuper, F., Ökonomische Bedeutung der Information. In: Ders. (Hg.), Electronic Business und Mobile Commerce. Wiesbaden 2002, S. 119-142.

Kiefer, M.L., Bericht. Medienmultis im Kampf um Programme und Startplätze. In: Media Perspektiven, 2/1984, S. 120-131.

Kiefer, M.L., Unverzichtbar oder überflüssig. Öffentlich-rechtlicher Rundfunk in der Multimedia-Welt. In: Rundfunk und Fernsehen, 1/1996, S. 7-26.

Kiefer, M.L., Medienökonomie, Einführung in die ökonomische Theorie der Medien. München 2001.

Kleinsteuber, H.J., Rundfunkpolitik in der Bundesrepublik. Der Kampf um die Macht über Rundfunk und Fernsehen. Opladen 1982.

Kleinsteuber, H.J.; Thomaß, B., Konkurrenz vs. Konzentration. Unternehmensverflechtungen im globalen Medienmarkt. In: Meckel, M.; Kriener, M. (Hg.), Internationale Kommunikation. Eine Einführung. Opladen 1996, S. 125-144.

Knobloch, S., Werbestrategien der deutschen Medien. In: Medien & Kommunikationswissenschaft, 1/2003, S. 38-54.

Köcher, A., Grundlagen des Medienmanagements, In: Funktionen der technischen Übertragung, Navigation und Abrechung." In: Köcher, A., Kostenmanagement und Controlling. In: Karmarsin, M; Winter, C., Grundlagen des Medienmanagements, S. 219–242.

König, K.; Benz, A. (Hg.), Privatisierung und staatliche Regulierung. Baden-Baden 1997.

Kollmannsberger, M., Buchgemeinschaften im deutschen Buchmarkt. Wiesbaden 1995.

Kotteder, F.; Zapf-Schramm, T., Medienmoguln, Meinungsmacher, Marktbeherrscher, München 1999.

Kreimeier, K., Die UFA-Story. Geschichte eines Filmkonzerns. München 1992.

Krempl, S., Das Phänomen Berlusconi. Die Verstrickung von Politik, Medien, Wirtschaft und Fernsehen. Frankfurt a.M. 1996.

Kresse, H., ‚Make or buy' – Strategien der Programmbeschaffung für private Fernsehveranstalter. In: Schröder, H.D. (Hg.), Entwicklungen und Perspektiven der Programmindustrie. Baden-Baden 1999, S. 137-157.

Krüger, U.M., Unterschiedliches Informationsverständnis im öffentlich-rechtlichen und privaten Fernsehen. Programmanalyse 1999: ARD, ZDF, RTL, SAT.1 und Pro7 im Vergleich. In: Media Perspektiven, 7/2000, S.278-295.

Krüger, U.M.; Zapf-Schramm, T., Die Boulevardisierungskluft im deutschen Fernsehen. Programmanalyse 2000: ARD, ZDF, RTL, SAT.1 und Pro7 im Vergleich. In: Media Perspektiven, 7/2001, S. 326-324.

Krüger, U.M., Inhaltsprofile öffentlich-rechtlicher und privater Hauptprogramme im Vergleich. In: Media Perspektiven, 10/2002, S. 512-531.

Krummenacher, G., Rundfunkfreiheit und Rundfunkorganisation. Bern 1988.

Lachmann, U., Die Struktur des Deutschen Musikmarktes. Tübingen 1960.

Lange, B. P., Das duale Rundfunksystem in der Bewährung. In: Hickethier, K. (Hg.), Fernsehen, Wahrnehmungswelt, Programminstitution und Marktkonkurrenz. Frankfurt a.M. 1992, S. 289-306.

Lange, A., Die Neudefinition europäischer Bündnisse im Zeitalter des digitalen Fernsehens. In: Hans-Bredow-Institut für Rundfunk und Fernsehen an der Universität Hamburg (Hg.), Internationales Handbuch für Rundfunk und Fernsehen. Baden-Baden 1998/99, S. 94-105.

Langenbucher, W.R., Bertelsmann nach 1945. In: 150 Jahre Bertelsmann, Die Geschichte des Verlagsunternehmens in Texten, Bildern und Dokumenten. Gütersloh 1985, S. 37-58.

Leonhardt, C., Das Taschenbuch – seine Stellung und sein Einfluß im Deutschen Buchmarkt. Würzburg 1982.

Leunert, A., Allgemeine Fachkunde der Drucktechnik. Baden, Schweiz 1993.

Lilienthal, V., Dammbruch. SPD-Medienpolitik und eine Bertelsmann-Tagung. In: epd/Kirche und Rundfunk, 74/1994, S. 3-6.

Lischka, K., [6.5.2002], heise.de/tp (www.telepolis.de/deutsch/special/auf/7554/1.html): ‚Her mit dem Markt.'

Lorenz, T.; Steinig, W. (Hg.), Die Medien-Macher. Basel 2001.

Lott, S., Die Frauenzeitschriften von Hans Huffky und John Jahr. Berlin 1985.

Lott-Almstadt, S.B., 1886-1986, Die ersten hundert Jahre. Chronik einer Frauenzeitschrift. Hamburg 1986.

Lüftner, E., Weltmusikmarkt. In: Moser, R., Scheuermann, A., Handbuch der Musikwirtschaft. München 1992.

Ludwig, J., Medienunternehmer zwischen Kunst und Kommerz. In: Schulz, G. (Hg.), Geschäft mit Wort und Meinung. Medienunternehmer seit dem 18. Jahrhundert. München 1999.

Maier, A.W.; Jarren, O.; Ökonomisierung und Kommerzialisierung von Medien und Mediensystem. In: Medien und Kommunikationswissenschaft, 2/2001, S. 145-159.

Maier, M., Theorie der Medienproduktion. In: Karmarsin, M., Knoche; M, Winter, C., (Hg.), Medienwirtschaft und Gesellschaft I. Münster 2001, S. 21–41.

Maier, M., Strategisches Management. In: Karmarsin, M; Winter, C., Grundlagen des Medienmanagements, S. 59–90.

Maresch, R.; Rötzer, F. (Hg.), Cyberhypes. Möglichkeiten und Grenzen des Internet. Frankfurt a.M. 2001.

Mast, C., Unternehmenskommunikation. Stuttgart 2002.

Matzen, C., Chronik der Rundfunkentwicklung 1995. In: Rundfunk & Fernsehen, 1/1996, S. 142-153.

Matzen, C., Chronik der Rundfunkentwicklung 1996. In: Rundfunk & Fernsehen, 1/1997, S. 117-128.

Matzen, C.; Herzog, A., Chronik der Rundfunkentwicklung in Deutschland 1999. In: Medien und Kommunikationswissenschaft, 2/2000, S. 316-326.

Matzen, C.; Herzog, A., Chronik der Rundfunkentwicklung in Deutschland 2000. In: Medien und Kommunikationswissenschaft, 1/2001, S. 119-130.

Meckel, M; Kriener, M. (Hg.), Internationale Kommunikation. Eine Einführung. Opladen 1996.

Meckel, M., Die neue Übersichtlichkeit. Zur Entwicklung des Formatfernsehens in Deutschland. In: Rundfunk & Fernsehen, 4/1997, S. 475-485.
Meffert, H., Marketing-Management. Wiesbaden 1994.
Messerschmidt, B., „...von Deutschland herübergekommen?“ Die Büchergilde Gutenberg im Schweizer Exil. München 1989.
Meyer, T., Mediokratie. Die Kolonisierung der Politik durch die Medien. Frankfurt a.M. 2001.
Meyn, H., Kabel-Pilotprojekte: Was sie erbracht haben. In: Das Parlament, 35/1986.
Middelhoff, T.; Schulte-Hillen, G.; Thielen, G. (Hg.), Reinhard Mohn, Unternehmer Stifter Bürger. Gütersloh 2001.
Möller, U., Law Online, 4/November 1996, (www.forum-rechtonline.de/496/46.moeller.htm).
Mohn, R., Rundbrief an den Buchhandel zur Ankündigung der Gründung des Leserings. Gütersloh, 31.5.1950.
Mohn, R., Die gesellschaftspolitische Verantwortung des Unternehmers. In: Bertelsmann Texte, 3/1975.
Mohn, R., Internationalisierung als verlegerische Aufgabe. Bertelsmann Briefe, 94/1978, S. 3-6.
Mohn, R., Vortrag im Rahmen des 37. Deutschen Betriebswirtschafter-Tages in Berlin, Oktober 1983. In: Bertelsmann Briefe, 114/1984.
Mohn, R., Mitarbeiterbeteiligung, Unternehmenskultur und Sozialpartnerschaft. In: Ergebnisse eines Kongresses der Niedersächsischen Landesregierung in Zusammenarbeit mit der Arbeitsgemeinschaft zur Förderung der Partnerschaft in der Wirtschaft (AGP) und der Bertelsmann Stiftung am 14. November 1988 in Hannover. Gütersloh 1989.
Mohn, R., Systemfortschreibung als Voraussetzung für Führungsfähigkeit. Kieler Vorträge 127. Kiel 2000.
Mohn, R., Menschlichkeit gewinnt. Gütersloh 2000.
Mohn, R., Die gesellschaftliche Verantwortung des Unternehmers. München 2003.
Molden, F., Woran mißt Reinhard Mohn Bedeutung von Verlagen? In: Buchreport, 13/1976, S. 75.
Mittelstraß, J., Regionalität versus Globalität. In: Steger, U. (Hg.), Facetten der Globalisierung. Heidelberg 1999.
Mooser, J., Frommes Volk und Patrioten. Bielefeld 1989.
Moser, R.; Scheuermann, A. (Hg.), Handbuch der Musikwirtschaft. München 1997.
Müller A.; Thienen, L., e-Profit, Controlling-Instrumente für erfolgreiches E-Business. Freiburg 2001.
Müller, H.D., ‚Ich werde Deutschland wiedervereinigen, ob Sie es glauben oder nicht.‘ Geschichte und Analyse des Springer-Konzerns. In: Der Spiegel, 7/1968, S. 58-73.
Müller-Alfeld, T., Stetigkeit und Wandel beim Buchabonnenten. In: Ramseger, G., Das Buch zwischen gestern und morgen. Georg v. Holzbrinck zum 11. Mai 1969. Stuttgart 1969.
Münch, R., Die Arbeitsbilder wandeln sich. In: Börsenblatt, 551997, S. 14.
Naeher, G., Mega-schrill und super-flach. Der unaufhaltsame Aufstieg des Fernsehens in Deutschland. Frankfurt a.M. 1993.
Neis, O., Kultur im Deutschen Fernsehen. Frankfurt 2000.
Neudorf, A.P., Preisbindung auf dem deutschen Buchmarkt. Köln 1998.
Neuert, U., Controlling im Unternehmensbereich Film/Funk/Fernsehen. In: Wachs, F.C. (Hg.), Zwischenbilanz, Die UFA und die elektronischen Medien, Bernd Schiphorst zum 50. Geburtstag. Mainz 1993, S. 244-252.

Neumann-Bechstein, W., Fernsehen und Kulturgesellschaft. München 1992.
Noelle-Neumann, E., Buchhändler, Buchkäufer 1978. In: Archiv für Soziologie und Wirtschaftsfragen des Buchhandels, XLIII (Bbl. Nr.90, 10.11.1978).
Oberender, P., Megafusionen. Berlin 2002.
Oeltze, O., Der Bertelsmann-Lesering – eine Buchgemeinschaft mit dem Buchhandel, (nach einem 1956 gehaltenen Vortrag neu bearbeitet 1964). Gütersloh 1964.
Ouchi, W., How american business can meet the japanese challenge. Reading 1982.
Pätzold, U., Röper, H., Fernsehproduktionsvolumen 1998 bis 2000. In: Media Perspektiven, 1/2003, S. 24-34.
Pape, M.; Samland, D. (Hg.) Medienhandbuch. Privater Rundfunk/privates Fernsehen. Neuwied 1996.
Pauly, J., De la Forteresse au Palais de verre. L'Histoire de la CLT à Luxemburg. Luxemburg 1990.
Pellet, R. Controlling bei der UFA Media und Marketing. In: Wachs, F.C. (Hg.), Zwischenbilanz: Die UFA und die elektronischen Medien, Bernd Schiphorst zum 50. Geburtstag. Hemsbach 1993, S. 253-259.
Perkins, A.B.; Perkins, M.C., The Internet Bubble. The Inside Story on Why it burst. New York 2001.
Peters, J.; Waterman, R., In Search of Excellence, Lessons from America's Best run Companies. New York 1982.
Porter., M.E.; Millar, V.E., How information gives you competitive advantage. In: Harvard Business Review, Juli/August 1985, S. 149-160.
Posewang, W., Geschichte des privaten Rundfunks in Deutschland. 1.4. Konzentrationsdebatte. In: Pape, M.; Samland, D., Medienhandbuch. Privater Rundfunk/ Privates Fernsehen. Neuwied 1996.
Prokop, D., Medienforschung (Bd.1). Konzerne, Macher, Kontrolleure. Frankfurt a.M. 1985.
Prokop, D., Der Kampf um die Medien. Hamburg 2001.
Prümm, K., Film und Fernsehen. Ambivalenz und Identität. In: Jacobsen, W.; Kaes, A.; Prinzler, H. (Hg.), Geschichte des deutschen Films. Stuttgart 1983, S. 499-519.
Ramonet, I., Ware Information. In: Le Monde Diplomatique, 13.12.2002, S. 1.
Randow, T., Vom Steindruck zur Bildplatte, Technik und unternehmerische Gestaltung der Medienproduktion. In: 150 Jahre Bertelsmann, Die Geschichte des Verlagsunternehmens in Texten, Bildern und Dokumenten. Gütersloh 1985, S. 357-378.
Reichhardt, R., Die Schallplatte als kulturelles und ökonomisches Phänomen. Zürich 1962.
Rische, A., Johann Heinrich Volkening. Ein christliches Lebens- und kirchliches Zeitbild aus der Mitte des Neunzehnten Jahrhunderts. Gütersloh 1919.
Roegele, O.B., Operation an der Presse. „Innere Pressefreiheit", Modelle, Probleme, Motive. In: Die politische Meinung 19, 138/1971, S. 23-43.
Rohwetter, M., Mogelpackung Wettbewerb. Die Vielfalt de Einkaufstüten täuscht – viele Marken gehören zu wenigern Konzernen. In: Die ZEIT, 24.4.2003, S. 20.
Rolke, L., Wolff, V., Wie die Medien die Wirklichkeit steuern und selber gesteuert werden. Wiesbaden 1999.
Röper, H., Pätzold, U., Infrastrukturprobleme privater Fernsehprogramme. In: Rundfunk & Fernsehen, 2/1984, S. 193–205.
Röper, H., Formationen Deutscher Medien-Multis. In: Media Perspektiven, 2/1985, S. 120-129.
Röper, H., Mehr Spielraum für Konzentration und Cross ownership im Mediensektor. In: Media Perspektiven, 12/1996, S. 610-620.

Röper, H., Formationen deutscher Medienmultis 1998/99. In: Media Perspektiven, 7/1999, S. 345-378.

Röper, H., Formationen deutscher Medienmultis 1999/2000. In: Media Perspektiven, 1/2001, S. 2-30.

Röper, H., Formationen deutscher Medienmultis 2000/20001. In: Media Perspektiven, 9/2002, S. 406-432.

Röttger, U., Public Relations – Organisation und Profession. Wiesbaden 2000.

Röttgers, J., [1.11.2000], (www.telepolis.de/deutsch/inhalt/-musik/3583/1.html): „Middelhoffs Napster Coup."

Rötzer, F., [9.8.2000], (www. telepolis.de/deutsch/inhalt/musik/8514/1.html): Musikkonzerne wegen illegaler Preisabsprachen verklagt.

Roszinsky-Terjung, A., Text und Kritik, Über Buchgemeinschaften. In: Arnold, H.-L., Literaturbetrieb in der Bundesrepublik Deutschland. (2.Aufl.) München 1981.

Rudorf, R., Die Produzenten des Schlagers. In: Helms, S. (Hg.), Schlager in Deutschland. Wiesbaden 1972, S. 243-255.

Rudorf, R., Ton ab - Die Geschichte der Schallplatte in Deutschland. BMG Entertainment. München 1998.

Rühle, G., Die Büchermacher. Von Autoren, Verlegern, Buchhändlern, Messen und Kon zernen, Frankfurt a.M. 1985.

Runge, K., Die Buchgemeinschaften und ihre Problematik. In: Hodeige, F. (Hg.), Das Recht am Geistesgut. Studien zum Urheber-, Verlags- und Presserecht. Festschrift für Walter Bappert. Freiburg 1964.

Rushkoff, D., Virtuelles Marketing. In: Maresch, R., Rötzer, F. (Hg.) Cyberhypes, Möglichkeiten und Grenzen des Internet. Frankfurt a.M. 2001, S. 102-123.

Ruß-Mohl, S., Der I-Faktor. Qualitätssicherung im amerikanischen Journalismus – Modell für Europa. Zürich 1994.

Sarkowski, H., Der Springer-Verlag: Stationen seiner Geschichte, Teil1: 1842-1945. Berlin 1992.

Sassen, S., Digitale Netzwerke und Macht. In: Globalisierung und Demokratie. Frankfurt a.M. 2000, S. 330-346.

Saxer, U. (Hg.), Medien-Kulturkommunikation. Publizistik, Sonderheft 2, 1998.

Saxer, U., Der gesellschaftliche Ort der Massenkommunikation. In: Haas, H., Jarren, O. (Hg.), Mediensysteme im Wandel. Wien 2002.

Schatz, H.; Schulz, W., Qualität von Fernsehprogrammen. Kriterien und Methoden zur Beurteilung von Programmqualität im dualen Fernsehsystem. In: Media Perspektiven, 11/1992, S. 690-712.

Schäferjohann-Bursian, I., Bibeln, Gesangsbücher, Traktate, Die Produktion und Verbreitung von Erbauungsliteratur im Rahmen der Erweckungsbewegung. In: Mooser, J.; Krull, R. (Hg.), Frommes Volk und Patrioten, Erweckungsbewegung und soziale Frage im östlichen Westfalen, S. 259-287.

Scheffler, E., Konzernmanagement. Betriebswirtschaftliche und rechtliche Grundlagen der Konzernführungspraxis. München 1992.

Schenda, R., Volk ohne Buch. Frankfurt a. M. 1970.

Schewe, G.; Schaecke, M.; Volmer, M., Post Merger Integration. Der Fall Bertelsmann/ Random House. Münster 2000.

Schiwy, P., Rundfunkverfassungsrecht. München 1997, S. 34.

Schmidmaier, D., Rezension: Geschichte des Springer-Verlags. In: Bibliothek Forschung und Praxis, 3/1996.

Schmidt, G., Die Entwicklung des UFA-Filmkonzerns nach dem II. Weltkrieg. München 1965.

Schmith, S.J., Spieß, B., Geschichte der Fernsehwerbung in der Bundesrepublik Deutschland. In: Kreuzer, H.; Thomsen, C.W., Geschichte des Fernsehens in der Bundesrepublik Deutschland. Bd.4, Siegen 1994.

Schmitt, C., Vor dem Ende der Lesekultur. 20 Jahre Buch- und Literaturmarkt aus nächster Nähe. Kehl 1990.

Schneider, I., Film, Fernsehen und Co. Zur Entwicklung des Spielfilms in Kino und Fernsehen. Heidelberg 1990.

Schneider, I., Konzepte vom Zuschauen und Zuschauer. In: Schneider, I., Spangenberg P.M., Medienkultur der 50er Jahre. Diskursgeschichte der Medien nach 1945. Wiesbaden 2002, S. 245–270.

Schneider, I., Spangenberg P.M., Medienkultur der 50er Jahre. Diskursgeschichte der Medien nach 1945. Wiesbaden 2002.

Schneider, W., Die Gruner + Jahr Story. München 2000.

Schön, E., Der Verlust der Sinnlichkeit oder die Verwandlungen des Lesers. Mentalitätswandel um 1800. Stuttgart 1993.

Schramm, H., Petersen, S., Wie kommt die Musik ins Radio. In: Medien und Kommunikationswissenschaft, 2/2002, S. 227-247.

Schreiber, H., Henri Nannen. Der Herr vom Stern. München 1999.

Schröder, H.D. (Hg.), Entwicklungen und Perspektiven der Programmindustrie. Baden-Baden 1999

Schütz, W.J., Publizistische Konzentration der deutschen Tagespresse. Zur Entwicklung der Publizistischen Einheiten seit 1945. In: Media Perspektiven, 5/1976, S. 189-199.

Schütz, K., Privatfernsehen in Deutschland, Voraussetzungen und Möglichkeiten. In: Fischer, H.D.; Jubin, O., Privatfernsehen in Deutschland. Konzepte, Konkurrenten, Kontroversen. Frankfurt a.M. 1996, S. 49-61.

Schumann, M.; Hess, T., Medienunternehmen im digitalen Zeitalter. Wiesbaden 1999.

Schumann, M., Hess, T., Grundfragen der Medienwirtschaft, Berlin 2002.

Schuler, T., Die Auslands-Bertelsmänner. In: Jahrbuch Fernsehen 1996/97, Frankfurt a.M. 1997, S. 9-24.

Schütz, W., Pressewirtschaft. In: Noelle Neumann, E.; Schulz, W.; Wilke, J. (Hg.), Das Fischer Lexikon. Publizistik–Massenkommunikation. Frankfurt a.M 1994, S. 452-475.

Schultheiß, B.M.; Jenzowsky, S.A., Infotainment. Der Einfluss emotionalisierend-affektorientierter Darstellung auf die Glaubwürdigkeit. In: Medien und Kommunikationswissenschaft, 48/2000/1, S. 75-78.

Schulz, F., Marginalien zur Geschichte des amerikanischen Verlagswesens. In: Bertelsmann Briefe, 117/Juni 1985, S. 15-42.

Schulz, G., Buchhandels-Ploetz. Abriß der Geschichte des deutschsprachigen Buchhandels von Gutenberg bis zur Gegenwart. Freiburg 1981.

Schwarzkopf, D., Die Medienwende. In: Ders. (Hg.) Rundfunkpolitik in Deutschland, Bd.1. München 1999, S. 29-49.

Schwerin, J., Henri Nannen, der Stern und die Ostpolitik der sozial-liberalen Koalition. Hamburg, 1999.

Seitz, A., RTL Television – alles unter einem Dach, Aufgabe und Zukunft von Dachmarken deutscher Fernsehsender, 1.Teil: Der Kölner Privatsender RTL. In: Horizont, 49,50/1994, S. 56-57.

Seufert, W., Kein Zutritt für Späteinsteiger? Die Ökonomie des deutschen Fernsehmarktes. In: epd/Kirche und Rundfunk, 64/1994, S. 3-4.

Shapiro, C., Varian, H.R., Information Rules. A Strategic Guide to the Network Economy, Boston 1999.

Siedler, W.J., Geist und Kommerz, Vortrag im Rahmen einer Tagung der Verlagsgruppe Bertelsmann. In: Bertelsmann Briefe, 114/1984.

Stahmer, F., Ökonomie des Presseverlages. München 1995.

Steger, U. (Hg.), Facetten der Globalisierung. Heidelberg 1999.

Steinmann, H., Kontrollorientierte Unternehmenskultur als Steuerungsinstrument. In: Middelhoff, T.; Thielen, G. (Hg.), Reinhard Mohn. Unternehmer Stifter, Bürger. Gütersloh 2001, S. 117-129.

Stief, J. , Wissensmanagement im Bertelsmann-Konzern – das Dezentralitätsparadigma. München 2002.

Stille, A., Holding, Sender, Produktionsgesellschaft. In: Wachs, F. C. (Hg.), Zwischenbilanz. Die UFA und die elektronischen Medien, Bernd Schiphorst zum 50. Geburtstag. Mainz 1993, S. 68-72.

Stock, M. Der neue Rundfunkstaatsvertrag. In: Rundfunk und Fernsehen, 2/1992, S. 189-221.

Stockem, A., Vermarktung von Büchern. Wiesbaden 1988.

Stolte, D. Fernsehen am Wendepunkt. Meinungsforum oder Supermarkt? München 1992.

Strauß, W., Die deutschen Buchgemeinschaften. In: Hiller, H.; Strauß, W. (Hg.), Der deutsche Buchhandel. (2.Aufl.) Frankfurt a.M. 1975.

Stürmer, M., Medienmacht und Moderne. In: Bertelsmann-Briefe, 140/1998, S. 17-18.

Stuiber, H.-W., Medien in Deutschland (Bd.2); Teil 2: Privater Rundfunk, Teil 1: Zum Rundfunkbegriff, Rundfunktechnik. Geschichte des Rundfunks, Rundfunkrecht. Konstanz 1998, S. 319-403 und S. 424-459.

Stupperich, R., Das kirchliche und theologische Wirken der Erweckungsbewegung. Ein Spiegel des Gütersloher Verlagswesens. In: Bertelsmann Briefe, 97/1979, S. 32-38.

Sukale, M., Max Weber, Leidenschaft und Disziplin. Tübingen 2002.

Tenbruck, F., Nachwort. In: Weber, M.; Wissenschaft als Beruf. Stuttgart 1995.

Thoma, H., RTL, Köln. In: Fischer, H.-D.; Jubin, O.; Privatfernsehen in Deutschland, Konzepte, Konkurrenten, Kontroversen. Frankfurt a.M. 1996, S. 63-77.

Thoma, H., Einschaltquote über alles? In: Lorenz, T., Steinig, W., Die Medien-Macher. Basel 2001, S. 86-98.

Tietz, B., Königsidee Buchgemeinschaft. In: 150 Jahre Bertelsmann. Die Geschichte des Verlagsunternehmens in Texten, Bildern und Dokumenten. Gütersloh 1985, S. 339-357.

Toraine, A.; The new capitalist society. In: Ben-Rafaelo, E.; Yitzhak, S. (Hg.), Identity, Culture and Globalization. Leiden 2001, S. 265-276.

Ungern-Sternberg, Th.; Weizäcker, C., Marktstruktur und Marktverhalten bei Qualitätsunsicherheit. In: Zeitschrift für Wirtschafts- und Sozialwissenschaften, 1981, S. 609-626.

Vennebusch, A., Die Neugliederung der deutschen Fernsehlandschaft. Frankfurt 1988.

Vogel, A., Leichtes Wachstum der Großverlage. In: Media Perspektiven, 10/2000, S. 461-478.

Volz, F.G. ‚Vermögen' – vorbereitende Thesen zu einer (anthropologischen) Theorie des Reichtums. In: Ders., Huster, E.U., (Hg.), Theorien des Reichtums. Münster 2002, S. 15-31.

Wachs, F.C., Zwischenbilanz: Die UFA und die elektronischen Medien. Mainz 1993.

Wallisch, G., Journalistische Qualität. Definitionen –Modelle– Kritik. Konstanz 1995.

Weber, F., Big Brother. Inszenierte Banalität zur Prime Time. Münster 2000.
Weber, M., Die protestantische Ethik und der Geist des Kapitalismus. In: Ders., Gesammelte Aufsätze zur Religionssoziologie I. Tübingen 1988.
Wechsler, U., Selbstverständnis und Organisation der publizistischen Arbeit im Großverlag. Bertelsmann Texte, 3/1975.
Wechsler, U., Organisierter Pluralismus, Das pluralistische Selbstverständnis des Hauses Bertelsmann. In: Bertelsmann Briefe, 92/1977, S. 59-61.
Wegner, M., Musik und Mammon. Die permanente Krise der Musikkultur. Baden-Baden 1999.
Wehmeier, S., Fernsehen im Wandel. Münster 1997.
Wehmeier, S., Ökonomisierung des Fernsehens. In: Medien und Kommunikationswissenschaft, 3/2001, S. 307-324.
Weischenberg, S., Journalistische Qualität. Theorie und Praxis aktueller Medienkommunikation. Bd.1: Mediensysteme, Medienethik, Medieninstitutionen. Opladen 1992.
Weischenberg, S., Tendenz zu mehr Flachsinn im Journalismus. In: Tendenz, 3/2000, S.16.
Werner, A., Supply Chain Management. Wiesbaden 2002.
Weßling, M., Unternehmenskultur und Unternehmensethik. Münster 1992.
Wicke, P., [15.10.1999], (www2.hu-berlin.de/fpm/texte/musikind.htm): Musikindustrie im Überblick. Ein historisch-systematischer Abriß.
Wicke, P., [1993], (www2.hu-berlin.de/fpm/texte/popindu.htm): Vom Umgang mit Popmusik. Pop-Musik als Industrieprodukt.
Widlock, P., Billigware oder Luxusgut? Der Hörfunk in Deutschland seit 1984 im Wandel. In: Jarren, O. (Hg.), Medienwandel – Gesellschaftswandel? 10 Jahre dualer Rundfunk in Deutschland: eine Bilanz. Berlin 1994, S. 229–243.
Wilke, J. Nachrichtenproduktion im Mediensystem. Köln 1998.
Wisskirchen, H., [14.2.2000]. (www.music-journal.com/htm/medien/mp31.htm): ‚MP 3 - das neue Audioformat.'
Wittlage, H., Die Gestaltung der Organisationsstruktur internationaler Unternehmen. In: Betriebswirtschaftliche Forschung und Praxis, 3/1995, S. 357-368.
Wittmann, R., Verlagswesen und Buchhandel 1945–1949. In: Estermann, M.; Lersch, E., Buch, Buchhandel, Rundfunk 1945–1949. Göttingen 1997, S. 34-49.
Wittmann, R., Geschichte des deutschen Buchhandels. (2.Aufl.) München 1999.
Wöste, M., Networkbildung durch die Hintertür? Programmzulieferer für privaten Hörfunk in der Bundesrepublik – eine Bestandsaufnahme. In: Media Perspektiven, 1/1989, S. 9-22.
Wolf, F., VOX ist VOX ist VOX, Die ersten Monate des »Ereignisfernsehens«. In: Jahrbuch Fernsehen 1992/93. Frankfurt a.M. 1993, S. 59-67.
Wolff, V., Wettbewerb und Qualität bei Presseprodukten. In: Publizistik, 3/1998, S. 260-272.
Wössner, M., Kooperativer Föderalismus - Modell für die Medienpolitik? In: Bertelsmann Briefe, 114/1984.
Wunderer R.; Grundwald, W., Führungslehre. Berlin 1980.
Zeppenfeld, W., Tonträger in der Bundesrepublik Deutschland. Bochum 1978.
Zielinski, S., Audiovisionen. Hamburg 1989.
Zimmer, J., Pay TV: Durchbruch im digitalen Fernsehen. In: Media Perspektiven, 7/1996, S. 386-401.
Zimmermann, K.S. (Hg.), Neue Entwicklungen in der Wirtschaftswissenschaft. Heidelberg 2002.

Zombik, P., Die Schallplatte: Kulturträger und Wirtschaftsfaktor. Marktstrukturveränderungen und ihre Folgen. In: Media Perspektiven, 7/1987, S. 437-448.
Zopp, H., Vortrag beim TOP-Kooperationsforum. In: Bertelsmann Briefe, 114/1984.

13.2 Verzeichnisse, Broschüren und Geschäftsberichte

Audiofina to be renamed RTL Group, CLT UFA, Pearson TV, Introduction of the UK Official List, sponsored by Merril Lynch International. Luxembourg 2000.
AZ Bertelsmann/direct, Consumer-Zielgruppen 2002, Top-Privatadressen für Ihre Neukundengewinnung. Gütersloh 2002.
Bertelsmann AG, Aktueller Dienst, 39/1983. Nachrichten aus der Unternehmensgruppe für Presse, Funk und Fernsehen.
Bertelsmann AG, Aktueller Dienst, September 1997. Nachrichten aus der Unternehmensgruppe für Presse, Funk und Fernsehen.
Bertelsmann AG - Geschäftsbericht 1972/73 - 2000/01, 2002. (Zitiert als BG)
Bertelsmann AG, Unternehmensverfassung der Bertelsmann AG. Gütersloh 1973.
Bertelsmann AG - Leitsätze für die Führung des Hauses Bertelsmann, Beiträge zur Erläuterung. Gütersloh 1974.
Bertelsmann AG - ‚Handout' der Pressestelle des Club Bertelsmann. Dezember 2001.
Bertelsmann Berichte 7, 29.10.1980.
Bertelsmann Essentials, Die Grundwerte des Unternehmens. Gütersloh 1998.
Bertelsmann Grundsatzordnung. Gütersloh 1960.
Bertelsmann Industrie (Broschüre). Gütersloh 1994.
Bertelsmann Report, 11.2.1981.
Bertelsmann Report, 1.2.1992.
Bertelsmann Technik intern, Jubiläumsausgabe 1981.
BVerfG (Bundesverfassungsgericht) 12. Entscheidung des Bundesverfassungsgerichts.
C. Bertelsmann, Jahresbericht 1952, 1954, 1955.
Chronik der Bertelsmann Technik 1824-1976. (2.Aufl.) Gütersloh 1976.
Chronik Bertelsmann Industrie, 1824-1992. (4.Aufl.) Gütersloh 1992.
CLT, Rapport Annuel 1991.
CLT-UFA Geschäftsbericht 1997, 1998, 1999.
CLT Broschüre, CLT Corporate Communications. Luxemburg, 11/1994.
CLT-UFA. The European Entertainment Enterprise. Broschüre der Öffentlichkeitsarbeit CLT-UFA. Luxemburg, 3/2000.
Denkschrift des BDZV zum Verlegerfernsehen: Pressefreiheit und Fernsehmonopol, Beiträge zur Frage der Wettbewerbsverzerrung zwischen den publizistischen Mitteln, Bad Godesberg 1966.
Deutscher Bundestag, 9. Wahlperiode, 121. Sitzung, S. 7217.
Gruner + Jahr Geschäftsbericht 1972, 73, 85, 86, 1999/00, 2000/01. (Zitiert als G+J GB)
Gruner+Jahr inside; Alltag in einem Medienhaus. Hamburg 2001.
Gruner+Jahr intern, 17.7.1980.
Jubiläumsbroschüre, 125 Jahre Bertelsmann. Gütersloh 1960.
Mohndruck (Broschüre). Gütersloh 1968.

RTL Group Geschäftsbericht 2000.
RTL Group, annual report 2001.
RTL New Media, Unternehmensbroschüre 'Strategien für die Zukunft'. Köln 2001.
RTL Pressemappe zum Sendestart am 11.5.1992. 10 Jahre RTL. Köln 1994.
Stadtarchiv Gütersloh, Stadtchronik. Gütersloh 1800-1890 (sog. Bürgermeister-Chronik).
Verlagshaus der Verlage, Broschüre, Verlagsgruppe Bertelsmann. München 1988.
Verlagsverzeichnis von C. Bertelsmann in Gütersloh, 1835-1901.
VOX. VOX Film und Fernseh-GmbH & Com. KG. (Broschüre) Köln 1992, S. 2.

13.3 Publikationen, Zeitungs- und Zeitschriftenartikel, ohne Autorangabe

Advertising Age, 9/27.2.1984, S. 46.
ARD-Handbuch 81. Hörfunk 1980.
Arbeitsgemeinschaft der Landesmedienanstalten (ALM), (Hg.), Jahrbuch der Landesmedienanstalten, 96/1995.
Berliner Zeitung, 4.4.1998: Identität und Autonomie erhalten – Peter Olson, neuer Chef von Random House über die Zukunft des renommierten Verlages.
BILD-Zeitung, 18.7.1963: ‚Fernsehdiktatur gegen alle.'
Börsenblatt für den Deutschen Buchhandel, Frankfurter Ausgabe, 26/1953, S.169.
Börsenblatt für den Deutschen Buchhandel, 75/1970, S. 2044-2051: Gespräch mit Reinhard Mohn.
Börsenblatt für den Deutschen Buchhandel, 29/1976, S.630-631. Serie ‚Bedeutende Ausländische Verlage'/ Folge 15: Bantam Books'
Börsenblatt für den Deutschen Buchhandel, 11/1977: Das Taschenbuch marschiert immer mächtiger.
Börsenblatt für den Deutschen Buchhandel, 26/1977, S.92: Bertelsmann in England.
Börsenblatt für den Deutschen Buchhandel, 28/1978, S. 603.
Börsenblatt für den Deutschen Buchhandel, 34/1978, S.796: Albrecht Knaus stellte sich und sein neues Programm vor.
Börsenblatt des deutschen Buchhandels, 15/1986, S. 432-437: Interview mit Matthias Wegner, Programmchef des Bertelsmann-Klubs.
Börsenblatt des Deutschen Buchhandels, 69/1989, S.2509: Der Münchner Film- und Fernseh-Tycoon auf dem Weg zum totalen Medienverbund.
Börsenblatt des Deutschen Buchhandels, 56/2002, S.4.
Börsenblatt des Deutschen Buchhandels, 57/2002, S.8.
Berliner Zeitung, 4.4.1998: Identität und Autonomie erhalten – Peter Olson, neuer Chef von Random House über die Zukunft des renommierten Verlages.
Bertelsmann Club-Illustrierte, 1. Quartal 2002.
Bertelsmann, 10/1977, S.32-37: Das Auslandsengagement der Verlagsgruppe Bertelsmann. Interview mit Dr. Ulrich Wechsler.
Buchmarkt, 10/1977, S.74-82: Verlagskonzentration.
Buchmarkt, 5/1978, S. 41: Kooperation Goldmann/Schott.

Buchmarkt, 10/1978, S. 14: Bertelsmann scheitert im Schulbuchgeschäft, Rückblick 1978.
Buchmarkt, 10/1978, S. 61-65: Premieren Albrecht Knaus Verlag.
Buchmarkt, 11/1978, S. 42-45: Weg vom Seifenplatz, das neue Gesicht der Club-Center.
Buchmarkt, 9/1979, S. 26: ‚Was kommt, wenn Mohn geht? Interview Reinhard Mohn über die künftige Konzernpolitik.‘
Buchmarkt, 2/1981, S. 31: ‚Wie es den deutschen Wissenschaftsverlagen mit ihren Töchtern in den USA gegangen ist.‘
Buchmarkt, 3/1981, S. 89: ‚Wie arbeitet Roland Gööck, der Autor von mittlerweile gut 150 (!) Büchern.‘
Buchmarkt, 10/1981, S.133: Dossier Lizenzhandel. Bestseller und ihre Hintergründe.
Buchmarkt, 10/1982, S. 131-133: Interview mit Goldmann-Chef Gert Frederking.
Buchmarkt, 3/1985, S.19: ‚Gegen die Monokultur.‘
Buchmarkt, 37/1986, S. 10: Interview mit Frank Wössner.
Buchmarkt, 6/1990, S. 114: ‚Delle im Boom.‘
Buchmarkt, 12/1992, S. 52.
Buchmarkt, 3/1994, S. 84: Interview mit Frank Wössner.
Buchmarkt, 12/1996, S. 64-66: ‚Das neue Gesicht. Goldmann verändert das Outfit. ‘
Buchmarkt, 5/1998, S. 114: ‚Das Buch lebt, Wolfgang Stock über den Random House-Kauf.‘
Buchmarkt, 1/2002, S. 35-42: ‚Dem Buchhandel droht der Verlust der Mitte. ‘
Buchmarkt, 3/2002, S. 32-37: ‚Ein Menetekel; Wer gehört zu den Gewinnern, wer zu den Verlierern?‘
Buchmarkt, 4/2002, S. 28: ‚10% Umsatzrendite bleibt unser Ziel; Zu Hintergrund und Zielen der Umstrukturierung bei Random House. ‘
Buchreport, 4/1975, S.42.
Buchreport, 8/1983, S. 16.
Buchreport, 1/1994, S. 28: Der US-Buchmarkt 1993/94.
Buchreport, 4/1996, S. 5: ‚Die große Bereinigung ist unausweichlich.‘
Buchreport, 14/1996: Die 100 größten Buchverlage.
Buchreport, 20/1996, S. 22: ‚Absatzprobleme beim Taschenbuch.‘
Buchreport, 2/1997, S. 41: ‚Die Verlagskonzentration hat sich auch 1996 fortgesetzt.‘
Buchreport, 4/2001, S. 41: ‚Content-Kontrolle ist alles und nichts unmöglich.‘
Buchreport, 4/2002, S. 13-14: ‚Die 100 größten Verlage.‘
Bunte, 18.2.1999, S. 60: ‚Und die Erde ist doch eine Scheibe. Ariola, der einzige Musik Konzern in rein deutscher Hand, feiert 40. Geburtstag.‘
Capital Magazin, 12/1986, S. 39-45: ‚Starparade. Die ehrgeizige Weltstrategie von Bertelsmann.‘
Capital Magazin, 1/1994, S. 92-97: ‚Wir wollen ein weltweites Filmnetz aufbauen.‘
Christ und Welt, 13/1966, S. 33: ‚Mit immer rascherem Tempo voran.‘
Christ und Welt, 20.03.1970.
Computerwoche, 12/2000, S. 8: ‚Der Gütersloher Medienkonzern Bertelsmann verabschiedet sich von der Idee eines integrierten Internet-Konzerns.‘
DB mobil, 4/2002, S. 38-43: Business talk, Interview mit Bertelsmann-Vorstand Klaus Eierhoff.
Die Öffentliche Verwaltung 1964, S. 793ff.
Doubleday, Doran & Company, Inc. (Hg.), Doubleday – The story of a Combined Operation in Books. New York 1945. dpa_Meldung, Bielefeld 26.2.1970.
epd/Kirche und Film, 7/1970, S. 2.

epd/Kirche und Rundfunk, 67/1994, S. 14-15: ‚Bertelsmann warnt vor Antikonzentrations-Hysterie.'
epd/Kirche und Rundfunk, 16,17/1995, S. 13-14: ‚Bertelsmann AG kooperiert mit America Online.'
epd/Kirche und Rundfunk, 12/1996, S. 9.
epd/Kirche und Rundfunk, 1/1997, S. 18-19: ‚Rundfunkstaatsvertrag-Novelle in Kraft getreten.'
epd/Kirche und Rundfunk, 3/1997, S.18: ‚CLT-UFA: Die Fusion ist perfekt. Generaldirektoren sind Rémy Sautter und Rolf Schmidt-Holtz.'
epd medien, 8/2000, S.5: Bertelsmann im Dritten Reich, Zwischenbericht der Unabhängigen Historischen Kommission.
epd medien, 72/2002, S. 21.
epd medien, 11/2003, S. 14: ‚Bertelsmann kauft Ullstein Heyne List-Buchverlage.'
Film-Echo/Filmwoche, 74/1963, S. 8.
Film-Echo/Filmwoche, 47/1964, S. 8.
Film-Echo/Filmwoche, 51/1965, S. 15: ‚Enge Partnerschaft Constantin/Bertelsmann.'
Film-Echo/Filmwoche, 99/1969, S. 4: ‚Kassetten-Fernsehen bringt neue Probleme.'
Film-Echo/Filmwoche, 3/1972, S. 5: ‚Für viele gute und falsche Argumente gewappnet sein.'
Film-Echo/Filmwoche, 17/1979, S. 5: ‚Bertelsmann-Beteiligung an Springer.'
Film-Echo/Filmwoche, 31/ 1983, S. 11: ‚Bertelsmann-Chef zur Fernseh-Zukunft.'
Film und Recht, 1/1971, S. 13-20: ‚Die Schriftsteller und ihr Recht: Zur Konzentration wirtschaftlicher und ideologischer Macht im Verlagswesen.'
Film-Telegramm, 2/1964 , S. 2.
Film-Telegramm, 12/1966, S. 3-4.
Film-Telegramm. 19/1966, S. 3-4.
Film-Telegramm, 37/1966, S. 3.
Film-Telegramm, 38/1967, S. 3.
Film-Telegramm, 44/1967, S. 6.
Film-Telegramm, 34/1970, S. 2.
Financial Times Deutschland, 12.12.2003: ‚Disney und RTL Group planen Export ihrer Kindersender.'
Financial Times Deutschland, 15.12.2003: ‚Sony und BMG segnen Musikfusion ab.'
Financial Times Deutschland, 21.11.2003: ‚Mohn-Familie festigt Griff um Bertelsmann.'
Financial Times Deutschland, 21.11.2003: ‚Gütersloher verbessern ihr operatives Ergebnis.'
Financial Times Deutschland, 8.1.2004: Porträt-Serie: 101 Deutsche Topmanager. Heute: Frank Wössner, Dussmann.
Financial Times Deutschland, 15.1.2004: ‚BMG beendet exzessives Superstar-Management.'
Focus, 7/2000, S. 226: ‚Aus dem Takt geraten. Misstöne bei Bertelsmann. '
Frankfurter Allgemeine Zeitung, 4.10.1971, S. 3: ‚Deutsche und amerikanische Verleiher im Zeitraffer.'
Frankfurter Allgemeine Zeitung, 10.6.1978: ‚Gruner+Jahr kauft amerikanischen Verlag.'
Frankfurter Allgemeine Zeitung, 11.5.1979: ‚Ein Patriarch. Georg von Holtzbrinck wird siebzig.'
Frankfurter Allgemeine Zeitung, 9.12.1982: ‚Bertelsmann-Konzern rüstet für das Fernsehen. '

Frankfurter Allgemeine Zeitung, 29.2.1992, S. 18: ‚Kirch gibt Bücherbund an Bertelsmann ab.‘
Frankfurter Allgemeine Zeitung, 7.6.1993, S.21: ‚Gruner+Jahr erkundet Zeitschriftenmarkt in Russland und Asien.‘
Frankfurter Allgemeine Zeitung, 20.5.2000, S. 9: ‚Ein überraschender Abschied.‘
Frankfurter Rundschau, 18.5.1970: ‚Dachgesellschaft für TV-Kassetten.‘
Frankfurter Rundschau, 29.10.1998, S. 13: Wachstum gehört zur Natur des Konzerns, aber es ist kein Ziel.
FTD Financial Times Deutschland, 2.3.2002, S. 5: ‚AOL-Verkauf soll wie Strategie aussehen.‘
Grimme, 4/1998, S. 40-47: Programmschema der Vollprogramme.
Grimme, 2/2000, S. 36-38: ‚Werbung ist geil.‘
Handelsblatt, 21.1.1971: Bertelsmann steigt bei Constantin aus.
Handelsblatt, 24.3.1998: ‚Der Buchmarkt bleibt die Basis.‘
Handelsblatt, 20.3.2000, S. 24: AOL-Europe Verkauf kontrovers diskutiert. Strategiewechsel bei Bertelsmann.
Handelsblatt, 5.11.2002: Einstieg bei n-tv genehmigt.
Handelsblatt, 12.12.2003: ‚Schwerer Schlag für Bertelsmann.‘
Handelsblatt, 22.12.2003: Weltkonzern Bertelsmann.
HFF, Hörfunk, Fernsehen, Film, 1/1984, S. 7.
Horizont, 39/1996, S. 76: ‚Gruner+Jahr rüstet sich für die Zukunft.‘
Horizont, 3/2002, S. 16: ‚Die Zukunft der Medien.‘
Jahrbuch Fernsehen 2002, Die größten Medienkonzerne der Welt.
Journalist, 2/1978, S. 19: ‚Der ‚stern’ Eklat.‘
Journalist, 4/1999, S. 39.
Kress Report, 101/1970, S. 4.
Kress Report, 34/1999. S.4.
Lesering Illustrierte, 4. Quartal, Gütersloh, 1950.
Lesering Illustrierte, 4. Quartal, Gütersloh, 1951.
Lesering Illustrierte, 4. Quartal, Gütersloh 1970.
Lesering, Schallplattenring, Europaring-Illustrierte, 3. Quartal 1981.
L.A. Times, 24.1.1999, What to Read Into Bertelsmann’s Acquisition of Random House.
Manager Magazin, 10/1973, S. 78: ‚Unternehmensverfassung der Bertelsmann AG.‘
Manager Magazin, Register K, Mai 1986. In: Gruner+Jahr AG (Hg.), Maria.
Manager Magazin, 3/1986: ‚Wir müssen höllisch aufpassen, mm-Gespräch mit dem Gruner+Jahr Vorstandsvorsitzenden Gerd Schulte-Hillen, Manager Magazin.‘
Manager Magazin, 8/1993, S. 11-14: ‚Bertelsmann/VOX, Stimme des Herrn.‘
Media Perspektiven, 2/1972, S. 86: ‚UFA-Kette wechselt Besitzer.‘
Media Perspektiven, 1/1979, S. 48-49: Die größten Medienkonzerne der Welt 1977. Tabellen.
Media Perspektiven, 10/1979, S. 688-702: Der erfolgreiche Weg ins Ausland. Aus den Geschäftsberichten von Bertelsmann, Gruner+Jahr, Springer und Burda.
Media Perspektiven, 1/1981, S. 21-35: Von der Schallplatte zur Audiovision. Zur Lage des bundesdeutschen Phonomarktes.
Media Perspektiven, 3/1984, S.188-191: Ein altes Unternehmen auf neuen Wegen.
Media Perspektiven, 10/1985, S. 675: Bestseller bevorzugt.
Medienspiegel, 11/1993, S. 3: ‚RTL 2, Klare Zielvorgabe. ‘
Medienspiegel, Mediendienst des Instituts der Deutschen Wirtschaft Köln, September 2002.

Neue Zürcher Zeitung, 55/Feuilleton, 8.3.1999, S. 27.
New York Times, 4.6.1999: Bertelsmann is reorganizing Random House.
Pressemitteilung zur Neugründung von Bertelsmann Arvato, Gütersloh, 8.6.1999.
Rheinischer Merkur, 23.7.1965: ‚Rammstoß der Bertelsmänner.
Rundfunkanstalten und Tageszeitungen, Dokumentation 1. Frankfurt a.M. 1965.
Der Spiegel, 30/1957, S. 32-37: Die Bestsellerfabrik (Bertelsmann-Konzern).
Der Spiegel, 3/1964, S. 22-25: Unternehmungen. UFA. ‚Klappe zu.'
Der Spiegel, 43/1967, S. 34: Fernsehen. Springer: ‚Abteilung Pub.'
Der Spiegel, 14/1969, S. 44-47: Fernsehen. Privat-TV. Poesie mit Amalie.
Der Spiegel, 22/1969, S. 92: ‚Gruner+Jahr ‚Das lechzt.'
Der Spiegel, 11/1970, S. 104-105: ‚Bertelsmann. Freundlicher Moloch.'
Der Spiegel, 15/1971, S. 76: ‚Manager. Köhnlechner. Erst durchatmen.'
Der Spiegel, 5/1973, S. 40-45: Spiegel-Gespräch mit Bertelsmann-Verleger R. Mohn über Pressekonzentration und Wirtschaftsreform. ‚Wo das Dogma anfängt, mache ich nicht mit.'
Der Spiegel, 14/1973, S. 36: ‚Verlage: Schneidige Jungs.'
Der Spiegel, 42/1973, S. 87-89: Verlage: ‚Wie wir wollen.'
Der Spiegel, 12/1976, S. 86-87: Inspektion der Welt.
Der Spiegel, 7/1981, S. 72-85: Spiegelreport über Bertelsmann – den größten Verlag der Welt: ‚Zuviel an Größe', ‚Grund zum Fürchten?'
Der Spiegel, 35/1989, S. 88-89: Dem Ziel ein Stück näher. Neuer Konkurrent für Bertelsmann: Filmhändler Kirch legt sich einen Buchklub zu, um sein TV-Programm zu stärken.
Der Spiegel, 2/1990, S. 86-88: Fernsehen. ‚Richtige Mischung. Teures und riskantes Tele-Spiel zweier Medienriesen. '
Der Spiegel, 11/1992, S. 136-138. Wie die Straßenköder. Die Gesellschafter von RTLplus wollen ihren Partner Bertelsmann aus dem Sender drängen.
Der Spiegel, 37/1992, S. 140-141: Grobe Verletzung. Der Bertelsmann-Konzern plant einen Informationskanal.
Der Spiegel, 11/1994, S. 119: ;Kleine Schleifspur.' Interview mit Bertelsmann-Chef Mark Wössner über das VOX-Debakel.
Der Spiegel, 11/1994, S. 119-122: Medienpolitik: ‚Unvollendete Sinfonie.' Der blamable Niedergang des Kommerzsenders VOX schwächt den Verlag Bertelsmann – und die medienpolitische Position der SPD.
Der Spiegel, 42/1994, S.109: Zitat.
Der Spiegel, 15/1996, S. 98-99: ‚Fernsehen. Teuflisch intelligent. Ende eines jahrelangen Kleinkriegs: Bertelsmann und RTL-Gründer CLT legen ihre Fernsehaktivitäten zusammen, ein neuer Koloß entsteht.'
Der Spiegel, 13/2000, S. 117: ‚Enge Führung'. Der US-Medienriese AOL greift in Europa durch.
Der Spiegel, 45/2000, S. 126-129: Musikindustrie: Das Ende der Anarchie. Die Allianz zwischen Bertelsmann und der Internet-Tauschbörse Napster könnte den elektronischen Handel revolutionieren.
Der Spiegel, 31/2002, S. 78-83: ‚Dann bist Du erledigt.'
Stern, 52/1977: ‚Und morgen die ganze Welt.'
Stern, 26.5.1983: ‚Tage, die den Stern erschütterten.'
Stern, 52/1988: ‚Der Journalismus kann abdanken, wenn er harmlos wird. '
Stern 50 Jahre, Sonderheft, 26.2.1998, S. 20: ‚Schampus aus den Hirnschalen der Journalisten. '
Stern, 41/2000, S. 76f: ‚Dann wehre ich mich. Dann gehe ich drauflos.'

Stuttgarter Zeitung, 3.9.1965: ‚Bertelsmanns Griff nach den Filmsternen.'
Süddeutsche Zeitung, 26.6.1965, S. 46: ‚Leinwandbeherrscher Bertelsmann.'
Süddeutsche Zeitung, 19.12.1972: ‚Flucht in die Elefantenehe, der neue Pressegigant Bertelsmann.'
Süddeutsche Zeitung, 31.10.1992: ‚Bertelsmann Buchgeschäft zeigt stabile Seiten.'
Süddeutsche Zeitung, 10./11.7.1993, S. 10: ‚Mächtige Gegner rüsten zur Eroberung.'
Süddeutsche Zeitung, 24.12.1993, S. 5: ‚Henri Nannen wird achtzig Jahre alt.'
Süddeutsche Zeitung, 10.3.1994, S. 23: ‚Wird aus VOX künftig ein RTL 3?'
Süddeutsche Zeitung, 17.9.1994, S. 18: ‚Vor dem Sexfilm die hehre Feier.'
Süddeutsche Zeitung, 10.1.1995, S. 13: ‚RTL-Chef Thoma und RTL-Eigner Bertelsmann pieksen sich.'
Süddeutsche Zeitung, 10.2.1995: ‚Die Umatzrendite, die jenseits der deutschen Grenzen höher liegt als im Inland, sorgt für willkommene Farbe in der Bilanz.'
Süddeutsche Zeitung, 28.4.1995, S. 22: ‚No Sex, no Drugs, no Rock'n'Roll.'
Süddeutsche Zeitung, 15.5.1995, S. 12: ‚Was macht eigentlich VOX?'
Süddeutsche Zeitung, 27.7.1995, S. 14: ‚Auf dem Weg in die oberste Liga.'
Süddeutsche Zeitung, 20.9.1995, S. 31: ‚Bertelsmann und die WAZ haben nun die RTL-Mehrheit.'
Süddeutsche Zeitung, 26.9.1995, S. 12: ‚Das große Sitzezählen.'
Süddeutsche Zeitung, 12.12.1995, S. 4: ‚Bertelsmann kann Kirch überholen.'
Süddeutsche Zeitung, 22.12.1995, S. 23.
Süddeutsche Zeitung, 22.4.1996, S. 12: ‚Wenn die Macht zum Handicap wird.'
Süddeutsche Zeitung, 25.5.1996, S. 17: ‚Die Macht des Hauses Bertelsmann.'
Süddeutsche Zeitung, 26.9.1996, S. 31: ‚Wössner setzt auf werbefinanziertes Fernsehen. '
Süddeutsche Zeitung, 4/5.4.1997, S. 23: ‚Bertelsmann steigt bei CLT ein und wird Großmeister im deutschen Fernsehgeschäft.'
Süddeutsche Zeitung, 17.6.2002: „Zurück in die Weltklasse"; SZ-Gespräch mit Bertelsmann-Chef Thomas Middelhoff über Musikfernsehen, die Lage bei Kirch und die Neuordnung seines Konzerns.
Süddeutsche Zeitung, 26.1.2002, S. 40: ‚Vom Ende der Gartenzäune. Der Manager Bernd Kundrin bringt den größten deutschen Verlag Gruner+Jahr näher an den Bertelsmann-Konzern. '
Süddeutsche Zeitung, 23.12.2003: ‚Jedes Buch ist ein Risiko. Interview mit Random House-Chef Jörg Pfuhl.'
Tagesspiegel, 11.1.1998, S. 31.
Tagesspiegel, 31.8.2001, S. 31: ‚Probleme? Herausforderungen!'
taz, die tageszeitung, 4.4.1996, S. 3: ‚Eurofernsehen aus Gütersloh.'
taz, die tageszeitung, 27.12.2001, S. 14: ‚Im Fernsehen liegt die Zukunft.'
taz, die tageszeitung, 27.6.2002, S. 1: ‚Die Gewerkschaft ver.di kritisierte die Transaktion als ‚Besorgnis erregenden Konzentrationsschub.'
taz, die tageszeitung, 19.12.2002, S. 18: ‚Umständehalber anzugeben.'
Text intern, 26.8.1994, S. 17.
Theomele, Eine Sammlung christlicher Lieder und Gesänge; für Schulen, Institute, Familienkreise und freundschaftliche Zirkel. Gütersloh 1836.
TV-Courier, 8/1984.
Vorwärts, 15.1.1964: ‚Ludendorffs. Projekt. Verlagshaus Bertelsmann hat die UFA übernommen. '
Wall Street Journal Europe, 17.2.1999, S. 5.
Wall Street Journal (US), 118/18.12.2000, S. 14.

Die Welt, 8.1.1964: ‚Bertelsmann will die UFA aktivieren.‘
Die Welt, 1.8.1998, S. 37: Auf dem moralischen Hosenboden der Wahrheit.
Die Welt, 25.9.1998, S. 32: ‚Ariola. Es begann mit einem Misserfolg.‘
Die Welt, 21.2.2000, S. 14: ‚Bertelsmann erwägt Rückzug aus AOL Europe.‘
Die Welt, 24.10.2000, S. 37: ‚Wir machen Kunsthandwerk. Stabswechsel bei Gruner+Jahr.‘
Welt am Sonntag, 3.7.1966, S. 8: ‘Bertelsmann – das neue Filmimperium.‘
Welt am Sonntag, 16.6.2000, S. 70: ‚Mein Leben bleibt aufregend. Gerd Schulte-Hillen (...) zieht Bilanz.‘
Welt am Sonntag, 3.6.2002, S. 62: ‚Wer nagt da am Knochen?‘
Wirtschaftswoche, 20/1990: Bertelsmann: ‚Konzernchef muß im USA-Geschäft aufräumen.‘
Wirtschaftswoche, 41/1994, S. 72: ‚Tango ist ein Drahtseilakt.‘
Die Woche, 52/1993, S. 39: ‚Unwiderstehlich unausstehlich.‘
W&V, werben und verkaufen, 15.5.1970: ‚Springer (und andere) UFA-Teilhaber?‘
W&V, werben und verkaufen, 19.1.1973.
W&V, werben und verkaufen, 21/1999, S. 106: ‚Mit Vollgas in die Zukunft.‘
W&V, werben und verkaufen, 21/2001, S. 1: ‚Der Einkäufer geht auf Tour.‘
W&V, werben und verkaufen, 26/2002, S. 22-24: ‚Unbekannte Größe. (Interview mit Didier Bellens)‘.
W&V, werben und verkaufen, 31/2002, S. 24: ‚Ende der Revolution.‘
Die Zeit, 28/1965, S. 1: ‚Verlags-Fusion, Zur Unterrichtung der ZEIT-Leser.‘
Die Zeit, 26/1994, S. 24: ‚Gruner+Jahr. Sieben auf einen Streich.‘
Die Zeit, 43/1996, S. 2: ‚Ein großartiges Journalistenleben.‘
Die Zeit, 46/2001, Zeit-Gespräch mit Thomas Middelhoff. ‘
ZV+ZV, 7.12.1973: ‚Keine Pläne für privates Fernsehen.‘
ZV+ZV, 40-41, 10/1977, S. 358.

13.4 Kataloge, Gutachten und Berichte

AWA, Reichweitenmessung der Allensbacher Werbeträgeranalyse. In: AWA 1970, Bd. III- Zeitungen, Zeitschriften.
Bertelsmann Buchclubs, Zahlen, Daten, Fakten. Broschüre der Kultur und Öffentlichkeitsarbeit, Mai 1992.
Bertelsmann Club. Buch und Leser 1973-1990 - ein Langzeitvergleich. Unveröffentlichte Studie, Gütersloh 1990.
Dreizehntes Hauptgutachten der Monopolkommission 1988/89, Unterrichtung durch die Bundesregierung, Deutscher Bundestag, 14. Wahlperiode.
Goldmann Gesamtkatalog 1970/71, Wilhelm Goldmann Verlag. München 1971.
Katalog (Case Studie) der Firma Novo Mind, IQ Interactive. Hamburg 2002
Kommission zur Ermittlung der Konzentration im Medienbereich, KEK, nach § 26 Abs. 6 RSTV, Fortschreitende Medienkonzentration im Zeichen der Konvergenz.
Sechster Jahresbericht der Kommission zur Ermittlung der Konzentration im Medienbereich (KEK). Berichtszeitraum 1. Juli 2002 – 30 Juni 2003. Potsdam 2003.
Wirtschaftsbericht der Phonographischen Wirtschaft. Hamburg 1971.

13.5 Internet

Apple.com/itunes/ [22.12.2003].

Bertelsmann.de [1.2.2000], (www.bertelsmann.com/bag/chronicle-4content.cfm): Unternehmenschronik.

Bertelsmann.de [1.12.2001], (www.bertelsmann.de/bag/chronicle/chronicle4.cfm): Unternehmenschronik.

Bertelsmann.de [2.1.2002], Bereich FAQ: Was sind die Gründe für die Neuausrichtung von BOL und den Buchclubs in Europa und Asien.

Bertelsmann.de [12.2.2002], (www.bertelsmann.de/bag/chronicle/chronicle5.cfm): Unternehmenschronik.

Bertelsmann.de [2.3.2002], (www.bertelsmann.de/bag/chronicle/chronicle1_content.cfm): Die Bertelsmann-Chronik.

Bertelsmann.de [10.3.2002], (www.randomhouse.de/cbertelsmann/about.jsp?men=138): Bereich Random House.

Bertelsmann.de [26.4.2002], (www.bertelsmann.de/divisions/directgroup/profile/,*profile.cfm): Bereich DirectGroup.

Bertelsmann.de [10.7.2002], (www.bertelsmann.de/news/faq/aq_section.cfm?section=11&a=5750): Rubrik Fragen und Antworten.

Bertelsmannspringer.de [2.2.2002], Zahlen und Fakten BertelsmannSpringer im Geschäftsjahr 2000/2001, PDF aus: (www.bertelsmannspringer.de/bilanz2001.pdf.).

Bmgentertainment.de [6.3.2002], Rubrik: History – die Achtziger.

Buchmarkt.de [13.3.2002]: Random House geht auf drastischen Sparkurs.

Digitalfernsehen.de [6.1.2004], (www.digitalfernsehen.de/news/news4292.html):,RTL erhöht Anteil auf 50 Prozent'

Dradio.de [ohne Zeitangabe aufgrund der späteren Digitalisierung des Archivs], DeutschlandRadio-Online (www.dradio.de/cgi-bin/es/neu-lit-buch/2028.html): Deutschlandradio, Interview mit Friederike Harmgarth (Bertelsmann Buch AG) und Arnulf Conradi (Berlin Verlag) zur Übernahme des US-Verlags Random House durch den Bertelsmann-Konzern.

Dradio.de [12.2.2003], (www.dradio.de/cgi-bin/es/neu-lit-1/726.html): ‚Elefantenhochzeit'

Epd.de [17.7.2002], (www.epd.de/medien/print/692_3691.htm): ‚Abenteuerlich. Presse-Krise, Kirch-Pleite: Ein epd-Interview mit dem Medienforscher Horst Röper'

Faz.net [2.1.2004]: ‚2 Bertelsmann-Töchter 2003 ohne große Gewinnbeiträge'

Fremantel.de [8.8.2002], (www.fremantle.de/index3.php?m=1).

FTD.de [27.12.2001], (www.ftd.de/tm/me/7242596.html): ‚Bertelsmann erhöht Anteil an der RTL Group'

FTD.de, [18.3.2002], (www.ftd.de/cgi-bin/gx.cgi/appLogic+FTContentServer?): BMG will Abhängigkeit von Superstars beenden'

FTD.de, [5.4.2002], (www.ftd.de/tm/me/101439869966.html?nv=rs): ‚Bertelsmann sieht sich in der Erfolgsspur'

Germany-Info.org, Info-Website der Deutschen Botschaft Washington [2.6.1998], (www.germany-info.org/newcontent/np.bak/wk_dn_archive/dn_06_05_98.htm): ‚Bertelsmann Pressemitteilung zur Übernahme von Random House'

Guj.de [25.6.2002], (www.guj.de/intern/news/presse2002/meld020626.html): ‚Vorstand von Gruner+Jahr beschließt neue strategische Ausrichtung'

Handelsblatt.com [24.12.2001], (www.handelsblatt.de): ‚Middelhoff verwandelt Bertelsmann in Entertainment-Konzern‘

Heise.de news [8.1.2002], (www.heise.de/newsticker/data/sha08.01.02): ‘Listen.com bietet zukünftig Musik von BMG und EMI‘

Heise.de [10.11.2003], (www.heise.de/newsticker/data/boi-06.11.03-007/): ‚Bertelsmann und Sony planen gemeinsames Musikunternehmen‘

Horizont.de[30.7.2002],(www.horizont.net/medien/news/pages/showmsg.bprl?id= 38812)

IFPI.org [23.12.2003], (www.ifpi.org/site-content/press/20030909.html): ’IFPI releases comprehensive yearbook on the global market for recorded music‘

Informationweek.de [2.4.2002], (www.informationsweek.de/print.php3?/channels/ “channel40/010593.htm): ‚Risikoreicher Schlingerkurs bei Bertelsmann‘

Manager-magazin.de [15.4.2002], (www.managermagazin.de/ebusiness/artikel/0,282 8,1 90005,00.html): ‚Gruner+Jahr. Kundruns große Baustelle‘

Manager-magazin.de [5.7.2002], (www.manager-magazin.de/koepfe/artikel/0,2828, 20 4131,00.html): ‚Der Feuerwehrmann quittiert den Dienst‘

Manager-magazin.de [14.2.2003], (www.manager.magazin.de/koepfe/artikel/0,282 8,2 35231,00.html): ‚Didier Bellens. Pommmes statt Bertelsmann‘

Manager-Magazin.de [17.4.2003], (www.manager-magazin.de/magazin/artikel/0,282 8,2 40967,00.html): ‚Weib, ewiges Rätsel‘

Monster.de [10.4.2002], (http://unternehmen.monster.de/bde).

Musikmarkt.de [18.12.2003], (www.musikmarkt.de/content/news/news2.php3?bid= 7829&beriff=sony%20bmg&auts=1068478369&buts=1073316769&methode=1&afb=1 &katparam=7|36-8|37-38|39|41|40|42|49|43|61|63|64|65|66|6720|21&kate2=News&art= quick&next2=0,30,1): ‚Manager Magazin: Sony will schnell positives Ergebnis‘

Netzzeitung.de [7.1.2004], (www.netzzeitung.de/medien/266924.html): ‚Liz Mohn über Luther‘

Nzz.ch [14.3.2002], (www.nzz.ch/2002/03/15/wi/page-article81FHP.html): ‚Umbau der Führungsspitze bei den deutschen Buchverlagen‘

Nzz.ch [12.2.2003], (www.nzz.ch/2003/02/12/fe/page-article9OBRE.html): ‚Fusion mit Folgen. Bertelsmann kauft Springer-Buchverlage‘

Publishersweekly.com [6.10.2001], (http://publishersweekly.reviewsnews.com): Random Stubs Toe in Stub Period, by Jim Milliot for Newsline.

Publishersweekly.com [6.17.2001], (http://publishersweekly.reviewsnews.com): The International Book Source of Book Publishing and Book Selling, Sarnoff Named to.

Random-House.de [10.2.2002], (www.randomhouse.de/mosaik): ‘Wir über uns‘

Redherring.com [1.10.2001], (www.redbherring.com/mag/issue105/167791.html): ‘Thomas Middeloff Faces the Music at Bertelsmann‘

RTL-group.de [14.5.2002]: Ein großer Schritt in der Unternehmensgeschichte: Deutschlands größte Regionalzeitungsgruppe, die Westdeutsche Allgemeine Zeitung (WAZ), übernimmt 10 Prozent der Anteile von RTLplus.

RTL-television.de [15.9.2002], (www.rtl-television.de/html/frameset_chronik.html): ‚Steffi Graf und Boris Becker gewinnen Wimbledon und nur RTLplus ist in Deutschland live dabei‘

RZ-Online.de [5.2.2001], (www.rhein-zeitung.de/on/01/02/05/topnews/rtl.html): ‚Bertelsmann übernimmt RTL-Mehrheit‘

Salon.com [7.4.1998], MediaCircus, (www.salon.com/media/1998/04/07mdia.html): ‚Bertelsmann online Blitzkrieg‘

Spiegel.de [3.5.2001], (www.spiegel.de/netzwelt/technologie/0,1518,131722,0.html): ‚Künftig alle Medienangebote digitalisieren‘

Springer.de [5.7.2001].

Sueddeutsche.de [24.4.2002], (www.sueddeutsche.de/kultur/terimekritik/musik/421643/index.htm): ‚Boomerland ist weggebrannt'

Sueddeutsche.de [10.2.2003], (www.sueddeutsche.de/index.php?url=/kultur/terminekritik/musik/61813&datei=index.php): ‚DSDS – Deutschland sucht sehr sonderbar'

Telepolis.de [10.2.2003], (www.heise.de/tp/deutsch/html/result.xhtml?url=/tp/deutsch/spezial/auf/14151/1.html&words=Deutschland%20sucht%20Superstar): ‚Schlimmer geht's immer'

Time.com, Business [6.4.1998], Vol. 151 No. 13: 'The Book On Bertelsmann. '

Wdr.de [11.2.2001], (www.wdr.de/themen/wirtschaft/wirtschaftsbranche/bertelsmann/kauf_von_springer.jhtml): ‚Bertelsmann kauft Springer-Buchsparte'

Welt.de [5.2.2001], (www.welt.de/daten/2001/02/05/0205un220583.htx): ‚Bertelsmann übernimmt die Mehrheit bei RTL Group'

Welt.de [•.2.2001], (www.welt.de/daten/2001/02/11/0211un221806.htx): ‚Wieviel ist der Medienriese wert'

Welt.de [31.3.2001], Channel: ‚Literarische Welt, Der glückliche Herr O'

Welt.de [6.11.2001], (www.welt.de/daten/2000/09/14/0914un190815.htx): ‚RTL Group baut ihre internationale Präsenz aus'

Welt.de [27.12.2001], (www.welt.de/daten/2001/12/27/1227un304457.htx): ‚Bertelsmann übernimmt RTL Group fast vollständig'

Welt.de [5.4.2002]: Welt-Interview: ‚Die Zeit der Internet-Verluste ist vorbei'

Welt.de [10.4.2002], (www.welt.de/daten/2002/04/05/0405un324312.htx): ‚Die Zeit der Internet-Verluste ist vorbei'

Welt.de [1.8.2002], (www.welt.de/daten/2002/06/27/0627mm340870.htx): ‚Paukenschlag am Hauptstadt-Kiosk'

Welt.de [14.8.2002], (www.welt.de/daten/2002/08/14/0814un350442.htx): ‚Wir können uns auch einen Musiksender vorstellen. RTL-Group-Chef Bellens strebt in allen Sparten Rang eins an'

Welt.de [5.9.2002], (www.welt.de/daten/2002/09/05/0905und354623.htx): ‚Baustelle Bertelsmann'

Welt.de [19.10.2002], (www.welt.de/daten/2002/10/1019/un363165.htx): ‚Bertelsmann verabschiedet sich vom Geschäft mit dem Internet'

Welt. de [6.11.2002], (www.welt.de/daten/2002/08/14/0814wi350434.htx): ‚Für die Medien wird es brenzlig'

Welt.de [13.12.2002], (www.welt.de/daten/2002/12/13/24742.html).

Wired.com [10.11.2000], (www.wired.com/news/culture/0,1284,40087,00.html): 'Napsters Outlasting Opponents'

Wirtschaftswoche.de [12.8.2002], (www.wiwo.de/wiwowwwangebot/fn/ww/SH/0/sfn/buildww/cn/cn/cn_artikel/id/852): ‚Hans Mahr: Ein Bertelsmann in Luxeburg'

Zeit.de, [6.2.2001] (www.zeit.de/2001/06/Politik/200106_printletter_0602.html).

Zeit.de, [1.7.2001] (www.zeit.de/2001/07/Media/200107_bertelsmann.html): ‚Eine Cash Cow für Gütersloh'

14. ANHANG

14.1 Unternehmensbereiche

Abb.1. Übersicht Unternehmensbereiche

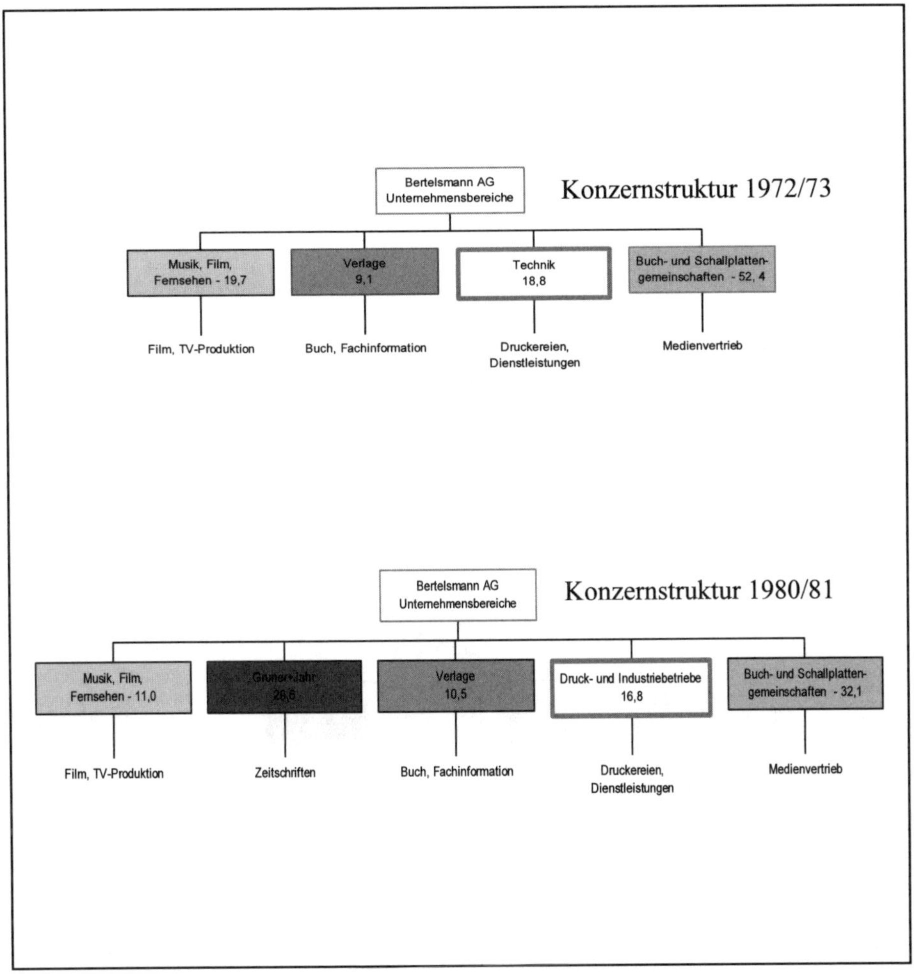

Abb. 2 Übersicht Unternehmensbereiche

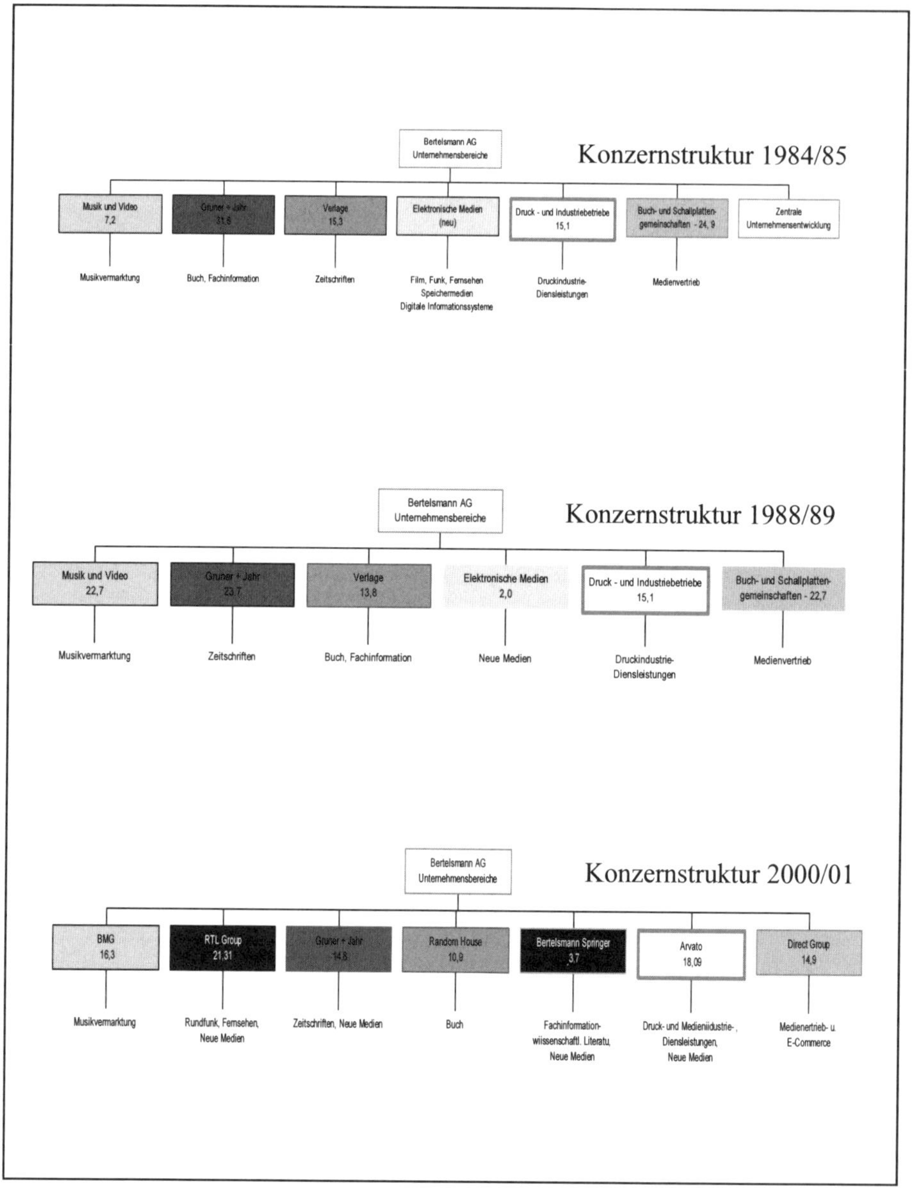

14.2 Unternehmens-Übersichten

Tab.1 *Bertelsmann* 1974

Buch- und Schallplattengemeinschaften

Rheinhard Mohn oHG, *Gütersloh*
Verlagsgemein. R. Mohn, *Rheda-Wiedenbrück*
C.Bertelsmann International GmbH, *Gütersloh*
Gemeinschaft der Buch- u. Schallplattenfreunde F.Stratmann KG, *Berlin*
Richard Scholz oHG, *Berlin*
Rhein-Main-Adress-Direktwerbegesellschaft mbH, *Oberursel*
Europäische Bildungsgemeinschaft Verlags-GmbH, *Stuttgart*
Europäischer Buch- u. Phonoclub Verlagsgesellschaft mbH, *Stuttgart*
Christlicher Bildungskreis Verlagsgesellschaft mbH, *Stuttgart*
Club-Reisedienst International GmbH, *Kaiserslautern*
Freizeit-Service Europäische Bildungsgemeinschaft Verlags-GmbH, *Stuttgart*
Europasprachklub GmbH, *Stuttgart* (75%)
Europasprachklub GmbH & Co., *Düsseldorf* (75%)
Circulo de Lecotres GmbH, *Gütersloh*
Österreich C.Bertelsmann Generalvertretung für AU, *Wien*
Buchgemeinschaft Donauland Kremayr & Scheriau KG, *Wien* (55%)
Schweiz Arcadia Verlag AG, *Zug*
Triloba GmbH, *Zug*
A-Z Direct Marketing AG, *Bern*
Buch- u. Schallplattenfreunde GmbH, *Zug* (88,4%)
Thordsen-Pictura Verlag AG, *Basel*
Verlag Buch und Wissen AG, *Zürich*
Benelux Boeken- en Muziekvrienden B.V., *Utrecht*
E.C.I. voor Boeken en Grammofoonplaaten B.V., *Utrecht* (65%)
Bedrijfsincasso B.V., *Utrecht*
Euro Computer Service B.V. *Utrecht*
Bogram B.V., *Utrecht*
Euroboek V.O.F., *Utrecht*
Europaclub N.V., *Antwerpen*
Europaclub International N.V., *Antwerpen*
Spanien Circulo de Lecotres S.A., *Barcelona*
Intravest S.A., *Barcelona*

Unternehmensbereich Verlage

Verlagsgruppe Bertelsmann GmbH, *Gütersloh*
Schaffmann & Kluge Landkarten Verlag, *Berlin*
Central-Versand Hermann Hoffmann, *Rheda-Wiedenbrück*
Schloß Verlag Hergen Dieckmann, *Bielefeld*
Mosaik Verlag Joachim Scholz, *Gütersloh*
Verlag Buch u Wissen Inhaber R. Mohn, *Rheda-Wiedenbrück*
Gütersloher Verlagshaus Gerd Mohn, *Gütersloh*
Universitätsverlag, *Düsseldorf*
RV Reise- und Verkehrsverlag GmbH, *Stuttgart*
Pro Schule Verlag GmbH, *Düsseldorf*
Westdeutscher Verlag GmbH, *Opladen*
Verlag Buch und Wissen GmbH, *Rheda-Wiedenbrück*
F. Vieweg & Sohn Verlagsgemeinschaft mbH, *Braunschweig*
Deutscher Eichverlag GmbH, *Braunschweig*
ILS-Institut f. Informations-u. Lernsysteme GmbH, *Darmstadt* (75%)
ORBIS Verlag für Publizistik GmbH, *Gütersloh*
ORBIS Verlag für Publizistik GmbH, *Hamburg*
Europart Verlagsgruppe Bertelsmann GmbH, *Gütersloh* (67%)
Bertelsmann Thomson Fachverlag GmbH, *Gütersloh* (66%)
Bertelsmann Fachzeitschrift GmbH, *Gütersloh*
Verlagsgesellschaft Otto Spatz oHG, *München*

Unternehmensbereich Musik, Film, Fernsehen

Ariola Eurodisc GmbH, *München*
Arabella Musikverlag, *München*
Universum Film GmbH, *Gütersloh*

Wiener Bohème Verlag GmbH, *Berlin*
Dreiklang-Dreimasken, Bühnen- und Musikverlag GmbH, *Berlin*
UFAton-Verlagsgesellschaft mbH, *Berlin*
Musik-Edition Discoton GmbH, *München*
Bavariaton-Verlag GmbH, *München*
UFA-International GmbH, *München*
UFA-Werbefilm GmbH, *Düsseldorf*
AQUARIUS-Film GmbH, *Düsseldorf*
AQUARIUS-Film GmbH & Co. KG, *München* (75%)
UFA-Werbefilm GmbH & ATB Ton+Bild mbH, *Düsseldorf* (80%)
UFA-Fernsehproduktion GmbH, *Berlin*
Bertelsmann Fernsehproduktion, Inhaber R. Mohn, *Berlin*
Videophon Gesellschaft für audiovisuelle Kommunikationsmittel, *München*
Kommanditgesellschaft Videophon, *München*
Österreich Ariola Schallplatten Gesellschaft mbH, *Wien*
UFA-Werbefilm Gesellschaft mbH, *Wien*
Benelux Ariola Eurodisc Benelux B.V. *Haarlem*
Edition Arabella Benelux C.V. *Haarlem*
Frankreich Editions Musicales Arabella S.A.R.L., *Neuilly*
Spanien Ariola Eurodisc S.A., *Barcelona*
Arabella-Ediciones Musicales A.A., *Barcelona*
Eurocinta S.A., *Barcelona*

Unternehmensbereich Technik
Reinhard Mohn oHG, Mohndruck und Sonopress, *Gütersloh*
Industrie Service R. Mohn, *Gütersloh*
Distributor GmbH, *Düsseldorf*
Österreich Druck- und Verlagsanstalt Wiener Verlag, *Wien* (55%)
Frankreich Setradis S.A., *Paris* (80%)
Mohn Eridé S.A., *Paris*
England Mohn-Gordon-Limited; *London*
Spanien Printer Industria Grafica S.A., *Barcelona*
USA Mohn Bertelsmann Corp.; *New York*

Sonstige
Mohn Bertelsmann Corp.; *New York*
Bertelsmann Pressevertriebs- und Beteiligungsgesellschaft, *Hamburg*
Vertriebsgesellschaft für UTA Trocknungsanlagen, *Gütersloh*
Utag Universal-Trocknungsanlagen GmbH, *Gütersloh*

Tab.2 Buch- und Schallplattengemeinschaften 1981[1546]

DEUTSCHLAND
Richard Scholz GmbH, *Berlin*
RMA Rhein-Main-Adress Direktwerbegesellschaft, *Oberursel*
Schloß Präsent Versand GmbH, *Rheda-Wiedenbrück*
Bertelsmann International GmbH, *Gütersloh*
Reinhard Mohn GmbH, *Gütersloh*
Europäischer Buch- und Phonoclub Verlags GmbH, *Stuttgart*
Christlicher Bildungskreis Verlags-GmbH, *Stuttgart*
Club-Reisedienst International GmbH, *Kaiserslautern*
Freizeit-Service Europäische Bildungsgemeinschaft Verlag, *Stuttgart*
Europa-Sprachklub GmbH, *Stuttgart*
Europäischer Privatschuldienst GmbH, *Frankfurt*
Kunstkreis Verlags-GmbH, *Stuttgart*
Bertelsmann Club GmbH, *Gütersloh*
A-Z direct-marketing bertelsmann gmbh, *Gütersloh*
VVA-Vereinigte Verlagsauslieferung GmbH, *Gütersloh*
Geo Center Internationales Landkartenhaus GmbH, *Stuttgart* (55%)

EUROPA

[1546] Entn. aus: BG 1980/81

Belgien Europaclub Internationaal N.V., *Deurne/Antwerpen*
N.V. Euroboek, *Borgerhout*
France Loisirs Belgique S.A., *Ath*
Frankreich France Loisirs S.A.R.L., *Paris*
Société pour la Promotion de la Culture et des Loisirs, *Paris* (50%)
Großbritannien The Leisure Circle Ltd., *London*
The Leisure Circle Partnership, *London*
Italien Euroclub Italia S.p.A., *Bergamo*
Niederlande ECI voor boeken en platen B.V., *Vianen* (65%)
Bedrijfsincasso B.V. *Utrecht*
Euro Computer Service B.V., *Utrecht*
Boeken- en Muziekvrienden B.V. *Utrecht*
A-Z Direct Marketing B.V. *Utrecht*
Bogram B.V. *Utrecht*
Euroboek B.V. *Utrecht*
Norwegen Plateringen A/S., *Oslo*
Österreich Bertelsmann Generalvertretung für Österreich, *Wien*
Buchgemeinschaft Donauland Kremayr & Scheriau KG, *Wien* (55%)
Donauland Geschäftsführungsgesellschaft mbH, *Wien* (55%)
Portugal Circulo de Leitores Lcirculo de Leitores Lda., *Lissabon*
Schweden Skivklubben Musik för Alla AB, *Malmö* (89%)
Schweiz Arcadia Verlag AG, *Zug*
Verlagsgemeinschaft Arcadia AG, *Ittigen/Bern*
A-Z Direct-Marketing AG, *Ittigen/Bern*
Buch- und Schallplattenfreunde GmbH, *Zug* (88,1%)
Thordsen- Pictura Verlag AG, *Basel*
France Loisirs (Suisse) S.A. *Lausanne*
Spanien Circulo de Lectores S.A., *Barcelona*
Publienvio S.A., *Barcelona* (50%)

NORD - und SÜDAMERIKA
Le Livre pour tous, *Montreal* (49,9%)
Quebec Loisirs Inc., *Montreal* (49,9%)
Circulo de Lectores S.A. *Buones Aires, Argentinien*
Editorial Grafinter S.A., *Buones Aires, Argentinien* (95%)
Circulo de Lectores S.A., Quito, *Ecuador*
Ediciones Nacionales Circulo de Lectores Ltda. *Bogota, Kolumbien*
Circulo de Lectores S.A. *Bogota, Kolumbien*
Printer Columbiana S.a. *Bogota, Kolumbien*
Bertelsmann de Mexico S.A., *Mexico-City, Mexiko*
Circulo de Lectores S.A., *Panama, Panama*
Printer Internacional de Panama S.A., *Panama, Panama*
Ciculo de Lectores S.A. *Montevideo, Uruguay*
Circulo de Lectores S.A. *Caracas, Venezuela*
Club de Cultura S.A., *San José, Costa Rica*

Tab.3. *Bertelsmann* 1985

3.1. Buch- und Schallplattengemeinschaften (1985)

Bertelsmann Club GmbH, *Gütersloh*
Bertelsmann Club Vertrieb GmbH; *Kornwestheim*
Bertelsmann International GmbH, *Gütersloh*
Christlicher Bildungskreis Verlagsgesellschaft mbH, *Stuttgart*
CLUB-DIENST Medien Vertrieb, *Kornwestheim*
Club-Reisedienst International GmbH, *Kaiserslautern*
EBG Verlags GmbH, *Kornwestheim*
Europäische Bildungsgemeinschaft Verlags-GmbH, *Gütersloh*
Europäische Bildungsgemeinschaft Verlags-GmbH, *Kornwestheim*
Europäischer Buch- und Phonoclub Verlag, *Kornwestheim*
Europäischer Privatschuldienst GmbH, *Kornwestheim*
Europa- Sprachklub GmbH, *Kornwestheim*
Freizeit-Service Europäische Bildungsgemeinschaft Verlag, *Stuttgart*
Reinhard Mohn GmbH, *Gütersloh* (56,84%)
Treuhandfirma Verlagsgemeinschaft R. Mohn, *Rheda-Wiedenbrück*
Schloß Präsent Versand GmbH, *Rheda-Wiedenbrück*

VVA- Vereinigte Verlagsauslieferung GmbH,

EUROPA
Belgien Europaclub-International NV., *Deurne/Antwerpen*
France Loisirs Belgique S.A., *Ath*
N.V. Euroboek, *Borgerhout*
Frankreich Europe Loisirs Service S.A., *Paris* (50%)
France Loisirs S.A.R.L., *Paris* (99,95%)
Société pour la Promotion de la Culture S.A.R.L., *Paris* (50%)
Socprest S.A.R.L., *Sallaumines* (99,875%)
Voyages Loisirs S.A.R.L., *Paris* (99,5%)
Großbritannien The Leisure Circle Ltd., *London*
The Leisure Circle Partnership, *London* (99%)
Euroclub Italia S.pA. *Bergamo* (51%)
Niederlande B.V. Bedrijfsincasso B.V., *Utrecht*
Boeken- en Muziekvrienden B.V., *Utrecht*
Bogram B.V., *Vianen*
E.C.I. voor Boeken en Plaaten B.V.,*Vianen* (65%)
Euroboek V.O.F., *Utrecht*
Euro Computer Service B.V. *Utrecht*
Österreich Bertelsmann Generalvertretung für Österreich, *Wien*
Buchgemeinschaft Donauland Kremayr & Scheriau, *Wien* (45%)
‚Donauland' Geschäftsführung Gesellschaft mbH, *Wien* (45%)
Portugal Circulo de Leitores, Lda., *Lissabon* (99,9%)
Schweiz Arcadia Verlag AG, *Zug*
Buch- u. Schallplattenfreunde GmbH, Zug (88,4%)
France Loisirs (Suisse), S.A. *Lausanne*
Thordsen-Pictura Verlag AG, *Basel*
Verlagsgemeinschaft Arcadia AG, *Ittigen*
Spanien Circulo de Lecotres S.A., *Barcelona*
Circulo Exportadora, S.A., *Barcelona* (51%)
LUTROC S.A. *Barcelona*

NORDAMERIKA
Quebec Loisirs Inc., *Montreal* (50%)
MITTEL-U. SÜDAMERIKA
Bertelsmann de Mexico S.A., *Mexico*
Circulo de Lectores S.A., *Bogota/Kolumbien* (49%)
Circulo de Lectores S.A., *Buenos Aires/Argentinien* (98,4%)
Circulo de Lectores S.A., *Caracas/Venezuela*
Circulo de Lectores S.A. *Quito/Ecuador*
Editorial Grafinter S.A., *Buones Aires/Argentinien* (95,04%)
Printer Internacional de Panama, *S.A. Panamá/Panamá*

3.2. Verlage (1985)

Albrecht Knaus Verlag GmbH, *München*
A-Z direct marketing bertelsmann GmbH, *Gütersloh*
Bertelsmann Datenbankdienste GmbH, *München*
Bertelsmann Druck + Dienstleistung Berlin GmbH, *Berlin*
Bertelsmann Fachzeitschriften GmbH, *Gütersloh*
Bertelsmann LEXIKOTHEK Verlag GmbH, *Gütersloh*
Bertelsmann-Thomson Fachverlag GmbH, *Gütersloh* (55,17%)
Betriebswissenschaftl. Verlag Dr. Th. Gabler GmbH, *Wiesbaden*
Blanvalet Verlag GmbH, *München*
C.Bertelsmann Verlag GmbH, *München*
Central-Versand f Verlagserzeugnisse GmbH, *Rheda-Wiedenbrück*
Deutscher Eichverlag GmbH, *Braunschweig*
Deutscher Universitäts-Verlag GmbH, *Wiesbaden*
Friedr. Vieweg & Sohn Verlagsgesellschaft mbH, *Braunschweig*
FUCHSBRIEFE Dr. Hans Fuchs GmbH, *Bonn-Bad Godesberg*
Geo Center Verlagsvertrieb GmbH, *München*
GFV Gesellschaft für Verlagserzeugnisse mbH, *Gütersloh*
Heinrich Vogel Fachzeitschriften GmbH, *München*
Heinze GmbH, *Celle*
ILS Institut für Lernsysteme GmbH, *Hamburg*
i.p. ibau-Planungsinformationen GmbH, *Münster* (51%)
i.p. ibau-Planungsinformationen GmbH & co. KG, *Münster* (51%)
ISF Informationssysteme für den Fachhandel GmbH, *Celle*

MMV Medizin Verlag GmbH München, *München*
Mosaik Verlag GmbH, *München*
Münchner Bücherhaus GmbH, *München*
ORBIS Verlag für Publizistik GmbH, *Gütersloh*
Prisma Verlag GmbH, *Gütersloh*
Richard Scholz GmbH, *Gütersloh*
RMA Rhein-Main-Adress Direktwerbegesellschaft mbH, *Bad Homburg*
Rufer Versandbuchhandlung GmbH, *Essen*
RV Reise- und Verkehrsverlag GmbH, *München*
Scholz-Bautennachweise GmbH, *München*
Verlag Aktuelle Information GmbH, *Frankfurt* (55%)
Verlag Buch und Wissen GmbH, *Rheda-Wiedenbrück*
Verlagsgruppe Bertelsmann GmbH, *Gütersloh*
Verlagsgruppe Bertelsmann International GmbH, *Gütersloh*
Verlag Heinrich Vogel GmbH, Fachverlag f. Lehrmittel, *München*
Verlag Hernberger KG, *Celle*
Westdeutscher Verlag GmbH, *Leverkusen*
WILA- Verlag für Wirtschaftswerbung Wilhelm Lampl KG, *München*
Wilhelm Goldmann Verlag GmbH, *München*
Wilhelm Goldmann Verlag GmbH & Co. Vertriebsgesellschaft, *München*
Wolf Jobst Siedler Verlag GmbH, *Berlin* (75%)

EUROPA

Großbritannien Transworld Publishers Ltd., London
Niederlande A-Z Direct Marketing Ltd. London
Schweiz AZ Direct-Marketing Bertelsmann AG, Ittigen/Bolligen
CV Central-Versand für Bücher und Schallplatten GmbH, *Ittigen*
Verlag Buch und Wissen AG, *Glattbrugg*
Spanien A.Z. Direct, S.A., *Madrid*
Distribuidora Editorial Insular Las Palmas, *S.A.*
Encuadernadora Ludice, S.A., *Barcelona*
Graficas Guada, S.A. *Barcelona*
La Encuadernadora Moderna, S.A, *Barcelona*
Plaza y Janés Editores, S.A., *Barcelona*
Plaza y Janés Distribuidores, S.A. *Barcelona*
Plaza y Janés, S.A. Distribuidores La Coruna, *La Coruna*
Plaza y Janés, S.A. Distribuidores Madrid, *Madrid*
Plaza y Janés, S.A. Distribuidores Malaga, *Malaga*
Plaza y Janés, S.A. Distribuidores Sevilla, *Sevilla*
Plaza y Janés, S.A. Distribuidores Valencia, *Valencia*
NORDAMERIKA Kanada Bantam Books of Canada Ltd., *Toronto*
USA Bantam Books, Inc., *New York*
Bertelsmann Publishing Group, Inc., *New York*
Mohn-Bertelsmann Corp. *New York*

SÜDAMERIKA

Plaza y Janés Editores Colombia Ltda, *Bogotá*

3.3. Druck- und Industriebetriebe (1985)

BIP Industrieplanungs-GmbH, *Gütersloh*
Cartigar Papiervertrieb GmbH, *München*
Chr. Belser GmbH & Co. KG, Vermietung von Druckereigebäuden (74,51%)
Chr. Belser Offsetdruck GmbH, *Stuttgart*
Chr. Belser Verwaltung GmbH, *Stuttgart* (75%)
Deutscher Supplement Verlag GmbH & Co. KG. *Nürnberg*
D.I.S. VERSAND Service GmbH, *Versmold*
Druckerei Verwaltungsgesellschaft Nürnberg mbH, *Nürnberg* (75%)
Elsnerdruck GmbH, *Berlin*
Gütersloher Druckservice GmbH, *Gütersloh*
Heichlinger Druckerei GmbH, *München*
Jöllenbeck + Kasten Spezial-Druckerei GmbH & Co., *Herme*
Magnetische Informations- u. Daten- Systeme GmbH, *Herme*
Maul + co – Chr. Belser GmbH & Co. KG, *Nürnberg* (74,94%)
Mohndruck Graphische Betriebe GmbH, *Gütersloh*
Neue Gesellschaft für Buchbinderei Dülmen mbH, *Dülmen*

EUROPA

Dänemark R.Mohn- Scandinavia a/s, Kopenhagen
Großbritannien Mohn UK Ltd., London
Italien Cartiere del Garda S.p.A., *Riva* (90,9%, 9,1%)
Istituto Italiano d'Arti Grafiche S.p.A., *Bergamo* (98,4%)

Nuovo Istituto Italiano d'Arti Grafiche S.p.A., *Bergamo*
Österreich Druck- u. Verlagsanstalt ,Wiener Verlag', Wien (45%, 10%)
Portugal Printer Portuguesa-Industria Grafica, Lda, *Sintra*
Spanien Eurohueco S.A.; *Barcelona*
Printer Industria Grafica, S.A.; *Barcelona*
NORDAMERIKA, USA
Delta Lithograph Company, *Los Angeles*
Mediatronic, Inc. *Dallas/Pennsylvania*
Offset Paperback Mfrs., Inc., *Dallas/Pennsylvania* (51%)
SÜDAMERIKA Editorial Printer Colombiana Ltda, *Bogotá Kolumbien* (99%)
Printer Colombiana S.A., *Bogotá/Kolumbien* (49%)

3.4. Musik + Video (1985)

Ahn & Simrock – Crescendo Bühnen- und Musikverlage GmbH, *Gütersloh*
Arabella Musikverlag GmbH, *München*
Ariola-Eurodisc GmbH, *München*
Bavariaton Verlag GmbH, *München*
Dreiklang-Dreimasken, Bühnen und Musikverlag GmbH, *Berlin*
Hansa Musik Produktion GmbH, *Berlin*
Interworld Musik-Verlag GmbH, *Berlin*
Musik Edition Discoton GmbH, *München*
UFA-International GmbH, *München*
UFAton-Verlagsgesellschaft mbH, *Berlin*
UFA-Video GmbH, *München*
UFA-Video GmbH & Co.oHG, *München*
UFA-Werbefilm GmbH, *Düsseldorf*
Videophon Gesellschaft für audiovisuelle Kommunikationsmittel mbH, *München*
Wiener Bohème Verlag GmbH, *Berlin*
EUROPA
Belgien Ariola Eurodisc Benelux N.V., Wemmel
Großbritannien Ariola Music Ltd., *London*
Ariola Records Ltd., *London*
Arista Records Ltd., *London*
Charles Brull Ltd., *London*
Eurodisc Ltd., *London*
Eurodisc Music Group Ltd., *London*
Hansa Production Ltd., *London*
Interworld Music Ltd., *London*
Niederlande Ariola Eurodisc Benelux B.V., *Haarlem*
Ariola Music Benelux B.V., *Hilversum*
Österreich Ariola Schallplatten, Gesellschaft mbH, *Wien*
Schweiz Ariola-Eurodisc AG, Zürich
Spanien Arabella Ediciones Musicales S.A., Barcelona
Ariola Eurodisc S.A., *Barcelona*
NORDAMERIKA USA
ADA Films, Inc., *New York*
A-Plus Music, Inc., *New York*
Ariola Eurodisc, Inc, *Wilmington/Delaware*
Arista Music, Inc., *Los Angeles/California*
Bertelsmann Music, Inc., *New York*
Careers Music, Inc., *New York*
Inmusic Productions, Inc., *Los Angeles/California*
Interworld Music Services, Inc., *New York*
Mitom, Inc., *Los Angeles/California*
Six Continents Music Publishing, Inc., *Los Angeles/California*
United States Arabella Music Publishing, Inc., *New York*
World Song Publishing, Inc., *Los Angeles/California*

3.5. Elektronische Medien (1985)

Bertelsmann Software GmbH, *Gütersloh*
Geo Film GmbH, *Hamburg*
G+J Film International GmbH, *Hamburg*
G+J Film-Produktion GmbH, *Hamburg*
HRB Hamburger Rundfunk Beteiligungsgesellschaft mbH, *Hamburg* (90%)
MIS Ingenieurbüro GmbH, *Berlin*
NMG Neue Mediengesellschaft für Tonträgerherstellung mbH, *Gütersloh*
RWR Rundfunk Beteiligungsgesellschaft mbH, *Gütersloh*

Sonopress Gesellschaft für Tonträgerherstellung mbH, *Gütersloh*
Stern-tv GmbH, *Hamburg*
TELEMEDIA GmbH, *Gütersloh*
Topac Gesellschaft für Tonträger-Verpackung mbH, *Gütersloh*
UFA Filmproduktion GmbH, *Berlin*
Universum-Film GmbH, *Gütersloh*
EUROPA
Frankreich Interworld S.A.R.L., *Paris*
Großbritannien Ariolasoft U.K. Limited, *London*

3.6. Gruner+Jahr (1985)

Berliner Presse Vertrieb GmbH, *Berlin*
BRIGITTE Verlags- und Vertriebsgesellschaft mbH, *Hamburg*
BSG Buch-Service Gesellschaft mbH, *Berlin*
Deutscher Pressevertrieb Buch-Hansa GmbH, *Hamburg*
Druck- und Verlagshaus Gruner+Jahr AG, *Itzehoe* (74,9%)
Geo Verlags- und Vertriebsgesellschaft mbH, *Hamburg*
Gruner+Jahr AG & Co., *Itzehoe* (73,4%, 2,0%)
Gruner+Jahr Gesellschaft für Medienkooperation mbH, *München*
GVG Genußrechtsverwaltungsgesellschaft mbH, *Itzehoe*
Hamburger Journalistenschule Gruner+Jahr–Die Zeit GmbH, *Hamburg* (95%)
IPV Inland Presse Vertrieb GmbH, *Hamburg*
Participations-Edition-Presse GmbH, *Hamburg*
Prrisma Press GmbH, *Hamburg*
EUROPA
Frankreich: G+J Internationals Services Marketing et Media, ***Paris***
Participations Edition Presse et Cie, *Paris*
Prisma Presse et Cie, *Paris*
Großbritannien G+J International Marketing and Media Services Ltd, ***London***
Österreich Gruner+Jahr Verlagsgesellschaft mbH, ***Wien***
Schweiz Gruner+Jahr (Schweiz) AG, ***Zürich***
Spanien Gruner+Jahr Espana Distribuidora S.A., *Madrid*
NORDAMERIKA, USA
G+J Images, Inc., *New York* (51%)
Gruner+Jahr International Marketing and Media-Services, Inc., New York
Gruner+Jahr Printing and Publishing Company, New York (74,1%, 1,0%)
Gruner+Jahr USA, Inc., New York
Gruner+Jahr USA Group, Inc., *New York*
Niederlande Ariolasoft Benelux B.V., *Haarlem*
Sonodisc Benelux B.V. *Breda*

3.7. Sonstige (1985)

Bertelsmann Druck+Dienstleistung Berlin GmbH, *Berlin*
Bertelsmann Treuhand- und Anlagengesellschaft mbH, *Gütersloh*
GbR Gruner+Jahr AG& Co. und Universum Film GmbH, *Hamburg*
Global Assekuranz Vermittlungsgesell. mbH, *Gütersloh* (80%)
VVG Vermögensverwaltungsgesellschaft mbH, *Gütersloh*
EUROPA **Frankreich** Bertelsmann France S.A.R.L., *Paris*
Italien Bertelsmann Italia S.p.A, *Mailand*
NORDAMERIKA
USA Bertelsmann, Inc., New York
MITTEL- und SÜDAMERIKA
Bertelsmann International Finance N.V. *Willemstadt/Curacao, Antillen*
Ediciones Nacionales Circulo de Lectores Ltda., *Bogota Kolumbien*

Tab.4. Bertelsmann 1995

4.1. Buch (1995)

Deutschland, Österreich, Schweiz, Osteuropa
Literatur und Sachbuch
Albrecht Knaus Verlag GmbH, *München*
Blanvalet Verlag GmbH, *München*

C.Bertelsmann Verlag GmbH, *München*
Goldmann Verlag, München, *Berlin*
Siedler Verlag, *Berlin*

Nachschlagewerke/Ratgeber/Kartographie
Bertelsmann Lexikon Verlag, *Gütersloh/München*
Geo Center International (UK), *Basingstoke, GB*
Geo Center, *München*
Geo Center Prag, *Tschechische Republik*
Geo Center Warschau, *Polen*
ILH-Internationales Landkartenhaus, *Stuttgart*
Media Sales, *München*
Mosaik Verlag, *München*
Officina Nova, *Budapest, Ungarn*
ORBIS Verlag, *München*
Prisma Verlag, *München*
RV Reise- und Verkehrsverlag, *München/Stuttgart*
Verlagshaus Stuttgart, *Stuttgart*

Clubs
Bertelsmann Club, *Gütersloh/Rheda-Wiedenbrück*
Buchgemeinschaft Kremayr&Scheriau, *Wien, Österreich* (75%)
Buch- u. Schallplattenfreunde, *Zug, Schweiz*
Deutsche Buch-Gemeinschaft Gütersloh, *Rheda-Wiedenbrück*
Deutscher Bücherbund, *Stuttgart*
EBG Buch+Musik, *Stuttgart*
Hallo RTL, *Gütersloh*
Knizni Klub, *Prag, Tschechische Republik*
Magyar Könyvklub, *Budapest, Ungarn*
Ring der Musikfreunde, Club TOP 13, *Gütersloh*
Swiat Ksiazki, *Warschau, Polen*

<u>Europa/Asien</u>

Bertelsmann LEXIKOTHEK *Gütersloh, Schweiz, Österreich*
BCA, *London, Großbritannien* (50%)
Bookclub of Ireland, *Dublin, Irland* (50%)
Circulo de Lectores, *Barcelona, Spanien*
Circulo de Leitores, *Lissabon, Portugal*
E.C.I. voor Boeken en Platen, *Antwerpen, Belgien* (66,75)
ECI voor Boeken en Plate, *Vianen, NL* (66,75%)
Euroboek, *Borgerhout, Belgien*
Euroboek, *Utrecht, Niederlande*
Euroclub Italia, *Novara, Italien*
FRANCE LOISIRS, *Paris, Frankreich* (50%)
France Loisirs Belgique, *Ath, Belgien* (50%)
France Loisirs (Suisse), *Crissier, Schweiz* (50%)
Grambo, *Vianen, Niederlande* (66,75%)
Lexicultural, *Lissabon, Portugal*
Nederlandse Lezerskring NLK, *Amsterdam, Niederlande*(66)
Plaza y Janés Editores, *Barcelona Spanien*
Quebec Loisirs, *Montreal Kanada* (50%)
Setradis, *Paris, Frankreich* (50%)
S.G.E.D., *Paris, Frankreich* (50%)
S.P.C.L., *Paris, Frankreich* (50%)

<u>Amerika</u>

Bantam Doubleday Dell, Publishinggroup, *NY USA*
Doubleday Australia, *Sydney, Australien*
Doubleday Canada, *Toronto, Kanada* (30%)
Doubleday New Zealand, *Auckland, Neuseeland*
Doubleday Book Clubs, *New York, USA*
Doubleday Book Clubs, *Toronto, Kanada* (30%)
Transworld Publishers, *London, Sydney, Auckland*

<u>Fachinformation</u>
ABI Building Data, Neston *South Wirral, Großbritannien*
Autohaus Verlag, *Ottobrunn*
Ärzte Zeitung Verlagsgesellschaft, *Neu-Isenburg*
AZ Direct Marketing Bertelsmann, *Gütersloh*
AZ Direct Marketing Bertelsmann, *Wien, Österreich*

Bau-Data Österreich, *Hallein-Vigaun, Österreich*
Bau-Data Projekt I. Consulting, *Ungarn* (52%)
BDB-Bau Datenbank, *Celle* (99%)
Bertelsmann Fachzeitschriften,*Gütersloh, München*
Bertelsmann InformationsService, *München*
Bertelsmann Media, BPI CR, *Prag, Tschech. Republik*
BSC Citybuch, *Zürich, Schweiz* (76,5%)
Codes Rousseau, *Les Sables d'Olonne, Frankreich*
Derm-A-Med Verlag *Zürich, Schweiz*
Deutscher Universitäts-Verlag, *Wiesbaden*
Deutsches Finanzdienstleistungszentrum,*Wiesbaden*
ETRASA Editorial Trafico Vial, *Madrid Spanien*
Entertainment Media, *München* (37,5%)
FBO-Fachverlag, *Wiesbaden*
Friedr. Vieweg & Sohn, *Wiesbaden*
Fuchsbriefe Dr. Hans Fuchs, *Bonn*
Gabler Verlag, *Wiesbaden*
Groupe Impact Médecin, *Neuilly-sur-Seine, Frankreich*
Heinze, *Celle*
ILS Institut für Lernsysteme, *Hamburg*
i.p. ibau-Planungsinformationen, *Münster*
Jaeggi & Weibel Direct Marketing, *Zürich, Schweiz*
LTV Lokal-Telefon-Verzeichnis, *Zürich Schweiz* (55)
Medi-A-Derm Verlagsgesellschaft, *München*
MMV Medizin Verlag, *München*
Mobil Bertelsmann Kiadó, *Budapest, Ungarn*
MVS Baumarketing, *Schlieren, Schweiz* (80%)
Publienvio, *Barcelona, Spanien*
RTG Telefonbuchverlag, *Gera*
Verlag Aktuelle Information, *Frankfurt*
Verlag Heinrich Vogel Fachverlag, *München*
Verlag Heinrich Vogel, *Zürich, Schweiz*
Westdeutscher Verlag, *Wiesbaden*
Wila Verlag Wilhelm Lampl GmbH, *München*

Theologische Verlage
Gütersloher Verlagshaus/Chr. *Kaiser, Gütersloh*
Rufer Verlag u Handelsgesellschaft,*Gorxheimertal*
Kiefel Verlag, *Wuppertal*

4.2. BMG-Entertainment (1995)

Musikfirmen
Arista Records, *New York, USA*
BMG Ariola
Athen/*Griechenland*, Auckland/*Neuseeland*, Bangkok/*Thailand* (49,99%), Bogotá/*Kolumbien*, Brüssel/*Belgien*, Budapest/*Ungarn*, Buenos Aires/*Argentinien*, Dublin/*Irland*, Hamburg/*Deutschland*, Helsinki/*Finnland*, Hilversum/*Niederlande*, Hongkong/*Hongkong*, Johannesburg/*Südafrika*, Kuala Lumpur/*Malaysia*, Lissabon/*Portugal*, Madrid/*Spanien*, Manila/*Philippinen* (45%), Mexico City/*Mexiko*, München/*Deutschland*, Oslo/*Norwegen*, Paris/*Frankreich*, Prag/*Tschechische Republik*, Rio de Janeiro/*Brasilien*, Rom/*Italien*, Santiago/*Chile*, Seoul/Korea, Singapur/*Singapur*, Stockholm/*Schweden*, Sydney/*Australien*, Taipeh/Taiwan, Warschau/*Polen*, Wien/*Österreich*, Zürich/*Schweiz*
BMG Ariola Media, *München*
BMG Ariola Miller, *Quickborn*
BMG Classics/RCA *Victor, New York, USA*
BMG Direct, *New York, USA*
BMG Music *Canada, Toronto, Kanada*
BMG Music, *New York, USA*
BMG Musique *Quebec, Montreal, Kanada* (66,6%)
BMG Records (UK), *London, Großbritannien*
BMG U.S. Latin, *Miami, USA*
BMG Victor, *Tokio, Japan* (90%)
DDD, *Mailand, Italien*
Hansa Musik, *Berlin*
Private Music, *Los Angeles, USA*
RCA Records Label, *New York, USA*
Reunion Records, *Nashville, USA* (50%)
Windham Hill, *Palo Alto, USA* (50%)

Zoo Entertainment, *Los Angeles, USA*

Musikverlage
BMG Songs, Los *Angeles, Nashville, NY, USA*
Careers – BMG, *NY, USA*
BMG Music Publishing
Athen/*Griechenland*, Bogotá/*Kolumbien*, Brüssel/*Belgien*, Buenos Aires/*Argentinien*, Caracas/*Venezuela*, Hilversum/*Niederlande*, Hongkong/*Hongkong*, Johannesburg/*Südafrika*, Kuala Lumpur/*Malaysia*, Lissabon/*Portugal*, London/*Großbritannien*, Los Angeles/*USA*, Madrid/*Spanien*, Mexico City/*Mexiko*, Nashville/*USA*, New York/*USA*, Paris/*Frankreich*, Rio de Janeiro/*Brasilien*, Rom/*Italien*, Santiago/*Chile*, Singapur/*Singapur*, Stockholm/*Schweden*, Sydney/*Australien*, Taipeh/*Taiwan*, Tokio/*Japan*, Toronto/*Kanada*
Atmosphere Music, *London, Großbritannien*
Killer Tracks, *Hollywood, USA* (50%)
Reunion Music Group, *Nashville, USA* (50%)
UFA Musikverlage, *München*

Video und andere Geschäftsfelder
Blanton/Harrell Entertainment, *Nashville, USA* (50%)
BMG Video, *London, Großbritannien*
BMG Video, *New York, USA*
NiceMan Merchandising, *New York, USA* (50%)
UFA Video, *München*
UFA Werbefilm, *Düsseldorf, Berlin*

Speichermedien
Bertelsmann Speichermedien, *Gütersloh*
Sonopress, *Gütersloh*
Topac, *Gütersloh*
Sonopress Ibermemory, *Madrid, Spanien* (49%)
Sonopress, *Dublin, Irland*
Sonopress, *Sao Paulo, Brasilien*
Sonopress-Rimo Industria, *Sao Paolo, Brasilien* (52%)
Sonopress, *Roma, Italien*
Sonopress Pan Asia, *Hongkong*
Sonopress Pan Asia, *Tokio, Japan* (75%)
Sonopress, *Mexico, Mexiko*
Sonopress, *Weaverville, USA*

Film, Funk, Fernsehen
UFA Film- und Fernseh-GmbH, *Hamburg*
Fratel, Luxemburg, *Luxemburg* (16,7%)
Premiere, *Hamburg* (37,5%)
RTLplus, *Köln, Hannover* (39,1%)
RTL 2, *München* (8,5%)
VOX Film- und Fernseh-GmbH, *Köln* (24,9%)
CBC, *Köln* (25,1%)
TMC, *Monte Carlo, Monte Carlo* (23,75%)
SECA, *Paris, Frankreich* (50%)

Hörfunk
RUFA Rundfunknachrichtenagentur, *Bonn*
FPS Funk-Programm-Service, *Bonn*
FM Network, *Augsburg* (51,0%)
Klassik Radio, Hamburg (61,8%)
Berliner Rundfunk, *Berlin* (30%)
Radio Hamburg, *Hamburg* (29,2%)
Antenne Bayern, *München* (16%)
RWR Rundfunkbeteiligungsgesellschaft, *Düsseldorf* (75,2%)

Produktion
Arbor TV-Filmproduktion, *Tutzingen* (74,0%)
Gyula Trebitsch Fernsehproduktion, *Hamburg* (74%)
InterPannonia Film, *Budapest, Ungarn* (37,7%)
Objectiv Film, *Hamburg* (74%)
Real Film, *Köln* (74%)
TPI Trebitsch Produktion International, *Hamburg* (74%)
Trebitsch Media AV, *Hamburg* (74%)
Trebitsch Produktion Holding, *Hamburg* (74%)

UFA Berlin Film- und Fernseh-Verwaltungsgesellschaft, *Berlin*
UFA Fernsehproduktion, *Berlin*
UFA Filmproduktion, *Berlin*
UFA Film finance, *Berlin*
Grundy UFA TV Produktion, *Berlin* (50,5%)
Westdeutsche Universum Film, *Köln*
UFA Babelsberg, *Potsdam* (50%)
New Media Film- und Fernsehproduktion, *Hamburg, Köln* (50%)
Elf 99 Medienproduktion und Vermarktung, *Berlin* (50%)
GEO Film, *Berlin*
G+J Film-Produktion, *Berlin*
UFA non-fiction Productions, *Berlin*

Rechte
UFA Media und Marketing, *Hamburg*

4.3. Gruner+Jahr (1995)

Zeitschriften/Zeitungen/Druckereien
Druck- und Verlagshaus Gruner+Jahr, *Hamburg* (74,9%)

Zeitschriftenverlage
Börse Online Verlag, *München* (74,9%)
Ehrlich & Sohn, *Hamburg* (74,9%)
GyJ Espana, Ediciones S.L.S. en C., *Madrid* (74,9%)
G+J (Schweiz), *Zürich, Schweiz* (74,9%)
G+J (UK), *London, Großbritannien* (74,9%)
G+J Polska sp.zo o, *Warschau, Polen* (74,9%)
G+J Zeitschriftenverlag, *Berlin* (74,9%)
G+J Verlagsgesellschaft, *Wien, Österreich* (74,9%)
G+J Mondadori, *Mailand, Italien* (49%)
manager magazin Verlagsgesellschaft, *Hamburg* (24,9)
Max Verlag, *Hamburg* (25%)
M.C. Verlagsgesellschaft, *München* (50%)
MVF Magazin-Verlag am Fleetrand, *Hamburg* (74,9%)
Prisma Presse, Paris, *Frankreich* (74,9%)
SPIEGEL-Verlag R. Augstein, *Hamburg* (24,75%)
Verlagsgesellschaft Neues Wohnen, *Hamburg* (74,9%)
Zeitungen
Berliner Verlag, *Berlin* (74,9%)
Morgenpost Verlag, *Hamburg*(90%)
Morgenpost Sachsen Verlagsgesell, *Dresden* (60%)

Druckereien/Technische Betriebe
Brown Printing Company, *Waseca, USA* (74,9%)
Dresdner Druck- u. Verlagshaus, *Dresden* (60%)
G+J Berliner Zeitungsdruck, *Berlin* (74,9%)
Gruner Druck, *Itzehoe* (74,9%)

Dienstleistungen
Berliner Pressevertrieb, *Berlin* (74,9%)
Deutscher Pressevertrieb, Buch Hansa, *Hamburg* (74,9%)
G+J International Services, *Paris, London* (74,9%)
HH Journalistenschule G+J Die Zeit, *Hamburg* (95%)
Inland Presse Vertrieb, *Hamburg* (74,9%)

4.4. Industrie (1995)

Druckereien/Technische/Betriebe
Berryville Graphics, *Berryville (VA), USA*
Delta Lithograph, *Valencia (CA), USA*
Druckanstalt Wiener Verlag, *Wien, Österreich* (75%)
DynamicGraphicFinishing, *Horsham(PA)USA* (90,2%)
Elsnerdruck, *Berlin*
Eurohueco, *Barcelona, Spanien* (65%)
Graphischer Großbetrieb Pößneck, *Pößneck*
Gütersloher Druckservice, *Gütersloh*
Heichlinger Druckerei, *Garching*
maul-belser, *Nürnberg* (75%)

Mohndruck Graphische Betriebe, *Gütersloh*
Nuovo Istituto Italiano d'Arti Grafiche, *Bergamo, Italien*
Offset Paperback ManUFActures, *Dallas (PA), US*
Printer Colombiana, *Bogota, Kolumbien* (51%)
Printer Industria Grafica, *Barcelona, Spanien*
Printer Portuguesa Industria Grafica, *Portugal*

Papierproduktion
Cartiere del Garda, *Riva, Italien*

Dienstleistungen
Bertelsmann Distribution, *Gütersloh*
eps Bertelsmann Electronic Printing Service, *Gütersloh*

Spezialverlage
Deutscher Supplement Verlag, *Nürnberg* (75%)
Editoriale Johnson, Seriate, *Italien* (87%)

4.5. Multimedia (1995)

AOL Bertelsmann Online Europa GmbH, *Hamburg*
AOL Bertelsmann Online Verwaltungs-GmbH, *Hamburg*
AOL Bertelsmann Onlien GmbH & Co. KG, *Hamburg*
MSI Multimedia Service Internat., *Heusweiler-Eiw.*
Bertelsmann Online France S.N.C., *Paris, Frankreich*
AOL Bertelsmann Online Management, *London, Großbritannien*
T1–NewMediaGesellschaft für audivisuelle Produktion, *Hamburg* (65%)
Pixelpark Multimedia Produktionsgesellschaft, *Berlin* (50%)
Bertelsmann-Springer Gesundheitsgesellschaft, *Berlin*

Tab.5. *Bertelsmann* 2000/01[1547]

5.1. RTL-Group (2000/01)

Fernsehen

I. Free-TV
Antena 3, *Madrid, Spanien* (17%)
Channel 5, *London, Großbritannien* (65%)
Club RTL, *Brüssel, Belgien, Luxemburg* (66%)
M6, *Neuilly sur Seine, Frankreich* (43,8%)
RTL II, *Grünwald* (35,9%)
RTL Klub, *Budapest, Ungarn* (49%)
RTL Télé, *Letzenbuerg Luxenburg*
RTL Television, *Köln*
RTL TVI, *Hilversum,Niederlande, Luxemburg* (66%)
RTL 4, *Hilversum, Niederlande, Luxemburg*
RTL 5, *Hilversum, Niederlande, Luxemburg*
RTL 7, *Warschau, Polen, Luxemburg*
RTl 9, *Luxemburg, Frankreich* (35%)
Super RTL, *Köln* (50%)
TMC Télé Monte Carlo, *Monaco* (23,8%)
VOX, *Köln* (99,7%)
Yorin, *Hilversum, Niederlande, Luxemburg*

II. Pay TV
Via Digital, *Madrid, Spanien* (5%)

III. TV Services
Broadcasting Center Europe, *Luxemburg*
CBC, Cologne Broadcasting Center, *Köln*
ENEX, European News Exchange, *Luxemburg* (69,3%)

[1547] BG 2000/01, S. 95–99: Unternehmensbeteiligung ohne Prozentangaben gehören *Bertelsmann* zu 100%.

VCF, Vidéo Communication France, *Saint Claude, Frankreich*

Radio

I. Sender

104, 7 RTL, *Stockholm, Schweden* (49%)
104, 6 RTL, *Berlin*
Antenne Bayern, *Unterföhring* (16%)
Atlantic 252, *Trim, Irland* (80%)
Bel RTL, *Brüssel, Belgien* (43%)
Berliner Rundfunk 91,4, *Berlin*
Fun Radio, *Paris, Frankreich*,(49%)
Radio 21 - der neue Rocksender, *München* (9,8%)
Radio Contact, *Brüssel, Berlin* (35%)
Radio NRW, *Oberhausen* (16,1%)
RTL Radio - die größten Oldies, *Deutschland, Luxemburg*
RTL Radio, *Letzenbuerg, Luxemburg*
RTL, *Paris, Frankreich, Luxemburg*
RTL2, *Paris, Frankreich*
WOW 105,5, *Stockholm, Schweden*
Yorin FM, *Hilversum, Niederlande*

II. Radio Services

FM Radio Network, *Augsburg* (51%)

Content

Alomo, *London, Großbritannien*
Delux Productions, *Luxemburg*
FermantleMedia, *London, Großbritannien*
Groupe Jean Claude, *Darmon, Frankreich* (28%)
Talkback Productions, *London, Großbritannien*
Thames Television, *London, Großbritannien*
Trebitsch Produktion, *Hamburg* (64%)
UFA Film & TV Produktion, *Potsdam, Babelsberg*
UFA Sports, *Hamburg*
BMG Video, *München*
CLT UFA International, *Luxemburg*

Internet

IP Web.net, *Luxemburg*
M6Web, *Neuilly-sur-Seine, Frankreich*
RTL iMedia, *Hilversum, Niederlande*
RTL Net, *Paris, Frankreich*
RTL Newmedia, *Köln*
RTL Newmedia, *Luxemburg*

5.2. „Random House" (2000/01)

Verlage Nordamerika/Großbritannien/Neuseeland/Australien/Südafrika

Ballantine Books - *New York, USA*
BantamDell Publishing Group, *New York, USA*
Crown Publishing Group, *New York, USA*
Doubleday Broadway Publishing Group, *New York, USA*
Doubleday Religious Publishjing Group, *USA*
Fodor's Travel Publications, *New York, USA*
Knopf Publishing Group, *New York, USA*
McClellend & Stewart, *Toronto, Kanada* (25%)
Random House Adult Trade Publishing Group, *New York, USA*
Random House Audio & Diversified Publishing Group, *New York*
Random House Australia, *Sydney, Australien*
Random House Childrens Books, *New York, USA*
Random House Information Group, *New York, USA*
Random House New Zealand, *Auckland, Neuseeland*
Random House of Canada, *Toronto, Kanada*
Random House Soth Africa, *Johannesburg, Südafrika*
Random House UK, *London, Großbritannien*
Transworld Publishers, *London, Großbritannien*

Verlagsgruppe Random House

Albrecht Knaus Verlag, *Berlin, München*
Berlin Verlag, *Berlin* (74,8%)
Blanvalet Verlag, *München*
C.Bertelsmann Jugendbuchverlag, *München*
C.Bertelsmann- Verlag, *München*
Frederking & Thaler, *München*
Gütersloher Verlagshaus, *Gütersloh*
Karl Blessing Verlag, *München*
Kremayr & Scheriau, *Wien, Österreich* (75%)
Mosaik Verlag, *München*
Orac, *Wien, Österreich* (75%)
Orbis Verlag, *München*
Prisma Electronic Publishing, *München*
Riemann Verlag, *München*
Verlagsgruppe Falken, *Niedernhausen*
Wilhelm Goldmann Verlag, *München, Berlin*
Wolf Jobst Siedler Verlag, *Berlin*

Grupo Editorial, Random-House Mondadori

Grijalbo Mondatori, *Barcelona, Spanien* (50%)
Nueva Galaxia Gutenberg, *Barcelona, Spanien* (45%)
Nuevas Ediciones del Bolsillo, *Barcelona, Spanien* (50%)
Plaza y Yanés Editores, *Barcelona, Spanien* (50%)
Editorial Grijalbo, *Bogotá, Kulumbien* (49,9%)
Editorial Grijalbo, *Mexiko, City Mexiko* (50%)
Editiorial Grijalbo, *Santiago de Chile, Chile* (50%)
Editiorial Sudamericana, *Buenos Aires, Argentinien* (49,4%)
Editiorial Sudamericana, *Montevideo, Uruguay* (45%)
Editiorial Sudamericana, *Santiago de Chile, Chile* (49,9%)
Grijalbo Editor, *Montevideo, Uruguay* (50%)
Grijalbo Buenos Aires, *Argentinien* (50%)
Grijalbo, *Caracas, Venezuela* (50%)
Plaza y Yanés Mexiko, *Mexiko City, Mexiko* (50%)

5.3. „Gruner+Jahr" (2000/01)

Zeitschriftenverlage

Börse Online Verlag, *München* (74,9%)
Ehrlich & Sohn, *Hamburg* (74,9%)
GyJ Españbba Ediciones, *Madrid, Spanien* (74,9%)
Gruner+Jahr (Schweiz), *Zürich, Schweiz* (74,9%)
Gruner+Jahr Polska, *Warschau, Polen* (74,9)
Gruner+Jahr ZAO, *Moskau, Russland* (74,9)
G+J USA Printing and Publishing, *Waseca, USA*
G+J Verlagsgesellschaft, *Wien, Österreich* (74,9%)
Gruner+Jahr Mondadori, *Mailand, Italien* (50%)
G+J Medienvertrieb, *Hamburg* (60%)
G+J/RBA, *Hamburg* (50%)
G+J/RBA, *Warschau, Polen* (50%)
G+J/RBA, *Paris, Frankreich* (50%)
G+J/RBA, *Amsterdam, Niederlande* (74,9%)
manager magazinVerlagsgesellschaft, *Hamburg* (24,9%)
M.C. Verlagsgesellschaft, *München* (50%)
MVF Magazin -Verlag am Fleetrand, *Hamburg* (74,9%)
News-Gruppe, *Wien, Österreich*
Norddeutsche Verlagsgesellschaft, *Hamburg* (75%)
Prisma Presse, *Paris, Frankreich* (74,9%)
SPIEGEL-Verlag Rudolf Augstein, *Hamburg* (24,75%)
TIP Verlag, *Berlin* (74,9%)

Zeitungen

Dresdner Druck- und Verlagshaus, *Dresden* (60%)
Berliner Verlag, *Berlin* (74,9%)
Vydavatelstvo casopisov a novin, *Bratislava, Slovakei* (51%)
Express, *Bukarest, Rumänien* (50%)
Nepszabadsag, *Budapest, Ungarn* (67,65%)
Financial Times Deutschland, *Hamburg* (50%)

Blic press, *Belgrad, Jugoslawien* (49%)

Druckereien /Technische Betriebe
Brown Printing Company, *Waseca, USA* (74,9%)
G+J Berliner Zeitungsdruck, *Berlin* (74,9%)

Dienstleistungen
G+J Electronic Media Services EMS, *Hamburg* (74,9%)
G+J Multimedia Ventures, *Hamburg* (74,9%)
Travelchannel, *Hamburg* (50%)
G+J Business Channel, *Hamburg* (74,9%)
G+J Computer Channel, *Hamburg* (74,9%)
G+J Berlin Online, *Berlin* (51,03%)
Lycos Europe, *Haarlem, Niederlande* (50%)
Daum Communications (10,7%)
Seoul, Südkorea Yam Digital Technology, *Taipeh, Taiwan* (5%)
Picture Press Bild- und Textagentur, *Hamburg* (74,9%)
Berliner Pressevertrieb, *Berlin*
DPV Deut. Pressevertrieb, *Hamburg* (74,9%)
IPV Inland Presse Vertrieb, *Hamburg* (74,9%)
Hamburg Journalistenschule (Henri-Nannen-Schule), G+J-Die Zeit, *Hamburg* (95%)
K+S Kundenzeitschriften-und Serviceverlagsgesellschaft, *Hamburg* (74,9%)

Funk und Fernsehen
MedienKontor FFP, *Dortmund* (25%)

5.4. "BMG" (2000/01)

Musikfirmen
Arista Records, *New York, USA*
Bad Boy Records, *New York, USA* (50%)
Bakery Music Thailand, *Bangkok* (52%)

BMG
Athen/*Griechenland,* Auckland/*Neuseeland,* Bangkok/*Thailand* (75%), Bombay/*Indien* (70%), Brüssel/*Belgien,* Budapest/*Ungarn,* Buenos Aires/*Argentinien,* Dublin/*Irland,* Hamburg/*Deutschland,* Helsinki/*Finnland,* Hilversum/*Niederlande,* Hongkong/*China,* Istanbul/*Türkei,* Jakarta/*Indonesien* (51%), Johannesburg/*Südafrika,* Kopenhagen/*Dänemark,* Kuala Lumpur/*Malaysia,* Lissabon/*Portugal,* Madrid/*Spanien,* Manila/*Philippinen* (80%), Mexico City/*Mexiko,* Moskau/*Russland,* München/*Deutschland,* Oslo/*Norwegen,* Paris/*Frankreich,* Prag/*Tschechische Republik,* Rio de Janeiro/*Brasilien*, Rom/*Italien,* Santiago de Chile/*Chile,* Seoul/*Südkorea,* Singapur/*Singapur,* Stockholm/*Schweden,* Sydney/*Australien,* Taipeh/*Taiwan,* London/*Großbritannien,* Warschau/*Polen,* Wien/*Österreich,* Zürich/*Schweiz*
BMG Ariola Media, *München*
BMG Ariola Miller, *Quickborn*
BMG Berlin Musik, *Berlin*
BMG Central America, *San Jose, Costa Rica*
BMG Distribution, *NewYork, USA*
BJG Entertainment Canada, *Toronto, Kanada*
BMG Entertainment International, *New York, USA*
BMG Funhouse, *Tokio, Japan*
BMG Köln Musik, *Köln*
BMG Middle East, *Dubai, Vereinigte Arabische Emirate* (49,5%)
BMG Music, *New York, USA*
BMG Special Products, *New York, USA*
BMG U.S. Latin, *Miami, USA*
Conifer Records, *London, Großbritannien*
Flyte Tyme Records, *Los Angeles USA* (50%)
J. Records, *New York, USA* (50%)
LaFace Records, *New York, USA*
Le Groupe MMG, *Quebec, Montreal, Kanada*
Melisma Records, *Los Angeles, USA*
Music Impact, *Hongkong, China*
Musicnet.com, *New York, USA*
Network Music, *San Diego, USA*
NuAmerica Music, *Los Angeles, USA*
RCA Label Group, *Nashville, USA*
RCA Records, *New York, USA*

RCA Victor Group, *New York, USA*
Spere Records, *Atlanta, USA* (50%)
Zomba Records, *New York, USA* (20%)

Musikverlage
Athen/*Griechenland*
Berlin/*Deuschland*, Brüssel/*Belgien*, Budapest/*Ungarn*, Buenos Aires/*Argentienien*, Helsinki/*Finnland*, Hilversum/*Niederlande*, Hongkong/*China*, Istanbul/*Türkei*, Johannesburg/*Südafrika*, Kopenhagen/*Dänemark*, Kuala Lumpur/*Malaysia*, Lissabon/*Portugal*, London/*Großbritannien*, Madrid/*Spanien*, Manila/*Philippinen*, Mailand/*Italien*, Mexico City/*Mexiko*, Montreal/*Kanada*, München/*Deutschland*, New York/*USA* (Zentrale), Oslo/*Norwegen*, Paris/*Frankreich*, Peking/*China*, Prag/*Tschechische Republik*, Rio de Janeiro/*Brasilien*, Rom/*Italien*, Santiago de Chile/*Chile*, Seoul/*Südkorea*, Singapur/*Singapur*, Stockholm/*Schweden*, Sydney/*Australien*, Taipeh/*Taiwan*, Tokio/*Japan*, Toronto/*Kanada*, Warschau/*Polen*, Wien/*Österreich*, Zürich/*Schweiz*
BMG Songs, *Los Angeles, Nashville, NY*
Zomba Music, *New York, USA* (25%)

5.5. „Arvato“ 2000/01

Druckereien
Berryville Graphics, *Berryville, USA*
Cobrhi, *Madrid, Spanien*
Coral Graphic Services, *Hicksville, USA* (95,1%)
DynamicGraphic Finishing, *Horsham, USA* (95,1%)
Eurogravure, *Mailand, Italien* (69,2%)
Eurohueco, *Barcelona, Spanien* (65%)
Fernwärme GmbH, *Gütersloh* (51%)
GGP Media, *Pößneck*
Jaroslawskij Poligrafitscheskij, *Kombinat Russland* (50,9%)
maul-beiser Klebebindung, *Nürnberg* (75%)
maul-beiser Studios, *Nürnberg* (75%)
maul-beiser, *Nürnberg* (75%)
MOHN Media Bindery, *Gütersloh*
MOHN Media Elsnerdruck, *Berlin*
MOHN Media Energy, *Gütersloh*
MOHN Media Mohndruck, *Gütersloh*
MOHN Media Print, *Gütersloh*
MOHN Media Sales, *Gütersloh*
MOHN Media Services, *Gütersloh*
Nuovo Istituto Italiano d'Arti Grafiche, *Bergamo, Italien* (98,8%)
Offset Paperback Manu-facturers, *Dallas, USA* (50%)
Printer Colombiana, *Bogota, Kolumbien*
Printer Industria Grafica, *Barcelona, Spanien*
Printer Portuguesa Industria Grafica, *Lissabon, Portugal*
ProBind Professional Binding, *Marienfeld* (95%)
Rotedic, *Madrid, Spanien*

Dienstleistungen
AZ Bertelsmann Direct, *Gütersloh*
AZ Direct Marketing Bertelsmann, *Wien, Österreich*
BD Medien Service, *Münchenstein, Schweiz*
BenefitNation, *Delaware, USA* (60%)
Bertelsmann Communication Services, *Noyelles-sous-Lens, Frankreich*
Bertelsmann Direct, *Barcelona*, *Spanien*
Bertelsmann Direkt Marketing Fabrik, *Gütersloh/Springe*
Bertelsmann Distribution Financial Services, *Dublin, Irland*
Bertelsmann Distribution, *Gütersloh*
Bertelsmann Finanz Service – *Gütersloh/Münster*
Bertelsmann Marketing Service Espana, *Barcelona, Spanien*
Bertelsmann Marketing Service, *Dortmund/Gütersloh/Münster/Neumünster/Wuppertal*
Bertelsmann Medien Service, *Gütersloh*
Bertelsmann Service Center, *Nove Strafeci, Tschech. Republik*
Bertelsmann Service Center Poland, *Posen, Polen*
Bertelsmann Services France, Noyelles-*sous-Lens, Frankreich*
Bertelsmann Services, *Valencia, USA*
Bertelsmann Services UK, *Warley, Großbritannien*

Bertelsmann Services, *Gütersloh*
Central Incasso, *Rheda-Wiedenbrück*
Central Inkasso, *Wien, Österreich*
Data Center, *Luzern, Schweiz* (50%)
Deutsche Post Adresse, *Bonn* (49%)
Direct Data Logistics, *Warley, Großbritannien* (50%)
DISTODO Distribuicao è Logistica, *Lissabon, Portugal* (33,3%)
Distributionszentrum Bertelsmann, *Jaroslawl, Russland*
Forms Facility Group, *Abcoude, Niederlande* (60%)
I-EscrowEurope, *Dublin, Irland* (51%)
Inforate, *Gütersloh* (74,8%)
Media Log Spedition, *Gütersloh*
Medienvertrieb und Logistik, *Hagen*
MSN - Marketing Service Nordwest, *Schortens*
MSW Marketing Service Südwest, *Stuttgart*
Swiss Post Data Services, *Zürich, Schweiz* (50%)
TAD Sistemas, *Barcelona, Spanien*
Total Distribución, *Madrid* (66,7%)
Trust International Hotel Reservation Services, *Frankfurt*
Webmiles, *München* (70%)

IT
AST Applied Software Technology, *München* (90%)
Bertelsmann bE-Commerce Service, *Gütersloh*
Bertelsmann IT Infrastructure North, *America, Delaware*
Bertelsmann mediaSystems España, *Barcelona, Spanien*
Bertelsmann mediaSystems France, *Paris, Frankreich*
Bertelsmann mediaSystems Italia, *Mailand, Italien*
Bertelsmann mediaSystems North America, *Delaware*
Bertelsmann media Systems UK, *London, Großbritannien*
Bertelsmann mediaSystems, *Shanghai, China*
Bertelsmann mediaSystems, *Gütersloh*
BmS Holding, *Gütersloh*
CM4, *Gütersloh* (49%)
Mtec Gesellschaft für Medientechnologie, *Rostock*
Promt 92, *Budapest, Ungarn* (51%)
QuBiz, *Gütersloh*
„S4M" Solutions für Media, *Gütersloh* (33,3%)
SSB Softare Service und Beratungsgesellschaft, *München* (54,7%)

Speichermedien
Bertelsmann Speichermedien, *Gütersloh*
Digital World Services, *Hamburg, New York, USA*
Sonopress Ibermemory, *Madrid, Spanien* (51%)
Sonopress Pan Asia, *Hongkong, China* (75%)
Sonopress Pan Asia, *Tokio, Japan* (75%)
Sonopress Rimo, *Buenos Aires, Argentinien* (52%)
Sonopress Rimo, *Sao Paulo, Brasilien* (52%)
Sonopress, *Birmingham, Großbritannien,* Dublin/*Irlan,* Gütersloh/*Deutschland,* Johannesburg/*Südafrika,* Mexico City/*Mexiko,* Paris/ *Frankreich,* Sao Paulo/*Brasilien,* Weaverville/*USA*
Topac, *Gütersloh*

Spezialverlage/ Sonstige
Bertelsmann Arvato Middle East Sales, *Dubai, Vereinigte Arabische Emirate*
Astrosat, *Prag, TschechischeRepublik*(36,8%)
Bertelsmann Event Media, *Gütersloh*
Bertelsmann Kalender & Promotion Service, *Gütersloh*
Bertelsmann Lexikon Verlag, *Gütersloh*
cutup vision, *Köln* (67,1%)
Deutscher Supplement Verlag, *Nürnberg* (75%)
Editoriale Johnson, *Seriate, Italien* (98,8%)
Empolis, *Gütersloh* (89,5%)
empolis catalog management, *Gütersloh* (71,6%)
empolis content management, *Würzburg* (89,5%)
empolis knowledge management, *Kaiserslautern* (75%)
empolis professional services, *Gütersloh* (89,5%)
empolis Hungary, *Budapest, Ungarn* (47,1%)
empolis North America, *Boston, USA* (89,5%)

empolis Polska, *Warschau, Polen* (85,1%)
empolis Scandinavia, *Oslo, Norwegen* (89,5%)
Empolis UK, *Swindon, Großbritannien* (89,5%)
EPS Programm Service, *Zürich, Schweiz* (15%)
inmedia ONE, Gütersloh, *Wien, Österreich, Gladbruck, Schweiz*
Medicforma.com, *Dortmund* (32%)
MM Concept Service, *Gütersloh*
Mobilitätsverlag, *Berlin*
Mohndruck Kalenders, *Breda, Niederlande*
Mohndruck Wydawnictwo Kalendarzowe, *Posen, Polen*
NEON Newspaper Online Network, *Nürnberg* (75%)
Nionex, *Gütersloh*
P&P Redaktion für Publikation und Präsentation, *Gütersloh* (49,2%)
Präsenta Promotion International, *Solingen* (60%)
Pressens Media Service DSV, *Stockholm, Schweden* (71,3%)
Print Service, *Solingen* (60%)
Publicisterna Söderberg, *Stockholm, Schweden* (71,3%)
tele-Zeitschriftenverlagsgesellschaft, *St. Pölten, Österreich* (18,7%)
TopPublishing, *Gütersloh* (49,2)
TV Information Services, *Nürnberg* (75%)
Wissen.de, *München*
WV Kalenderverlag, *Himberg, Wien, Österreich* (75%)

5.6. „Springer" 2000/01

ABI Building, Data *Neston South Wirral, Großbritannien*
ArchiPoint, *Zaventem, Belgien*
ÄRZTE WOCHE Zeitungsverlagsgesellschaft, *Wien, Österreich*
Ärzte Zeitung-Verlagsgesellschaft, *Neu-Isenburg*
Auto Business Verlag, *Ottobrunn*
B.G. Teubner, *Wiesbaden*
Bau-Data, *Hallein-Vigaun, Österreich*
Bau-Datenbank, *Celle*
BauNetz Online-Dienst, *Berlin*
Bauverlag, *Walluf*
Beijing Bertels. Construction Info. Service, *Peking* (51%)
Bertelsmann Fachzeitschriften, *Gütersloh*
Bertelsmann Information Professionelle, *Paris, Frankreich*
BertelsmannSpringer Business-to-Business, *Schlieren, Schweiz*
BertelsmannSpringer CZ, *Prag, Tschechische Republik*
BertelsmannSpringer Magyarország, *Budapest, Ungarn*
Betriebswirtschaftlicher Verlag Dr. Th. Gabler, *Wiesbaden*
Birkhäuser Verlag, *Basel, Schweiz* (87,1%)
Birkhäuser Boston, *Cambridge, USA* (86,7%)
Böhlau Verlag, *Wien, Österreich* (33,9%)
BWF-Bertelsmann Wydawnictwa Fachowe, *Warschau, Polen*
CoboSystems, *Zaventem, Belgien*
Codes Rousseau, *Les Sables d'Olonne, Frankreich*
Der Platow Brief, *Frankfurt*
design & production, *Heidelberg* (78,5%)
Deutscher Universitäts-Verlag, *Wiesbaden*
Eastern Book Service, *Tokio, Japan* (85,1%)
ETRASA Editorial Trafico Vial, *Madrid, Spanien*
European Software, *Madrid, Spanien*
Forum Press, *Schlieren, Schweiz*
Friedr. Vieweg & Sohn Verlagsgesell., *Wiesbaden*
FUCHSBRIEFE, *Berlin*
Garage Fachverlag, *Schlieren, Schweiz* (60%)
Groupe Impact Médecin, *Paris,Frankreich*
Grupa Image, *Warschau, Polen*
Healh Online Service LIFELINE, *Berlin*
Heinze, *Celle*
HOS multimedica Online Service, *Berlin*
ibau Informationsdienst für den Baumarkt, *Münster*
ICW Publications Neston *South Wirral, Großbritannien*
INFO-BUILD, *Kortrijk, Belgien*
InfoChemGesellschaft f. chemische Informationen, *München* (69,7%)

Key Curriculum Press, *Emeryville, USA* (68,3%)
Media Office, *Lasne, Belgien*
Media-Daten, *Zürich, Schweiz*
Media-Daten, *Walluf*
Meritum, *Bratislava, Slowakische Republik* (66%)
MMV Medien & Medizin Verlagsgesellschaft, *München*
MMV Medien & Medizin Verlag, *Basel, Schweiz* (93,6%)
PlusPointMarketing, *Genk, Belgien*
ProEdit, *Heidelberg* (72,7%)
Princeton Architectural Press, *New York, USA* (44,1%)
Renata Film, *Prag, Tschechische Republik*
Saladruck, *Berlin* (82,6%)
Schück Söhne, *Rüschlikon, Schweiz*
Scientific Publishing Services, *Bangalore, Indien* (87,1%)
Septima, *Paris, Frankreich*
Springer Auslieferungs-Gesellschaft, *Heidelberg* (72,7%)
Springer-VDI-Verlag, *Düsseldorf* (39,2%)
Springer-Verlag Berlin/Heidelberg, *Berlin, Heidelberg* (87,1%)
Springer-Verlag France, *Paris, Frankreich* (87,1%)
Springer-Verlag Hong Kong, *Hong Kong, China* (87,1%)
Sprinter-Verlag Ibérica, *Barcelona, Spanien* (87,1%)
Springer-Verlag Italia, *Mailand, Italien* (87,1%)
Springer-Verlag London, *London, Großbritannien* (87,1%)
Springer-Verlag New York, *New York, USA* (86,7%)
Springer-Verlag Tokyo, *Tokio, Japan* (87,1%)
Springer-Verlag, *Wien, Österreich*
Steinkopff-Verlag Dr. Dietrich, *Darmstadt*
technopress Fachzeitschriftenverlag Klosterneuburg, *Österreich*
Universitätsdruckerei H. *Stürtz, Würzburg* (82,7%)
Urban & Vogel Medien u. Medizin Verlagsgesell. *München* (93%)
Verlag Heinrich Vogel Fachverlag, *München*
Wendel-Verlag *Kassel*
Westdeutscher Verlag *Wiesbaden*

14.3 Ausgewählte Dokumente zur Unternehmenskultur

Bertelsmann – Unternehmensverfassung Stand 1985[1548]

Gesellschafter, Aufsichtsrat, Vorstand und Betriebsrat der Bertelsmann AG geben dem Unternehmen folgende Verfassung, um seine kulturellen und wirtschaftlichen Ziele, seinen gesellschaftlichen Standort und die Grundsätze der betrieblichen Zusammenarbeit zu bestimmen. Sie fordern alle Mitarbeiter auf, diese Grundsätze als verbindlich zu betrachten und sie in ihrer Arbeit zu verwirklichen.

Das Unternehmen und seine Ziele

Wir sind ein Medienunternehmen, das im In- und Ausland Informationen, Bildung und Unterhaltung vermittelt. Dafür setzen wir alle uns verfügbar und geeignet erscheinenden Medien ein. Unsere Produktions- Vertriebs- und Dienstleistungsbetriebe werden auch für fremde Auftraggeber tätig.
Das Unternehmen soll liberal und fortschrittlich sein. Es strebt an, in eigener Verantwortung moderne gesellschaftliche Lösungen, die dem Menschen dienen, zu entwickeln.
Unsere publizistische Arbeit soll die freie Meinungsbildung in der Gesellschaft fördern. Wir verstehen uns deshalb als Verlagshaus der Alternativen, das unterschiedliche Meinungen veröffentlicht und für

[1548] Faltblatt *Bertelsmann* Unternehmensverfassung. Gütersloh, Juni 1985.

publizistische Freiheit und Vielfalt eintritt. Dies ist durch Dezentralisation und Delegation der Programmverantwortung gesichert.
Grenzen für unsere publizistische Tätigkeit sehen wir dort, wo Werte demokratischer Ordnung verletzt werden.
In unserer internationalen Tätigkeit wollen wir kulturelle Tradition und nationale Eigenart achten und fördern.
Zu den Zielen des Unternehmens gehört die Gewährleistung seiner Kontinutät und die Erhaltung seiner Ertragskraft. Umsatz und Gewinn sind nicht Selbstzweck, sondern Maßstäbe für die wirtschaftliche Bedeutung des Unternehmens in der Gesellschaft und die Tüchtigkeit von Führung und Mitarbeitern. Die Ertragskraft ermöglicht es dem Unternehmen, sich weiter zu entwickeln, seine Leistungen zu verbessern, das eingesetzte Kapital zu verzinsen, Arbeitsplätze zu sichern und seine Verpflichtungen gegenüber dem Stadt zu erfüllen.

Das Unternehmen in der Gesellschaft

Wir treten für eine freiheitliche, demokratische und soziale Ordnung in der Gesellschaft ein, weil wir glauben, dass sie ein Höchstmaß an persönlicher Freiheit und die besten Voraussetzungen für gesellschaftliche Weiterentwicklungen gewährleistet.
Dazu sind nach unserer Auffassung erforderlich:
Eine marktwirtschaftliche Ordnung, die auf den Prinzipien Wettbewerb, Leistung und breitgestreutem privatem Eigentum aufbaut. Dabei ist es Aufgabe des Staates, die Wahlfreiheit des Verbrauchers und den Wettbewerb zu sichern.
Eine sozialverpflichtete Gesellschaftsordnung, in der dic Eigentümer großer Produktivvermögen ihre treuhänderische Verpflichtung gegenüber der Allgemeinheit anerkennen.
Ein betrieblicher Ordnungsrahmen, der bei gleichen Chancen jedem die Möglichkeit zur persönlichen Entfaltung schafft sowie materielle Gerechtigkeit, Beteiligung am Produktivvermögen, soziale Rücksichtnahme und ein ausgewogenes Verhältnis zwischen Rechten und Pflichten sichert.

Das Unternehmen und seine Mitarbeiter

Die Sicherung der Leistungsfähigkeit und die Weiterentwicklung des Unternehmens erfordern Einsatzbereitschaft und Kreativität der Mitarbeiter. Wir vertrauen auf die Initiative des einzelnen.
Es ist wichtig, dass sich die Mitarbeiter im Rahmen kritischer Loyalität mit ihren Aufgaben, den Zielen und dem Verhalten des Unternehmens identifizieren können. Dies ist nur zu erreichen, wenn sie laufend über die Arbeit und die Entwicklung des Unternehmens informiert werden und die Möglichkeit haben, ihre Sachkenntnis und Meinung in die Entscheidungsfindung einzubringen.
Befähigung und Verhaltensweise der Führung haben auf den Erfolg und die Kontinuität des Unternehmens entscheidenden Einfluß. Bei der Auswahl von Führungskräften hat die Befähigung Vorrang vor anderweitigen Ansprüchen.
Durch Delegation von Aufgaben, Kompetenz und Verantwortung soll den Mitarbeitern in ihren Arbeitsgebieten ohne bürokratische Einengung ein möglichst großer Freiraum zu persönlichen und fachlichen Entfaltung gesichert werden. Sie sollen gerechte Chancen erhalten, sich zu entwickeln und für den beruflichen Aufstieg zu qualifizieren.
Die berufliche Bildung sehen wir als gemeinsame Aufgabe von Mitarbeiter und Unternehmen an.
Für seine Leistung erhält der Mitarbeiter eine markt- und leistungsgerechte Vergütung. Daneben halten wir eine Beteiligung an Gewinn und Kapital des Unternehmens für richtig.
Gerechtigkeit und soziale Rücksichtnahme bestimmen die Beziehungen des Unternehmens zu seinen Mitarbeitern. Soziale Hilfestellung wird dann gegeben, wenn staatliche Regelungen unzureichend sind und der einzelne unserer Hilfe bedarf.
Die Beziehungen der Mitarbeiter untereinander sollen fair und kooperativ sein und den Unternehmens zielen dienen.
Die Prinzipien für die Zusammenarbeit zwischen Führung und Mitarbeitern sind in den „Leitsätzen für die Führung" festgelegt, die Bestandteil dieser Unternehmensverfassung sind.
Diese Unternehmensverfassung erhebt nicht den Anspruch der Endgültigkeit. Sie soll ständig überprüft und besseren Erkenntnissen angepasst werden.

14. Februar 1985
Gez. R. Mohn, Dr. M. Wössner, J. Werner

Bertelsmann - Leitsätze für die Führung, Stand 1985[1549]

Präambel

Befähigung und Verhaltensweise der Führung haben auf den Erfolg des Unternehmens entscheidenden Einfluß. Wer führt, trägt Verantwortung für sein Arbeitsgebiet und für seine Mitarbeiter.
Die nachstehenden Leitsätze ergänzen die Unternehmensverfassung der Bertelsmann AG. Sie sind verbindliche Richtlinien für die Führung.
Es ist Aufgabe der Vorgesetzten aller Stufen, sich für die Einhaltung der Leitsätze einzusetzen. – Die Mitarbeiter haben das Recht, sich bei ihren Vorgesetzten auf die Leitsätze für die Führung zu berufen.
Der Vorstand

Organe der Führung

Der Aufsichtsrat bestellt den Vorstand, berät und überwacht ihn in seiner Tätigkeit.
Der Vorstand der Bertelsmann AG bestimmt die Unternehmenspolitik und trifft Grundsatzentscheidungen. Seine Arbeitsweise ist durch Gesetz und Satzung festgelegt.
Die Bereichsvorstände in den in den Unternehmensbereichen unterstützen die Vorstandsmitglieder in ihrer Führungsaufgabe.
Die Geschäftsführer leiten ihre Verantwortungsbereiche im Rahmen der mit dem Vorstand abgestimmten Planung selbständig. Sie sind dem Vorstand für die Ergebnisse verantwortlich.
Die Leiter von Bereichen, Abteilungen und Gruppen innerhalb der Firmen sind verantwortlich für die Führung und das Ergebnis in ihrem Arbeitsbereich. Sie entscheiden und handeln im Rahmen ihrer Aufgabe selbständig.
Die Koordinationsausschüsse stimmen die Arbeitsweise der dezentral geführten Firmen aufeinander ab und dienen der Information und dem Erfahrungsaustausch.
Der Betriebsrat vertritt die Interessen der Mitarbeiter nach den Bestimmungen der Betriebsverfassungsgesetzes.

Grundsätze der Führung

1. Das Haus Bertelsmann ist dezentral organisiert. Die Organisation der Führung hat Vorrang vor der gesellschaftsrechtlichen Gliederung des Unternehmens.
2. Die Firmenstruktur des Hauses ist überschaubar zu gestalten. Jede Firma ist klar einzuordnen. Die Leitung jeder Firma erfolgt durch einen Alleinverantwortlichen.
3. Das Prinzip der Delegation ist Grundlage der Führung auf allen Ebenen. Aufgaben, Befugnisse und Verantwortung müssen einander entsprechen und sind – soweit wie möglich – auf die Mitarbeiter zu übertragen.
4. Die Zielsetzungen des Gesamtunternehmens haben Vorrang vor den Interessen der einzelnen Firmen. Alle Führungskräfte sind zu aktiver Kooperation verpflichtet.
5. Für die Koordination ist die jeweils nächsthöhere Führungsebene verantwortlich. Die Koordination erfolgt durch Einzelentscheidungen auf der Grundlage von Koordinationsrichtlinien oder durch Koordinationsausschüsse, deren einstimmige Empfehlungen nach Zustimmung der nächsthöheren Instanz verbindlich ist.

Besetzung von Führungspositionen

1. Für die Übertragung von Führungsfunktionen sind die bisherige Leistung sowie die persönliche und fachliche Qualifikation maßgebend. Bei gleichen Voraussetzungen erhalten Mitarbeiter des Hauses den Vorzug vor anderen Bewerbern.
2. Die Vergütung richtet sich nach der Aufgabe, der Leistung und dem Erfolg.
3. Um die Kontinuität der Führung und die Entwicklung des Unternehmens zu gewährleisten, müssen Führungskräfte rechtzeitig auf ihre Aufgaben vorbereitet werden. Sie müssen die Möglichkeit zur Bewährung in einer Führungsfunktion erhalten, die dem Stand ihrer beruflichen und persönlichen Entwicklung entspricht.
4. Für jede Führungsposition ist ein Stellvertreter zu benennen.
5. Die Ablösung von Führungskräften darf nicht aus persönlicher Rücksichtnahme unterlassen werden, wenn die Leistung der Aufgabe nicht gerecht wird.

[1549] Faltblatt *Bertelsmann* Leitsätze für die Führung. Gütersloh, Juni 1985.

Persönliche Diskriminierung und soziale Härten sind zu vermeiden. Die bisherige Leistung für das Unternehmen ist zu berücksichtigen.

6. Die Übertragung einer Führungsfunktion, die Vergütung, die Ablösung sowie die Stellvertretung und Nachfolge für diese Funktion nimmt der direkte Vorgesetzte nach Abstimmung mit seinem Vorgesetzten vor. Kommt bei dieser Abstimmung keine Einigung zustande, hat dieser Vorgesetzte die letzte Entscheidung. Die betroffenen Mitarbeiter sind rechtzeitig über Veränderungen in der Besetzung von Führungspositionen zu informieren.

Führungsverhalten

1. Führungskräfte müssen sich der besonderen Verantwortung aus ihrem Führungsauftrag bewusst sein und sich durch vor bildliches Verhalten und fachliche Leistung ständig neu qualifizieren. Ihre Einsatzbereitschaft und Einstellung zur Aufgabe sind maßgebend für die Motivation der Mitarbeiter.
2. Führungskräfte sollen Initiative, Kreativität und Durchsetzungsvermögen entwickeln und in ihrem Bereich ergebnis- und sozialorientiert handeln. Dabei müssen Risiken verantwortungsbewusst abgewogen werden.
3. Führungskräfte sollen in ihrem Verhalten die Verpflichtung zur aktiven Kooperation gegenüber anderen Firmen und Bereichen ebenso wie zu ihren Mitarbeitern erkennen lassen.
4. Die raschen technischen, wirtschaftlichen und gesellschaftlichen Veränderungen verlangen von Führungskräften, sich ständig weiterzubilden.
5. Führungskräfte sollen sich mit den gesellschaftspolitischen Entwicklungen auseinandersetzen. Sie sollen im Rahmen ihrer Führungsaufgabe für die Unternehmensverfassung eintreten.
6. Führungskräfte sollen die verantwortlichen Mitarbeiter in ihren Aufgabenbereichen selbständig handeln und entscheiden lassen, um Initiative und Verantwortungsgefühl zu wecken und die Identifizierung mit der Aufgabe zu fördern.
7. Als Voraussetzung für erfolgreiche Arbeit sind die Mitarbeiter umfassend und rechtzeitig zu informieren. Gelegenheit zur Aussprache ist zu schaffen. Anregungen und Kritik sollen beachtet und gefördert werden.
8. Der Vorgesetzte soll die persönliche Motivation eines jeden seiner Mitarbeiter beachten und zu verstehen suchen. Er muss sich bemühen, die Motivation des einzelnen mit der gemeinsamen Zielsetzung in Einklang zu bringen.
9. Der Vorgesetzte hat die Arbeitsziele mit seinen Mitarbeitern zu besprechen, ihnen die Zusammenhänge mit übergeordneten Zielen sichtbar zu machen und seine Entscheidung zu begründen.
10. Der Vorgesetzte fällt Entscheidungen nach Rücksprache mit seinen Mitarbeitern, wobei er deren Sachkenntnis und Vorstellung im Entscheidungsprozeß berücksichtigen soll.
11. Anweisungen erteilt der direkte Vorgesetzte. Ist eine sofortige Entscheidung unerlässlich, so sind im Ausnahmefall auch Anweisungen durch höhere Instanzen möglich. Der direkte Vorgesetzte ist dann umgehend zu informieren.
12. Der Vorgesetzte hat die Erfüllung der Arbeitsziele zu überwachen und seine Mitarbeiter mit Hinweisen und Maßnahmen zu unterstützen.
13. Der Vorgesetzte hat Arbeitsplatz und Arbeitsmittel sowie Arbeits- und Urlaubszeiten der Mitarbeiter unter den Gesichtspunkten seiner Fürsorgepflicht und der Erfüllung der Arbeitsziele zu gestalten.
14. Der Vorgesetzte soll die positiven Möglichkeiten in Menschen und Situationen erfassen und fördern, gute Leistungen anerkennen, konstruktive Kritik üben und gegen Mißstände entschlossen vorgehen. Anerkennung kann öffentlich erfolgen, Kritik ist persönlich und vertraulich auszusprechen.
15. Jeder Vorgesetzte hat die Pflicht, dem Wunsch seiner Mitarbeiter nach persönlicher Beurteilung und Aussprache nachzukommen. In Konfliktfällen muss er eine Möglichkeit der Aussprache mit dem nächsthöheren Vorgesetzten anbieten.

Bertelsmann Essentials. Die Grundwerte des Unternehmens.[1550]

[1550] Broschüre Bertelsmann Essentials. Stand 1998. (Aufgelegt bis 2001)

Unser Auftrag

Bertelsmann ist ein internationales Medien-Unternehmen. Wir vermitteln Information, Bildung und Unterhaltung in aller Welt. Es ist unser Ziel, Leistungsbeiträge für die Gesellschaft zu erbringen. Wir wollen Spitzenpositionen in den Märkten einnehmen, in denen wir tätig sind. Kreative Inhaltearbeit, konsequente Kundenorientierung und das Streben nach einer angemessenen Verzinsung des eingesetzten Kapitals stehen im Mittelpunkt unseres gemeinsamen Handelns. Wir wollen eine gerechte und motivierende Arbeitswelt schaffen. Wir verpflichten uns, die Kontinuität sowie die Fähigkeit unseres Unternehmens zu Wandel und Weiterentwicklung zu sichern.

Partnerschaft

Partnerschaft ist die Grundlage unserer Unternehmenskultur. Zum Nutzen der Mitarbeiter und des Unternehmens lassen wir uns von folgenden Prinzipien leiten: Achtung vor dem Einzelnen, gegenseitiges Vertrauen und Delegation von Verantwortung. Wir sichern die umfassende Information unserer Mitarbeiter, beziehen sie in Entscheidungsprozesse ein und beteiligen sie am wirtschaftlichen Erfolg des Unternehmens. Die Vergütung für unsere Mitarbeiter spiegelt ihren persönlichen Leistungsbeitrag und die Ertragskraft unseres Unternehmens wider. Sie ist innerhalb der jeweiligen Branche wettbewerbsfähig. Wir wollen die Arbeitsplätze im Unternehmen langfristig sichern.

Identifikation und Motivation

Wir glauben, dass der Einzelne nach Freiraum und Selbstverwirklichung strebt und vertrauen auf seine Initiative und Kreativität. Motivierte Mitarbeiter, die sich mit dem Unternehmen, seinen Zielen und Werten identifizieren, bilden die treibende Kraft für Qualität, Effizienz und Wachstum, Information, Dialog und aktive Mitwirkung bilden die Grundlage für Identifikation und Motivation.

Unternehmensgeist

Wir ermutigen alle Mitarbeiter, die ihnen übertragene Verantwortung auszuschöpfen. Sie sollen als Unternehmer handeln, die Einfallsreichtum und Tatkraft mit einem ausgeprägten Verantwortungsbewusstsein verbunden und nach Spitzenleistungen streben.

Dezentralisation

Dezentralisation ist der Schlüssel zu unserem Erfolg. Unsere Firmen genießen den größtmöglichen Freiraum. Sie werden von Unternehmern geführt, die für ihre Mitarbeiter, das eingesetzte Kapital sowie die Qualität der Inhalte, Produkte und Dienstleistungen verantwortlich sind. Die Dezentralisation der Firmen ermöglicht hohe Flexibilität, Reaktionsgeschwindigkeit und Effizienz, um dauerhaft Spitzenleistungen in sich wandelnden und wettbewerbsintensiven Märkten zu erbringen.

Kooperation

Der unternehmerische Freiraum schließt die Verpflichtung zur konstruktiven Zusammenarbeit ein. Die Führungskräfte sollen sicherstellen, dass ihre Aktivitäten nicht nur der Einzelfirma, sondern auch dem Interesse des Gesamtunternehmens dienen sowie den Interessen unserer Partner in Beteiligungsfirmen.

Mitarbeiterförderung

Wir investieren in unsere Mitarbeiter und bieten ihnen nach Maßgabe ihrer Fähigkeiten und Leistungen gleiche Entwicklungschancen. Wir fördern Mitarbeiter über die Grenzen von Funktionen, Ländern und Produktlinien hinweg. Für unser Unternehmen wollen wir die besten kreativen und unternehmerischen Talente und die besten Fachleute gewinnen. Die Heranbildung unternehmerischen Führungsnachwuchses ist ein Beitrag zu Sicherung der Unternehmenskontinuität.

Der Kunde im Mittelpunkt

Der Kunde steht im Mittelpunkt unseres unternehmerischen Handelns. Für ihn entwickeln wir Produkte und erbringen Dienstleistungen. Unsere ausgezeichneten Kundenbeziehungen spornen uns dazu an, Qualitätsstandards und Arbeitsprozesse ständig zu verbessern. Dabei lassen wir uns ausschließlich von den Bedürfnissen unserer Kunden leiten. Fortwährende Innovation ist die Grundlage des Erfolges unserer Firma.

Heimat für Kreative

Es ist unser Ziel, ein attraktives Haus für Künstler, Autoren und alle kreativen Talente zu sein. Wir fördern ihre künstlerische Entwicklung und ihren geschäftlichen Erfolg. Wir setzen uns weltweit für den Schutz geistigen Eigentums ein.

Pluralismus

Unsere Programmarbeit lässt Raum für eine Vielzahl von Meinungen und Einstellungen. Jede Firma entwickelt ihr eigenes inhaltliches Profil. Wir garantieren künstlerische und publizistische Freiheit. Wir treten überall auf der Welt für Demokratie und Menschenrechte ein. Zugleich respektieren wir die Traditionen und Werte der Länder, in denen wir tätig sind.

Ethische Grundsätze

Unsere Firmen achten Recht und Gesetz und lassen sich von höchsten ethischen Maßstäben leiten. Wir erwarten von jedem Mitarbeiter, dass er seine Pflichten entsprechend erfüllt. Wir lehnen jegliche Form von Diskriminierung und Belästigung am Arbeitsplatz ab. Wir verlangen von unseren Mitarbeitern, dass sie sich sowohl gegenüber ihren Kollegen als auch gegenüber der Gemeinschaft und der Umwelt stets verantwortungsbewusst verhalten.

Leistungsbeitrag für die Gesellschaft

Wir sind davon überzeugt, dass unser publizistisches und unternehmerisches Handeln zu Ergebnissen führt, die für die Allgemeinheit nützlich sind. Wir bekennen uns zu der besonderen Verpflichtung gegenüber der Gesellschaft, die aus dem Wesen des Mediengeschäftes und dem wirtschaftlichen Erfolg erwächst. Wie jeder gute Bürger engagieren sich unsere Firmen für die Gemeinschaften, in denen sie tätig sind.

Kontinuität und Unabhängigkeit

Wir wollen die Unabhängigkeit und Kontinuität unseres Unternehmens sichern. Daher ist und bleibt die Bertelsmann Stiftung unser Haupt-Aktionär. Die Bertelsmann Stiftung greift gesellschaftliche Probleme auf und entwickelt Modelle zu ihrer Lösung. Ihre Arbeit fördert die Weiterentwicklung der Gesellschaft und den Wandel ihrer Strukturen und Institutionen.